中国人民银行上海总部重点研究课题汇编 2017

主编　金鹏辉

责任编辑：石　坚
责任校对：刘　明
责任印制：程　颖

图书在版编目（CIP）数据

中国人民银行上海总部重点研究课题汇编．2017（Zhongguo Renmin Yinhang Shanghai Zongbu Zhongdian Yanjiu Keti Huibian. 2017）/金鹏辉主编．—北京：中国金融出版社，2018.9

ISBN 978－7－5049－9665－7

Ⅰ．①中…　Ⅱ．①金…　Ⅲ．①金融—研究报告—中国—2017　Ⅳ．①F832

中国版本图书馆CIP数据核字（2018）第157217号

出版发行　中国金融出版社
社址　北京市丰台区益泽路2号
市场开发部　（010）63266347，63805472，63439533（传真）
网上书店　http：//www.chinafph.com
（010）63286832，63365686（传真）
读者服务部　（010）66070833，62568380
邮编　100071
经销　新华书店
印刷　保利达印务有限公司
尺寸　169毫米×239毫米
印张　30.25
字数　586千
版次　2018年9月第1版
印次　2018年9月第1次印刷
定价　69.00元
ISBN 978－7－5049－9665－7

前　言

2017年是我国发展过程中极不平凡的一年，面对经济金融发展进入新常态后出现的一系列深刻变化，面对国际形势的风云变幻，在以习近平同志为核心的党中央坚强领导下，全国上下统筹推进“五位一体”总体布局和协调推进“四个全面”战略布局，稳增长、促改革、调结构、惠民生、防风险各项工作进展顺利，经济运行稳中有进，稳中向好，好于预期，金融去杠杆取得阶段性成果，货币信贷和社会融资总量保持适度增长，金融运行更加稳健高效，金融改革、创新和对外开放向纵深推进，金融服务实体经济能力进一步增强。但与此同时，我国经济发展中不平衡不充分的问题依然存在，发展质量和效益还有待提高，国际贸易保护主义势力明显抬头，金融市场波动时有发生，去杠杆、防风险工作任重道远。

在此背景下，2017年，人民银行根据党中央和国务院的战略部署，开展了一系列具有中国特色、符合客观规律的重大金融改革和探索，继续实施稳健中性的货币政策，初步建立货币政策和宏观审慎政策双支柱调控框架，把防控金融风险放到了更加重要的位置，积极推进金融支持供给侧结构性改革，金融服务和管理水平明显提升。

当前，上海金融工作面临着前所未有的机遇和挑战，上海国际金融中心建设正在进入最后冲刺阶段，为全面落实习近平总书记在博鳌亚洲论坛上的讲话精神，上海正在从六个方面扩大金融开放，争取先行先试，金融市场和金融服务国际国内联动日益增强，金融服务实体经济的“上海品牌”正在打响。如何更好地推动“五个中心”联动发展，提升服务实体经济能级？如何发挥上海金融市场的驱动力量，推动人民币国际化，服务好“一带一路”建设？如何形成上海自贸试验区金融开发开放新优势，探索资本项目管理便利化和可兑换？如何扩大金融市场体系的“上海影响”，使上海成为全球的金融市场中心？如何更好地把握金融环境优化这个关键，推进总部型、功能性金融机构的集聚？种种问题都值得我们深入探索。

在过去一年里，人民银行上海总部在总行党委的领导下，坚持针对性的“短、平、快”研究与前瞻性的理论研究相结合，努力打造总部研究品牌，继续开展重点课题研究工作。以调研助决策，以调研促履职，以调研练队伍，为上海总部和总行的决策提供了有力支持，受到了各方的积极评价。

与前几年相比，2017年重点课题研究报告的质量明显提高，特点更加鲜明，对实际工作的指导价值更高。一是牢牢抓住前沿和热点问题开展研究。例如2017年，金融科技和资产管理成为社会各界关注的热点，本书各有两篇报告是关于这方面的，而且4篇报告都更加强调规范监管和风险防范，结论具有较强的前瞻性和现实指导性。二是更加突出上海总部的研究优势。上海位于中国改革开放的前沿，金融开放以及国际比较研究一直是上海总部的研究重点与传统优势。例如《金融机构行为的国际比较研究》横向对比了中国与主要发达国家自国际金融危机以来，在资产回报率明显下降的压力下，金融机构经营行为出现的扭曲，以及对货币政策和宏观经济的影响，值得引起高度警惕。三是研究范围更广泛。除了金融方面外，本书还包括了《上海制造业转型升级路径研究》这类对区域经济转型发展深入研究的报告。更让人高兴的是，在加强业务研究的同时，本书有两篇报告是关于党的建设和内部管理方面的，对近年来不断强化岗位责任意识，全面从严治党等方面的经验进行了提炼总结，具有较强的指导意义。

大兴调研之风，深入开展大走访、大调研，是人民银行上海总部2018年工作的重中之重。我们的理论和政策研究工作既要紧跟国际国内研究前沿，不断提高理论深度和学术价值，也要坚持面向实践、问题导向、以小见大，发挥好“回音壁”“听诊器”和“探照灯”的作用。为此，人民银行上海总部将进一步加强对调研工作的组织管理，鼓励全体员工提高调研意识，更多、更深入地开展理论研究和政策性调研工作，同时扩大调研成果共享，完善成果运用渠道，本书的出版就是我们在这方面努力的一点体现。当然，囿于能力和时间有限，难免错误遗漏，我们期待读者的批评指正，以促进央行金融理论和政策研究工作长足发展。

目　录

货币政策篇

利率市场化背景下商业银行净息差的影响因素研究
…………………………………………………………… 调查统计研究部（ 3 ）
上海制造业转型升级路径研究
…………………………………………………………… 调查统计研究部（14）
金融机构行为的国际比较研究
…………………………………………………………………… 国际部（36）
短期外债杠杆率与人民币汇率变动的关系
………………………………………………………… 跨境人民币业务部（64）
人民币汇率形成机制改革问题研究
…………………………………………………………………… 内审部（77）

金融监管与金融稳定篇

上海企业杠杆率现状及去杠杆的路径对策研究
………………………………………………………………… 综合管理部（99）
虚拟货币交易监管及法律规制
………………………………………………………………… 综合管理部（118）
我国资产管理业务的发展转型与风险防范
………………………………………………………………… 金融稳定部（133）
资产证券化与银行业金融机构系统性风险
…………………………………………………………… 调查统计研究部（149）
资产管理资金金融体系内部循环问题研究
…………………………………………………………… 调查统计研究部（168）
贸易洗钱风险研究与监管思考
……………………………………………………………… 金融服务二部（184）

金融消费者投诉分类标准研究
…………………………………………………… 金融消费权益保护部（201）
关于区块链技术的风险防范研究
…………………………………………………… 金融消费权益保护部（224）
上海市金融机构履行反洗钱数据报送义务总体情况研究
…………………………………………………… 反洗钱监测分析中心（240）

金融市场与金融创新篇

近十年沪深银行业创新动力、模式差异及逻辑比较
………………………………………………………… 调查统计研究部（261）
中国普惠金融发展与企业融资约束的改善
………………………………………………………… 调查统计研究部（286）
个人住房贷款变化和房价波动逻辑
………………………………………………………… 调查统计研究部（305）
国际金融中心城市金融业增加值研究
………………………………………………………… 调查统计研究部（331）
基于网络支付的金融科技监管策略和趋势研究
…………………………………………………………… 金融服务一部（347）

金融开放篇

我国经济发展、国际收支和外汇储备与人民币汇率关系的研究
………………………………………………………… 金融市场管理部（367）
金融业环境压力测试的国际进展
………………………………………………………… 调查统计研究部（384）
日本对外直接投资与中国“一带一路”倡议研究
………………………………………………………………… 国际部（396）
关于我国跨境融资项下资金流动审慎管理的研究
…………………………………………………………… 外汇管理部（416）
“一带一路”跨境金融服务解决方案研究
…………………………………………………… 跨境人民币业务部（436）

内部管理篇

强化岗位责任意识　落实全面从严治党
…………………………………………………………………… 金融市场管理部（451）
加强金融改革开放一线央行权力运行监督制约的实践与思考
…………………………………………………………………… 纪检监察办公室（462）

货币政策篇

利率市场化背景下商业银行净息差的影响因素研究

中国人民银行上海总部调查统计研究部课题组

课题组组长：白　龙

课题组成员：宋　诚　王　晴

摘　要

从 2011 ~ 2016 年 171 家商业银行的经营数据来看，随着利率市场化的推进和银行业竞争程度的提高，商业银行净息差逐渐收窄。不同类型机构的经营状况存在明显差异，中资银行净息差高于外资银行，其中，全国大型商业银行净息差高于股份制商业银行，个别股份制商业银行近几年来净息差下降较快。虽然利率形成尚未完全实现市场化，但商业银行的经营环境已经出现了明显变化。

从全行业来看，银行净息差受到银行业市场集中度、流动性资产比重、平均运营成本、管理水平、资本充足率等因素的影响。提高运营管理水平，节约运营成本是商业银行改善经营的重要途径。中小型银行的规模效应并不显著，更适合走差异化发展路线，借助所在区域的信息优势，发展更具议价能力的小微企业信贷业务，提高传统信贷业务的盈利能力。

商业银行投放贷款形成的信用风险和依赖主动性负债工具形成的流动性风险并没有得到合理的风险补偿，商业银行对风险定价的能力不足。在利率市场化之后，信贷业务的风险偏好将进一步上升，特别是中小银行的盈利方式将更多依赖利差，这对银行的贷款定价提出了更高的要求。对利率管理放开之后，市场利率波动加大，商业银行的流动性管理环境更为复杂。商业银行应进一步健全完善风险管理体系，合理计量信用风险与利率风险敞口，结合自身情况进行利率定价。

一、引言

利率是要素市场的关键价格，利率市场化是发挥市场配置资源决定性因素的重要保障。国内的利率市场化进程自 1996 年开始，历经二十余年。2013 年 7 月，人民银行宣布全面放开贷款利率限制。2015 年 10 月，人民银行宣布全面放开存款利率限制。虽然利率形成尚未完全实现市场化，但商业银行的经营环境已经出现了明显变化。从银监会公布的2017年银行业经营数据来看，第三季度大型商业银行净息差为2.05%，股份制商业银行净息差为1.84%，城市商业银行净息差为1.94%，民营银行净息差为4.39%，农村商业银行净息差为2.83%，外资银行净息差为1.7%。不同类型的商业银行净息差差异较大。同时，不同类型的商业银行净息差走势出现了分化：大型商业银行、农村商业银行和外资银行净息差较第一季度小幅上升；受金融监管加强等因素影响，股份制商业银行、城市商业银行和民营银行净息差收窄明显。

随着对资本充足率监管的加强和银行体系规模的扩大，商业银行规模的无限扩张不可持续，对财务回报的要求日益增强。因此，相较于规模扩张，商业银行更需关注经营效率的提升，改善净息差管理。净息差是衡量商业银行经营效率的一个核心指标。通常来说，商业银行的利息净收入取决于净息差和生息资产规模，提升净息差是提高净利息收入的一个重要途径。本文将对影响商业银行净息差的影响因素进行梳理，文章分为五部分，第一部分为研究背景的介绍，第二部分是关于净息差研究的文献综述，第三部分是对最优净息差决定模型的梳理，第四部分是实证检验，第五部分是研究结论。

二、文献综述

（一）净息差的定义

依照国内监管部门和商业银行通行的定义：

净息差=（利息收入－利息支出）/生息资产

净息差是银行利息净收入与平均生息资产的比值，是银行资金运用的结果。从国内商业银行的收入结构来看，其利息收入包括客户贷款及垫款利息收入、投资利息收入、存放中央银行款项利息收入、存放和拆放同业及其他金融机构款项利息收入；利息支出包括存款利息支出、同业及其他金融机构存放和拆入款项利息支出、已发行债务证券利息支出。生息资产包括客户贷款及垫款、投资、存放中央银行款项和存放和拆放同业及其他金融机构款项。从商业银行自身的行为逻辑来看，银行可以通过调整资产负债的结构，最优化净息差水平。高收益资产占比越高，生息资产收益率越高；长久期资产占比越高，生息资产收益率越高。在商业银行资产负债管理的统筹要求下，净息差管理的目标是在市场份额和风险水平等因素的约束条件下，在既定的资产规模内追求经营效率的提升，统筹业务计划和定价策略，确定合理的净息差目标水平，从而实现净利息收入的最大化。

（二）净息差的理论研究

对于净息差的理论研究主要从银行的最优净息差如何决定展开。Ho 和 Saunders 提出了银行的做市商模型。该模型将银行看作一个信贷市场的风险厌恶做市商，接受随机到达的存款，并将资金贷出去以满足随机到达的贷款需求。银行通过调整存贷款的价格水平以达到期末财富的最大化。Allen 考虑了贷款需求的异质性，拓展了 Ho 和 Saunders 提出的做市商模型，发现当对银行产品的需求存在交叉弹性的时候，银行的净息差可能会降低。Angbazo 引入了信用风险和利率风险等因素，发现贷款风险和利率风险敞口更高的银行净息差也较高。刘莉亚等学者结合国内实际情况，构建了利率管制下的商业银行最优净息差与非利息收入的理论模型，发现净息差与非息收入在国内银行业中总体为互为负向的替代关系。从上述对净息差的理论研究可以看出，净息差是信用风险、利率风险和影响银行定价的制度性因素的函数，制度因素包括隐含利息支付和无息资产的机会成本等。

存贷利差、资产负债结构变化等因素，都会对银行的净息差造成影响。周开国等学者采用 1996～2003 年的面板数据，对国内商业银行的净利差决定因素进行了实证分析，发现决定净利差的因素包括市场竞争结构、平均运营成本、风险厌恶程度、贷款比率、交易规模、隐含利息支付、准备金的机会成本、管理效率、资产规模等。周鸿卫等学者利用 26 家商业银行 1999～2006 年的数据，实证检验发现资本充足率监管对商业银行利率定价影响显著，基准利率对商业银行定价行为影响逐渐减弱，商业银行自主定价能力正在逐步形成。中国工商银行城市金融研究所课题组用定性分析的方法，从宏观和微观视角分析了影响商业银行信贷利差变化的影响因素。赵旭基于银行业 1998～2006 年的数据，分析发现：银行的风险管理对银行利差影响不显著，国有商业银行机会成本与银行利差存在显著的正相关，宏观经济变量对银行利差有一定影响，中间业务与银行利差不具有因果关系。

（三）利率市场化与净息差

随着利率市场化的推进，商业银行的负债和资产管理方式都将产生新变化，国内学者对利率市场化对净息差的影响做了广泛研究。巴曙松等学者梳理了美国、日本、德国等国家和地区的利率市场化进程，发现改革初期，银行的存贷利差受到较大冲击，但净息差并不一定必然下降。随着银行对贷款定价能力的提高和其他生息资产利润率的提高，净息差也可能反而扩大。以美国为例，利率市场化使银行在存款市场的竞争加剧，存款结构中成本较高的存款占比上升，在一定程度上提高了银行的资金成本。同时，在利率市场化完成初期，银行提高贷存比，保持贷款在生息资产中的较高比重，净息差在短期内呈现较为平稳的走势。伍戈等研究发现，近几年的利率市场化进程中，商业银行负债成本的上升绝大部分进行了转移，其盈利能力并未受到明显影响，净息差并没有发生明显变化。李宏瑾对比了各国利率市场化完成后的利率水平、利差和净息差变化，指出利率市场化后，银行信贷将更多投向风险溢价较高的项目，特别是中小微企业信贷，贷款风险溢价显著提高。

三、最优净息差的做市商模型

Ho 和 Saunders 提出的做市商模型为单期决策模型，假设存款需求和贷款需求以概率 p_D，p_L 按泊松分布随机发生，在面对存款需求和贷款需求时，银行为被动接受的角色。银行可以通过调节存款利率和贷款利率对存款供给量和贷款需求量进行调节。银行通过调整资产负债结构达到期末的财富效用最大化。

假设银行持有的资产分为三部分：存放在中央银行的存款准备金（R）、银行在货币市场的头寸（W）和贷款（L）；银行的负债为其吸收的存款（D）；银行通过调整资产和负债以达到期末所有者权益（E）的最大化。资产、负债和所有者权益的关系应满足等式：

$$E + D = R + W + L$$

假设无风险利率为 r，商业银行对于贷款的定价为 $R_L =（r + b）$，对于存款的定价为 $R_D =（r - a）$。为简化问题，将商业银行简化为以存贷款业务为主，则息差可定义为 $s = R_L - R_D =（a + b）$。

Ho 和 Saunders 认为 a 和 b 应可覆盖商业银行承担的利率风险。当存款供给出现，却没有与之对应的贷款需求时，商业银行需要将多余头寸投资于货币市场。此时，商业银行面临着短期利率下降的再投资风险。同理，当贷款需求出现，却没有与之对应的存款供给时，银行需要缩减货币市场的头寸以投放贷款。此时，银行面临短期利率上升的再融资风险。所以，a 和 b 需要能补偿商业银行承担的利率风险。

在拓展的做市商模型中，纳入了信用风险、营业成本等影响因素。假设期初银行的所有者权益为 E_0。

$$E_0 = R_0 + W_0 + L_0 - D_0$$

期末银行的所有者权益为 E_t。

$$E_t = R_0 (1 + r_R) + W_0 (1 + r + Z_M) + L_0 (1 + R_L + Z_L) - D_0 (1 + R_D) - C$$

其中，r_R 是存款准备金利率，Z_M 是货币市场的利率风险，Z_L 是贷款的信用风险，C 是营业成本支出。假设 Z_M、Z_L 均满足正态分布，$Z_M \sim N(0, \sigma_M^2)$，$Z_L \sim N(0, \sigma_L^2)$，它们之间的协方差为 σ_{LM}。

假设存款供给和贷款需求发生的概率均为 a、b 的线性函数，即 $p_D = \alpha_D -$

$\beta_D a$，$p_L=\alpha_L-\beta_L b$。

基于上述假设推导出银行的最优净息差 s 应满足等式：

$$s=\frac{1}{2}\left(\frac{\alpha_D}{\beta_D}+\frac{\alpha_L}{\beta_L}\right)+\frac{1}{2}\left(\frac{C(L)}{L}+\frac{C(D)}{D}\right)-\frac{1}{4}\frac{U''(\bar{E})}{U'(\bar{E})}\left[(L+2L_0)\sigma_L^2+(L+D)\beta\sigma_M^2+2(M_0-L)\sigma_{LM}\right]$$

其中，由于假设银行为风险厌恶，所以$\frac{U''(\bar{E})}{U'(\bar{E})}<0$。

从上述推导的结果可以得出：

α_D、α_L 分别为存款供给和贷款需求发生概率线性函数的截距项，α_D、α_L 越大，则表示存款供给和贷款需求越活跃。β_D、β_L 分别为存款供给和贷款需求发生概率线性函数的系数项，β_D、β_L 越小，则表示存款供给和贷款需求对 a、b 越不敏感，银行更易获取垄断利润。因此，$\frac{\alpha_D}{\beta_D}$和$\frac{\alpha_L}{\beta_L}$与银行的净息差成正比。从银行业的角度来看，存款供给和贷款需求取决于经济中各主体的储蓄意愿和投资活跃程度。而单家银行凭借自身对存款和贷款的定价，获取息差。$\frac{\alpha}{\beta}$可以近似看作银行的垄断利润。因此，银行业竞争程度越高，银行能够获得的超额利润越低，净息差 s 越低。

$\frac{C(L)}{L}+\frac{C(D)}{D}$表示银行的平均运营成本，与净息差成正比。平均运营成本越高，则银行需要获取更高的净息差来覆盖运营成本。运营成本中存在一部分固定支出，随着经营规模的扩大，银行可以摊薄运营成本。具有规模效应的银行可以获得在存贷款业务上的议价优势。

$[(L+2L_0)\sigma_L^2+(L+D)\beta\sigma_M^2+2(M_0-L)\sigma_{LM}]$ 表示银行对存贷款的定价需能够覆盖利率风险和信用风险。净息差 s 与信用风险 σ_L^2 和利率风险 σ_M^2 正相关。

需要注意的是，从做市商模型中推导出来的最优净息差提供了一种理论上的参考。在实务中，商业银行受制于自身的风险定价能力等原因，未必能够给予存贷款合理的风险定价。因此，不少学者在研究净息差的影响因素时，将银行的管理水平纳入考量。

四、实证检验

（一）数据来源

本文基于全球银行与金融机构分析库（ORBIS Bank Focus），整理了国内商业银行的经营数据。我们对基础数据进行了筛选：剔除了国家开发银行和政策性银行，选取了包含全部大型商业银行和股份制商业银行的 171 家国内商业银行 2011 ~2016 年的数据。从图 1 中可以看出，2011 ~2016 年商业银行净息差出现了下滑，从 2011 年的 3.02% 下降到 2016 年的 2.41%，其中 2016 年下滑幅度较大。外资银行净息差一直低于中资银行，较中资银行平均水平低 1 个百分点左右。全国性股份制商业银行净息差略低于全国性大型商业银行净息差水平，其中个别股份制商业银行净息差下滑比较明显。从样本总体情况来看，样本平均净息差高于全国性大型商业银行和股份制商业银行净息差，经营状况分化较为明显。2016 年，商业银行净息差水平较前一年明显下滑。

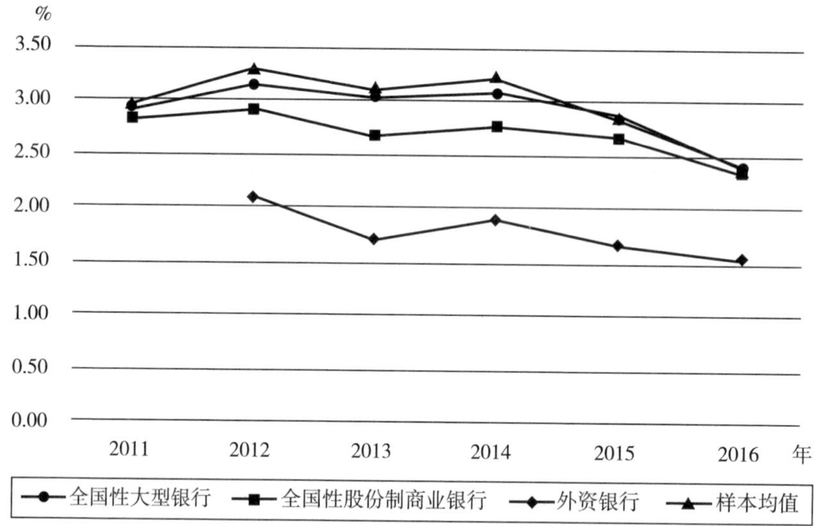

注：ORBIS Bank Focus 中无外资银行 2011 年数据。

图 1　2011 ~2016 年商业银行净息差

（二）指标选取

根据前文的最优净息差做市商模型的推导结果，市场竞争程度、银行的平均运营成本、信用风险、利率风险和银行自身的管理水平会对银行实际净息差水平产生影响。本文参照上述推导结果选取下列指标。

市场集中度。衡量市场集中度通常采用赫芬达尔—赫希曼指数（Herfindahl - Hirschman Index，HHI），该指数是一个行业中各市场竞争主体所占行业总收入或总资产百分比的平方和，可以用来计量市场份额的变化，即市场中厂商规模的离散度。在利率市场化开始之前，国内银行业已经形成了全国性的竞争格局。本文以银行业资产规模排名前 50 的商业银行市场占有率作为计算基础，得出银行业的 HHI。发现自 2011 ~2016 年，银行业的 HHI 一直呈现下降趋势，这表示银行业的竞争在不断加剧，商业银行在存贷款利率上的议价能力被削弱。特别是随着利率市场化的推动，逐利性较强的储蓄资金转而投向收益率更高的其他资产，推动银行资金成本上升。

信用风险。现有的研究中用于衡量信用风险的包括贷款不良率、贷款拨备率、贷款规模占总资产规模比重等。借鉴已有的研究，本文采用贷款不良率和贷款规模/总资产规模表示银行资产中隐含的信用风险。

流动性风险。利率风险往往是由流动性风险派生出来的。《巴塞尔协议Ⅲ》中采用流动性覆盖率（LCR）和净稳定资金比率（NSFR）评估商业银行的流动性风险，银监会对流动性覆盖率和净稳定融资比例这两个监管指标的考核时间较短，因此本文选取了流动性资产/（存款+短期融资）、批发融资/总融资规模来源两个指标来衡量流动性风险。

银行持有的流动性资产与存款和短期融资的比值越高，则银行因持有流动性资产的机会成本越高，流动性风险越低。因此，预期该变量与净息差负相关。

批发融资又称主动性负债，主要来源于其他金融机构，例如同业拆借、回购协议、金融债券等。从图2可以看出，2011~2016年商业银行批发融资占全部融资比重上升迅速，其中大型商业银行，特别是四大行，批发融资比重比较稳定；股份制商业银行批发融资比重高于全部样本批发融资比重，且上升速度快于全部样本批发融资比重的上升速度，尤其是兴业银行、民生银行、广发银行高度依赖批发融资。批发融资的发展增加了商业银行的信贷投放，但是依赖批发融资扩大了银行的风险敞口，导致其在经济危机期间面临流动性短缺，加剧了金融市场的不稳定性。从风险补偿的角度来看，商业银行的净息差应能够覆盖依赖批发融资隐含的流动性风险。因此，预期批发融资比重越高，净息差越高。

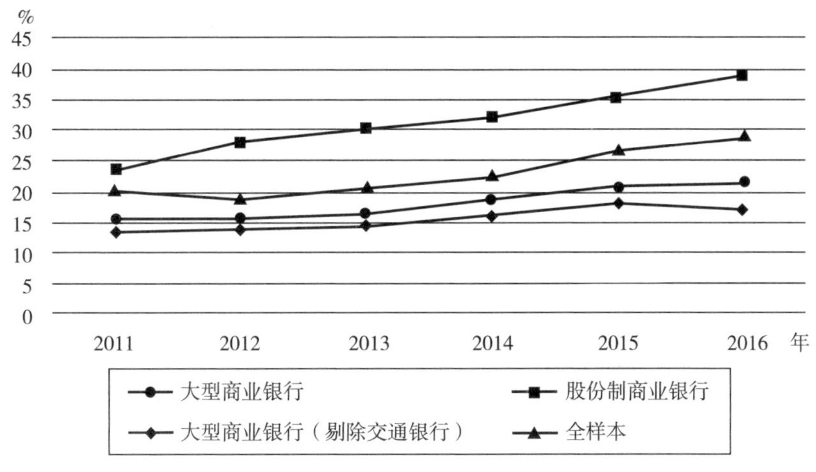

图2 2011~2016年商业银行批发融资占全部融资比重

平均营业成本。这一变量通常用营业成本支出/总资产规模表示。从 2011 ~ 2016 年商业银行的经营数据可以看出，中小银行的平均经营成本明显高于大型商业银行。平均营业成本越高，银行需要更高的净息差来覆盖营业成本。因此，预期该变量与净息差正相关。

银行的管理水平。这一变量常以成本收入比衡量，成本收入比越高，表示银行为获得单位收入付出的成本越高，由此可以推导出银行的管理质量越低。理论上来说，在其他条件相同时，银行的管理质量越高，其净息差水平越高，反之，净息差水平越低。因此，预期该变量与银行净息差负相关。

风险偏好。本文选取资本充足率来表示银行的风险偏好。一般来说，资本充足率较高的商业银行，风险偏好低，净息差更低。预期该变量与银行净息差负相关。

非生息资产机会成本。银行持有的非生息资产不产生收入，持有越多，机会成本越大。本文以非生息资产规模/总资产规模表示非生息资产的机会成本，该指标越高，机会成本越高。预期该变量与银行净息差负相关。

表 1　　变量与指标描述

变量名	指标
HHI	赫芬达尔—赫希曼指数
CREDIT _ 1	贷款规模/总资产规模
CREDIT _ 2	不良贷款率
LIQUIDITY	流动性资产/（存款 + 短期融资）
WHOLE _ FUND	批发融资/总融资规模
OP _ COST	营业成本支出/总资产规模
MANAGE	成本收入比
EQ _ RATIO	资本充足率
NON _ EARN	非生息资产规模/总资产规模

（三）估计结果

基于 171 家商业银行 2011 ~ 2016 年的面板数据，剔除其中数据缺失的无效样本后，得到 572 个有效样本。本文采用 GLM 对上述非平衡面板数据进行估计，并采用 Newey – west 方法调整异方差，得到估计结果如表 2 所示。

表 2 **GLM 方法估计结果**

Model 1				Model 2			
变量名	系数	Z 统计量	Prob.	变量名	系数	Z 统计量	Prob.
C	-1.5218	-2.32	0.0203	C	-1.4530	-2.43	0.0151
NIM (-1)	0.6033	12.50	0.0000	NIM (-1)	0.6097	13.08	0.0000
HHI	0.0058	10.09	0.0000	HHI	0.0052	7.76	0.0000
CREDIT_1	-0.5746	-1.36	0.1744	CREDIT_2	-0.0542	-1.12	0.2619
LIQUIDITY	-0.0075	-2.41	0.0161	LIQUIDITY	-0.0060	-1.82	0.0687
WHOLE_FUND	0.0047	0.77	0.4390	WHOLE_FUND	0.0060	1.18	0.2397
OP_COST	1.3932	6.53	0.0000	OP_COST	1.3164	6.25	0.0000
MANAGE	-0.0375	-6.42	0.0000	MANAGE	-0.0370	-6.45	0.0000
EQ_RATIO	0.0278	1.61	0.1068	EQ_RATIO	0.0242	1.42	0.1560
NON_EARN	-0.3689	-0.52	0.6009	NON_EARN	-0.2105	-0.32	0.7467
AIC: 1.3050		SC: 1.4048		AIC: 1.3077		SC: 1.4075	
LR statistic: 1337.52		Prob (LR statistic): 0.0000		LR statistic: 1332.92		Prob (LR statistic): 0.0000	

从上述估计结果来看，商业银行的经营状况存在路径依赖，当年的净息差与上一年的净息差正相关。HHI 与 NIM 正相关，即 HHI 越高，银行业竞争程度越低，银行净息差越高。LIQUIDITY 与 NIM 负相关，即银行持有的流动性资产比例越高，银行净息差越低。OP_COST 与 NIM 正相关，即平均运营成本越高，银行净息差越高。MANAGE 与 NIM 负相关，即银行成本收入比越低，其管理水平越高，净息差越高。对 HHI、LIQUIDITY、OP_COST 和 MANAGE 这几个变量的估计结果均与预期一致。

以贷款规模占总资产规模比重衡量的信用风险和以不良贷款率衡量的信用风险均与净息差不存在显著的相关关系，与预期不符。从风险补偿的角度来看，这是商业银行对贷款信用风险定价能力不足导致的结果。这与牟怡楠等和周开国等的研究结果是一致的。他们的研究结果均表明在商业银行层面，信用风险并没有在利差中得到体现，商业银行风险定价能力不足。

批发融资比重与净息差不存在显著的相关关系。伴随批发融资产生的流动性风险并没有得到合理的风险补偿。部分银行对利润和规模的过度追求扭曲了风险偏好，尤其是中小型银行，借助主动性负债工具快速扩张规模，批发融资比重迅速上升，出现了过度追求杠杆经营的情况。在商业银行的经营过程中，风险的产生不可回避。如果贷款的信用风险和流动性风险没有得到合理的风险补偿，那么意味着在下行周期，随着风险的暴露，前期积累的利润将不足以覆盖风险暴露形成的损失，进而造成银行的净资本受损。

资本充足率与净息差存在较弱的正相关关系，与预期不一致。考虑到银监会颁布的《商业银行资本管理办法》于2013年初施行，并要求商业银行在2018年底前达到规定的资本充足率监管要求。近几年影响资本充足率的因素并不限于银行的风险偏好，还受到监管要求变化的影响。从资本占用的角度来看，资本充足率越高，商业银行发放贷款时占用的经济资本成本越高。因此，商业银行需要更高的净息差以覆盖经济资本成本。

五、研究结论

从2011~2016年171家商业银行的经营数据来看，随着利率市场化的推进和银行业竞争程度的提高，商业银行净息差逐渐收窄。不同类型的影响经营状况存在明显差异，中资银行净息差高于外资银行，其中，全国大型商业银行净息差高于股份制商业银行，个别股份制商业银行近几年净息差下降较快。从全行业来看，银行净息差受到银行业市场集中度、流动性资产占比、管理水平、资本充足率等因素的影响。提高内部管理水平，节约运营成本是商业银行改善经营的重要途径。

不同类型的银行比较优势不同。相较于大型银行，中小型银行的规模效应并不显著，平均运营成本高于大型银行。地方中小银行更适合走差异化发展路线，借助于所在区域的信息优势，巩固客户基础，发展银行更具议价能力的小微企业信贷业务，提高传统信贷业务盈利能力。

商业银行投放贷款形成的信用风险和依赖主动性负债工具形成的流动性风险并没有得到合理的风险补偿，商业银行对风险定价的能力不足。在利率市场化之后，信贷业务的风险偏好将进一步上升，特别是中小银行盈利更多依赖利差，这对银行的贷款定价提出了更高的要求。随着对利率管理的放开，市场利率波动加大，商业银行的流动性管理环境更为复杂。商业银行应进一步健全完善风险管理体系，合理计量信用风险与利率风险敞口，结合自身情况进行利率定价。

参考文献

[1] 张宇，邱冠华，王剑. 净息差全拆解，低点已过，改善可期［R］. 国泰君安证券研究报告，2017.

[2] 楼文龙. 中国商业银行资产负债管理——利率市场化背景下的探索与实践［M］. 北京：中国金融出版社，2016.

[3] 刘莉亚等. 中国银行业净息差与非利息收入的关系研究［J］. 经济研究，2014（7）.

[4] 金玲玲，朱元倩，巴曙松．利率市场化对商业银行影响的国际经验及启示 [J]．农村金融研究，2012 (1)．

[5] 周开国，李涛，何兴强．什么决定了中国商业银行的净利差？[J]．经济研究，2008 (8)．

[6] 周鸿卫，韩忠伟，张蓉．中国商业银行净利差率影响因素研究——基于1999~2006年的经验证据 [J]．金融研究，2008 (4)．

[7] 中国工商银行城市金融研究所课题组等．我国境内商业银行信贷利差变化及对策研究 [J]．金融论坛，2009 (3)．

[8] 赵旭．银行利差多维度量及影响因素：基于中国银行业1998~2006年经验证据 [J]．金融研究，2009 (1)．

[9] 巴曙松，华中炜，朱元倩．利率市场化的国际比较：路径、绩效与市场结构 [J]．华中师范大学学报（人文社会科学版），2012 (5)．

[10] 肖欣荣，伍永刚．美国利率市场化改革对银行业的影响 [J]．国际金融研究，2011 (1)．

[11] 伍戈，李斌．货币数量、利率调控与政策转型 [M]．北京：中国金融出版社，2016.

[12] 李宏瑾．利率市场化对商业银行的挑战及应对 [J]．国际金融研究，2015 (2)．

[13] 朱冬辉．商业银行存贷款期限错配与流动性风险分析 [J]．南方金融，2013 (10)．

[14] 辛兵海，张晓云．批发融资对银行信贷的影响：基于周期敏感性视角 [J]．金融与经济，2016 (11)．

[15] 牟怡楠，周好文．中国商业银行的利差及其影响因素 [J]．金融论坛，2007 (8)．

[16] Thomas, S. Y. H. and A. Saunders, The Determinants of Bank Interest Margins: Theory and Empirical Evidence. The Journal of Financial and Quantitative Analysis, 1981, 16 (4): 581 -600.

[17] Allen, L., The Determinants of Bank Interest Margins: A Note. The Journal of Financial and Quantitative Analysis, 1988, 23 (2): 231 -235.

[18] Angbazo, L., Commercial bank net interest margins, default risk, interest - rate risk, and off - balance sheet banking. Journal of Banking & Finance, 1997, 21 (1): 55 -87.

[19] Zhou, K. and M. C. S. Wong, The Determinants of Net Interest Margins of Commercial Banks in Mainland China. Emerging Markets Finance & Trade, 2008, 44 (5): 41 -53.

上海制造业转型升级路径研究

中国人民银行上海总部调查统计研究部课题组

课题组组长：刘　斌

课题组成员：张挽虹　李冀申　杜文洁　邬丽华　王　晟

摘　要

2008年开始，上海经济增速回落到6%~7%的水平，早于全国进入新常态。步入新的发展阶段，上海面临的结构性矛盾日益凸显，经济发展新旧动能更迭的内在要求较为紧迫。在这种情况下，研究上海制造业转型升级意义重大。本文在梳理工业经济发展理论研究的基础上，考察了主要城市制造业转型升级发展模式，回顾了上海工业发展历程，深入剖析了当前上海制造业发展面临的困难和瓶颈，对上海制造业的发展方向和重点领域提出建议。

一、工业经济发展研究文献综述

工业经济发展思想可以追溯到以亚当·斯密、大卫·李嘉图等为代表的古典经济学。伴随着工业发展的进程，工业经济发展理论研究主要集中在工业化发展阶段、工业与经济增长关系、工业经济增长原因、工业化与结构调整转型升级、工业化发展的分工模式。

（一）工业化发展阶段

工业化是工业逐步取代农业并逐渐在国民经济中占主导地位的一个长期发展的过程，常常会呈现不同的阶段特征。国外许多学者对工业化发展阶段都提出了自己的划分方法。1931年，德国经济学家霍夫曼所著《工业化阶段和类型》，最早对工业化阶段进行了划分，他利用霍夫曼系数（消费品工业与资本品工业的净产值比）将工业化过程划分为四个阶段，并归纳出“霍夫曼定律”：霍夫曼系数越大，工业化水平越低，霍夫曼系数越小，工业化水平越高。该理论后来被广泛运用于分析轻、重工业结构变化及工业化程度。美国经济学家罗斯托于1960年在其所著《经济成长的阶段》中提出经济成长阶段理论，将社会发展分为传统社会阶段、起飞准备阶段、起飞进入自我持续增长阶段、成熟阶段、高额群众消费阶段和追求生活质量阶段。美国经济学者钱纳里在其1986年出版的《工业化和经济增长的比较研究》中，从人均国民收入、部门结构、就业结构等几个方面考察经济发展阶段的一般特征，将不发达经济到成熟工业经济整个变化过程划分为三个阶段六个时期，认为从任何一个发展阶段向更高一个阶段的跃进都是通过产业结构转化来推动的。我国经济学家张培刚根据资本品生产对消费品生产的关系，将工业化过程划分为三个阶段，但是这种划分方法只限于演进型进程，至于比较激进或者革命性的类型，其发展的次序并不一定与此相同。英国经济学家科林·克拉克在《经济进步的条件》中，以配第的研究为基础，提出就业结构是经济发展的重要标志，随着人均收入水平的提高，劳动力由第一产业向第二产业、第三产业转移。诺贝尔奖得主西蒙·库兹涅茨认为，在工业化初期和中期阶段，产业结构变化的核心是农业和工业之间"二元转化"，他用三次产业结构比重来判定工业化发展所处的阶段。

（二）工业化与经济增长的关系

工业化作为产业结构转换的一个阶段，不断促进现代经济增长。英国著名的发展经济学家罗森斯坦·罗丹提出，在发展中国家或地区对国民经济的各个部门同时进行大规模投资，可以促进这些部门的平均增长，从而推动整个国民经济的高速增长和全面发展。1971年经济学家库兹涅茨在诺贝尔奖获得者演讲中，提出了现代经济增长的六个相互关联因素，其中最主要的是总产量和人口的快速增加，还有生产效率的增长率、经济结构转变、社会结构和思维方式的改变等。美国经济学家刘易斯提出了"二元经济"发展模式，即经济发展过程是现代化工业部门相对传统农业部门的扩张过程。

（三）工业经济的增长动因

长期以来，库兹涅茨、罗默、卢卡斯、索洛、阿罗等许多经济学家致力于影响经济增长因素的研究，并取得了一系列成果，主要包括人力资源（劳动力的供给、教育、激励）、自然资源（土地、矿产、燃料、环境质量）、资本（机器、工厂、道路）、技术（科学、工程、管理、企业家才能）、制度（制度变革、产权明晰）、国际贸易分工等。美国经济学家瓦尔特·罗斯托认为，工业增长需要一系列前提，否则工业化就不可能起步。他认为，废除陈旧的农业组织或提高农业劳动生产率、形成对经济变革在物质上或观念上有兴趣有影响的现代精英阶层、实物形式的社会先行资本被认为是发展必要的先决条件。

（四）工业化与结构调整转型升级

发展经济学的奠基人、著名经济学家张培刚在《农业与工业化》一文中强调，把农业作为产业的一个部分，要求不是牺牲农业发展工业，而是把农业和工业作为整体来发展。周叔莲、裴叔平在主编的《中国工业发展战略问题研究》中提出，我国应采取的重工业发展战略是“重点与一般相结合的综合型战略”，要以经济效益为中心，有重点地加快代表技术发展方向的部门。金碚指出，中国工业国际竞争力相对于其他产业来讲是最强的，但是中国工业化的过程还远远没有完成。中国正面临和将要面临一切重大和长远的经济社会问题的解决，都高度依赖于工业发展。中国工业化的路径要解决的一个关键问题就是产业结构不断升级，这不仅是低端产业向高端产业发展的趋势，更重要的是每一个产业都要实现产业内的升级。

（五）工业化发展的分工模式

斯密（1776）最早提出分工组织中关于工业化的理论，他认为农业部门相对于工业部门收入减少是因为农业部门的分工具有高的协调成本，它必须引进更多的工业品设备来提高生产率，而工业品由制造业部门在高分工水平下生产出来，制造业部门随分工程度的提高而增大比重。杨小凯认为，工业化的过程是由生产体系中个人或部门的专业化水平增加，迂回生产链的链条数增加、每个链条的产品种类数增加、生产力和人均真实收入增加、市场网络扩张以及企业制度随交易条件改进而出现并发展的。阿林·杨格在他的经典论文《报酬递增与经济进步》中指出，报酬递增取决于劳动分工的发展，现代形式劳动分工的主要经济是以迂回或间接生产方式使用劳动所取得的经济。国内重要科技业者宏碁集团创办人施振荣，在1992年为“再造宏碁”提出了有名的“微笑曲线”理论，已被作为台湾各类产业的中长期发展策略方向。微笑曲线两端向上，中间是制造，左边是研发，右边是营销。在产业链中，附加值更多体现于两端的设计和销售，而处于中间环节的制造附加值最低。

二、国际主要城市制造业转型升级发展模式比较及启示

制造业是国民经济的根基，是国强民富的产业载体，是国家综合实力的标志。纽约、伦敦和东京是最具有典型特征的世界城市，研究其产业结构转型升级，对于上海进一步发展制造业具有重要的现实意义。

（一）国际主要城市制造业转型升级发展历程

1. 纽约

纽约是工业化时代典型的综合性城市。在过去两百多年里，纽约的产业结构变化大致可以划分为两个阶段。

第一阶段是贸易繁荣带动制造业崛起。16世纪末17世纪初，纽约由于深水

港和不冻港的自然条件，成了北美殖民地与其宗主国进行贸易重要通道。到17世纪末18世纪初，纽约已成为本地区的经济中心。进入19世纪后，由于实施“通过立法鼓励拍卖”“创立班轮制度”和“改善水运系统”三项措施，纽约经济一骑绝尘，成为全美经济最发达的港口城市，并成为当时世界上仅次于伦敦和利物浦的第三大港口，彻底奠定了贸易中心的地位。繁荣的对外贸易加上便利的交通运输推动纽约本土制造业在19世纪初逐渐兴起。1840～1860年纽约的工业投资增长了550%，制造业产值已攀升至全美第一。19世纪中叶到“二战”结束，纽约一直保持其作为美国重要的制造业中心地位。

第二阶段是去制造业化推动产业转型。“二战”结束后，纽约开始了新一轮的产业结构调整，在新技术、新兴产业的推动下，传统地段的加工工业部门逐渐被新兴的高新技术产业所取代，而传统制造业纷纷撤离纽约，向美国中西部或者发展中国家转移。20世纪50年代初，纽约产业结构中服务业的产值超过制造业，再次成为城市主导产业。而制造业在内外部各种条件共同作用下，已进入了全面衰退时期。与此同时，纽约生产性服务业获得了较快的发展，尤其以银行、咨询、设计、广告等为代表的新兴服务业逐步取代了传统服务业成为第三产业的主体。

当前，在后国际金融危机背景下，美国政府推行“再工业化”战略，先后出台了《先进制造业伙伴计划》《制造业促进法案》《美国复兴与再投资法案》《重振美国制造业框架》《制造业创新国家网络》和“新能源战略”等，并通过税收、政策激励等方式整顿国内市场，刺激美国制造业回流和吸引他国制造业进入，同时还加强和保证中小企业创新能力，试图以制造业为重点，高新技术产品为核心，以实现经济复苏、巩固经济霸主地位、占领新一轮科技革命制高点等目标。

2. 东京

作为日本最大都市的东京，一直走在全国工业化进程的前列，产业转型完成后东京仍然保留着制造业中心的地位，其产业结构变化大致可以划分为三个阶段。

起步发展阶段。东京的制造业开始发展于19世纪80年代，在1919年产值第一次超过农业，完成了其工业化的初期阶段，其增长趋势一直保持到20世纪30年代中期，后来长达10年的战争使战后日本的工矿业指数较战前下降了一半左右，直到1955年才完成了战后经济的恢复。在“二战”前的工业化起步阶段，日本制造业的发展主要由轻工业推动，轻工业占整个制造业的比重高达70%以上。

高速发展阶段。技术创新促使制造业保持竞争力。1955年开始，日本经济进入了高速发展时期，东京制造业内部经历了几次重要更替：20世纪60年代，由于国内劳动力成本上升和国际原材料价格波动，都市产业和纺织食品等加工组装类轻工业成为新的投资重点；20 世纪 70 年代，两次石油危机爆发导致能源价格上涨，促使政府加快推动钢铁和化工等高能耗产业的外迁；20 世纪 80 年代，为弥补日元汇率上升对出口贸易的不利影响，东京政府大力扶持电器制造和运输机械行业通过技术创新提高产品附加值；20 世纪 90 年代，化工产业技术研发成功应用于医药领域，实现了高附加值产品的规模化生产，带动化工和食品行业等资源型产业重新崛起。

结构稳定阶段。出版印刷、电气及运输机械制造、食品加工、化工和一般机械五大主导行业基本稳定，且在工业中的总比重保持增加趋势。尽管东京的制造业快速发展，但制造业产值比重却开始逐步下滑，随之是生产性服务业主导发展时期。自 20 世纪 70 年代中期开始，以金融业和信息业为代表的生产性服务业向东京集中。为了刺激经济增长，进一步推动生产性服务业的发展，日本政府相继推动了通信、电力和金融等垄断行业民营化的进程，到 21 世纪初，东京的服务业吸纳了当地约 2/3 的就业人员，创造了超过 80% 的产值规模。

3. 伦敦

在当今众多的国际经济中心城市中，只有伦敦经历了工业革命以来世界经济发展的四次长波，体验了工业化进程的各个阶段，且重化工业阶段相对较长。

20 世纪 20 ~ 30 年代，伦敦相继经历了电气机械制造、汽车、飞机等一系列新兴的制造业部门，从而大大推进了经济的发展。20 世纪 50 年代初，当地既有钢铁和重型机械等资本密集型工业，也有印刷和家具制造等劳动密集型工业。自 20 世纪 60 年代开始，伦敦进入了从重化工阶段向后工业化阶段的经济转型，但随着城市土地价格上涨、国际竞争加剧、石油价格高涨等不利因素的出现，伦敦城里工业企业向城外转移，导致制造业工人大量失业。在传统部门衰退的同时，电子机械、制药、车辆制造和耐用消费品业等高附加值的部门却发展良好，如电子工业在 1975 ~ 1981 年保持了接近 40% 的高速增长。20 世纪 90 年代初期，英国政府在全球范围内最早提出发展创意产业，颁布《英国创意产业路径文件》，还设立“创意优势基金”鼓励社会资本支持伦敦创意产业中有才华的企业家。

（二）国际主要城市制造业区域布局及发展模式的实践与经验

纽约、东京、伦敦三大城市虽然以服务业为主，但并未完全放弃制造业。在发展服务业的同时，通过充分考虑制造业在城市经济中的地位，在门类和空间布局上以市场为导向，积极发展都市型工业和制造业总部等服务部门，以促进企业布局走向区域一体化，使城市更具竞争力。

1. 纽约

纽约大都市圈作为美国的经济中心，制造业产值占全美的 30% 以上。纽约大都市圈分为核心区、内环、外环、近郊、远郊。纽约都市圈的制造企业部门以决策管理服务为主，主要集中在都市圈的核心地区——曼哈顿。核心区面积约60平方公里，仅占纽约市区面积的7.59%，却集中了75%以上的销售额和60%以上的就业人口，主要布局服装、出版印刷等都市工业。1984年曼哈顿地区的服装业、印刷出版业的就业人数分别为82000人和8300人，占该地区的制造业就业人口的68%，而两个行业的就业人数占整个纽约同行业从业人数的69%和88%。两大产业在区域的聚集性可见一斑。2004年纽约印刷出版、食品饮料、服装、家具等都市型工业部门就业人数超过30万人，占制造业总就业人数的34%。内环区主要布局化工、金属制品、机械食品、造纸等制造业。外环面积7556平方公里，人口比重为27.5%。外环区主要布局化工、金属制品、机械等技术产业。而近远郊的面积分别为13902平方公里和14696平方公里，人口占整个都市圈的25%和9.1%。

2. 东京

作为都市圈的核心城市，东京的城市功能是高度综合性的，它既有金融功能，又有政治功能，还有工业中心功能。总体上，东京的产业结构、产业分工格局呈现鲜明的圈层构造，东京分成三大圈层，即核心区、内环、外环三部分。核心区主要包括东京的千代田区、中央区和港区，它们是东京的“都心三区”，总面积为42平方公里，总就业人口约280万人。核心区的出版印刷业位居首位，东京70%以上的报业、35%的从业人员、46%的出版业产值都集中在核心区。内环主要为东京的其余20个区，总面积为580平方公里，总人口约883万人，就业人口约525万人。东京内环是东京人口居住最密集的地区之一，面积大约占东京的1/4，从业人口占东京的55%，制造业的产值占东京的42%，比外环高出近1万亿日元，约是核心区的22倍。内环地区主要布局出版印刷、金属制品以及一般机械等制造业。外环总面积为1565平方公里，总人口约424万人，就业人口约202万人，其制造业中的第一产业是电气机械设备业，其次是运输机械设备、一般机械设备、食品、精密仪器制造等。

日本政府从20世纪50年代后期开始制订三大都市圈发展规划，每10年修订一次。每版首都城市圈发展规划都会对东京国土资源利用、产业结构布局和劳动力调整等方面提出前瞻性安排。目前东京中心城区保留了高技术制造业大企业或企业总部，而将小规模企业分布在城区外围，依靠便捷的客运交通和发达的信息网络将东京与周边地区联系起来。通过产业链的协作分工，大企业和中小企业各自在擅长的制作技术和加工技能等环节实现专业化生产，并通过持续创新有效保障了东京制造业的中心地位。

3. 伦敦

大伦敦都市圈总面积约4.5万平方公里，人口3650万，聚集了英国60%的城市人口，是依托产业革命后英国主要生产基地和经济核心区形成的，经济总量占整个英国的80%左右。伦敦市是伦敦都市圈的核心区，也是英国政治、经济、文化中心和交通枢纽，其面积为2.6平方公里，人口仅占整个都市圈的0.1%。伦敦城外的12个市区称为内伦敦，其面积为316.3平方公里，人口占比22.2%。外围其他20个市区称为外伦敦，面积1254.2平方公里，人口比重为30.4%。近远郊区面积为10289.8平方公里和14952.2平方公里，各拥有都市圈总人口的17.4%和29.9%。

虽然伦敦兴起于工业革命，但以往传统的制造业已基本迁出了伦敦。目前伦敦制造业企业分布较少，伦敦都市圈内的企业部门，也以服务决策为主，主要是总部和销售部门。作为都市圈的重要次级中心城市，与伦敦在地域上形成了一定的功能分工。如伯明翰作为英国第二大城市，在金融化和信息化两股力量的支撑下，工业经济迅速实现了向现代服务业的成功转型，至今它仍是英国最重要的工业城市，工业总产值占全国1/5以上。

（三）国际主要城市制造业发展对上海的启示

尽管上述三座城市在制造业发展的模式上存在差异性，但整体都呈现了相似的规律性，并均具有独特性与代表性，它们曾经历的经济问题、政策导向、产业规划等均对上海具有重要启示。

1. 改变传统制造业发展观，集聚重点领域、产业链重点环节

保持制造业的适度规模，改变以往的制造业发展观，弃“大（量）”求“精（质）”，集聚重点领域、产业链的重点环节，集聚优势资源，提升关键领域的自主创新能力，更注重围绕“小、精、尖”打造制造业核心竞争力。具体来看，“小”是不以量产规模、全产业和全产业链发展为追求目标；“精”是聚焦重点领域、产业链重点环节，集聚优势资源，形成核心竞争力，拥有核心掌控力和资源配置能力；“尖”是掌控产业价值链的高端，提升重点行业、重大装备、关键领域的自主创新能力，形成自主品牌，增强对外、对市场的影响力。

2. 优化制造业主体结构，完善区域产业格局

都市圈内良好的产业分工协作及空间布局是都市圈发展的根本动力和经济关联度的重要标志。上海可考虑开展跨行政区域的整体规划或项目开发计划，从更大范围发挥规模效益和整体优势，合理打造上海都市圈，完善产业区域布局。借鉴纽约、东京、伦敦的经验，充分考虑上海的基础和优势，明确区域分工与布局。核心区域重点布局小型、专业、高附加值的都市型工业，如出版印刷、时装等都市工业；机械、电子、汽车、化工等高新技术产业向外环以及近郊转移，带动相关配套产业发展。与此同时，制定产业转型方向要具有前瞻性、合理性和可行性，制订城市发展目标时要突出自身特色，形成互利互补的发展格局。

3. 改造传统制造产业，推动高端制造业发展

顺应全球产业发展在技术利用、模式创新等方面的新趋势，围绕个性化、柔性化、定制化等消费新特征，大力推进信息技术、网络技术、控制技术、供应链技术等在机械、纺织、运输、贸易等传统行业的应用，加快上海产业的生产组织、市场营销、经营管理等环节的创新，实现制造业与服务业的有机融合，促进上海制造业提升经营和服务水平。此外，努力发展外向型和生产性服务业，推进经济结构的高技术化，做大做强高端制造业，重点推进航空航天、汽车及装备制造、石油化工等产业；积极发展新一代信息技术、新能源、新材料、生物医药、节能环保等产业。

三、上海制造业发展历程和主要特征

上海作为中国五大老工业基地之一，是门类齐全、相对集中的工业区域，拥有较完整的制造业体系和完善的产业链。正如同其他经济现象，上海工业化的变迁也是一个路径依赖与路径创造相交织的动态过程。新中国成立以来的经济基础、社会结构、技术水平和制度环境基本决定了改革开放初期工业的发展方向。本节梳理了上海市工业发展历程，突出各阶段发展特点，并总结上海六大重点工业行业与战略性新兴产业制造业的发展经验。

（一）上海制造业发展历程回顾

上海市工业发展与经济周期等外部环境关系密切。一方面，两者增速高度相关，近四十年间工业增加值与 GDP 增速的相关系数达 0.86。改革开放初期，工业的复苏极大拉动了上海市的经济增长。而在几次经济周期性下移时，上海市的工业也出现了较大幅度的收缩。另一方面，经济结构、贸易结构、科学技术的变迁也对工业产业结构产生了巨大影响，曾经一度是上海经济增长主动力的工业总体呈现不断弱化的态势。工业占 GDP 的比重从 1978 年的 76.1%，下降为 2017 年 6 月末的 27%。工业的发展方向也从改革开放初期的重工业转为轻工业，随后又先后探索了以六大工业支柱产业、六大重点工业行业和战略性新兴产业制造业为主导的发展模式。

具体来看，我们将上海市工业近四十年发展历程分为四个阶段。

1. 1979～1984 年，恢复和适应性调整阶段

为解决长期计划经济及“文化大革命”造成的轻重工业发展不协调等工业结构性问题，1979 年 5 月，上海提出加快发展消费品生产，多发展投资少、收效快、赚钱多、国内外市场需要的轻工业，同时调整重工业的服务方向，主要为农业、轻工业和出口服务。这一时期，上海工业总产值从 1978 年的 514 亿元升至 1984 年的 728.1 亿元（均为当年价）。六年间工业总产值指数（以 1978 年为 100）增长了约 47.7%，轻重工业比例有所优化。轻工业在上海工业中的占比从

1978 年的 51.8% 上升至 1981 年最高点的 58.1%，四年间提高了 6.3 个百分点；主要轻工产品均有大幅增长，如自行车、缝纫机和手表，1984 年的产量分别是 1978 年的 1.8 倍、1.5 倍和 1.7 倍。而一些重工业品的增幅则小得多，例如钢的产量在这期间仅增长了 15.2%，并在 20 世纪 80 年代初有所回落。

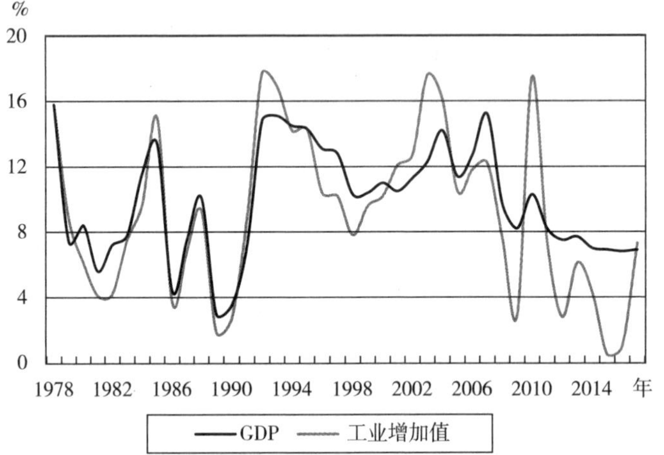

资料来源：上海市统计局，下同。

图 1 1978 年以来上海市 GDP 及工业增加值同比增速

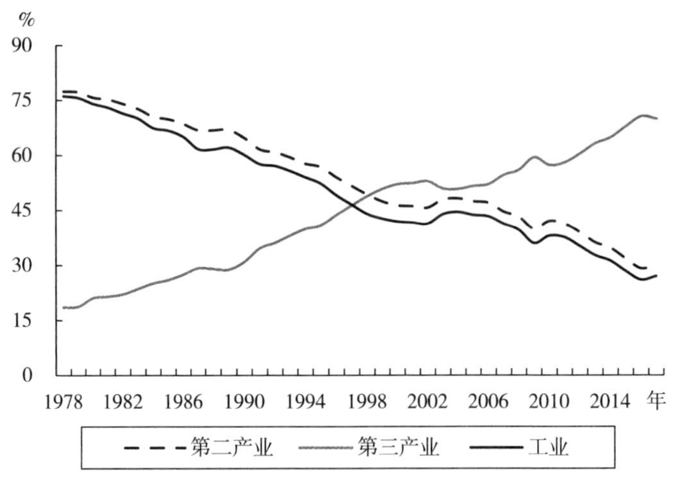

图 2 1978 年以来上海市第二、第三产业增加值占 GDP 比重

1984 年 12 月，《上海经济发展战略汇报提纲》提出了工业发展的几点思路：一是要减少对能源、原材料的依赖；二是在工业中实行倾斜的非均衡战略，依靠主导行业带动整个工业的发展。但从随后几年上海的实际情况来看，工业对能源和原材料的依赖不降反升，根源在于工业发展速度并没有得到有效控制。第二点思路是通过对部分行业的重点改造来实现。

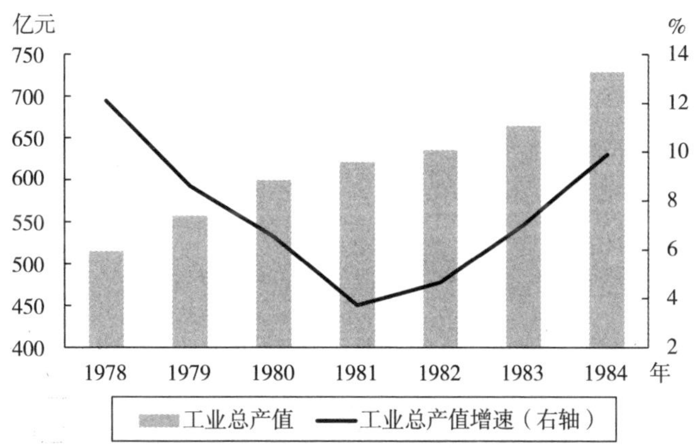

图 3　1978 ~ 1984 年上海工业发展情况

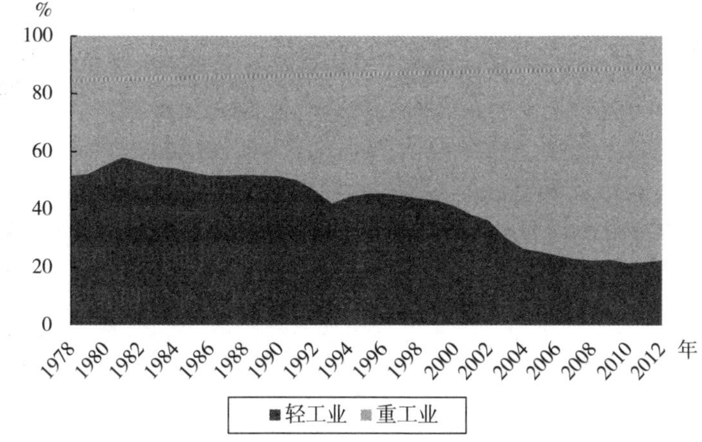

图 4　1978 ~ 2012 年上海轻重工业占比

2. 1985 ~ 1992 年，以培养支柱产业为主的结构调整阶段

1985 ~ 1992 年，上海工业逐步从计划经济转向了市场经济，为下一阶段的工业结构调整奠定了良好基础。在这期间，上海工业总产值从 1985 年的 862. 7 亿元增长至 1992 年的 2430 亿元，增长了 1. 8 倍。以工业总产值指数计算，上海工业规模约增长了 82. 9% 。“七五”计划（1986 ~ 1990 年）提出，前两年要控制社会总需求，解决经济增长过快、固定资产投资规模过大和消费基金过猛的问题；后 3 年再根据情况适当增加投资，但对建设总规模仍进行必要的控制。反映在上海工业上，1985 ~ 1986 年的紧缩政策使增长过热的情况得到控制，增速从 13. 5% 下滑至 5. 5% 。但由于政府对 1987 年的经济调整过于乐观，1988 年增速再次回升至 10. 5% 。鉴于 1988 年的经济过热，中央决定从 1989 年起，用 3 年（或更长时间）完成对经济建设的治理整顿，缓解供需矛盾和通货膨胀。到 1992 年，经历了增速滑坡和市场疲软，治理整顿的目标基本实现。

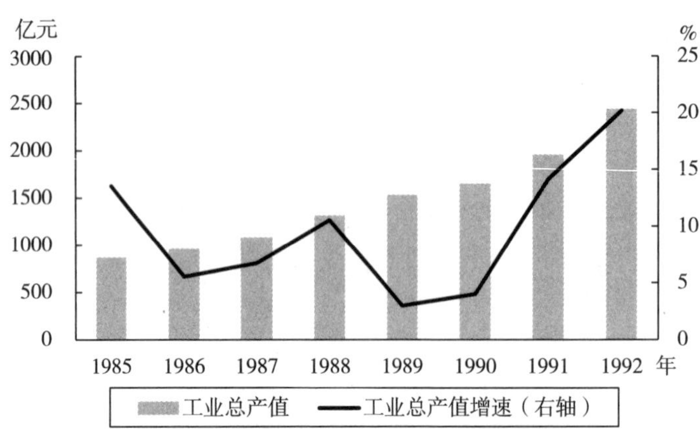

图 5　1985～1992 年上海工业发展情况

1989 年，上海出台了《上海工业结构调整工作的意见》，将上海经济的进一步发展从主要依靠物质资源投入转向主要依靠技术进步，推动生产要素的合理配置，并对纺织业等传统工业进行大力压缩。1986 年上海开始对汽车、电站设备、钢铁、石化、轮船、家用电器等 17 个行业进行重点改造。1990 年又提出重点发展轿车制造业、通信设备制造业、微电子和计算机制造业、电站设备制造业、石油化工工业、机电化学工业、机电一体化、装备工业、精细化工等行业。这些调整可以看作是对支柱产业和主导产品的初步探索。

3. 1993～1999 年，以六大工业支柱产业为导向的产业结构战略调整阶段

1993 年以后，上海工业再次进入高速增长时期。但从趋势来看，增速逐年下降，从 1993 年的 20. 1% 下滑至 1998 年的 7. 8%。同时，工业生产规模继续扩大，上海工业总产值从 1993 年的 3327 亿元增长至 1999 年的 6213. 2 亿元，翻了近 1 倍。以工业总产值指数计算，这期间上海工业规模约增长了 92. 6%。与此同时，工业在 GDP 中的地位相对下降。从增加值来看，1999 年上海工业增加值为 1788 亿元，占当年上海国内生产总值（4188. 7 亿元）的 42. 7%，较 1993 年下滑了 13 个百分点。1999 年，第三产业占比开始超过 50. 8%。这主要归因于 1992 年底上海开始实施的“三、二、一”战略性调整，即优先发展第三产业，积极调整第二产业，稳定提高第一产业。

同时，上海结合产业结构调整，通过培育支柱产业、发展高新技术产业和建设工业新高地，对传统第二产业进行了大规模的改造。一方面，对纺织业进行大规模调整，到 1998 年整个纺织业压缩了 138. 5 万锭，减员十几万人。另一方面，汽车、电子及通信设备、钢铁、石油化工及精细化工、电站设备及大型机电设备、家用电子电器六大支柱产业正式确立。为扶持支柱产业，上海分别成立了六大支柱产业的领导小组，由市领导亲自挂帅，并在支柱产业中实施一批大项目，同时积极引进外资，并对重大项目给予贴息贷款等金融支持。在市政府的积极推

动下，六大支柱产业得到了快速发展，占上海工业总产值的比重从1994年的37.9%上升到1999年的44.4%。

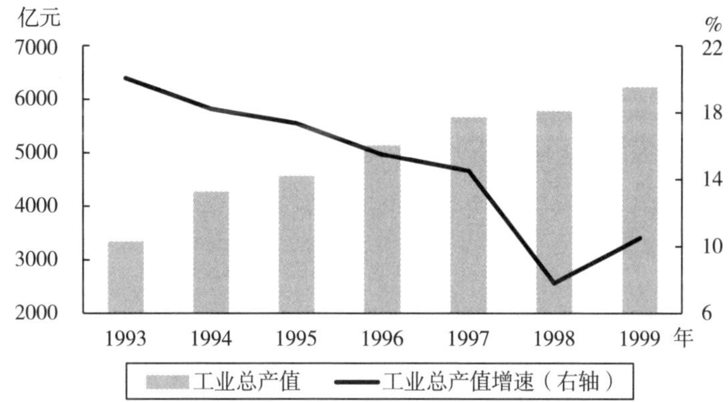

图6 1993～1999年上海工业发展情况

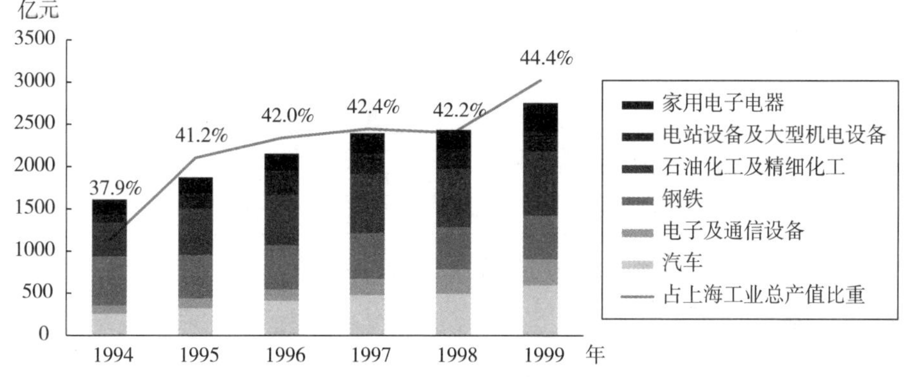

图7 1994～1999年上海六大支柱产业工业发展情况

在技术升级方面，20世纪80年代初，上海工业企业提高装备和产品水平以技术引进为主。20世纪80年代中期开始，上海工业通过与国际大公司合资的方式加快技术革新。例如，1984年开始与德国大众合资的汽车工业。20世纪80年代末，在国家“863”计划推动下，上海决定重点支持一批高新技术产业，并发展为能拉动本市经济全面发展和产业升级的主导行业，最终明确了优先发展的高新技术领域为微电子、计算机、生物、激光、新材料等。为实现该目标，上海采取了“政府支持、财税优惠、立法保障”等措施，由市领导直接分工抓重点项目建设的规划和组织，设立新兴技术和新兴工业创业基金，对高科技产品中试和产业化项目、高科技企业、高科技产品开发和生产所需设备等在所得税与关税方面给予优惠，并于1988年专门设立了漕河泾新兴技术开发区，使其与张江、金桥开发区共同成为高新技术产业集中发展的园区。1999年上海高新技术制造业总产值1130亿元，占全市当年工业总产值的18.2%；完成利润总额115.7亿元，占当年工业利润总额的44.2%。

4. 2000年至今，以发展先进制造业为目标的产业结构提升阶段

在这个阶段，上海市工业总产值从7023亿元增至2016年末的31082.7亿元。以工业总产值指数计算，上海工业规模在17年间增长了3.9倍。制造业已经成为推动上海经济竞争力的关键力量，六大重点工业行业产值从2001年的3958.2亿元增长至2016年的21001.3亿元，增长了4.3倍；占全市工业总产值的比重从50.7%上升至67.6%。在这期间，上海积极推动新能源汽车、新一代信息技术、节能环保、高端装备、新材料等战略性新兴产业制造业发展。

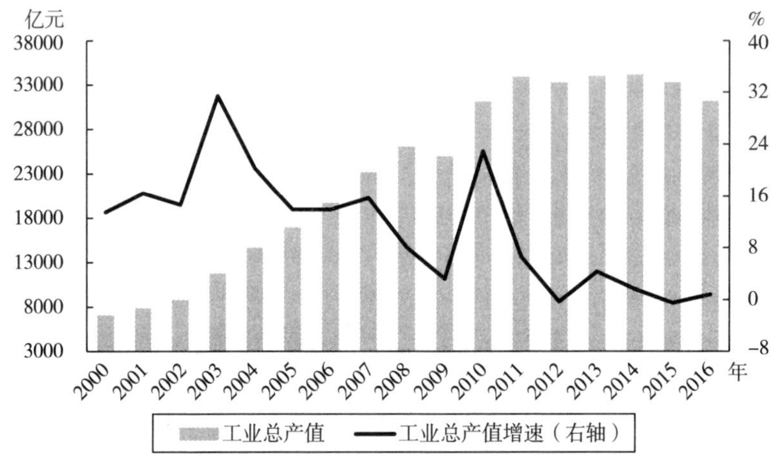

图8　2000～2016年上海工业发展情况

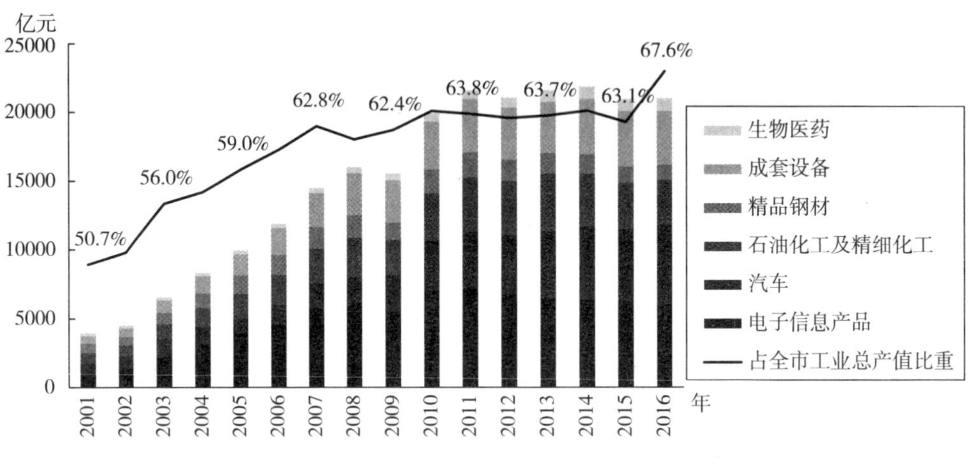

图9　2001～2016年上海六大重点工业行业发展情况

党的十八大以后，国家发布了《中国制造2025》，提出制造强国战略，实施制造业创新中心、高端装备创新、工业强基、智能制造、绿色制造五大创新工程。2016年末的中央经济工作会议提出，实施创新驱动发展战略，既要推动战

略性新兴产业蓬勃发展，也要注重用新技术新业态全面改造提升传统产业。经过“十二五”的发展，上海制造业向先进制造业转型升级有了坚实基础。2016 年上海市工业增加值较 1978 年增长了 33.4 倍。2017 年上半年，上海市工业企业实现总产值 16888.3 亿元，完成增加值 3753.3 亿元，整体规模在一线、二线城市中稳居第一。其中，六大重点行业工业总产值 10978.6 亿元，同比增长 11.2%，增速快于全市工业总产值增长。工业增加值占 GDP 的 27%，规模以上工业税收在地方一般公共预算收入的比重为 24.6%。

（二）上海制造业发展主要特征

1. 以对外开放为重要途径

20 世纪 80 年代，上海通过发挥区位优势，大力引进和利用外资，上海工业外向型增长开始起步。20 世纪 90 年代，上海抓住浦东开发的历史机遇，大力吸引外资，工业外向度逐步提高。1999 年上海工业出口交货值占全市工业销售总产值的比重升至 17%，该比例持续上升，直至 2008 年开始逐年下滑，2015 年末为 24.3%。大量利用外资既缓解了改革开放初期建设资金不足、技术落后、产品单一、国企效率低下等问题，也推动了工业技术进步、国企改革，带动了上海市工业快速发展。

同时，上海利用外资以欧美日产业投资为主，大型跨国公司和行业龙头企业投资占主导地位，投资体量大、项目规模大、技术层次高。根据累计合同金额与合同项目个数简单计算，单个合同金额从 2000 年的 186.3 万美元逐步增至 2016 年的 370.9 万美元。截至 2016 年末，上海工业累计吸引合同外资 949 亿美元，占全市合同外资的 24.7%，该比重与本市工业规模大体匹配。从所有制结构看，2016 年外商及港澳台投资企业的总产值在规模以上工业企业中占 61.6%，该比例较 2000 年上升了 6.3 个百分点。

2. 以深化改革为推进举措

上海工业一直坚持把深化改革作为促进工业增长和结构调整的突破口，通过调整产品结构、空间布局、企业组织，整体竞争力不断提升。第一，1988 年上海率先推行土地使用权有偿转让制度，推动工业空间布局合理调整。20 世纪 90 年代上海结合中心城区大规模旧城改造，以土地级差为动力，城区工业大量向郊区转移，形成了以工业开发区为核心载体的工业空间分布。同时，上海工业布局发展规划从单一的城市环境保护为目标转向根据城市功能定位。对不适宜在上海发展，但能转移或扩散至外地以充分利用当地资源的行业，积极实施“销地产”。第二，1999 年开始推动国企“三改一加强”①，建立现代企业制度，增强

① 三改：改制，将国有企业改制成为民营企业、私营企业、混合企业；改组，将不同的国有企业进行优化组合，组建成集团公司，集团公司再分成若干分公司和子公司；改造，是将国有企业进行经营机制改造和技术改造。一加强：对国有企业加强管理。

国有企业活力。第三，推进融资体制改革、投资主体多元化，使所有者结构更加合理。第四，推进国资国企改革，扩大证券化比例，建立国有资产管理体系。同时，转变政府职能，服务市场和企业，营造良好的发展环境。

3. 以主导产业为重要支撑

从 20 世纪 80 年代对部分行业的重点改造，到 20 世纪 90 年代的六大支柱行业，再到 21 世纪的六大重点工业行业，产业结构调整与主导行业培育相结合并以此带动整个工业升级发展的思路贯穿始终。通过集中力量发展好一批大基地、好项目、核心企业、优势产品，上海主导产业能级与国际竞争力不断提高，行业控制力和市场影响力显著增强，对全市产业发展的拉动作用进一步凸显。2017 年 6 月，六大重点工业行业总产值、主营业务收入、利润总额分别占全部规模以上企业的 68.6%、68.6% 和 71.8%，对本市工业增长拉动作用显著。

4. 以技术进步为主要驱动

20 世纪 80 年代以来，技术进步成为上海工业做大做强、结构优化的主要驱动力。一是高新技术产业持续发展。1997～2015 年，高新技术产业制造业总产值年均增速达 12.1%；占工业总产值的比重约 1/5。二是高新技术企业成长迅速，民营科技企业发展良好。2015 年上海市高新技术制造业企业达 1020 家，占全市的 11.3%；其中有 996 家为股份制企业或外商投资企业。三是技术交易与出口保持较快发展。自 2000 年起，上海技术交易规模超过江苏居全国第二位，形成了以华东为吸收重点向全国辐射的技术集散中心，有效带动了周边地区的经济发展。同时，2015 年高新技术产品出口总额达 790.6 亿美元，较 2001 年增长了 13.6 倍。

5. 以工业园区为发展载体

自 1994 年起，上海工业园区进入大规模建设时期。通过腾挪转移，上海工业逐渐形成了以产业基地为龙头、国家级开发区为先导、市级开发区为支撑、生产性服务业功能区为配套、郊区都市型工业园区为补充的发展格局。截至 2015 年末，上海共有 16 个国家级开发区和 23 个市级开发区①。工业园区以先进制造业为主，大力发展外向型经济。2015 年末，国家级和市级开发区的工业总产值、出口交货值和利润总额分别达 15470.3 亿元、4431.5 亿元和 1369.3 亿元，占全

① 16 个国家级开发区包括：张江高新技术产业开发区、中国（上海）自由贸易试验区、虹桥经济技术开发区、闵行经济技术开发区、漕河泾出口加工区、紫竹高新技术产业开发区、嘉定出口加工区、陆家嘴金融贸易区、金桥经济技术开发区、金桥经济技术开发区南区、松江出口加工区、闵行出口加工区、青浦出口加工区、上海化学工业经济技术开发区、松江经济技术开发区、漕河泾开发区浦江高科技园。23 个市级开发区包括：上海新杨工业园区、未来岛高新技术产业园区、市北高新技术服务园区、莘庄工业园区、宝山工业园区、月杨工业园区、嘉定工业园区、嘉定汽车产业园区、浦东空港工业园区、浦东合庆工业园区、朱泾工业园区、枫泾工业园区、金山工业园区、松江经济开发区、青浦工业园区、西郊工业园区、浦东康桥工业园区、南汇工业园区、奉城工业园区、星火工业园区、奉贤经济开发区、崇明工业园区、富盛经济开发区。

市比重分别为46.6%、58.3%和51.1%。

6. 以企业集团为实施主体

近40年来，上海通过引进、培育、重组，形成了一批有较强自主创新力、行业影响力的龙头企业，成为支撑整个上海工业发展的骨干。2015年末，上海市规模以上大中型企业共计1520家，占全部规模以上企业的16.9%。而其贡献的工业总产值、主营业务收入、利润总额和税金总额分别达23292.3亿元、25710亿元、2244.9亿元和1766亿元，占全市的比重分别为74.4%、75.2%、83.7%和87.9%。

四、上海制造业面临的困难和瓶颈

面对国内外环境形势和自身条件的变化，上海制造业转型升级既面临紧迫压力，也有内在需求。一方面，新科技革命和产业变革促使全球产业竞争格局发生重大调整，制造业成为全球竞争新焦点，发达国家大力实施“工业4.0”“再工业化”战略，发展中国家加快承接产业和资本转移，对我国制造业形成高端回流和中低端分流的“双向挤压”。另一方面，我国经济发展进入新常态后，主要依靠资源要素投入、规模扩张的粗放发展方式难以为继，亟须向产业链、价值链高端迈进；供给侧结构性改革和消费结构升级换代，以及加快推进“三去一降一补”，都在倒逼制造业加快转型升级，提升竞争力，更好适应和带动市场需求。同时，上海逐步进入后工业化时代，产业组织和分工体系发生明显变化，面临着人口、土地、环境和安全的底线约束，经济发展综合成本持续上升，必须改变传统依赖低成本要素投入的制造业发展模式，转型升级的内在要求日益迫切。

上海市政府对上海制造业所面临的国际国内环境及自身条件早有清醒认识，在“十二五”之初就指出，上海“资源环境约束日益凸显”“必须加快培育和发展知识密集度高、资源耗费少、环境友好、综合效益明显、且具有较强成长潜力的战略性新兴产业，形成新的经济增长点”，并专门制订了上海市工业发展、战略性新兴产业发展“十二五”“十三五”规划，对发展目标做了明确部署，但效果并不理想，上海制造业发展正面临诸多困难和瓶颈。

（一）上海制造业转型发展成效不及预期

从“十二五”以来的情况看，上海制造业转型升级的成效与预期相比有较大差距（见表1）。2010年之后，上海市工业总产值增速持续下行，近两年已降至零增长附近（2010年规模以上工业总产值增长23.1%，2015年、2016年规模以上工业总产值分别下降0.8%和增长0.8%）；工业对经济的支撑作用持续走弱，工业增加值占生产总值的比重从2010年的38%降至2016年的26%，距离上海“十三五”规划纲要中提出制造业增加值占比25%的指标非常接近。

表1　上海“十二五”时期工业主要发展目标及实现情况

指标名称	发展目标	完成情况
工业增加值年均增长率	6% ~7%	4.2% （2011 ~2015 年年均）
工业增加值率	提高2.5%	提高0.5% （2015 年比2010 年提高）
工业企业研发投入 占主营业务收入比重	1.5%左右	1.4% （2015 年）
战略性新兴产业中制造 业占工业总产值比重	30%左右	25% （2015 年）

上海工业“十二五”规划的发展导向是高端化、集约化、服务化和战略性新兴产业引领，但实际执行情况都不及预期。

一是高端制造业发展缓慢。上海高技术产业产值规模与广东、江苏等省的差距明显扩大，在全国的排名出现下滑。2015 年，上海高技术产业的主营业务收入利润率为3.95%，仅比2010 年提高0.4 个百分点，经济效益增长乏力。上海工业增加值率增长缓慢，“十二五”规划发展目标是提高2.5 个百分点，实际提高只有0.5 个百分点。

二是集约化发展有待加强。尽管近年来，上海加快了产业向产业园区、基地的聚集，大力推进产业园区的整合和归并，但是各种镇属、村属的产业园区仍大量散布。不仅布局不甚合理，上海部分行业单位面积投资强度低于国际水平，部分工业区发展能级过低。目前，医药制造业资产均值为53 亿元/平方公里，相当于国际平均水平的50%左右。全市单位土地工业总产值低于40 亿元/平方公里的工业区有27 个，约占全市产业区块面积的10%；乡镇管理的工业区开发水平明显偏低（单位土地工业总产值36.3 亿元/平方公里），与发达国家超过100 亿元/平方公里的工业用地产出率存在很大差距。

三是战略性新兴产业引领作用不突出。上海战略性新兴产业在经过多年培育后，效应逐步释放。但由于战略性新兴产业涉及面过广，产业管理引导方式缺乏创新，再加上同质化竞争的挤压，上海战略性新兴产业增长势头相对滞后，对经济发展的引领作用较弱。在传统六大支柱产业增速不断下滑的同时，战略性新兴产业中的制造业增长同样乏力，甚至在2012 年和2015 年两次出现负增长，2015 年战略性新兴产业产值占比仅为25%左右。

（二）上海制造业发展缓慢的直接原因

“十二五”以来，上海制造业发展不及预期，工业经济下行压力仍然较大，直接原因是市场需求疲弱、工业投资不足和产业转移等因素共同作用的结果。

一是外部市场需求疲弱，直接冲击工业出口和传统制造业。上海制造业外向度较高，外向型经济格局支撑了上海经济的快速发展，但也存在一定的负面影响，产业经济容易受到外部市场周期性波动的冲击。金融危机后，外部市场需求乏力，对上海出口冲击较大，全市工业出口交货值增速从2011年开始快速回落，之后连续四年负增长，2016年下降4.7%。从行业看，作为上海六个重点行业之一的电子信息产品制造业，是承受外部市场波动冲击最大的行业之一。从20世纪八九十年代至今，在经济全球化的趋势下，上海通过承接发达国家电子信息产业转移嵌入全球价值链，并实现了高速增长，但从产业价值链来看，上海的电子信息产业仍处于价值链低端，大多从事“两头在外”的加工组装，外向型特征非常明显。面对国内外产品市场和要素市场的激烈竞争，尤其是金融危机后国际市场电子产品消费持续低迷，上海电子产品出口受阻，产业发展遭遇较大调整。

二是工业投资不足，制约未来产能增长。受企业效益下滑、上海商务成本高、资源环境制约等因素影响，工业企业投资意愿和信心明显不足，2013年以来工业投资连续三年下降且降幅不断扩大，占全社会固定资产投资比重从三分之一左右回落到不足六分之一，工业的潜在生产能力不断萎缩。从经济成分看，上海工业投资由国有经济主导的地位长期未变，而国有经济工业投资受现有产业结构、盈利模式限制，投资增长难以为继；随着商务成本的提高和受资本逐利的驱使，低成本加工制造业对外商吸引力已不复存在，外商投资逐年下降，上海工业高速增长所依赖的强大外部动力减弱；民间投资虽有一定程度的增长，但投资领域限制及不确定性影响了民间投资的进一步发展。

三是产业转移导致工业产出减量规模扩大。上海坚持守住人口、土地、环境和安全四条底线，建设用地已接近“天花板”，工业用能、环境和安全等面临更严格的限制，制造业发展空间受限。因此，近年来上海主动持续推进产业结构调整，加大“三高一低”（高能耗、高污染、高危险、低效益）落后产能调整淘汰力度，产业向外转移，实现跨区域产业分工的趋势日益明显。从近年来上海市部分大型工业集团型企业的调查数据看，“十二五”以来呈现市内工业产值比重下降、市外工业产值比重上升的趋势，个别企业甚至出现市外产值占主导的情况。根据估算，“十二五”期间，上海工业企业因产能外迁造成每年工业总产值规模减小超过2000亿元，年均影响产值增速2个百分点左右。

（三）上海制造业长期发展面临的困难和瓶颈

我们认为，产业转型升级不顺是造成上海制造业当前困难的深层次原因，具体表现在以下几方面。

一是上海制造业产业结构老化。上海的制造业仍然以重化工业为主，在上海制造业中排名前9位的都属于重化工业，其中汽车制造业在上海的工业体系中拥有举足轻重的地位，其产值占了上海规模以上工业总产值的18.6%，对产值增长的贡献度则达到292.96%，利税占比为30.45%。

二是产业规划重点不够突出。上海在“十二五”期间规划的战略性新兴产业就已经涵盖了22个领域，在“十三五”规划中又进一步扩充，加快发展9个产业，改造提升5个产业，积极发展5个产业，涉及的领域数十个。作为一个特大型城市，上海的制造业要想振兴，仅靠一两个新兴行业或领域当然是不行的，但也不宜过多分散。一方面，上海规划发展的行业都位于产业结构的高端，不仅要参与国内竞争，甚至要参与全球竞争，几乎所有的行业发展对技术、人才和资源的要求都很高，多数行业具有“赢家通吃”和规模效益，如航空航天、集成电路、生物医药、新能源汽车等，上海在这些行业发展中不仅必须力争全国前列，而且要力争世界前列，否则即使短期能够取得一定进展，从长期看也难以立足。另一方面，上海规划的战略性新兴产业与国内其他地区的产业规划高度重合，容易造成重复建设和产能过剩。此外，根据测算，上海仅仅有明确数量计划目标的新兴产业领域到2020年产值合计就达到24050亿元，这意味着在“十三五”期间，上海战略性新兴产业的平均年增长率要达到20%以上，这是一个非常高的目标。

三是转型升级的传统驱动力减弱。以电子信息产品制造、汽车、石化、精品钢材、成套设备制造、生物医药六大重点行业的兴起是推动过去上海制造业快速发展的主要动力，到“十一五”末期的2010年，六大重点行业占到了全市工业总产值的66.2%。这六大支柱产业的形成在较大程度上是20世纪80年代以来，上海市大力引进国外先进技术和资金的硕果，例如电子信息业主要引入了台资企业，汽车业先后与德国大众和美国合资，宝钢引进了日本新日铁技术。在此期间，上海外国直接投资连续多年高速增长，外商企业占上海规模以上工业企业主营业务收入的比重在国际金融危机前的2007年达到了65.6%的历史高点，但是，原来上海的六大支柱产业在全国的产业结构中已经处于高端，在全球产业链中也处于次高端，规划中的转型升级产业只能瞄准世界尖端，如新一代信息技术、高端装备制造、生物、新能源、新材料等行业都是发达国家正在大力发展的，上海吸引相关技术和产业转移的难度十分大。

四是招商引资方式缺乏创新和可持续性。鼓励和支持跨国企业设立地区总部，是上海积极利用外资、扩大开放的重要举措之一，也是上海实现产业转型、促进科技进步的有效方略之一。但是，上海原有的招商模式、领域和政策正面临越来越多的挑战。研究表明①，上海吸引外资进入先进制造业在短中期内对行业

① 杨玲. 上海先进制造业转型研究［M］. 北京：人民出版社，2014.

技术进步有提升作用，但这种趋势没有持续，表现为后期成本推动以及劳动密集型增长模式，导致其效率明显下滑，出现高端产业低端化发展的趋势。例如，上海家化与美国庄臣合资后，“美加净”“露美”等品牌被作为庄臣销售线中的低端产品，长期得不得重视，甚至部分产品，如中华牙膏等被停产。这种合资发展模式使上海企业只能从属于跨国公司全球价值链的中低端，缺乏必要的研发支持，难以占领未来科技制高点，长期来看不利于产业效率提升。

五是投资环境亟待完善。近年来，虽然上海工业用地价格上升幅度也很大，从2008年到2015年上升了1.6倍，但同期住宅用地价格涨幅更高。同样地段的土地，如果由工业用地转为住宅用地，土地出让金可以多收入几十倍甚至上百倍。从土地产出看，2015年，每亩上海工业用地的工业产值是446.7万元，甚至比不上同样土地建设的办公楼或商业设施的税金。这种巨大的收益差距造成上海各区县对工业重视程度不断下降，取消了年度工业投资指标考核，新增工业用地大幅减少，从2012年前的每年1000万平方米以上下降到了2015年的不到200万平方米，如果去掉同期“198”① 区域工业用地每年700公顷的减量，实际工业用地已经呈现负增长。工业用地年限从50年缩短到20年。

六是技术改造有待进一步加强。技术改造是工业投资有效增加的重要途径，特别是当前国内产能过剩，工业投资回报率偏低，工业企业新建项目投资意愿持续下降，通过原有企业技术改造可以实现产品升级换代，提高投资效率，提升企业发展水平。但上海在推进企业实施技术改造过程中，也碰到不少问题。首先，企业实施技术改造协调的问题相对较多。原有的企业多数成立时间较早，不少位于老工业区，在规划、土地、环保等方面存在较多问题，工业用地中有56%属于195/198区域，目前限制技术改造，对于部分符合上海产业导向、环保达标排放的技术改造项目，需要相关部门共同协调推进。其次，技改资金来源相对单一。不少企业在实施技术改造时，多数依靠企业原有盈利或银行贷款，而技术改造投资中支持资金占比相对较低，企业承担的风险较高。

七是缺乏核心竞争力，高端化发展路径不明确。其一是产业核心关键技术对外依存度较高，能够完全自主掌控技术的领域不多，高端制造能力有待增强，关键技术和核心零部件亟须突破，智能制造装备、新能源、汽车等行业与国际先进水平之间差距有待缩小。上海高技术产业总产值占比从2014年的21.03%下降到2016年的19.95%。其二是缺乏能与国际一流跨国公司展开技术竞争的创新型领军企业，以及具有国际影响力的自主品牌，企业跨区域、跨国经营能力不足。

---

① 目前上海工业用地规划发展方向分为“104区块”“195区域”和“198区域”。其中，104区块是指全市现有的约104个规划工业区块；195区域指规划工业区块外、集中建设区内的现状工业用地，实际面积约195平方公里；198区域指规划产业区外、规划集中建设区以外的现状工业用地，约198平方公里。

世界产权组织的数据显示，2015 年国际专利申请世界前 50 家的企业中，5 家在深圳，1 家在北京，而上海一家都没有。

八是国企改革制约因素依然较多。2016 年，上海地方国有企业实现营业收入 3.1 万亿元、利润总额 3058 亿元、资产总额 16.8 万亿元。其中，实体经济企业营业收入同比增长 8.7%、利润总额同比增长 12.2%。2016 年上海地方国有企业实现营业收入、利润总额、资产总额均排名全国省市和计划单列市之首，分别约占全部地方监管企业总量的 1/6、1/4、1/5。但是，上海国资国企改革仍面临对改革涉及的国有资产保值增值、股权激励背后的公司管理等问题认识不统一、自身业务发展、人员安置困难等问题。推进国企改革还需要国资监管部门转变观念和推进市场化运作。

五、上海制造业转型升级对策建议

一是坚持打造产业制高点。加快发展战略性新兴产业。对接国家战略，推进战略性新兴产业高端化、融合化、集聚化、智能化发展。改造提升传统优势制造业。发挥规模优势，通过发展“四新”经济，推动电子、机械装备、建材、有色、化工等传统制造业改造升级。聚焦产业高端突破。提升整机自主化集成化能力，加快智能制造部署，大力发展机器人、数控机床等智能制造装备，推进工业强基工程，聚焦智能传感和仪器仪表，加快突破发展瓶颈。积极发展生产性服务业。

二是提高自主创新科技水平。增强产业创新能力。加强技术创新和示范应用，突破长期制约制造业发展的基础零部件（元器件）、先进基础工艺、关键基础材料和产业技术基础，实现制造业创新发展和质量提升。加快科技成果产业化。聚焦集成电路、新能源汽车、高端医疗装备等领域，加强科技前瞻布局与产业化对接联动。推动制造业服务化融合。加快制造与服务的协同发展，推动商业模式创新和业态创新，引导和支持制造业企业从提供产品制造向提供产品和服务转变，向提供整体解决方案或研发服务转变。

三是完善制造业综合生态体系。推进全面改革创新试验。加强产业政策创新供给。积极开展政策创新试点，如借鉴合同能源管理机制，推进智能制造供给侧制度创新。完善制造业服务体系。加快科技金融服务体系建设，加速推进创新链、产业链和资本链的有效融合，建立从实验研究、中试到生产的全过程科技创新融资模式，促进科技成果资本化。加大财税支持力度。结合“营改增”政策的全面实施，进一步完善市、区县财税分配体制，重点支持郊区县发展先进制造业。

四是推进制造业开放合作。深度拓展国内市场。强化政策引导，鼓励和支持企业加强内销产品研发，创新营销方式，丰富营销渠道，加快建立国内直接营销、网络营销等内销服务网络和物流体系，提高国内市场占有率。巩固和开拓国际市场。鼓励企业构建境外营销网络，支持领军企业通过并购、重组、战略合作等多种形式获取境外知名品牌、先进技术、营销渠道和高层次人才等高端资源。加强区域协调联动。

五是优化产业空间布局。加强城市产业规划，上海郊区集聚发展先进制造业，中心城区充分利用存量工业用地资源，优先发展都市型工业、生产性服务业，形成“创新引领、带状分布、集群集聚”的产业空间布局。提高工业用地效率。推进工业园区调整与转型联动，提早明确土地规划、功能布局，加快高端制造业、新兴产业等导入速度。开展工业区转型升级考核，建设智慧、绿色精品园区。创新土地政策。实行工业用地全生命周期管理，鼓励工业用地长期租赁和“租让结合、先租后让”。

六是优化企业营商环境。主动服务各类企业，强化精准服务。发挥企业呼声直通车、“四新”直通车、中小企业服务互动平台等作用，及时帮助企业解决实际问题。做好主动服务，降低实体企业成本，有效降低企业外部成本。落实国家降低实体经济成本政策，降低企业税费负担及制度性交易、融资、用能用地、物流等成本，加强各项降本政策落实情况及效果评估。

七是构筑制造业人才高地。建设多元化的人才载体。加强人才载体支撑体系建设，支持现有人才载体做大做强，培育发展一批新型人才载体。加强人才引进。按照现代工业发展趋势和要求，结合引进海外高层次人才计划，强化科技领军人才创业、工程技术人才实践和操作技能人才培训。强化人才培养。加强制造业高等职业人才培养，完善符合现代制造的人才培养模式，促进工学结合、产教结合以及校企合作，培育和引导城市创新文化氛围。优化人才环境。加强工业园区配套设施建设。实施人才安居工程，全面缓解人才住房困难，不断改善人才居住条件。

金融机构行为的国际比较研究

中国人民银行上海总部国际部课题组

课题组组长：冯润祥

课题组成员：李良松　陆　屹　童小军　刘　薇

摘　要

本文首先建立了股东有限责任制下金融机构利益最大化模型，并以此解释了2008年国际金融危机前金融机构扩张杠杆、追求风险资产以及通过拆入大量批发性资金来降低融资成本的内在机制。在有关金融机构行为的一般均衡模型中，本文厘清了各类利率之间的传导关系，并分析金融机构行为对中央银行政策利率传导的影响。经验研究表明，2008年国际金融危机以前，美国和日本商业银行的资产回报率出现明显下降趋势，在股东有限责任、高管薪酬体制不合理以及金融监管宽松等诸多因素推动下，商业银行风险偏好普遍较高。商业银行一方面追逐高风险资产以博取高收益，并依赖批发融资降低资金成本，从而使净息差保持稳定；另一方面通过加杠杆来提高资本收益率。这种做法的最终结果是商业银行积累了太多风险，抵御危机的能力下降；同时，各类结构复杂的金融衍生品使商业银行乃至整个金融体系联系紧密，金融风险更加具有隐蔽性、传染性和破坏性。2008年以来，全球金融监管明显加强，多数国家商业银行不得不开始去杠杆，杠杆倍数有所下降，商业银行追求高风险资产以及过度依赖批发融资的情况有所改善。各国中央银行极度宽松货币政策在应对金融危机中功不可没，但是长时间的宽松政策使全球金融市场流动性再次过于宽松，商业银行依赖批发融资的比例又开始上升。近年来，中国商业银行的资产回报率开始明显下降，由于监管不完善，商业银行也开展了一些风险较高的业务；与其他国家相比，中国商业银行杠杆倍数较高、部分银行过度依赖批发性融资等可能蕴含一定风险。中国应充分借鉴2008年以来国际金融监管改革成果，健全金融监管体系；党的十九大报告明确提出构建宏观调控有度的经济体制，中国货币政策要把握好度，保持市场流动性合理充裕，避免金融机构过于依赖批发融资，降低流动性冲击对金融体系的影响。

本文研究也表明，金融机构行为会对货币政策产生显著影响。不同资本水平和杠杆水平的金融机构对货币政策的反应存在较大差异，从而影响政策传导。贷款利率受同业市场利率影响，在同业市场陷入恐慌，交易萎缩、利率高企的情况下，必然会导致贷款利率上升和贷款规模下降。因此，危机期间，中央银行必须首先维护银行间市场的稳定，才有可能引导政策利率更好地传导至实体经济。金融危机时期，中央银行除提高大量流动性外，还需要关注各类资金管理成本，疏通政策利率向债券利率、贷款利率等其他市场利率的传导渠道。

本文理论和计量经济模型均表明，贷款或更广义的信贷都存在加速增长和加速萎缩的机制，可能会导致宏观经济风险。经济过热时期，信用风险相对较低，无论是追求股东利益还是高管薪酬动机，金融机构都有追求资产大幅扩张的强烈动机；各类资金管理成本较低，也是信贷大幅扩张的另一个重要原因。因此，不论是信贷增长本身，还是信贷缺口都会持续大幅增长，如果没有及时通过宏观政策工具加以调控，很可能会引发金融危机，这一点在银行主导型金融体系的国家尤为明显。而一旦经济进入衰退期，各类风险暴露，资金管理成本也随之上升，将会导致信贷本身和信贷缺口加速萎缩，经济很可能进入长期衰退期。宏观审慎管理在打破信贷增长加速因子方面能够发挥重要作用，在监测到信贷增长超过趋势值以后，要及时通过宏观审慎工具，增加金融机构信贷扩张的成本，除加息以外，还可以要求增加逆周期资本，调节各类资产风险权重，对杠杆倍数、总资产规模或各类风险资产规模施加相关限制等。

一、引言

2008 年国际金融危机以来，学术界和各国中央银行更加重视金融机构行为对宏观经济以及货币政策的影响。在国际金融危机以前，多数理论研究主要关注宏观经济政策，如货币政策对金融机构行为的影响，然而，事实上，作为中介机构，金融机构尤其是商业银行的行为，如贷款行为或风险承担行为会对货币创造产生重要影响，而且商业银行的行为方式，比如对资本和杠杆的选择，贷款定价行为也会影响到货币政策传导。从更宏观的角度来看，金融机构行为会显著影响系统性金融风险积累乃至整个金融体系的安全运行，这一点是 2008 年国际金融危机得出的重要教训之一。

在金融机构风险承担行为方面，主要有考察金融机构杠杆率的变动及其影响因素、分析金融机构追逐风险资产的动因，以及关注金融机构过度依赖批发融资等。2008 年以来，有关杠杆率方面的文献较多，多数文献认为金融机构杠杆率上升是导致金融危机的重要原因。一方面，危机前的资产价格泡沫引导了商业银行的表内高杠杆操作。金融机构一般会主动调整资产负债结构，如在经济上行期间，资产价格带动资产价值上升带来杠杆率下降，在负债价值不变且金融机构一般都会采取盯市原则考察杠杆率的前提下，为了维持固定的杠杆率，商业银行将增加负债，特别是短期负债；但是，如果以账面价值计算，实际杠杆率则上升了（Adrian 和 Shin，2010）。商业银行除在表内加杠杆外，还通过各种方式在表外加杠杆，通过交易各类顶着金融创新名义的结构化信贷产品，及其层层嵌套的复杂结构来逃脱金融监管。复杂的资产证券化业务使报表的透明度下降（Gorton，2009）。Brunnermeier（2009）证明，由于资产证券化能够帮助商业银行掩盖和转移资产负债表的风险，贷款发放人监督和审核贷款的动机下降。大量投资次级贷款的银行承受了巨大损失（Goldsmith - Pinkham 和 Yorulmazer，2010；Shin，2009），英国北岩银行就是其中的代表。虽然一部分风险已经被转移给投资银行及其他机构投资者，商业银行自身所积累的风险依然可观。另一方面，各国金融监管机构普遍忽视监管表外业务为商业银行腾挪表内表外业务，以及表外业务高杠杆经营提供了可能。Papanikolaou 和 Wolff（2014）发现无论表内还是表外的杠杆率均呈现上升趋势。Pozsar 等（2011）、Schwarcz（2012）认为，由于表外业务不反映在商业银行的资产负债表上，可以使商业银行逃避监管。张赟和胡海鸥（2009）认为，表外杠杆倍数可高达 50 ~ 60 倍。

金融危机表明，高杠杆虽然会提高金融机构盈利水平，但会放大金融机构的风险，威胁整个金融体系稳定。首先，杠杆的顺周期性将会加大宏观波动率和风险（Adrian 和 Shin，2010）。杠杆率的顺周期特征（Kalemli - Ozcan 等，2011）会降低高杠杆银行的抗风险能力，最终造成整个金融体系崩溃（Plantin，2014）；虽然去杠杆对于单个银行的资产负债表的健康是有利的，但危机后的去杠杆过程将削弱宏观经济的整体稳定性（Papanikolaou 和 Wolff，2014）。Beltratti 和 Stulz（2012）以及 Adrian 和 Brunnermeier（2016）也证实了短期杠杆会增大系统性风险溢出。其次，回购协议（REPO）、信用违约互换（CDS）等金融衍生品业务还加强了金融机构间的关联性。Duffee 和 Zhou（2001）、Morrison（2005）认为信贷衍生品会增加危机的传染效应，危害金融系统稳定性，并削弱金融资产价格的信号作用，最终降低社会福利。此外，大型金融机构组织架构的复杂性也使银行之间的关联性增强，从而增加了银行系统性风险溢出（Beck 等，2006；Gai 等，2011）。最后，金融机构杠杆率会影响货币政策传导效率。Gambacorta 和 Shin（2016）研究表明，资本充足率越高（杠杆率越低）的银行，紧缩性货币政策的效果越差；因为资本可以帮助缓解由于紧缩的货币政策造成的存款流失问题（Kashyap 和 Stein，1995；Jayaratne 和 Morgan，2000；Kishan 和 Opiela，2000）。Valencia（2014）的理论模型认为，当银行激进地加杠杆时，轻微的紧缩货币政策能够帮助缓解商业银行的风险承担行为，但大幅度的紧缩政策将进一步增加商业银行的冒险行为。Ehrmann 和 Worms（2004）认为银行间网络能够帮助银行不过分受紧缩性货币政策的影响而缩减贷款。陈晗和刘玄（2015）认为由于金融衍生品提供了以更少的“现金”参与金融交易的机会，而且利率衍生品对投机货币需求有一定的替代效应，这也将减少对投机动机的货币需求，从而影响货币政策效果。

还有一类研究关注金融机构追逐风险资产的动因及影响。Rajan（1994）认为银行信贷员容易将错误归咎于差的经济形势，从而导致在经济形势好的时候大量放贷，这造成了不良贷款的识别滞后。Ho 等（2016）研究发现，金融机构中过度自信的 CEO 会在危机前增加杠杆率，同时降低放贷标准。也有许多学者认为美国次贷危机前后，金融机构薪酬结构不合理导致了银行的过度风险承担行为（Bhagat 和 Bolton，2014；Cheng 等，2010）。次贷危机前，美国的金融机构拥有十分充足的流动性，经济下行的风险较低，薪酬敏感度降低；而且金融机构高管的薪酬水平多与盈利水平挂钩，因此，金融机构高管有动机降低贷款审核标准，扩大贷款发放规模，进一步催生资产泡沫（Acharya 和 Naqvi，2014；Ruckes，2004）。

金融机构在追求高收益的同时，也会设法降低资金来源成本，2008 年国际金融危机以前，全球主要央行长期实施宽松的货币政策导致全球流动性泛滥，金融市场融资成本很低，很多金融机构在资金批发市场借入大量资金，用于贷款和自身投资，实施期限转换和风险转换，以获取收益，但这带来了很大的流动性风险。

大量研究表明，除高杠杆外，金融机构在资产扩张时使用不可持续的融资结构是造成系统性风险和传染机制的重要原因（Berger 和 Bouwman 2008、2009；Bologna，2011；Vazquez 和 Federico，2012）。Berger 和 Bouwman（2017）发现高流动性创造，特别是高表外流动性创造能够预测危机的发生。实证中也发现，危机中最脆弱的银行往往使用短期债为长期资产进行融资，以至于银行在受到流动性冲击时无法展期（Acharya 和 Merrouche，2013；Afonso 等，2011；Brunnermeier，2009；Diamond 和 Rajan，2009；Gorton，2009；Huang 和 Ratnovski，2011）。Dagher 和 Kazimov（2015）以及 Raddatz（2010）的研究表明，因为批发融资没有政府的隐性担保，资金稳定性差；因此，主要依靠批发融资的银行在危机中的表现更加脆弱，容易大幅削减贷款规模。

还有一些研究关注货币政策对金融机构行为的影响，货币政策的贷款传导机制理论认为，当政策利率上升时，银行很难补偿核心存款流失，于是会限制贷款；这种情况更容易发生在流动性和资本缓冲均不充足的银行（Angeloni 等，2003；Chatelain 等，2003；Ehrmann 等，2002；Kashyap 和 Stein，1995；Kishan 和 Opiela，2000；Peek 和 Rosengren，1995）。所以，对于流动性水平较差的银行，紧缩性货币政策效果更好。然而，Allen 等（2012）、BCBS（2010）和 Yan 等（2012）研究表明，商业银行的低流动性融资结构虽然会在短期内增加信贷，提高经济增长，但蕴含巨大的金融风险。在货币政策的“风险承担渠道”方面，有学者研究货币政策是否会影响银行的风险承担。例如，Paligorova 和 Santos (2017) 发现，相对于货币紧缩时期，风险偏好较大的银行在货币宽松时期设置的贷款利率会相对更低。这说明，宽松的货币政策容易使银行放低贷款标准，扩大信贷发放。然而这些行为都将导致商业银行面临的信用风险上升，使银行难以应对流动性冲击（Acharya 和 Yorulmazer，2008）。目前还很少有文献研究金融机构行为对货币政策以及其他宏观经济政策的反向作用。

本文拟对金融机构加杠杆行为进行建模，找出金融机构加杠杆、追求风险资产以及依赖批发融资的理论根源，并据此提出监管改革建议。建立不同利率传导的一般均衡模型，来分析金融机构行为对货币政策，尤其是利率传导机制的影响；在此基础上，我们分析 2008 年国际金融危机前后，全球主要商业银行行为的变化以及对宏观经济的影响，最后总结本文研究，得出相关结论并提出可供参考的建议。

二、金融机构行为的理论模型

在以往的宏观经济模型中，金融机构作为资金融通的中介机构，一般被认为不会对实体经济产生影响。但是，历次金融危机表明，金融机构行为可能会造成资源错配，从而影响中央银行货币政策的传导；严重的金融失衡可能会引发金融危机甚至经济危机。本文首先论证在现代公司治理模式下，尤其是有限责任制下，商业银行股东为追求资本收益最大化，天然就存在追逐风险和加大杠杆的动机，如果这种行为过度，会使商业银行变得极为脆弱，甚至成为金融危机的诱发因素。为阐述金融机构追逐风险的内在动因，本文建立了关于金融机构行为的一般均衡模型，通过各类利率决定和传导关系，来分析金融机构行为对中央银行政策利率传导的影响。

（一）有限责任制下金融机构追逐风险的内在机制

根据李妍（2010），假设金融资产为 A_t，负债为 D_t，股东权益为 $E_t > 0$，则有 $A_t = D_t + E_t$。假设 $t+1$ 时期资产收益率为 θ，则 $t+1$ 期末资产为 $A_t(1+\theta)$，令债务不变。若 $A_t(1+\theta) \geqslant D_t$，则股东权益等于 $A_t(1+\theta) - D_t$；若 $A_t(1+\theta) \leqslant D_t$（资不抵债），则股东权益为 0。从而，在有限责任模式下，股东追求资本收益最大化为

$$\max(A_t(1+\theta) - D_t, 0)/E_t - 1 \tag{1}$$

定义 $a = \frac{A_t}{E_t}$ 为金融机构杠杆率，则资本收益率为

$$\pi(a,\theta) = \begin{cases} a\theta, 若\ \theta \geqslant -1/a \\ -1, 若\ \theta < -1/a \end{cases} \tag{2}$$

式（2）说明在股东承担有限责任的情况下，股东最多损失全部资本，但可以通过增加杠杆 a 的方法来追求更高的回报；而一旦出现亏损，则由纳税人承担。商业银行为追求股东利益最大化，必然会设法提高资产收益率 θ 和杠杆率 a 。

资产收益率 θ 是不同资产收益率的加权指标，在贷款和同业交易等传统业务收益率下降的情况下，商业银行必然会加大投资其他高风险业务，如房贷业务和金融衍生品业务等。

即使在总体资产收益率 θ 下降的情况下，商业银行也可以通过加杠杆的方式来提高资本收益率，这是 2008 年国际金融危机的一个重要诱发因素。例如，Shin（2009）研究了英国北岩银行的案例，若以总股本来计算，北岩银行杠杆倍数超过 30 倍；若以普通股（一级核心资本）来计算，则其杠杆倍数在 2007 年底达到近 90 倍。这是北岩银行在危机爆发初期就出现危机，最终被政府接管的重要原因。

2008 年国际金融危机充分暴露了金融机构，尤其是大型投资银行的杠杆率极高，例如，Kalemli－Ozcan 等（2012）研究发现，2007 年美国银行的杠杆倍数为 11.7 倍，而贝尔斯登、摩根士丹利、雷曼和美林等投资银行杠杆倍数约为 33 倍。这些高杠杆金融机构在危机面前不堪一击，除自身倒闭引发相关客户的大量损失外，还加剧了系统性金融风险，对社会造成了严重冲击。因此，国际金融危机后，各国普遍加强了金融监管，对金融机构资本的数量和质量，以及流动性等方面均提出了更高的要求。

从式（1）可以看出，必须要改变金融机构的效用函数，让其为资产扩展增加成本，金融机构才会追求最适合的资产规模和杠杆水平。即加入监管资本 $f(A_t,\theta)$ 将式（1）变更为

$$\max(A_t(1+\theta)-D_t-f(A_t,\theta),0)/E_t-1,\ f'(A_t)>0,f'(\theta)>0$$

商业银行过度追求资产规模扩张和投资高风险资产，将导致监管成本上升，这也是 2008 年国际金融危机以来，国际金融监管改革的方向。

（二）金融机构行为的一般均衡模型

本文在李良松和傅勇（2016）模型的基础上进一步优化，结合中国金融市场实践，在商业银行模型中纳入理财产品和同业业务。模型设定如下：金融体系有两类机构，一类是大型商业银行（简称商业银行），通过吸收存款和向中央银行融资发放贷款，并在银行间市场拆出资金；另一类是其他金融机构，其资金来源主要是同业拆入和发行理财产品，资金运用主要对企业融资（如信托融资）并购买企业债券。需要说明的是，这两类机构是按照业务功能划分的，虽然与实际情况存在一定差异，但这种简化设定又是合理的；在中国金融市场，大型商业银

行是中央银行公开市场操作的对手方，是市场资金的净拆出方，城市商业银行以及其他诸多金融机构是资金的净拆入方。

企业有三种融资途径：银行贷款、其他金融机构融资（如信托）和发行债券。居民将储蓄投资于存款和债券。中央银行向市场提供再融资以及确定政策利率。各类经济主体及其行为方程如下。

1. 商业银行

商业银行从居民手里以 r_1 的成本吸收存款（ D_1 ），缴纳一部分作为存款准备金（ αD_1 ），剩余部分对企业贷款（ L_1 ）并拆借给同业（ E_1 ），利率为 r_i 。遇有短暂流动性不足，也可向中央银行申请再融资（ NB ），政策利率为 r_p 。其利润最大化条件为

$$\max_{L_1,D_1,E_1,NB_1}\{r_l \times L_1 + r_r \times \alpha D_1 + r_i \times E_1 - r_1 \times D_1 - r_p \times NB - C(D_1,L_1,NB)\}\ C(D_1,L_1,NB_1) = \frac{1}{2}(\delta_{D_1} \times D_1{}^2 + \delta_{L_1} \times L_1{}^2 + \delta_{NB} \times NB^2)$$

根据商业银行的资金来源和运用可知 $E_1 = (1-\alpha) \times D_1 + NB - L_1$

对另外3个变量求导，容易得到

$$L_1 = \frac{r_l - r_i}{\delta_{L_1}}, D_1 = \frac{\alpha r_r + (1-\alpha) r_i - r_1}{\delta_{D_1}}, NB = \frac{r_i - r_p}{\delta_{NB}} \tag{3}$$

2. 其他金融机构

其他金融机构从同业市场拆入资金（ E_2 ）和发行理财产品（ D_2 ）后，对企业融资（ F_2 ）和购买债券（ B_2 ）。

$$\max_{F_2,B_2,E_2,NB_2}\{r_F \times F_2 + r_B \times B_2 - r_i \times E_2 - r_2 \times D_2 - C(E_2,F_2,D_2)\}$$

$$C(E_2,F_2,D_2) = \frac{1}{2}(\delta_{E_2} \times E_2{}^2 + \delta_{F_2} \times F_2{}^2 + \delta_{D_2} \times D_2{}^2)$$

根据非银行金融机构的资金来源和运用可知 $B_2 = E_2 + D_2 - F_2$ 。

对另外3个变量求导，容易得到

$$F_2 = \frac{r_F - r_B}{\delta_{F_2}}, E_2 = \frac{r_B - r_i}{\delta_{E_2}}, D_2 = \frac{r_B - r_2}{\delta_{D_2}} \tag{4}$$

3. 生产厂商

生产厂商利用银行贷款（ L^d ）、其他金融机构融资（ F^d ）和发行债券（ B^s ）所得资金用于生产，在考虑融资成本和其他管理成本的情况下，实现利润最大化。

$$\max_{L,F,B}\{\varphi_F \times (L+F+B) - r_l \times L - r_F \times F - r_B \times B - C(L,F,B)\}$$

$\varphi_F > 0$ 是投资回报率，假设短期内企业生产函数仅与资金相关，生产函数可简化为 $\varphi_F \times (L+F+B)$ 。企业对各类融资方式的管理成本 $C(L,F,B)$ 仍然沿用上文假设，即 $C(L,F,B) = \frac{1}{2}(\delta_{FL} \times L^2 + \delta_{FF} \times F^2 + \delta_{FB} \times B^2)$ 。

通过求解最优条件，容易得到

$$L = \frac{\varphi_F - r_l}{\delta_{FL}}, B = \frac{\varphi_F - r_B}{\delta_{FB}}, F = \frac{\varphi_F - r_F}{\delta_{FF}} \tag{5}$$

4. 居民

居民可以投资于存款（D_1）、理财产品（D_2）和债券（B_h），但投资于理财和债券有风险，且居民可投资的财富量受外生变量约束。ϕ_{h1} 和 ϕ_{h2} 分别为债券和理财产品风险系数，二者均大于零。

$$\max_{D,B_h}\{r_1 \times D_1 + r_2 \times D_2 + r_B \times B_h - \frac{1}{2} \times \phi_{h1} \times B_h{}^2 - \frac{1}{2} \times \phi_{h2} \times D_2{}^2\}, s.t.\ D_1 + D_2 + B_h \leqslant \bar{W}$$

通过求解最优条件，容易得到：

$$D_1 = \bar{W} - \frac{r_B - r_1}{\phi_{h1}} - \frac{r_2 - r_1}{\phi_{h2}}, D_2 = \frac{r_2 - r_1}{\phi_{h2}}, B_h = \frac{r_B - r_1}{\phi_{h1}} \tag{6}$$

以下计算一般均衡解，重点关注贷款市场、债券市场和同业市场。

从贷款市场看，贷款需求 $L^d = \frac{\varphi_F - r_l}{\delta_{FL}}$，贷款供给 $L^s = \frac{r_l - r_i}{\delta_{L_1}}$，供求平衡，得到

$$r_l = \frac{\varphi_F \times \delta_{L_1} + r_i \times \delta_{FL}}{\delta_{L_1} + \delta_{FL}}, L^* = \frac{\varphi_F - r_i}{\delta_{L_1} + \delta_{FL}} \tag{7}$$

贷款利率 r_l 主要和同业利率 r_i 相关，企业的资金回报率 φ_F 高，带动贷款需求旺盛，贷款利率也会上升。此外，银行和企业对贷款的管理成本也会影响到贷款利率水平，这些成本主要受贷款市场竞争程度、银行和企业风险状况等影响。同样，均衡贷款量也会受到上述因素影响，这也解释了危机后虽然银行间市场利率下降但贷款规模却始终低迷的原因。

从债券市场看，债券需求来自非银行金融机构和居民，$B^d = B_2^d + B_h^d$，$B_h^d = \frac{r_B - r_1}{\phi_{h1}}, B_2^d = E_2 + D_2 - F_2$，债券供给 $B^s = \frac{\varphi_F - r_B}{\delta_{FB}}$，供求平衡，得到

$$\frac{\varphi_F - r_B}{\delta_{FB}} = \frac{r_B - r_1}{\phi_{h1}} + \frac{r_B - r_i}{\delta_{E_2}} + \frac{r_B - r_2}{\delta_{D_2}} - \frac{r_F - r_B}{\delta_{F_2}}，即$$

$$r_B \times \left(\frac{1}{\delta_{FB}} + \frac{1}{\phi_{h1}} + \frac{1}{\delta_{E_2}} + \frac{1}{\delta_{D_2}} + \frac{1}{\delta_{F_2}}\right) = \frac{\varphi_F}{\delta_{FB}} + \frac{r_1}{\phi_{h1}} + \frac{r_i}{\delta_{E_2}} + \frac{r_2}{\delta_{D_2}} + \frac{r_F}{\delta_{F_2}} \tag{8}$$

债券利率 r_B 与存款利率 r_1、同业利率 r_i、理财产品利率 r_2、其他融资利率 r_F 等多种利率高度相关，并受到其他金融机构对各类资金管理成本的影响。此外，企业资金回报率 φ_F、企业对于其他融资的管理成本，以及债券风险系数 ϕ_{h1} 等也会影响债券利率。

从同业市场看，式（4）表明同业资金需求为 $E^d = \frac{r_B - r_i}{\delta_{E_2}}$，式（3）表明同业资金供给为 $E^s = (1-\alpha) \times \frac{\alpha r_r + (1-\alpha) r_i - r_1}{\delta_{D_1}} + \frac{r_i - r_p}{\delta_{NB}} - \frac{r_L - r_i}{\delta_{L_1}}$，供求平衡得到

$$r_i \times \left(\frac{(1-\alpha)^2}{\delta_{D_1}} + \frac{1}{\delta_{NB}} + \frac{1}{\delta_{L_1}} + \frac{1}{\delta_{E_2}}\right) = (1-\alpha)\frac{r_1 - \alpha r_r}{\delta_{D_1}} + \frac{r_p}{\delta_{NB}} + \frac{r_l}{\delta_{L_1}} + \frac{r_B}{\delta_{E_2}} \quad (9)$$

同业市场利率则取决于存款利率、贷款利率、债券利率、准备金利率和中央银行再融资成本的影响；同时，商业银行对各类资金的管理成本以及其他金融机构对拆入资金的管理成本等因素也会对同业拆借利率产生影响。

根据式（7）、式（8）和式（9），我们容易计算出各类利率之间的传导关系。

$$\begin{aligned} &\frac{\partial r_l}{\partial r_i} = \frac{\delta_{FL}}{\delta_{L_1} + \delta_{FL}}, \frac{\partial r_B}{\partial r_i} = 1 \Big/ \left\{1 + \delta_{E_2} \times \left(\frac{1}{\delta_{FB}} + \frac{1}{\phi_{h1}} + \frac{1}{\delta_{D_2}} + \frac{1}{\delta_{F_2}}\right)\right\} \\ &\frac{\partial r_i}{\partial r_P} = 1 \Big/ \left\{1 + \delta_{NB} \times \left(\frac{(1-\alpha)^2}{\delta_{D_1}} + \frac{1}{\delta_{L_1}} + \frac{1}{\delta_{E_2}}\right)\right\} \\ &\frac{\partial r_l}{\partial r_P} = \frac{\partial r_l}{\partial r_i} \times \frac{\partial r_i}{\partial r_P}, \frac{\partial r_B}{\partial r_{P2}} = \frac{\partial r_B}{\partial r_i} \times \frac{\partial r_i}{\partial r_P} \end{aligned} \quad (10)$$

由于各类管理成本系数大于0，显然存在 $0 < 1 \Big/ \left\{1 + \delta_{NB} \times \left(\frac{(1-\alpha)^2}{\delta_{D_1}} + \frac{1}{\delta_{L_1}} + \frac{1}{\delta_{E_2}}\right)\right\} < 1$。政策利率通过同业拆借利率影响贷款利率，由于 $0 < \frac{\delta_{FL}}{\delta_{L_1} + \delta_{FL}} < 1$ 和 $0 < 1 \Big/ \left\{1 + \delta_{E_2} \times \left(\frac{1}{\delta_{FB}} + \frac{1}{\phi_{h1}} + \frac{1}{\delta_{D_2}} + \frac{1}{\delta_{F_2}}\right)\right\} < 1$，因此，政策利率传递到同业拆借利率后，不会同等幅度影响贷款利率和债券利率的变动。

式（10）也说明，在2008年以后，主要发达经济体的中央银行将政策利率降低到接近零的水平，为金融机构尤其是大型商业银行提供了大量甚至过度的流动性，使 δ_{NB} 几乎接近于0，从而使政策利率对同业利率基本实现完全传导，同业市场利率极低。但是，这种政策利率的大幅降低却很难传递到贷款市场，引导贷款利率大幅下降，也无法带来贷款量的大幅增加，主要原因在于银行和企业的贷款管理成本居高不下且企业投资收益率下降。

从动态角度来看，在不同时期，δ_{L_1} 会有一定波动。在经济上行时期，虽然利率水平可能上升，但企业生产经营效益较好，银行贷款质量总体较好，δ_{L_1} 相对较小；但在经济下行时期，虽然利率也在下降，但企业经营状况差异较大，银行甄别企业风险的成本较高且面临更大的信用风险，因此 δ_{L_1} 相对较大；假设企业管

理贷款的成本不变，则贷款利率对于同业拆借利率变动可能存在不对称性，即利率上升时，贷款利率增加快；利率下降时，贷款利率下降慢。另外，如果假设企业追求稳定的投资收益，即尽量维持 $\varphi_F - r_i$ 不变，则 δ_{L_1} 的非对称变动，也会带来贷款量的非对称变化，在经济上行时期，企业贷款量增长更快，容易形成信贷泡沫；而在经济下行时期，企业信贷萎缩更加严重。

对于债券市场来说，要实现政策利率对债券利率的传导，降低其他金融机构对同业资金的管理成本 δ_{E_2} 至关重要。例如，在 2008 年国际金融危机期间，美国银行间同业市场一度接近冻结，金融机构很难在市场融资；美联储虽然在初期通过贴现窗口向市场提供了一些流动性，但参与对象仅限于有资格参与美联储贴现窗口的金融机构（主要是商业银行），其他金融机构融资依然很难。此后，美联储逐步创设各种新的工具为大型投资银行、保险公司提供融资，才帮助金融机构渡过难关，逐步恢复了金融市场正常的融资功能。

上述分析对中国也同样具有一定的借鉴意义，要提高政策利率对拆借利率、债券利率以及贷款利率的传导效率，中央银行有必要继续完善流动性供给机制，如完善常备借贷便利机制和抵押品管理框架等，确保中小金融机构和非银行金融机构在金融市场紧张时期能够以适当的成本获得足够的流动性。此外，在经济下行时期，采取措施进一步降低金融机构的贷款管理成本，也有助于扩大政策利率对贷款利率的传递并提高贷款量。

三、全球商业银行主要经营行为

（一）样本数据及描述性统计

我们选取了美国、日本、英国、德国、意大利、西班牙、希腊、葡萄牙、爱尔兰、韩国、阿根廷、巴西、墨西哥、新加坡、印度尼西亚、马来西亚、泰国和菲律宾等国商业银行 2005 年以来主要的经营状况指标，具体包括杠杆倍数（总资产/股权）、贷款占总资产比例、批发融资占全部资金来源比例、净息差（净利息收入/平均生息资产）、资产回报率 5 个指标，分析近年来商业银行经营行为的变化。

鉴于不同国家商业银行规模差异很大，如果不加区分，直接计算均值很可能会与实际情况存在一定偏差。因此，我们根据以下规则选取商业银行数量，如果一国商业银行数量大于 300（含）家，则选取该国资产规模排名前 50 家的银行；如果一国商业银行数量在 100（含）至 300 家，则选取资产规模排名前 30 家银行；如果一国商业银行数量在 30（含）至 100 家，则选取前 10 家银行；如果一国商业银行数量低于 30 家，则选取前 6 家银行。据此，我们共选取了 18 个国家共 306 家商业银行的数据，其中部分国家相似度较高，我们按照目前研究通用的分类标准将其列为一个整体加以研究，分别是欧债五国（意大利、西班牙、希腊、葡萄牙、爱尔兰）和东盟四国（印度尼西亚、马来西亚、泰国和菲律宾）。样本期为2005～2016年，但除美国和日本外，其他多数国家的数据均始于2010年。各国商业银行主要指标的描述性统计见表1。

表1　　全球商业银行主要经营指标的描述性统计（以2016年为例）

	美国	日本	中国	英国	德国	欧债五国	阿根廷	巴西	墨西哥	新加坡	东盟四国
银行数量（家）	50	30	30	30	30	50	10	30	10	6	30
杠杆倍数（倍）											
均值	8.4	17.1	16.0	12.2	16.3	15.3	9.7	9.4	10.0	11.4	6.9
中位数	8.5	18.5	15.8	16.4	16.9	16.8	9.4	11.3	11.5	10.3	6.8
贷款占总资产比例（%）											
均值	59.5	56.8	40.8	46.5	50.8	52.7	49.8	37.2	48.0	58.0	65.5
中位数	65.4	55.7	40.4	49.1	55.0	57.1	52.7	38.6	51.7	59.7	65.3
标准差	17.3	9.4	8.4	29.5	26.4	20.5	10.7	25.1	17.8	10.6	5.6
批发融资占全部资金来源比例（%）											
均值	16.3	17.7	34.4	40.7	35.0	30.2	12.8	71.6	35.8	8.6	10.1
中位数	12.3	14.0	35.0	25.2	24.7	33.8	11.0	73.7	32.0	11.6	9.8
标准差	15.0	12.4	10.5	33.2	32.9	15.8	7.4	22.6	14.7	6.6	4.5
净息差（%）											
均值	3.81	0.98	2.27	1.74	1.30	1.57	7.43	5.11	4.67	1.66	6.13
中位数	3.02	0.99	2.20	1.55	1.07	1.36	8.56	4.92	4.99	1.58	5.85
标准差	2.81	0.25	0.41	1.81	1.33	0.53	3.39	7.47	2.05	0.42	1.90
资产回报率（%）											
均值	1.05	0.30	0.89	0.09	0.42	-0.03	3.17	0.89	1.17	0.80	1.22
中位数	0.97	0.27	0.89	0.17	0.36	0.33	2.82	0.73	1.24	0.92	1.43
标准差	0.75	0.11	0.15	0.56	0.55	1.03	1.03	0.73	0.79	0.32	1.89

以2016年数据来看，各国商业银行在杠杆倍数、贷款占比、批发融资占比、净息差以及资产回报率等指标上差异比较明显。总体来看，东盟四国商业银行杠杆倍数较小，商业银行主要资产业务仍然以贷款为主，批发融资在资金来源中占比相对较低，由于净息差相对很高，所以商业银行盈利状况总体较好；此外，2008年国际金融危机以后，美国商业银行经营状况也有所改善。各国商业银行经营情况主要受经济发展情况的影响，但与各国金融市场结构以及中央银行货币政策等因素存在紧密的联系。以下具体分析各国商业银行主要指标的变动情况。

（二）全球银行业杠杆率总体下降

目前不同的研究计算杠杆率采用的指标有所不同，如总资产/股东权益、总资产/普通股，也有对资产进行一定的扣除，如剔除无形资产等。本文采用总资产/股东权益来计算杠杆倍数，这是最简单、最常用的计算方法，争议较小。各国商业银行的杠杆倍数见图 1。

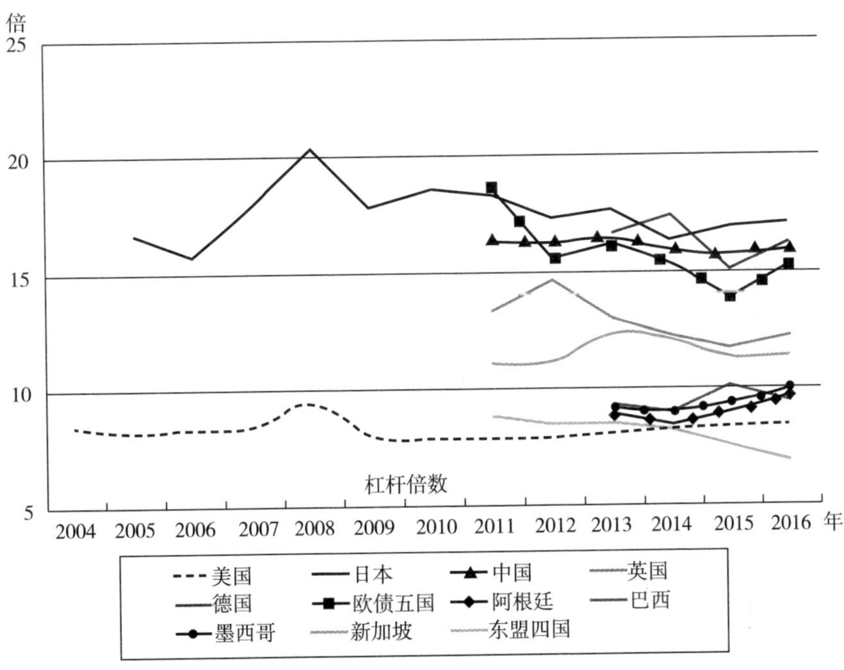

图 1　全球主要商业银行的杠杆倍数

总体来看，商业银行的杠杆率水平相对较低。近年来，在全球去杠杆背景下，杠杆率总体有所下降。2008 年国际金融危机后，在金融监管趋严背景下，金融机构纷纷去杠杆，商业银行杠杆倍数有所下降；但近年来，伴随全球经济增长好转，尤其是金融资产价格明显上涨的情况下，商业银行杠杆倍数又开始上涨。总体来看，东盟四国商业银行杠杆倍数最低，经营比较稳健。美国、阿根廷、巴西和墨西哥南美国家商业银行的杠杆倍数也相对较低，在 10 倍左右，近年有上升趋势。英国、德国以及欧债五国的商业银行杠杆倍数在危机后一度下降，但近期也有上升趋势，其中英国商业银行杠杆倍数相对较低。实际上，在银行主导型金融体系的中国、日本和德国，商业银行杠杆倍数普遍较高，在 15 倍以上，尤其是日本商业银行杠杆倍数危机前一度超过 20 倍；2011 年以来，中国商业银行杠杆倍数基本保持稳定下降态势，基本反映了金融机构的去杠杆过程，但 2016 年又有上升倾向。

（三）全球银行业贷款在总资产中的比重下降

2008 年国际金融危机以来，全球经济遭遇重创，复苏动力不足，理论界也有研究表明，全球劳动生产率水平出现明显下降，这可能是全球经济增速持续低迷的一个重要原因。根据上文模型研究结果，实体经济投资收益率下降，必然会导致贷款有效需求不足，而商业银行贷款管理成本增加，也会减少贷款发放量。各国商业银行贷款在总资产的比例情况见图 2。

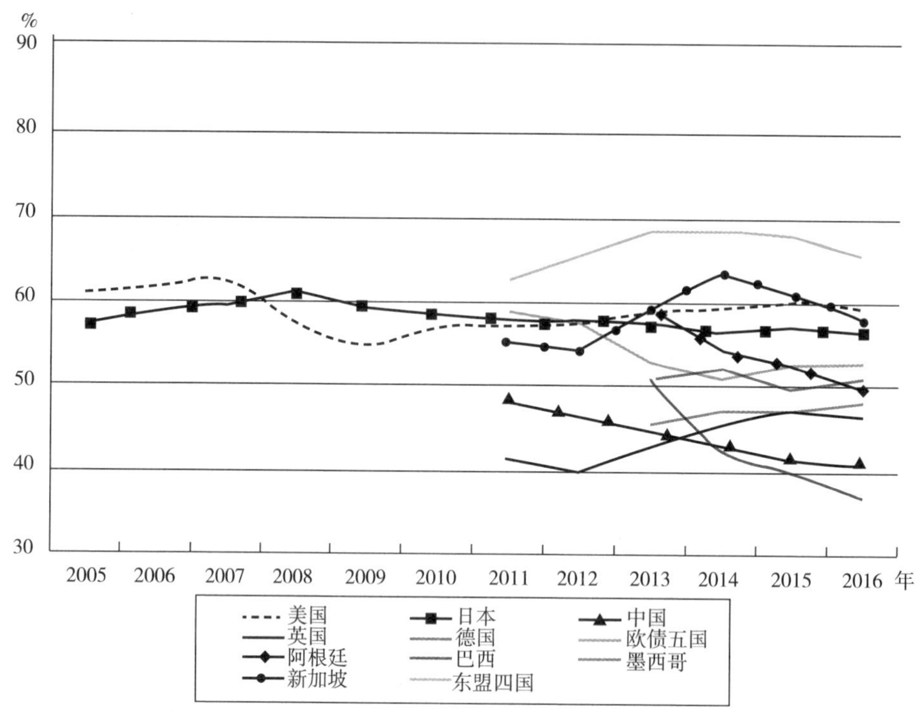

图 2　全球主要商业银行贷款占总资产比例情况

2008 年国际金融危机演变为全球经济危机后，商业银行贷款遭遇明显冲击。总体来看，除东盟四国贷款在总资产中占比在 65% 左右；美国、日本、新加坡、德国和欧债五国等发达经济体商业银行贷款占比在 50% 以上；其他国家的贷款占比相对较小。近年来，虽然全球经济复苏依然较弱，但发达经济体经济增长状况明显好转，而新兴经济体经济增长有所疲软。美国和英国经济增长状况较好，商业银行贷款占总资产比例明显上升，德国及欧债五国商业银行贷款占比也有稳定回升态势。贷款需求不足既有实体经济下滑的原因，也有金融机构自身修复资产负债表带来的“惜贷”行为，巴西、阿根廷由于经济明显下行，均出现贷款在银行总资产中占比大幅下降的情况；欧债五国则由于主权债务危机影响，导致资产负债表严重恶化，银行贷款占比曾显著下降。中国经济逐渐进入新常态以来，商业银行贷款在总资产中的占比也有明显下降，2016 年约为 40%，明显低于其他主要国家。

（四）全球银行业资金来源中批发融资占比存在明显差异

作为金融中介的商业银行，资金来源的稳定性对其安全稳健运营极其重要。一般认为，商业银行除吸收存款外，还可以在金融市场筹集资金；后者一般称为批发性融资，批发性融资稳定性较差，受市场波动影响大。2008 年国际金融危机期间，很多金融机构过度依赖批发融资，在金融市场出现恐慌情绪后，挤兑的主体由传统存款人转为提供资金的金融机构以及共同基金；存款保险制度虽然稳定了存款部分的资金来源，但金融市场大量的赎回和贱卖行为，最终将流动性危机演变为全面的金融危机。全球主要商业银行批发融资在其资金来源中的占比情况见图 3。

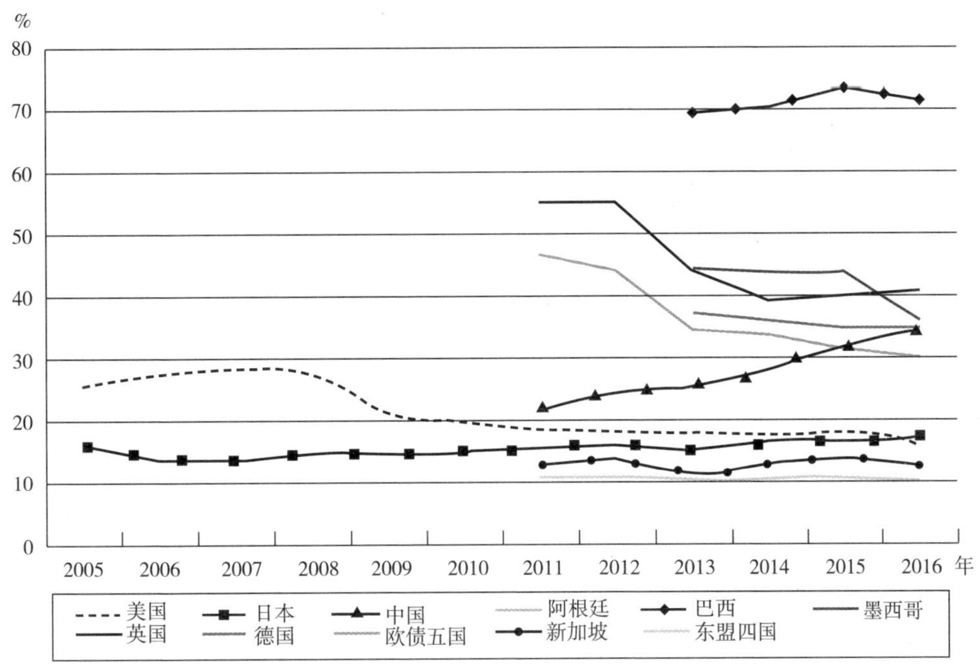

图 3　全球主要商业银行批发融资在资金来源中占比情况

图 3 显示，巴西商业银行资金来源严重依赖批发性融资；其他国家主要分为两组：一组是批发性融资占比 30% ~40%，主要有英国、墨西哥、中国、德国和欧债五国；另一组是批发性融资占比 20% 以下，主要有美国、日本、阿根廷、新加坡和东盟四国。2008 年以前，美国商业银行批发融资占比较高，但危机后，在美联储实施大规模 QE 投入大量流动性后，商业银行资金来源充足，批发融资占比下降近 10 个百分点；英国、新加坡、德国和欧债五国等多数国家商业银行

的批发融资占比也有明显下降。与此形成鲜明对比的是，2011 年以来，中国商业银行批发融资占比由 22% 上升到 34%，在中国金融市场结构下，一般大银行主要是同业市场资金拆出者，而城市商业银行等金融机构则是资金主要拆入者，虽然平均水平不高，但部分商业银行，尤其是城商行批发融资占比已经很高，面临的流动性风险较大，值得警惕。

（五）全球银行业净息差明显收窄

商业银行业务利润的一个重要来源是净息差，商业银行充分利用期限转换、风险转换和流动性转换的中介功能以追求尽可能高的净息差，以自身承担更高风险来换取高收益。在传统业务模式下，商业银行利息收入主要来自贷款利息收入，而利息支出也主要是存款利息。但在金融业务“脱媒”背景下，尤其是直接融资越来越发达的情况下，商业银行面临的市场竞争愈加激烈，传统业务收入不断萎缩，需要商业银行不断开拓新的业务领域。因此，商业银行一方面尽可能降低资金成本，如更多地利用批发融资；另一方面，拓展业务收入来源，包括投向风险更大的业务领域、开展更多的投资业务和衍生品交易等，但总体来说，商业银行的净息差有下降趋势，盈利压力较大。

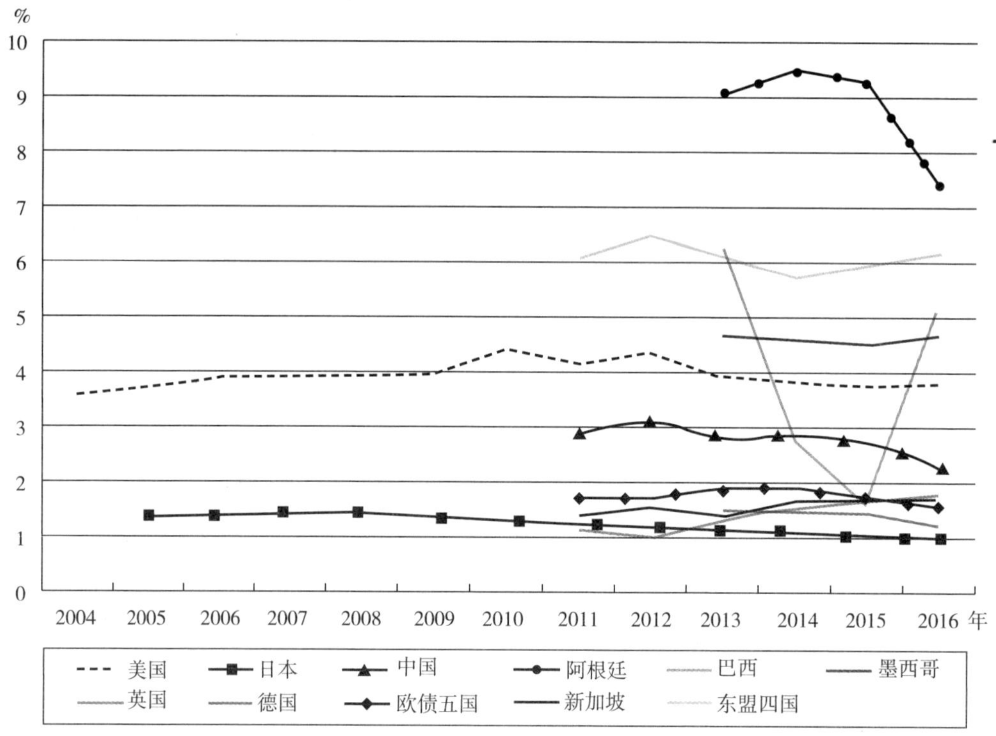

图4　全球主要商业银行净息差变化趋势

2008 年以前，美国和日本的商业银行由于投资高风险资产和金融衍生品使净息差一度稳定上升；但 2008 年以来，全球主要经济体商业银行的净息差均有明显下降趋势。阿根廷、墨西哥和东盟四国等国商业银行净息差相对较高，这可能和这些国家银行业市场保护较大有关。巴西商业银行净息差也相对较高，但 2014 年和 2015 年明显下降，除经济陷入严重衰退的原因外，商业银行过于依赖批发融资，在危机期间，同业融资成本上升，也大量侵蚀商业银行的净利息收入，导致净息差大幅下降。在其他国家中，美国商业银行净息差在 4% 左右，相对较高；欧洲国家、新加坡和日本等其他金融业发达的经济体，商业银行净息差水平在 2% 以下，银行业竞争比较激烈，尤其是日本商业银行净息差水平最低，在日本中央银行实施负利率政策后，净息差降至 1% 以下；欧洲中央银行实施负利率政策以后，德国商业银行净息差水平也有明显下降。2012 年以来，中国商业银行净息差水平缓慢下降；2016 年，中国资产规模前 30 家商业银行平均净息差为 2. 27% ，商业银行利润增长压力明显加大。

（六）全球银行业资产回报率有所下降

商业银行资产回报率是衡量商业银行全面经营状况的一个重要指标，净息差等盈利指标下降带来商业银行总体资产收益也在逐步下行。美国和日本的数据表明，2008 年以前，商业银行资产回报率已经开始下降，其他研究也多有证实。

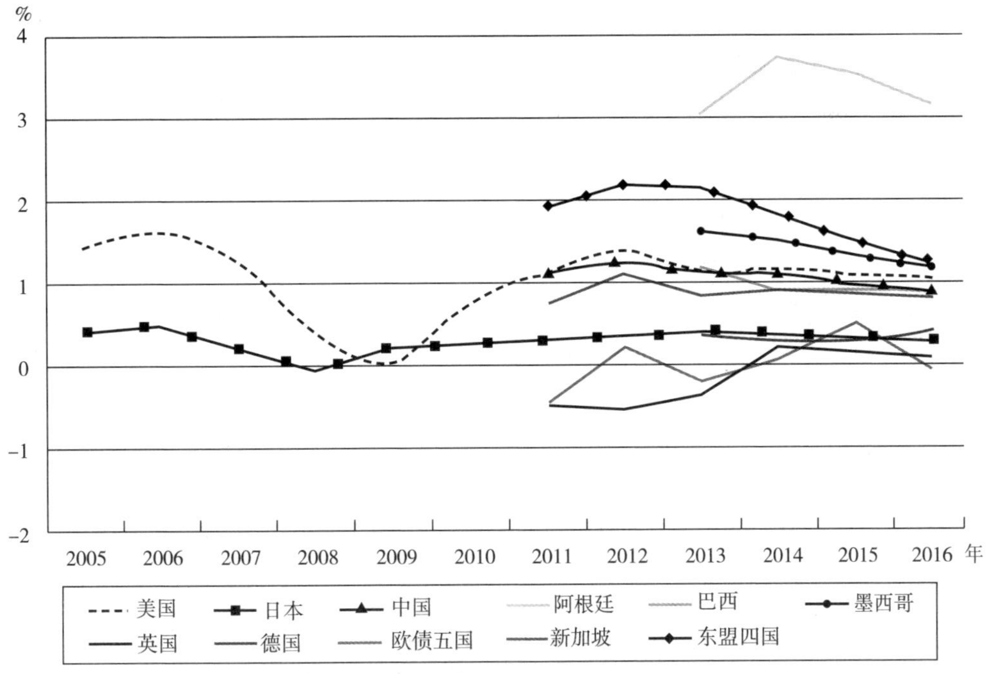

图 5　全球主要商业银行资产回报率走势

图5表明，2008年国际金融危机令发达国家商业银行资产回报率大幅下降，甚至为负；2012年欧洲主权债务危机爆发后，欧洲各国商业银行资产回报率也明显下降。危机后，商业银行资产回报率总体有所回升；但近年来，金融监管日趋加强，商业银行监管合规成本大幅上升，在经济依然低速增长的情况下，商业银行资产回报率再次出现较为明显的下降态势。总体来看，阿根廷等南美国家和东盟四国商业银行的资产回报率相对较高，与上文净息差状况一致。美国商业银行资产回报率在2009年跌入低谷后，有所反弹，近几年开始明显下降，维持在略高于1%的水平，明显低于危机前水平。英国、德国、欧债五国和日本商业银行的资产回报率较低，尤其是欧债国家，如意大利的银行业依然脆弱，在欧洲中央银行持续实施负利率的情况下，资产回报率为负；德国商业银行资产回报率情况稍好。2012年以来，中国商业银行的平均资产回报率水平也明显下降，与净息差变动趋势一致。

四、金融机构行为的宏观经济效应

在考察全球主要金融机构行为后，我们重点研究商业银行贷款的宏观经济效应。根据国际清算银行（BIS）统计数据，我们选取了日本、美国、英国、德国、荷兰、爱尔兰、泰国、阿根廷、墨西哥和中国具有代表性的10个国家1963～2016年的国内银行对私人非金融部门信贷与GDP比例以及BIS公布的信贷缺口数据进行分析。

（一）各国国内银行信贷占比差异较大

根据BIS统计，上述10个国家的国内银行对私人非金融部门信贷占GDP比例数据如图6所示。

图6表明，各国国内银行对私人非金融部门信贷差异较大，主要有几个原因：一是金融市场机构差异造成。美国等市场主导型的金融体系，国内银行业信贷占比相对较低，国内银行业信贷与GDP比例在50%左右；而德国、荷兰以及日本是典型的银行主导型金融体系，国内银行业信贷占比普遍较高，在100%以上。二是部分拉美国家高度依赖外部融资。阿根廷、墨西哥由于经济发展水平有限，金融市场有待发展，国内银行业对私人非金融部门提高的信贷相对较小，但总体负债率并不低。三是危机前的信贷泡沫。泰国和爱尔兰分别在1997年亚洲金融危机和2008年国际金融危机之前经历信贷泡沫，国内银行业信贷最高是GDP的1.7倍，最终导致严重的经济金融危机。从泰国和爱尔兰的数据来看，银行贷款占比有比较明显的加速效应，在信贷繁荣时，信贷增长加速；在泡沫破灭后，信贷加速萎缩。中国金融市场也是由银行主导，这是中国国内银行信贷占比较高的主要原因，但在2008年以后，中国信贷有加速增长的趋势，这可能是中

国经济面临的一个重要风险。

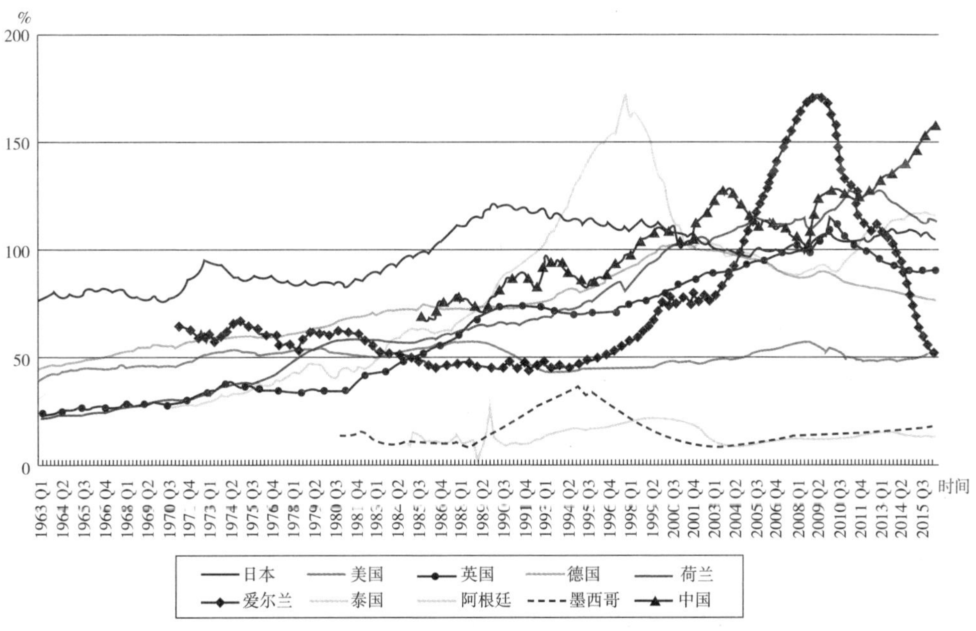

图6　主要国家国内银行对私人非金融部门信贷占GDP比例

（二）主要国家国内银行信贷的自回归模型分析

1. 美国季节性自回归移动平均（SARMA）模型

由图6可知，美国国内银行信贷与GDP比例数据的方差稳定但存在趋势，因此，取一阶差分，并对差分后的数据进行ADF检验，p值等于0.0661，显示序列此时仍然不平稳。由于是季度数据，做如下季节差分变换：

$$z_t = y_t - y_{t-4}$$

其中，$y_t = x_t - x_{t-1}$，ADF检验的p值等于0.01，即此序列为平稳序列，自相关和偏自相关系数见图7。

图7显示，一阶滞后有一个明显的自相关，而当滞后阶数逐渐增加时，偏相关函数逐渐减小为0。因此，可以考虑MA（1）模型为

$$z_t = -0.0054 + w_t + 0.1513w_{t-1}$$

其中，w_t 是正态白噪声。综上，最终模型为

$$x_t = x_{t-1} + x_{t-4} - x_{t-5} - 0.0054 + w_t + 0.1514w_{t-1} \tag{11}$$

经检验，残差满足正态分布且自相关系数为零，上述模型能较好地拟合数据。式（11）说明，美国国内银行信贷与GDP比例的增幅主要与前一年的增幅相关，而增幅的年度差异则是符合正态分布的随机过程，变动的规律性较强。

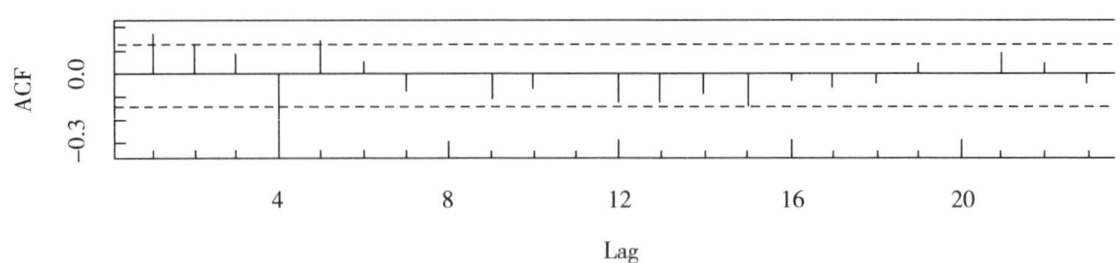

Series d4dUSBLCBPER.ts

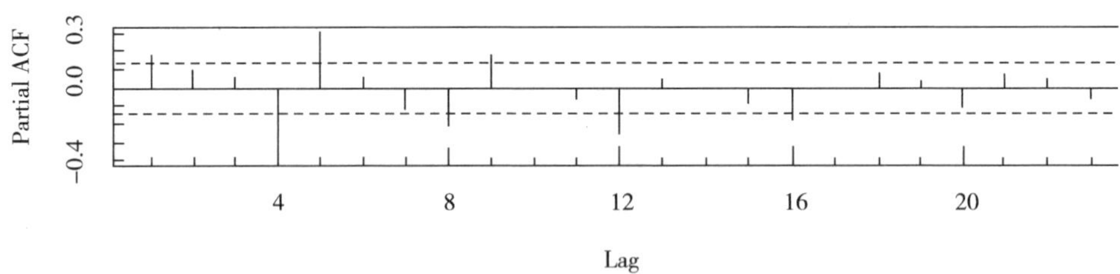

图 7　美国信贷数据的自相关和偏自相关系数

2. 日本和中国的差分自回归移动平均（ARIMA）模型

经检验，日本国内银行信贷与 GDP 比例数据是一阶平稳，方差是稳定的，无须做数据变换，但数据中存在着趋势。做一阶差分，得到 $y_t = x_t - x_{t-1}$，自相关和偏自相关系数见图 8。

Series dJPBLCBPER.ts

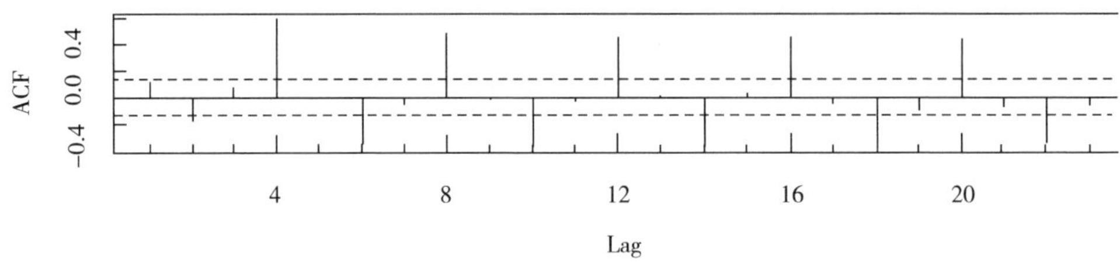

Series dJPBLCBPER.ts

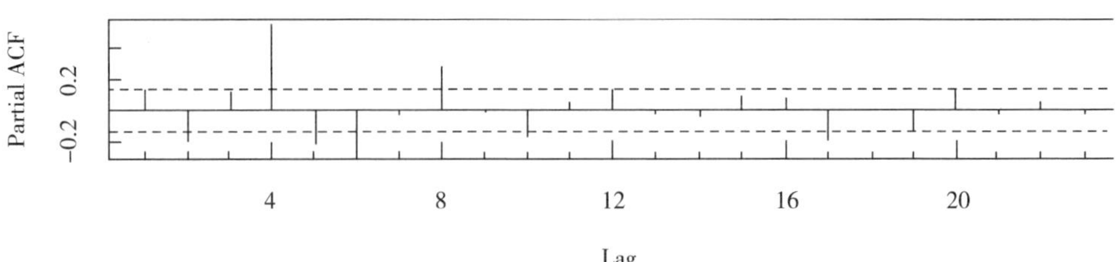

图 8　日本信贷数据的自相关和偏自相关系数

从图 8 可以看出，ACF 和 PACF 都是拖尾的，因此可以考虑使用 ARMA 模型，一般使用 ARMA（1，1）模型，经过拟合得到

$$y_t + 0.1547 y_{t-1} = 0.146 + w_t + 0.3357 w_{t-1}$$

其中，w_t 是正态白噪声。

综上，最终模型为

$$x_t = 0.8453 x_{t-1} + 0.1547 x_{t-2} + 0.146 + w_t + 0.3357 w_{t-1} \tag{12}$$

经检验，残差满足正态分布且自相关系数为零，上述模型能较好地拟合数据。

同样，中国的国内银行信贷与 GDP 比例数据也是一阶平稳过程，根据上述方法，最终确定建立 ARIMA（1，1，0）模型

$$(1-0.2316B)(1-B)\ x_t = w_t$$

即

$$x_t - x_{t-1} = 0.2316\ (x_{t-1} - x_{t-2}) + w_t \tag{13}$$

通过比较式（12）、式（13）两个模型，我们发现，日本和中国国内银行信贷与 GDP 比例数据自回归过程存在一定的区别，二者差分后，中国的数据主要是 AR（1）过程，而日本的数据还包含一个移动平均过程；从参数估计结果来看，日本 t 期国内银行信贷数据与 $t-1$ 和 $t-2$ 期数据均有明显的正相关关系，如中国的数据 t 期信贷增速变量与 $t-1$ 期高度相关。

3. 其他国家的自回归移动平均（ARMA）——异方差模型

与上述 3 国不同的是，英国、德国、荷兰、爱尔兰、泰国、阿根廷和墨西哥等 7 国国内银行信贷与 GDP 比例数据存在较为明显的异方差。运用上述方法，分别建立如下 7 个 ARMA——异方差模型。

对英国国内银行信贷与 GDP 比例数据建立 ARIMA（1，2，1）-GARCH（1，1）模型

$$(1-0.2519B)(1-B)^2 x_t = w_t - 0.7833 w_{t-1}$$

$$w_t = \sigma_t \epsilon_t,\ \sigma_t^2 = 0.1169 + 0.6368 w_t^2 + 0.3424 \sigma_{t-1}^2 \tag{14}$$

其中，B 是滞后算子，ϵ_t 是标准正态分布白噪声。

对德国国内银行信贷与 GDP 比例数据建立带季节性的 SARIMA-GARCH 模型

$$(1-0.4834B)(1-B^4)(1-B)\ x_t = (1-0.7024B^4)\ w_t$$

$$w_t = \sigma_t \epsilon_t,\ \sigma_t^2 = 0.0142 + 0.0902 w_t^2 + 0.8619 \sigma_{t-1}^2 \tag{15}$$

其中，ϵ_t 是标准正态分布白噪声。

对荷兰国内银行信贷与 GDP 比例数据建立带季节性的 SARMA（1，4）-GARCH（1，1）模型

$$(1-0.8867B)(1-B^4)\ x_t = (1+0.2638B+0.2440B^2+0.2168B^3-0.6294B^4)\ w_t$$

$$w_t = \sigma_t \epsilon_t,\ \sigma_t^2 = 0.0211 + 0.2306 w_t^2 + 0.7901 \sigma_{t-1}^2 \tag{16}$$

其中，ϵ_t 是标准正态分布白噪声。

对爱尔兰国内银行信贷与 GDP 比例数据建立 ARIMA（0，2，1）－GARCH（1，1）模型

$$x_t - x_{t-1} = x_{t-1} - x_{t-2} + (1 - 0.7008B)\,w_t$$

$$w_t = \sigma_t \epsilon_t,\ \sigma_t^2 = 0.0886 + 0.1547 w_t^2 + 0.08510 \sigma_{t-1}^2 \tag{17}$$

其中，ϵ_t 是标准 t 分布白噪声。

对泰国国内银行信贷与 GDP 比例数据建立 ARIMA（3，2，0）－GARCH（1，1）模型

$$(1 + 0.5965B + 0.4373B^2 + 0.4141B^3)(1 - B)^2 x_t = w_t$$

$$w_T = \sigma_t \epsilon_t,\ \sigma_t^2 = 0.2811 + 0.2886 w_t^2 + 0.6829 \sigma_{t-1}^2 \tag{18}$$

其中，ϵ_t 是标准 t 分布白噪声。

对阿根廷国内银行信贷与 GDP 比例数据建立带季节性的 ARMA（1，3）－GARCH（1，1）模型

$$(1 - 0.6998B)(1 - B^4)\,x_t = (1 + 0.6028B + 0.6937B^2 + 0.4196B^3)\,w_t$$

$$w_t = \sigma_t \epsilon_t,\ \sigma_t^2 = 0.0482 + 0.6011 w_t^2 + 0.3928 \sigma_{t-1}^2 \tag{19}$$

其中，ϵ_t 是标准正态分布白噪声。

对墨西哥国内银行信贷与 GDP 比例数据建立带季节性的 ARIMA（1，3，3）－ARCH（1）模型

$$(1 + 0.9472B)(1 - B)^2 x_t = (1 - 0.7188B - 0.6259B^2 + 0.4300B^3)\,w_t$$

$$w_t = \sigma_t \epsilon_t,\ \sigma_t^2 = 0.2737 + w_t^2 \tag{20}$$

其中，ϵ_t 是标准 t 分布白噪声。

英国、德国等 7 个国家国内银行对私人非金融部门信贷与 GDP 比例数据波动存在明显的异方差特征，自相关过程存在一定程度的季节性因素，但爱尔兰信贷占比增幅的变化过程与上一期完全相关，这可能是其信贷增速失控并导致危机的一个重要原因。

（三）部分国家信贷缺口的自回归模型分析

根据上文研究，本部分我们重点考察银行信贷占主导的 5 个国家，即日本、中国、泰国、荷兰和爱尔兰，研究所有部门（不仅是国内银行）对私人非金融部门信贷占 GDP 比例的缺口（信贷缺口）自 1975 年以来的变动趋势。根据 BIS 研究，如果一国信贷缺口持续较长时间，即信贷超过趋势值很长时间，则很可能会爆发经济金融危机，这在日本、泰国和爱尔兰已经得到验证。5 个国家的信贷缺口见图 9。

图 9 表明，爱尔兰和泰国由于经济规模较小，在金融危机爆发之前，信贷缺口持续为正，即信贷增速超过潜在趋势水平，持续时间近 10 年；而日本由于经济规

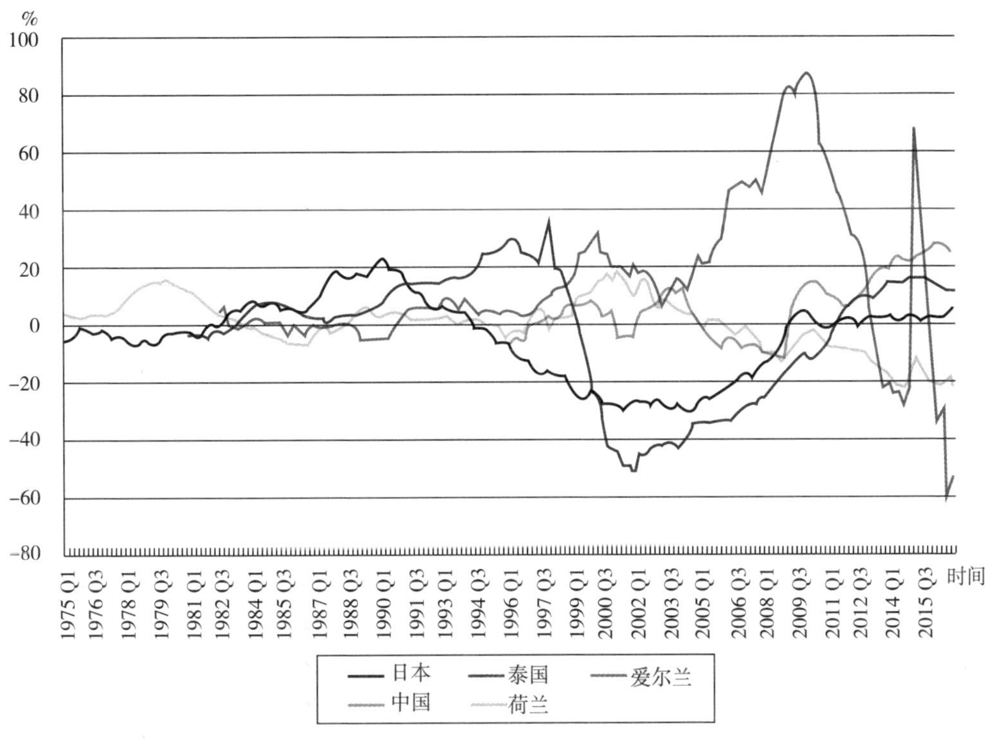

图 9　五个国家信贷缺口变动趋势

模较大，在信贷缺口持续近 6 年以后，就爆发了严重的金融危机，随后导致长达 20 多年的全面经济危机。对比图 6 和图 9，我们发现，虽然荷兰的信贷与 GDP 比例也很高，但却与长期趋势值偏离不大，2000 年前后，信贷缺口一度超过 10%，但随后开始下降，2006 年开始信贷缺口为负，说明并不存在信贷过热。从中国的数据来看，2005 ~ 2008 年信贷缺口为负，说明信贷需求并没有得到完全满足，低于长期趋势值，但 2009 年以来，伴随 4 万亿元经济刺激计划，信贷大幅扩张，信贷缺口持续扩大，直到 2016 年下半年才有下降趋势，可能包含较大风险。

根据上文的计量方法，我们分别对泰国、爱尔兰、日本、荷兰和中国的信贷缺口数据建立自回归模型。

通过分析，对泰国信贷缺口建立 ARIMA（0，2，1）– ARCH（2）模型

$$x_t - x_{t-1} = (x_{t-1} - x_{t-2}) + w_t - 0.7822w_{t-1}$$

$$w_t = \sigma_t \epsilon_t,\ \sigma_t^2 = 1.7437 + 0.3812w_t^2 + 0.3925w_{t-1}^2 \tag{21}$$

其中，ϵ_t 是标准正态分布白噪声。

对爱尔兰信贷缺口建立 ARIMA（0，2，1）– ARCH（1）模型

$$x_t - x_{t-1} = (x_{t-1} - x_{t-2}) + w_t - 0.7880w_{t-1}$$

$$w_t = \sigma_t \epsilon_t,\ \sigma_t^2 = 20.0977 + w_t^2 \tag{22}$$

其中，ϵ_t 是标准 t 分布白噪声。

对日本信贷缺口建立 ARIMA（3，1，3）-GARCH（1，1）模型

$x_t = 0.1646x_{t-1} + 1.8354x_{t-2} - 1.8203x_{t-3} + 0.8203x_{t-4} + w_t - 0.4524w_{t-1} + 0.8792w_{t-2} - 0.4140w_{t-3}$

$$w_t = \sigma_t \epsilon_t,\ \sigma_t^2 = 0.3778 + 0.1009w_t^2 + 0.7230\sigma_{t-1}^2 \tag{23}$$

其中，ϵ_t 是标准 t 分布白噪声。

对荷兰信贷缺口建立 ARIMA（1，2，3）-GARCH（1，1）模型

$x_t = 1.2489x_{t-1} + 0.5022x_{t-2} - 0.7511x_{t-3} + w_t + 0.0092w_{t-1} - 0.6514w_{t-2} - 0.3870w_{t-3}$

$$w_t = \sigma_t \epsilon_t,\ \sigma_t^2 = 0.0687 + 0.1451w_t^2 + 0.8817\sigma_{t-1}^2 \tag{24}$$

其中，ϵ_t 是标准 t 分布白噪声。

对中国信贷缺口建立 ARIMA（1，1，0）模型

$$x_t - x_{t-1} = 0.2885\ (x_{t-1} - x_{t-2})\ + w_t \tag{25}$$

其中，w_t 是正态白噪声。

式（21）和式（22）描述的泰国和爱尔兰信贷缺口变动模型非常类似，信贷缺口增量变化完全依赖前一期的变动，再加上随机过程，这意味着一旦信贷缺口开始增长就会一致持续下去，直到危机爆发，然后再经历长期的信贷萎缩，这与本文前面模型研究的贷款存在加速增长和加速萎缩的研究结论一致。该模型也正好说明了泰国和爱尔兰经历严重金融危机的内在机理。式（25）描述的中国信贷缺口变动过程也存在类似机制，信贷缺口增幅也与前一期正相关，信贷缺口也存在持续增长的机制，虽然幅度要小一些，但也蕴含较大风险。日本和荷兰的信贷缺口则与前面多期相关且不同期的信贷缺口之间有一定对冲作用。从发生危机的日本、泰国和爱尔兰 3 个国家来看，信贷缺口为正持续很长时间是共同特点，但具体表现上也存在一定差异。日本信贷缺口在 20% 以内，泰国一度接近 40%，而爱尔兰超过 80%，因此，信贷泡沫引发 3 国金融危机的作用可能不尽相同。除信贷过热外，日本金融危机还有一个重要因素是资产价格泡沫破灭，泰国金融危机还有一个重要原因是汇率制度僵化，而爱尔兰则可能是信贷泡沫过于繁荣造成的房地产市场泡沫。

五、结论及启示

本文理论模型较好地解释了金融机构行为及其对货币政策和宏观经济的影响，经验数据也证实了理论模型主要结果，研究结论如下。

一是完善有效监测并管理商业银行风险偏好的机制。2008 年国际金融危机以前，美国和日本商业银行的资产回报率出现明显下降趋势；在股东有限责任、高管薪酬体制不合理以及金融监管宽松等诸多因素推动下，商业银行风险偏好普

遍较高。商业银行一方面追逐高风险资产博取高收益，并依赖批发融资降低资金成本，从而使净息差保持稳定；另一方面通过加杠杆来提高资本收益率。这种做法的最终结果是商业银行积累了太多风险，抵御危机的能力下降；同时，各类结构复杂的金融衍生品使商业银行乃至整个金融体系联系紧密，金融风险更加具有隐蔽性、传染性和破坏性。近年来，中国商业银行的资产回报率开始明显下降，由于监管不完善，商业银行也开展了一些风险较高的业务；与其他国家相比，中国商业银行杠杆倍数较高、部分银行过于依赖批发性融资等可能蕴含一定风险，值得关注。例如，2017 年9 月，穆迪下调交通银行信用评级，虽然不会对交行国内业务产生很大影响，但会影响到交行海外融资成本。根据 2008 年国际金融危机的教训，我们可以进一步完善有效监测并管理商业银行风险偏好的机制，确保银行体系稳健运行。

二是充分借鉴 2008 年以来国际金融监管改革成果。在金融监管明显加强的情况下，2008 年以来，多数国家商业银行不得不开始去杠杆，杠杆倍数有所下降；而商业银行追求高风险资产以及过于依赖批发融资的情况也有所改善。中国应及时吸收国际金融监管改革成果，有效改善商业银行杠杆水平和资金来源状况。

三是货币政策要把握好度。2008 年国际金融危机中，发达国家银行间同业市场一度近乎冻结，严重影响金融市场融资功能；发达经济体中央银行实施极度宽松货币政策后，金融市场才逐步恢复正常。然而，主要发达经济体长时间实施极度宽松货币政策，尤其是大规模资产购买计划以后，全球金融市场流动性再次过于宽松，一些国家商业银行资金来源依赖于批发融资的比例又开始有所上升；此外，欧洲中央银行和日本银行实施负利率政策，影响商业银行盈利能力，可能也会增加商业银行的脆弱性。党的十九大报告明确提出构建宏观调控有度的经济体制，中国货币政策有必要借鉴国外经验教训，保持市场流动性合理充裕，避免商业银行等金融机构过于依赖批发融资，降低流动性冲击对金融体系的影响。

四是关注信贷增长中的加速因子。贷款和更广义的信贷都存在加速增长和加速萎缩的机制，可能会导致宏观经济风险。信贷泡沫是造成金融危机的重要原因，经济过热时期，信用风险相对较低，无论是追求股东利益还是高管薪酬动机，金融机构都有追求资产大幅扩张的强烈动机；此外各类资金管理成本较低，也是信贷大幅扩张的另一个重要原因。因此，不论是信贷增长本身，还是信贷缺口都会持续大幅增长，如果没有及时通过宏观政策工具加以调控，很可能会引发金融危机，这一点在银行主导型金融体系的国家尤为明显。而一旦经济进入衰退期，各类风险暴露，资金管理成本也明显上升，将会导致信贷本身和信贷缺口加速萎缩，有可能使经济进入长期的衰退期。

五是金融机构行为会对货币政策产生显著影响。不同资本水平和杠杆水平的金融机构对货币政策的反应存在较大差异，从而影响政策传导。本文研究也发现贷款利率受同业市场利率影响，在同业市场陷入恐慌，交易萎缩、利率高企的情况下，必然会导致贷款利率上升和贷款规模下降。因此，危机期间，中央银行必须首先维护银行间市场的稳定，才有可能引导政策利率更好地传导至实体经济。此外，金融危机时期中央银行除提高大量流动性外，还需要关注各类资金管理成本，疏通政策利率向债券利率、贷款利率等其他市场利率的传导渠道。

六是宏观审慎管理政策对防范金融风险极其重要。本文研究表明，信贷扩张和萎缩机制存在加速因子的作用，如果放任其发展，将会引发经济过热乃至经济金融危机，最终陷入长期的经济衰退。宏观审慎管理政策在打破信贷增长加速因子方面能够发挥重要作用，在监测到信贷增长超过长期趋势以后，要及时通过宏观审慎工具，增加金融机构信贷扩张的成本，除加息以外，还可以要求增加逆周期资本，调节各类资产风险权重，对杠杆倍数、总资产规模或各类风险资产规模施加相关限制等。

参考文献

[1] 陈晗，刘玄．金融衍生品与货币政策［J］．中国金融，2015（1）．

[2] 黄志凌．全球银行业发展战略的重检与启示——基于金融危机前后金融机构行为变迁的比较分析［J］．金融监管研究，2015（1）．

[3] 李良松，傅勇．金融市场结构、融资成本和货币政策传导［J］．金融评论，2015（4）．

[4] 李妍．金融监管制度、金融机构行为与金融稳定［J］．金融研究，2010（9）．

[5] 张赟，胡海鸥．次贷危机对新巴塞尔协议提出的挑战与启示［J］．上海金融，2009（3）．

[6] Acharya, V. V. and Merrouche, O., 2010, Precautionary Hoarding of Liquidity and Inter – Bank Markets: Evidence from the Sub – Prime Crisis, National Bureau of Economic Research, Inc, NBER Working Papers: 16395.

[7] Acharya, V. V. and Yorulmazer, T., 2008, Information Contagion and Bank Herding, Journal of Money, Credit, and Banking, 40 (1): 215 – 231.

[8] Acharya, V. and Naqvi, H., 2012, The Seeds of a Crisis: A Theory of Bank Liquidity and Risk Taking Over the Business Cycle, Journal of Financial Economics, 106 (2): 349 – 366.

[9] Adrian, T. and Brunnermeier, M. K., 2016, CoVaR., American Economic Review, 106 (7): 1705 – 1741.

[10] Adrian, T. and Shin, H. S. , 2010, Liquidity and Leverage, Journal of Financial Intermediation, 19 (3): 418 -437.

[11] Afonso, G. , Kovner, A. and Schoar, A. , 2011, Stressed, Not Frozen: The Federal Funds Market in the Financial Crisis. , Journal of Finance, 66 (4): 1109 - 1139.

[12] Angelini, P. , Clerc, L. , Cúrdia, V. , Gambacorta, L. , Gerali, A. , Locarno, A. , Motto, R. , Roeger, W. , Van den Heuvel, S. and Vlček, J. , 2015, Basel III: Long - Term Impact On Economic Performance and Fluctuations. , Manchester School (1463 -6786), 83 (2): 217 -251.

[13] Antinolfia Gaetano, Enrique Kawamura, 2008, Banks and markets in a monetary economy, Journal of Monetary Economics 55, 321 - 334.

[14] Beltratti, A. and Stulz, R. M. , 2012, The Credit Crisis Around the Globe: Why Did some Banks Perform Better?, Journal of Financial Economics, 105 (1): 1 -17.

[15] Berger, A. N. and Bouwman, C. H. S. , 2008, Financial Crises and Bank Liquidity Creation. , Working Papers — Financial Institutions Center at the Wharton School: 1 -52.

[16] Berger, A. N. and Bouwman, C. H. S. , 2009, Bank Liquidity Creation, Review of Financial Studies, 22 (9): 3779 -3837.

[17] Berger, A. N. and Bouwman, C. H. S. , 2017, Bank Liquidity Creation, Monetary Policy, and Financial Crises, Journal of Financial Stability, 30: 139 - 155.

[18] Bhagat, S. , Bolton, B. and Romano, R. , 2008, The Promise and Peril of Corporate Governance Indices. , Columbia Law Review, 108 (8): 1803 - 1882.

[19] Bologna, P. , 2011, Is there a Role for Funding in Explaining Recent U. S. Banks' Failures?, International Monetary Fund, IMF Working Papers: 11/180, 28.

[20] Brunnermeier, M. K. , 2009, Deciphering the Liquidity and Credit Crunch 2007 - 2008. , Journal of Economic Perspectives, 23 (1): 77 - 100.

[21] Cheng, I. , Hong, H. and Scheinkman, J. A. , 2010, Yesterday's Heroes: Compensation and Creative Risk - Taking, National Bureau of Economic Research, Inc, NBER Working Papers.

[22] Chong Beng Soon, Ming - Hua Liu, Keshab Shrestha, Monetary transmission via the administered interest rates channel, Journal of Banking & Finance 30, 1467 - 1484.

[23] Dagher, J. and Kazimov, K. , 2015, Banks' Liability Structure and Mortgage Lending During the Financial Crisis, Journal of Financial Economics, 116 (3):

565 – 582.

[24] Diamond, D. W. and Rajan, R. G., 2009, The Credit Crisis: Conjectures About Causes and Remedies, American Economic Review, 99 (2): 606 – 610.

[25] Duffee, G. R. and Zhou, C., 2001, Credit Derivatives in Banking: Useful Tools for Managing Risk?, Journal of Monetary Economics, 48 (1): 25 – 54.

[26] Ehrmann, M. and Worms, A., 2004, Bank Networks and Monetary Policy Transmission, Journal of the European Economic Association, 2 (6): 1148 – 1171.

[27] Gambacorta, L. and Shin, H. S., 2016, Why Bank Capital Matters for Monetary Policy, Journal of Financial Intermediation.

[28] Giordana, G. A. and Schumacher, I., 2013, Bank Liquidity Risk and Monetary Policy. Empirical Evidence On the Impact of Basel III Liquidity Standards, International Review of Applied Economics, 27 (5): 633 – 655.

[29] Goldsmith – Pinkham, P. and Yorulmazer, T., 2010, Liquidity, Bank Runs, and Bailouts: Spillover Effects during the Northern Rock Episode, Journal of Financial Services Research, 37 (2 – 3): 83 – 98.

[30] Gorton, G., 2009, Information, Liquidity, and the (Ongoing) Panic of 2007, American Economic Review, 99 (2): 567 – 572.

[31] Ho, P., Huang, C., Lin, C. and Yen, J., 2016, CEO Overconfidence and Financial Crisis: Evidence from Bank Lending and Leverage, Journal of Financial Economics, 120 (1): 194 – 209.

[32] Huang, R. andRatnovski, L., 2010, The Dark Side of Bank Wholesale Funding, European Central Bank, Working Paper Series: 1223, 39.

[33] Jayaratne, J. and Morgan, D. P., 2000, Capital Market Frictions and Deposit Constraints at Banks., Journal of Money, Credit & Banking (Ohio State University Press), 32 (1): 74 – 92.

[34] Kalemli – Ozcan, S., Sorensen, B. and Yesiltas, S., 2012, Leverage Across Firms, Banks, and Countries, Journal of International Economics, 88 (2): 284 – 298.

[35] Merkl, C. and Stolz, S., 2009, Banks' Regulatory Buffers, Liquidity Networks and Monetary Policy Transmission, Applied Economics, 41 (16): 2013 – 2024.

[36] Morrison, A. D., 2005, Credit Derivatives, Disintermediation, and Investment Decisions., Journal of Business, 78 (2): 621 – 647.

[37] Paligorova, T. and Santos, J. A. C., 2017, Monetary Policy and Bank Risk – Taking: Evidence From the Corporate Loan Market, Journal of Financial Intermediation, 30: 35 – 49.

[38] Papanikolaou, N. I. and Wolff, C. C. P. , 2014, The Role of On – and Off – Balance – Sheet Leverage of Banks in the Late 2000 Crisis, Journal of Financial Stability, 14: 3 – 22.

[39] Park, D. and Kim, J. , 2014, Financial Derivatives Usage and Monetary Policy Transmission: Evidence from Korean Firm – Level Data, Global Economic Review, 44 (1): 101 – 115.

[40] Pozsar, Z. and Singh, M. , 2011, The Nonbank – Bank Nexus and the Shadow Banking System, International Monetary Fund, IMF Working Papers: 11/289, 18.

[41] Raddatz, C. , 2010, When the Rivers Run Dry: Liquidity and the Use of Wholesale Funds in the Transmission of the U. S. Subprime Crisis, The World Bank, Policy Research Working Paper Series: 5203.

[42] Ruckes, M. , 2004, Bank Competition and Credit Standards, Review of Financial Studies, 17 (4): 1073 – 1102.

[43] Salachas N. Evangelos, Nikiforos T. Laopodis, Georgios P. Kouretas, The bank – lending channel and monetary policy during pre – and post – 2007 crisis, Journal of International Financial Markets, 47, 176 – 187.

[44] Schwarcz, S. L. , 2011, Regulating Shadow Banking Inaugural Address for the Inaugural Symposium of the Review of Banking & Financial Law. , Review of Banking & Financial Law, 31 (1): 619 – 642.

[45] Shin, H. S. , 2009, Symposium: Early Stages of the Credit Crunch: Reflections on Northern Rock: The Bank Run that Heralded the Global Financial Crisis, Journal of Economic Perspectives, 23 (1): 101 – 119.

[46] Valencia, F. , 2014, Monetary Policy, Bank Leverage, and Financial Stability, Journal of Economic Dynamics and Control, 47: 20 – 38.

[47] Vazquez, F. and Federico, P. , 2015, Bank Funding Structures and Risk: Evidence From the Global Financial Crisis. , Journal of Banking & Finance, 61: 1 – 14.

[48] Yan, M. , Hall, M. J. B. and Turner, P. , 2012, A Cost – Benefit Analysis of Basel III: Some Evidence From the UK, International Review of Financial Analysis, 25: 73 – 82.

短期外债杠杆率与人民币汇率变动的关系

中国人民银行上海总部跨境人民币业务部课题组

课题组组长：王长元
课题组成员：王映乔　陆　简

摘　要

近年来，我国本外币负债规模迅速扩张，债务杠杆率持续攀升。与此同时，资本外流形势严峻，人民币兑美元汇率整体走低。在此背景下，本文在传统的资产组合理论基础上，引入短期外债这一核心变量，研究其对短期汇率的影响。研究表明，资产组合理论可以较好地解释短期汇率的变动情况，且短期外债杠杆率对于人民币汇率有显著的正向拉动作用。

本文认为，一是应充分认识去杠杆与稳汇率的关系，“去杠杆”对于稳汇率有着积极作用。我们有必要把杠杆率维持在一个合理范围，避免引发市场对于汇率贬值的恐慌，从而实现长期汇率稳定。二是应加强对短期外债率指标的监测和管理。短期外债杠杆率是汇率变动的一个较好的领先指标。在宏观审慎政策框架的实施中有必要增加对于短期外债率指标的监测，从而预判汇率波动风险，提前采取风险应对措施。三是应高度重视资本项目开放过程中外债开放的风险。资本项目开放有助于我国推动形成开放新格局，实行高水平的贸易和投资自由化、便利化政策。

一、引言

（一）研究背景

2008 年国际金融危机以来，美国等主要经济体为刺激经济相继推出量化宽松的货币政策，我国的货币政策环境也整体宽松，银行间市场利率持续处于低位，至 2016 年，10 年期国债利率中枢降至 3% 以下。低利率为金融加杠杆提供了现实的市场环境。近几年，伴随着我国金融业的快速发展，部分金融机构借助同业与各类通道类业务，在金融市场不断加杠杆，导致金融业杠杆率快速上升，资金脱实向虚，在金融体系内部循环空转，同业负债与银行资产快速膨胀，系统性金融风险隐忧凸显。其中，本外币外债规模迅速扩张，由 2010 年的 7536 亿美元上升至 2017 年 6 月的 15628 亿美元，增长近一倍。

与此同时，自“8・11”汇改开始，我国资本外流压力显著增大，外汇储备大幅下降，人民币兑美元汇率持续走低。汇改后的两年，人民币兑美元主要出现了四个阶段的贬值。第一次贬值始于 2015 年 8 月 11 日汇改方案出台，下跌持续两周，跌幅达 4.7%。第二次贬值从 2015 年 11 月初持续至 2016 年 1 月中旬，跌幅近 4%。第三轮贬值从 2016 年 4 月中旬开始，持续了近 3 个月，再度贬值近 4%。2016 年 10 月至年底两个多月时间里再次经历了第四次贬值，幅度达 3.9%。今年以来，伴随着美元指数走低，人民币汇率略有回调，但维持人民币汇率稳定的挑战依然艰巨。

债务杠杆率攀升伴随着人民币兑美元汇率的持续走低，二者应存在一定的关联性。

（二）研究意义与创新性分析

本文主要是在传统的资产组合理论基础上，引入短期外债杠杆率这一核心变量，研究其对短期汇率的影响。

一是在核心解释变量（短期外债杠杆率）的选择上，使用全口径短期外债与国家外汇储备规模之比来表示短期外债杠杆水平。当前较为普遍的做法是选择债务总规模与 GDP 之比来反映外债杠杆率，但外债规模是存量数据，GDP 为年度的流量数据，二者之间存在性质上的差异。而同为存量数据的外汇储备规模则可以更好地反映对短期外债的清偿能力。此外，作为月度发布数据，外汇储备规模在数据频率上与短期汇率变动更为一致。

二是将短期外债杠杆率因素引入资产组合理论模型，研究外债风险、货币与资产价格等要素对于汇率决定的影响机制与影响路径。短期外债杠杆率上升会显著提高外债违约风险，从而增加本国居民持有外国证券的意愿，进而影响资产价格与汇率。我国外债规模较大且短期外债比重较高，因此有必要对短期外债杠杆率予以特别关注。然而，现有关于汇率决定资产组合理论的研究却未有涉及短期外债杠杆率这一重要因素。研究不仅有助于我们理解人民币汇率变动的本质特征，而且有助于我们测算、估计人民币均衡汇率水平，对于监管部门实施科学合理的汇率政策提供参考建议。

二、文献综述

（一）汇率决定理论研究动态

近年来，国内外学者大多基于购买力平价理论、利率平价理论和资产组合理论等来研究人民币汇率决定机制。

第一，购买力平价理论，其中代表性研究有：杨长江、钟宁桦（2012）就如何适当运用购买力平价来度量均衡汇率的问题做了系统性的文献梳理，并基于扩展型的购买力平价模型估计了人民币均衡汇率水平，其研究认为当前人民币汇率并不存在严重的低估。而戴金平、杨珂、刘东坡（2015）运用不限制对称性和比例性的三变量模型，研究了中国与 OECD 34 个成员国 1978～2010 年的面板数据，采用购买力平价模型对人民币汇率变动进行了检验，其研究结果表明：人民币汇率的波动并不满足购买力平价理论，存在对购买力平价的偏离。张晓朴（2000）对 1979～1999 年的人民币名义汇率和中美消费者物价指数（CPI）的长期关系进行协整检验，认为人民币汇率波动不符合购买力平价理论。

第二，利率平价理论，其中代表性研究有：肖立晟、刘永余（2017）运用非线性时变平滑转换模型人民币无抛补利率平价假说，其研究结果表明：交易成本会改变汇率对利差的反应方向，总体上说人民币非抛补利率平价并不成立，而且近期偏离程度越来越高。谭小芬、高志鹏（2017）通过构建 2003 年至 2015 年 9 月中美两国利率平价偏离度，检验了人民币在中美两国市场利率平价理论，研究认为：中美利率平价并不成立，“风险因素”和“资本管制”利率平价偏离都有影响，并且资本管制是主要动因。而丁志杰、郭凯、闫瑞明（2009）基于适应性预期理论构建了人民币无抛补利率平价模型，把对于适应性预期的检验转换成汇率和利差的关系的研究，其研究认为无抛补利率平价可以解释人民币汇率波动。

第三，资产组合理论，该理论强调财富和资产组合平衡在汇率决定中的作用，最早由麦金农、奥茨于 20 世纪 70 年代提出，而后布朗森在 1975 年基于托宾的货币模型建立了汇率决定的资产组合模型，并在 1985 年给出了较为完备的市场资产组合系统性论述，成为资产组合分析模型的基础，该模型考虑的是汇率、个人财富、收支平衡及证券市场均衡之间的互动关系。之后经霍尔特纳和梅森等人的进一步修正，从而使其更加完善。近年来的代表性研究包括：Cushman（2007）基于资产组合模型构建了加元—美元的 ECM 模型，其协整检验及标准协整向量的估计结果表明，加拿大和美国的资产需求对于汇率波动的影响能较好地符合理论模型，对汇率的预测结果也较好。石建勋等（2016）基于资产组合理论，通过构建人民币汇率决定标准化协整方程研究了 2009～2015 年人民币 NDF 汇率的变动机制，并对人民币汇率错位水平进行了测算。研究结论表明：资产组合理论可以较好地解释人民币 NDF 汇率的变动情况，并且 2009 年之后人民币 NDF 汇率的变动基本稳定，未出现长期持续的汇率错位现象。

（二）文献述评

上述研究缺乏从外债风险的角度去看待人民币汇率变动机制与特征，无论是购买力平价理论还是利率平价理论，其理论或者要求汇率可以准确反映物价水平，或者要求资金可以自由跨境流动，其严格的假设与实际经济环境不符；此外，针对人民币汇率决定的资产组合理论，虽然考虑到了本外币之间的不完全替代性及不同的资产存在风险溢价这一实际情况，但是忽视了对外负债也是国内外公众持有的资产的重要组成部分，公众会基于机会成本和相对收益去对外负债，并且对外负债的杠杆（外债风险）也是影响国内资本市场和人民币汇率均衡汇率水平的重要因素。因此，本文拟将短期外债杠杆引入人民币汇率决定的资产组合模型，研究外债风险、货币与资产价格等要素对于汇率决定的影响机制与影响路径。

三、模型构建

（一）模型设定

本文将外债杠杆率引入资产组合理论，当前人民币汇率中间价由上一日人民币在岸收盘汇率与一篮子货币汇率变化决定，其中在岸汇率和货币篮子都以美元为主导，因此构建中美两国模型来研究人民币汇率变动机制。

假定中国公众与美国公众持有的金融资产 W 和 W^* 分别由三部分组成

$$
\begin{aligned}
W &= M + S + eF \\
eW^* &= eM^* + S^* + eF^*
\end{aligned}
\tag{1}
$$

其中，M 表示人民币货币资产；S 表示人民币非货币金融资产，即人民币有价证券；F 表示中国持有的美国市场非货币金融资产，即美元证券；e 表示人民币对美元汇率；M^* 表示美元货币资产；S^* 表示美国持有的人民币证券；F^* 表示美元证券。变量 W^*、M^*、F、F^* 均以美元计价，而 W、M、S、S^* 均以人民币计价。

需要强调的是，本文假定中美公众对于人民币证券资产的需求与中美名义利差$(r-r^*)$有关，并且考虑到宏观外债杠杆 L 会影响国内公众对于资本市场的预期（宏观外债杠杆越高，该国外债违约风险越高，国内公众更倾向于持有外国证券，其对于资本市场中非货币金融资产的需求也相应地受到抑制）。一般而言，外债杠杆率的上升，尤其是短期外债杠杆率的上升往往意味着外债（短期外债）规模上升迅速，其涉外经济风险就越大，跨境资本频繁的流出流入，极容易引发国内资本市场的风险。因此国内公众的证券资产需求还受到宏观外债杠杆率 L 影响

$$
\begin{aligned}
S &= \beta[(r-r^*),L]\cdot(W-M) \\
S^* &= \beta^*(r-r^*)\cdot(eW^*-eM^*)
\end{aligned}
\tag{2}
$$

其中，r、r^* 分别表示中美两国名义利率；β、$\beta^* \in (0,1)$ 分别表示中美公众

持有非货币金融资产中本国资产所占比例，不考虑其他因素，假定β、β^*是名义利差（$r-r^*$）的单增函数，并且β是宏观外债杠杆率L的单减函数。因此，中美公众持有的美元证券资产可以表示为

$$\begin{aligned} eF &= W - M - S = \{1 - \beta[(r-r^*),L]\} \cdot (W - M) \\ eF^* &= eW^* - eM^* - S^* = [1 - \beta^*(r-r^*)] \cdot (eW^* - eM^*) \end{aligned} \tag{3}$$

联立方程（2）和（3），可以得到人民币汇率决定表达式

$$\begin{aligned} e &= \frac{S}{F} \cdot \frac{1-\beta[(r-r^*),L]}{\beta[(r-r^*),L]} \\ e &= \frac{S^*}{F^*} \cdot \frac{1-\beta^*(r-r^*)}{\beta^*(r-r^*)} \end{aligned} \tag{4}$$

根据汇率决定表达式（6），人民币汇率可以看成是中美名义利差、中美持有的人民币及美元证券资产这5个变量的函数

$$e = e[(r-r^*),S,S^*,F,F^*,L] \tag{5}$$

对人民币汇率决定表达式取对数，可以构建线性计量模型

$$\ln e = \beta_0 + \beta_1 r + \beta_2 r^* + \beta_3 \ln S + \beta_4 \ln F + \beta_5 \ln S^* + \beta_6 \ln F^* + \beta_7 \ln L \tag{6}$$

（二）变量解释与数据说明

本文收集了中美两国变量的日数据和月度数据，出于数据可获得性原因，统计时间长度从2012年1月到2017年8月。此外，本文对日数据进行了变频处理，使其变成月度数据。数据来源为Wind金融和人民银行、外汇局数据库等。

1. 使用人民币NDF表示汇率e。由于本文所选取统计数据的时间段内，人民币在岸汇率的生成机制经历了三个阶段（“8·11”汇改与引入逆周期调节因子)，且当前人民币实行有管理的浮动汇率机制，即期汇率不能自由浮动，每日波幅限制在中间价的正负2%之内，因而本文未选取在岸人民币汇率数据。而NDF汇率交易不需要对本金进行兑换，并且NDF汇率可以自由浮动。在当前人民币汇率不可自由浮动的前提下，NDF汇率比即期汇率更加精确地反映了当前外汇市场上人民币供求状况，且目前NDF价格与国内在岸市场价格关联性越来越强。

2. 使用中美两国货币市场收益率表示名义利率r、r^*。本文以上海银行间同业拆借利率（SHIBOR1M）反映国内货币市场收益率；以伦敦银行间美元同业拆借利率（LIBOR1M）反映美元市场收益率。

3. 使用股票指数反映中美两国公众持有的本国证券资产S和F^*。股票指数在一定程度上反映了股票市场上各种股票市价的总体水平及变动情况，因此股指的波动可以有效反映公众持有的证券资产的市值波动。本文以沪深300指数反映国内公众对于本国证券需求，以标普500指数反映美国公众对于美国证券需求。

4. 使用中国持有美国国债余额来反映中国持有的美国证券资产 F。由于中国持有的美国证券主要为长期债券，特别是美国长期国债，因此使用中国持有美国国债余额来反映 F 具有代表性。

5. 忽略美国持有中国证券资产 S。由于中国资本与金融账户仍未放开，美国投资者需通过 QFII 制度安排才能投资于中国证券市场。从 2003 年开始 QFII 额度单向增加，而且美国投资者的 QFII 额度相对较低，所以本文不考虑美国持有的中国证券资产 S 对于人民币汇率的影响。

6. 使用我国短期外债杠杆 L 来表示短期偿债风险，即短期外债 Foreign Debt（FD）与外汇储备 Foreign Exchange Reserve（FR）之比

$$L = \frac{FD}{FR} \tag{7}$$

综上，各变量的统计信息见表 1。

表 1　　各变量统计信息

变量	参数					
	均值	最大值	最小值	标准差	偏度	峰度
e	6.511	7.166	6.112	0.266	0.657	2.470
r	3.610	7.036	1.021	1.424	0.105	2.409
r^*	0.289	1.029	0.150	0.166	2.257	8.582
S	2921.662	4989.597	1958.742	586.091	0.814	4.057
F	1087.214	1316.700	486.900	241.642	-1.238	3.264
F^*	1573.775	2366.822	757.127	437.646	0.014	1.679
L	18.666	33.912	8.636	6.910	0.624	2.200

因此人民币汇率决定计量模型可以改写成

$$\ln e = \beta_0 + \beta_1 r + \beta_2 r^* + \beta_3 \ln S + \beta_4 \ln F + \beta_5 \ln F^* + \beta_6 \ln L \tag{8}$$

且：$\beta_1 < 0, \beta_2 > 0, \beta_3 > 0, \beta_4 < 0, \beta_5 < 0, \beta_6 > 0$

四、实证研究

（一）单位根检验

在对人民币汇率决定模型进行估计之前，须对各变量的平稳性进行检验，防止出现伪回归的结果。本文拟通过构建 ADF 统计量检验各个变量的趋势，判断该变量是否是平稳序列，检验结果见表 2。

表 2 单位根检验结果

变量名	(T，C，n)	ADF	1%	5%	(CV = 5%)
lne	(0，1，0)	-2.009	-3.495	-2.890	不平稳
dlne	(0，C，1)	-7.732	-4.051	-3.454	平稳
r	(0，C，0)	-2.713	-3.494	-2.889	平稳
dr	(0，0，1)	-9.297	-2.588	-1.944	平稳
r *	(T，C，0)	1.344	-4.052	-3.455	不平稳
dr *	(T，C，1)	-3.931	-4.052	-3.455	平稳
lnS	(0，C，0)	-2.680	-3.495	-2.890	平稳
dlnS	(0，0，1)	-7.508	-2.588	-1.944	平稳
lnF	(0，C，0)	-3.775	-3.494	-2.889	平稳
dlnF	(T，0，1)	-10.239	-4.050	-3.454	平稳
lnF *	(T，C，0)	-2.490	-4.049	-3.454	不平稳
dlnF *	(0，C，1)	-8.628	-3.495	-2.890	平稳
lnL	(T，C，0)	-3.261	-4.061	-3.459	不平稳
dlnL	(0，C，1)	-3.604	-3.503	-2.893	平稳

从表 2 可以看出，在 5% 置信水平下，变量 lne、r^*、lnF^* 和 lnL 等变量的原序列均存在趋势，未通过 ADF 检验，因此不是平稳序列。接着，本文对上述 4 个非平稳序列的一阶差分进行单位根检验，其结果表明，所有变量的一阶差分序列是平稳的，因此满足协整分析的要求。

（二）标准化协整方程估计

此外，在估计标准化协整方程前，还须对各个时间序列的长期关系进行协整检验。基于对原序列图形的观察，在判断协整检验的形式上选择原序列有确定线性趋势及协整方程有截距，Trace 统计量和最大特征根统计量的检验结果见表 3 和表 4。

表 3 协整检验结果（Trace 统计量检验）

No. of CE (s)	Eigenvalue	Trace test		
		Trace	5%	Prob
r≤0	0.561	134.077	125.615	0.014
r≤1	0.421	81.318	95.754	0.322
r≤2	0.234	46.291	69.819	0.787
r≤3	0.174	29.258	47.856	0.756

续表

No. of CE (s)	Eigenvalue	Trace test		
		Trace	5%	Prob
r≤4	0.157	17.003	29.797	0.640
r≤5	0.087	6.049	15.495	0.690
r≤6	0.004	0.249	3.841	0.617

表 4　　协整检验结果（最大特征根统计量检验）

No. of CE (s)	Eigenvalue	Max - Eigen test		
		Max - Eigen	5%	Prob
r≤0	0.561	52.760	46.231	0.009
r≤1	0.421	35.026	40.078	0.166
r≤2	0.234	17.033	33.877	0.921
r≤3	0.174	12.255	27.584	0.922
r≤4	0.157	10.954	21.132	0.652
r≤5	0.087	5.800	14.265	0.639
r≤6	0.004	0.249	3.841	0.617

基于表 3 和表 4 协整检验的结果，Trace 统计量和 Max - Eigen 统计量均表明在 5% 置信水平下，各变量之间至少存在 1 个协整向量，因此在长期至少存在 1 个均衡关系。基于 Johansen 检验可以得到标准化协整向量及调整参数向量，具体见表 5。

表 5　　标准化协整向量及调整参数向量的估计

变量	标准化协整向量		变量	调整参数向量	
	系数	标准差		系数	标准差
lne	1		dlne	-0.238	-0.108
r	0.014**	-0.002	dlnr	-15.158	-7.707
r*	-0.142**	-0.013	dlnr*	1.026	-0.348
lnS	0.018**	-0.007	dlnS	2.392	-0.683
lnF	0.028	-0.043	dlnF	-0.280	-0.290
lnF*	0.023	-0.013	dlnF*	0.650	-0.250
lnL	-0.032*	-0.017	dlnL	0.500	-0.713

注：* 表示 10% 置信区间下显著，** 表示 5% 置信区间下显著。

基于表 5 的结果，得到人民币汇率决定标准化协整方程

$$\begin{array}{lllllll} \ln e_t = & -0.01r_t & +0.14r_t^* & -0.02\ln S_t & -0.03\ln F_t & -0.02\ln F_t^* & +0.03\ln L \\ SE = & (-0.002) & (-0.013) & (-0.017) & (-0.043) & (-0.013) & (-0.017) \end{array} \tag{9}$$

标准化协整方程的估计结果说明引入短期外债杠杆率 lnL 的资产组合理论可以较好地解释人民币 NDF 汇率的变动情况。观察协整方程，中美名义利率 r 和 r^*、中国持有的人民币证券资产 S、美国公众持有的美国证券资产 $\ln F^*$ 以及国内短期外债杠杆 lnL 这四个变量的系数与理论一致，且在10%置信水平显著。具体来看：第一，国内货币市场名义利率 r 的系数显著为负（$\beta_1 = -0.01$），说明国内货币市场名义利率 r 对于人民币 NDF 汇率 ln*e* 的变动有着显著的反向拉动作用：国内名义利率 r 上升 1 个百分点，人民币 NDF 汇率下降 0.01 个百分点（人民币 NDF 升值0.01%）。同样，美元名义利率 r^* 的系数显著为正（$\beta_2 = 0.14$），说明美元名义利率 r^* 对于人民币 NDF 汇率的变动起着显著促进作用：美元名义利率 r^* 上升 1 个百分点，人民币 NDF 汇率上升 0.14 个百分点（人民币 NDF 贬值0.14%）。这个结论与当前人民币利率平价理论的研究（金中夏等，2012）相吻合。这可能是因为国内货币市场名义利率下降会降低中国公众对于人民币货币的持有，在其他变量不变的前提下，人民币汇率需要上升以增加中国持有美元证券的人民币价格，以保持稳定的金融资产组合。同样，美元名义利率上升会引发美国公众会增加美元的持有，导致美元面临升值压力，从而人民币对美元贬值，人民币汇率上升。

第二，美国公众持有的美国证券资产 $\ln F^*$ 对于人民币汇率变动有显著的反向拉动作用（$\beta_5 = -0.02$）：美元证券持有上升 1 个百分点，人民币 NDF 汇率下降 0.04 个百分点。这个结论也验证了 Cushman（2007）和 Breedon（2010）等的研究。究其原因，可能是对于美国公众来说，在其他变量不变的前提下，持有的美国证券资产市值的上升需要美元贬值来维持资产组合的平衡，这与人民币证券价格突然上升往往意味着货币超发，从而导致人民币贬值实际上是同样的道理。

第三，国内短期外债杠杆率 ln*L* 对于人民币汇率变动有显著的正拉动作用（$\beta_5 = 0.03$）：国内短期外债杠杆率上升 1 个百分点，人民币 NDF 汇率下降 0.03 个百分点（贬值0.03%）。理论与实践表明，快速攀升的短期外债杠杆率蕴含很高的风险。短期外债总规模的快速上升，使外债整体风险上升，增大了未来的外债偿付风险，当其上升速度持续高于宏观经济发展及外汇储备上升速度，则会引发市场对于外债违约的预期，引发外汇市场人民币贬值压力。此外，短期外债规模的上升还会通过外汇占款方式影响国内货币供应量，近年来我国外汇占款规模不断上升，2017 年 9 月末达到 21.51 万亿元。由于外汇占款增加而导致基础货币的超常增长导致了货币供应量的急剧增长，国内通货膨胀趋势的日益显著也会引发外汇市场人民币贬值压力。

第四，中国持有的人民币证券资产 S 的系数为负（$\beta_3 = -0.02$），以及中国持有的美元证券资产 F 的系数为负（$\beta_4 = -0.03$），但均不显著，说明中国持有的人民币证券资产 S 与美元证券资产 F 对于人民币 NDF 汇率没有显著影响。考虑到什么原因会导致这种现象呢？笔者认为在两国模型中，当其他变量不变时，如果中国投资者持有的美国证券市值上升，往往意味着美元存在贬值压力，反映到汇率决定模型中就是人民币升值，人民币 NDF 汇率下降。而实际情况是，2012 ~2017 年中国对美债持有规模的上升往往伴随着外汇储备的快速增加，这也反映了中央银行在外汇市场大量购入美元以抑制人民币的升值。因此中央银行在外汇市场的直接干预可能导致了变量 F 对于人民币 NDF 汇率变动没有显著影响。应用到国内证券市场也是同样的道理。

（三）误差修正模型估计

本文通过构建误差修正模型（VEC）来分析人民币 NDF 汇率和各资产变量以及短期外债杠杆之间的短期关系。根据 AIC 准则确定 ECM 模型中的差分项滞后阶数 $p = 1$，因此人民币汇率决定 VEC 模型可以写成

$$\begin{aligned}
\Delta \ln e_t = &\ -0.24ecm_{t-1} + 0.51\Delta \ln e_{t-1} - 0.01\Delta r_{t-1} + 0.03\Delta r_{t-1}^{*} + 0.01\Delta \ln S_{t-1} \\
SE = &\ \quad (0.11) \qquad\quad (0.16) \qquad\quad (0.00) \qquad\quad (0.05) \qquad\quad (0.02) \\
&\ -0.03\Delta \ln F_{t-1} + 0.07\Delta \ln F_{t-1}^{*} + 0.01\Delta \ln L - 0.01 \\
&\ \quad (0.05) \qquad\quad (0.05) \qquad\quad (0.02) \qquad\quad (0.00)
\end{aligned} \tag{10}$$

其中，误差修正项 ecm_t 为

$$ecm_t = \ln e_t + 0.01r_t - 0.14r_t^{*} - 0.02\ln S_t + 0.03\ln F_t + 0.02\ln F_t^{*} - 0.03\ln L + 2.29 \tag{11}$$

人民币汇率决定 VEC 模型（11）中，人民币 NDF 汇率的短期变动 $\Delta \ln e_t$ 可分为两个部分，一部分受到 $\ln e_t$、r_t、r_t^{*}、$\ln S_t$、$\ln F_t$、$\ln F_t^{*}$、$\ln L_t$ 等变量前 1 期变动的影响，另一部分变动是人民币 NDF 汇率 $\ln e_t$ 向长期均衡的调整所致。具体来看：第一，前 1 期人民币 NDF 汇率每增加 1 个百分点，即 $\Delta \ln e_{t-1}$ 上升 1 个百分点，本期人民币 NDF 汇率平均上升 0.51 个百分点，即 $\Delta \ln e_t$ 上升 0.51 个百分点；同样，Δr_{t-1}^{*}、$\Delta \ln S_{t-1}$、$\Delta \ln F_{t-1}^{*}$ 和 $\Delta \ln L_t$ 每增加 1 个百分点，$\Delta \ln e_t$ 则分别上升 0.03 个、0.01 个、0.07 个和 0.01 个百分点；而 Δr_{t-1}、$\Delta \ln F_{t-1}$ 每增加 1 个百分点，$\Delta \ln e_t$ 则分别平均下降 0.01 个百分点和 0.03 个百分点。第二，$\Delta \ln e_t$ 的另一部分是 $\ln e_t$ 向长期均衡的调整所致，反映在误差修正项 ecm_{t-1} 的系数，其大小反映了对偏离长期均衡的调整速度，从系数估计值（-0.24）来看，当人民币 NDF 汇率偏离长期均衡 1 个百分点时，市场将以 0.24 个百分点的速度将非均衡状态拉回到均衡状态。

（四）脉冲响应分析

本文拟通过脉冲响应函数（IRF）对引入短期外债杠杆率 lnL 的人民币汇率决定标准化协整方程中各变量（中美名义利率 r 和 r^*、中国持有的人民币证券资产 lnS 和美元证券资产 lnF、美国公众持有的美国证券资产 lnF^*，以及国内短期外债杠杆 lnL）受到冲击从而对未来人民币 NDF 汇率的影响机制进行研究。IRF 过程见图 1。

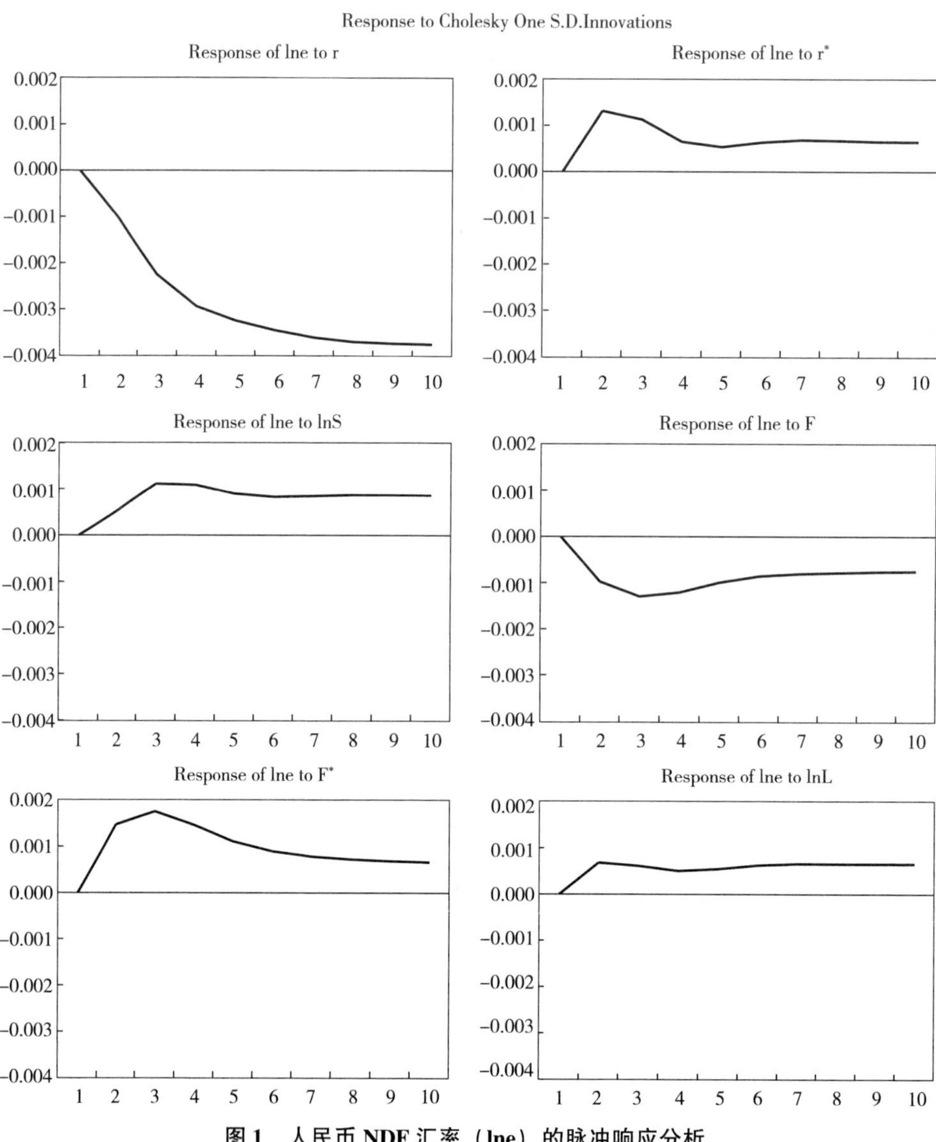

图 1　人民币 NDF 汇率（lne）的脉冲响应分析

从图1中可以看出，给予国内货币市场名义利率r的一个正冲击后，对未来人民币NDF汇率lne有一个负的影响，这个负的影响在前8期逐渐增大，并在第8期之后保持稳定负增长，这说明国内货币市场名义利率r受到外部条件的某一冲击后，经市场传递给人民币NDF汇率，给人民币NDF汇率带来了反向的冲击，而且这个冲击具有显著地反向冲击作用和较长的持续效应。此外，美国货币市场名义利率r^*的一个正冲击对于未来人民币NDF汇率lne有一个正的影响，这个影响并在第4期以后逐渐保持稳定。同样，中国持有的人民币证券资产lnS的一个正冲击对于未来人民币NDF汇率lne有一个正的影响，这个影响并在第4期以后逐渐保持稳定。中国持有的美元证券资产lnF的一个正冲击对于未来人民币NDF汇率lne有一个负的影响，这个影响并在第3期以后逐渐降低，并从第6期开始保持稳定。类似，美国公众持有的美国证券资产lnF^*的一个正冲击对于未来人民币NDF汇率lne有一个正的影响，这个影响并在第2期以后逐渐降低，并从第8期开始保持稳定，维持在0附近。国内短期外债杠杆lnL的一个正冲击对于未来人民币NDF汇率lne有一个正的影响，这个影响在第1期、第2期和第3期逐渐增大，并在第3期之后保持稳定。

（五）实证研究结论

本文将短期外债杠杆引入资产组合理论，通过构建人民币汇率决定标准化协整方程研究了2012～2017年人民币NDF汇率的变动机制，研究结果如下：第一，资产组合理论可以较好解释人民币NDF汇率的变动情况。第二，中美货币市场利率对人民币汇率变动分别起显著的反向和正向作用。中国的货币市场利率上升将提高持有人民币资产的收益率，从而引发国际资本流入和人民币升值预期，反之亦然。第三，国内短期外债杠杆率lnL对于人民币汇率变动有显著的正拉动作用。快速攀升的短期外债杠杆率意味着我国外债整体风险上升，增大了未来的外债偿付风险，引发外汇市场人民币贬值预期，而资金外流客观上也会起到外债降杠杆的作用。第四，中国持有的人民币证券资产及美元证券资产需求的变化对于人民币NDF汇率的影响不显著，究其原因可能是因为中央银行在外汇市场上的直接干预及国内资本项目没有完全放开所致。

五、对策建议

一是应充分认识去杠杆与稳汇率的关系。供给侧改革主要涉及产能过剩、楼市库存大和债务高企三个方面，为解决好这些问题，中央提出了“三去一降一补”五大任务。本文研究发现，“去杠杆”对于稳汇率也有积极作用。这就要求我们在货币政策的决策中正确认识去杠杆和稳汇率的关系：与加强资本流动管理等短期措施不同，去杠杆有助于实现长期汇率稳定。我们有必要把杠杆率维持在一个合理范围，避免引发市场对于汇率贬值的恐慌，从而实现长期汇率稳定。

二是应加强对短期外债率指标的监测和管理。本文研究得出结论，短期外债杠杆率对 NDF 汇率波动有显著影响，因此短期外债杠杆率是汇率变动的一个较好的领先指标。在宏观审慎政策框架的实施中有必要增加对于短期外债率指标的监测，从而预判汇率波动风险，提前采取风险应对措施。

三是在资本项目开放过程中应高度重视外债开放的风险。资本项目开放有助于我国推动形成开放新格局，实行高水平的贸易和投资自由化便利化政策。一般认为，资本项目开放应遵循“先流入后流出，先直接投资后证券投资、先债权类工具后股权类工具”的顺序，认为股权类工具风险大于债权类工具。事实上，从本文研究结果来看，外债杠杆率过高时会引发市场对于汇率贬值的恐慌，实实在在地带来对汇率的压力，其风险也应高度重视。一方面，为推动实体经济发展，应允许企业合理借用外债，充分利用境内境外两个市场进行融资，另一方面，为避免汇率风险，也应该采取一定的宏观审慎政策措施，限制过高的外债杠杆率。

参考文献

[1] 杨长江，钟宁桦．购买力平价与人民币均衡汇率 [J]．金融研究，2012 (1)：36 -50.

[2] 戴金平，杨珂，刘东坡．人民币汇率对购买力平价的偏离及原因分析 [J]．中央财经大学学报，2015 (7)：35 -41.

[3] 张晓朴．购买力平价思想的最新演变及其在人民币汇率中的应用 [J]．世界经济，2000 (9)：10 -18.

[4] 肖立晟，刘永余．人民币非抛补利率平价为什么不成立：对4 个假说的检验 [J]．管理世界，2016 (7).

[5] 谭小芬，高志鹏．中美利率平价的偏离：资本管制抑或风险因素——基于2003 ~2015 年月度数据的实证检验 [J]．国际金融研究，2017 (4)：86 -96.

[6] 丁志杰，郭凯，闫瑞明．非均衡条件下人民币汇率预期性质研究 [J]．金融研究，2009 (12)：91 -98.

[7] 石建勋等．基于资产组合理论的人民币汇率变动实证研究 [J]．统计与决策，2016 (22)：144 -147.

[8] 金中夏，陈浩．利率平价理论在中国的实现形式 [J]．金融研究，2012 (7)：63 -74.

[9] David O. Cushman. A portfolio balance approach to the Canadian - U. S. exchange rate. Review of Financial Economics，2007 (16)：305 - 320.

人民币汇率形成机制改革问题研究

中国人民银行上海总部内审部课题组

课题组组长：罗育全

课题组成员：周　洁　成　娜（执笔）　江　瀑　卢俊峰

摘　要

党的十九大报告提出，要深化金融体制改革，推动形成全面开放的新格局。人民币汇率形成机制改革作为金融体制改革中最重要的项目之一，不仅对人民币汇率变动以及整个金融市场有着重大影响，还对推动全面开放的国家战略起到至关重要的作用。2005 年以来，人民币汇改经历了明确市场化改革方向、国际金融危机的改革反复、新时期的汇改重启，以及贬值压力下改革路径切换四个阶段，虽然有波折，但总体来看，十余年来人民币汇率形成机制的市场化程度越来越高。近年来，“8・11”汇改释放了人民币贬值压力，完善了人民币汇率中间价的形成机制，但也引发了不小的市场动荡，中央银行采取了公开市场操作、调控资本外流和调整人民币对美元汇率形成机制三项措施遏制了人民币过快的单边贬值趋势，似乎由“例外”干预回到了“常态化”干预。近两年，英国退欧、特朗普胜选等国际黑天鹅事件以及中国股市熔断、债市风波等国内风险事件的发生，使我国汇改环境充满变数。当前人民币汇改面临着两难选择，退后一步与市场化方向背道而驰，但朝前一步如果时机不对，也可能承担改革的代价。

本文从 2005 年以来人民币汇改历程回顾入手，直面当前汇改遇到的四组问题和矛盾——“有管理”和汇改目标的平衡问题，汇率形成机制的改革问题，人民币在岸、离岸市场的分割问题，以及人民币汇率变动与新常态下振兴经济的矛盾问题，引入近十年以来在中国有着较好适用性的巴拉萨—萨缪尔森效应，一一提出深化人民币汇改的政策建议，以期做出有益探索。

党的十九大报告提出，要深化金融体制改革，推动形成全面开放的新格局。人民币汇率形成机制改革作为金融体制改革中最重要的项目之一，不仅对人民币汇率变动以及整个金融市场有着重大影响，还对推动全面开放的国家战略起到至关重要的作用。“8・11”汇改之前，人民币汇率形成机制相对比较神秘，从 2015 年 8 月 11 日开始，中国人民银行完善了人民币对美元汇率中间价报价机制，增加了人民币汇率形成机制的透明度。李克强总理在2016年6月考察中国人民银行时评价说，“改革让人民币汇率变化的规则更加透明，从而可以更好地与市场进行沟通。”“8·11”汇改之后的两年来，全球政治经济形势发生了较大变化，一方面，大国开放经济体的宏观政策框架下需要更加透明、更加市场化的人民币汇率形成机制；另一方面，特朗普胜选等国际黑天鹅事件以及中国股市熔断、债市风波等风险事件的发生，使日益市场化的人民币汇率形成机制承受了汇率贬值的压力，在美元加息的国际金融背景下增加了资本外流的风险，甚至影响了我国“一带一路”倡议下人民币国际化的推进。当前人民币汇改面临着两难选择，退后一步与市场化方向背道而驰，但朝前一步如果时机不对，也可能承担改革的代价。本文认为，应跳出汇率变动这一表象，深入研究人民币汇率形成机制改革的本质。所以，本文将从2005年以来人民币汇改历程回顾入手，直面目前汇改遇到的问题和矛盾，引入巴拉萨—萨缪尔森效应，为深化人民币汇改提出有益的政策建议。

一、2005年以来人民币汇改历程回顾

（一）汇改内容

在人民币汇率形成机制改革历程中，2005年7月的汇改是一个重要的里程碑和转折点。在这之前，人民币长期采用钉住美元的汇率制度，人民币对美元汇率一直维持在8.27左右；在这之后的十多年，人民币汇率制度正式拉开了市场化改革的序幕。以2008年全球金融危机和2015年“8·11”汇改为分水岭，我国汇率制度的发展可分为以下四个阶段（主要政策发布见表1）。

表1　2005年以来人民币汇改主要政策发布

改革时间	改革措施
2005年7月21日	中央银行宣布实行以市场供求为基础、参考一篮子货币进行调节、有管理的浮动汇率制度
2006年1月4日	在银行间即期外汇市场上引入询价交易方式，并保留撮合方式，在银行间外汇市场引入做市商制度
2007年5月21日	中央银行宣布将人民币对美元汇率波动区间从0.3%扩大至0.5%
2010年6月	进一步推进人民币形成机制改革，增强人民币汇率形成机制弹性
2012年4月16日	银行间即期外汇市场人民币对美元汇率波动区间由0.5%扩大至1%，外汇指定银行为客户提供当日美元最高现汇卖出价与最低现汇买入价之差不得超过当日汇率中间价的幅度由1%扩大至2%

续表

改革时间	改革措施
2014 年 3 月 17 日	银行间即期外汇市场人民币对美元交易价浮动幅度由 1% 扩大至 2%，外汇指定银行为客户提供当日美元最高现汇卖出价与最低现汇买入价之差不得超过当日汇率中间价的幅度由 2% 扩大至 3%
2014 年 7 月 2 日	取消银行对客户美元挂牌买卖价差管理，市场供求在汇率形成中发挥更大作用，人民币汇率弹性增强，汇率预期分化，中央银行基本退出常态外汇干预
2015 年 8 月 11 日	中央银行决定进一步完善人民币对美元汇率中间价报价，增强其市场化程度和基准性
2015 年 10 月 15 日	中央银行对开展代客远期售汇业务的金融机构收取外汇风险准备金，准备金率暂定为 20%
2015 年 12 月 11 日	中国外汇交易中心发布“CFETS 人民币汇率指数”，中央银行表示，人民币汇率形成机制今后将加大参考一篮子货币的力度，保持一揽子汇率基本稳定
2017 年 5 月 26 日	中国外汇交易中心宣布，考虑在人民币对美元汇率中间价报价模型中引入逆周期因子

第一阶段（2005 年 7 月至 2008 年 7 月）：汇改走向市场化。该阶段汇改的重点在人民币汇率水平和弹性调整上，主要包括：一是汇率制度方面，改变了单一钉住美元的固定汇率制度，按照主动、渐进、可控的原则，扩大汇率制度弹性，并通过发展外汇衍生产品市场提高企业抵御汇率变动风险的能力。二是外汇管理体制方面，将改革开放初期的“宽进严出”政策转为鼓励外汇流出和限制外汇流入的政策；在资本项目管理体制方面，也采取了一致的政策，即限制资本流入和鼓励资本流出。三是贸易管理体制方面，推进市场化、法治化和国际经济规则化进程。

第二阶段（2008 年 7 月至 2010 年 6 月）：全球金融危机下的汇改反复。面对始发于美国的全球金融危机，人民银行暂停了人民币汇率市场化的改革，重新采取“钉住美元”政策，该阶段汇改的重点在预防热钱投机以及配套金融体制改革上。人民币对美元汇率保持稳定，在 6.83 附近波动，暂时停止了升值的步伐。

第三阶段（2010 年 6 月至 2015 年 8 月）：汇改重启。2010 年 6 月，中央银行宣布“进一步推进人民币汇率形成机制改革，增强人民币汇率形成机制弹性”，汇改重新回到市场化的轨道上来，逐步扩大银行间即期外汇市场人民币对美元汇率波动区间，逐步扩大直至取消银行对客户美元挂牌买卖价差管理。该阶段人民币汇率经历了重回升值通道、汇率双向波动和开始承受贬值压力的一系列变化。

第四阶段（2015 年 8 月 11 日以后）：贬值压力下的改革路径切换。以“8 · 11”汇改为起点，该阶段汇改的目的是以主动的改革手段释放人民币贬值压力，使人民币汇率尽可能接近由市场供求决定的均衡汇率水平；汇改的主要内容是完善人民币对美元汇率中间价报价机制，注重参考一篮子货币。2016年2月以来，初步形成了“收盘价+篮子货币”的人民币对美元汇率中间价形成机制；2017年5月下旬，在上述形成机制的基础上，又引入逆周期调节因子，缓解外汇市场可能存在的“羊群效应”。

（二）汇改影响

1. 对汇率的影响。人民币汇改最直接的影响反映在人民币汇率上（见表2）：从2005年7月到2014年底，人民币对美元名义汇率累计升值幅度为26%，人民币对一篮子货币名义汇率累计升值幅度为44.5%，实际有效汇率累计升值幅度更是高达54.3%。2012年以后，随着美国经济逐步复苏，美元逐渐升值，人民币对美元名义汇率升值幅度有所降低，2012年、2013年分别只升值了0.6%、2.8%。随着中国经济增速放缓和外贸形势趋紧，以及美国经济持续复苏和退出量化宽松政策，从2014年开始人民币对美元名义汇率转为贬值。人民币对欧元、日元名义汇率的变化也并非每年均呈现稳定的升值，而是随着欧洲和日本各自经济金融形势出现了双向波动；总体来看，十年来人民币累计呈现升值趋势。2015年以后，除了“8·11”汇改促成的集中一次性贬值外，人民银行通过公开市场操作、严控资本外流和调整中间价定价机制等手段遏制了人民币对美元的过快贬值，截至2017年8月11日，“8·11”汇改满两年时人民币对美元累计贬值6.53%，基本在可控区间内。

表2　　2005～2015年人民币对国际主要货币汇率变动幅度　　单位：%

年份	人民币对美元	人民币对欧元	人民币对日元	人民币名义有效汇率	人民币实际有效汇率
2005	2.4	13.7	14.4	8.0	7.1
2006	3.1	-7.8	2.4	-1.8	-1.2
2007	5.8	-3.7	1.7	1.4	4.5
2008	7.1	13.8	-14.6	14.6	13.4
2009	0.2	-7.8	-1.2	-5.7	-5.3
2010	2.6	11.7	-5.1	2.1	4.4
2011	4.9	5.4	-1.9	4.9	6.2
2012	0.6	0.8	7.7	1.7	2.2
2013	2.8	-1.5	21.3	7.2	7.9
2014	-0.1	10.1	13.1	6.4	6.4
10年累计	26.0	32.1	35.7	44.5	54.3
2015	-5.7	3.3	-5.2	2.3	2.0

资料来源：国际清算银行官网，www.bis.org。

2. 对进出口贸易和实体经济的影响。以人民币升值为背景，2008 年以后我国的贸易收支顺差规模与 GDP 之比确实出现了明显的下降趋势（见图 1）。同时实证分析①发现，我国存在 J－曲线效应，即人民币升值过程中，贸易顺差并不会降低，相反会有扩大的趋势；至于 J－曲线效应的时滞问题，时间可能比理论预计的要长。特别是 2015 年以来，在出口出现下降的情况下，我国贸易顺差却创出了新高，这种新形式的顺差可定义为“衰退式贸易顺差”，来自进口下降的幅度大于出口下降的幅度，且可能持续一段时间。在衰退性顺差存在的情况下，汇率波动对这种顺差的影响更加无能为力。可见，不应该把汇率作为解决贸易失衡的唯一手段，应该针对影响贸易失衡产生的各类因素，采取综合手段，其负面效应比单纯依靠汇率调整来得低②。

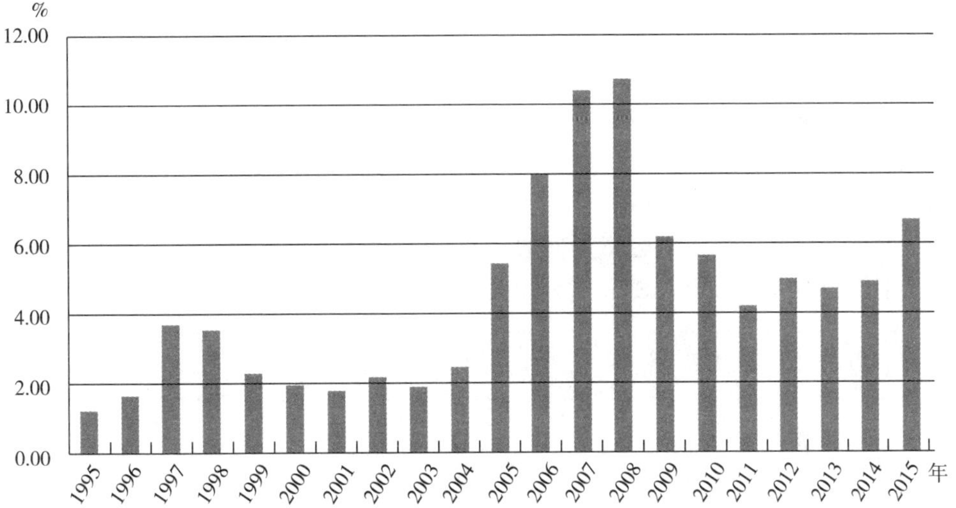

资料来源：国家外汇管理局。

图 1 1995～2015 年我国贸易顺差与 GDP 之比

3. 对资本开放和跨境资本流动的影响。2005 年汇改至今经历了两个不同时期的资本流向的变动，一是 2005 年汇改后至 2012 年初，在人民币汇率渐进升值的走势下，我国难免成为国外游资逐利的场所，所以外汇管理体制改革的目标是鼓励资本流出，限制资本流入；二是 2012 年第二季度至今，随着人民币汇率升值预期消退，及美元不断走强等因素，国际套利资本流向开始转变，为了维持资

① 根据 Reinhart（1995）的出口需求函数和进口需求函数的简略对数形式，采用 2005～2015 年我国主要贸易伙伴（美、欧、日、韩、英、俄、澳、加等国和地区）的 Wind 季度数据，从而得出估计结果，表明我国存在 J－曲线效应，即汇率升值（或贬值）并不会导致出口的减少（或增加），或进口的增加（或减少）。

② 这是对历届美国政府要求人民币升值以消除美国对中国巨额贸易逆差的有力驳斥。

本项目相对平衡，此时外汇管理工作的重心转变为严厉打击异常外汇资金流出。人民币汇改和资本项目开放都是我国金融改革的关键，两项改革互相影响，需要把握两者之间的节奏。在目前中国经济正处于新常态、人民币仍存在贬值可能性的背景下，应该控制好资本项目开放的速度，防止大规模跨境资本流出，以免触发国内金融的系统性风险。

4. 对人民币国际化的影响。从发达国家经验（见图 2）以及我国汇率政策的实践来看，汇率政策只服务于出口，而不会服务于本币国际化。因此在美元升值的背景下，为了保持我国出口的稳定增长，人民银行会采取容忍人民币适度贬值的政策，这一政策短期内会对人民币国际化产生不利影响。但是，即使人民币汇率延续对美元的贬值趋势，人民币国际化仍有一些非常有利的发展机遇：一是利用人民币结构性贬值的特点，发展香港以外的离岸人民币市场；二是利用人民币对美元和港元汇率的阶段性贬值，发展离岸人民币负债业务；三是在人民币汇率贬值期间，可以扬长避短，重点发展跨境贸易人民币结算业务和人民币国际支付业务，充分发挥人民币作为国际流通手段和国际支付手段的职能；四是利用我国国际收支的资产方业务，构建新的人民币输出渠道。2015 年 11 月 30 日，IMF 宣布将人民币纳入 SDR 货币篮子，2016 年 10 月 1 日正式生效，人民币成为继美元、欧元、日元、英镑之后第五种加入 SDR 的货币。国际化并非汇改的主要目的，但汇改在人民币加入 SDR 过程中无疑起到了助推作用。

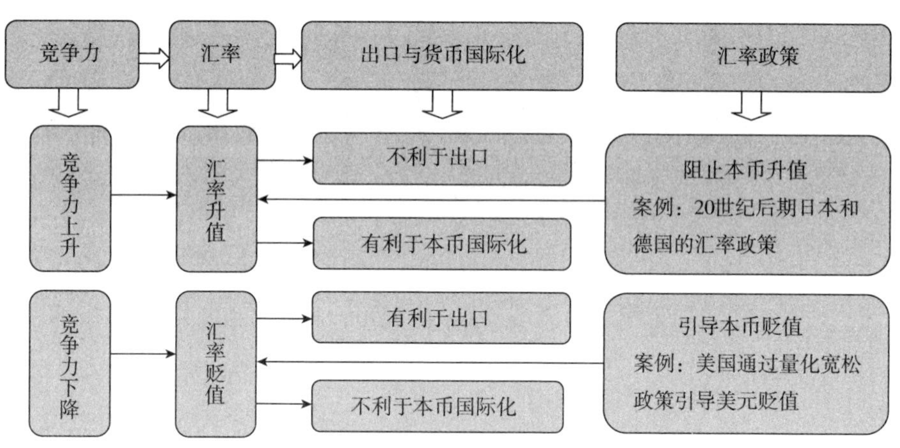

图 2　汇率、汇率政策和出口与本币国际化的关系

二、人民币汇改中遇到的问题

2005 年 7 月，人民币汇率形成机制改革纠正了 2005 年以前人民币汇率持续低估的价格扭曲，使中国内外资源配置更加均衡；并显著改善了中国的贸易条件，有力地促进了中国对一些重要物资的进口以及对外直接投资，最重要的意义在于促进了人民币国际化。但是，升值绝不是人民币汇改的目的，人民币真正实现有管理的浮动汇率制才是汇改的目标。十年汇改有成绩也有问题，分析并寻找解决这些问题的途径成为我们未来汇改前进的方向。

（一）“有管理”和汇改目标的平衡问题

人民币汇改的目标是实现“有管理的浮动汇率制”，“有管理”似乎给货币当局留了一个口子，给人民银行干预外汇市场或者冲销操作一个充分的理由。近年来，随着汇改的深入，人民银行已逐步减少了干预频率，将“常态化”干预变为“例外”干预，不断扩大人民币对美元交易价的浮动幅度（由 2007 年的 0.3%扩大至 2014 年 2%），2015 年 8 月 11 日，人民币对美元的中间价报价机制的调整更将中央银行不透明地干预汇率的可能性进一步降低；但是，我们看到离真正实现有管理的浮动汇率制还有一定的距离。中国曾经因为不符合 SDR 国际储备资产篮子“自由使用货币”的要求而被 IMF 拒之门外，主要原因是美日等国和 IMF 等国际组织并不认可人民币在国际交易，特别是外汇交易中能广泛交易，中央银行频繁干预外汇市场交易成为这些国家和国际组织诟病的原因之一。实际上，人民币的国际结算和支付功能已经进步很快，但是目前在国际外汇交易中仍然较少，其原因是人民币汇率在中央银行较频繁的干预中尚未实现“以市场供求为基础、参考一篮子货币进行调节、有管理的浮动汇率制度”的汇改目标，投资者不能根据即期汇率进行套利交易。目前，人民银行干预汇率的方式主要是通过动用外汇储备，在外汇交易中心买卖外汇和人民币，2015 年“8・11”汇改的当月月末，中央银行外汇储备余额从 3.65 万亿美元下降至 3.554 万亿美元，减少了 939 亿美元，其原因除了中间价报价改革触发的资本加速外流以外，很大程度上是人民银行为了稳定“8・11”以来连续三天人民币汇率跌停的局面，通过作为代理行的中资行入场干预，造成了外汇储备不断消耗。我们可以将这次的干预理解为稳定人民币汇率的“例外”干预。但是同时看到，8 月中旬的那一周，中央银行却是罕见地任凭人民币即期汇率连续跌停，未进行干预，人民币对美元汇率由“8・11”之前的 6.1 左右贬值到三天后的 6.4 左右。可见，8 月中旬的贬值很可能是中央银行“设计”的一次性贬值，目的是贬值到中央银行认为的合意水平。

本文认为，即使“8・11”中间价报价机制改革切断了通过操控中间价进行干预的可能性，但是中央银行仍然较多地运用外汇储备的方式对人民币汇率走势进行干预。这种干预显然会影响货币政策的独立性，抛售外汇储备的直接后果就是中央银行需要通过货币宽松政策向国内市场投入流动性，中间价改革后的当月（2015 年 8 月 26 日），人民银行宣布降准降息，而这已经是 2015 年第四次降准降息。可见，中央银行为了不因为汇改而损害疲软的中国经济，只能每开展一轮外汇干预，都有一轮降息降准相伴，但这种政策的相互影响，可能会带来更糟的结果：越是干预外汇市场，越消耗更多的外汇储备，于是不断降准降息，直至用外汇储备调控经济的能力都丧失殆尽。此外，从2016年初开始，人民银行通过不断调整人民币对美元中间价定价机制，降低了“8·11”汇改中增强的市场供求对开盘价的影响，结果是重新增强了中央银行的干预力度，“例外”干预似乎又回到了“常态化”干预，有悖市场化改革方向。可见，“有管理的浮动汇率制”是值得探讨的汇改目标，该如何把握“有管理”的程度成为汇改最难攻克的难题。

（二）汇率形成机制的改革问题

汇改十年取得了巨大成就，随着人民币汇率日波动幅度不断扩大和中间价报价机制的调整，人民币汇率形成机制正向市场化的方向不断前进；但也不得不承认，在人民币汇率形成机制上仍存在有待改进完善的空间：一是仍然过于注重维持人民币对美元汇率的稳定。2005年7月，中央银行提出的汇改目标之一是“参考篮子货币汇率变动”，但十年来人民币汇率却保持与美元的单边升值。2012～2014年人民币对美元累计升值3.3%，这期间人民币对欧元、日元分别升值9.4%、42.1%，人民币名义有效汇率和实际有效汇率也累计攀升15.3%、16.5%；而2012年底已经出现人民币汇率实现均衡的迹象，在此情形下人民币汇率仍然紧跟不断升值的美元，主要原因在于货币当局仍然不能摆脱钉住美元汇率的固定汇率制的思维定式。二是缺少中长期波动幅度的引导。十年汇改的一大突破就是银行间即期外汇市场人民币对美元汇率日波动区间由之前的±0.3%扩大至±2%，显然这有利于人民币汇率更贴近市场化水平。早在2011年人民币单边升值的态势就被打破，当年244个交易日有71个交易日处于中间价升值区间波动，58个交易日处于中间价贬值区间波动，115个交易日围绕中间价上下波动。进入2014年，“有涨有跌、双向波动”的人民币汇率走势更是成为常态。但是，中央银行对银行间即期外汇市场人民币对美元每日波动幅度的不断放松并不能实现汇率真正体现“市场供求”的目标，每日波动区间的限制可以保持汇率短期稳定的同时，也抑制了一部分外汇市场供求在汇率上的体现，“8·11”之后，中间价的束缚才有所松绑。有学者①将人民币汇率形成机制比作“主人、绳套和狗”的关系，认为人民币汇率是“宠物狗”，汇率波幅是“牵狗的绳套”，人民币中间价是“狗的主人”。本文认为，如果只是放长“牵狗的绳套”，“宠物狗”虽然短时间内局限在以“狗的主人”为圆心的范围内活动，但由于“主人”

---

① 张斌，何帆，张明，郑联盛．人民币汇改向何处去——写在人民币汇率改革方案十周年之际［N］．中国证券报，2015－07－20.

在动，长期来看，“狗”的运动轨迹却无法被预知，缺少中长期的“牵狗的绳套”成为“宠物狗”能否在更广阔的地域自由活动的主要制约因素。

（三）人民币在岸、离岸市场的分割问题

人民币香港离岸市场（CNH）虽晚于海外人民币离岸市场（NDF）和人民币在岸市场（CNY），但其从形成到发展的速度是迅猛的，NDF市场交易量随着2010年CNH的兴起有所萎缩，但对人民币在欧美、亚太等地区的国际化布局发挥着十分重要的作用（见表3）。毫无疑问，人民币离岸市场的建立对人民币国际化和金融改革具有重大意义，可以借助更加市场化的离岸汇率，倒逼汇率市场化改革。但是，由于人民币离岸和在岸市场的市场环境和价格形成机制不同，离岸人民币市场的交易与波动势必会对在岸市场造成冲击，易导致两个市场之间的套利交易，而这些套利交易会在人民币升值预期时加速国际游资的流入、在贬值预期时加速国际游资的流出，从而加剧跨境资本流动的顺周期冲击，引发金融动荡。这些套利行为的发生，源于人民币在岸和离岸市场的分割，而两个市场的分割源于资本管制有所放松却仍然存在。

表3　在岸和离岸人民币外汇市场的比较

	CNY	CNH	NDF
市场位置	在岸 （上海）	离岸 （香港）	离岸 （新加坡、香港）
成立时间	1994年	2004年	1996年
2014年日均交易规模	550亿美元（含）	超过2300亿美元	
市场主体	中央银行、国有商业银行、外资银行、财务公司	贸易商、商业银行、金融投资机构、香港居民	贸易商、欧美银行、金融投资机构
主要产品	即期、远期、掉期、期权	即期、远期、掉期、可交割期权、可交割利率互换	无本金交割远期
定价机构	中国外汇交易中心	中银香港、香港财资公会	新加坡、香港等地的银行间市场
价格形成机制	管理浮动	自由浮动	自由浮动
价格区间限制	±2%	无	无
监管机构	中国人民银行、国家外汇管理局	香港金管局	无

观察人民币离岸和在岸即期市场（见图3），我们发现，在CNH市场发展初

期（2010 年 2 月至 2011 年 9 月），海外市场对人民币的升值预期十分强烈，随着人民币离岸市场的兴起而成交活跃。第二阶段（2011 年第四季度），随着美国经济开始复苏，从而推高美元，在港机构和个人通过各种渠道买入美元，同时抛售人民币，人民币离岸市场出现贬值，CNH 价格高于 CNY 价格。第三阶段（2012 年至今），CNH 和 CNY 汇差收窄，随着人民币跨境双向流动的渠道不断拓宽，巨额双顺差逐步减少，经常项目顺差占 GDP 比率降至 3% 以下，人民币在岸即期汇率双向波动明显，至 2012 年底接近均衡汇率；随着人民币市场化汇改的深入，CNH 折价和溢价交替出现，CNY 汇率越来越接近 CNH 汇率。进入 2014 年以来（见图 4、图 5），无论是即期市场还是远期市场，CNH 汇率出现了较为明显的折价，图 5 的远期市场更为明显，这在"8·11"汇改后一周内得到一次性释放。可见，人民币离岸市场对在岸市场汇率有较强的价格发现功能，而且随着跨境人民币流动渠道的拓宽，离岸与在岸人民币汇差越来越小，所以离岸与在岸市场的分割问题有望在市场化汇改中得到破解。

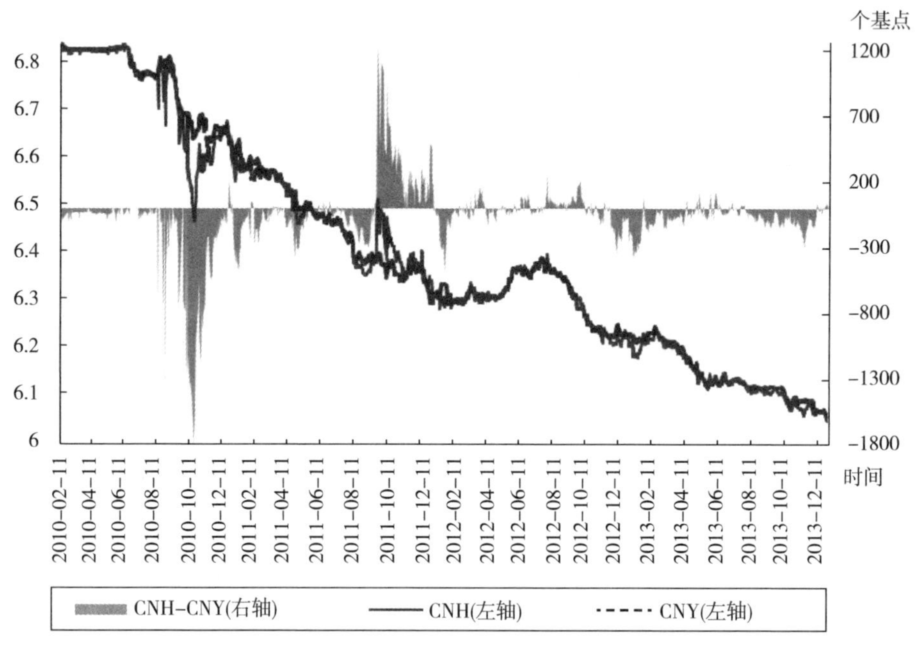

资料来源：Wind 数据库。

图 3 2010～2013 年 CNH 和 CNY 人民币即期汇率变化趋势

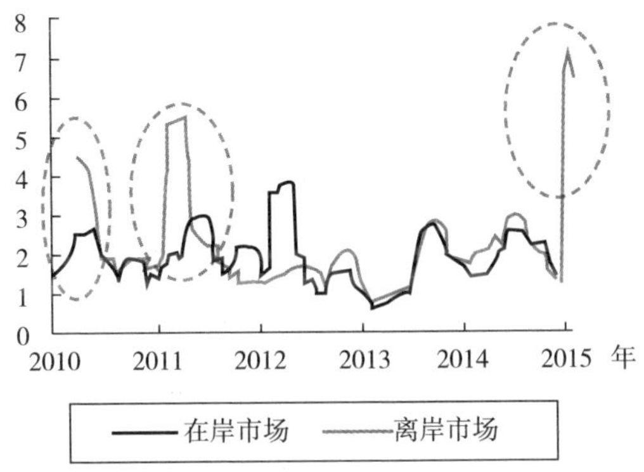

资料来源：中信证券研究部。

图 4 即期市场汇率 3 个月历史波动率

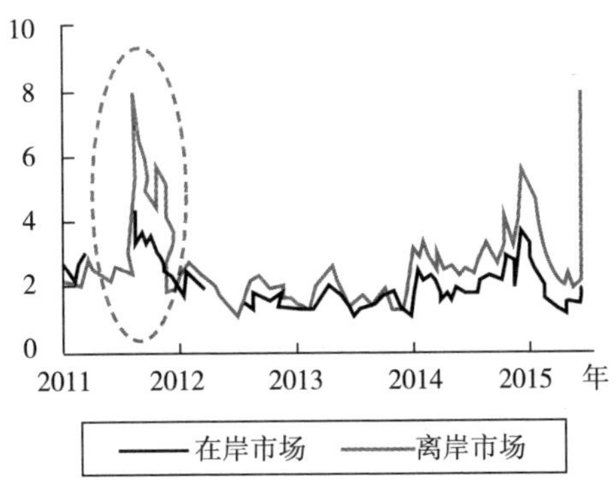

资料来源：中信证券研究部。

图 5 远期市场汇率 3 个月隐含波动率

（四）人民币汇率变动与新常态下振兴经济的矛盾问题

进入 2012 年以来，中国 GDP 增速逐年降低，由 2012 年破 8，到 2015 年破 7，中国经济正处在转变发展方式、优化经济结构、转换增长动力的攻关期，在这样的经济新常态下如何振兴经济成为当今中国的重大课题。如果汇率升贬的时机与经济大背景不相吻合，可能对经济的增长无益，或是给宏观调控带来难度。前期人民币是在经济高速增长的背景下升值，升值的结果改变了国际收支双顺差的局面，其渐进升值的稳定预期也引导出口型企业能通过增加出口产品附加值转型升级。现阶段人民币汇率变动的宏观经济背景是处于转型攻关期的中国经济新常态，虽然自 2014 年以来，人民币汇率开始面临不同程度的贬值压力，但是随着 2016 年特朗普上台对我国汇率制度和汇率水平横加指责，人民币汇率变动又一次面临不确定性，如果人民币继续升值，这将给通过增加出口振兴经济增加难度。

三、巴拉萨—萨缪尔森效应的引入

上述人民币汇改的四组问题中，既有汇率形成机制本身的微观问题，如中间价形成机制改革、人民币在岸和离岸市场分割，又有汇改和金融改革的中观问题，如汇改目标，以及与人民币国际化和资本开放目标协调的问题，最终落脚于进出口贸易和实体经济的宏观问题。正是基于汇改的本质问题与实体经济有关，本文将引入解释实际汇率变化的巴拉萨—萨缪尔森效应理论（以下简称巴萨效应），并注重验证理论在我国的适用性，希望运用该理论探索人民币汇改问题。

（一）巴萨效应运行机制和内涵

巴萨效应是研究经济增长和实际汇率关系的理论，该理论假定生产要素为资本（K）与劳动（L），商品分为可贸易品（T）与不可贸易品（N），其中可贸易品在国际市场上被定价，不可贸易品在国内市场上被定价；同时，假定资本可以在各国、各部门间自由流动，而劳动只能在一国国内的不同部门间流动。该理论有以下几个假设：一是对于小国开放经济来说，工资完全是由可贸易品部门的劳动生产率决定的；二是不可贸易品的相对价格由可贸易品部门与不可贸易品部门的劳动生产率差异决定。当不可贸易品是劳动密集型时，则可贸易品部门的劳动生产率的相对提高将带来不可贸易品相对价格的提高；三是如果一国相对劳动生产率提高幅度高于另一国，则该国的实际汇率将升值。巴萨效应的运行机制如图 6 所示，概括了在图 6 中条件得到满足的前提下，技术进步以及相对劳动生产率的提高会如何影响实际汇率的变化。

以上从运行机制的角度阐述了巴萨效应，为了更深入地认识巴萨效应的内涵，下面将用公式进行分析。人民币对美元的实际汇率公式可以表示为（E_r、E_n 分别为实际和名义汇率，P_u、P_c 分别为美国和中国物价）

$$E_r = \frac{P_u}{P_c} \times E_n \tag{1}$$

对该公式取对数并微分得出

$$dE_r = (dP_u - dP_c) + dE_n \tag{2}$$

dE_r、dE_n、dP_u 和 dP_c 分别为实际汇率、名义汇率、美国物价和中国物价的变化率，其中（$dP_c - dP_u$）可以视为中国对美国相对物价的变化率。如果均衡实际汇率短期内不发生变化，那么我们可以将其视为常数，这意味着 $dE_r = 0$，其结果公式（2）转换为

$$dE_n = dP_c - dP_u \tag{3}$$

"巴拉萨—萨缪尔森效应"的运行机制

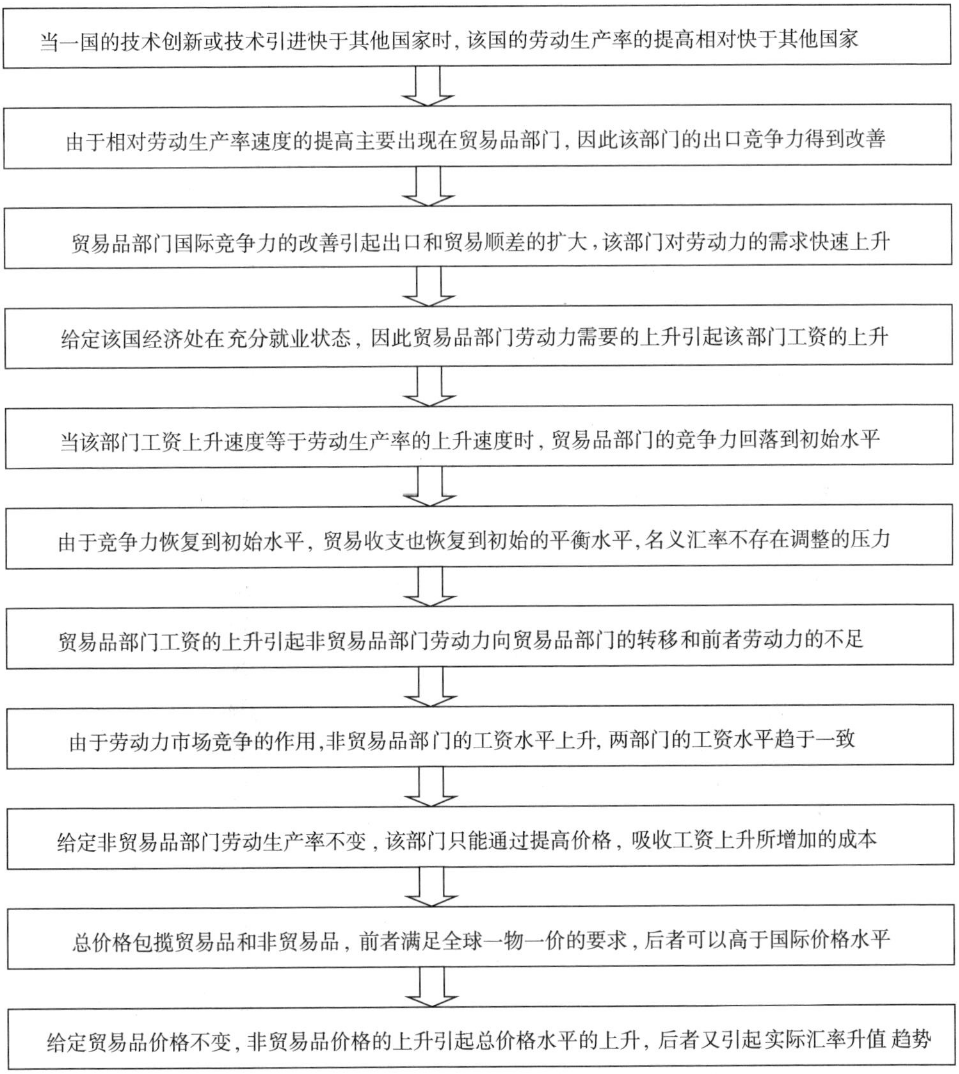

当一国的技术创新或技术引进快于其他国家时，该国的劳动生产率的提高相对快于其他国家

⇓

由于相对劳动生产率速度的提高主要出现在贸易品部门，因此该部门的出口竞争力得到改善

⇓

贸易品部门国际竞争力的改善引起出口和贸易顺差的扩大，该部门对劳动力的需求快速上升

⇓

给定该国经济处在充分就业状态，因此贸易品部门劳动力需要的上升引起该部门工资的上升

⇓

当该部门工资上升速度等于劳动生产率的上升速度时，贸易品部门的竞争力回落到初始水平

⇓

由于竞争力恢复到初始水平，贸易收支也恢复到初始的平衡水平，名义汇率不存在调整的压力

⇓

贸易品部门工资的上升引起非贸易品部门劳动力向贸易品部门的转移和前者劳动力的不足

⇓

由于劳动力市场竞争的作用，非贸易品部门的工资水平上升，两部门的工资水平趋于一致

⇓

给定非贸易品部门劳动生产率不变，该部门只能通过提高价格，吸收工资上升所增加的成本

⇓

总价格包揽贸易品和非贸易品，前者满足全球一物一价的要求，后者可以高于国际价格水平

⇓

给定贸易品价格不变，非贸易品价格的上升引起总价格水平的上升，后者又引起实际汇率升值趋势

图6　巴萨效应运行机制

仔细分析公式（3）可以发现，与购买力平价①公式 $e=\frac{P_d}{P_f}$ 一致，依据购买力平价理论，人民币名义汇率的变化仅仅受到相对物价变化的影响，人民币名义汇

① 通常解释名义汇率变化的理论主要有购买力平价说、利率平价说和国际收支说，其中购买力平价说的基本思想是货币的价值在于购买力，其运行机制为：货币供应数量→购买力（商品价格）→汇率。

率出现升值压力的条件是 $dP_c < dP_u$，即中国的通货膨胀率低于美国的通货膨胀率，而在 $dP_c > dP_u$ 的环境下，人民币将会面临贬值压力。显然，购买力平价理论是以公式（3）中 $dE_r = 0$ 为前提的，即认为实际汇率不变，而实际汇率的概念就是巴萨效应研究的对象，所以巴萨效应不是否定购买力平价说，购买力平价说仅仅是巴萨效应中实际汇率不变时的一种特例。公式（3）告诉我们名义汇率由实际汇率和相对物价共同决定，却没有告诉实际汇率由什么决定，这就是巴萨效应需要解释的。从发展的视角来看，由于经济结构的变化，在一些经济增长速度较快的发展中国家，名义汇率不仅会长期偏离购买力平价，而且这种偏离会显示出共同的特点，这一共性表现为名义汇率的变化要小于相对物价的变化。如前所述，如果购买力平价成立，那么应该有 $dE_n = dP_c - dP_u$，但在经济增长速度较快的国家会出现 $dE_n < dP_c - dP_u$ 的现象。如果我们结合公式（3）来考察这一变化，我们不难发现，$dE_n < dP_c - dP_u$ 意味着实际汇率变动 $dE_r < 0$，即 E_r 下降，实际汇率升值，这正是巴萨效应所强调的结论。在发展中国家追赶发达国家的过程中，前者劳动生产率的上升速度要快于后者，这一差异会引起前者实际汇率升值，dE_r 的这一变化可以解释名义汇率与购买力平价之间出现的偏离现象。长期来看，在考察名义汇率变化趋势时，实际汇率的变化是必须考虑的变量之一。

（二）巴萨效应在中国的适用性

巴萨效应能否解释人民币汇率问题呢？图 7 呈现了 1995 ~ 2015 年人民币实际有效汇率指数的变动情况，2005 年之前，人民币实际有效汇率变动呈现三个阶段的变化：1995 ~ 1998 年，人民币实际有效汇率一直上升，由 1995 年人民币实际有效汇率指数不足 80 升至 1998 年近 100；1999 ~ 2001 年，人民币实际有效汇率历经先跌后涨的过程，但涨跌幅度均不大；2002 ~ 2004 年，人民币实际有效汇率一路下跌，由之前 2001 年近 100 跌至 2004 年 85 左右。对比这段时期人均 GDP 的变化（见图 8），1995 ~ 2004 年人均 GDP 以平均 14.43% 的增速稳步增长，可见只有 1995 ~ 1998 年短短几年时间，人民币实际有效汇率处于升值态势，其他年份则下跌或双向波动，显然不符合巴萨效应。但是，2005 年以后，除了 2009 ~ 2010 年有所停滞外，其他年份的人民币实际有效汇率一直处于单边升值的态势，有的年份出现了较大幅度的增幅，十年里，人民币实际有效汇率累计增长 40.35%；同样对比 2005 ~ 2014 年人均 GDP 以年均 22.7% 的增速增长，远高于 1995 ~ 2004 年的平均增速；显然这期间人民币实际有效汇率随经济增长而升值，基本符合巴萨效应。从 2014 年底开始（见图 9），人民币名义汇率指数出现了双向波动的趋势，2015 年“8 · 11”汇改进一步增加了汇率的市场化水平，人民币实际有效汇率的贬值幅度更加明显，这与劳动生产率上升速度的放缓有很大关系，这也验证了巴萨效应在中国的适用性。

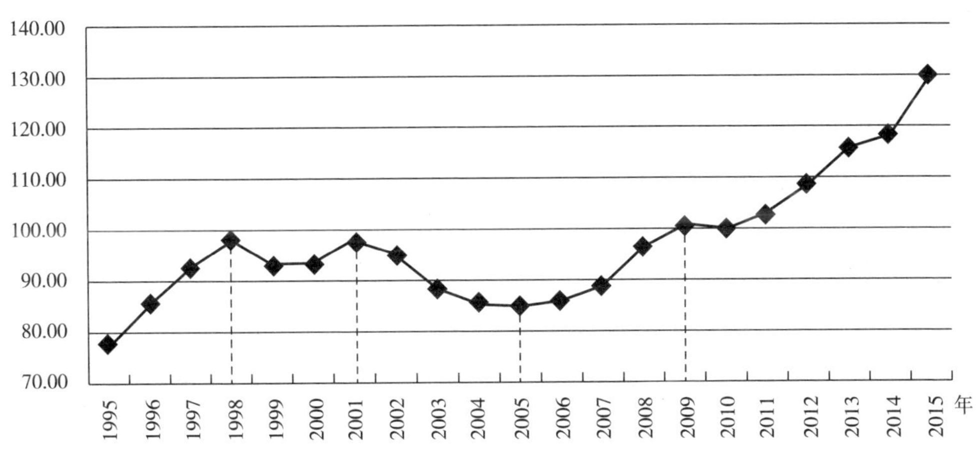

资料来源：国际清算银行（BIS）官网。

图7　1995～2015年人民币实际有效汇率指数变化（2010＝100）

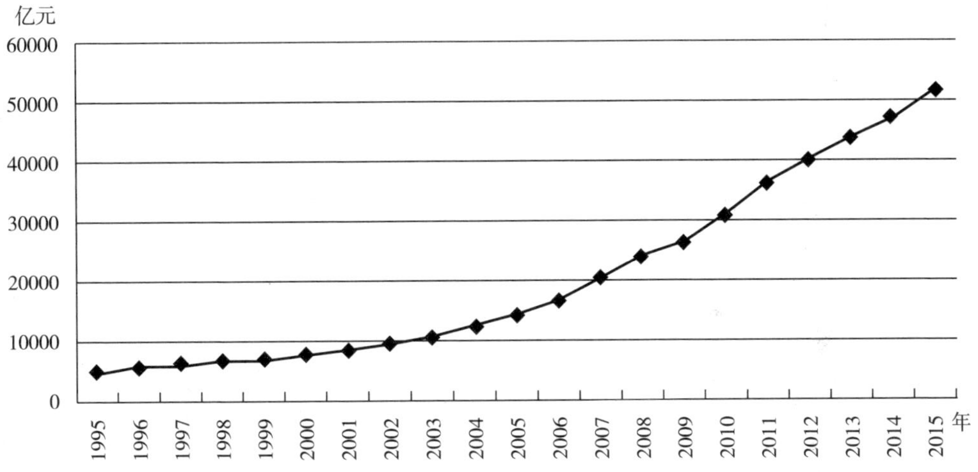

资料来源：国家统计局官网。

图8　1995～2015年我国人均GDP变化

可以看到，中国的情况在2005年以来越来越符合巴萨效应的条件：一是中国经济开放程度得到了很大的提高，中国2014年吸收外资规模达1196亿美元，外资流入量首次超过美国成为全球第一，而在十年前的2004年，这一规模只有606亿美元，十年增长了一倍，外商直接投资的增加，带来的不仅仅是资金，更是项目所承载的先进生产力，为中国发挥后发优势提供了基础。二是户籍制度改革打破了劳动力流动的障碍，使不同部门间劳动力能够自由流动，价格调节机制能在劳动力市场得到运行，贸易品部门由于其对劳动力的巨大需求能够吸引到非贸易品部门的劳动力。三是刘易斯拐点的到来，使中国劳动力资源不再源源不断地输入到贸易品部门，劳动工资开始迅速增长，人口红利也逐渐消失，这意味着劳动工资的成本的增长抬高了贸易品以及非贸易品价格，从而提高了相对物价水平，前期劳动生产率带来的效果逐渐在提高的物价中予以显现，最终实现了人民币实际有效汇率的提升。巴萨效应从长期趋势出发，对经济发展这一根本性因素进行分析，研究了经济发展与实际汇率变动的关系，这一理论解释了经济增长对汇率的长期影响，揭示了人民币汇改的本质问题。

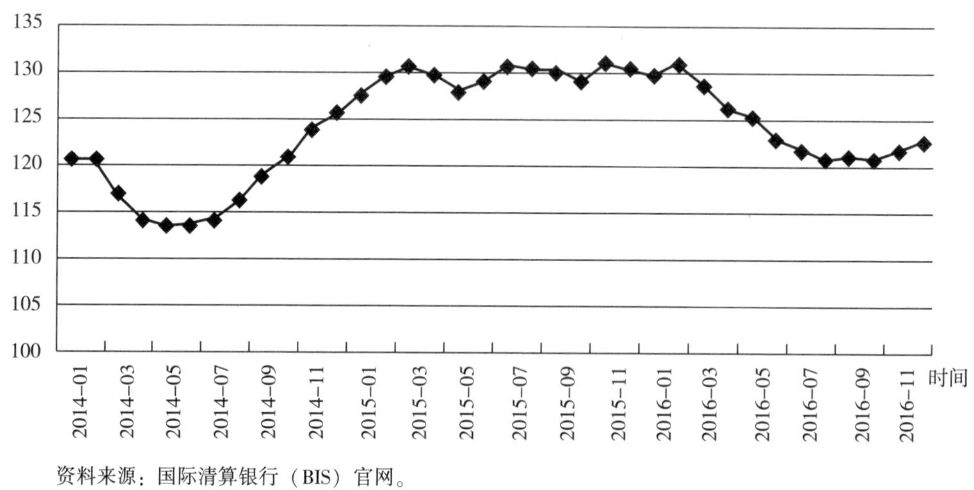

资料来源：国际清算银行（BIS）官网。

图 9　2014 年 1 月至 2016 年 12 月人民币月度实际有效汇率指数变化（2010 = 100）

四、深化人民币汇改的政策建议

本文认为，当今中国正处于一个非常难得的发展窗口，我们应直面人民币汇改的若干问题，引入适用性较好的巴萨效应，从改革目标、汇率形成机制、配套的金融改革和经济体制改革四个方面提出深化人民币汇改的政策建议，以期做出有益探索。

（一）坚持市场化的方向

市场化是人民币汇改的目标，也是每一项改革措施需要遵循的原则。回顾 2005 年汇改的两层目标：一是以市场供求为基础，参考一篮子货币汇率变动，维护人民币汇率的正常浮动，保持人民币汇率在合理、均衡水平上的基本稳定；二是促进国际收支基本平衡，维护宏观经济和金融市场的稳定。前者针对汇率形成机制，后者是汇改的最终目标，前者是后者实现的基础。2005 年汇改十余年的大多数改革都是围绕这一问题推进的，比如不断放松人民币对美元即期汇率波动幅度，再如"8·11"汇改对中间价形成机制的调整，以及外汇管理体制改革中减少对外汇收支活动的干预等。但是，正如前文所述，中央银行如果仅出于维稳，而大量动用外汇储备干预银行间即期外汇市场，使 CNH 和 CNY 市场存在较大汇差，可能会阻碍汇率市场化改革。所以，市场化不是空谈，而是需要真正落实政策方向。以目前汇改的市场化程度，本文认为，中央银行还可以分别从短期、中期、长期三个阶段进一步深化汇改：短期，减少干预银行间市场外汇交易频率，逐步放开银行间外汇交易每日波动幅度，同时加快外汇市场发展，丰富外汇产品，包括推动外汇市场对外开放，延长外汇交易时间，引入合格的境外主体；中期，在放开外汇交易每日波动幅度的基础上框定年度外汇交易波动幅度以控制风险，同时取消中间价管理，打破离岸和在岸外汇市场的分割，促成境内外人民币汇率基本一致；长期，踏准国内外经济形势的节拍，配合资本项目开放和人民币国际化等重大金融改革时机，最终真正实现“有管理的浮动汇率制”。

（二）进一步完善汇率形成机制

汇率形成机制从价格形成角度，可分为篮子货币选择和权重确定、中间价形成机制以及外汇交易波动管理三部分：一是篮子货币选择应更加多样化，以体现贸易和投资多样化。目前篮子货币中美元比重虽有所下降，但仍然占比较大，说明我国仍然不能完全脱离钉住美元的汇率制度，这在强势美元的现阶段，对转型期的中国经济不利。所以，篮子货币的权重结构不仅应该考虑贸易，还应该综合考虑我国外债来源币种结构和外商直接投资构成，定期对权重进行调整，优化篮子货币结构，增加非美元货币，相对减弱美元货币的影响力，2016 年初开始，中央银行已经将篮子货币作为人民币对美元中间价设定时考虑的重要目标。二是进一步完善中间价形成机制，在未来合适的时机取消中间价管理。如前文所述，中间价好比宠物狗的主人，虽然这种价格形成机制看似既可以稳定价格，又可以给予价格浮动空间，实则在中间价的牵制下容易变得僵化。中间价形成机制的陆续改革，提高了中间价的透明度，减少了货币当局操作的可能性，但仍然对市场化汇率的价格发现功能是一种羁绊。三是改进每日限幅的管理方式，建立有伸缩性的年度限幅区间，当且仅当人民币对美元或篮子货币的汇率突破年度限幅区间才进行“例外”干预。年度限幅管理方式进一步减少了中央银行例外干预频率，也能更好地引导市场预期，使汇率在年度限幅区间内相对平滑地波动。在年度波幅区间设计时，应考虑当汇率达到上下限时对出口竞争力和进口成本等实体经济的影响，同时通过压力测试观察中央银行外汇储备和货币政策对年度波幅区间的承受能力。

（三）把握好汇改节奏，与其他金融改革相配合

一是资本项目开放。应加强资本项目开放与人民币汇率形成机制的配套改革，优先开放利率非敏感性资本流动，通过这一开放顺序，提高中央银行保持货币政策独立性的能力。在逐步开放资本项目的过程中，逐步增加人民币的自由浮

动空间。国外的经验教训表明，开放的资本流动和僵化的汇率制度是最危险的政策组合，无论大国还是小国，只要固守某个汇率水平，就有可能遭受货币攻击。所以，汇率制度市场化的程度必须和资本项目开放相契合，在目前美国加息的周期中，人民币汇率前期的超调导致的贬值预期，难免面临大量资本流出的风险，此时大力推动资本项目开放可能会加剧这一风险，因为此时汇率尚不能随市场自由浮动，人民币汇率尚不能在央行的管理下一直贬值下去，有可能出现 20 世纪 90 年代亚洲金融危机时的风险，即使有充足的外汇储备也不一定能够应对突发的货币攻击，“8·11” 汇改当月外汇储备就减少了近千亿美元，截至 2016 年底，我国外汇储备由 2014 年近 4 万亿美元跌至 3 万亿美元，短短两年蒸发四分之一，就是一个例证。2016 年 10 月 1 日，IMF 将人民币纳入 SDR 货币篮子，时任国家外汇局局长易纲认为，这将使全球中央银行等机构都会考虑增持人民币资产，资本基本不会外流。本文认为，目前可以借 SDR 的东风，顺势推动资本项目开放进程，同时适时放开人民币汇率波动，加快汇率形成机制的市场化改革。

二是人民币国际化。本文第一部分指出，汇率政策只服务于出口，而不会服务于本币国际化；但是，即使人民币汇率延续对美元的贬值趋势，人民币国际化仍有一些非常有利的发展机遇。人民币纳入 SDR 货币篮子，对人民币国际化产生深远影响，但对人民币汇率短期走势的直接影响有限；在庆祝人民币国际化更进一步的同时，更应关注人民币在 SDR 篮子货币的权重低于预期的原因，发达国家和 IMF 仍然对人民币“可自由兑换”有争议，特别是对人民币在国际金融交易中的比例偏低存在质疑；而且按 SDR 篮子货币的权重 10.92% 来计算，只有大约 2800 亿美元的储备份额，对直接增加人民币配置需求有限，所以人民币纳入 SDR 货币篮子只能说对人民币国际化产生重大象征意义，人民币国际化的实际进展还需要市场化的汇率形成机制来配合。短期来看，人民币国际化进展越积极，国际社会对人民币越有信心，资本外流的风险将越小，对人民币短期汇率就会有一定的稳定作用，中央银行“例外”干预也会减少；中长期来看，人民币国际化要更进一步，必须要有一个令国际社会信服的人民币价格，如 SDR 汇率就要求人民币有一个合理的离岸价和在岸价；更长远来看，无论人民币国际化还是汇率市场化，都取决于中国经济的基本面，这是这两项金融改革的决定因素。目前，同样以加入 SDR 为契机，在汇率形成机制中增加稳定因子的同时，增加对人民币市场供求发生贬值的容忍度。同时，加强人民币国际化与汇率形成机制的配套改革：加快国际板建设，促进私人部门对外投资，加大力度推进 QDII 发展，优先发展外国股指 ETF 基金；进一步健全现有人民币回流渠道，并开通新的回流渠道；在协调人民币在岸外汇市场和离岸市场发展的基础上适时推进两个市场的互联互通，形成 CNY 和 CNH 的联动汇率机制等。

（四）关注汇率的长期变化，从根源上进行经济配套改革

巴萨效应的引入，分析了实际汇率的长期决定因素是经济发展水平，所以经济体制改革是实现汇改目标最根本的出发点和落脚点。我们认为，汇改应该配合中国经济周期，实现人民币汇率成为调节经济的有效市场化价格的最终目标，而一些具体的经济配套改革也应该配合汇率的中长期走势，从而促进汇改市场化的进程。这里基于劳动生产率和贸易管理体制两方面提出政策建议。

一是提升全要素生产率，实现高水平下的低成本优势。进入21世纪以来，中国劳动工资的总体水平增长迅速，相较而言，劳动生产率却停步不前，使两者的差距逐渐减少，所以出现了经常项目顺差不断减少或衰退式增加①的现象，这减轻了2005年汇改以来人民币升值的压力，并解释了2014年以来人民币面临贬值压力的根本原因。目前，中国经济处于转型和攻关期，以往依靠人口红利来吸引外资、提高出口从而获得经济增长动力的时代已经一去不复返，所以劳动工资水平未来不会也不可能再降下来，只能靠提升劳动生产率来降低劳动成本；这里依靠高劳动生产率而获得的低劳动成本的优势，与之前依靠低劳动工资水平获得的低成本优势不同，是“高水平下的低成本优势”。虽然目前人民币处于偏弱势状态有利于现阶段的经济增长，可以减缓提升劳动生产率的迫切性，但是目前人民币汇率通过前期的贬值释放已基本处于双向波动的态势，而且人民币加入SDR篮子货币也会提升人民币中长期的汇率，所以提升劳动生产率的迫切性近在眼前。中央“十三五”规划指出，推动我国国民经济要实现从要素投入型增长向创新驱动型增长的跃迁。“创新”微观上来讲，可以通过机器替代简单劳动力或是“互联网+”“大数据技术”与传统产业的有效结合等生产手段的提升来实现，宏观上也可以从供给侧对产能和产业的布局调整来实现，这些调整和提升最终都落实到党的十九大报告中提到的“全要素生产率”的提升上。

二是发展“一带一路”倡议，进一步推动贸易管理体制的配套改革。贸易管理体制的不断完善可以配合人民币汇率所处的不同状态，从而提振贸易和实体经济，改善贸易失衡。比如为了缓解人民币贬值压力，应对我国贸易的衰退性顺差，可以继续释放人民币贬值的压力，“放任”人民币贬值，鼓励出口企业利用人民币贬值的优势锁住利润，以“一带一路”倡议为契机，将国内部分产能②转移出去，降低出口减少幅度或增加出口。同时进一步加大开放进口的力度，特别是利用“一带一路”倡议中资企业“走出去”的契机，鼓励购入对中国经济有益的能源类产品，大力提升进口总量，从而改变进出口总额下降且进口降幅快于

① 2015年下半年以来，中国出口额连续四个月下降，同时出口额以更大的降幅下降，从而导致贸易顺差不降反升的现象，称为“顺差衰退式增加”。

② 既有高耗能和劳动密集型产业，也有基础设施建设等我国成熟的特色产业，不是指落后产能。

出口的贸易不平衡的局面。

参考文献

[1] 周宇. 人民币汇率机制 [M]. 上海：上海社会科学院出版社，2007.

[2] 管涛. 尊重价值规律：人民币汇率形成机制改革未来之出路 [J]. 金融研究，2016 (2).

[3] 张斌，何帆，张明，郑联盛. 人民币汇改向何处去——写在人民币汇率改革方案十周年之际 [N]. 中国证券报，2015-07-20.

[4] 张明. 人民币汇率形成机制改革的进展、问题与建议 [J]. 学术研究，2015 (6).

[5] 周宇. 论汇率贬值对人民币国际化的影响——基于主要国际货币比较的分析 [J]. 世界经济研究，2016 (4).

金融监管与金融稳定篇

上海企业杠杆率现状及去杠杆的路径对策研究

中国人民银行上海总部综合管理部课题组

课题组组长：文善恩

课题组成员：童士清　王旭祥　王　伟　李旭东

摘　要

为了应对经济新常态杠杆率高企问题，中央提出，在供给侧结构性改革中要重点做好去杠杆等五项工作。党的十九大对去杠杆工作再次进行了部署。上海积极响应党中央和国务院的部署，认真做好去杠杆工作。本文在科学梳理国内外文献，选择和构建微观企业杠杆率指标的基础上，通过分析上海和全国上市企业、规模以上工业企业和人民银行抽样调查企业的数据发现：一是上海企业的资产负债率总体上趋于下降并低于全国。二是国有企业显著低于全国，上海去杠杆的工作重点不在国企。三是上海企业资产利润率水平总体高于融资成本，负债具有较好的盈利基础。上海企业杠杆率存在的主要问题有：一是房地产企业、部分传统制造业等行业的杠杆率长期相对较高；二是企业短期债务占比较高，容易形成短债长借的期限错配风险，短期偿债压力较大；三是上海上市企业流动性比率和速动比率整体呈上升态势，但低于全国，短期偿债能力存在短板；四是中型企业的杠杆率相对较高，而一些小微型企业的杠杆相对较低。

在把握上海企业杠杆率特征和问题的基础上，本文提出了做好上海企业降杠杆工作的建议：要分类施策，针对不同行业和企业特点，制定不同的降杠杆政策。对债务过高的企业要引导其降杠杆，增加股权融资和长期债务融资比重，优化融资结构；对杠杆较低的小微企业可以根据实际需要适当加杠杆，缓解融资难融资贵问题。具体而言，一是加强企业杠杆率及其适度区间的摸排研究，建立分行业资产负债率警戒线制度。二是稳步推进房地产行业的去杠杆工作。三是对部分高杠杆的传统制造业，在去产能的过程中降杠杆。四是对有较好发展前景、杠杆相对较高的先进设备制造业和高科技企业，鼓励采用市场化债转股、股权融资的方式降杠杆。五是杠杆率相对较高的部分，如公用事业行业和政府融资平台，政府要适当加大注资。六是鼓励大型企业设立财务公司或跨境本外币双向资金池，加强资金集中管理。七是引导企业发行长期债券或者境外融入长期资金，优化债务融资期限结构。八是大力发展普惠金融，加大对小微企业和双创的金融支持。九是加强去杠杆过程中的金融风险防范与处置。

“去杠杆”是供给侧结构性改革的一项重要工作任务。搞清上海企业杠杆率的现状及其特点对于制定正确的“去杠杆”政策十分必要。本文通过选取资产负债率等一系列指标，利用上市企业、规模以上工业企业和人民银行抽样调查企业的数据，分析了上海企业的杠杆率现状与问题，结合上海实际，提出了化解上海企业债务问题的路径和对策，为上海推进供给侧结构性改革、做好“三去一降一补”工作提供参考建议。

一、文献综述

（一）关于企业杠杆率内涵的文献综述

经典的公司金融理论认为，企业杠杆率指的是企业的资本结构，即微观主体权益资本与总资本的比率，是衡量债务风险的重要财务指标，能够反映微观主体（企业）的偿债能力。纪敏等（2017）认为，国家宏观杠杆率和企业微观杠杆率之间以资产效益为纽带关系，企业微观杠杆率等于权益资本与总资产之比，宏观杠杆率等于总债务/GDP，那么可以得到

$$企业微观杠杆率 = 宏观杠杆率 \times 资产收益率 \quad (1)$$

从公式（1）可以看出，企业微观杠杆率与宏观杠杆率紧密联系，在资产收益率一定的情况下，企业微观杠杆率的高企和宏观杠杆率是同比关系，这就揭示了微观企业杠杆率对于宏观经济稳定的重要意义。

（二）关于高杠杆率成因及影响的文献综述

经历经济腾飞的发展中国家，企业部门负债往往会迅速提高。“杠杆率过高”，更精确的内涵是指“非金融企业杠杆率的上升，是否有与之匹配的经济基本面的支撑”。理论和实务界普遍关注的“高杠杆”问题，是指没有基本面支持的债务率高企问题，典型的例子就是盈利长期为负，但是却能持续从金融系统获得资金的“僵尸企业”。日本在20世纪90年代泡沫经济后期就出现了大量的僵尸企业（Caballero等，2008），这些亏损企业能够持续从银行获得大量贷款。产生这一现象的原因很多，目前学术界主流观点是：一是日本银行的“主银行制度”导致了集团主银行会为子公司提供“关系贷款”。二是日本银行在巴塞尔协议框架下，为了保持资本充足率，不得不给亏损企业续贷，以免出现大量的不良贷款。

没有经济基本面支撑的高杠杆现象不仅存在于日本，在2008年国际金融危机后的欧洲、美洲，甚至中国一些行业的企业都存在类似的问题。没有基本面支撑的高杠杆率损害了金融机构配置资源的效率，导致高收益和快速发展的企业缺乏足够的资金支持，给金融机构带来利息损失和本金损失，引致金融体系的信用风险。而且在一定情况下，这种畸形高杠杆率会引致金融机构大量的坏账损失，诱发连锁风险反应，可能导致金融系统风险，影响整个金融体系的稳定。

（三）关于“去杠杆”路径的文献综述

去杠杆涉及多方面利益，关系复杂，面临很大的难题。2016年12月召开的中央经济工作会议指出，“去杠杆”一是要控制总杠杆水平；二是要降低企业杠杆；三是要规范地方政府融资。李扬（2016）指出，目前去杠杆路径有经济增长转型、通货膨胀、优良资产冲销、资产积累、债务核销以及重估金融资产。施康和王立升（2016）指出，以“一刀切”的方式“去杠杆”不可取，要注意区分符合经济规律的“好杠杆”和扭曲资源配置产生的“坏杠杆”，找到该结构性扭曲的内在根源与“去杠杆”的切入点。同时，去杠杆要结合杠杆率的结构特征。陈卫东和熊启跃（2017）指出，去杠杆不能依赖总量政策“去杠杆”，应该划定企业杠杆的合理区间，采取差异化去杠杆的方式。多措并举，降低企业运营成本，提高债务偿付能力。

综上分析，现有文献对上海企业杠杆率系统和全面的研究还不多见。对上海企业杠杆率细化特征，如行业、规模、所有制等方面，也缺乏深刻的分析。因而也缺少结合上海实际的，化解上海企业债务问题的路径和政策建议。本文针对上述不足，立足上海实际，把握企业杠杆率特征，分析存在的问题并尝试提出切实可行的“去杠杆”政策建议。

二、研究思路与企业杠杆率的衡量指标

（一）研究思路

在方法上，本文将主要采用对比分析法。一方面从纵向比较，看不同时期杠杆率的变化；另一方面从横向比较，看上海企业杠杆率与全国相比的状况。其研究思路如下：

第一，简要分析企业杠杆率的内涵，选择合适的总量指标、质量指标、结构指标来观察上海企业杠杆率水平。

第二，以上市企业、规模以上工业企业和人民银行抽样调查企业财务数据为样本，用总量指标评估上海企业杠杆率的整体情况；分析了不同所有制、规模、行业的企业杠杆率的特征；并用质量指标对上海企业杠杆进行了“好”和“坏”

的判断。

第三，用结构指标分析了上海企业杠杆率期限结构情况。

第四，结合上海企业杠杆率存在的主要问题，提出化解上海企业杠杆问题的路径和对策。

（二）企业杠杆率的衡量指标

企业杠杆率是微观杠杆率的一种。微观杠杆率包括个人、家庭和企业等各类微观主体的杠杆率。严格意义上的企业杠杆率，是指企业的负债与自有权益的比值，可以用倍数或百分比表示，它代表企业根据经营状况利用负债的程度或者自有资本撬动负债的程度。根据研究目的和角度的不同，本文主要选用以下指标衡量企业杠杆率。

一是杠杆总量用资产负债率衡量。严格意义上，企业杠杆率为企业总债务/所有者权益。而企业资产负债率是企业总负债与总资产的比值。由于总资产＝总债务＋所有者权益，因此杠杆率和资产负债率存在对应关系，资产负债率越高，杠杆率越高。资产负债率是一个广泛使用，并且较易获得的指标。基于研究适用性和数据可得性，本文采用了企业账面资产负债率作为衡量杠杆率的总量指标。

二是杠杆质量用资产利润率及其与贷款基准利率的差来衡量。企业杠杆率高并不一定就是不好的，也不一定会对经济产生负面影响。企业高杠杆问题的实质内涵是“企业杠杆率的上升，是否有与之匹配的经济基础的支撑”。因此，在衡量杠杆率整体水平之后，还要进一步判断杠杆率质量的“好”与“坏”，即判断企业杠杆是否有与之匹配的经济基础支撑。这可以有两个角度来观察：一个是看企业的盈利水平是否与杠杆匹配，反映企业盈利情况的指标主要是资产利润率；另一个是看企业的盈利能力能否覆盖融资成本，融资成本可以用一年期的贷款基准利率来代替，因此本文用“资产利润率——一年期贷款基准利率”来衡量，这实质上反映了企业的长期偿债能力。

三是杠杆结构用短期债务比率、流动性比率和速动比率衡量。杠杆不仅有总量问题，还有结构问题。企业杠杆率的结构特征，主要体现在负债的期限结构上。期限结构中的短期债务对企业的影响尤为突出，短期债务影响企业短期债务压力和短期偿债能力。在短期债务压力方面，可以用短期债务比指标，即短期债务在总债务中的比例来衡量。在短期偿债能力方面，可以用流动性比率和速动比率来衡量。

（三）样本选择与数据说明

大部分文献在研究企业杠杆率问题时，均采用的是上市企业数据。上市企业数据公开透明，容易获得，但是存在明显的局限：一是上市公司外源融资约束最小，不能反映整体企业的债务融资情况；二是上市企业中很多为大型和超大型企业，不能完全覆盖中型及以下企业。

为了避免上市企业样本存在的局限，本文还选取了两个样本数据：规模以上工业企业数据和人民银行上海总部抽样调查的企业数据。全国和上海规模以上工业企业数据由国家统计局和上海统计局分别发布，上海地区规模以上企业样本总计约8000家，覆盖了上海绝大多数工业企业，能够较全面地反映上海工业企业的基本情况。人民银行上海总部从2000年开始，建立了对上海市企业的抽样数据库，抽样样本涵盖了各种所有制企业、大中小微型企业，也涵盖了上海主要行业。

三、上海地区企业杠杆率的现状分析：总体较为健康，国有企业杠杆率明显低于全国，房地产等部分行业的杠杆率较高

（一）上海企业杠杆率情况：总体低于全国

从上市企业看，上海上市企业的杠杆率小幅上升，与全国较为接近；从规模以上工业企业看，上海企业的杠杆率有所下降，显著低于全国平均水平；从人民银行的抽样调查企业数据看，上海企业杠杆率在2009年达到高点后逐步下降。整体来看，上海企业的杠杆率问题并不突出，总体要低于全国平均水平。

1. 从上市企业杠杆率看：上海与全国基本接近

从公司所在地为上海的非金融上市公司的平均资产负债率看，主要有如下特点：

一是杠杆率小幅上升，目前在60%左右。在2008年之前，上海市非金融上市公司的平均资产负债率保持在50%左右。从2008年第一季度开始，上海的非金融上市公司的平均资产负债率逐步攀升，最终稳定在55%水平。2015年以后，平均资产负债率再次攀升，2017年9月末，非金融非地产上市企业资产负债率达到57.8%，非金融企业资产负债率达到62.89%。

二是与全国基本接近。与全国同期相比，上海非金融上市公司的平均资产负债率有时低于全国，有时高于全国，但总体上差异不大。可能的原因是，上市企业总体质量较好，在全国面临的融资约束差异较小，也反映了上市企业样本量的缺陷。

2. 从规模以上工业企业杠杆率看：总体趋于下降，上海明显低于全国

一是上海规模以上工业企业资产负债率在2008年达到高点后，逐步下降。上海市规模以上工业企业资产负债率在2008年达到峰值53.1%，随后逐年下降，在2015年达到了48.6%的低值；2016年为49.1%，略有上升，2017年第三季度又降至48.5%。

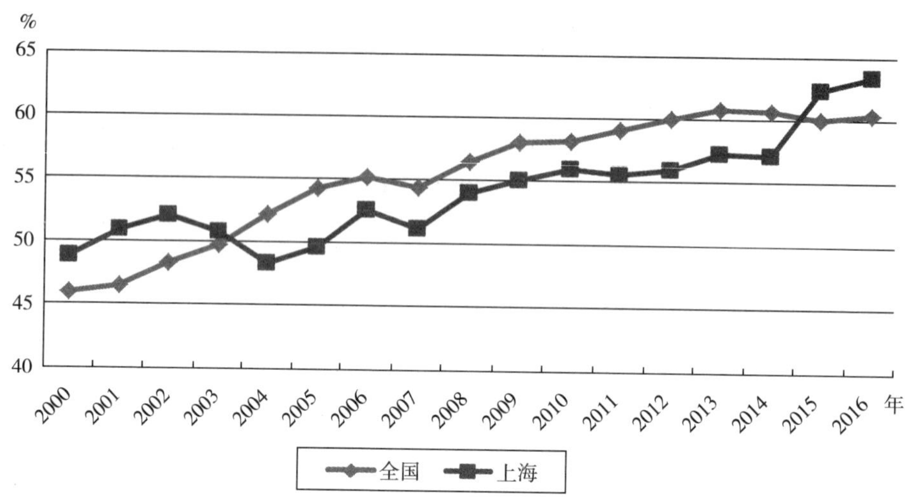

资料来源：Wind 数据库。

图 1　全国与上海非金融上市公司资产负债率

二是长期显著低于全国平均水平。全国规模以上工业企业资产负债率长期保持在 55% 以上，并且下降缓慢；显著高于上海 5 个百分点以上，最高近 10 个百分点。考虑到规模以上工业企业具有广泛的代表性，其水平及其变化较能反映上海企业杠杆率与全国相比的态势。

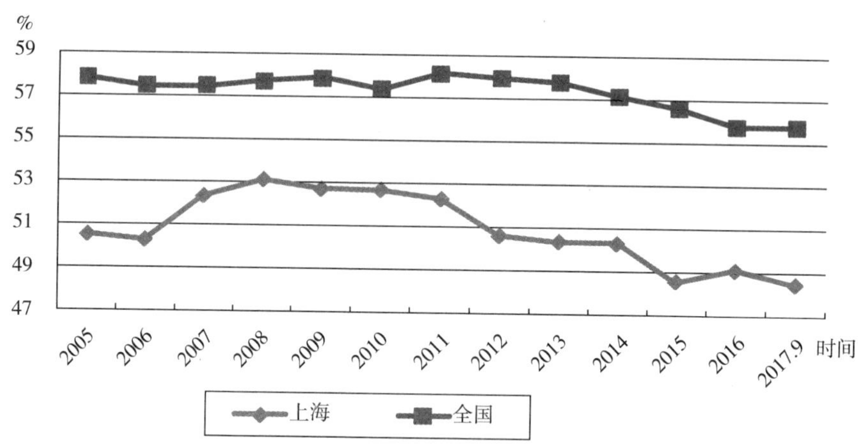

资料来源：国家统计局和上海市统计局。

图 2　全国和上海规模以上工业企业资产负债率

3. 从抽样调查数据看：上海企业杠杆率在 2009 年后显著下降

2008 年至今的月度样本企业资产负债率显示，上海企业的资产负债率在 2008 年到 2009 年中出现了一次跃升，一度达到历史最高值 60. 1%，随后逐步下降，2017 年 4 月降至 55. 1% 的历史最低水平。

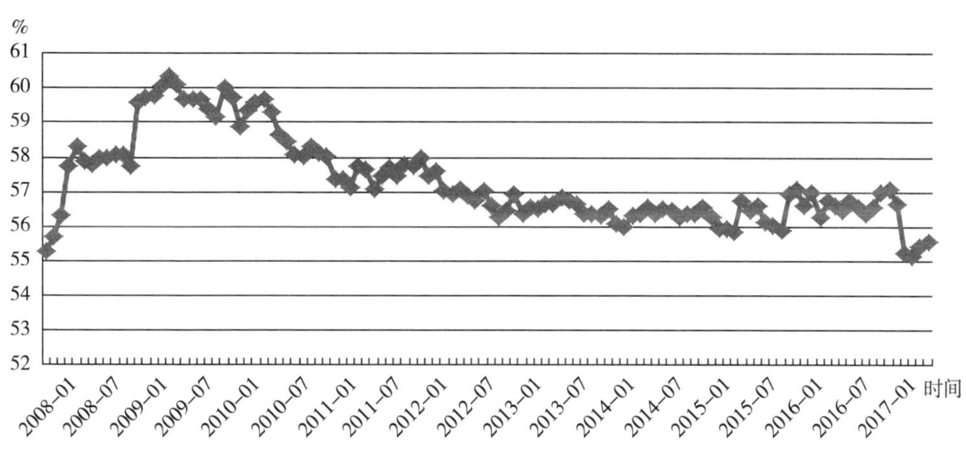

资料来源：人民银行上海总部。

图 3 上海企业资产负债率

（二）上海市企业杠杆率特征分析：国有企业杠杆率显著低于全国，房地产、部分传统制造业的杠杆率相对较高

1. 分所有制看：上海国有企业杠杆率问题不太突出，显著低于全国国有企业水平

考虑到上市企业都是股份公司，按照所有制分类较难。因此，这里主要用规模以上企业和人民银行抽样调查企业观察不同所有制企业杠杆率的差异。

一是上海规模以上国有企业资产负债率明显低于全国。近两年，上海规模以上国有企业杠杆资产负债率仅为 30% 左右，而全国规模以上国有企业的资产负债率在 61% 左右（比 2006 年高 5 个百分点左右）。全国国有企业资产负债率较平均高出上海 30 个百分点。当然，上海也有个别公用事业的国企负债率相对较高，如上海电力、大众公用 2017 年第一季度的资产负债率分别达 71% 和 53%。因此，上海去杠杆的重点不在国有企业。

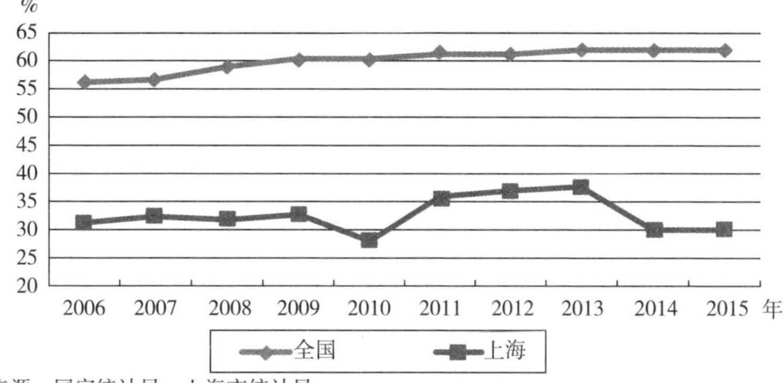

资料来源：国家统计局、上海市统计局。

图 4 全国与上海规模以上国有企业资产负债率

二是从规模以上工业企业看，上海国有企业杠杆率显著低于其他所有制企业。与全国国有企业杠杆率较高不同，上海国有企业杠杆率显著低于其他所有制企业，资产负债率仅为30%左右，且基本保持稳定。上海私营企业和外商投资企业的资产负债率最高，基本在55%以上，下降幅度也较小。波动最大的是股份有限公司，在2008年前后，股份有限公司的资产负债率出现了飙升，但是从2013年开始，逐步下降。

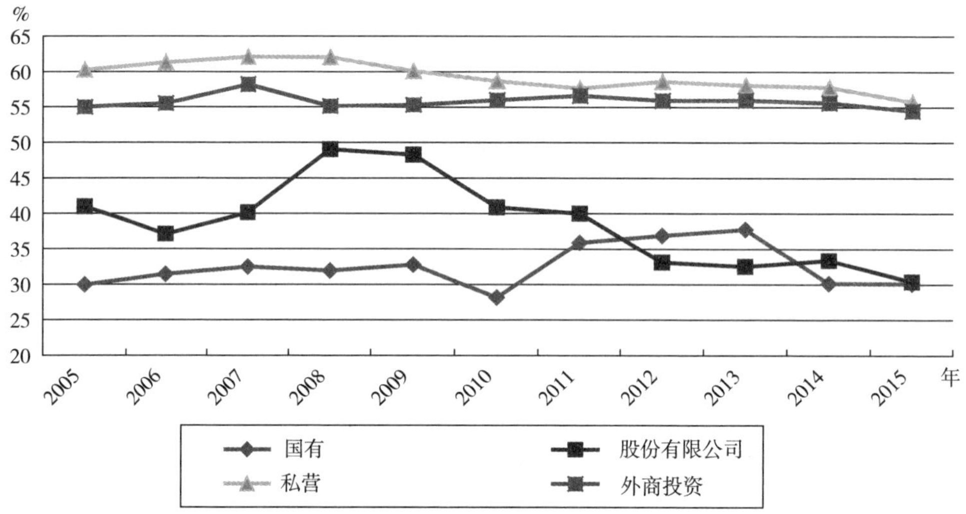

资料来源：上海市统计局。

图5　上海规模以上企业中不同所有制企业的资产负债率

三是从人民银行抽样调查企业看，国有企业的杠杆率显著低于股份制和合资企业。上海国有企业的杠杆率基本在30%以下，目前仅为20%左右。而股份制和合资企业的杠杆率显著高于国有企业，2016年之前在50%以上。一个值得注意的现象是，2016年以后不同所有制企业的杠杆率均出现了显著的下降，表明去杠杆效果开始显现。

2. 分规模看：中型企业的杠杆率相对较高

一是从规模以上工业企业看，中型、小型企业杠杆率相对较高。按照国家统计局分类，将规模以上工业企业按照规模分为大型、中型、小型三类。大型企业资产负债率相对较低，在2011年达到峰值51.3%，随后缓慢下降，在2015年达到46.4%；中型和小型企业的杠杆率较为接近，但与大型企业相比，相对较高，大型企业杠杆率低于中型、小型企业5个百分点左右。

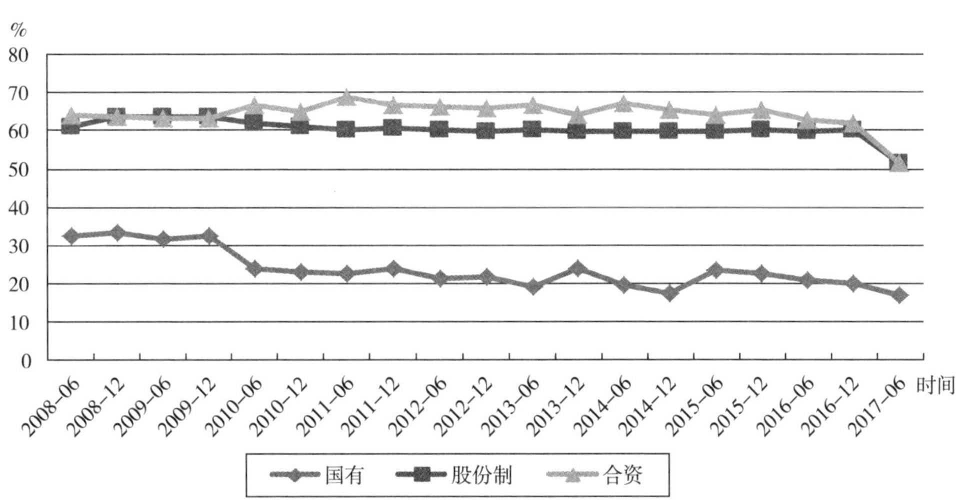

资料来源：人民银行上海总部。

图6　不同所有制企业的资产负债率

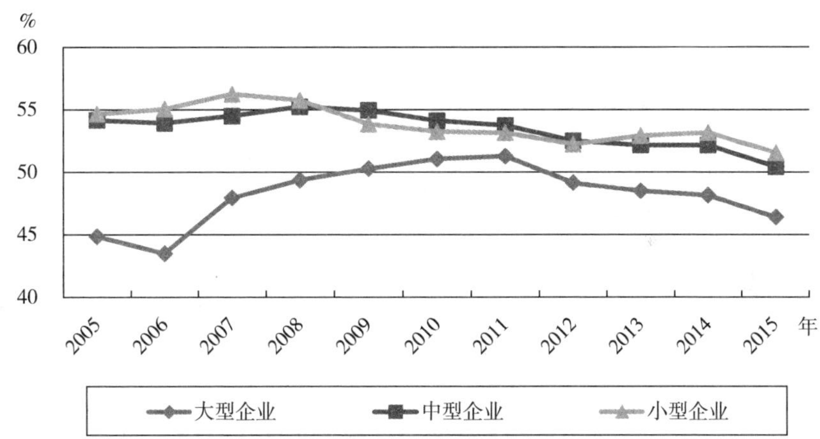

资料来源：上海市统计局。

图7　上海规模以上工业企业中不同规模企业的资产负债率

二是从人民银行抽样调查企业看，中型企业杠杆率最高，微型企业杠杆率最低。在人民银行的抽样调查中，企业按规模分成大型、中型、小型和微型企业四类。在四类企业中，中型企业的杠杆率较高，且一直保持在60%以上，大型企业杠杆率在55%以上；小型企业杠杆率较低；微型企业的杠杆率最低，并且下降趋势较为明显，目前仅为25%，这反映了小微型企业融资渠道较少，主要依靠内源融资的现实。

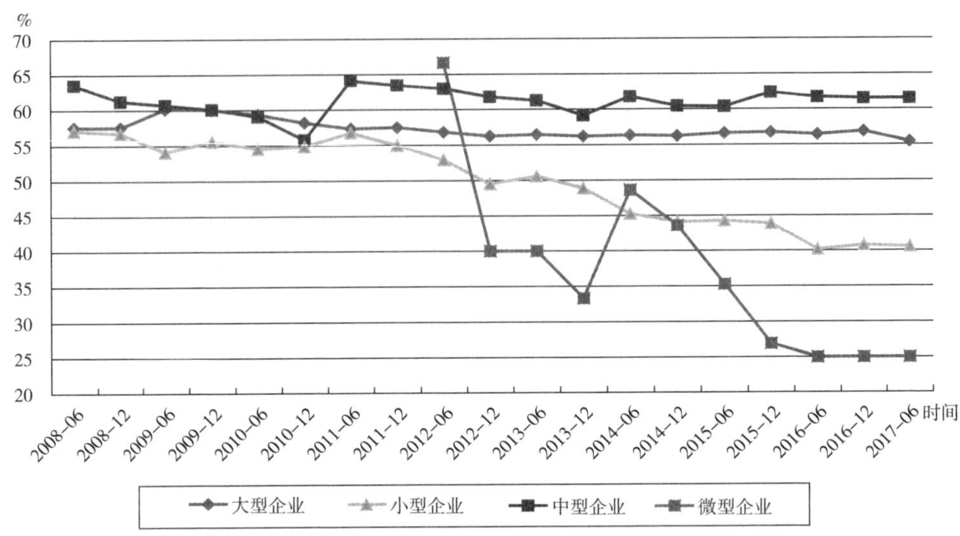

资料来源：人民银行上海总部。

图 8 不同规模企业的资产负债率

3. 分行业看：上海房地产企业和部分传统制造业的杠杆率较高

一是房地产企业杠杆率高企问题突出。根据证监会公布的行业一类划分标准，上海上市企业十四类行业中，资产负债率排名前列的是房地产业。2000 年以来，上市非金融非房地产类企业资产负债率整体呈上升态势，在 50% ~60%；但上市房地产企业的资产负债率上升更快，在 2000 年和 2015 年出现了两次明显的飙升，2016 年末上海上市房地产企业的资产负债率达到 80% 的高位，2017 年第三季度达到 80.16%。截至 2017 年第三季度末，全部上海非金融上市公司总负债① 35521 亿元，上市房地产企业的总负债 10295 亿元，房地产企业负债占比高达 29.0%。

在 2015 年之前，上海上市房地产企业的资产负债率总体上低于全国。2015 年开始，上海市房地产企业资产负债率开始超越全国水平，2016 年末高出全国 3.3 个百分点，2017 年 9 月末上海略有降低，而全国房地产企业资产负债率上升较快，上海与全国差距缩小到 0.64 个百分点。

二是部分传统制造业的杠杆率较高。从上海规模以上工业企业的数据看，重工业的资产负债率明显高于轻工业，近几年平均高 8 个百分点左右，而且重工业企业资产负债率的下降幅度明显小于轻工业企业。这种情况基本符合重工业资本密集型的产业特征。

① 这里采用的总负债计算公式是：流动负债 + 非流动负债 = 总负债。

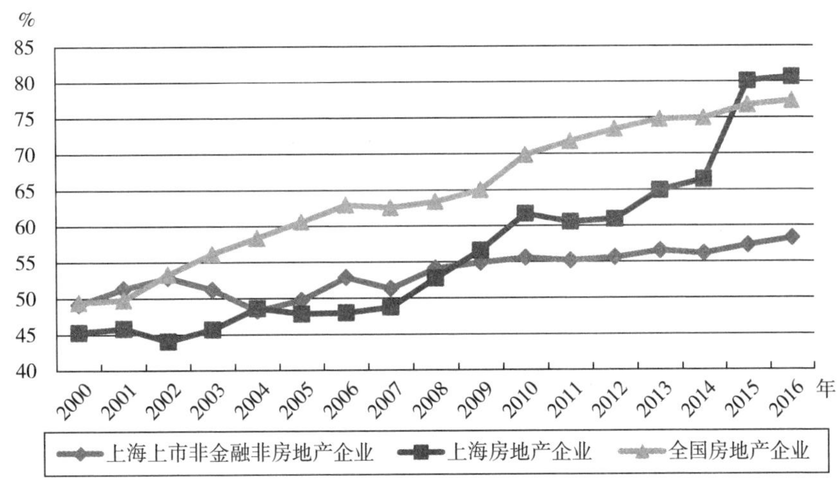

资料来源：Wind 数据库。

图 9　上海上市非金融非房地产企业、全国与上海房地产企业资产负债率

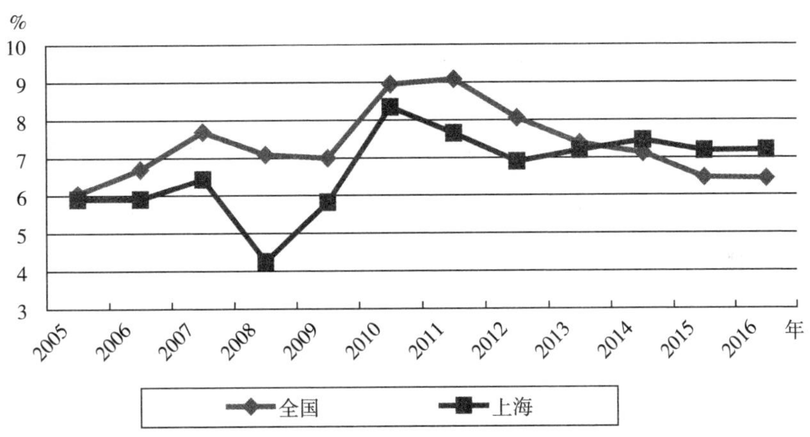

资料来源：上海市统计局。

图 10　上海规模以上重工业和轻工业的资产负债率

进一步细分行业看，部分传统制造业的资产负债率较高。2015 年，铁路、船舶、航空和其他运输设备制造业的资产负债率达 76%，处于较高水平；家具制造业、金属制品机械和设备修理业、食品制造业和通用设备制造业的资产负债率也在 60% 左右。

表 1　　上海规模以上工业企业资产负债率排名靠前的行业　　单位：%

2005 年		2015 年	
行业	资产负债率	行业	资产负债率
非金属矿采选业	77.78	铁路、船舶、航空和其他运输设备制造业	76.08
皮革、毛皮、羽毛（绒）及其制品业	69.89	家具制造业	62.47
通信设备、计算机及其他电子设备制造业	64.20	金属制品、机械和设备修理业	61.96
废弃资源和废旧材料回收加工业	62.92	食品制造业	59.68
通用设备制造业	62.13	通用设备制造业	58.60

资料来源：Wind 数据库。

（三）上海企业杠杆率的质量判断：资产利润率总体高于融资成本

一是资产利润率略有提高。2016 年，上海规模以上工业企业资产利润率为 7.2%，比 2006 年上升了 1.3 个百分点。与全国相比，2006～2013 年，上海规模以上工业企业的资产利润率要低于全国；而从 2014 年以来，上海规模以上工业企业资产利润率开始高于全国，反映出上海工业企业较为稳定的盈利能力。

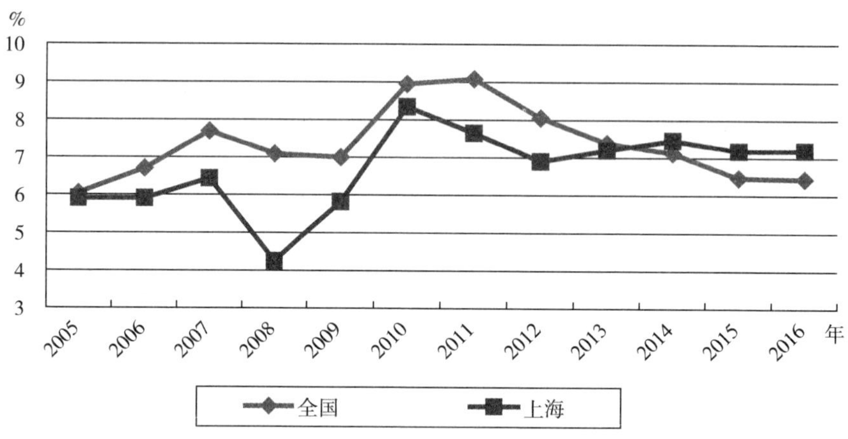

资料来源：国家统计局、上海市统计局。

图 11　全国与上海规模以上工业企业资产利润率

二是资产利润率高于同期一年期贷款基准利率。除个别年份外，上海规模以上工业企业的资产利润率都明显高于一年期贷款基准利率，近三年要高出 2～3 个百分点，反映出企业盈利水平能够覆盖融资成本。

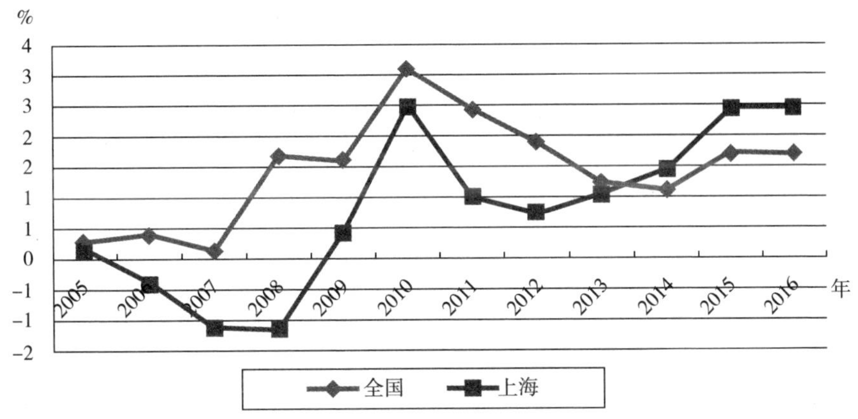

资料来源：根据国家统计局、上海市统计局数据计算。

图 12　全国与上海规模以上工业企业资产利润率与一年期贷款基准利率之差

通过以上分析，我们可以判断：上海企业的杠杆率具有较好的经济基础，企业整体的盈利能力足以应对债务偿还需要，能够支撑目前的杠杆水平。

四、上海企业债务期限结构分析：短期债务占比较高，短期偿债压力较大

企业杠杆率的结构问题，主要看企业负债的期限是否合理，资产与负债的期限是否匹配。从负债角度看，过高比例的短期负债可能导致企业短期的偿债压力过大，引致债务风险；从资产角度看，流动资产和速动资产决定了企业应对短期债务的偿债能力。

（一）从短期债务占全部负债的比例看：上海高于全国

从上市企业的情况看，上海非金融企业的短期负债比率（短期负债/全部负债）最高达到80%左右，近几年虽有所下降，但2016年末达到73.3%，2017年9月末升至73.45%，与全国非金融上市企业相比，2002年到现在，年均高出5.5个百分点。这说明上海非金融企业的债务期限要比全国平均水平短，较短的债务期限会导致更大的偿债压力。规模以上工业企业数据和人民银行抽样调查数据也反映了这一态势。

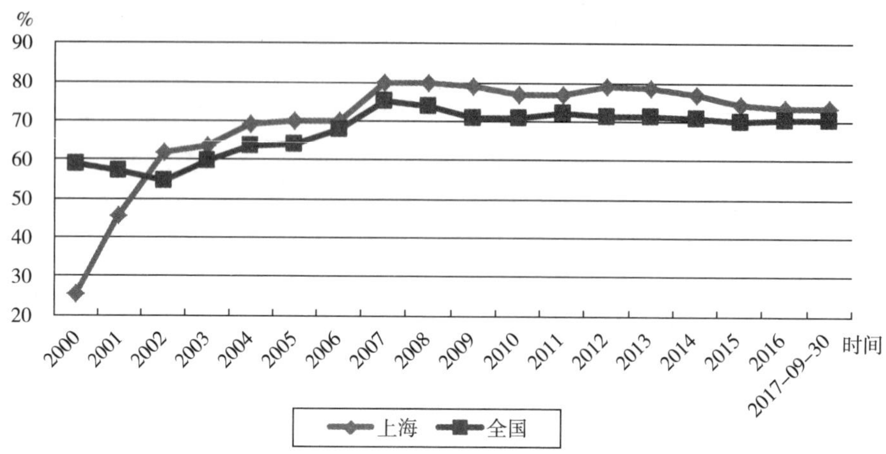

资料来源：Wind 数据库。

图 13 全国与上海非金融上市企业短期负债占全部负债的比例

（二）从流动性比率看，上海上市企业整体呈上升态势，但低于全国

短期债务的偿债能力取决于资产的流动性，即变现能力。一般说来，流动比率越高，说明资产变现能力越强，短期偿债能力越强。一般认为，流动比率在 2 左右较为健康。从整体趋势看，近年来，上海非金融上市企业的流动比率有所上升，但目前仅为 1 左右，反映其短期偿债能力有待加强。2008 年之后，上海非金融企业的流动比率显著低于全国。

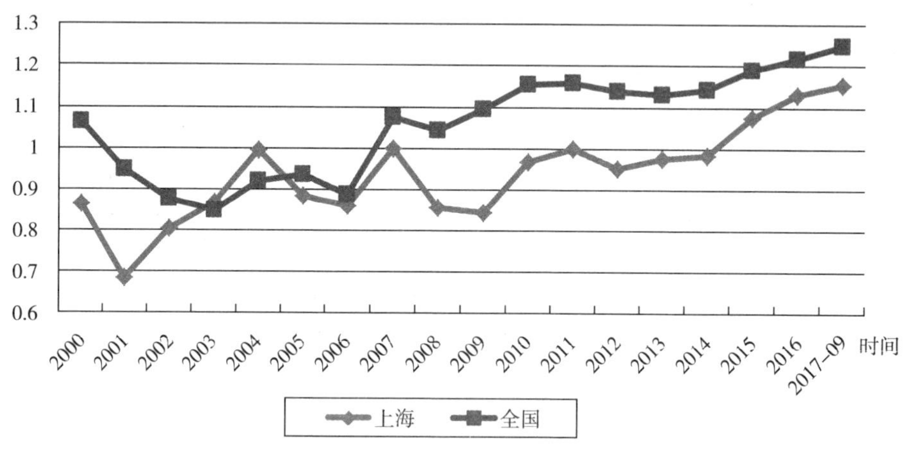

资料来源：Wind 数据库。

图 14 全国与上海非金融上市企业流动性比率

（三）从速动比率看，上海上市企业相对较低

速动比率是衡量短期偿债能力的核心指标。在一些特殊时期甚至极端情况下，市场流动性较差，流动资产中的存货、预付债款、待摊费用等资产也会出现变现困难的问题，偿债主要依靠能够迅速变现的速动类资产。实践中，速动比率在100%较为适宜。近几年，上海非金融上市企业的速动比率在0.7左右，明显低于全国平均水平。这表明，上海企业的短期偿债能力确实存在一定短板。

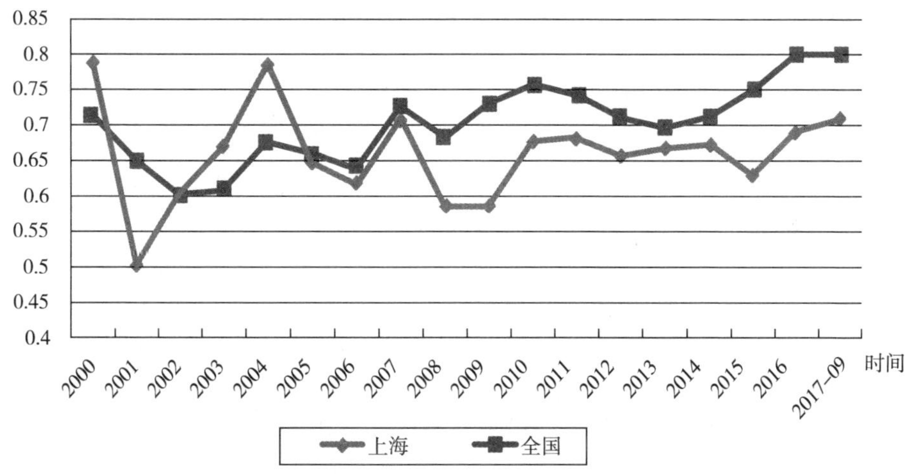

资料来源：Wind数据库。

图15 全国与上海非金融上市企业速动比率

五、上海企业杠杆率存在的问题与化解建议

（一）上海企业杠杆率存在的主要问题及其原因

从以上分析可以看出，在总量上上海市企业杠杆率问题并不突出。上海企业平均杠杆率低于全国水平，并且企业负债具有较为坚实的盈利基础。上海企业负债主要存在以下问题：

一是房地产企业高杠杆问题较为突出。上海上市房产企业资产负债率已经超过80%，也超过全国平均水平。2015年以来，房地产相关政策的松绑，致使上海等一线城市房地产价格快速上升、销量屡创新高。房地产市场价量齐升刺激了房地产企业通过增加负债扩张，在一线、二线等热点城市积极高价拿地，短期内增加了大量的有息负债，使杠杆率不降反升。前期预售大幅回款（预售款计入负债）和融资高价拿地是近年上海房地产企业杠杆率快速上升的主要原因。

二是部分传统制造业的杠杆率相对较高。这主要与国际国内的大环境有关。

从国际看，2008 年国际金融危机以来，国际经济始终处于复苏之中，国际贸易增速总体放缓，一些出口型制造企业经营受到较大影响。从国内看，为应对危机，我国实行了较强的刺激政策，使经济进入加杠杆周期，2008 年企业杠杆率明显上升，一些本应逐步淘汰的企业受益于加杠杆的刺激政策继续存活。从上海看，上海经济率先进入新常态，经济面临较大下行压力，在经济转型过程中一些传统制造业面临生存发展压力，必然需要增加债务来应对经营中的困难。

三是上海企业的债务结构问题较为突出。上海企业的短期债务压力较大，短期债务占总债务的比重一度超过 80%；短期偿债能力也存在不足，以流动比率和速动比率衡量的短期偿债能力不仅低于全国平均水平，也远远低于一般认为的合理水平。其中可能的原因是，全国银行间债券市场近年来创新了一系列短期债务融资工具，由于不需要审批，只需要备案，而且利率要比长期债券要低，一些企业热衷于发行短期债券，通过滚动发行短期债券获取稳定的债务资金。上海企业贴近债券市场，发行短期债券更有便利条件。对于这一问题，需要辩证看待。在环境较好或者企业经营正常的情况下，不会造成大的问题；一旦环境或者企业经营遇到较大变化，短期债券发行遇到困难，就会直接导致经营或偿债困难。

四是小微企业和国有企业的杠杆率较低。过多的债务融资资源集中于房地产和大中型企业，会影响小微企业等的融资可得性。上海国有企业的杠杆率较低，与其经营效益较好、股权融资渠道较多有关，也与其经营谨慎、审慎扩展有关。

（二）化解上海企业债务问题的建议

部分上海企业面临杠杆率过高、短期偿债压力较大等问题，如果不予重视，会加大债务风险、影响银行贷款质量；而小微企业杠杆过低，表明其融资面临一定困难，也会影响实体经济发展。因此，化解上海企业债务问题的总体思路是：分类施策，针对不同行业和企业特点，制定不同降杠杆政策。对债务过高的企业引导其降杠杆，增加股权融资和长期债务融资比重，优化融资结构；对杠杆较低的小微企业可以根据实际需要适当加杠杆，要引导金融机构加强支持，缓解融资难融资贵问题。

一是加强企业杠杆率及其适度区间的摸排研究，建立分行业资产负债率警戒线制度。企业采用杠杆负债经营是市场经济的自然选择，也是企业发展壮大的必然要求。不同的行业对资金的需求不同，融资结构也不同，每个行业、每个企业合适的杠杆率也存在不同，要科学确定行业杠杆率的适度区间，建立分行业的资产负债率警戒线制度，为金融机构等各方参与去杠杆工作提供参考。要进一步调查摸排上海重点行业的杠杆率情况，为上海制定差异化的去杠杆政策提供依据。

二是稳步推进房地产行业的去杠杆工作。不论从全国还是上海来看，房地产行业都处于杠杆高企的状态。目前房地产企业的高杠杆有一部分是预售回款所致，现金流较为充沛，这种情况只要房屋能够正常完工交付，风险就不大。当前，风险最大的是加杠杆高价拿地的房地产企业。可以考虑对房地产企业实施分类降杠杆：严格控制一般房地产企业利用信贷资金、债券募集资金缴纳土地出让款；适当推进房地产企业采取降价销售等方式加快资金回笼，偿还银行项目贷款；鼓励房地产企业采取市场化的方式实施兼并重组。

三是对部分高杠杆的传统制造业，在去产能的过程中降杠杆。结合上海市经济发展规划，对一些金属制品、小钢铁、造船以及一些产能过剩行业，在去产能的过程中降杠杆。对于"僵尸"企业，坚决实施破产清算，金融机构通过核销不良资产的方式核销债务；对于辅业、非主营业务过多的企业，引导其出售剥离辅业和非主营业务，加快资金回笼，降低杠杆；对于销售不景气、产能过多的企业，坚决压缩产能，加大清欠力度，减少无效占用，加快企业资金周转，降低资产负债率。同时，多措并举清理因担保圈、债务链形成的三角债。银行业金融机构可通过建立债权人委员会、联合授信等机制，加强客户信息共享，综合确定企业授信额度，并可通过合同约定等方式，避免过度授信，防止企业杠杆率超出合理水平，适当限制对高杠杆企业的授信和贷款。

四是对有较好发展前景、杠杆相对较高的先进设备制造业和高科技企业，鼓励采用市场化债转股、股权融资的方式降杠杆。扩大投贷联动试点范围，提高银行直投公司对高科技企业的直接投资规模。继续做好上海股权交易中心科技创新板建设。建议上海证券交易所设立"科创"板，为科创企业提供股权融资服务。创新财政资金使用方式，发挥产业投资基金的引导作用。规范发展私募股权投资基金，促进创业投资。对技术水平较好，管理水平较高，暂时陷入困境的企业，鼓励企业与金融机构采取市场化的方式实施债务重组或者债转股。

五是杠杆率相对较高的部分公用事业行业和政府融资平台，政府适当加大注资。公用事业是具有公共品属性的行业，对杠杆率相对较高的企业可以采取财政注资的方式，降低杠杆率，提高其抵御风险和恢复市场化融资的能力。

六是鼓励大型企业设立财务公司或跨境本外币双向资金池，加强资金集中管理。2016 年末，全国财务公司达到 236 家，而上海仅有 10 家，与上海集团公司总部云集的态势不相适应。要大力支持符合条件的上海企业设立财务公司，加强内部资金融通，提高企业资金使用效率。同时，稳步推进大型企业运用跨境本外币双向资金池，统筹使用国内外的资金。

七是引导企业发行长期债券或者境外融入长期资金，优化债务融资期限结构。加快公司信用类债券产品创新，丰富长期债券品种。推动企业在风险可控的前提下优先发行长期债券，逐步置换短期债券，优化企业债务结构。

八是大力发展普惠金融，加大对小微企业和双创的金融支持。要为小微企业和双创企业适度加杠杆创造条件。针对这些企业没有合适抵押品的情况，重点解决担保难、抵押难等难题。壮大以政府为主的融资担保体系，引入园区建设企业担保机制，加大以专利、知识产权、股权等为质押品的金融产品创新，推动开展中小企业应收账款质押融资。降低新三板、区域股权市场的挂牌门槛，增强挂牌企业的融资能力。引入第三方担保机制，鼓励中小企业发行集合债。加大信贷政策导向效果评估，督促金融机构加大对小微和双创的金融支持力度。

九是加强去杠杆过程中的金融风险防范与处置。降杠杆，要积极稳妥，遵循市场规律，不能强制实施，不能搞成运动，防止强制降杠杆引发的金融风险。加强市场主体信用约束，防止企业逃废债务行为，完善相关企业和机构及其法定代表人、高级管理人员的信用记录，构建参与各方失信行为联合惩戒机制。建设不良贷款转让二级市场，推进不良资产证券化，提高银行不良资产核销和处置能力。

参考文献

[1] 陈卫东，熊启跃．我国非金融企业杠杆率的国际比较与对策建议［J］．国际金融研究，2017，358（2）：3－11.

[2] 李扬．宏观调控再思考［J］．新金融，2016（1）：7－10.

[3] 刘晓光，张杰平．中国杠杆率悖论——兼论货币政策“稳增长”和“降杠杆”真的两难吗［J］．财贸经济，2016（8）：5－19.

[4] 纪敏，严宝玉，李宏瑾．杠杆率结构、水平和金融稳定——理论分析框架和中国经验［J］．金融研究，2017（2）：11－25.

[5] 施康，王立升．分清“好杠杆”和“坏杠杆”［J］．新华文摘，2016（18）.

[6] 张明，贺军．中国经济去杠杆化的潜在风险［J］．金融市场研究，2013（5）：5－10.

[7] 中国人民银行杠杆率研究课题组．中国经济杠杆率水平评估及潜在风险研究［J］．金融监管研究，2014（5）：23－38.

[8] Ahmed M, Shakur M. Debt (a real hurdle in the economic growth of Pakistan): A time series analysis [J]. African Journal of Business Management, 2011, 5 (28): 11532－11538.

[9] Caballero R J, Hoshi T, Kashyap A K. Zombie Lending and Depressed Restructuring in Japan [J]. Nber Working Papers, 2006, 98 (5): 1943－1977.

[10] Damar H E, Meh C A, Terajima Y. Leverage, balance－sheet size and wholesale funding [J]. Staff Working Papers, 2013, 22 (4): 639－662.

[11] Kalemli－Ozcan S, Sorensen B, Yesiltas S. Leverage across firms, banks, and countries [J]. Journal of International Economics, 2012, 88 (2): 284－298.

[12] Marsh P. The Choice Between Equity and Debt: An Empirical Study [J]. Journal of Finance, 1982, 37 (1): 121 -144.

[13] Reinhart C M, Rogoff K S. Growth in a Time of Debt [C] // National Bureau of Economic Research, Inc., 2010: 573 -578.

[14] Siddiqui R, Malik A. Debt and Economic Growth in South Asia [J]. Pakistan Development Review, 2001, 40 (4): 677 -688.

[15] Yesiltas S. Leverage Across Firms, Banks and Countries [M]. National Bureau of Economic Research, Inc., 2011.

虚拟货币交易监管及法律规制

中国人民银行上海总部综合管理部课题组

课题组组长：王维强

课题组成员：张明珅　李东辉　王宇丽　杨光普　张　军
张　瑞　刘军业　顾雷雷

摘　要

以比特币为代表的虚拟货币是近年金融科技领域最热门的话题，其背后的区块链技术对金融产品、商业模式带来了新的思路，虚拟货币本身的匿名性和全球流动性也对传统的金融监管带来了挑战。作为不受控制的、能够快速变现的网络虚拟价值，虚拟货币突破了传统金融体系的价值传输系统，屏蔽了现有的监管措施，能够快速、匿名地实现全球财富流转，洗钱风险极大。近年来，全球范围内虚拟货币投机泡沫不断放大，越来越多的主体参与虚拟货币投机活动，虚拟货币价格一路走高。与此同时，境内利用虚拟货币进行ICO非法集资等违法犯罪活动层出不穷，严重扰乱了经济金融秩序。2017年9月，中国人民银行联合七部委发布《关于防范代币发行融资风险的公告》，将代币发行融资（ICO）的本质定性为未经批准的非法公开融资行为，要求各类代币发行融资活动立即停止。随后国内虚拟货币交易平台也被监管叫停，各大交易平台相继发布公告停止向境内提供比特币等虚拟货币交易业务，并提示投资者在一定时限内提取现金和虚拟资产。目前，越来越多的国家监管介入虚拟货币领域，相继出台了多项监管政策。本文第一部分首先明确区分了虚拟货币与电子货币、数字货币等概念，指出本文研究的对象是去中心化的虚拟货币，并总结了虚拟货币的技术特点。同时结合实际，梳理了利用虚拟货币犯罪的几种表现，包括洗钱、涉毒涉恐、传销、ICO、诈骗等。第二部分介绍虚拟货币交易的类型及法律风险，分为场内交易和场外交易。第三部分主要从准入门槛、反洗钱、投资者保护角度介绍国际主要国家和地区的监管法规或政策。第四部分首先梳理国内对虚拟货币的监管过程以及监管叫停的主要背景，并根据虚拟货币场外交易的新情况，从明确虚拟货币及场外交易法律地位、防控投机风险和加强反洗钱监管三个角度，提出下一步关于国内虚拟货币监管的建议。

一、虚拟货币特征及风险概述

（一）虚拟货币的定义

对虚拟货币进行明确界定，避免与类似概念混同，有助于锁定研究对象。“虚拟货币”译自国外立法的“Virtual Currency”，容易混淆使用的概念有数字货币（Digital Currency）和电子货币（Electronic Currency）。相对明确的是电子货币，一般认为电子货币是法定货币的电子化形式，包括银行账户、第三方支付账户中以数字形式存在的货币资金。而数字货币与虚拟货币这个名词在学术中未明确区分。根据国际清算银行2015年有关数字货币的报告，数字货币是一种数字形式的资产，具有一定的货币特征，可以用法定货币计价，由发行人发行并负责赎回。数字货币定义更多的是从数字形式上界定，未明确数字货币是否具有匿名性、去中心化等特征。2016年，中国人民银行成立了数字货币研究所，研究法定数字货币的发行。相对而言，虚拟货币概念使用得更为广泛，国外出台的有关虚拟货币的法案或文件更多使用“Virtual Currency”，同时为了区分中央银行的法定数字货币概念，本文以虚拟货币为名来研究讨论，由于比特币作为虚拟货币的代表，本文多以比特币为例展开论述。

虚拟货币名称虽有“货币”二字，但在国内并非法定意义上的货币。2013年底，中国人民银行联合五部委发布的《关于防范比特币风险的通知》（银发〔2013〕289号），明确比特币属于虚拟商品，不是法定货币，同时要求各金融机构与支付机构不得以比特币作为定价与支付工具。世界范围内目前有关虚拟货币性质的问题并没有确定统一的共识。根据研究，我们发现各国之间，以及同一国家的不同监管机构之间对于虚拟货币的性质认定均存在较大的差异，主要争论为其属性属于货币还是商品。美国及其他主要国家对虚拟币的性质界定情况如下。

2015年6月，美国纽约州出台BitLicenses①法案，该法案首次将虚拟货币纳入许可管理，为各国虚拟货币的监管树立了标杆。在其第二章“定义”部分，明确虚拟货币是任何一种作为交易媒介或者作为数字形式存储价值的数字单元（Digital Unit），虚拟货币应当被广义解释为可交易数字单元（Digital Units of Exchange），包括：（1）有集中的贮藏处和管理者的；（2）去中心化的，没有集中的贮藏处和管理者的；（3）可以通过计算机或者人工创造和获得的。同时反向排除了以下情况：（1）以下数字单元：①只能在线上游戏平台使用的；②在游戏平台之外没有市场或应用范围；③不能兑换或赎回法定货币或虚拟货币；④不

① 纽约州法典，第23条，第一章，第200.2（p）虚拟货币部分，http：//www. dfs. ny. gov/legal/regulations/adoptions/dfsp200t. pdf.

能兑换现实世界的商品、服务、折扣或购买力；（2）作为一种消费者吸引手段和奖励政策，可以在发行者或指定商家那里兑换商品、服务、折扣或购买力的数字单元，但不能兑换法定货币或虚拟货币；（3）作为预付卡的部分使用的数字单元。该定义属于广义的虚拟货币，涵盖了中心化和去中心化两种发行方式，同时排除游戏币、指定使用范围的促销方式，以及预付卡中的数字单位。2017 年 7 月，美国州际统一法律委员会通过的《虚拟货币统一监管法案》将虚拟货币定义为“价值的数字表示”，即作为交换媒介、记账单位或贮藏价值，但不是法定货币，无论是否以法定货币定价，同时也像纽约州的立法一样排除了游戏币、商户促销价值等情形。总体看，美国相关立法明确了虚拟货币性质上是充当交易媒介的数字价值，但不属于货币。

欧洲中央银行在 2015 年 2 月发布的 *Virtual Currency Schemes*① 将虚拟货币定义为“一种不由任何中央银行、信用机构或电子货币机构发行的，以数字形式表示的价值”，欧洲中央银行认为虚拟货币不是经济学或法律意义上的货币，仅可在特定支付场合代替货币的支付作用。该定义明确指向的是去中心化的虚拟货币，性质是数字形式的价值，也非法定货币。2015 年 8 月，根据澳大利亚证券与投资委员会发布的数字货币报告（*Report on Digital Currency*），倾向于认定比特币属于商品的范畴，但一般情况下不属于“金融产品”，而在 2017 年 7 月 1 日，澳大利亚税务局首次又认可了比特币的货币地位，并对购买包括比特币在内的虚拟货币的行为免缴商品及服务税，仅征收资本利得税②。日本于 2017 年 4 月生效的《支付服务修正法案》认可虚拟货币为一种支付手段，承认比特币等虚拟货币支付手段的合法性。“虚拟货币是一种在互联网上储存与传输的储值手段，可以用来购买商品和服务；虚拟货币不是日本或者其他国家的法定货币，也不是以货币计价的资产。”③

目前全世界发行的虚拟货币数量无法准确统计，以比特币、莱特币、以太坊为代表的去中心化的虚拟货币是各方面关注的焦点，它们的原理相近，创造和转让基于一种开源的加密协议，不受到任何中央机构的管理，属于“去中心化的，没有集中的贮藏处和管理者”的虚拟货币。这些在去中心化的网络上通过加密算法生成，在互联网上进行储存与传输的“虚拟货币”是我们研究的对象，本文所称的虚拟货币特指去中心化的虚拟货币。

---

① 欧洲中央银行，*Virtual Currency Schemes – A Further Analysis*，2015 年 2 月。

② Budget 2017 – 18 factsheet，*Backing innovation and Fintech*，http：//www. budget. gov. au/2017 – 18/content/glossies/factsheets/html/FS _ innovation. htm.

③ 2017 年 4 月 1 日，日本国会通过《支付服务修正法案》，http：//law. e – gov. go. jp/htmldata/H21/H21HO059. html.

（二）虚拟货币的技术特点

1. 匿名性。虚拟货币的账户并非由中心化的机构管理，而是以随机生成的代码存在于虚拟账户网络中，这串代码与用户身份没有任何直接关系，用户可以随时生成、启用新地址，并通过公钥和私钥控制虚拟账户，实现资产全球自由流转。比特币之所以能够快速发展，很大程度上是由于匿名属性，也正是这种匿名性使利用比特币洗钱犯罪十分猖獗。

2. 去中心化的产生方式。法定货币的发行权一般集中于国家，国家通过增加、减少货币发行量实现货币政策，调控经济发展。在货币历史上，在国家掌握货币发行权之后，常出现货币超发、通货膨胀的情况，而比特币等虚拟货币是由算法生成，每个人都可以参与比特币算力计算，没有门槛，每个人能够挖到的比特币数量与其设备运算能力占比特币全网算力的比例成正比，公平地参与产生过程。而且总量固定，不会出现超发现象。

3. 通过分布式记账系统认证交易。比特币是一种无须中央方认证机构介入的防伪造、防重复支付的虚拟货币。比特币转账过程由遍布整个点对点网络节点构成的分布式数据库验证记录所有交易行为，分布式的验证每进行一次交易就多记录一次流通信息，并在点对点网络上进行广播，使所有节点都保存全部的流通信息，实现交易的防伪造和重复。这样使用分布式的全网节点记录交易是对原先需要中央控制机构验证交易方式的创新，实现了交易的去中心化。

（三）利用虚拟货币违法犯罪的表现

1. 洗钱

虚拟货币作为不受控制的、能够快速变现的网络虚拟价值，突破了传统金融体系的价值传输系统，屏蔽了现有的监管措施，实现匿名、快速的全球转移财富，因此，各种涉毒涉恐犯罪以及近期多次发生的计算机病毒勒索事件都有比特币的身影，也凸显包括虚拟货币自身存在重大洗钱、恐怖融资等风险。各国虚拟货币交易平台虽然在开户环节逐渐落实客户身份认证制度，但是该认证强度类似于银行弱实名账户，且未采取措施识别充值资金来源，因此交易账户所有人与账户内充值资金来源可能并不统一，洗钱风险仍然很大。事实上，部分比特币平台交易也呈现明显的资产转移特征，如部分可疑客户每日频繁进行数十万元人民币充值，然后当日迅速买入等值比特币后，立刻将比特币提出交易平台，整个过程客户只买不卖，买完就提，也没有持币待购、低买高卖等投机特点。虽然虚拟货币交易平台能够记录转入的比特币地址，但是无法确认该比特币地址由何人持有，更难以继续追查之后的比特币流向。

此外，通过在境内以人民币买入虚拟货币并在境外卖出获得外汇的做法，也是逃避国内外汇管理的重要方式。此前，OKCoin 负责人在接受媒体采访时称，由于严格的反洗钱调查，通过购买比特币达到大量换汇的目的不可能也不现实。但实际上，我们从比特币境内外价差动态变化中就可以看出，比特币等虚拟货币跨境交易是频繁存在的。在正常状态下，由于交易成本低廉，虚拟货币大量跨市场套利行为会将价差迅速抹平，国内外交易平台同一时点虚拟货币价格相差无几。2017 年 2 月至 5 月，国内几大交易平台曾同时暂停了比特币、莱特币等虚拟货币提现业务，这样几乎断绝了境内外虚拟货币场内交易，在此期间，国内交易平台比特币价格持续低于国际市场价格，单个比特币价差曾一度高达 2000 元人民币，而在 2017 年 6 月国内交易平台恢复提币功能后，国内外交易平台价差很快消失，因此，比特币作为全球流通快速变现的资产，跨境买卖虚拟货币的行为是客观存在的，只是基于目前的监测无法区分哪些行为是跨境套利，哪些行为是突破外汇管理规定，跨境转移资产。

2. 涉毒涉恐及传销

在比特币等虚拟货币网络中，拥有者的身份以一组加密代码形式出现，区块链只记录了比特币是由哪个地址挖出来的，如何流转，但这些地址的拥有者身份却无从查实，相关交易可以轻易从政府监管的视野中隐形，而监管者难以跟踪或拦截。欧洲刑警组织发布的《2015 年度互联网有组织犯罪威胁评估报告》表示，“根据数据，犯罪分子 40% 的在线支付是使用比特币完成的”。

比特币是暗网黑市交易的重要工具。暗网是一类经过加密的网站，普通用户无法访问，只有通过匿名代理工具才能访问。暗网中充斥着军火、毒品等非法交易，是违法犯罪甚至恐怖活动的温床。“丝绸之路（Silk Road）”就是利用比特币交易毒品、枪支武器等违禁品的暗网黑市购物网站，美国联邦调查局（FBI）的调查结果显示，丝绸之路在 2011 ~2013 年交易额高达 12 亿美元。2013 年该地下网站被美国联邦调查局查抄，在这次查抄活动中，共有 2. 6 万比特币被没收。近期多次出现的计算机病毒勒索事件，黑客点名只收比特币赎金，银监会发文警告的“MMM 金融互助”传销组织也选择将比特币作为唯一的支付手段，这些事件更加印证比特币等虚拟货币涉恐、涉毒及传销犯罪。

3. ICO 非法集资

ICO 是 Initial Coin Offering 的缩写，即首次代币公开销售。ICO 的理念来自股票市场的首次公开募股（IPO）概念，主要是指融资主体通过代币的发行，交换投资者手中的比特币、以太币等虚拟货币，实现融资行为，在发行完成后，代币可以在虚拟货币交易平台的二级市场交易、流通。在初始代币发行数量受算法约束的前提下，随着投资者数量的增加，推升虚拟代币市场价格快速上涨，市场泡沫不断放大。

ICO 在法律层面、社会层面都存在重大风险。在法律层面，ICO 作为一种融资行为，表现为未经批准向不特定公众募集虚拟货币等资产的行为，募集的虚拟货币在国内被认定为虚拟资产，需要投资者使用法定货币购买或投入挖矿成本才能取得，根据监管穿透性原则，募集虚拟资产本质上是变相募集资金公开融资的行为，在法律性质上属于非法集资或变相非法集资。在社会层面，ICO 项目数量增长过快，项目质量良莠不齐，大部分项目处于初创时期，企业经营管理不完善、信息披露不健全，投资者对企业经营状况、风险了解程度较低，甚至一些发行方编制虚假项目白皮书，捏造五花八门的项目，真实性无法查证。投资者受到巨额收益和信息不对称叠加影响，容易受到平台和项目误导，盲目跟风投资，投机泡沫巨大，一旦泡沫破裂，会造成社会不稳定因素。

2017 年 9 月，监管部门基于风险考量，为防范风险蔓延，联合发布了《关于防范代币发行融资风险的公告》及时叫停代币发行融资，明确代币发行融资本质上是一种未经批准非法公开融资的行为，涉嫌非法发售代币票券、非法发行证券以及非法集资、金融诈骗、传销等违法犯罪活动。作为全球范围内第一个叫停 ICO 的国家，中国明确的监管政策对国际监管也产生了重要影响，在此之后，韩国、美国、英国、欧盟等国家地区也相继叫停 ICO 活动或提示投资风险。

4. 诈骗

通过最高法院裁判文书网站检索比特币相关刑事案件，显示已生效的刑事裁判文书 86 件，其中 2014 年 4 件，2015 年 7 件，2016 年 37 件，截至 2017 年 11 月为 32 件，利用比特币犯罪数量呈逐年上升趋势。相关犯罪涉及的罪名主要是诈骗、集资诈骗、盗窃等，具体犯罪行为包括利用比特币交易平台进行隐匿提取犯罪资金、建立比特币交易网站骗取投资人资金以及比特币挖矿偷电等犯罪行为。

此外，由于比特币等虚拟货币的概念时常见诸媒体，普通民众由于缺乏必要的金融知识容易被诈骗活动利用。国内发生多起打着虚拟货币旗号的金融诈骗活动，如已被刑事处理的克拉币、万福币等，都是声称发行与比特币类似的虚拟货币，利用比特币的高价值炒作高收益概念，并宣称背后有国外企业支撑，投资国外实体项目，投资者也无法证实，往往被高回报引诱，上当受骗。

二、虚拟货币交易的类型和存在的问题

（一）场内交易

1. 场内交易模式及合法性质疑

虚拟货币场内交易平台的性质类似于证券交易所，是独立于买卖双方的第三方场内交易平台。买卖双方在交易平台上注册、完成身份验证后，即可向平台充值法定货币或转入比特币等虚拟货币，由交易平台持有买卖双方的资金虚拟货

币，交易者在充值完成后即可实现“出售虚拟货币获取法定货币”和“法定货币购买虚拟货币”的功能。交易平台采用集合竞价、撮合成交的机制，按照价格优先、时间优先原则确定双方成交价格并生成电子交易合同，并按交易订单内容进行实物交割，并通过收取交易佣金、提现手续费等获取收益。

集合竞价、撮合成交等交易机制作为特殊交易方式，政府采取了较为严格的监管措施。以证券交易所为例，根据《证券法》的规定，一方面证券交易所的设立和解散由国务院决定；另一方面证券交易所的特殊交易规则应报国务院证券监督管理机构批准。

此外，国内虚拟货币交易平台还曾提供融资融币以及杠杆交易。融资融币是以现货交易为基础，允许用户借助平台进行融资融币买卖比特币，类似于股票交易中的融资融券业务。平台可以出借现金给用户购买比特币，用户到期偿还本息。平台也可以出借比特币给用户出售，用户到期返还相同数量的比特币并支付利息。杠杆交易，也称保证金交易，投资者只需缴纳一定比例的保证金即可以较低的资金成本按照开仓价格买入“比特币仓位”，通过买入和卖出仓位赚取差价从而实现收益。保证金交易放大的最大杠杆倍数一般为 20 倍。投资者可以根据风险偏好，选择实时交割比特币或者资金，交割比特币时需要按照开仓价补足资金。实际上，根据《证券公司融资融券业务管理办法》，证券公司从事融资融券业务需要经过证监会批准，未经批准不得提供融资融券服务。虚拟货币交易平台提供的融资融币业务具有明显的金融属性，加大了虚拟货币交易的投机性和风险，且未经任何监管部门批准，属于未经批准非法从事金融业务。对于杠杆交易，以比特币仓位为标准化合约，不以实物交割为目的。与期货交易一般不以实物交割为目的，交易对象为标准化合约，交易方式为集中交易等主要特征完全一致。虚拟货币的杠杆交易法律性质上属于违规开展期货交易，违反《期货交易管理条例》第四条“期货交易应当在依照本条例第六条第一款规定设立的期货交易所、国务院批准的或者国务院期货监督管理机构批准的其他期货交易场所进行。禁止在前款规定的期货交易场所之外进行期货交易”的规定。

《国务院关于清理整顿各类交易场所切实防范金融风险的决定》（国发〔2011〕38 号），明确“自本决定下发之日起，除依法设立的证券交易所或国务院批准的从事金融产品交易的交易场所外，任何交易场所均不得采取集中竞价、做市商等集中交易方式进行交易”，“除依法经国务院或国务院期货监管机构批准设立从事期货交易的交易场所外，任何单位一律不得以集中竞价、电子撮合、匿名交易、做市商等集中交易方式进行标准化合约交易”。《国务院办公厅关于清理整顿各类交易场所的实施意见》（国办发〔2012〕37 号）进一步明确了“集中交易方式”包括集合竞价、连续竞价、电子撮合、匿名交易、做市商等交易方式。未经批准，任何交易场所不得采取集中交易方式进行交易，应予以清理整顿。

2. 场内交易投资者面临风险

（1）资金管理混乱导致损失

虚拟货币交易平台沉淀了大量的客户资金，有的平台甚至以关联公司以及高管的银行账户作为客户资金的收付与归集账户，由于缺乏类似于备付金存管制度的监管约束，存在客户资金和比特币被挪用的风险。一旦发生公司高管卷款潜逃的事件，将给投资者带来巨大损失。

（2）系统安全漏洞导致虚拟货币被盗

交易平台经手大量虚拟货币，参与交易的投资者往往将持有的虚拟货币储存在交易平台提供的钱包里方便交易，而交易平台参差不齐的风控技术很难做到完全安全，丢币风险很大。一旦被盗，客户将承担最后的损失。

（3）市场投机与操纵导致的价格波动风险

虚拟货币交易平台没有涨跌停限制，实行 24 小时交易制，经常出现短时间内价格大幅度上涨现象，也可能出现价格闪跌的情况。同时虚拟货币交易平台上交易均采用平台提供的账户完成，平台仅在内部完成电子簿记，不存在真实的资金转移或者虚拟货币交割，缺乏第三方交易的验证方式和渠道。因此，可能存在利用信息不透明影响交易市场，人为地制造交易行情，即抬高、压低甚至稳定虚拟货币的价格，操纵市场诱使潜在交易者盲目跟从，吸引非理性的投机者蜂拥入市。

（二）场外交易模式

1. 概况

国内虚拟货币场内交易叫停后并没有终结全部交易，而是逐渐由场内交易转向场外交易。场外交易模式是指交易双方直接成为交易对手的交易方式。场内市场有标准的合约，而场外交易往往只是交易双方私下的协定，也就是最传统的协议转让交易方式。国家互联网金融安全技术专家委员会发布的《比特币场外交易监测报告》指出，随着国内 ICO 和虚拟货币交易业务清理，场外交易再一次繁荣。从 LocalBitcoin 及 Paxful 两家平台交易数据来看，比特币兑人民币场外交易量占其虚拟货币场外交易总量的份额从 5% 左右上升至 20% 左右。

2. 主要模式

目前，虚拟货币场外交易主要包括线上点对点交易、线上 B2C 交易和传统协议交易三种模式：一是线上点对点交易模式，一般通过场外交易平台为交易双方提供信息发布的场所，仿照淘宝网的交易模式设计，交易方注册后可以进行发布信息、拍单、付款等交易程序一对一交易，资金和虚拟货币不通过交易平台；二是线上 B2C 交易模式，通过设立交易中间平台方式，用户直接向平台购买或卖出虚拟货币，其价格由平台指定。平台在收取用户的付款后，将直接释放虚拟货币给买家用户，或在收到虚拟货币后，将资金释放给卖家用户；三是传统协议交易模式，买卖双方在线上或线下，通过在线聊天工具，如 QQ 群、微信群或面对面协商的方式进行虚拟货币交易。

3. 存在的风险

场外交易也同样存在较大的潜在风险，并且交易风险程度并不低于场内交易。场外交易以交易双方的信用为基础，由交易双方自行承担信用风险，由于没有第三方的参与，导致双方交易的成功完全取决于双方的诚信度。一旦一方出现违约，另一方权益就很难得到保障。另外，从社会风险角度看，应该承认，虚拟货币场内交易停止有效地控制了交易规模，遏制了金融风险累积的趋势，但是场外交易方式灵活多样，难以实现交易规模等情况的统计和调控，这种潜在风险只有发展到一定程度才可能被发现。另外，场外交易也存在虚拟货币被用于洗钱、逃避外汇管理等违法犯罪的风险。

三、国际监管情况介绍

目前越来越多的国家开始介入对虚拟货币的监管，监管的目标主要是反洗钱和投资者保护。总体来看，各国对虚拟货币监管的切入点是虚拟货币交易平台，主要内容包括设置合理的门槛，建立严格的反洗钱风控措施和投资者保护制度。

（一）对虚拟货币交易平台开展备案管理

国内设立虚拟货币交易平台无门槛要求，各类平台层出不穷，交易量曾一度占据世界总交易量的 90% 以上，但各平台的风控水平参差不齐，交易市场泥沙俱下。目前国外出台的监管措施对虚拟货币交易平台的规定均有明确的准入要求。

日本金融厅是日本的虚拟货币交易平台监管机构，日本财务省的地方财务分局具体负责虚拟货币交易所的注册登记事项。在日本注册登记成为虚拟货币交易所应符合①：主体上必须是日本公司，或者是在日本有代表公司的、在海外合法经营虚拟货币交易所的公司；注册资本不得少于 1000 万日元，并且资本净值为正；合格的管理人员；提供正规可靠的服务；合法的名称以及不得参与损害公众利益的活动等要求。美国纽约州的 BitLicenses 要求提供虚拟货币服务的个人或企业都需申请比特许可证，并提供 5000 美元的申请费，同时从申请人资格、合规、资本要求、客户财产的保管与保护、交易记录保存、监管机构考核、财务披露、

① 日本国会《支付服务法案》第 63 - 3 条，http://law.e - gov.go.jp/htmldata/H21/H21HO059.html.

反洗钱制度、网络安全、持续经营与灾难恢复、消费者保护、投诉处理等角度对虚拟货币交易平台提出要求，设立牌照许可，未获监管部门所颁发的牌照，任何主体不得从事任何与虚拟货币相关的商业活动。

总体来看，主要从主体资格、注册资本最低限额、股东、高管资质等对虚拟货币平台进行准入限制，要求虚拟货币交易平台只有在获得政府颁发的批准许可证后才能在国内合法运营。

（二）建立严格的反洗钱风控措施

将虚拟货币交易平台纳入反洗钱监管是虚拟货币监管的核心，也是各国监管介入虚拟货币领域的出发点和普遍要求。现有的反洗钱规定多适用于传统金融机构和特定非金融机构，关注的标的是中心化、可控制的法定货币，而虚拟货币去中心化、匿名不可控的特点决定了必须采取更严格的反洗钱风控措施，才有可能实现监管目的。从现有的制度设计来看，各国均采取了将虚拟货币相关活动纳入现有的反洗钱制度之下的路径，而非额外特别立法专门监管虚拟货币的活动。各国对反洗钱的法律规制因国内环境及金融风险的不同而有所区别，但各国在打击使用虚拟货币进行反洗钱或恐怖组织犯罪的制度设计上有一定共同之处，例如客户身份识别制度、大额、可疑报告制度、实名交易制度、注重客户身份信息的识别及核验等。下文以纽约州 BitLicenses 为例具体介绍其对虚拟货币交易平台的反洗钱要求，并分析反洗钱措施的有效性。

纽约州 BitLicenses 第十五章具体规定虚拟货币交易平台的反洗钱义务，内容较为细致，涵盖了客户身份识别，交易资料保存，大额、可疑交易报告等反洗钱的核心要求。

1. 虚拟货币交易平台应建立自身的反洗钱内控方案。纽约州立法对此规定较为完善，明确持牌者应就其自身的活动、服务、客户、交易对手、地理位置的法律风险、合规风险、财务风险、信誉风险等进行初步风险评估，并在此基础上建立、维护并加强自身反洗钱方案。持牌者应当根据风险变化情况，每年一次或者更频繁地进行附加的风险评估，并且根据这些风险变化修正和完善反洗钱方案。反洗钱方案应该包括经持牌者的董事会或同等管理机构审议并批准的反洗钱制度书面文件。

建立的反洗钱内部控制机制至少包括以下方面：（1）提供一套内控制度和流程，保证持续遵守反洗钱法规。（2）持牌者应至少每年由合格的内部人员或者或外部人员对合规工作和反洗钱方案的实施做独立测试，并应当总结测试结果报告给监管部门。（3）指派一名或多名合格人员负责协调和监督每日的反洗钱合规工作。（4）为相关人员提供持续的培训，确保他们对反洗钱要求有充分的理解，使他们能够辨认依据本法规需要报告的交易和需要保存的记录。

2. 虚拟货币交易平台应建立严格的客户身份识别体系。由于虚拟货币本身匿名属性，因此在交易平台端进行客户身份识别尤为重要，客户身份识别的质量直接决定了虚拟货币反洗钱监管的有效性。国内交易平台曾在充值和现金提现两个关口，设置个人信息审查机制，用户注册时需要填写真实姓名、国籍、身份证号等证件号码，提款时款项只能提现到与实名认证同名的银行卡中，这种在线识别无法解决借用他人证件开户等行为。纽约州立法规定持牌者应建立客户身份识别制度：（1）账户持有人的身份识别和核对。当客户第一次开户时，公司必须至少在合理和可行的范围内对其身份信息进行核实，保存客户用于核实身份的信息，包括姓名，实际地址和其他身份信息，与此同时将此信息与美国财政部外国资产控制办公室（OFAC）的特别指定国民名单（Specially Designated Nationals）做核对。如果遇到某些额外的因素，比如对于高风险客户、大额账户、或已被记录在可疑行为报告上的账户，需要强化尽职调查。（2）涉及外国主体账户的强化尽职调查。对于拥有非美国主体所开设账户的持牌者和非美国籍的持牌者必须建立强化的尽职调查制度、程序侦查控制手段，包括基于外国业务实质而对上述账户进行的风险评估，活动的类型和目的，以及外国的反洗钱监管政策。（3）禁止外国壳主体开立账户。对于根本不实际存在的壳主体，持牌者禁止与其就虚拟货币业务产生任何形式的联系。（4）大额交易的身份识别要求。当交易价值超过 3000 美元时，持牌者必须对账户持有者进行身份识别。如果虚拟货币的转移或传递会使个人客户或者交易对手的身份混淆，那么持牌者不应参与、帮助或明知而允许这种转移或传递的发生。

3. 虚拟货币交易平台应完整保存客户交易记录。交易记录目的是便于反洗钱事后调查和监督管理，也是反洗钱的基础性工作。纽约州立法规定，持牌者应当以原文件格式制作、保存所有涉及虚拟货币收付、兑换、购买、出售、转移、传递等交易的如下信息：交易所涉主体的姓名、账户名称和实际地址，每笔交易的数量和金额，交易开始和结束日期，交易准确时间，支付的方式，对交易的描述等，并从文件产生之日起保存至少 7 年。

4. 在虚拟货币交易大额、可疑交易报告方面。通过虚拟货币交易所进行洗钱或跨境转移资金，金额较大，因此明确大额、可疑交易的标准，并严格执行，能够让反洗钱监管部门及时发现问题。在大额交易标准上，纽约州立法规定明确为每日 1 万美元，如果单人一天之内的一笔或者连续几笔虚拟货币交易（包括收受、兑换、购买、出售、转移、传递）价值总额超过 10000 美元，那么该交易所涉的持牌者应当在 24 小时内用监管部门规定的方式通知纽约州金融服务局。在可疑交易判断上，纽约州立法也只规定了持牌者应当监视涉嫌洗钱、逃税或其他非法或犯罪活动的交易，一经发现立即以监管部门规定的方式通知纽约州金融服务局：（1）持牌者应根据联邦法律法规规章提出可疑行为报告（SARs）；（2）

无须按照联邦法律提出可疑行为报告的持牌者，应当在发现可能涉嫌违反法律法规的交易事实之日起30天内以监管部门规定的形式制作报告。持续的可疑行为应当在长期观察的基础上进行评判，可疑行为报告应当在最后一个可疑行为描述之后的120天内提出。

5. 明确虚拟货币反洗钱专职岗位的职责。纽约州立法明确持牌者指定的反洗钱专员至少履行以下义务：（1）关注反洗钱法律的变更，包括美国财政部外国资产控制办公室（OFAC）和特别指定国民名单（SDN）的更新，并相应更新其反洗钱方案；（2）对本部分要求保留的记录进行保留；（3）在提交前审阅本部分要求的所有文档；（4）将相关事项提交董事会、高级管理人员或者同等管理机构讨论，并寻求外部法律顾问的意见；（5）至少每年向董事会、高级管理人员或者同等管理机构提供定期报告；（6）确保遵守相关的培训要求。

（三）投资者保护制度

1. 加强信息披露

目前，各国主要采取向消费者披露风险及经营者信息等措施保护投资者。美国纽约州 BitLicenses 第十九章规定消费者权益保护内容，主要内容就是加强信息披露，并从重大风险披露、一般合同条款、交易信息合同条款三方面明确持牌者的信息披露义务。首先，在重大风险披露方面，持牌者应以书面形式，清晰、显著、易懂地向客户披露虚拟货币产品、服务、活动风险的所有材料，包括：（1）虚拟货币无法币地位，没有政府支持和保障；（2）未来法律法规可能对虚拟货币价值产生不利影响；（3）虚拟货币交易是不可逆转的，欺诈和意外造成的虚拟货币损失是无法恢复的；（4）交易时间上区块链与实际发生时间存在差异；（5）虚拟货币市场可能因投资者不再愿意参与而消失；（6）接受虚拟货币支付的主体未来可能拒绝接受虚拟货币；（7）波动性和不可预测性可能会导致短期的大幅贬值；（8）更高的诈骗和网络攻击风险；（9）持牌者技术问题可能导致无法使用平台上虚拟货币；（10）公司通过债券和信托账户等方式提供客户权益保障措施可能无法赔偿所有损失。其次，在与客户开户首次交易前，应以书面形式向客户披露虚拟货币产品、服务、活动相关的一般合同条款，至少包括：（1）客户在未授权的虚拟货币交易中的责任；（2）客户停止一笔经授权的虚拟货币转移的权利，以及发出停止支付指令所需要的程序；（3）在联邦和州的法律法规规章下，持牌者对客户应负的责任；（4）在何种情况下，没有法院和政府的指令，持牌者可以向第三方披露客户账户的相关信息；（5）客户有权定期从持牌者处获得财务报表和估值报告；（6）客户有权获得收据、交易票据或者其他证明交易的证据；（7）客户有权在持牌者规则和制度改变时提前获得通知；（8）客户开户时通常要求向其披露的其他内容。最后，在交易条款信息的披露方面，持牌者应至少披露包括：（1）交易的数额；（2）客户负担的任何费用、支出和手续费，包括兑换比率；（3）虚拟货币交易的类型和性质；（4）警告客户一旦交易执行就很可能无法撤销；（5）其他相关类似性质交易通常要求的信息披露。

2. 客户资金保护制度

美国纽约州 BitLicenses 在第九章客户资金保护部分，从三个方面要求虚拟货币交易商保护客户资金安全。首先，要求每个虚拟货币企业必须保有以美元计量的债券账户或者信托账户，此账户为客户的利益而设，其形式和数额需要经过监管部门的同意。其次，持牌者为他人保护、储存、持有、维护保管或控制虚拟货币的，应当持有与该人相同类型和数量的虚拟货币。最后，每个持牌者禁止出售、转移、分派、出借、抵押、保证，或以其他方式使用或者妨害代他人持有、储存和维护的资产，包括虚拟货币。

3. 加强消费者教育

美国消费者金融保护局（CFPB）在 2014 年 8 月发布了一份关于比特币的消费者咨询公告，声明开始接受对比特币产品和服务的投诉举报，并开通投诉举报通道。公告主要警告消费者以下风险：欺诈、秘钥丢失、缺乏监管，以及交易的不可逆性；在没有保障的情况下，虚拟钱包中丧失的财产会得不到补偿。并明确美国消费者金融保护局不对比特币被盗承担任何责任。欧盟曾在 2013 年发出正式警告称，因比特币缺乏监管，一切资金损失欧盟不承担责任。

四、国内目前对虚拟货币交易的监管现状及未来思考

（一）国内监管现状

国内对于虚拟货币交易关注较早，2013 年 11 月，中国人民银行联合五部委发布《关于防范比特币风险的通知》，从比特币的法律定性、投资风险、反洗钱义务等方面，初步监管介入虚拟货币交易，为比特币交易提供了基础性的监管框架，并在短期内遏制了境内比特币过度炒作的热潮。

2015 年，国内比特币交易再度回暖，交易量大幅上升，在此期间人民银行多次对境内三大比特币交易平台进行调研。自 2017 年 1 月开始，人民银行牵头各监管部门对境内三大比特币交易平台进行现场检查、集中约谈，检查发现交易平台普遍存在超范围经营、违规开展配资业务、投资者资金未实行第三方存管等问题，并要求交易平台按照境内相关监管法律规定关停融资融币、杠杆交易等违规业务。

2017 年，代币融资模式如雨后春笋般不断涌现。《2017 年上半年国内 ICO 发展情况报告》中提到，上半年国内上线并完成 ICO 项目 65 个，累计融资规模约

26.16亿元，参与人次达10.5万人。实际上，在此之后的2017年7~9月，ICO融资规模和用户参与程度呈加速膨胀趋势，一场明显的泡沫正在成形。由于没有任何门槛，在逐利心态的推动下，每周新增的ICO项目达到了数十个，绝大部分项目都无法提供产品演示，欺诈风险显著提高。

2017年9月，人民银行联合七部委发布《关于防范代币发行融资风险的公告》，公告对代币发行融资和虚拟货币都进行了规制。一方面，明确ICO本质上为未经批准的非法公开融资行为，各类代币发行融资活动应当立即停止；另一方面，“代币融资交易平台”不得提供虚拟货币兑换、买卖，以及定价、信用中介等服务，对虚拟货币交易国内金融机构及支付机构不得提供账户、支付结算、保险等服务。之后，虚拟货币交易平台相继接到监管通知要求停止境内交易平台业务，各大平台相继发布公告停止向境内提供比特币等虚拟货币交易业务，并提示投资者在一定时限内提取现金和虚拟资产。2017年10月底，国内最后两家虚拟货币交易平台关停场内交易。

总体来看，监管层对虚拟货币已长期观察，充分调研，也曾试图纳入监管。但虚拟货币自身匿名不可控，洗钱风险极大，现有反洗钱措施包括国外相关的监管措施也无法实现有效监管。同时，国内投资者还不成熟，难以辨别虚拟货币的风险，跟风投机，泡沫巨大。此外，利用虚拟货币进行各类违法犯罪又层出不穷，社会影响恶劣，严重影响经济金融秩序。经过利弊权衡，当前禁止ICO和境内交易所交易是十分必要、正确的选择。

（二）下一步工作的建议

1. 进一步明确国内虚拟货币和场外交易的法律地位

随着国内交易环境和法律风险变化，对虚拟货币在国内的法律定性也应重新思考。如果继续按照2013年《关于防范比特币风险的通知》，将其定义为虚拟商品，那么目前场外交易协议撮合的方式在法律上属于虚拟商品买卖合同，在不触碰洗钱等违法犯罪活动的前提下，相关法律关系受到《合同法》保护；如果监管层认为虚拟货币在目前停止场内交易之后，大量场外交易脱离监管，更多的是助推投机、洗钱及非法集资犯罪的工具，则应全面限制虚拟货币在国内的产业链，不仅局限于场内交易。

2. 继续控制交易规模，防控投机风险

从抑制投机泡沫的效果来看，监管叫停场内交易对虚拟货币交易规模的影响巨大。一方面，目前人民币兑换比特币的日均场外交易金额已降至之前场内交易金额的1%左右，抑制虚拟货币投机效果显著；另一方面，人民币兑换比特币场外交易量占其比特币场外交易总量的份额从5%左右上升至20%左右，这是关停境内场内交易的自然溢出效应。从虚拟货币价格走势来看，由于比特币等虚拟货币是全球流动、交易品种，关闭境内交易平台仅能在短期内造成价格波动，受到其他利好消息影响，比特币等虚拟货币价格在之后一路走高，从监管叫停时两三千美元到目前七八千美元。这种持续暴涨的态势也是国内仍有大量投资者持有虚拟货币不愿离场的重要原因。

目前，国内场外交易具有一定规模至少有两方面原因。一方面，部分虚拟货币爱好者或看好虚拟货币市场价值的投机者的个人行为，另一方面，中国作为虚拟货币主要挖矿生产国也是重要因素。目前全球 70% 以上的比特币算力集中在中国，新产生大量比特币，而矿主运营挖矿设施支付的电费、租金等费用需要将挖出的比特币及时变现，场外交易是变现的方式之一。

对于部分虚拟货币爱好者及投机者的交易行为，监管部门应加强投资者风险警示教育，通过发布风险提示、典型风险案例等方式加强风险预警，提高防范诈骗和风险意识。对挖矿产生的场外交易，实际上是在目前国内虚拟货币场内交易叫停的背景下，主要虚拟货币生产仍集中在国内，形成大量供给无法及时变现的矛盾。鉴于虚拟货币挖矿业务耗费大量能源，对实体经济促进作用有限，生产的虚拟货币在国内助长投机，滋生违法犯罪行为，监管部门可通过调整电价等经济手段，引导挖矿经营者减少挖矿。

3. 继续控制洗钱风险

从控制洗钱风险角度来看，一方面，场内交易的叫停极大降低了虚拟货币的交易量，减缓了虚拟货币境内的流动性，提高了虚拟货币洗钱的时间成本和交易成本，在某种程度上降低了大规模洗钱的可能性；另一方面，由于场外交易大部分脱离交易平台，隐蔽性强，原本依靠交易平台的反洗钱措施已无法实现有效监控，给反洗钱监管带来较大的挑战。

对此，监管部门应明确要求向境内提供场外交易的各大平台，严格履行反洗钱义务，发现违法犯罪线索应及时向公安机关报案，平台如协助洗钱活动将依法严惩。同时，对通过微信群等社交平台工具大规模交易虚拟货币的行为，通过银行、支付机构的反洗钱监测手段，加强资金流水监测，对大额、可疑的交易及时发现、报送。

4. 加强国际监管交流合作

虚拟货币作为全球流动交易的网络虚拟价值，单靠一国的监管政策很难取得理想效果，各国的协同监管具有重要意义。一方面，要加强国际监管沟通，对虚拟货币本身的定性取得国际共识，共同加强风险管理，提升监管的协同性，对减少利用虚拟货币在国际范围洗钱以及涉毒涉恐犯罪具有重要实践意义。另一方面，在国内叫停虚拟货币交易的背景下，也应通过国际交流学习持续跟踪虚拟货币的最新发展，了解各国监管政策的新动向，同时加强对其背后的区块链技术等领域的研究，为其应用到更多有益于社会的场景做出贡献。

我国资产管理业务的发展转型与风险防范

中国人民银行上海总部金融稳定部课题组

课题组组长：庄　伟

课题组成员：周正清　王　剑　郑振东

摘　要

近年来，随着国内经济的高速发展和居民财富的不断积累，国内资产管理业务迅速发展，其在金融领域的重要性不断提升。但当前资产管理业务的快速发展也蕴含着诸多风险，对国家金融安全稳定造成威胁的同时，不利于金融支持实体经济功能的发挥。因此，深入研究资产管理业务的发展转型与风险防范这一主题，提出有针对性的改革举措，具有重要现实意义和紧迫性。

本文第一部分介绍了资产管理业务的现状，探析了资产管理业务的主要推动因素，在此基础上提出资产管理业务存在的潜在风险。第二部分从业务发展角度分析了国外资产管理业务转型特点，并从监管改革角度介绍了国外监管部门针对资产管理业务的发展采取的主要监管措施。第三部分研究了我国资产管理业务的发展趋势，这一趋势既符合资产管理机构追求更大收益和降低自身风险的需要，也顺应监管当局解决发展顽疾和防范系统性风险的要求。这一转型趋势面临瓶颈，有待法律制度予以明确或保障。第四部分是本文的政策建议部分。基于前文的论述，本部分提出加强金融立法、统一监管标准、加强风险管控要求以及加强投资者保护的建议。

一、我国资产管理业务现状

（一）我国资产管理业务的发展现状

2005 年以来，随着银行理财业务的快速发展，资产管理行业进入新阶段，证券资产管理公司、基金子公司、期货公司、保险资产管理公司等均逐步获批进入资产管理领域，加上监管总体上呈现适度放松的态势，资产管理业务规模呈现爆发式增长。国内资产管理业务规模从 2009 年末的 10.09 万亿元增长到 2016 年末的 114.45 万亿元，年复合增长率高达 41.47%。银行理财在资产管理业务的规模占比从 2009 年末的 16.84% 升至 2016 年末的 25.38%，成为最为重要的资产管

理业务类别（见图1）。

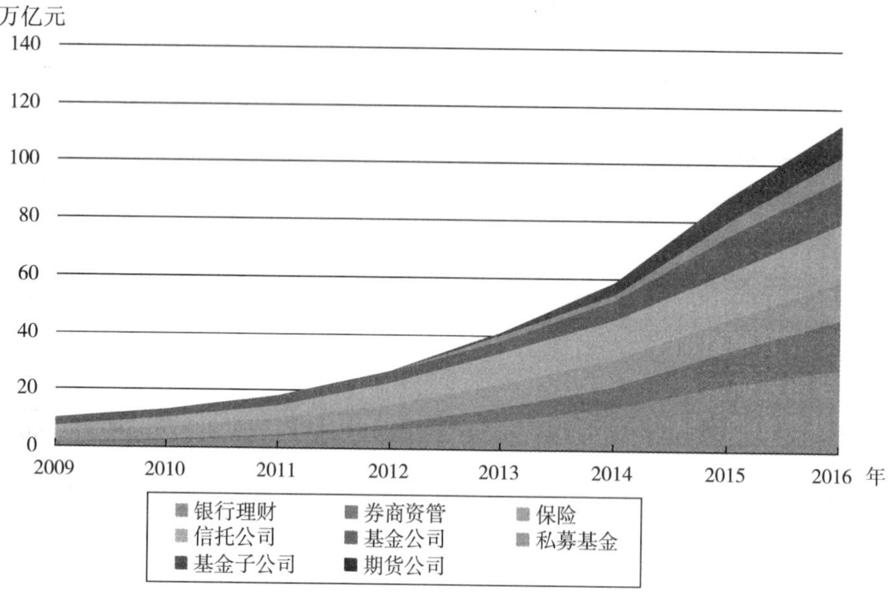

资料来源：CEIC，中国银监会，中国证券投资基金业协会，中国保监会。

图1　国内资产管理业务规模变化（2009～2016年）

但在高速发展的背后，由于各金融机构开展业务主要适用其监管部门制定的部门规章，这些规章因分业经营限制多不承认其所从事的是信托业务。在此背景下，资产管理行业虽然得到快速发展，但法律关系却变得模糊。资产管理业务从信托关系转变为委托代理关系、借贷关系、信托关系并存，加大了业务监管难度，并导致潜在风险在金融体系中不断积聚。因此，研究我国资产管理业务发展的动因，分析存在的潜在风险，借鉴国外资产管理业务的发展和监管经验，对于促进资产管理业务规范发展具有重要意义。

（二）我国资产管理业务发展的推动因素——以商业银行为例

在资产管理业务迅速发展的过程中，作为金融业核心和支柱的银行业发挥着至关重要的作用。商业银行作为最主要的资金提供方，其自身资产管理业务的发展转型对其他非银行金融机构的资产管理业务产生显著引导作用。因此，相当程度上，我国资产管理业务的发展根源来自利率市场化下金融机构应对投融资需求变化而进行的功能重构，而商业银行受利率市场化影响更为显著，对资产管理业务发展需求更为迫切。

商业银行发展资产管理业务的动因主要来自以下方面：融资结构变化、居民财富积累、金融技术进步以及监管套利。

1. 融资结构变化

随着金融业开放程度的加深和金融市场的发展完善，金融业融资结构正发生深刻变化，直接融资比重在稳步上升，在新增年度社会融资规模的比重从2002年的4.94%上升到2016年的23.82%（见图2）。商业银行间接融资在一定程度上被股票和债券融资、影子银行体系融资、互联网金融所取代。资金需求端，伴随着我国经济的结构性调整，新兴产业逐步发展，相关产业企业往往缺乏充足的抵押物，难以通过间接融资获得资金，而以直接融资为主的新型融资服务（如PE/VC）符合其特点。传统产业则通过并购重组、优胜劣汰，形成具有良好信誉的大型企业，依靠发行股票、债券等直接融资手段获得资金的能力显著增强，对银行信贷形成替代。资金供给端，外资银行依托母公司金融控股集团综合经营优势，金融产品和服务更为丰富和成熟，对接融资需求更为精准，对国内银行形成挑战。影子银行体系提供存贷款产品的替代品，却不受利率管制的约束，资金提供方式股权和债权并重，投资范围更为广阔，适应风险相对较高的行业和企业，造成银行融资客户分流。互联网金融改变金融服务模式，以其普惠性的特征为小额资金需求者提供服务，对银行形成补充。

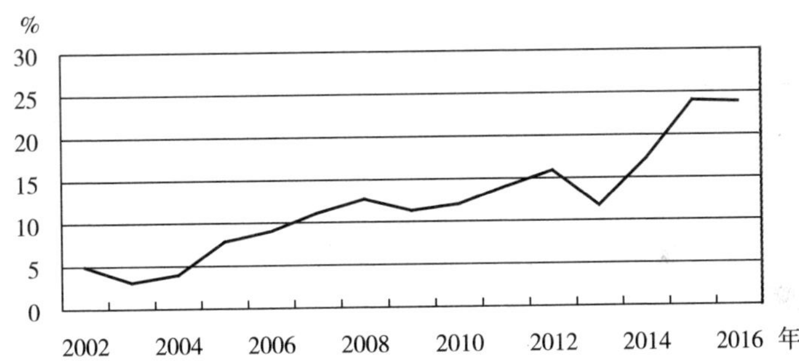

资料来源：CEIC。

图2　我国社会融资规模中直接融资占比变动情况

在此背景下，商业银行在分业经营体制约束下，开始通过加强与非银行金融机构的合作，参与直接融资业务。这些直接融资业务的资金，除银行自有资金外，理财资金占据相当大比重。因此，理财业务是商业银行实现业务转型、参与直接融资业务的突破口。

2. 居民财富积累

根据西南财经大学的研究，2015年中国家庭平均资产91.9万元，较2013年增长20.2%。从增幅来看，金融资产增幅高达59.4%，超过其他种类资产。金融资产增值主要来自金融理财产品和股票，与2013年相比分别增长198.5%和92.5%。从结构上看，2015年中国家庭资产中，房产占比高达69.2%，是美国的两倍多。金融资产占比尽管近年来显著提高，相比发达国家而言仍有较大的提升空间。随着国民理财意识的不断提高，资产管理产品将继续保持较高增速，在中国家庭资产中的比重将显著提高。

在此背景下，商业银行为应对利率市场化背景下的激烈竞争以及投资者理念的转变，大力推动理财产品等资产管理业务的发展以满足投资者日益多元化的需求。因此，理财产品成为现有法律监管框架下商业银行寻求业务创新和增长、尝试业务转型和发展的重要突破口。商业银行逐步转变自身定位，从信用中介转向信息和服务中介，为投资者和融资者提供对接平台。商业银行发展资产管理业务，通过理财产品获得非利息业务收入，有利于调整收入来源和盈利模式，也是应对金融脱媒的必然选择。

3. 金融技术进步

金融技术对资产管理业务的影响体现在技术提升效应和技术扩散效应。技术提升效应是指金融技术的发展为资产管理机构提供了全新的服务方式、服务提供方和业务品种。技术扩散效应是指金融技术革命由技术先进机构（往往是大型银行、证券公司、保险公司等）引导，最终扩散到整个行业，促进资产管理行业总体规模的扩大和经营效率的提升。

在此背景下，商业银行纷纷加大对金融技术的投入。一是加大金融技术投入。一方面开拓资产管理服务平台、提升用户交互体验，另一方面加强人才队伍建设，培养和吸引金融与科技并重的复合型人才。二是改变服务模式。资产管理的托管、清算、运营以云和数据为基础，实现服务从人工化、线下化向电子化、线上化的转型。三是加强业务合作。金融技术变革带来资产管理行业的细化和专业化，资产管理机构可借助更为高效和专业的第三方机构提升客户体验。

4. 监管套利

近年来，监管部门对资产管理业务的发展存在推动和抑制的两面性，既对金融机构在市场竞争中扩大资产管理业务规模、实现收入结构转型的行为给予宽容与支持，又对资产管理业务过快发展引致的风险进行管理与控制。

近年来，金融监管部门对金融机构开展资产管理属性的业务予以部门规章层面的认可和规范，这极大地提升了金融机构发展资产管理业务的积极性。随着业务规模的扩张和风险的积累，银行、证券、保险行业监管部门对各自所属监管行业内机构的资产管理业务从制度上进行规制，颁布了一系列部门规章。但总体而言，各监管部门在监管方向、监管力度等方面存在差异，彼此之间缺乏信息共享，在统计口径、方法、频率等方面存在差异，对开展资产管理行业总体分析监控并进行穿透式监管形成制约。被监管金融机构往往通过各种合作方式使自己适用最为宽松的监管要求，从而达到规避监管、获取利益的目的。

在此背景下，商业银行利用资产管理业务开展监管套利的行为较为普遍。以银行为代表的金融机构不断进行业务创新，利用资产管理业务这一渠道投资非标资产，实现规避监管、提高收益、扩大投资范围等目标。由于“三会”监管政策尚未统一，金融机构通过业务合作不断寻找监管漏洞，在拉长资金链条、提高业务风险的同时降低了监管效率。

（三）我国资产管理业务存在的风险

1. 法律风险

当前，国内法律并未对资产管理业务属性进行界定，因此实际运作中存在委托代理关系、借贷关系、信托关系并存的现象，金融机构、监管部门、司法部门对业务属性认识存在不一致，不同监管部门管辖下的金融机构开展相似业务，适用的法律关系不同，增加了规范资产管理业务的难度。

（1）委托代理关系与借贷关系混同

委托代理关系与借贷关系的主要区别在于，借贷关系中资金借入方获得资金所有权并承担资金运用风险，而委托代理关系中委托方并不转移资金所有权，并且承担资金运用风险（见表1）。以银行理财为例，保证收益理财产品保证本金加固定收益，非保证收益理财产品中的保本浮动理财产品保证本金，因此实质上是以借贷关系为基础的理财产品，应按照储蓄存款业务作为银行表内负债。保本浮动理财产品的浮动收益以及非保本浮动理财产品则被监管部门认定为“委托代理”关系①，即银行接受客户的委托和授权，向客户提供个性化、综合化服务。但实际操作中，非保本浮动类产品多数情况下仍会按照预期收益率进行兑付，实质上是银行在利率市场化进程中为争夺储蓄存款市场份额、优化收入结构、规避存款准备金监管要求等目的将表内负债转移到表外的行为。由于银行实质上承担了资金运用风险，银行与理财客户之间的委托代理关系是否成立值得商榷。

表1　资产管理业务与表外借贷理财业务的比较

	资产管理业务	表外借贷理财业务	风险或问题
机构角色	投资管理人	信用中介	法律风险
运作方式	专款专投	资金池	流动性风险
风险承担	投资者自担风险	银行承担	刚性兑付
收益来源	管理费收入	利差收入	杠杆风险
监管约束	投资者适当性监管	银行审慎指标监管	监管套利

资料来源：作者整理。

委托代理关系与借贷关系混同产生透明度不足、刚性兑付等问题。首先是透

① 银监会有关负责人就发布《商业银行个人理财业务管理暂行办法》和《商业银行个人理财业务风险管理指引》答记者问时，对个人理财业务涉及的法律关系进行如下说明：《办法》和《指引》明确界定了个人理财业务是建立在委托代理关系基础之上的银行服务。

明度不足问题。以银行理财为例，银行在募集期对资金用途并未明确标识，产品说明仅包括大类资产配置。在运作期不披露资产组成，投资者并不了解所投资理财产品的资产配置和风险情况，无法核实资金实际投向是否与产品说明一致。在完成产品清算时也不提供清算报告，投资者难以获知真实的投资业绩。

其次是刚性兑付问题。所谓“刚性兑付”，是指当理财资金出现风险、产品可能违约或达不到预期收益时，作为发行方或渠道方的商业银行、信托公司、保险机构等为维护自身声誉，通过寻求第三方机构接盘、用自有资金先行垫款、给予投资者价值补偿等方式保证理财产品本金和收益的兑付（中国人民银行金融稳定分析小组，2014）。从资产管理行业来看，相当部分资产管理产品采用的是预期收益率的形式，资产管理机构承担固定收益义务，即以自有资金或资金池资金确保预期收益兑付。由于此类产品往往无法与自营业务充分隔离，如投向资产的收益无法达到预期，资产管理机构往往需以自有资金进行兑付。这会造成以下后果：一是形成价格扭曲，主要体现在无风险收益水平的提升，对其他资产、行业形成挤出。刚性兑付的存在使原本具有较高风险、收益率相对较高的项目兑付风险下降，其结果是资金流向具有刚性兑付属性的资产管理产品（如信托计划），对股票、债券等形成挤出。资金流向过剩产业、宏观调控产业，加剧这些行业的资产泡沫，对新兴产业形成挤出；二是对资产管理机构的盈利能力造成侵蚀，对不达预期的资产管理产品以自有资金垫付本金收益的做法会减少当期利润，不良资产进入表内则会影响资产质量。后续处置往往耗费大量人力和时间，资金回收的不确定性较高；三是增加风险集中度，原本由投资者承担的风险由于刚性兑付转移到少数金融机构，金融机构未能发挥分散风险的功能，风险仍累积在金融体系内部。

（2）委托代理关系和信托关系混同

委托代理关系与信托关系的主要区别在于，委托代理以委托人名义从事法律行为，而信托则以受托人名义从事法律行为。当前资产管理行业存在着信托业务、委托业务、资产委托理财业务等各种名目的资产管理业务，尽管形式存在差异，但实质上均是委托人将合法财产权委托给受托人，由受托人以自己的名义进行管理或处分的行为。而委托代理的实质是受托人按照委托人的指令，以委托人的名义进行活动，这与资产管理业务的现状不符（吴晓灵，2017）。因此，以受托人名义开展的资产管理业务均适用信托关系，不因受托人处于不同金融子行业而发生变化。由此可推论，银行、证券、信托、基金、保险等各类金融机构的资产管理产品均适用信托关系，但《商业银行法》等法律明确商业银行禁止从事信托业务，造成了相似业务适用不同法律关系的现状。

委托代理关系和信托关系混同产生规避监管问题。在所谓“通道”业务中，委托人与受托人之间存在委托代理关系，受托人执行委托人的指令，承担事务管理性工作，资金投向对象由委托人决定，尽职调查主要由委托人承担。通道业务实现的主要目的是利用监管标准不一致进行套利，以逃避委托人监管部门关于监管指标、贷款规模、投资准入门槛等方面的限制。如银信合作通道业务不仅可以突破信托计划对投资者收入或资产、投资者总人数的限制①，又可以投向银行受限制的行业（如房地产行业），并节约银行资本金消耗，对银行和信托公司均有益处。通道业务脱离了资产管理业务的本质，对金融功能的实现存在显著的负面影响，不仅显著提高融资成本，还存在风险承担主体不清问题。

2. 流动性风险

银行理财普遍采用资金池模式，该模式具有“滚动发售、集合运作、期限错配、分离定价”等特点。滚动发售是通过分期发售一系列理财产品，保证资金池资金的持续流入，确保与资产池资产形成匹配。集合运作是银行出于规模经济和投资分散化的目的，将相同类型的理财产品募集资金进行归集，通过集合方式进行统一运用。由于投资资产金额相对于各期募集资金较大，往往需要多期理财产品共同提供资金，因此资产获得收益或损失并不对应某一期理财产品。期限错配是指理财产品的资产端和负债端在久期上存在不匹配，资产端的剩余久期长于负债端的剩余久期，银行利用收益率较高的长期资产覆盖收益率较低的短期负债并赚取期限价差。分离定价是指理财产品的收益率与资产的运作收益并不直接挂钩，资产存续期间的价格波动对理财产品最终实现的收益率不产生影响。这类业务产品与资产无法一一对应，一旦负债端资金供给发生问题（后期募集产品数量、规模大幅下降），与此同时资产变现无法支持前期募集资金到期兑付，流动性风险立即暴露出来。

3. 杠杆风险

一是融资加杠杆。2015 年以来，受资产收益与负债成本倒挂影响，商业银行通过加杠杆弥补票息差，将持有债券、票据质押来融资加杠杆。但在加杠杆过程中，银行缺乏具有经验的交易员平补头寸，也缺乏对债券、票据风险的评估能力，因而委托券商、基金等开展上述业务。二是嵌套加杠杆。如银行理财产品投资于结构性券商资产管理计划、信托计划等，利用监管部门分业监管、信息分割的缺陷，放大投资杠杆。各资产管理产品虽符合各自监管部门的微观审慎要求，随着嵌套层数的增加，单笔资产的融资金额显著放大，造成金融体系脆弱性提高，隐含风险变大，稳定性下降。三是分级加杠杆。即对资产管理产品进行优先、劣后的份额分级，优先级本金收益受保护，劣后级获得剩余收益并承担平仓风险。当市场出现较大波动时，单个产品劣后级平仓风险扩散为系统性风险，加

① 《信托公司集合资金信托计划管理办法》规定，集合资金信托计划的委托人金融资产超过 100 万元或家庭近三年年均收入超过 30 万元，单个信托计划自然人委托人人数不得超过 50 人。

剧市场波动性。

4. 操作风险

随着资产管理业务的发展，银行理财产品飞单、信托投资人纠纷等问题时有暴露，而这些问题体现出部分金融机构规章制度存在缺失。一是产品投向信息披露不足。产品信息披露缺乏透明度，未明确资金投向和收益来源。二是营销缺乏规范性。营销人员误导客户，对产品预期收益虚假宣传，或未根据客户风险承受能力推荐产品等。三是监督措施不到位。部分银行对营业网点、账户系统监控不力，为员工代销或外部销售人员营销提供便利。

二、国外资产管理业务转型及监管经验

（一）国外资产管理业务转型特点

1. 收费市场化

国外资产管理业务的收费主要根据资产管理的职责、管理资产的类型和规模、管理部门声誉、管理绩效来确定，与国内银行理财获取预期收益外剩余收益的做法差异较大。资产类型以风险资本管理收费最高，其次为普通股，再次是固定收益类。资产规模主要以固定比例收费，也有按规模增加收取比例。资产管理机构声誉提高有助于提高收费比例，吸引规模较大的投资者。管理绩效对资产管理机构具有显著正向激励，实现绩效目标的资产管理机构可以从收益中提成作为绩效费，而未达到目标则扣除部分管理费补偿投资者。

2. 产品结构化

结构化资产管理产品是将基础金融产品与利率、汇率、商品等衍生品组合在一起，以保本浮动为主，基础金融产品提供本金保障，而衍生品则决定浮动收益。结构化资产管理产品是国外资产管理行业发展到一定阶段后的创新产物，受托金融机构利用金融产品设计和衍生品交易技术，为客户提供增加收益、降低成本或对冲特定领域（如利率、汇率、大宗商品）风险的手段。结构化产品的发展成熟与金融市场的发展密切相关，国外的金融衍生品体系相对完备，资产管理机构可以利用期权期货、风险缓释工具、第三方担保等工具来对冲和管理风险。而发达的场外市场为上述工具提供了流动性和估值基础。

3. 资产标准化

资产管理业务需要大量标准化资产，而将缺乏流动性和风险较高的资产证券化并在资本市场进行交易的做法拓宽了资产管理业务的投资渠道，显著提升了配置资产的流动性。投资者通过购买证券化的资产不仅能够获得稳定回报，还能通过分层设计、市场交易降低投资风险，取得很好的投资业绩。国外资产证券化业务规模的持续扩大，推动了资产管理业务的不断成熟。

4. 服务差异化

国外资产管理机构为客户提供全面的金融服务，根据客户需求将产品细分，将不同金融工具进行组合，在确保信息充分披露的前提下为不同风险偏好、不同资金规模的客户提供资产配置方案。在业务开展过程中，资产管理机构的投资经理会持续与客户保持沟通，根据客户自身状况和市场环境的变化及时调整资产配置，实现资产管理的动态监控。资产管理机构的专家团队负责开发不同的“产品线”，将现有产品进行组合或开发新产品，协助前台的投资经理完成资产配置相关工作。

（二）国外资产管理业务监管改革的启示

1. 注重投资者保护

国外资产管理业务对投资者的保护主要体现在以下方面：一是界定受托人义务。要求资产管理业务受托人遵守合同约定，为受益人的利益恪尽职守，履行诚实、信用、谨慎、有效管理的义务。二是确保管理资产的独立性。资产管理业务受信托制度约束，资产管理合同签署意味着财产脱离委托人、受托人以及受益人的自有财产，成为独立运作的财产。资产管理机构对每个客户资金账户都要单独建账，所有账户之间相互独立，并定期向客户报告托管资金及交易记录，接受独立审计机构的外部审计。三是加强信息披露。美国《投资顾问法》规定，投资顾问应向目标客户披露的信息包括：投资业务的发展概况、收取费用情况、资产组合和交易情况、自身财务状况等。

2. 功能监管

美国对资产管理业务进行功能监管的主要基础在于：首先，对资产管理业务采用较宽的适用范围。美国1933年《证券法》将“投资合同”（Investment Contract）这一概念纳入证券范畴，使各类金融资产管理产品均受到《证券法》的约束。这与国内“证券”的狭义定义——股票、公司债券以及国务院依法认定的其他证券存在很大区别。其次，对资产管理业务从功能上进行定义。1946年美国联邦最高法院在审理SEC v. W. J. Howey Co. 一案中，提出了一种检验方法（Howey检验），以判断一项合同是否构成《证券法》所定义的“投资合同”。Howey检验从四个方面对合同进行认定：利用钱财进行投资；投资于一个共同事业；仅仅由于发起人或第三方的努力；期望使自己获得利润。根据这一定义，金融机构发售资产管理产品的行为应受到证券法关于证券发行和资金募集规则的约束。此外，明确功能监管主体。1999年《金融服务现代化法案》（*Gramm-Leach-Bliley Act*, GLBA）专门设立“功能监管”一章，赋予美国证监会对证券业务的监管职能，证监会可以监管商业银行自营的证券业务以及由商业银行关联公司或子公司开展的证券业务，并对创新金融产品中属于证券法约束的产品进行监管。

3. 防范利益冲突

国外对资产管理业务可能产生的利益冲突问题进行严格监管，以体现资产管理代客理财的法律属性。组织架构上，资产管理业务往往作为金融机构的独立业务条线，采用事业部制与其他业务条线并行，并在业务发展到一定阶段后以独立子公司的形式与母公司分离。业务联系上，通常限制资产管理部门购入投资银行部门负责发行的证券，避免以资产管理产品协助承销的嫌疑；限制经纪部门执行资产管理部门的交易指令，避免资产管理部门过度交易增加经纪部门佣金。交易限制上，受托人或其关联人士禁止与基金财产进行交易，不得向基金财产购买或出售自有资产，也不得向基金财产借款，以避免受托人因身份重合开展“一人交易”而损害受益人利益；会计核算上，资产管理机构自有资产与客户资产分账管理，独立核算。

4. 风险导向监管

国外对开展资产管理业务的机构准入门槛不高，主要以风险为导向对其业务进行限制，从而实现流动性风险、杠杆风险、操作风险等风险的有效管理。流动性风险方面，要求投资基金分散其资产持有形式，必须满足一定期限内任何赎回款项需求；杠杆风险方面，对资产管理机构、资产管理产品的杠杆水平设定阈值，避免受托人过度借贷引发风险；操作风险方面，加强对客户身份失窃的防范和对客户信息的保护，要求资产管理机构定期开展操作风险评估。

三、我国资产管理业务的发展趋势和瓶颈

（一）主动管理化

资产管理本质是“受人之托，代人理财”，因此信托模式是更为适合资产管理业务发展的法律关系基础，在国外被普遍接受。国内资产管理机构从被动管理转向主动管理将是大势所趋。

依据《信托法》以及现代信托法理，信托是指委托人将其财产权委托给受托人，受托人根据委托人的意愿以自己的名义对取得的信托财产进行管理和处分的行为。相比前文所述的委托代理模式，信托模式具备以下优势：一是受托人被赋予更大的自主权。受托人在主动管理方面往往较委托人更具能力和经验上的优势，受托人以自己的名义管理和处置信托财产，充分发挥其研究能力和管理能力，更好地为委托人服务；二是信托关系具有稳定性。根据《信托法》的规定，受托人不得随意解除信托关系，委托人在非受益人的情况下也不得撤销信托合同。信托不因委托人或受托人的死亡、丧失民事行为能力、解散、破产而终止，也不因受托人的辞任而终止。这样对资产管理机构随意终止业务的行为是有效制

约；三是信托确保财产独立性。信托财产独立于委托人、受托人、受益人的自有财产，委托人、受托人、受益人的债权人均不能对该财产主张权利，信托关系确保资产管理业务的独立性，对管理资产进行了隔离和保护。由于信托模式下信托财产所有权发生转移，当资产管理发生法律纠纷时，受托人可以以自己的名义对合同相对方提起诉讼，保障受益人权益。

（二）收益浮动化

净值型产品相对于预期收益型产品而言，资金投资透明度显著提高，经营业绩和产品风险通过净值变化得到体现。随着监管要求的日趋严格和资产管理机构产品转型步伐的加快，净值型产品将逐步取代预期收益型产品，从而为打破刚性兑付奠定基础。

但目前而言，净值型产品仍然面临诸多瓶颈，主要存在于产品估值、投资范围、投资者理念等方面。首先，产品难以定期和准确估值。由于非标资产在资产管理产品资产端占据一定比重，资产管理的定价无法有效反映非标资产的风险，造成净值计算形式大于实质的问题。其次，投资范围相对狭窄。净值型产品的投资标的主要是标准化资产，但标准化资产规模难以满足净值型产品的需要且收益率偏低，而二级市场股票投资又不在银行理财产品的投资范围，净值型产品缺乏高收益标准化资产相对应。此外，投资者理念转变尚需时间。客户对隐性担保的预期收益型产品存在强烈的刚性兑付诉求，对价值波动大、费用较高、损失自担的净值型产品接受度不高。应该看到，随着资产证券化的加快推进，非标资产向标准资产转化的通道日益完善，加之资产管理机构风险定价能力的不断提升，资产管理产品将从实质上向净值型转变，投资者对此类产品的接受度将不断提升。

（三）配置多元化

总体而言，国内资产管理行业资产配置以债务型为主，不同资产管理机构的投资范围存在差异，且绝大部分资产配置在国内。未来资产管理业务将逐步向权益型、海外型方向发展，权益类投资在资产管理产品中的比重不断上升，资产管理机构将逐步探索全球化的资产配置。

（四）业务综合化

资产管理业务专业性很强，金融机构之间的合作具有合理性。这主要体现在：一方面，不同金融子行业具有不同的比较优势，在资金、产品、资产端各具优势，资产管理业务跨业合作，能显著提高业务效率。另一方面，随着资产管理规模的扩大和各类金融子业务的交叉融合，资产管理产品的营销成本显著下降。如银行控股集团借助数据库发现客户多种需求，并通过产品设计和交叉销售满足其需求。这一做法属精细化的存量客户挖掘模式，相比不同领域金融机构各自研发产品和销售的做法，可以通过增加客户黏性和节约银行成本显著提高单一客户的利润贡献度。因此，未来资产管理业务的合作主要来自比较优势和范围经济，而非监管差异导致的监管套利行为。

四、我国资产管理业务发展的政策建议

（一）加强金融立法

当前，资产管理业务缺乏统一定义，司法审判将此类业务分为信托型和非信托型两类，信托型适用《信托法》界定的信托关系，非信托型则适用《合同法》和《民法通则》界定的委托代理关系。除信托公司产品明确适用《信托法》外，监管和立法部门对于其他金融机构资产管理业务是否构成信托关系均采取回避态度。《证券投资基金法》通过“本法未规定的，适用《中华人民共和国信托法》”隐含表达了其作为《信托法》特别法的地位，却未对基金作法律上的定义；银监会将商业银行个人理财业务定义为“建立在委托代理关系基础上的银行服务”；最高院在对委托理财合同进行性质界定时，认为绝大多数委托理财更符合委托代理法律关系的特征，而与信托行为的构成条件相去甚远，因此认定银行理财、券商资产管理等业务属于委托代理关系（高民尚，2006）。最新发布的《指导意见》虽尝试从部门规章层面对资产管理业务进行界定，但对业务当事人之间的法律关系进行了回避，“接受投资者委托”说法较为含糊，并不能区分委托代理关系和信托关系。此外，《指导意见》层级偏低，在当事人之间因权利义务不清晰产生纠纷时，司法部门难以据此审判。

随着金融业综合经营的不断深化和资产管理分业经营壁垒逐渐被打破，银行理财、券商资产管理等非信托型产品与信托产品的界限日益模糊，对这些产品进行规范统一的需求日益迫切。国内的《信托法》是在 20 世纪 90 年代信托业经历多次清理整顿后颁布实施的，主要意图是从控制风险出发对金融机构开展信托活动进行严格限制，这使《信托法》的适用范围变得狭窄，导致在国外普遍运用的信托法律制度在国内无法体现其优越性。因此，建议修订完善《信托法》，明确资产管理业务的信托属性，将《信托法》的适用范围从狭义的信托公司资产管理产品扩大到广义的资产管理业务，所有受人之托开展金融运营的行为都应受到法律约束。《信托法》不应仅适用于监管部门核准的信托公司，该法律适用与否应考察业务的交易结构和法律特性，而不应根据监管部门颁发的特许权牌照。

在明确资产管理业务法律属性的基础上，引导资产管理业务回归“受人之托、代人理财”的本源。一方面，受托人职责需得到明确和强化，限制出于规避投资范围、杠杆约束等监管要求为目的的通道业务。要求资产管理机构切实履行

受托管理职责，如对资金运用方开展严格尽职调查，自行或向合作的资产管理机构收集融资方的经营状况信息，并对融资方偿债能力进行评估和监控等。资产管理机构不得以“通道”为名，降低尽职调查和日常监控标准，减少所承担的责任。另一方面，投资产生的收益和风险均由委托人享有和承担，受托人在履行受托义务的前提下不对本金收益进行保障，不获取期限错配收益，以管理费为主要收入来源，将管理费之外的投资收益全部给予委托人。

具体而言，一是要打破刚性兑付，根据投资实际的运作结果分配收益，投资亏损由委托人承担。预期收益率的表外理财应转为表内业务并接受审慎指标监管，净值型表外理财则根据实际收益进行分配。净值型产品的发行比例应逐步提高，加强相应的配套服务中介发展。估价公司为资产管理机构提供估值服务，确保每日净值得到计算。信用评级机构根据资产管理机构披露的信息，对资产管理产品进行评级并及时进行调整；二是要清理规范资金池，表外理财应逐步与资产实现对应，资金池运作仅限于表内形式开展。首先，严格控制现有资金池的规模和投资范围。资金池规模应逐步下降，新增投资标的应为高流动性资产，以取代原有私募债、高收益信用债、长期限股票质押产品等流动性较差的投资标的。其次，严格控制资金端和资产端的久期错配程度，降低组合久期和杠杆倍数。此外，采用影子定价对负偏离度进行监控，完善产品风险准备金制度；三是要缩短交易链条。应对资产管理产品投资其他资产管理产品的层数进行限制，对符合层数限制的委外业务以及结构设计需要存在的嵌套（如 FOF、MOM），受托人应对其他资产管理方的专业投资能力和资质进行严格审查，再投资其他资产管理产品不得免除受托责任，从而降低受托人之间相互推诿的可能性。

（二）统一监管标准

资产管理行业的发展需要与之相适应的监管规章，从而实现监管的统一性和权威性，以保证各类资产管理机构的公平竞争。但当前银行、证券、保险行业监管部门采用的监管标准差异较大，监管套利空间巨大。因此，建议从功能监管、双峰监管、穿透监管等角度规范统一相关监管标准。

1. 功能监管

当前资产管理行业的监管法规是由各监管部门根据监管职责分工而分别出台的，是以金融机构类型为标准划分金融业并确定监管权力边界的监管模式，即机构监管模式。这种模式存在的缺陷在于，各监管部门对资产管理业务的法律属性缺乏共识，因此也难以形成必要的监管协调，导致监管套利现象泛滥。所谓功能监管，是要改变原有的机构监管模式，以金融机构的基本功能来设计监管制度，将监管重点落在业务主体所从事的经营活动以及所要实现的基本功能上。借鉴美国功能监管经验，我国对资产管理业务的认定可以从四个方面展开：第一，涉及资金往来和运用，无论委托人交付的是货币资金（如银行理财产品）还是实物资产（如不动产信托），排除单纯事务性管理活动；第二，受托人从委托人获得财产所有权，并以自己的名义、根据自己的判断开展业务，排除接受委托人指令的通道类业务；第三，投资者以获得资产增值收益为目的，且承担全部投资风险；第四，服务主体是受到金融监管当局监管的具有特许资质的金融机构，投资者需向金融机构支付资产管理费用作为对价。

2. 双峰监管

所谓双峰监管，是对现有监管权力进行重新整合，将监管目标定位为微观审慎监管和行为监管，由两个独立的监管机构分别负责。双峰监管可以充分发挥监管目标的专一性和监管能力的专业性，既可以缓释分业监管体系下的监管割据状况，又可以弥补综合监管下的目标冲突和审慎监管不足缺陷，被越来越多的国家用于资产管理行业监管。较为理想的模式是由中央银行、金融审慎监管局、金融行为监管局共同组成三元结构的双峰监管模式（见表2），三家监管机构分别负责宏观审慎监管、微观审慎监管和行为监管。中央银行负责宏观调控，防范系统性金融风险；金融审慎监管局负责通过流动性、杠杆等审慎监管指标，控制单个资产管理机构风险；金融行为监管局防范资产管理机构可能出现的道德风险、欺诈、不公平交易等，通过现场检查、评估、披露和处置，保证资产管理机构规范运作，保护消费者权益。

表2　三元结构的双峰监管模式

职责	监管行为	职能机构
宏观审慎监管	金融稳定，防范系统性风险	中央银行
微观审慎监管	防范金融机构个别风险对金融系统稳定造成影响	金融审慎监管局
行为监管	保护消费者，维护公平交易	金融行为监管局

资料来源：作者整理。

结合我国的国情，在当前复杂的经济金融形势下，金融监管架构应保持总体稳定。而近期成立的金融稳定发展委员会为双峰监管提供了合适的架构。初步设想为在金融稳定发展委员会领导下，中央银行会同金融监督管理部门制定统一的资产管理业务标准规制，金融监督管理部门实施资产管理业务的市场准入和日常监管，加强投资者保护。金融稳定发展委员会制定统一的金融监管标准，可以缓释分业监管体系下的监管割据状况，而人民银行主导的问责机制一定程度上可以弥补综合监管下的目标冲突和审慎监管不足缺陷。

3. 穿透监管

针对资产管理业务的穿透监管核心在于，结合业务的走向，将最终资金提供方和资金使用方纳入监管范围。向上穿透核查最终投资者，识别最终风险和收益的承担者，防止风险承受能力与资产类别的错配，如对各类资产管理产品的合格投资者人数进行穿透核查，防止金融机构通过多层嵌套突破投资者适当性要求。向下穿透核查底层资产，按最终资产类型适用相关监管规定，对不符合宏观审慎调控要求或少计微观审慎拨备等行为进行规范清理。

穿透监管的基础则是建立和完善综合统计系统。当前，在分业监管和机构监管体系下，针对资产管理业务的统计系统分散在各行业监管部门，数据收集缺乏专职部门和统一标准，信息处理不能做到及时和全面，风险监测和预警的有效性受到很大影响。因此，建议成立专门的资产管理产品登记中心，负责产品统计、信息披露等工作，该中心应由负有金融统计职责的人民银行来主导建设，而上海作为国际金融中心，具有成熟的场内外市场、丰富多元的金融机构以及多样化的资产管理产品，是中心所在地的首选。

（三）加强风险管控要求

引导资产管理机构完善流动性风险、杠杆风险、操作风险等风险管控制度，促进行业平稳发展。流动性风险方面，要求资产管理业务的资产配置和投资策略与其赎回条款相匹配，增加标准化资产投资占比，扩大流动性风险管理工具种类，降低投资者先发优势，引导资产管理机构开展压力测试等。杠杆风险方面，统一资产管理机构的杠杆定义，杠杆范围不仅涵盖融资杠杆，更应涵盖金融衍生工具等增加的杠杆。统一同类产品的杠杆率要求，监测杠杆水平是否在限定范围内以及是否会对金融体系产生影响，并及时采取措施控制杠杆水平。操作风险方面，要求资产管理机构制订持续经营计划以及针对突发事件的过渡性安排，防止因自身问题引发投资者集中赎回，并引发同类机构的系统性信任危机。

（四）加强投资者保护

一是注重投资者适格性审查。资产管理机构应评估投资者的风险承受能力，向合适客户推荐合适产品。具体而言，对投资者收入状况、资产情况、投资经验、风险承受能力等进行综合评估，将投资者分为普通客户和高净值客户，高收益产品仅面向高净值客户销售。各金融子行业对高净值客户的标准应该统一，高净值客户必备条件可参照《中华人民共和国证券投资基金法》中非公开募集基金的合格投资者标准，即资产规模或收入水平达到规定标准；具备相应的风险识别能力和风险承担能力；资产管理产品认购金额不低于规定限额。普通客户和高净值客户之间应严格区分，金融机构不得通过产品拆分等方式降低资产管理产品的销售门槛。二是加强信息披露要求。准确及时披露产品信息，主要包括：资产组合动态变化、主要交易对手和风险敞口、资产公允价值、杠杆情况、流动性状况等。其中，资产公允价值应能够及时反映基础资产的风险，使投资者充分了解所承受的风险。《指导意见》要求资产管理产品净值化管理，净值符合公允价值原则，但对于非标准化债权、非上市公司股权等如何进行公允估值仍有待细化。三是防范利益冲突。加强资产管理业务与其他业务、自营业务与代客业务、不同资产管理产品之间的风险隔离。推进资产管理业务部门改革，赋予资产管理部门更为独立的地位，实现资产管理部门单独核算、风险隔离、行为规范、归口管理等，防范与自营业务进行对冲交易、故意增加交易频率、不同资产管理业务收益相互调节等行为。在此基础上，逐步引导金融机构将资产管理业务转移到具有独立法人地位的专门子公司，一方面实现与银行等资产管理机构经营风险的隔离，消除投资者对银行保本的固有观念，打破理财产品刚性兑付；另一方面有助于促进资产管理业务回归本源，降低资产管理机构监管套利的冲动，使这些专门子公司在监管标准、薪酬规定等方面趋于一致，实现公平竞争。

参考文献

[1] 中国人民银行金融稳定分析小组．中国金融稳定报告 2014 [M]．北京：中国金融出版社，2014.

[2] 胡云祥．商业银行理财产品性质与理财行为矛盾分析 [J]．上海金融，2006 (9).

[3] 吴晓灵．银行理财产品不是委托代理而是信托关系 [N]．新浪财经，2013-04-03.

[4] 黄韬．我国金融市场从“机构监管”到“功能监管”的法律路径——以金融理财产品监管规则的改进为中心 [J]．法学，2011 (7).

[5] 王雪，孙建坤．商业银行资产池理财产品探析 [J]．银行家，2010 (10).

[6] 山东银监局课题组，艾建华，崔玉平．商业银行资产管理业务发展转型及监管问题研究 [J]．金融监管研究，2015 (3).

[7] 罗秋菊，周培胜．美国券商资产管理业务研究及对我国的启示 [J]．江西财经大学学报，2002 (2).

[8] 吴云，张涛．危机后的金融监管改革：二元结构的“双峰监管”模式 [J]．华东政法大学学报，2016 (3).

[9] 玛丽·乔·怀特．美国如何监管资产管理行业？[J]．金融市场研究，2015 (3).

资产证券化与银行业金融机构系统性风险

——基于宏观审慎管理的视角

中国人民银行上海总部调查统计研究部课题组

课题组组长：叶　芳

课题组成员：马　克　施　恬　阳　勇

摘　要

2008 年国际金融危机的经验说明，金融系统存在着显著的逆周期性和关联性问题，会导致系统性风险的积累和扩散，因而有必要引入宏观审慎管理。中国人民银行较早地探索和实践货币政策和宏观审慎政策的结合方式，建立货币政策和宏观审慎政策“双支柱”调控框架，一方面积极稳妥推动货币政策调控框架从数量型向价格型转变，另一方面着力建立金融宏观审慎框架。宏观审慎评估（MPA）实施以来，取得了良好的调控效果，商业银行广义信贷投放区域平稳，市场定价保持稳定。

国际上对宏观审慎管理的研究和国际金融危机的经验显示，资产证券化的发展可能对银行系统性风险产生影响。一方面，金融系统内在的顺周期性和金融机构关联性将导致系统性金融风险的积累和放大，过度的证券化可能导致金融市场空转，继而导致金融严重脱离实体经济；另一方面，经济扩张期容易对资产证券化业务的监管出现同步弱化，可能导致垃圾资产在经过证券化后被推向市场，风险在金融系统内积累、扩散。

近年来，我国资产证券化相关业务快速发展，市场规模迅速上升，资产证券化发行主体往往将资产证券化作为融资工具和资产负债结构调整工具，通过发行资产证券化产品实现拓宽融资渠道、提高资产流动性、转移风险，乃至监管套利的目的。因而，资产证券化的发展可能提升金融体系整体杠杆率水平，增强金融机构间的关联性，导致系统性金融风险上升。在上述背景下，本文以我国上市商业银行为研究对象，采用实证研究的方法测算信贷资产证券化业务对商业银行系统性风险的影响。研究结果显示，银行发行信贷证券产品后，短期内系统性风险会小幅下降，而长期来看系统性风险上升趋势较为明显。

本文认为应从以下方面推动我国资产证券化市场平稳、有序发展。首先，针对资产证券化业务的特征，不断完善现行宏观审慎评估框架。宏观审慎管理中应充分重视资产证券化业务对系统性风险的放大作用，建立相应的监测指标体系，监测商业银行资产证券化业务规模及系统性风险水平。其次，加强不同监管机构之间的协调，实现银行间市场、交易所市场上资产证券化产品监管规则的统一，推动资产证券化市场规范发展。最后，督促商业银行完善资产证券化的过程管理与风险控制，加强对证券化业务的风险识别和管理工作。

一、研究背景与意义

2008年国际金融危机的经验说明，金融系统存在着显著的逆周期性和关联性问题，将导致系统性风险的积累和扩散。而以微观审慎、功能监管为主体的监管框架无法妥善应对上述问题，因而必须引入宏观审慎管理。宏观审慎管理强调利用宏观审慎工具来切断风险的传染（Galati和Moessner，2011），以解决金融系统的顺周期性、系统性重要机构风险等重要问题。2010年，中国人民银行在《中国金融稳定报告》中指出：宏观审慎管理将防范系统性风险放在战略位置，在宏观视角下，不仅关注由同质性和关联性而产生的风险传递，还注意金融体系在不同经济周期下的情况，从而有效地管理整个金融系统的风险。

在国际清算银行的定义中，空间维度和时间维度是宏观审慎管理的重要内容：一方面，时间维度。金融系统具有内在的顺周期性，并被贷款损失准备、会计准则和资本监管等因素放大。在经济繁荣期，市场参与者对风险偏好增加，提升了企业的贷款和银行放贷的意愿，导致金融市场杠杆率上升。当某一事件的冲击导致金融资产价格大幅下降时，投资者对金融资产的抛售可能导致流动性危机，引发系统性风险。对资本要求的提高有助于加强对金融机构逆周期的监管，将成为时间维度上宏观审慎管理的核心。另一方面，空间维度，银行系统性风险的传染性也是引发金融危机一大因素。若紧急、突发的事件触及金融机构之间无差别的风险敞口，那么风险将会通过风险敞口传递到关联金融机构。导致相关机构出售风险暴露资产，从而引起羊群效应。所以，宏观审慎管理需要考虑系统性金融风险的空间传播问题，提高对系统重要性金融机构的监管要求。

2008年国际金融危机以来，中国人民银行较早地探索和实践货币政策和宏观审慎政策的结合方式，建立货币政策和宏观审慎政策“双支柱”调控框架，一方面积极稳妥推动货币政策调控框架从数量型向价格型转变，创新多种货币政策工具，不断增强利率调控能力，另一方面着力建立金融宏观审慎框架。具体而言，宏观审慎框架主要包含三个方面内容，一是在2011年正式引入差别准备金动态调整机制，要求金融机构扩张速度与经济发展、资本金相适应；2016年将差别准备金动态调整机制升级为宏观审慎评估体系（MPA），将更多的金融活动和金融行为纳入管理，从七个方面约束金融机构，实施逆周期调节。二是将跨境资本流动纳入 MPA，使跨境资本流动趋于稳定。三是继续加强房地产市场的宏观审慎管理，其核心是形成因城施策、差别化住房信贷政策为主要内容的住房金融宏观审慎管理框架。宏观审慎评估（MPA）实施以来，取得了良好的调控效果，商业银行广义信贷投放区域平稳，市场定价保持稳定。国际上对宏观审慎管理的研究和国际金融危机的经验显示，资产证券化的发展可能对银行系统性风险产生影响。一方面，金融系统内在的顺周期性和金融机构关联性将导致系统性金融风险的积累和放大，特别是过度的证券化可能导致金融市场空转，继而导致金融严重脱离实体经济；另一方面，如果资产证券化标的物又缺乏审核，经济扩张期对资产证券化业务的监管出现同步弱化，将导致大量垃圾资产在经过证券化后被推向市场，风险在金融系统内不断积累、扩散。

近年来，我国资产证券化及类资产证券化业务快速发展，相关产品规模迅速上升，中国资产证券化分析网统计数据显示，2015 年至 2017 年 11 月，我国资产证券化累积发行规模突破 27000 亿元，而 2013 年、2014 年资产证券化产品的发行规模仅为 299 亿元和 3400 亿元。实践中，发行主体往往将资产证券化作为融资工具，或资产负债结构调整工具。首先，资产证券化产品可以帮助企业拓宽融资渠道，降低融资约束；其次，发行信贷资产证券化产品可以帮助商业银行实现多元化融资、提高资产流动性、转移风险、增加中间业务收入来源等目标；此外，商业银行往往通过信贷资产证券化尤其是类资产证券化操作，将资产负债表内的信贷资产转移到表外以实现监管套利。同时，如果商业银行在不良资产证券化的过程中隐藏资产风险，也会对金融系统造成冲击，导致系统性风险积聚。因而，有必要从宏观审慎的视角对资产证券化业务加以研究，不断完善宏观审慎管理工具，强化对金融机构相关业务的监管，保障资产证券化市场稳步有序发展。在上述背景下，本文以我国上市商业银行为研究对象，采用实证研究的方法测算资产证券化业务在不同时期对商业银行系统性风险的影响，为我国宏观审慎管理框架的构建、完善提供参考。

二、文献综述

（一）资产证券化研究综述

关于资产证券化的概念，美国学者 Shenker 和 Colletta（1991）对资产证券化的定义是指股权或债权凭证的出售，该股权或债权凭证代表了一种独立的、有收入的财产集合，它确保这些财产更加市场化，有更大的流动性。Gardener（1994）从银行信贷角度出发，为证券化下了广泛化的定义：它是储蓄者与借款者通过金融市场得以部分或全部地匹配的一个过程或工具。DeMarzo 和 Duffie

(1999) 认为，资产证券化是一种衍生金融工具，是债务人与债权人通过市场机制进行借贷行为匹配的一个过程。Fabozzi (2001) 给资产证券化下的定义是：资产证券化可以被广泛地定义为一个过程，通过这个过程将具有共同特质的贷款、消费者分期付款合同、租约、应收账款和其他的不流动资产包装成可以市场化的具有投资特征的带息证券。美国证券交易委员会（U. S. Securities and Exchange Commission）将资产证券化定义为：资产证券化是指将具有稳定现金流支持的一组资产池通过市场交易机制转化为一种有价证券的过程。中国证监会颁布的《企业资产证券化业务试点工作指引》中将资产证券化定义为：资产证券化是指证券公司面向境内投资者发行资产支持受益凭证，以计划管理人身份发起设立专项资产管理计划，按照约定用募集的资金购买原始权益人能够产生稳定现金流的标的资产，将该标的资产的收益分配给受益凭证持有人的专项资产管理活动。综上所述，资产证券化是指将缺乏流动性但未来可产生稳定现金流的标的资产出售给特定发行人，并借此创设一种以该标的资产现金流为支持的金融工具或权利凭证，继而在金融市场出售以获取现金的手段。

已有的研究发现，商业银行开展资产证券化基于三大类动机，包括流动性需求、风险管理和监管资本套利。流动性需求是指商业银行能够随时应付客户提存，满足必要贷款需求的能力，包括资产的流动性和负债的流动性两个方面。资产证券化是商业银行流动性的提供者和转移者，流动性需求是商业银行进行证券化的最终目的和动机（Thomas，2001）。Casu 等（2011）采用美国银行持股公司的数据研究发现，资产证券化既可能是商业银行的流动性管理工具，又可能是风险管理工具，具体哪一项表现得更强，关键在于资产池的初始设计结构，即商业银行的风险转移程度。但综合而言，资产证券化表现出的流动性管理的目的更强。Farruggio 和 Uhde（2015）指出在国际金融危机期间，商业银行会因为对流动性的需求而进行证券化。证券化成为商业银行获取融资的新兴渠道，一些商业银行通过金融资产收购基金（Financial AssetsAcquisition Fund，FAAF）进行证券化来获得流动性，商业银行通过将流动性不足、长期资产或者不可转让的资产转换成一种同质的、标准化的和能在有组织的证券化市场进行交易的流动性工具（Cardone Riportella，2010）。

风险管理指通过对风险的认识、衡量和分析，选择最有效的方式，主动地、有目的地、有计划地处理风险，以最小成本争取获得最大安全保证的管理方法。风险管理也是商业银行进行资产证券化的另一重大因素。Panetta 和 Pozzolo（2010）指出，商业银行会通过证券化来控制信用风险，减少流动性冲击所带来的风险。但通常商业银行会保留证券化第一层级损失风险作为向外部投资者展示其质量的信号，这在一定程度上妨碍了信用风险的有效转移。更透明的证券化设计能够允许风险程度更高的商业银行进行信贷资产证券化（Gorton 和 Pennacchi，

1995；Farruggio 和 Uhde，2015）。信贷资产证券化以“真实出售”方式“破产隔离”出表，并通过特殊目的实体（SPV）发行证券，将不同风险等级组合出售给具有不同投资风险偏好的投资者，从而实现了信贷资产的风险转移（李佳和罗明铭，2015）。

最后，监管资本套利是指通过资产证券化等金融创新方式在很少或不减少商业银行总体经济风险的前提下，大幅减少商业银行的监管资本要求的过程（Jones，2000）。Blum（2008）对监管资本要求这一词做了说明，认为其所需资本的金额取决于商业银行报告的风险水平。刘红霞和幸丽霞（2016）选取2005～2008 年以及 2012～2015 年的 53 家开展信贷资产证券化业务的商业银行为研究对象，发现监管推动是商业银行参与信贷资产证券化的主导因素。此外，陈小宪和李杜若（2017）从流动性假说和盈利性假说两个方面展开研究，发现我国商业银行开展信贷资产证券化的主要动因为改善盈利性。

虽然在理论上，资产证券化有助于银行降低融资成本、提高风险管理能力，但证券化实践受到诸多因素的影响，在商业银行趋利行为的引导下，可能起到相反的效果。Dionne 和 Harchaoui（2003）以加拿大商业银行 1988～1998 年数据为基础，探讨了银行资本、银行资产证券化程度与银行风险之间存在的关系，实证结果表明，证券化业务的开展降低了商业银行资本充足率，提高了商业银行的风险；Uzun 和 Webb（2007）根据对美国商业银行 2001～2005 年数据的研究也得出了同样的结论；姚禄仕等（2012）基于美国银行业数据的研究表明，资产证券化在降低流动性风险和提升资产组合质量方面的效果并不明显。

（二）系统性风险管理研究综述

传统的系统风险（Systematic Risk）强调风险的总体特征，例如宏观经济政策、经济周期性波动、自然灾害等同时对整个金融市场或实体经济的影响，这种风险无法通过多样化投资加以分散，因此又称为市场风险（Market Risk）、总体风险（Aggregate Risk）或不可分散风险（Undiversifiable Risk）。本文研究的系统性风险（Systemic Risk）强调金融风险的“传染”（Contagion）特征以及风险来源的非总体性，并且这种风险可以通过一定的手段加以约束。对于这种系统性风险，理论上尚未形成统一的定义，如 De Bandt 和 Hartmam（2000）将传统的系统风险（Systematic Risk）纳入了广义系统性风险（Systemic Risk）范畴，试图建立一般意义上的系统性风险定义；Dijkman（2010）强调系统性风险对实体经济的影响；Kaufinan 和 Scott（2003）将系统性风险的概念扩展到了全球范围。总体上，现有研究对系统性风险的定义主要包含三个要素：首先，存在一种冲击（或事件），使单个或部分金融机构面临倒闭的风险；其次，风险通过一定的传染渠道扩散，如信息、银行间市场和资产价格波动等，不同的渠道在风险发散过程中，既相互区别又相互联系；最后，风险在全国或者全球范围的扩散最终导致整个国内金融系统或全球金融系统不稳定甚至崩溃，并最终影响到实体经济。系统性风险主要来源于两个方面：第一个方面是银行之间资产或负债的“相互关联”（Interconnectedness），相互关联的渠道主要有传统的银行间借贷市场与现代的资产证券化市场；第二个方面是银行之间的“共同暴露”（Common Exposure），主要指银行投资项目的趋同性成资产回报的相关性。

本次国际金融危机之后，相关学术研究开始关注危机中出现的新现象。第一，银行间市场的“流动性囤积”（Liquidity Hoarding）和市场崩溃。Kharroubi和Vidon（2009）研究了银行间市场的流动性调制功能和市场崩溃的可能性。模型的3个关键假设是：无法确定银行事前持有的流动性资产，遇到流动性冲击的银行面临道德风险，流动性冲击是私有信息。他们的研究结果表明，在以上3个假设条件下，整个市场的流动性准备总额会对银行囤积流动性的决策带来正的外部性，当流动性冲击出现的概率较低时，银行意愿持有的流动性准备会低于社会最优水平，最终出现银行间市场崩溃的均衡结果。Heider等（2009）研究了交易对手风险（Counterparty Risk）对银行间市场的影响，模型假设银行长期投资项目具有不同的风险，信息完全时，银行间市场贷方可以依据不同的风险水平确定不同的均衡利率；如果银行投资风险是私有信息，即存在信息不对称时，银行间市场贷方无法确定交易对手的风险水平，倾向于通过提高利率的方式规避风险，这会导致银行间市场出现逆向选择，并最终导致流动性囤积和银行间市场崩溃。Allen等（2009）认为，金融市场不完全条件下，银行无法规避特定（Idiosyncratic）和总体（Aggregate）流动性冲击，相对于特定流动性冲击，如果总体流动性冲击的不确定性足够大，银行也会停止银行间市场的交易，转而囤积流动性。Gale和Yorulmazer（2013）认为，较高的破产成本和不完全市场会导致流动性囤积。他们的模型区分了银行囤积流动性的两种动机：预防动机（Precautionary Motive）和投机动机（Speculative Motive），前者用于预防自身将来可能遇到的流动性冲击；后者用于以较低的价格购买金融资产获利。

第二，本次国际金融危机的另一个重要特征是资产“低价出售”（Fire Sales）严重恶化了银行的资产状况，从而加剧了整个金融体系的波动。Acharya等（2009）讨论了资产低价出售对银行流动性选择的影响。他们认为，当危机伴随较高的社会成本时，社会最优的流动性水平可能总是要高于私人最优水平，因此需要审慎的流动性准备要求。Kirabaeva（2010）探讨了逆向选择对资本市场的影响，认为如果满足如下任何一个条件，资本市场轻微的逆向选择就可能导致资产低价出售和市场崩溃：危机期间流动性偏好的提高、系统性风险的低估或资产价值的不确定。Shieifer和Vishny（2010）讨论了基于投资者情绪（Investor Sentiment）的证券化资产价格决定问题。他们认为，资产证券化和杠杆化的银行具有内在的不稳定性，银行自身的利润最大化行为会导致系统性风险。Shleifer 和 Vishny（2011）进一步比较了实物资产和金融资产的低价出售行为，认为金融资产的低价出售更加复杂，影响的范围也更加广泛，而且金融资产的低价出售具有显著的负外部性，会引起系统性风险，应该制定恰当的监管措施。Diamond 和 Rajan（2011）认为，对将来资产低价出售的预期会降低资产的当期价格，使银行即使面临倒闭的风险也不愿意出售资产，从而导致市场冻结。Caballero 和 Simsek（2009）认为，在复杂的金融网络中，银行只拥有局部信息，资产价格剧减会导致网络内更多银行陷入危机，进而提高金融网络的复杂性，使健康银行由于担心自身被卷入危机而停止购买金融资产，结果会进一步加剧资产低价出售。Korinek（2011）也探讨了这种资产低价出售的放大效应，认为当金融资产的需求富有弹性时，负面经济冲击导致的银行资产低价出售存在放大效应，容易引起系统性风险。

第三，部分学者从“以市定价”（Mark - to - market）的角度探讨了国际金融危机期间资产价格的波动。Allen 和 Carletti（2008）认为，当流动性在国际金融危机中起重要作用时，资产价格可能反映市场中的流动性状况而不是资产的未来盈利能力，这种情况下，采用市场价格估计金融机构的资产状况可能导致历史成本会计方法下稳健的银行出现资不抵债，进而引起传染。在 Acharya 和 Yomlmazer（2008）的模型中，随着银行倒闭数量的增加，可供收购的资产数量增加，但是幸存银行持有的流动性降低，若外部投资者无法有效使用银行资产（存在资产专有性），最终会导致银行资产的以市定价。Adrian 和 Shin（2010）认为，如果银行资产采取以市定价，资产价格波动会马上表现为银行资产净值的变化，因此受杠杆率等约束条件的影响，银行不得不调整其资产规模，这会进一步加剧资产价格波动。

第四，“展期风险”（Rollover Risk）也是本次国际金融危机的一个重要特征。随着金融市场的不断发展，银行资金来源呈现多元化和短期化趋势，在日常经营过程中，银行需要经常对其短期债务进行展期以应对期限错配的问题。在 Acharya 和 Skeie（2011）的模型中，基于高杠杆率引起的代理问题，资产回报率的负面冲击会削弱银行展期短期债务的能力，较高的短期债务杠杆率和较低的资产流动性会导致较低的短期借款额和较高的借款利率，极端情况下会导致银行间市场的完全冻结。Acharya 等（2011）讨论了展期风险和市场冻结现象，模型的假设条件有：银行的债务和资产存在期限错配，债务需要展期；借方违约后，贷方可以将抵押物出售，但存在清算成本；抵押物的买方主要依赖短期债务融资。他们的研究结果表明，资产基本价值的较小变动可能导致该资产作为抵押品的融资能力剧烈下降，出现市场冻结。Allen 等（2012）认为，银行的资产共性（Asset Commonality）和短期债务的相互作用会导致过度的系统性风险。在他们的模型中，银行通过资产互换（Asset Swaps）的方式分散个体风险，模型考察了两种不同类型的资产结构：集中结构和分散结构，集中结构中每组银行持有相同的资产组合，分散结构中每家银行持有不同的资产组合。银行资产质量是不透明的，但是可以通过银行稳健性信号推断，如果银行采用短期债务融资，且出现负面信号时贷方不选择展期，则银行破产清算，这种信息传染在集中资产结构中更容易发生。

（三）资产证券化对商业银行系统性风险影响理论分析

资产证券化将如何影响商业银行系统性风险呢？部分研究认为，信贷资产证券化可以降低银行的经营成本，拓宽股东权益人的筹资渠道，拓展业务经营范围，从而弥补信贷投资不足，提高银行经营收益与股东财富（Benvenist 和 Berger，1957；Benstein 等，1993），因而信贷资产证券化有降低商业银行风险的作用。随着金融市场的不断发展，部分研究得出了相反的结论，从银行自身角度来看，尽管信贷资产证券短期内可以将资产风险转移出表外，但商业银行往往容易高估其风险转移作用（彭惠和李勇，2004），所产生的直接后果是激励银行进行更高风险杠杆的吸贷与投资（Froot，Scharfstein 和 Stein，1993；Instefjord，2005；孙安琴，2011），反过来借助信贷资产证券再次转移资产负债表内风险，如此循环往复不断强化银行自身风险积累。与此同时，信贷资产证券通常具有复杂的衍生链条与交易机制，其发行出售与流通转让往往涉及多家金融机构，交易参与方构成成分较多（Uhde. A 和 Michalak. T. C.，2010），这使信贷证券加深了商业银行与其他金融机构的机构关联性，提高了整个金融系统杠杆率，容易形成局部风险传染网（Nijskens. R 和 Wagner. W，2011）。当银行通过信贷证券不断转移出表的资产风险达到金融系统承受极限时，二级市场上相关资产价格就会发生异常波动引发流动性风险（Allen 和 Carletti，2006；Gorton 和 Metrick，2012），而原始风险便会通过层层交叠的关联机构不断扩散传递，最终引发系统性风险。所以，信贷资产证券化一方面不断强化银行自身的风险存量，另一方面又提高了银行与其他金融机构的系统关联性，从而增加了商业银行系统性风险隐患。

因此，商业银行信贷资产证券化业务对其系统性风险的影响，存在着多种可能。一方面，资产证券化业务的开展可以帮助商业银行实现多元化融资、提高资产流动性、转移风险、增加中间业务收入来源，乃至实现监管资本套利等目标；另一方面，部分商业银行可能通过开展信贷资产证券化将等级良莠不齐的贷款重组并出售，以此大规模转移风险，这种大规模的贷款资产转移同时也对金融系统造成冲击，导致系统性风险积聚。因此，本章我们将采用事件研究的方法，分析 2014 年我国资产证券化业务全面重启后，商业银行资产证券化业务对系统性风险的影响。

三、资产证券化对银行系统性风险作用效果分析

（一）中国资产证券化市场发展状况

如前文所述，资产证券化是指企业或金融机构将能够产生可预期现金流的资产打包、组合形成基础资产，以基础资产产生的现金流为支持发行证券产品的过程。相应地，此类证券产品被称为资产支持证券（Asset - Backed Security, ABS）。目前，我国资产证券化中涉及的特殊目的载体（SPV）均为信托法律形式，并非如发达国家中公司形式和信托形式并存的局面，从市场情况上看，目前我国资产证券化市场呈现以下特征。

根据主管部门的不同，资产证券化可分为中央银行和银监会主导的信贷资产证券化、证监会主导的企业资产证券化和银行间市场交易商协会主导的资产支持票据（Asset - Backed Medium - term Notes, ABN）形式。目前在国内，信贷资产证券化产品主要为银行发行的贷款抵押证券（Collateralized Loan Obligations, CLO），企业资产证券化产品被称为资产支持证券，两者构成国内资产支持证券的两大主体。根据基础资产的不同类型，银行 CLO 还可以分为个人住房抵押贷款支持证券、汽车贷款支持证券、信用卡贷款支持证券等，企业 ABS 则可以分为应收类债权支持证券和未来收益权支持证券两大类，随着资产证券化业务的放开和政策法规的完善，基础资产范围还将进一步丰富和扩大。此外，实践中还有部分相似结构的类 ABS 产品暂时没有明确的监管文件支持，如银登中心结构化产品、北金所结构化产品和 Pre - ABS 产品等，在监管中给予充分重视。

表 1　　主要资产证券化产品特征

类型	信贷资产证券化产品	企业资产证券化产品	信托型资产支持票据产品
主导方	中央银行，银监会	证监会	银行间市场交易商协会
发行流程	中央银行注册、银监会备案、自主分期发行	交易所核查、基金业协会备案、自主分期发行	直接在交易商协会注册，交易商协会仅做发行形式上的完备性审核，自主分期发行
原始权益人	银行等金融机构	企业	非金融企业
SPV	信托	券商或基金子公司资产支持专项计划	信托
基础资产类型	银行等金融机构的信托资产（如个人住房抵押贷款、汽车贷款等）、租赁资产	应收类债权（如应收账款、小额贷款等）、未来收益权（如信托受益权、门票收入等）	与企业资产证券化类似，包括权利类和资产类
交易场所	银行间市场	交易所、报价系统等	银行间市场

国内对于资产证券化的讨论与研究始于 20 世纪 80 年代，自 2005 年中央银行和银监会制定并发布《信贷资产证券化试点管理办法》开始，资产证券化业务才正式启动。2005 年至今，国内的资产证券化业务大致经历了试点扩大、停滞、重启和加速发展的过程。

其中，试点阶段为 2004 ~ 2008 年。2004 年和 2005 年，《关于证券公司开展资产化业务试点有问题的通知》和《信贷资产证券化试点管理办法》相继发布，拉开了企业资产证券化和信贷帷幕。2005 年 8 月，中国联通 CDMA 网络租赁费收益计划资产支持证券成为国内第一单资产证券化产品。由于处在试点阶段，证券化产品总体发行规模和发行量较小，合计发行 26 只产品共 933 亿元，其中 18 只银行 CLO 产品 668 亿元，8 只企业 ABS 产品 265 亿元。其间，资产证券化产品基础资产的类型较为局限，银行 CLO 的基础资产包括个人住房抵押贷款、汽车贷款、企业贷款以及不良贷款，企业 ABS 则为租赁租金、基础设施收费权、应收账款以及 BT 回购款。值得一提的是，在政策暂停资产证券化业务之前的 2007 ~ 2008 年，证监会没有审批任何企业 ABS 产品，因而无企业 ABS 产品发行。

由于 2008 年美国次贷危机中涉及的不动产抵押支持证券（MBS）带来了严重的金融危机。国内也在当年中止了资产证券化相关业务，这一时期没有银行信贷资产证券化产品、企业 ABS 产品均暂停发售，直至 2011 年 4 月，远东租赁资产证券化产品的发布。2011 年 3 月，远东租赁二期获批，标志着企业资产证券化重启，由于尚处于重启阶段，这一时期资产证券化市场的发行规模比较谨慎，基础资产范围与试点时期一致，比较局限。2011 ~ 2013 年，国内合计发行了 13 只资产证券化产品共 321 亿元，其中银行 CLO 产品 6 只 229 亿元，企业 ABS 产品 7 只共 92 亿元。

资产证券化业务在 2014 年后迎来了快速发展的时期，这一阶段资产证券化整体发行规模快速上升，基础资产类型呈现多样化。伴随各项政策法规的不断完善，资产证券化市场正式迎来黄金时期。2013 年 9 月至 2017 年 7 月，资产证券化产品合计发行 2. 37 万亿元，其中银行 CLO 产品 1. 30 万亿元，单只平均发行规模 12. 4 亿元，企业 ABS 产品发行 1. 07 万亿元，单只平均发行规模 37. 6 亿元。基础资产类型方面，银行 CLO 产品新增信用卡贷款、消费贷款、商业地产抵押贷款等，企业 ABS 产品则新增不动产投资信托 REITs、小额贷款和信托受益权等基础资产类型。

综合来看，我国资产证券化市场已经入快速发展时期，产品种类与市场规模均在快速上升，同时资产证券化市场却存在着多头监管、市场分割的问题，不同资产证券化产品的交易市场、监管部门乃至适用规则均存在着一定的差异。后文中，考虑到数据的限制，我们重点对信贷资产证券化进行实证研究，验证商业银行信贷资产证券化业务对其系统性风险状况的影响。

（二）资产证券化与商业银行系统性风险实证模型设置

事件研究的方法首先需要定义事件与事件窗口，由于本文关注的是商业银行发行信贷证券对于系统性风险的影响作用，故事件为银行发行信贷证券。之后，我们将商业银行发行资产证券化业务前后各30个工作日作为事件窗口，将商业银行开展资产证券化业务后的时间定义为观测窗口。其中，本文采用事件窗检验系统性风险对商业银行发行信贷证券的短期反应，用于研究短期效应，事件窗的长短主要取决于研究者的研究目的，参考现有研究的常用方式，我们以资产证券化业务前后30个工作日作为时间窗。事后窗主要从长远来考察系统性风险对银行发行信贷证券之后的反应有无异常变化，用来探讨信贷证券的发行对银行系统性风险长期影响效应。

本文选择统计模型中的CAPM模型设置具体的实证检验模型。CAPM模型是将某一机构收益与市场组合收益相联系的经济理论模型。基本模型如下

$$r_{it} = \alpha_i + \beta_i r_{mt} + \sigma_{it}$$

$$E(\sigma_{it}) = 0,\ \mathrm{Var}(\sigma_{it}) = \sigma^2$$

其中，r_{it}和r_{mt}分别是机构i和市场组合在t时的超额收益，σ_{it}为扰动项，其均值为0，方差为σ^2，α_i和β_i为CAPM模型的参数。参考Franke&Krahnen（2006）以及Nijskens. R（2011）等学者的研究，采用事件分析法分析信贷证券对银行系统性风险影响的经济理论，本文建立如下实证检验模型

$$r_{it} = \alpha_i + \beta_1 r_{mt} + \beta_2 Dummy_e + \beta_3 Dummy_e r_{mt} + \beta_4 Dummy_a + \beta_5 Dummy_a r_{mt} + \varepsilon_{it}$$

被解释变量r_{it}为银行超额回报率，由两部分组成，是银行预期收益率R_{it}和无风险利率R_f。市场组合超额回报率r_{mt}为市场组合系统R_{mt}和无风险利率R_f的差值。$Dummy_e$为哑变量，并且$Dummy_e = \begin{cases} 1, & T_1 \leqslant t \leqslant T_2 \\ 0, & 其他 \end{cases}$，在资产证券化发行事件窗口内，$Dummy_e$取值为1；其他时间区间内，$Dummy_e$取值为0，将$Dummy_e$放入模型用来控制信贷资产证券化产品发行的短期性平均效应。$Dummy_a$同样为哑变量，并且$Dummy_a = \begin{cases} 1, & t \geqslant 0 \\ 0, & 其他 \end{cases}$，即在首次投放信贷证券操作日之后直到样本区间截止日内，$Dummy_a$取值为1，其他时间区域内，$Dummy_a$取值为0。用来反映商业银行进行信贷资产证券化交易的长期性平均效应。

本文重点关注的变量有$Dummy_e * r_{mt}$和$Dummy_a * r_{mt}$，其中，$Dummy_e * r_{mt}$用来刻画事件窗内银行短期性系统性风险的变化，即信贷证券的短期性β影响效应；$Dummy_a * r_{mt}$表示事后窗内银行长期性系统性风险的变化，即信贷证券的长期性β影响效应。ε_{it}为观测的系统扰动项，符合$E(\varepsilon_{it}) = 0$，$\mathrm{Var}(\varepsilon_{it}) = \sigma$。

（三）样本选择与数据来源

本文实证研究部分采用2013年1月1日至2017年10月31日的样本数据，数据包含了中国25家上市商业银行的交易数据和资产证券化业务数据。此外，股票数据采用前复权方式处理的股票每日收盘价，遇周六周日以及节假日缺失，则剔除该日。所有日收盘价格数据均来源于CCER金融数据库以及Wind资讯数据库。首先，银行预期收益率R_{it}以各个银行每日股票收盘价为基础，对每日价格数据取对数一阶差分计算每日收益率。其次，关于无风险利率R_f的选择，我国资产证券化基准利率的选择主要参照1年期存款利率或同业拆借市场7天回购加权利率，本文选择1年期定期存款利率作为R_f。最后，对于市场组合系统收益率R_{mt}，本文商业银行股指数以每日收盘价为基础计算获得。

（四）实证研究结果分析

本文采用面板模型中的固定效应模型进行回归估计。在估计过程中，首先分析与信贷证券无关的商业银行相对于整个金融市场的正常性系统性风险，估计结果由Panel（A）给出，然后在Panel（A）中考虑信贷证券化操作的影响因素，依次加入短期性平均效应、短期性系统β效应、长期性平均效应以及长期性系统β效应等变量，由此得到估计结果由Panel（B）至Panel（E）给出，经过分析选择得到最终的估计式，即Panel（E）的估计结果。

表2　　ABS短期效应回归结果

	Panel - A	Panel - B	Panel - C
市场超额回报	0.367 *** (47.67)	0.367 *** (47.67)	0.488 *** (9.67)
短期平均效应		-0.000297 * (-0.42)	-0.00118 (-1.49)
短期系统β效应			-0.123 ** (-2.41)
_cons	-0.004 *** (-24.24)	-0.003 *** (-5.09)	-0.003 *** (-3.38)
N	21662	21662	21662

注：括号内为T统计量，*表示$p<0.01$，**表示$p<0.05$，***表示$p<0.01$。

表2为基本回归估计结果。最终结果显示，市场超额回报的系数为0.367，并且在1%的统计水平上显著，金融市场的波动性每增加1个百分点，商业银行

要承担风险0.367个百分点。由此可见，我国商业银行体系整体系统性风险较强，易受外部市场风险的影响。之后，我们分别在Panel－B和Panel－C的回归中，分别加入短期平均效应和短期系统β效应变量，回归结果显示短期平均效应在B、C回归中分别在10%水平上显著和不显著，并且回归系数均较小，说明信贷证券化在短期内对金融机构投资收益影响并不明显。此外，Panel－C回归结果显示，短期系统β效应回归系数为－0.123，并且在5%的水平上显著。说明金融机构进行资产证券化业务在短期内，有降低其风险水平的作用。

表3　　ABS长期效应回归结果

	Panel－A	Panel－D	Panel－E
市场超额回报	0.367*** (47.66)	0.368*** (47.67)	0.358*** (45.98)
长期平均效应		0.000827* (1.25)	0.00393*** (5.17)
长期系统β效应			0.422*** (8.17)
常数项	－0.004*** (－24.35)	－0.004*** (－24.03)	－0.004*** (－24.37)
观测值	21662	21662	21662

注：括号内为T统计量，*表示$p<0.01$，**表示$p<0.05$，***表示$p<0.01$。

之后，我们进一步对长期资产证券化对商业银行系统性风险水平的影响进行研究，我们分别在Panel－D和Panel－E的回归中分别加入长期平均效应和长期系统β效应变量，回归结果显示长期平均效应在D、E回归中分别在10%和1%的水平上显著，但是回归系数均较小，说明信贷证券化在长期内对金融机构的收益率存在显著正向的影响，但影响幅度较为有限。此外，可以看出长期系统β效应在1%的水平上显著，并且回归系数为0.422，说明金融机构进行资产证券化业务后，其系统性风险水平有较为明显的上升，即长期来看，商业银行信贷资产证券化对于银行系统性风险的影响是负面的，即不仅没有减少反而增加了系统性风险。

四、结论与建议

本文选取了我国上市商业银行市场数据，采用实证研究的方法分别衡量了信贷证券操作对银行系统性风险的短期与长期影响效应。短期内，银行发行信贷证券可以降低自身系统性风险，但长期系统性风险却会增加。参考我国资产证券化市场发展现状以及实证研究结果，本文认为可以从以下方面加强我国资产证券化相关业务风险管理，推动市场平稳、有序发展。

首先，应针对资产证券化业务的特征，不断完善现行宏观审慎评估框架。资产证券化业务虽然可以在短时间内降低产品发行机构杠杆水平，同时增加了商业银行的信贷投放能力，可能导致宏观杠杆率的提升，特别是在房地产调控、金融去杠杆的背景下，部分金融机构有通过资产证券化操作，降低表内住房贷款规模绕开监管的动机。因此，宏观审慎管理中应充分重视资产证券化业务对系统性风险的放大作用，建立相应的监测指标体系，监测商业银行资产证券化业务规模及系统性风险水平。同时对金融机构资产证券化产品的底层资产进行监测管理，避免金融机构通过开展资产证券化寻求监管套利。必要时，可对商业银行持有的资产证券化产品规模进行一定的限制，避免同业业务规模过度膨胀。

其次，应加强不同监管机构之间的协调，实现银行间市场、交易所市场上资产证券化产品监管规则的统一，确保资产证券化市场规范发展。我国资产证券化业务仍面临多头监管，信贷资产证券化产品、非金融企业专项资产证券化、非金融企业资产支持票据分别处于人民银行和银监会、证监会、交易商协会的监管下。考虑到资产证券化业务的兴起使金融行业之间联系增强，传统的分业监管模式应向混业监管模式过渡，建立跨机构、跨产品、跨市场的协调机制，实现金融体系功能性监管。结合《关于规范金融机构资产管理业务的指导意见》的出台，监管部门应进一步完善对资产证券化业务的监管，限制相关商业银行通过资产证券化业务实现资产“非标去化”，实现监管套利。

最后，要督促商业银行完善资产证券化的过程管理与风险控制。商业银行只有不断强化自身风险管理理念，降低银行自身实施信贷证券风险，才能提高其系统稳定性。监管部门应督促商业银行加强对证券化业务的风险识别和管理工作，切实做到事前制订业务计划，对信贷资产证券化收益与风险敞口进行前期预测与后期结果分析，设立独立于银行内部审计的风险管理部门，重点加强信贷证券的信用风险、流动性风险、新吸纳贷款质量以及信贷资产扩张的管理，切实确保资产池基础资产的质量，防范道德风险，从经济实质角度进行信贷资产证券化的会计信息处理，确保资产的真实出售，有效地实现风险转移。

参考文献

[1] 李佳，罗明铭．金融创新背景下的商业银行变革——基于资产证券化创新的视角［J］．财经科学，2015（2）：13－22.

[2] 中国外汇交易中心课题组．我国资产证券化的路径选择与制度安排［J］．上海金融，2013（11）.

［3］刘红霞，幸丽霞．商业银行信贷资产证券化融资动机研究——基于2005～2014年信贷资产支持证券试点的实证检验［J］．南方金融，2015（4）：4－14.

［4］聂广礼．利用信贷资产证券化组合管理商业银行信贷资产——基于2005～2008年试点阶段的分析［J］．现代经济探讨，2013（5）：52－56.

［5］林敏华．信贷资产证券化、异质性投资者和金融风险［J］．中国管理科学，2015（6）：25－31.

［6］陈小宪，李杜若．信贷资产证券化的微观动因研究——基于中国商业银行数据的实证分析［J］．山西财经大学学报，2017（2）：22－34.

［7］姚禄仕，王璇，宁霄．银行信贷资产证券化效应的实证研究——基于美国银行业的面板数据［J］．国际金融研究，2012（9）：71－78.

［8］包全永．银行系统性风险的传染模型研究［J］．金融研究，2005（8）：72－84.

［9］朱元倩，苗雨峰．关于系统性风险度量和预警的模型综述［J］．国际金融研究，2012（1）：79－88.

［10］彭惠，李勇．不良资产证券化的收益分析与风险管理——资产证券化对发起人的影响［J］．国际金融研究，2004（6）：14－22.

［11］孙安琴．信用风险转移创新对金融稳定的影响研究［D］．中国人民大学，2011.

［12］Shenker，Colletta. Securitization：Structured financing，Financial asset pools and Asset－beaked securities［J］. Brown and company，2000（4）.

［13］Gardner，Mona J. Managing financial institutions：an asset/liability approach / －4th ed［M］. Dryden Press，1994.

［14］Demarzo P，Duffie D. A Liquidity－based Model of Security Design［J］. Econometrica，2010，67（1）：65－99.

［15］Fabozzi F J. Accessing Capital Markets through Securitization［J］. 2001.

［16］Thomas H. Effects of Asset Securitization on Seller Claimants［J］. Journal of Financial Intermediation，2001，10（3－4）：306－330.

［17］Barbara Casu，Andrew Clare，Anna Sarkisyan，et al. Does securitization reduce credit risk taking? Empirical evidence from US bank holding companies［J］. European Journal of Finance，2011，17（9－10）：769－788.

［18］Farruggio C，Uhde A. Determinants of loan securitization in European banking［J］. Journal of Banking & Finance，2015，56（7）：12－27.

［19］Cardone－Riportella C，Samaniego－Medina R，Trujillo－Ponce A. What drives bank securitisation? The Spanish experience［J］. Journal of Banking & Finance，2010，34（11）：2639－2651.

[20] Panetta F, Pozzolo A F. Why Do Banks Securitize Their Assets? Bank – Level Evidence from Over One Hundred Countries [J]. Ssrn Electronic Journal, 2010.

[21] Gorton G B, Pennacchi G G. Banks and loan sales marketing nonmarketable assets [J]. Journal of Monetary Economics, 1995, 35 (3): 389 –411.

[22] Jones D. Emerging problems with the Basel Capital Accord: Regulatory capital arbitrage and related issues [J]. Journal of Banking & Finance, 2000, 24 (1): 35 –58.

[23] Blum J M. Why "Basel II" may need a leverage ratio restriction [J]. Journal of Banking & Finance, 2008, 32 (8): 1699 –1707.

[24] Calomiris C W, Mason J R. Credit Card Securitization and Regulatory Arbitrage [J]. Journal of Financial Services Research, 2004, 26 (1): 5 –27.

[25] Pavel C, Phillis D. Why Banks Sell Loans: An Empirical Analysis [J]. Proceedings, 1987, 11: 3 –14.

[26] Beatty A, Chamberlain S L, Magliolo J. Managing Financial Reports of Commercial Banks: The Influence of Taxes, Regulatory Capital, and Earnings [J]. Journal of Accounting Research, 1995, 33 (2): 231 –261.

[27] Dionne G, Harchaoui T M. Banks' Capital, Securitization and Credit Risk: An Empirical Evidence for Canada [J]. Cahiers De Recherche, 2003, 12.

[28] Uzun H, Webb E. Securitization and risk: empirical evidence on US banks [J]. Journal of Risk Finance, 2007, 8 (1): 11 –23.

[29] DeBandt, Olivier, Hartmann, Philipp. Systemic Risk: A Survey [J]. Social Science Electronic Publishing, 2000.

[30] Kaufman G G, Scott K E. What is systemic risk, and do bank regulators retard or contribute to it? [J]. Independent Review, 2003, 7 (3).

[31] Dijkman M. A Framework for Assessing Systemic Risk [J]. Policy Research Working Paper, 2010.

[32] Douglas W. Diamond, Philip H. Dybvig. Bank Runs, Deposit Insurance, and Liquidity [J]. Journal of Political Economy, 1983, 91 (3): 401 –419.

[33] Allen F, Gale D. Diversity of Opinion and Financing of New Technologies [J]. Social Science Electronic Publishing, 1999, 8 (1 –2): 68 –89.

[34] Itay Goldstein, Ady Pauzner. Demand – Deposit Contracts and the Probability of Bank Runs [J]. The Journal of Finance, 2005, 60 (3): 1293 – 1327.

[35] Garber P M, Grilli V U. Bank runs in open economies and the international transmission of panics [J]. Journal of International Economics, 2001, 27 (1): 165 –175.

[36] Rochet J C, Vives X. Coordination Failures and the Lender of last Resort: Was Bagehot Right After All? [M] // Journal of the European Economic Association. 2002: 1116 - 1147.

[37] Rochet J C, Tirole J. Interbank Lending and Systemic Risk [J]. Journal of Money Credit & Banking, 1996, 28 (4): 733 -762.

[38] Allen F, Gale D. Corporate Governance and Competition [J]. General Information, 1999.

[39] Freixas, X. , Parigi, B. Contagion and Efficiency in Gross and Net Interbank Payment Systems [J]. Journal of Financial Intermediation, 1998, 7 (1): 3 -31.

[40] Freixas, X. , Parigi, B. , Rochet, J. -C. Systemic Risk, Interbank Relations and Liquidity Provision by the Central Bank [J]. Journal of Money, Credit & Banking, 2000, 32 (3): 611 -638.

[41] Holthausen, C. , and Ronde, T. Regulating Access to International Large - Value Payment Systems [R]. ECB Working Paper No, 22, 2000.

[42] Kahn, C. , McAndrews, J. , Roberds, W. Settlement Risk under Gross and Net Settlement [J]. Journal of Money, Credit and Banking, 2003, 35 (4): 591 - 608.

[43] Flannery, M. Financial Crises, Payment System Problems, and Discount Window Lending [J]. Journal of Money. Credit and Banking. 1996, 28 (4): 804 -824.

[44] Huang, H. , Xu C. Financial Institutions, Financial Contagion, and Financial Crises [R]. IMF Working Paper, WP/00/92, 2000.

[45] Kharroubi, E. , Vidon, E. Liquidity, Moral Hazard, and Interbank Market Collapse [J]. International Journal of Central Banking, 2009, 5 (4): 51 -86.

[46] Heider, R, Hoerova, M. , and Holthausen, C. Liquidity Hoarding and Interbank Market Spreads; The Role of Counterparty Risk [R]. ECB Working Paper No. 1126, December, 2009.

[47] Allen, R, Carletti, E. , Gale D. Interbank Market Liquidity and Central Bank Intervention [J]. Journal of Monetary Economics, 2009, 56: 639 -652.

[48] Gale, D. , Yorulmazer, T. Liquidity Hoarding [J]. Theoretical Economics, 2013, 8 (2): 291 -324.

[49] Acharya, V. A Theory of Systemic Risk and Design of Prudential Bank Regulation [J]. Journal of Financial Stability, 2009, 5 (3): 224 -255.

[50] Kirabaeva, K. Adverse Selection, Liquidity, and Market Breakdown [R]. Bankof Canada Working Paper, 2010 -32.

[51] Shleifer, A., Vishny, R. Unstable Banking [J]. Journal of Financial Economics, 2010, 97 (3): 306 -318.

[52] Diamond, D., Raj an, R. Fear of Fire Sales, Illiquidity seeking, and Creditv Freezes [J]. The Quarterly Journal of Economics, 2011, 126 (2): 557 -591.

[53] Caballero, R. J., Simsek, A. Fire Sales in a Model of Complexity [R]. NBER Working Paper No. 15479, November, 2009.

[54] Korinek, A. Systemic Risk - Taking Amplification Effects, Externalities, and Regulatory Responses [R]. ECB Working Paper No. 1345, 201.

[55] Acharya, V., Yorulmazer, T. Cash - in - the - Market Pricing and Optimal Resolutionof Bank Failures [J]. Review of Financial Studies, 2008, 21 (6): 2705 -2742.

[56] Adrian, T Shin, H. S. Liquidity and Leverage [J]. Journal of Financial Intermediation, 2010, 19 (3): 418 -437.

[57] Acharya, V., Skeie, D. A Model of Liquidity Hoarding and Term Premia inInterbank Markets [J]. Journal of Monetary Economics, 2011, 58 (5): 436 -447.

[58] Krugman, P. The International Finance Multiplier [R]. Working Paper, Princeton University, October, 200.

[59] Devereux, M Yetman, J. Leverage Constraints and the International Transmission of Shocks [J]. Journal of Money, Credit and Banking, 2010, 42 (6): 71 -105.

[60] Kollmann, R., Enders, Z., Muller, G. Global Banking and International Business Cycles [J]. European Economic Review, 2011, 55 (3): 407 -426.

[61] KENNETH A. FROOT, DAVID S. SCHARFSTEIN, JEREMY C. STEIN. Risk Management: Coordinating Corporate Investment and Financing Policies [J]. The Journal of Finance, 1993, 48 (5): 1629 -1658.

[62] Instefjord N. "Risk and Hedging: Do Credit Derivates Increase Bank Risk?" [J]. Journal of Banking & Finance, 2005, 29 (2): 333 -345.

[63] Uhde A, Michalak T C. Securitization and systematic risk in European banking: Empirical evidence [J]. Journal of Banking & Finance, 2010, 34 (12): 3061 -3077.

[64] Rob Nijskens, Wolf Wagner. Credit risk transfer activities and systemic risk: How banks became less risky individually but posed greater risks to the financial system at the same time [J]. Journal of Banking and Finance, 2011, 35 (6): 1391 - 1398.

[65] Allen F, Carletti E. Credit risk transfer and contagion [J]. Journal of Mo-

netary Economics, 2006, 53 (1): 89 -111.

[66] Gary Gorton, Andrew Metrick. Getting Up to Speed on the Financial Crisis: A One - Weekend - Reader's Guide [J]. Journal of Economic Literature, 2012, 50 (1): 128 -150.

资产管理资金金融体系内部循环问题研究

中国人民银行上海总部调查统计研究部课题组

课题组组长：金艳平

课题组成员：王家辉　王慧娟

近年来，金融机构资产管理业务在我国迅猛发展，规模快速扩张。资产管理业务的发展，一方面满足了市场主体财富管理需求、优化了社会融资结构、支持了实体经济发展，另一方面也存在监管套利、产品多层嵌套、资金在金融体系内部循环等问题，积聚了巨大的风险隐患。全面梳理我国金融机构资产管理业务发展状况，估算资金在金融体系内部循环程度，提出统一资产管理业务监管标准、推动资产管理资金更多流向实体经济、完善资产管理业务统计制度等政策建议，对防范和化解资产管理业务领域金融风险，守住不发生系统性金融风险底线，具有重要现实意义。

一、我国金融机构资产管理业务发展情况

虽然我国金融机构资产管理业务已经开展十多年，但其定义和内涵在不同行业仍有较大差别。根据最新的官方定义①，资产管理业务是指银行、信托、证券、基金、期货、保险等金融机构接受投资者委托，对受托的投资者财产进行投资和管理的金融服务。金融机构为委托人利益履行勤勉尽责义务并收取相应的管理费用，委托人自担投资风险并获得收益。资产管理业务是金融机构的表外业务，金融机构开展资产管理业务时不得对外承诺保本保收益。出现兑付困难时，金融机构不得以任何形式垫资兑付。金融机构不得开展表内资产管理业务。

根据上述定义，资产管理产品范围包括但不限于银行理财产品，资金信托计划，证券公司、基金公司、基金子公司、期货公司和保险资产管理公司发行的资产管理产品，公募证券投资基金，私募投资基金等。

---

① 参见2017年11月17日中国人民银行网站发布的《关于规范金融机构资产管理业务的指导意见（征求意见稿）》。

据初步统计，2017 年 6 月末全国金融机构资产管理产品资金余额为 102.93 万亿元①。银行业方面，表外银行理财产品资金余额为 25.27 万亿元。资金信托产品资金余额为 19.46 万亿元。证券业方面，公募基金产品余额为 10.07 万亿元，其中开放式产品资金余额 9.36 万亿元，封闭式产品资金余额 0.72 万亿元。基金管理公司专户资金余额为 6.34 万亿元。基金子公司专户资金余额为 8.59 万亿元。券商资产管理产品资金余额为 18.10 万亿元，私募基金实缴规模达 9.46 万亿元，期货资产管理产品余额为 0.24 万亿元。根据公开资料估算，保险资产管理机构管理的第三方资产规模约为 5.40 万亿元。

表 1　　2017 年 6 月末全国金融机构资产管理业务规模

行业	产品	产品数量（只）	资金余额（万亿元）
合计	资产管理业务	—	102.93
银行	银行理财	—	25.27
	资金信托	40807	19.46
证券	公募基金	4419	10.07
	开放式	4022	9.36
	封闭式	397	0.72
	基金管理公司专户	6942	6.34
	其中：社保	—	1.43
	基金子公司专户	11375	8.59
	券商资产管理	—	18.10
	私募基金实缴规模	56576	9.46
	期货资产管理	—	0.24
保险	保险资产管理	—	5.40②

资料来源：中国人民银行《理财与资金信托统计监测信息系统》，中国证券投资基金业协会，根据中国保险资产管理业协会数据的推算。

（一）银行业金融机构资产管理业务

自 2004 年首只人民币理财产品出现，十多年来，银行业机构依托其丰富的项目资源、强大的客户基础、严格的风控制度等优势，在资产管理业务领域开展了诸多探索和创新，特别是在跨市场、跨行业、跨区域投资运作方面，迈出了较

① 未包含金融机构发行的资产支持证券（ABS）等资产。

② 据中国保险资产管理业协会调研报告，2016 年末，保险资产管理机构管理的第三方资产为 4.08 万亿元，比上年末 2.43 万亿元增长 67.9%。按照这种速度推算，2017 年 6 月末保险资产管理机构管理的第三方资产约为 5.40 万亿元。

大步伐，业务发展迅猛。

银行业机构资产管理业务是在金融市场不断培育、发展和改革中起步的，并在监管规范和金融创新中得到迅速发展，体现出鲜明的时代特征。大致经历三个阶段：一是起步探索阶段（2004～2008年）。随着2004年中央银行放开存款利率下限和贷款利率上限，利率市场化迈出了实质性步伐。2004年2月和9月，光大银行分别推出了国内银行第一只外币和人民币理财产品，正式拉开了商业银行理财业务的大幕。2005年9月和10月，银监会相继颁布《商业银行个人理财业务管理暂行办法》和《商业银行个人理财业务风险管理指引》，搭建了商业银行资产管理业务监管的基本制度框架和政策基础。此阶段，信托公司按照"一法两规"要求，主要开展融资业务，发放信托贷款。二是快速发展阶段（2009～2015年）。随着利率市场化改革持续推进和金融脱媒现象日趋明显，社会对理财等相对安全的投资需求日益旺盛。商业银行纷纷寻求经营转型和特色化发展，助推了理财市场的快速发展，并使银行理财迅速发展成为理财市场上最重要的力量，在客户数量、业务规模等方面均居国内资产管理市场的主体地位。信托公司则在融资业务之外大力发展投资业务、事务管理类业务，形成"三足鼎立"的新格局。三是规范发展阶段（2016年至今）。2016年下半年开始，我国金融业进入去杠杆、强监管的新阶段，金融监管部门密集出台了一列监管政策，商业银行和信托公司的资产管理业务进入规范发展期。

（二）证券业金融机构资产管理业务

2003年12月，证监会颁布《证券公司客户资产管理业务试行办法》，证券业机构开始资产管理业务的起步和探索。2012年8月和10月，证监会先后颁布《证券公司客户资产管理业务管理办法》和《证券投资基金管理公司子公司管理暂行规定》，允许证券公司、基金子公司开展资产管理业务，为证券业金融机构开展资产管理业务松绑，证券业资产管理业务迎来飞速发展。

证券业资产管理业务大致分为三个发展阶段：第一阶段为2004～2012年的"探索阶段"。该阶段业务类型、产品种类单一，主要投向传统标准化资产，创新力度较弱。第二阶段是2012～2016年快速发展阶段。2012年为证券业金融机构资产管理业务的转折年，监管部门放松管制，金融机构大力创新，证券业金融机构资产管理产品开始承接来自银行的巨额委托资金。2012年末全行业管理规模余额猛增至1.89万亿元，比上年末增长5.77倍。产品创新尤其是集合产品创新迭出，结构化、期限分层、预期收益率报价等产品设计都有所突破。第三阶段是规范发展阶段。自2016年下半年以后，证券监管部门加强规范管理。2017年4月证监会对资金池业务提出限制产品规模、限制投资范围（不得投资于私募债、资产证券化产品、高收益信用债券、低评级债券以及期限长的股票质押产品等流动性较差的品种)、控制久期错配、控制杠杆倍数等要求。2017 年 5 月证监会强调证券业金融机构不得从事让渡管理责任的通道业务。证券业资产管理未来在摆脱同质化的通道业务和“空转套利”的资金池业务后将回归资产管理业务本源，依靠自身投研能力从事价值挖掘、资产配置、风险管理等业务。

2011 ~2016 年，券商资产管理规模从 0. 28 万亿元飙升至 17. 82 万亿元，年增速超过 45%，券商资产管理在金融机构资产管理机构资产管理规模的占比从 1. 6% 提升到 15% 左右。其中，集合计划规模从 0. 15 万亿元上升至 2. 19 万亿元；定向资产管理计划规模从 0. 13 万亿元上升至 14. 69 万亿元；专项资产管理计划规模从 12 亿元上升至 4315 亿元。基金子公司专户业务规模快速膨胀，从 2013 年末 0. 9 万亿元快速上升至 2016 年末 10. 5 万亿元。

表 2　　我国券商资产管理业务结构

年份	集合计划		定向资产管理计划		专项资产管理计划	
	规模：亿元	占比:%	规模：亿元	占比:%	规模：亿元	占比:%
2016	21938	12	146857	84	4315	2
2015	15574	13	101580	85	1794	2
2014	6555	8	72542	91	366	
2013	3638	7	48251	93	111	
2012	2018	11	16847	89	35	
2011	1472	53	1305	47	12	
2010	1122	60	740	40	11	1
2009	929	63	512	35	43	3
2008	512	56	328	36	80	9
2007	573	70	110	13	137	17

资料来源：中国证券投资基金业协会，Wind。

表 3　　我国证券业金融机构资产管理业务发展　　单位：万亿元

年份	券商资产管理业务	公募证券投资基金	私募投资基金	基金及基金子公司专户	期货公司资产管理业务	合计
2016	17. 58	9. 16	7. 89	16. 89	0. 28	51. 80
2015	11. 89	8. 40	5. 07	12. 73	0. 10	38. 19
2014	7. 97	4. 54	2. 14	5. 88	0. 01	20. 54
2013	5. 2	3. 00	1. 22	1. 44		10. 86
2012	1. 89	2. 87	0. 76			5. 52

资料来源：中国证券投资基金业协会。

（三）保险业机构资产管理业务

2003 年，中国首家保险资产管理公司——中国人保资产管理公司成立，标志着我国保险资产管理进入专业化管理的新阶段，保险投资实现从传统简单的“资金运用”向专业独立的“资产管理”转变。近年来，在金融体制改革的背景下，保险市场空间不断延展，保险资产管理业实现了稳步发展，更成为联通保险市场、资本市场和实体经济的重要枢纽。

中国保险资产管理业协会调研报告显示，截至 2016 年末，被调研的 31 家机构中已有 25 家开展第三方业务，第三方资产管理规模总计达到 4.08 万亿元。其中，有 10 家机构第三方业务管理规模占比在 50% 以上，11 家机构第三方业务收入已经超过公司总收入的 50%。在企业年金和基本养老金投管方面，共有 7 家机构获得年金投资管理人资格，投资管理资产达到 5729.67 亿元，占企业年金市场总规模的 53.7%。

二、金融机构资产管理业务资金金融体系内部循环的估算

（一）资产管理业务资金内部循环的主要方式

资产管理业务资金金融体系内部循环主要是指，金融机构发行资产管理产品所募集的资金投向了其他资产管理产品，而未投向债券、股票、贷款等基础资产，俗称资产管理产品的交叉持有。

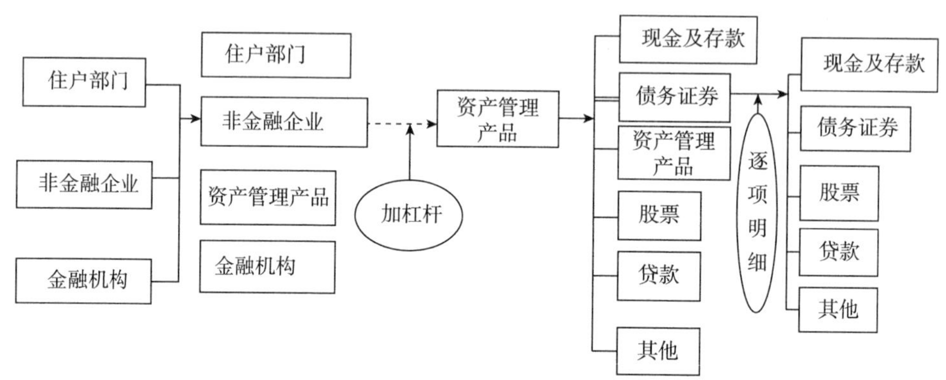

图 1 金融机构资产管理业务资金内部循环示意图

资金内部循环产生的原因，主要是不同金融机构资产管理产品监管的尺度不一、不同金融机构业务开展受到的宏观调控约束不一、不同金融机构在业务开展上有不同的传统优势。银行业机构优势主要表现在信誉好、客户基础好，具有平台优势，资金实力强，但银行业机构受到较严的监管，不能参与资本市场等高风

险业务，资产管理产品收益率普遍不高。券商资产管理优势表现在，证券机构在客户资源、营销能力和证券投资能力等方面具有优势。基金子公司在操作模式上与信托较为接近，其募集资金投资范围广，证券等标准化资产、非标债权都可涉足，因而产品收益率较高，对高净值人士有较强吸引力。保险业机构在资产管理业务上拥有资金优势，但产品期限较长，流动性较低。

资产管理业务资金循环的主要表现形式是交叉持有，即一种资产管理产品，购买或投向另一种资产管理产品。资产管理产品交叉持有另一种资产管理产品，在原资产管理产品的资产负债表上表现为投向股权及SPV份额。以表外银行理财的资产负债表为例，银行机构不仅可持有信托公司、证券公司、基金公司和保险机构发行的资产管理产品，而且银行机构内部还可相互持有对方的理财产品（银行不能投资本行发行的理财产品）。资金流向表现为，银行理财在资产方持有股权及SPV份额，并构成信托公司（证券、保险）资产管理产品的所有者权益（实收资本，资产管理产品募集的本金）。证券、保险机构可以投资银行理财产品，特别是在资金募集期间或者投资间隙将资金存放在商业银行或者购买短期的银行理财产品，以减少利息损失。

交叉持有的最典型的方式是通道业务、委外业务。由于商业银行受到较为严格的监管，在贷款额度、信贷行业投向上等受到较大限制，因此商业银行具有通过信托公司、证券公司、保险机构发放定向贷款、投资特定资产的内在动力。商业银行通道业务主要有六种。一是定向票据通道业务，指委托人出资成立购买指定票据的定向通道业务。二是银证信通道业务，指银行借道券商定向产品通道，转入信托投放贷款业务，既优化银行报表结构，又增加贷款收入。三是银行信用证划款通道业务，开证行为不挤占表内信贷额度，借助券商资产管理定向通道进行的银行间信用证划款业务。四是现金类同业存款业务，指委托银行在月末用资金参与一天定向计划，通过定向通道存入受托银行，银行双方约定同业存款利息。第二天，定向计划结束，资金回到委托银行。五是银证债券类业务，指券商通过发行定向计划参与银行债券的分销，为客户提供较高收益率固定收益产品，并为客户提供质押再融资。六是银证保存款业务，指借道券商资产管理和保险公司，突破利率管制，扩大存款规模。

（二）资产管理产品多层嵌套、资金在金融体系内部循环的实例

资产管理产品通过多层嵌套，以分级产品或拆借回购的方式加杠杆，增加了资产管理业务的复杂程度，降低了产品的透明度。

以一个五层嵌套实例进行说明。第一层嵌套是A农商行设立的“X期”（预期最高收益率为4.4%）等11只理财产品购买B信托公司设立的“Y集合”（预期最高收益率为6.7%）资金信托计划份额。第二层嵌套是“Y集合”投资C信

托公司设立的“Z集合资金信托计划”（预期最高收益率为4.9%）以及B信托公司自身设立的另外12只信托计划。第三层嵌套是“Z集合资金信托计划”投资了C信托公司S集合信托计划等28款信托计划。第四层嵌套是C信托公司S集合信托计划购买了D商业银行T理财（预期最高收益率为4.6%）等3只理财产品。第五层嵌套是D商业银行T理财等3只理财产品投资了E信托公司设立的“W单一资金信托”（预期收益率为4%～5%）和“P单一资金信托计划”（预期收益率为5%～7%）。“W单一资金信托”的底层资产包括存款和非金融资产等，“P单一资金信托计划”的底层资产包括存款、应收账款、基金和债务证券等。从这个例子可以看出，银行与信托公司的资产管理业务相互交织，产品链条长，基础资产不清晰，大大提高了实体经济的融资成本，也增加了风险传递扩散的可能性，增加了金融体系的脆弱性。

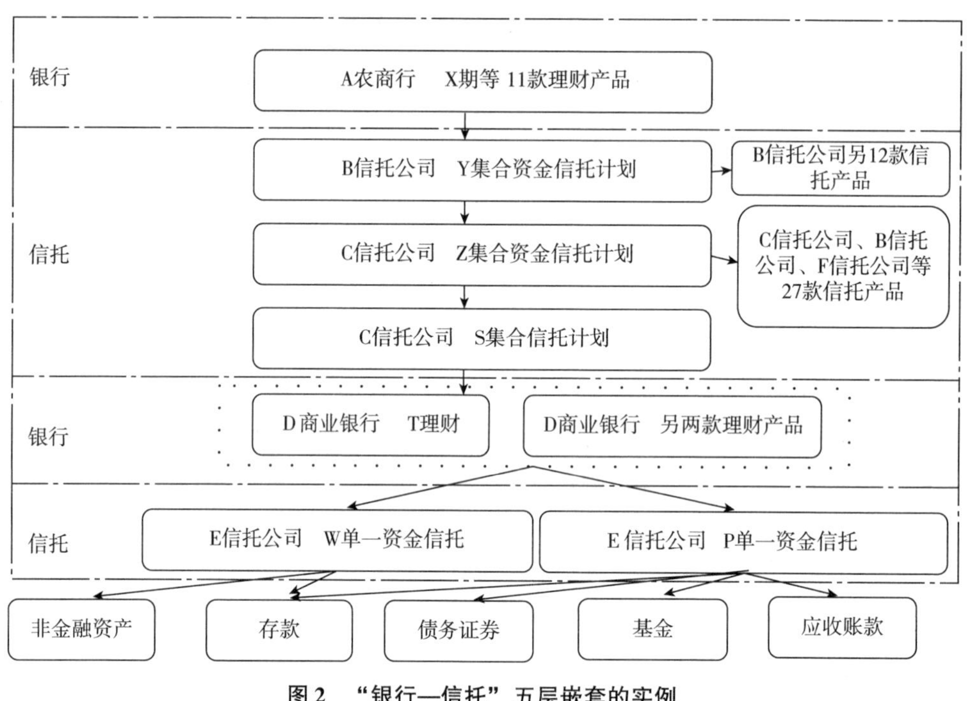

图2　“银行—信托”五层嵌套的实例

（三）金融机构资产管理业务资金内部循环规模的估算

我们以2016年末数据对全国资产管理业务资金在金融系统内部循环的规模进行估算。由于证券、保险机构资产管理产品直接投向明细数据欠缺，我们的估算以银行理财产品、资金信托计划为主，辅之以证券、保险业金融机构资产管理产品大类投向的估算。

2016年末，全国金融机构资产管理业务简单汇总的资金余额为99.34万亿元。其中，表外银行理财产品资金余额 26.53 万亿元，资金信托产品资金余额 17.21 万亿元；公募基金产品资金余额 9.16 万亿元，基金公司专户资金余额 6.38 万亿元，基金子公司专户资金余额 10.50 万亿元，券商资产管理产品资金余额 17.31 万亿元，已备案的私募基金实缴规模 7.89 万亿元，期货资产管理产品资金余额 0.28 万亿元；保险资产管理产品资金余额 4.08 万亿元。

表 4　　2016 年末全国资产管理业务规模

行业	产品	产品数量（只）	资金余额（万亿元）
合计	资产管理业务	—	99.34
银行	银行理财	—	26.53
	资金信托	36232	17.21
证券	公募基金	3867	9.16
	开放式	3564	8.53
	封闭式	303	0.64
	基金管理公司专户	7147	6.38
	其中：社保	—	1.28
	基金子公司专户	14494	10.50
	券商资产管理	25886	17.31
	私募基金实缴规模	46505	7.89
	期货资产管理	—	0.28
保险	保险资产管理	—	4.08

资料来源：银行业理财登记托管中心，中国证券投资基金业协会，中国保险资产管理业协会。

这里的全国金融机构资产管理规模与国内其他权威部门估算结果总体上一致，差别主要表现在对保险业资产管理规模的认定上。中国人民银行《中国金融稳定报告（2017）》指出，2016 年末我国金融机构资产管理业务总规模为 102.1 万亿元；中国证券业协会《中国证券业发展报告 2017》指出，2016 年末我国泛资产管理行业管理资金总规模为 102.5 万亿元。

1. 银行业机构资产管理产品持有其他资产管理产品导致的资金内部循环规模估算。

根据 2016 年末银行理财投向结构，银行业机构资产管理产品持有其他资产管理产品导致的资金内部循环规模共计 12.30 万亿元。

根据 2016 年末资金信托投向结构，信托计划持有其他资产管理产品导致的资金金融体系内循环规模为 2.71 万亿元。

综合银行和信托机构数据，2016 年末银行业机构资产管理产品持有其他资产管理产品导致的资金内部循环规模为 15.01 万亿元。

2. 证券业机构资产管理产品持有其他资产管理产品导致的资金内部循环规模估算。

中国证券投资基金业协会《证券期货经营机构私募资产管理业务2016年统计年报》显示，在券商管理的资产管理产品资金余额17.31万亿元中，通过主动管理和通道业务两种方式直接投资于金融机构资产管理产品余额4.29万亿元，投资于债权、票据等债务工具余额5.08万亿元。

表5　　　　2016年底证券公司资产管理产品投向情况

主动管理业务		通道业务	
投资类别	投资金额（亿元）	投资类别	投资金额（亿元）
债券	15552	票据	15644
信托计划	2267	银行委托贷款	17473
股票	1792	证券投资	19566
券商集合计划	1254	信托贷款	14756
证券投资基金	1007	资产收益权	17669
债券逆回购	1045	同业存款	5771
股票质押回购	603	股权质押融资	4665
资产收益权	168	债券逆回购	705
同业存款	370	其他	27689
其他	3865		

资料来源：中国证券投资基金业协会《证券期货经营机构私募资产管理业务2016年统计年报》。

基金公司专户产品资金余额6.38万亿元中，投资金融机构资产管理产品余额0.76万亿元，投资债券余额共3.86万亿元。

表6　　　　2016年底基金公司专户产品投向情况

资金投向	投资金额（亿元）	占比（%）
股票	6826	11.3
债券	38596	63.7
证券投资基金	4091	6.7
资产支持证券	935	1.5
其他境内证券	101	0.2
期货衍生品保证金	58	0.1
同业存款	3478	5.7
现金	1525	2.5
境外投资	1769	2.9
其他	3232	5.3

资料来源：中国证券投资基金业协会《证券期货经营机构私募资产管理业务2016年统计年报》。

基金子公司专户产品资金余额10.50万亿元中，直接投资金融机构资产管理产品余额6.09万亿元，投资债券余额0.62万亿元。

表7　　2016年底基金子公司专户投资情况

资金投向	投资金额（亿元）	占比（%）
股票	3472	3.2
债券	6238	5.8
证券投资基金	2300	2.1
资产支持证券及其他证券	1732	1.6
期货衍生品保证金	67	0.1
银行委托贷款、信托贷款	21783	20.4
以收益权、股权为形式的债权投资	17751	16.6
其他资产收益权	5052	4.7
股权投资	4030	3.8
商业银行理财计划	4504	4.2
信托计划	5673	5.3
保险资产管理计划	267	0.2
证券公司资产管理计划	8055	7.5
基金公司及子公司资产管理计划	12982	12.1
期货资产管理计划	100	0.1
私募基金	3147	2.9
股票股权质押融资	651	0.6
信贷票据信用证保理	2658	2.5
同业存款（含协议存款）	2050	1.9
现金	1055	1.0
其他	3468	3.2

资料来源：中国证券投资基金业协会《证券期货经营机构私募资产管理业务2016年统计年报》。

期货资产管理产品资产余额0.28万亿元中，投向证券投资基金0.01万亿元。

公募证券投资基金余额9.16万亿元，其中货币基金和债券基金规模共计5.70万亿元。货币市场基金主要投资于国债、央行票据、银行定期存单、银行存单、同业存款等资产。

私募基金实缴规模为7.89万亿元。由于中国证券投资基金业协会没有公布私募基金投向等数据，且考虑到私募基金投资期限比较长，主要投资非标准化的股权，因此假定私募基金在金融系统内部循环的资金为0。

综合以上，证券业机构资产管理资金直接投资资产管理产品11.15万亿元，投资债券等债务工具15.25万亿元。若按照债务融资工具中一半是通过资产管理产品再投资的，证券业机构资产管理产品持有其他资产管理产品导致的资金内部循环规模为18.77万亿元。

3. 保险业机构资产管理产品持有其他资产管理产品导致的资金内部循环规模估算。

相较于银行业和证券业机构，保险业机构的资产管理数据披露较少，只能根据第三方业务开展情况进行估算。保险公司开展第三方业务主要包括基础设施债权投资计划、不动产债权投资计划、股权投资计划、项目资产支持计划，其持有其他资产管理产品较少，按20%计算，规模约为0.82万亿元。

综合银证保数据，2016年末我国资产管理产品交叉持有导致的资金内部循环规模为34.60万亿元，占总规模的34.8%。也就是说，扣除交叉持有因素，2016年末我国资产管理规模为65万亿元。

三、金融机构资产管理产品资金内部循环的主要风险及影响

（一）监管套利削弱金融监管和宏观调控效果

在分业监管格局下，我国银行证券保险业的资产管理业务监管标准不一，引发交叉持有产品进行监管套利，既规避了金融监管，又削弱了宏观调控效果。一般而言，银行业资产管理业务监管标准严于证券业和保险业。尤其是2013年后，银行业资产管理业务监管政策趋严，而证券业和保险业放松监管，导致证券、保险资产管理业务快速膨胀。“资金池”业务最早是银行避开存贷比考核、控制净资产损耗的工具，2011年后，证券资产管理机构接力信托公司成为对接银行“资金池”的合作伙伴。一方面，在货币宽松条件下，“资金池”可更快为投资非标资产的资产管理计划募集资金。另一方面，证监会放松监管使“资金池”能为资产管理机构提供更大的套利空间。2016年末，证券公司定向资管计划投资者中银行和信托公司合计10635户，委托规模12.68万亿元，占定向资产管理计划资产规模的86.4%。2016年末，基金专户通道业务余额1.60万亿元，其中与银行合作的高达1.05万亿元。基金子公司专户业务余额10.5万亿元，其中通道业务7.47万亿元，大部分来自银行业金融机构。地方政府融资平台、房地产业、产能过剩行业等通过资产管理产品的层层嵌套获得大量融资，规避了宏观调控要求。

（二）资产负债期限错配增加流动性风险

资产管理产品的交叉持有，层层嵌套，导致资产负债期限错配严重。比如，

在负债端，商业银行通过发行期限较短（通常1年以下）的理财产品募集资金，在资产端持有资金信托计划或投资券商资产管理计划，而资金信托计划用于发放期限较长的信托贷款、委托贷款（一般3~5年），券商资产管理用于投资较长期限的证券或者较长期限的非标资产。这样导致了严重的资产负债期限错配。如果资产管理产品的投资链条拉长，通过层层投资，这种情况会更加严重。一旦有一个环节资金链出现紧张，整个链条的资金流动都会受到影响。当前，我国宏观货币环境较为宽松，货币市场资金成本较低，有利于掩盖流动性风险。一旦货币环境发生变化，极易引发流动性风险。

（三）加剧资产泡沫形成，推高实体经济融资成本，影响金融对实体经济的支持力度

资产管理产品的交叉持有、层层嵌套，不可避免地会推升实体经济融资成本，加剧了资产泡沫形成，影响金融支持实体经济的力度。资金通过资产管理产品层层嵌套，以较高的成本进入底层资产，这些资金只能匹配更高收益的资产，包括资本市场配资、地方政府融资平台融资、房地产贷款等。大量资产管理资金进入资本市场，会加剧资产泡沫的形成。层层嵌套后的资金进入实体经济，也会推高实体经济融资成本。比如，原本的银行存款，变成银行理财产品，再投向资金信托计划，再投向信托贷款，银行理财的投资者获得了4%左右的收益率，信托贷款融资者的融资成本高达7%~12%，远高于金融机构1年期贷款基准利率4.35%。

（四）影响金融统计，进而影响我国货币政策的制定

资产管理业务的快速发展直接导致银行存款的大量流失。特别是支付宝等第三方支付方式借助余额宝，可实现现金与货币基金瞬间转化，削弱了银行活期存款的基础。资产管理机构的受托管理资产虽然通过一定形式回流银行体系，但其性质、流动性等都发生了变化，对货币供应量统计产生了影响。2010年以来，我国基础货币增幅大幅下降，甚至出现负增长。例如，2010年末至2015年末，我国基础货币年增幅从28.7%降至-6.0%，而货币乘数明显上升，对应的货币乘数从3.92升至5.04。对此，金融管理部门采取了多种措施，例如调整货币供应量的统计口径、加强存款偏离度管理、对存款准备金缴存金额与存款准备金缴存基数实行“双平均”考核等，虽然产生了一定效果，但总体效果有限。2016年末，我国基础货币同比增长10.2%，货币乘数为5.02。这对货币政策的制定产生了一定影响。

四、资产管理业务发展和统计监测的国际经验

目前我国资产管理业“以产品为中心”，专注于通过提高产品收益率吸引客

户，这种理念必然导致其热衷于通过交叉持有、层层嵌套、层层加杠杆来提高产品收益率。国际上发达经济体的资产管理业务经历了漫长的发展历程，在业务发展和统计监测等方面发展更加成熟，其发展经验具有一定的借鉴作用。

（一）主要发达经济体的资产管理市场

1. 美国资产管理市场。美国个人理财业务产生和发展的基础是“二战”后美国经济迅猛发展和社会财富快速增长，客户不再满足商业银行单一的银行储蓄存款服务，对金融机构的资产增值业务提出了要求。1986 年 4 月，美国利率市场化的进程全部完成，大大促进了理财市场的发展。1999 年美国《金融服务现代化法案》的通过，标志银行业理财业务走向成熟。美国理财市场不再以产品为中心，而是以客户为中心。银行不再事先设计好了产品再向客户推销，而是先进行客户投资需求、投资偏好的调查，将客户调查的结果融入产品设计和服务提供上，从而为客户提供最佳服务。商业银行在对客户分级的基础上，对高净值以上客户都配备理财经理，增强客户对理财经理的信任感。

2. 英国资产管理市场。英国在财富管理创新发展方面积累了丰富的经验，被称为“全能型的财富管理中心”。目前，英国有 11000 多家理财顾问公司，独立金融理财师超过 2. 6 万人，独立理财师可以站在中立和公正的立场上向客户推荐产品，因此独立理财师模式占据主导地位。综合性银行为一般客户提供大众化的简单理财服务，产品相对简单。对于高净值客户（家庭年收入超过 10 万英镑的客户），综合性银行则提供较多的人性化理财服务。综合性银行会根据对客户风险偏好的详细划分，在一揽子的理财产品中进行个性化定制。私人银行的资产管理业务侧重于对高净值客户的资产管理，其收费模式大多是只收取管理费，并不提取业绩报酬。

3. 日本资产管理业务。日本理财业务存在四方面特点。一是个人金融资产运用相对保守。日本国民在个人金融资产上的运用趋向“安全资产”。二是建立了较为完善的银行理财业务组织架构和系统，将业务流程、产品研发、人员管理、风险控制等包括在内，并通过强大的信息数据化系统加以支持。三是全面了解和分析客户的理财需求。日本的商业银行重视收集客户的信息，有针对性地提供财务规划。四是重视理财人员的培养。在社会培养的基础上，日本的商业银行结合自身业务需要培养了大批理财专员。

（二）资产管理产品统计监测的国际经验

1. 金融稳定理事会的监测框架。金融稳定理事会对资产管理产品的监测分析旨在了解和解决资产管理产品中可能存在的结构性漏洞，重点评估资产管理产品的结构变化、识别可能影响全球金融系统的脆弱性来源、评估现有政策措施在化解潜在风险的作用，提高对金融市场风险的抵御能力。其监测的结构性漏洞包括四方面：一是开放式基金产品中基金投资与赎回之间的期限错配；二是投资基金的高杠杆问题；三是压力状况下资产管理人的操作风险；四是资产管理人和基金的证券借贷业务。从具体监测指标看，与流动性相关的指标包括投资标的、交易频度、受托资产属性、市场流动性状况、负债端赎回模式等。与杠杆率相关的指标包括资产负债表杠杆率、合成杠杆率等。与操作风险相关的指标包括合约关联性、管理者特质、定价模式等。与证券借贷业务相关的指标包括期限转换率、流动性转换、大规模抵押担保证券比例、抵押品充足率和风险敞口等。

2. 国际货币基金组织的监测框架。国际货币基金组织虽然没有制定统一的资产管理产品监测指标体系，但为各国总结出国际货币基金组织关注的五大类风险点：一是流动性指标，如货币市场基金最低流动资产比率、投资者集中度等；二是溢出风险指标，如货币基金发起人影响力、净值型货币基金基础资产的稳健性、净值型货币基金的保障条款等；三是杠杆率指标，如投资基金的组合杠杆率等；四是其他金融中介的结构指标；五是 SPV 的信誉度指标。

3. 美国金融稳定监督委员会的监测框架。美国金融稳定监督委员会是研究和识别不同市场和市场参与者系统性风险的重要机构，构建了三级稳定监测指标体系。该指标体系包含 6 个一级指标（宏观风险、市场风险、信用风险、杠杆风险、流动性风险和关联性风险）、16 个二级指标（通胀风险、财政风险、外部平衡风险、估值风险、风险偏好、家庭部分信用风险、非金融企业信用风险、实体经济借贷水平、金融机构偿付能力、金融机构杠杆、资金风险、交易流动性风险、金融机构流动风险、跨机构关联风险、金融部分集中度风险和跨境关联性风险）和 58 个三级指标。美国金融稳定监督委员会年度报告集中分析资产管理产品在流动性、杠杆率、操作风险、证券借贷风险等几个方面。

五、完善我国资产管理业务监管与统计监测的政策建议

降低或消除资产管理资金在金融体系内部循环，需要统一监管政策，消除监管套利；要更新业务发展理念，从“产品为中心”向“客户为中心”转变；要统筹金融业综合统计，建立资产管理业务统一的统计监测制度。

（一）统一监管标准，强化央行金融监管协调职责

资产管理业务资金在金融体系内部循环的最大诱因在于监管套利，因此，统一具有同一性质的资产管理业务监管标准是削弱金融机构资产管理业务监管套利、压缩资产管理资金在金融体系内部循环规模的关键与核心。这既能在短期内达到监管目标——防范和化解金融风险，从长期看，也能营造公平竞争和可持续发展的环境，使金融机构专注于提升管理能力。统一监管标准要树立“功能监

管”“行为监管”的理念，加强金融监管协调。夯实国务院设立金融稳定发展委员会职责，强化机制建设。充分发挥金融稳定发展委员会办公室的核心作用，确立中央银行在资产管理业务监管方面的统筹协调地位。

（二）转变理念，推动资产管理业务发展成为以客户为中心的全方位服务

目前，我国金融机构资产管理业务“以产品为中心”的管理观念落后，管理能力和水平不高，交叉持有、通道业务占比过高。要借鉴国际经验，学习和掌握国际资产管理的先进理念和成熟做法，提升自身管理水平，更好地实现向“以客户为中心”的管理模式转变。加大对客户分层管理力度，按照不同客户以及同一客户在生命周期不同阶段和风险偏好、风险承受能力、财务目标，为其提供专业化、个性化服务，利用金融机构自身资源，为客户提供合适的延伸服务，通过国际化运作为投资者拓宽投资渠道，分散投资风险。

（三）协调好打破刚性兑付与保护投资者利益的关系

刚性兑付是制约我国资产管理业务进一步稳健发展的重要因素之一，打破刚性兑付有助于提高投资者风险意识，维护资产管理业务市场的公平和效率。但是，打破刚性兑付绝不是置投资者合法金融消费权益于不顾，简单粗暴拒赔了事。必须协调好打破刚性兑付与保护投资者利益的关系，推动“预期收益型产品”向“净值型产品”发展是打破刚性兑付的手段之一。同时，要加强金融机构资产管理产品销售行为的管理、募集资金投资行为的约束，设定必要的救助机制，包括设立风险准备金等，强化受托人义务，保护投资者利益。

（四）完善资产管理业务统计监测框架，强化信息披露

做好资产管理业务风险监测，有赖于建立和完善资产管理业务统计监测框架。人民银行作为金融业综合统计实施部门，应按照“统一、全面、协调、共享”的金融业综合统计要求，协调好银证保等金融监管部门，统一银行、证券、保险业资产管理业务的统计基础和制度。创新统计理念与方法，以金融机构与产品为双核心，以统计标准为基础，以资产管理产品为统计对象，建立涵盖产品注册、资金募集、资金投向、产品终止的全生命周期统计监测制度。努力做到“从流量到存量，从总量到结构，从数量到价格”的全方位统计。金融机构还应向投资者加大信息披露力度，包括产品资金投向、管理方式、估值模式、收益处置等情况。

建立统一的资产管理产品统计监测信息系统，达到“说得清、管得住”的目标。该系统统计框架可包括：直接交易对手统计、完整的资产负债框架、标准

化的统计分类和逐产品全生命周期统计。该系统的主要统计模块是资金来源和运用，包括基本信息（产品类型、业务模式、募集起始日期）、募集信息（起始募集信息、存续期募集信息、初始募集资金规模、当期申购兑付、净值及份额）、终止信息（到期实现收入、兑付客户收益、收益率）。重点关注五方面的统计指标。一是产品规模。包括资金募集和资产负债的总量，评估金融机构表外金融创新对重要总量指标的影响。二是产品关联性。包括机构、产品之间的相互交易，风险传染路径，金融体系内部循环的程度。三是产品资金来源结构。杠杆率 = 总资产/全部募集资金。四是产品期限结构。产品合同期限和剩余期限。五是产品收益率。负债端收益率，资产端的收益率，评估收益错配情况。

参考文献

[1] 曹祥金等．金融资产管理构建管理会计体系的特殊性探析 [J]．财会月刊，2017 (13).

[2] 高峰等．基于供给侧改革视角的商业银行资产管理业务转型发展研究 [J]．区域金融研究，2017 (1).

[3] 金艳平．上海市资产管理业务发展状况及对宏观调控的影响 [R]．中国人民银行上海总部工作报告，2016.

[4] 孟祥君．大资产管理的趋同特征与发展趋势 [J]．西南财经，2017 (1).

[5] 秦亚峰．我国保险资产管理行业发展问题研究 [J]．保险研究，2016 (10).

[6] 阮志鹏．商业银行资产管理业务发展研究 [J]．华北金融，2017 (5).

[7] 孙娟娟．大资产管理时代金融机构财富管理业务的差异化拓展——基于财富管理与资产管理的辨析 [J]．南方金融，2017 (1).

[8] 中国人民银行等．关于规范金融机构资产管理业务的指导意见（征求意见稿）[R]．2017.

[9] 中国人民银行合肥中支调查统计处．资管产品分析指标体系研究 [R]．人民银行金融统计制度会议交流材料，2018.

[10] 中国人民银行上海总部调研部课题组．境外理财市场的发展、监管及对我国的启示 [R]．中国人民银行上海总部重点课题，2015.

[11] 中国证券投资基金业协会．证券期货经营机构私募资产管理业务 2016 年统计年报 [R]．2017.

贸易洗钱风险研究与监管思考

中国人民银行上海总部金融服务二部课题组

课题组组长：姜　威

课题组成员：邓素霞　叶　青　郭　涵　石玉洲

肖祺敏　方　卉　余　培

摘　要

贸易洗钱的现象早已出现，但作为正式用语，最早出现于美国政府2006年1月发布的《洗钱威胁评估报告》。随后，反洗钱国际组织金融行动特别工作组（FATF）对贸易洗钱的定义被广泛接受，即“通过贸易来掩饰犯罪所得和转移资产价值，其意图是使犯罪所得的来源合法化或者资助犯罪活动”。

贸易洗钱的欺骗性和隐蔽性，使其获得了犯罪分子的青睐，给世界各主要经济体带来了严重威胁。贸易洗钱的手法主要围绕国际商业贸易活动展开，以欺诈虚报为基本特征，归纳起来主要包括：高报价格或低报价格、多报数量或少报数量、虚报商品和服务的质量及类型等、对商品和服务进行重复支付以及利用真实的贸易等几种。金融行动特别工作组对自由贸易区的洗钱风险做了专门研究，揭示了由于监管放松、企业低透明度等原因造成了自由贸易区的较高风险。由于我国在自由贸易区建设过程中，比较注重防范风险，采取了类似“监管沙盒”的做法，因此风险管控有力、有效。这也得到了司法实践的数据印证。

针对贸易洗钱活动，金融行动特别工作组、亚太反洗钱组织等主要反洗钱国际组织专门总结了贸易洗钱的异常特征、分析方法和应对过程中的主要问题；美国、新加坡等主要国际贸易中心也采取了相应措施，两国在其国家洗钱风险评估中都对贸易洗钱做了专门的审视评估，并在对金融机构的执法检查和业务指导方面制定了相应指引。美国还专门成立了贸易透明部门，以提高贸易洗钱的监测分析效率。

虽然我国在刑事司法依据、监管职责分配、资金监测体系上已经针对贸易洗钱做了一系列的安排；但是，从有效防范贸易洗钱风险的实际需要看，同时对标国际监管经验，还有一些问题，主要包括：数据信息共享不足、监管资源不能匹配、案例信息严重缺乏、监测分析欠缺经验、国际合作有待深化等。为健全和完善反贸易洗钱监管机制，针对以上问题，本文提出了以下工作建议：一是提高贸易洗钱风险防范意识，对我国面临的贸易洗钱风险开展全面评估；二是健全数据信息共享机制，为分析贸易洗钱打下坚实基础；三是按照“风险为本”原则加强监管力量，同时发挥金融机构反洗钱第一道防线的风险防范作用；四是加强部门联动，研究建立类似美国贸易透明部门的专门机构；五是推动国际间合作，实现跨国信息共享和联合监管。

本文从贸易洗钱的概念、手法、国际应对经验等方面进行了深入的研究与探索，总结和分析了我国反贸易洗钱的现状和不足，并提出了完善相关机制的工作建议，对下一步我国加强反贸易洗钱监管工作提供了有力的参考。由于总部条件限制，未能获取一定数量的司法实际案例展开分析，将在今后的工作中争取有所突破。

一、概述

（一）贸易洗钱的概念

贸易洗钱（Trade Based Money Laundering，TBML），作为正式用语最早由美国政府在其2006年1月发布的《洗钱威胁评估报告》（*Money Laundering Threat Assessment*）中提出。该报告侧重剖析当时出现在美国的贸易洗钱手法，研究的重点是黑市比索交易。20世纪80年代，哥伦比亚贩毒团伙成为美国境内毒品可卡因的最主要供应方。为了逃避美国缉毒部门的侦测和打击，贩毒分子设计并采用了黑市比索交易的洗钱手法，利用美国与哥伦比亚之间的国际贸易，清洗和转移在美国获取的毒品销售收入。据美国政府估计，哥伦比亚贩毒团伙每年在美国攫取的犯罪收益约为100亿美元，其中40亿美元通过黑市比索交易进行洗钱。但是，该报告未对贸易洗钱的概念做出一般的定义。

美国《洗钱威胁评估报告》引起了国际社会和各国政府对贸易洗钱的高度关注。反洗钱领域最权威的政府间国际组织——金融行动特别工作组（Financial Action Task Force，FATF）随即对贸易洗钱活动进一步开展调研。2006年6月，FATF发布了名为《贸易洗钱》（*Trade Based Money Laundering*）的专题报告，指出从国际上看，犯罪分子常用的洗钱手法可以归纳为三类：一是滥用金融体系；二是转移实物形态的现钞和有价证券；三是滥用贸易活动，即贸易洗钱。在这份报告中，FATF提出了贸易洗钱的正式定义：“通过贸易来掩饰犯罪所得和转移资产价值，其意图是使犯罪所得的来源合法化”。

后续对于贸易洗钱的探讨，基本沿袭了FATF上述研究框架。迄今为止，关于贸易洗钱的概念，理论界和实务界主要从三方面提出了修正意见。

第一种意见主张将贸易洗钱的概念扩展至恐怖融资活动。2008年2月，FATF发布研究报告《恐怖融资》（*Terrorist Financing*），指出滥用金融体系、转移实物资产和滥用商业贸易三种主要的洗钱方式均被恐怖分子运用；案例研究证实确有恐怖分子采取了“以商养恐”的做法，通过国际贸易募集和转移用于资助恐怖组织和恐怖活动的资金。同年 6 月，FATF 又发布了指引文件《关于打击贸易洗钱的最佳实践》（*Best Practices on Trade Based Money Laundering*），其中使用了“贸易洗钱/恐怖融资”的表述，并定义为“通过贸易来掩饰犯罪所得和转移资产价值，其意图是使犯罪所得的来源合法化或者资助犯罪活动”。由于 FATF 在反洗钱、反恐怖融资领域的权威性和影响力，这一定义很快即被普遍接受。

第二种意见认为关于贸易洗钱的研究应当聚焦于利用国际贸易实施的洗钱活动。2012 年 7 月，亚太反洗钱组织（Asia/Pacific Group on Money Laundering, APG）发布了《关于贸易洗钱的类型研究报告》（*APG Typology Report on Trade Based Money Laundering*）。该报告在沿用 FATF 对贸易洗钱定义的同时，提出应当重点研究国际贸易洗钱。其理由是：与国内贸易相比，在国际贸易中，商贸与金融结合更加紧密；资金结算往往涉及外汇，更加复杂；交易链条更长，有时甚至跨越多个国家，涉及跨境监管合作；因此更容易被洗钱分子利用。APG 在 FATF 贸易洗钱定义的基础上，区分了国际贸易和国内贸易的洗钱风险孰高孰低，进而将研究重点置于洗钱活动易发高发的国际贸易领域。这种务实的做法得到了大多数研究者的认同。

第三种意见提出贸易洗钱的外延应当扩展至逃避缴税、资本外逃等滥用国际贸易的行为。我国学者高增安就认为贸易洗钱与普通洗钱相比较，具有特殊性：贸易洗钱不依赖于上游犯罪而独立存在，行为人（进口商或者出口商）往往不持有非法收益，也没有掩饰非法收益使其在表面上合法化的主观故意，行为人更关心的是“税收筹划、资金的合意调动以及整体收益最大化”，因此，资本外逃和税收偷漏应当是贸易洗钱的一部分。这种意见过度突出了贸易洗钱滥用国际贸易的手法，并将其视为贸易洗钱的本质，进而将同样滥用国际贸易的资本外逃和税收偷漏纳入贸易洗钱的范围。其实，贸易洗钱作为一种洗钱手法，其本质仍然是掩饰和隐瞒犯罪所得及其收益；而资本外逃和税收偷漏所涉的资本来源，可能是合法经营的经济收入；不能将贸易洗钱与资本外逃、税收偷漏混为一谈。

综上所述，下文探讨的贸易洗钱，将使用 FATF 的定义，即“通过贸易来掩饰犯罪所得和转移资产价值，其意图是使犯罪所得的来源合法化或者资助犯罪活动”；而且主要研究通过滥用国际贸易的方式实施的洗钱活动。

（二）形势

随着经济全球化和信息化的深入发展，世界各国的联系日益紧密，国际贸易随之快速增长。根据世界贸易组织 2017 年 4 月发布的《2016 年全球贸易统计报告》，2016 年全球货物贸易出口额为 15.5 万亿美元，进口额为 15.8 万亿美元。

我国出口额为 2.1 万亿美元，进口额为 1.6 万亿美元。我国已连续八年保持全球第一大货物贸易出口国和第二大进口国地位。

与此同时，滥用国际贸易成为洗钱和恐怖融资的重要手段。2006 年，FATF 发布《贸易洗钱》专题研究报告指出，贸易洗钱之所以会对犯罪分子产生更大的吸引力，是因为国际贸易体系自身存在一系列固有风险，主要表现为：

一是国际贸易交易活跃，金额巨大。洗钱活动较易隐匿其中而难以被政府部门发现，这为犯罪组织实现跨境转移非法所得提供了更多的机会。

二是国际贸易在资金结算时，可能使用多种外汇，还可能涉及贸易融资的多种金融产品。犯罪组织可以利用复杂的资金交易，将非法所得混入正常往来的商业资金。

三是国际贸易涉及多个主权区域。在现行的国际合作机制下，国家之间往往只能依靠有限的查证机制来交换贸易信息。这也增加了发现贸易洗钱活动的难度。

四是虽然各国海关承担了对进出口贸易的监管监测职责，但是多数国家的海关能够用于甄别可疑贸易的监管资源相对有限。根据 FATF 的研究，各国对进出海关管辖区域的货物的检查比例往往低于 5% 。

贸易洗钱的欺骗性和隐蔽性，使其获得了犯罪分子的青睐，给世界各主要经济体带来了严重威胁。根据美国财政部金融犯罪执法网络（Financial Crimes Enforcement Network，FinCEN）2010 年的一项统计，2004 年 1 月至 2009 年 5 月，FinCEN 收到了超过 17000 份疑似涉及贸易洗钱的可疑交易报告，总金额超过 2760 亿美元。我国也是国际贸易大国，贸易洗钱对我国的威胁同样不可小觑。2007 年，金融行动特别工作组（FATF）对我国做出第三轮互评估报告时就指出，以贸易为掩护的洗钱是我国不法分子最常用的洗钱方式之一。

二、贸易洗钱手法

（一）主要手法

虽然贸易洗钱同时涉及贸易和金融两个领域，但其手法主要围绕国际商业贸易活动展开，归纳起来有以下几种。

1. 高报或低报价格

国际贸易的双方通过高报或低报商品、服务的价格，可以达到将偏离真实价格的那部分价值进行跨境转移的目的。如果出口方低报价格，就可以将相应的价值转移至进口方；反之，如果高报价格，则价值就从进口方转移至出口方。需要注意的是，这种洗钱手法同时会对税收产生重要影响。低报价格，将会减少在报关时需要缴纳的关税；而高报价格，出口方可能会以此获取更多的出口退税。因此，贸易洗钱经常会与走私、骗取出口退税等违法犯罪行为纠缠交织，难以区分。这可能也是在司法实践中较少发现和追究贸易洗钱犯罪的原因之一。

在贸易洗钱中，高报或低报价格，是应用较多的一种手法。这是因为对于海关而言，确定国际贸易的合理价格有较大的难度。通常来说，对于那些被广泛交易，甚至有公开报价的商品，海关比较容易确定其合理的市场价格。但是，一些交易范围较窄、消费受众不多的“小众商品”，由于价格水平的透明度较低，海关对其价格审核的依据有限，往往难以确定报关价格是否明显偏离市场价格。这些商品也就成为犯罪分子虚报价格的理想标的。2014 年 5 月，上海海关就披露了一起“小众商品”低报价格的走私案件。犯罪分子向海关申报从日本进口一批熏香和香炉，申报价格分别为每公斤 1923 日元和每公斤 423 日元。而进口熏香的实际平均单价为每公斤 200 美元至 3000 美元，香炉的实际平均单价为每只 150 美元至 2000 美元。犯罪分子通过制作假发票，以远远低于实际价格的金额申报进口。

2. 多报或少报数量

犯罪分子通过多报或少报进出口商品或跨境提供服务的数量，同样可以实现进口方与出口方之间的价值转移。在极端情况下，出口方甚至可能与进口方串谋仅仅备妥“虚构交易”的单据文件，实际根本不出口任何货物，不提供任何服务。由于服务的无形性，虚构服务贸易比虚构货物贸易更难以发现。

TAP 公司涉嫌洗钱案就是一宗虚构服务贸易的案件。TAP 公司是葡萄牙的一家航空运营商。截至 2013 年，Sonangol 集团旗下的安哥拉 Sonair 航空公司在 4 年内支付给 TAP 公司上千万欧元，用于飞机维修保养。但实际上，TAP 公司没有提供任何维修保养服务，其收取的费用最终转到了 Sonangol 集团的关联人员账户。2013 年底，TAP 公司承认收取了 Sonair 航空公司的钱款却未提供服务，因此被葡萄牙检察院指控涉嫌洗钱和伪造文件等罪名。

3. 虚报商品和服务的质量及类型等

对商品和服务进行虚假描述，也是贸易洗钱的一种主要手法。例如，出口方可能出口一批相对廉价的货物，但却按照另一种价格昂贵的货物开立发票，并向进口方收取发票上记载的金额，从而实现出口方与进口方之间的价值转移。当然，贸易的标的不限于货物，也可以是服务，如金融服务、咨询服务等。在一定程度上，服务的质量更加难以评价。

土耳其就曾发现一宗以小麦为伪装的黄金出口贸易。犯罪分子谎称运送小麦，暗中将小麦替换成黄金，从土耳其取道迪拜，最终出口到伊朗，涉案黄金制品共约 200 吨，价值合计 120 亿美元。调查人员从中发现了明显的自相矛盾之处：贸易资料说明这些小麦的原产地为迪拜；然而迪拜位于沙漠地带，不可能产出如此大量的小麦，并出口到其他国家。

4. 对商品和服务进行重复支付

洗钱分子可以对同一笔国际贸易开出多张发票，然后多次进行重复支付。如果再通过不同的金融机构来办理上述重复支付，就更增加了交易的复杂程度，降低了被发现的可能性。即使某宗涉及多次支付的贸易被发现，洗钱分子也能比较容易地给出多种表面合法的解释，例如修改了支付条款、基于同一合同产生了新的滞纳金费用等。这使贸易洗钱活动很难被察觉。

5. 利用真实的贸易

在贸易洗钱活动中，有时贸易本身完全没有问题。不法分子可以用非法所得来支付正常贸易的货款，再将购得的货物转售，以此回笼资金。在这种情况下，贸易标的的数量和价格可能都是真实、准确的，但犯罪所得却实现了跨境转移。

前面提到的黑市比索交易就是这样的实例。犯罪团伙将贩毒收入的美元资金交给比索交易的黑市中间人；而黑市中间人在哥伦比亚向犯罪团伙支付比索。然后，黑市中间人会去联系需要从美国进口商品的哥伦比亚进口商，代其向美国出口商支付美元。最后，哥伦比亚进口商收到商品，并将相应的比索付到黑市中间人在哥伦比亚的银行账户，从而补充了黑市中间人的比索资金。

（二）自由贸易区在反洗钱、反恐怖融资方面的短板

2010 年，金融行动特别工作组对自由贸易区内存在的洗钱风险进行了专门研究。研究显示，由于设立自由贸易区的初衷正是鼓励和发展国际贸易，因此在带来经济增长机遇的同时，也可能被犯罪分子利用实施贸易洗钱。从世界范围看，自由贸易区在反洗钱、反恐怖融资方面的不足主要表现为以下几点。

1. 监管放松带来的洗钱风险

在自由贸易区内，各国海关对货物及有关经济活动进行管理的范围和程度一般都有所放松。而自由贸易区内的货物又可能经历多种处理，如转运、组装、制造、加工、仓储、再包装、再贴牌或临时储存等。这就为执法当局全程监控货物带来了较大难度。

2. 企业低透明度带来的洗钱风险

很多自由贸易区实行相对简化的企业设立程序。有的自由贸易区管理部门几乎不要求申请设立的公司披露其控制权信息。自贸区内企业的低透明度，使其被犯罪分子利用为洗钱工具的风险概率大大增加。

3. 贸易数据整合不够带来的洗钱风险

大多数情况下，各国自由贸易区的海关未实现贸易数据的完全电子化，往往是同时使用纸质文件和电子信息。这对整合贸易数据造成了障碍。海关执法人员难以进一步利用技术手段进行分析，从中发现和调查异常贸易活动。

4. 部门协调难度较大带来的洗钱风险

对自由贸易区的监管，除了海关和自由贸易区管理部门之外，还可能涉及其

他监管机关或执法机关，有时这些部门还分属国家或者地方不同的行政级别。不同部门在政策层面和操作层面开展合作协调，客观存在一定困难，也可能导致被洗钱和恐怖融资分子利用的漏洞。

综上所述，自由贸易区之所以存在较高的贸易洗钱风险，一方面是因为区内频繁活跃的国际商贸活动；另一方面是因为一些自由贸易区成了政策洼地和监管盲区。从我国自由贸易区的建设历程看，在起步之初，其目标就是立足创新，先行先试，为国家全面改革和扩大开放积累新经验，探索新途径。因此，我国自由贸易区的很多试点举措在一定程度上与现今国际上的“监管沙盒”相似，即在自由贸易区的有限区域内，在风险监测和控制措施配套设置的情况下，在投资、贸易、金融、创业创新等方面成为改革的试验田，取得成功后再逐步向其他地区甚至全国推广。这就决定了我国的自由贸易区在风险管控上区别于传统意义上的自由贸易区。上海法院对涉自贸区案件司法大数据的研究成果也验证了这一点。2013 年 11 月至 2016 年 10 月，法院共计受理涉自贸区刑事案件 602 件；其中七成为传统多发刑事案件，数量排在前三位的分别是：盗窃，218 件；故意伤害，125 件；寻衅滋事，103 件。涉自贸区监管制度的刑事案件只是偶有发生。

三、应对贸易洗钱的国际经验

（一）金融行动特别工作组（FATF）

1. FATF 于 2006 年完成了《贸易洗钱》研究报告。该报告收集了 38 个国家和地区关于应对贸易洗钱的实践情况，并进行了比较研究。结果显示，有关国家和地区都对自身面临的贸易洗钱风险保持高度关注；其中一些监管机构或执法机构已经在运用一系列“异常特征指标”来甄别贸易洗钱活动，并在此基础上开展调查分析；在有关政府部门间实现国际贸易数据的信息共享，并加强对调查人员的专业培训，可以有效改进甄别贸易洗钱的工作效率。

FATF 总结的异常特征指标主要包括：提单与发票上的商品描述存在显著不同；提单（或发票）上描述的货物与实际运输的货物明显不同；发票上的商品价值与商品的合理市价存在明显差异；商品数量与出口商或进口商的日常业务规模不一致；商品种类与出口商或进口商的日常业务范围不一致；商品种类属于与洗钱活动相关的高风险商品；商品运进或运出地有高洗钱风险；交易的商品不具有相应的经济价值；商品运输途经某个国家或地区无合理理由；与没有明显交易关系的第三方发生现金或其他支付交易；交易涉及使用重复修改或经常延期的信用证；交易涉及空壳公司；支付方式与交易的风险特性不匹配，例如向风险较高的新供应商预付较大金额的货款。

2. 在 2006 年研究报告的基础上，FATF 又于 2008 年发布了指引性文件《关于打击贸易洗钱的最佳实践》，帮助各国提升对贸易数据的采集与运用能力，更加有效地监测、分析和调查贸易洗钱活动。这份文件从开展专业培训、完善监测指标、加强部门合作、保障信息安全、推进国际协作、提升贸易透明度等方面，总结了各国在打击贸易洗钱方面行之有效的政策措施和实践范例。

FATF 特别强调，对贸易和金融信息的共享和分析，是识别贸易洗钱的有效方式。基于此，FATF 归纳了以下几种主要的分析方法：一是比较国内外进出口数据，来甄别原产地、制造商、进口商、出口商、最终收货人、单价、进出口港口等信息中是否存在不符之处与异常情况；二是比较进出口两国官方掌握的单证信息，核查货物及运输情况，以确定两国的官方采集数据是否一致；三是利用自动化技术来分析进出口数据，例如通过和同类商品的平均单价比较，来识别贸易商是否以远高于或低于市场价的不合理价格进出口商品；四是将商品的原产地、描述、价格、收货方和寄货方详情、运输线路等信息，与现存数据库中的情报信息比较，或将海关出口信息和税务申报信息比较，来检查是否存在违规行为和异常之处；五是在上述数据分析的基础上，采取适当的后续行动，包括让贸易商进一步提供证明文件等。

（二）亚太反洗钱组织（APG）

APG 于 2012 年发布的贸易洗钱相关研究报告，在 FATF 研究成果的基础上，对贸易洗钱的运作模式及监测指标开展了进一步研究，将贸易洗钱的常见异常特征归纳为五大类，更加体系化：一是与货物有关，例如商品价格与市场价格之间存在重大差异；再如贸易单据文件关于货物的描述有明显矛盾。二是与贸易商有关，例如存在空壳公司或关联公司、公司使用虚假的联系地址等。三是与地理区域有关，例如货物的起运地、途经地或者目的地涉及洗钱高风险的国家或地区。四是与支付方式有关，例如由与贸易无关的第三方来收付款。五是与上游犯罪相关，例如出现了可能涉及洗钱上游犯罪的异常情况。

此外，APG 还向各国发放调查问卷，了解在应对贸易洗钱过程中遇到的问题和困难。APG 共计回收了来自 19 个司法辖区和 1 个国际组织的问卷回复。从回复看，反映比较集中的问题包括：缺少反贸易洗钱的专门培训，对贸易洗钱的警觉意识和甄别能力不足；在制定应对策略时，缺少与贸易洗钱相关的数据信息；人力有限，严重缺乏能够调查贸易洗钱活动的专业人才；系统滞后，不具备比对贸易数据和金融数据的条件等。

（三）美国

美国是最早关注贸易洗钱活动的贸易大国之一，建立了比较完整的监管机制。概括起来，其主要手段有三项，包括风险评估、执法检查和资金监测。

1. 风险评估。美国的反洗钱监管采取“风险为本”模式，因此比较重视对于洗钱风险的评估。早在 2006 年，美国就发布了《洗钱威胁评估报告》，其中专门介绍了贸易洗钱的情况。除了重点研究黑市比索交易的贸易洗钱手法，该报告还对自由贸易区的贸易洗钱风险、贵金属行业的贸易洗钱风险作了初步分析。美国洗钱风险评估的一大特点是统计数据比较丰富，因此有较强的可信度和说服力。美国财政部 2015 年 6 月又发布了《恐怖融资风险评估报告》，对 2001 年以来调查和起诉的恐怖融资案例做了分析，发现其中仅有 15% 的案例在部分环节涉及贸易活动。

2. 执法检查。美国各金融监管机构在开展反洗钱检查时，对贸易洗钱相关风险均保持了高度关注。为统一美国各金融监管机构的反洗钱检查标准，美国联邦金融机构检查委员会（Federal Financial Institutions Examination Council, FFIEC）于 2005 年颁布了《银行保密法/反洗钱检查手册》，后续又根据实践发展进行了多次修订，其中针对贸易融资业务的洗钱风险和检查方法做了专门规定。该手册要求美国金融监管机构在执法检查时，应当评估与银行的贸易融资活动相关的政策、程序及流程是否适当，能否使银行合理规避洗钱和恐怖融资风险；并对银行的交易监测系统和机制进行审查，确定银行能否有效识别和监控异常的贸易融资活动；通过抽取贸易融资业务样本，进一步核查反洗钱机制的健全性、有效性等。

3. 资金监测。资金监测在美国的反洗钱机制中一直占据重要地位。2010 年，美国财政部金融犯罪执法网络发布了《关于金融机构报送涉及贸易洗钱可疑交易报告的指引》。该指引分析了美国 2004 年以来涉及贸易融资的可疑交易报告，详尽地总结了主要的异常特征，包括：与合同双方明显无关的第三方来完成收付款；没有合理理由修改信用证、客户不能提供适当的贸易单据文件、贸易单据文件（包括提单、发票、装箱单、原产地证明等）的内容存在明显矛盾、付款银行账户的所在国家与进口商的所在国家不一致等。该指引强调某笔贸易具备异常特征，仅仅是可能涉及贸易洗钱；金融机构还应当结合客户身份识别和尽职调查的情况，开展进一步的甄别和分析。

为提高监测分析的效率，美国国土安全部在华盛顿设立了专门的贸易透明部门。该部门得到美国国务院的资助和美国财政部的支持，负责从贸易和金融方面对涉及贸易洗钱、偷逃税款等违法犯罪行为的异常情况进行调查。该部门还承担与其他国家类似部门的国际合作职责。截至 2016 年 6 月，该部门已与澳大利亚等 12 个国家的贸易透明部门建立了合作关系。

（四）新加坡

鉴于新加坡作为贸易中心、航运中心和金融中心的地位，其政府主管部门对贸易洗钱风险保持了高度警惕，在开展国家洗钱风险评估时，对新加坡面临的贸易洗钱活动及风险防控措施做了专门的审视评估；并在评估基础上，由新加坡金管局向商业银行提出了针对贸易洗钱的风控指引。具体如下：

1. 2014 年 1 月，新加坡内政部、贸易部和金管局历时两年完成该国首份国家洗钱风险评估报告——《新加坡国家洗钱和恐怖融资风险评估报告》。在这份评估报告中，新加坡认为，总体来说，该国银行业在反洗钱和反恐怖融资方面的内控机制卓有成效，但在贸易融资、代理行业务中仍有较大的改进空间，主要问题表现为：相关制度不健全、操作流程不完善、交易监测不到位等。

该报告同时指出，虽然来自新加坡外部的信息认为，贸易洗钱是新加坡面临的主要洗钱威胁之一，但是综合本国发现调查和外国请求协查的案件信息，其中涉及贸易洗钱的案件数量很少。

2. 针对上述国家风险评估报告揭示的问题，新加坡金管局 2015 年 10 月发布了《关于贸易融资和代理行业务的反洗钱、反恐怖融资指引》，其中以专门章节提示商业银行如何防范贸易洗钱活动。该指引要求商业银行采取以下应对措施。

（1）价格比对检查。如果货物贸易的价格存在可供比较的市场价格，商业银行应当将客户提供的发票价格与市场价格进行比对。相关内控制度应当明确具体的检查标准和方法，并列出发票价格与市场价格明显背离的后续控制措施。负责价格比对检查的部门应当独立于直接服务客户的前台业务部门，以避免利益冲突。商业银行应当定期核查作为比对基础的市场价格数据，以确保其有效性与合理性。

（2）关联交易检查。一般认为，关联交易存在涉及欺诈和金融犯罪的更大风险。因此，商业银行在发现贸易双方为关联方时，应当审慎考虑是否需要采取强化的尽职调查措施，例如进一步要求客户提供交易背景的证明材料，以便核实贸易的真实性。商业银行应在前中后台部门之间建立有效的信息共享机制，以便更加及时、准确地掌握贸易双方之间的关联关系。

（3）货物情况检查。该指引鼓励商业银行去查看与贸易相关的单证资料，检查有关货物情况的文字描述，特别是关注其中有无禁运货物、军民两用物品以及与客户经营业务不一致的货物。这项检查同样需要前中后台部门的通力合作。前台业务部门在实地拜访或定期回访客户时所掌握到的客户经营情况，应当与负责该项检查的中后台部门及时分享。

四、我国的反贸易洗钱实践及其不足

（一）我国的主要做法

1. 刑事打击

当前我国已经建立起了相对完备的打击洗钱犯罪活动的刑事法律体系，其特点为：多条文规定、多罪名规范。具体来说，分别是刑法“破坏金融管理秩序罪”章节的第一百九十一条洗钱罪、“妨害司法罪”章节的第三百一十二条掩饰、隐瞒犯罪所得、犯罪所得收益罪以及“走私、贩卖、运输、制造毒品罪”章节的第三百四十九条窝藏、转移、隐瞒毒品、毒赃罪。上述刑法条文基本实现了我国缔结和参加的反洗钱国际公约文件相关规定的国内立法转化。

由于我国反洗钱工作整体起步较晚，在司法实践中，对立法条文的理解仍然存在一些问题。例如，《刑法》第一百九十一条洗钱罪，该条第 1 款（1）至（5）项描述了具体的洗钱方法，其中（1）至（4）项均针对通过银行类金融机构实施的洗钱行为，而第（5）项“以其他方法掩饰、隐瞒犯罪的违法所得及其收益的性质和来源”属于兜底条款。根据刑法解释的类比性要求，兜底条款能否涵盖通过金融机构以外的其他途径实施洗钱犯罪，实践中一直存在疑问。这在一定程度上也影响了打击贸易洗钱活动的效果。

2009 年 11 月，最高人民法院公布了《关于审理洗钱等刑事案件具体应用法律若干问题的解释》，为司法机关依法准确有效打击洗钱犯罪活动提供了实体认定和程序适用的依据。该解释的第二条对刑法第一百九十一条第 1 款第（5）项规定的“其他”洗钱方法做出了细化规定，列举了“通过典当、租赁、买卖、投资等方式，协助转移、转换犯罪所得及其收益”等具体情形。根据最高人民法院刘为波法官的解读，其中通过买卖进行洗钱主要是指，以犯罪所得购买贵重金属、古玩字画、房产等大宗贵重物品以及利用进出口贸易进行跨境洗钱活动等。司法解释的发布，明确了打击贸易洗钱活动的刑事司法依据，厘清了实践中的争议。

2. 行政监管

贸易洗钱活动，涉及贸易和金融两大领域，对其做出有效防控监管，必须调动多个行政主管部门，凝聚合力，齐抓共管。2004 年 12 月，国务院批准了由人民银行牵头起草的《反洗钱工作部际联席会议制度》。该制度明确了各成员单位的具体职责，为部门间反洗钱协作建立了组织和机制保障。其中，除了承担国家反洗钱行政主管部门职责的人民银行，职责涉及贸易洗钱监管的行政部门主要还有：

（1）海关总署。职责是：研究建立在口岸现场打击跨境洗钱行为的监管和查处体系，加强对进出口贸易过程中的货币、存折、有价证券以及金银制品的进出境监管、查验，防止犯罪分子利用虚假进出口贸易进行洗钱活动；密切与相关部门的合作，制订信息共享和合作的工作方案，加强对进出口贸易的监测工作。

（2）外汇管理局。职责是：加强对跨境资金异常流动情况的监测，对涉嫌外汇违规的行为进行查处，对涉嫌其他违法犯罪的，移交相关的执法部门和司法机关处理。

(3) 商务部。职责是：参与加强对进出口贸易的监管，防止境内外不法分子勾结、利用虚假进出口贸易进行洗钱。

依托上述反洗钱联席会议机制，人民银行、海关总署、商务部和外汇管理局等部门在各司其职的同时，本着统一部署、协调配合的原则开展了大量协作。以海关为例，海关在日常工作中，不仅加强对进出口贸易中货物和运输工具的查验、报关单据审核和管理，防止犯罪分子利用虚假进出口贸易进行洗钱活动；还在侦查办案中加强对通过地下钱庄进行犯罪所得跨境转移、通过进出口贸易掩盖非法利润、通过现金走私转移犯罪所得等洗钱犯罪线索和证据的收集，积极配合人民银行各级反洗钱部门开展工作。根据《中国反洗钱报告（2013)》的介绍，2013 年5 月，广州黄埔海关缉私局东莞分局在侦办走私案件时，发现走私犯罪团伙涉嫌从事地下钱庄活动，立即将线索通报人民银行当地分支机构和公安局，并联合开展涉案账户核查，一举破获了地下钱庄，冻结涉案资金超过百万元人民币。

3. 金融监测

我国反洗钱法赋予人民银行负责反洗钱资金监测的职责。为此，人民银行建立了中国反洗钱监测分析中心，负责接收反洗钱义务机构报告的大额交易和可疑交易报告，并开展分析。根据《中国反洗钱报告（2015)》，2015 年，中国反洗钱监测分析中心就接收了大额交易报告约 4. 16 亿份；可疑交易报告 1118. 6 万份。

跨境交易是反洗钱资金监测分析的重点之一。2016 年 12 月发布的《金融机构大额交易和可疑交易报告管理办法》明确规定，自然人银行账户当日跨境款项划转在人民币 20 万元以上、外币等值 1 万美元以上，非自然人银行账户当日跨境款项划转在人民币 200 万元以上、外币等值 20 万美元以上，其开户银行应当报告大额交易。2012 年 8 月，人民银行专门发布了《关于加强跨境汇款业务反洗钱工作的通知》，部署金融机构加强对跨境汇款业务全流程的反洗钱风险管理，强化对跨境汇款交易的反洗钱监测，通过采取有效的技术手段，不断提高交易监测的时效性。

除反洗钱监测外，我国外汇管理局经过多年的建设与发展，也在国际收支统计的基础上，整合了结售汇统计、外债统计、担保登记、直接投资备案等业务数据，建立了一套具有中国特色的跨境资金流动监测分析体系，在分析国际收支形势的同时，也为对微观主体的经济行为开展“大数据”式的分析打下了基础。

(二) 需要改进的不足

虽然我国在刑事司法依据、监管职责分配、资金监测体系上已经针对贸易洗钱做了一系列的安排；但是，从有效防范贸易洗钱风险的实际需要看，同时对标国际监管经验，还有以下不足有待改进：

1. 信息割裂成为瓶颈。如前所述，贸易洗钱最主要的手法表现为虚报价格、数量、品类等信息，甚至于完全虚构交易。从 FATF 等国际组织的研究来看，整合分析贸易和金融信息，从中查找异常点和不符点，是发现贸易洗钱的有效方式。但是，现在我国的贸易和金融信息分散在不同部门，例如人民银行掌握反洗钱大额交易和可疑交易信息，进出口货物的报关信息由海关掌握，税务信息和发票信息由税务机关掌握。虽然各部门都掌握了海量的信息数据，但这些数据都只反映贸易活动的一个侧面，很难单凭某类数据来甄别和监测贸易洗钱活动。部门之间的信息共享程度和联动效率仍然较低，机制上、技术上均不具备贸易信息与金融信息批量比对的条件。即使与贸易相关的上游犯罪被侦破后，其他部门也不能及时获得相关信息，因此无法组织有效的数据碰撞和交易分析。

2. 监管资源不能匹配。贸易洗钱的隐蔽性强。不法分子为了逃避监管和打击，刻意利用复杂的国际贸易来转移资金，其中涉及的各种贸易方式和金融产品往往有较强的专业性。这就要求各相关部门不仅配置相当数量的监管人员，而且这些监管人员还需要具备相应的知识储备和专业能力。但在目前的行政监管架构下，对于贸易洗钱这种跨贸易和金融两个领域的不法活动，除人民银行外，海关、商务、工商、税务等有关部门的反洗钱工作参与程度依然偏低；从整体上看，所配置的监管资源无论是人员数量还是专业技能，都难以适应国际贸易当前规模及增长趋势背后所隐含的洗钱风险。除了人力资源不足，技术手段也存在短板。贸易洗钱活动藏身于大量正常的国际贸易之中，目前的监管科技手段还不能有效地从原始贸易数据和金融数据中筛选出有指向性的疑似贸易洗钱信息。

3. 案例信息严重缺乏。涉及贸易洗钱的案例缺乏，是困扰很多国家的共通性的一个问题。我国也不例外。根据 APG 在 2012 年开展的研究，关于贸易洗钱的案例少之又少，鲜被报告，主要可能有两方面原因：一是多数国家并不区分贸易洗钱与其他洗钱，因此，很难单独筛选和统计贸易洗钱的案例。二是很多贸易洗钱都会涉及向海关虚报信息，但海关发现此类情况一般首先从海关法规出发作行为定性，而不会考虑反洗钱方面的问题。案例信息作为一类重要的基础信息，可以用于分析洗钱手法，归纳异常特征，研判犯罪趋势，评估风险状况，对于防范和打击贸易洗钱具有重要作用。案例信息的缺乏将会严重制约这些工作的顺利开展。

4. 监测分析欠缺经验。国际贸易涉及的交易结构往往比较复杂，资金信息、单证信息、客户信息、货物信息、船舶信息等大量信息分散各处。如何排除干扰信息，发现异常情况，并进一步开展甄别和分析，最终有效确认疑点，不论是对于反洗钱主管部门，还是对于海关等涉及国际贸易的相关政府部门，都是一个巨大的挑战。贸易洗钱的特点是同时涉及贸易和金融两大领域。这就决定了针对贸易洗钱的监测分析需要整合贸易信息和金融信息，而且分析人员在处理信息时需要具备综合分析两类信息的知识、经验和技巧。但我国这方面的积累还十分有限。

5. 国际合作有待深化。单独看一个国家的贸易数据也会存在较为片面的情形，而国家之间的合作与共享有助于打破数据局限。2004 年，美国政府在国土安全调查局内成立全球第一家贸易透明部门。美国贸易透明部门曾同哥伦比亚合作，发起过多起对于黑市比索交易的调查，对于精准打击相关贸易洗钱活动发挥了重要的作用。在反洗钱领域，我国已经建立了金融情报信息协查的国际合作机制，中国反洗钱监测分析中心具体承担此项职能，目前已与境外 49 个国家和地区的反洗钱金融情报机构签署合作协议，商定双方基于互惠原则在涉嫌洗钱、恐怖融资及其他相关犯罪的信息收集、研判和互协查方面开展合作。但对于贸易信息的国际协查合作，目前尚未建立相应的机制，不利于及时发现和有效甄别异常贸易。

五、政策建议

利用国际贸易洗钱是犯罪分子清洗非法收益的一个重要渠道。随着国际贸易的不断增长，贸易洗钱对各国经济和社会安全的危害也日益严重。贸易洗钱的途径、模式和手法有较强的复杂性和专业性。为有效防范和遏制贸易洗钱风险，维护正常的国际贸易活动和经济金融秩序，保卫我国的国家安全并履行一个负责任大国对人类社会的担当，需要从以下几个方面开展工作，健全和完善反贸易洗钱监管机制。

一是提高贸易洗钱风险防范意识。要充分认识贸易洗钱的现实危害性和紧迫性。贸易洗钱涉及上游犯罪、国际贸易和洗钱活动等多个环节，会给国际政治、经济、金融和社会造成严重损害。随着国际社会在金融领域加强反洗钱监管力度，洗钱活动向非金融领域转移的趋势已经显现，国际贸易领域的洗钱风险较之以往明显上升。建议由人民银行牵头，联合海关、商务、工商、税务、公安等相关部门，共同组建专门团队，对我国面临的贸易洗钱风险开展全面评估，在摸清风险状况的基础上，制定相应的风险防控策略和措施。

二是健全数据信息共享机制，为分析贸易洗钱打下坚实基础。在互联网和大数据时代，利用多种信息数据资源开展监测分析，是政府监管工作发展的重要方向。为此，需要明确贸易数据和金融数据的统一技术标准，加强数据的标准化和规范化，为通过技术手段整合贸易洗钱的相关数据信息做好准备；建立标准化数据的统一数据库，以电子化方式进行存储和管理；明确各部门的数据提供责任和数据使用权限，建立有效合作、安全可控的信息共享机制；同时推进数据保密制度建设，依法设置数据查询权限，全面留存查询痕迹。数据信息共享还应当包括贸易洗钱实际案例的共享。需要建立案例统计的标准、方法和工作机制，推动相关办案部门及时将已决案件涉及贸易洗钱的信息要素规范上报，在此基础上形成案例数据库。

三是按照“风险为本”原则加强监管力量。“风险为本”的监管原则，要求监管资源的投入应当与风险的分布及大小相匹配。应当在全面评估我国贸易洗钱的风险现状及变化趋势的基础上，合理配置相应的监管资源，包括人员配置和技术手段。同时，应当强化对监管人员的技能培训，提升对贸易洗钱的识别、分析和调查能力。培训内容应当包含对实际洗钱案例的学习，以增强监管人员对异常监测指标的理解和运用，使其对贸易洗钱的可疑模式能够更加有效地做出识别；还应包含对数据分析技术的学习，使监管人员能够运用风险导向的分析体系，跟踪、识别相关数据的动态变化，发现贸易异常情况，进而实现对贸易洗钱活动的有效识别和打击。要继续发挥金融机构反洗钱第一道防线的风险防范作用，对其进行甄别贸易洗钱可疑资金活动的培训，引导其做好监管部门的情报前哨和有力助手。

四是加强部门联动，实现优势互补。犯罪分子通过贸易来掩护洗钱活动，其意图正是利用不同部门之间的监管断点和监测死角，以实现其清洗犯罪所得的目的。因此，防范和打击贸易洗钱，更需要整合相关部门的专业能力。建议在反洗钱联席会议的机制框架下，充分利用相关部门的专业知识和监管技能，建立反贸易洗钱的专项工作小组，统筹规划和安排工作；可以借鉴美国设立贸易透明部门的监管经验，研究建立专门机构，负责针对国际贸易的欺诈虚报及其他不法手段开展分析和调查，从而为各部门协作打击贸易洗钱提供有效支持。

五是加强国际间合作，实现跨国信息共享和联合监管。近年来，随着中国经济双向开放步伐不断加快，跨境贸易与跨境投资总量不断攀升，一方面是我国所面临的洗钱、恐怖融资和逃税风险逐步增大，存在加强国际合作的内生动力；另一方面也是国际社会对中国在反洗钱、反恐怖融资、反逃税领域进一步发挥作用充满期待，具有加强国际合作的外部需要。我国可以顺势而为，根据贸易洗钱风险状况，加强与重点国家（地区）的反洗钱监管合作，拓展反洗钱金融情报交流渠道，同时通过更广泛地签订备忘录和多边司法协助条约，建立跨境贸易信息的沟通查询机制，促进特定贸易数据和相关金融信息在国际相关部门的及时共享，对贸易洗钱实现全方位的精准打击，并有效追缴洗钱资金。

参考文献

[1] 高增安．国际贸易可疑洗钱行为透析［J］．财经科学，2007（3）．

[2] 金懿．上海海关查获香道文玩商品系列走私大案［EB/OL］．［2014-05-23］，http：//www. customs. gov. cn/publish/portal0/tab1/info707461. htm.

[3] 中国经济网．揭秘土耳其与伊朗间200吨秘密黄金贸易［EB/OL］.［2014－06－30］，http：//finance. ce. cn/rolling/201406/30/t20140630 _ 3061397. shtml.

[4] 非洲经贸在线．TAP公司涉嫌洗钱活动被检举［EB/OL］.［2017－08－07］，http：// www. entafrica. com/news/cj/hgjj/ao/2017/0809/1637. html.

[5] 上海市浦东新区人民法院．2013～2016年涉上海自贸区审判工作白皮书［EB/OL］.［2016－11－01］，http：//shfy. chinacourt. org/article/detail/2016/11/id/2334188. shtml.

[6] 孙天琦，高锋，刘苗苗．贸易洗钱：国际组织的研究与对策［J］. 中国外汇，2017（7）.

[7] 刘为波．最高人民法院关于审理洗钱等刑事案件具体应用法律若干问题的解释的理解与适用［J］. 人民司法，2009（23）.

[8] 中国人民银行．中国反洗钱报告（2013）［M］. 北京：中国金融出版社，2014.

[9] 中国人民银行．中国反洗钱报告（2015）［M］. 北京：中国金融出版社，2016.

[10] 中国人民银行．中国反洗钱报告（2014）［M］. 北京：中国金融出版社，2015.

[11] U. S. Money Laundering Threat Assessment，https：//www. treasury. gov/resource－center/terrorist－illicit－finance/Documents/mlta. pdf，2006－01－11.

[12] Trade Based Money Laundering，http：//www. fatf－gafi. org/media/fatf/documents/reports/Trade%20Based%20Money%20Laundering. pdf，2006－06－23.

[13] Terrorist Financing，http：//www. fatf－gafi. org/media/fatf/documents/reports/FATF%20Terrorist%20Financing%20Typologies%20Report. pdf，2008－02－29.

[14] Best Practices on Trade Based Money Laundering，http：//www. fatf－gafi. org/media/fatf/documents/recommendations/BPP%20Trade%20Based%20Money%20Laundering%202012%20COVER. pdf，2008－6－20.

[15] APG Typology Report on Trade Based Money Laundering，http：//www. fatf－gafi. org/media/fatf/documents/reports/Trade _ Based _ ML _ APGReport. pdf，2012－07－20.

[16] Trade－Based Money Laundering Overview and Policy Issues，https：//digital. library. unt. edu/ark：/67531/metadc855905/m2/1/high _ res _ d/R44541 _ 2016Jun22. pdf，2016－06－22.

[17] First Mutual Evaluation Report on Anti－Money Laundering and Combating the Financing of Terrorism：People's Republic of China，http：//www. fatf－gafi. org/

media/fatf/documents/reports/mer/MER%20China%20full. pdf, 2007 –06 –29.

[18] Money Laundering Vulnerabilities of Free Trade Zones, http://www. fatf – gafi. org/publications/methodsandtrends/documents/moneylaunderingvulnerabilitiesoffreetradezones. html, 2010 –03.

[19] Advisory to Financial Institutions on Filing Suspicious Activity Reports regarding Trade – Based Money Laundering, https://www. fincen. gov/sites/default/files/advisory/fin –2010 –a001. pdf, 2010 –02 –18.

[20] Singapore National Money Laundering and Terrorist Financing Risk Assessment Report, http://www. mas. gov. sg/ –/media/MAS/Regulations% 20and% 20Financial% 20Stability/Regulatory% 20and% 20Supervisory% 20Framework/Anti _ Money%20Laundering _ Countering%20the%20Financing%20of%20Terrorism/Singapore _ NRA _ Report. pdf, 2014 –01 –10.

[21] Guidance on Anti – Money Laundering and Countering the Financing of Terrorism Controls in Trade Finance and Correspondent Banking, http://www. mas. gov. sg/ –/media/MAS/News% 20and% 20Publications/Monographs% 20and% 20Information% 20Papers/Guidance% 20on% 20AML% 20CFT% 20Controls% 20in%20Trade%20Finance%20and%20Correspondent%20Banking. pdf, 2015 –10.

金融消费者投诉分类标准研究

中国人民银行上海总部金融消费权益保护部课题组

课题组组长：马绍刚

课题组成员：舒　雄　杨　佩　杨　洋　卢　静

摘　要

我国金融机构每天产生并沉淀大量的金融消费者投诉数据，但数据利用率低。不同金融机构之间，甚至有的金融机构内部不同部门之间，投诉分类标准不一，投诉数据呈现碎片化状态，难以进行深度挖掘得出有价值的信息。针对这一问题，为使金融管理部门能够从全行业角度归类分析不同金融机构之间的投诉数据信息，本文在深入研究域外投诉分类经验和我国投诉分类实践的基础上，结合工作实际，形成了金融消费者投诉分类标准。同时，通过在多家金融机构开展应用试点工作，检验该标准与金融机构业务、内部流程和系统的匹配程度，确保其具备可行性和可操作性，在使用中不断进行优化和完善。

本文的创新性主要表现在以下几方面：一是国内外学界、业界针对金融消费者投诉分类标准相关问题的研究十分有限，本文是这一领域的开创性研究；二是本文将金融消费权益保护与金融标准化两个主题紧密结合，是探索利用金融标准推进金融消费权益保护工作的开创性尝试；三是本文重点关注统一金融消费者投诉分类标准在消除信息壁垒、推动投诉数据共享和业务协同方面可以发挥的巨大作用，以及投诉大数据在支撑金融业健康发展、助力金融监管和金融消费者保护方面的重要作用，具有一定的前瞻性和先进性。

一、背景及意义

高效便民的金融消费者投诉受理、处理机制是保护金融消费者合法权益的重要手段之一。人民银行开展金融消费权益保护工作以来，不断畅通金融消费者投诉受理渠道，提高投诉处理效率，积极化解金融消费争议纠纷，以受理、处理金融消费者投诉促进金融机构完善内控制度和改进服务质量，取得了良好成效。

金融消费者投诉数据能及时有效地反映金融消费者对金融产品和服务的意见

和要求，也能较为充分地反映金融监管政策和金融机构内控制度的落地和执行情况。世界上主要国家的金融管理部门都非常重视对金融消费者投诉数据进行深度挖掘和分析。我国金融机构每天产生并沉淀大量的金融消费者投诉数据，但数据利用率低。由于各金融机构之间，甚至大型金融机构不同部门之间投诉分类标准不一，很难通过对全行业金融消费者投诉数据进行归类分析从而挖掘有价值的结构信息。因此，探索建立科学、统一的金融消费者投诉标准化分类体系，对提高投诉处理效率和投诉数据分析的准确性至关重要。

本文通过对域外投诉分类经验和我国投诉分类实践进行深入研究分析，结合工作实际，形成了我国第一部金融消费者投诉分类标准，是这一专门领域的开创性研究。本文创新性地将标准化与金融消费权益保护两个主题紧密结合，是探索利用金融标准助力金融消费权益保护工作的开创性尝试。同时，相关研究成果在实际工作中得到检验，并得以优化和完善，具有较高的理论和实际应用价值。

二、理论依据

本文旨在研究制定全行业统一的金融消费者投诉分类标准并应用于工作实践，符合国家方针政策和金融消费权益保护实际工作需要，主要体现在以下几方面。

（一）统一金融消费者投诉分类标准是加强金融风险防控的具体举措

党的十九大报告提出，“健全金融监管体系，守住不发生系统性金融风险的底线。”中央经济工作会议指出，打好防范化解重大风险攻坚战，重点是防控金融风险。第五次全国金融工作会议也提出“服务实体经济、防控金融风险、深化金融改革”的金融工作主题。金融标准是金融业治理体系和治理能力现代化的基础保障，可以在加强金融监管、防控金融风险、深化金融改革等多方面发挥积极作用。金融消费者投诉分类标准相关工作是认真贯彻落实党的十九大、中央经济工作会议、全国金融工作会议精神的具体举措，可以在掌握行业全貌、发现共性问题、防控金融风险等方面发挥重要作用。

（二）统一金融消费者投诉分类标准是金融标准化战略的重要组成

党的十八大以来，党中央、国务院对标准化工作的重视前所未有。随着政府职能逐步简政放权，标准作为辅助行业管理、规范行业发展、形成规模化效应的重要手段，将在社会治理体系中发挥更重要的作用。在金融领域，人民银行认真履行国务院赋予的职责，积极组织协调各金融监管部门和金融机构，扎实推进金融标准的建设和实施工作。2017 年 5 月，人民银行、银监会、证监会、保监会、国家标准委联合发布《金融业标准化体系建设发展规划（2016 ~ 2020 年）》。在其中“金融业国家标准、行业标准建设重点”专栏，第四类“金融监管与风险防控标准”中，明确提出要“制定消费者权益保护标准”。同时，在发展规划任务分工和2017～2018年金融标准化工作要点中，都纳入了“建立金融消费者投诉分类标准”的内容。

（三）统一金融消费者投诉分类标准是在投诉相关工作领域贯彻国家大数据战略的基础保障

习近平总书记在主持中共中央政治局第二次集体学习时强调，推动实施国家大数据战略，加快完善数字基础设施，推进数据资源整合和开放共享，保障数据安全，加快建设数字中国，更好服务我国经济社会发展和人民生活改善。建立全行业统一的金融消费者投诉分类标准，可以使金融机构对投诉分类的界定以及投诉数据的报送口径形成统一理解，有利于汇集全行业、全口径投诉数据，通过加以深度挖掘分析，能更加准确把握金融市场整体运行和风险情况，为工作决策做好数据支撑。

（四）统一金融消费者投诉分类标准是加强金融消费者保护，实现金融业持续健康发展的有力支撑

制定并实施统一的金融消费者投诉分类标准，有利于加强金融消费者保护，促进金融业持续健康发展。

从金融机构角度看，建立科学、统一的金融消费者投诉分类标准，将促使金融机构实现投诉处理流程、管理模式的规范化、标准化、程序化，降低投诉管理的复杂性和难度，提升金融机构风险管理水平。同时，有利于金融机构全面、合理、准确地对金融消费者投诉数据进行统计分析，发现问题和潜在风险点，对金融产品和服务、业务流程和管理模式等进行有针对性的改进，促使金融机构进一步完善内部管理，提升服务质量，加强金融消费者保护，提高市场竞争力。

从金融监管角度看，金融机构根据统一的投诉分类标准向金融管理部门报送投诉数据信息，有利于金融管理部门汇总掌握行业整体情况，及早识别、预警、发现、处置全行业共性问题和风险；有利于消除信息壁垒，推动不同金融管理部门间数据共享和业务协同；也有利于金融管理部门全面及时掌握金融机构工作动态和特点，分析摸清工作规律，便于对金融机构相关工作进行有针对性的指导和督促。

（五）统一金融消费者投诉分类标准是全面推进金融消费权益保护各项工作的重要抓手

从金融消费权益保护工作形势与需要看，建立统一的金融消费者投诉分类标准是建立投诉统计监测制度的基础，可以服务于金融消费权益保护工作的多个方面。通过对金融消费者投诉数据进行深度挖掘和分析，有利于提高投诉受理、处

理效率，支撑投诉受理、处理工作走向深入；可以为监督检查工作提供线索和指引；可以发现金融消费者知识、能力、意识等方面的薄弱环节，提高金融消费者教育工作的针对性和有效性；也可以反映金融消费者对金融产品和服务的意见和需求，为普惠金融相关工作提供参考。

（六）统一金融消费者投诉分类标准是国际通行做法和良好经验在我国的具体实践

世界银行《金融消费者保护的良好经验》指出，功能完善的金融消费者保护体制，“对消费者投诉的事项，包括这些投诉所涉及的违规行为，要定期编纂并由金融督察机构或金融监管机构公开。投诉应当依据产品类型编制，便于识别以帮助改进相应服务”“监管机构有法定义务公开其金融消费者保护活动的统计信息和分析，并对改变监管方式和金融消费者教育方式提出建议，以从源头上避免发生系统性的消费者投诉”。[①] 世界上主要国家的金融管理部门均十分重视对投诉数据的深度挖掘和分析。建立统一的金融消费者投诉分类标准，加强对投诉数据的汇总统计分析，助力金融消费权益保护工作，符合金融消费者保护的国际通行做法。

三、域外金融消费者投诉分类实践

本文对域外多个国家和地区金融消费者投诉分类实践进行了深入分析和研究，并重点关注了其中最具代表性的英国、美国和中国香港地区的做法。

（一）英国金融行为监管局及申诉专员服务公司的投诉分类实践

英国《2012 年金融服务法》对英国金融监管体系进行了全面改革，拆分了金融服务监管局（FSA），创建了一个新的监管体制，包括金融政策委员会（FPC）、审慎监管局（PRA）和金融行为监管局（FCA）。FCA 作为银行、证券、保险全覆盖的监管机构，不直接受理金融消费者投诉，但要求所有受其监管的金融机构都必须报送投诉数据，把报送投诉数据作为其监管报告制度的一部分，原则上一年报送两次。在相关报表模板中，FCA 根据金融产品或服务类型将金融消费者投诉分为银行及信贷类、抵押贷款和房屋金融类、一般保险类、支付保障保险（Payment Protection Insurance，PPI）类、养老金类和投资类六大类，分类较为笼统。

① 世界银行《金融消费者保护的良好经验》第二章《金融消费者保护的通用良好经验》第 27 条、第 28 条。

how the ombudsman's omplaint product – codes map to the five FCA product groups

the 6 FCA product groups

1. banking & credit	2. mortgages & home finance	3. general insurance/pure protection	4. payment protection insurance PPI	5. decumulation life & pensions	6. Investments
■Administering credit for a lender ■Banker's Reference ■Cash ISA – Individual Savings Account ■Catalogue Shopping ■Cheques/Drafts ■Conditional Sale ■Credit Broking ■Creditd Card Accounts ■Credit Reference Agency ■Crowdfunding(investrment – based) ■Crowdfunding(loan – based) ■Current Accounts ■Debit/Cash Cards ■Current Accounts ■Direct Debits/Standing Orders ■Electronic Money ■Executorships/Trusteeships ■Foreign Currency ■Guarantor Loans ■Hire Purchase ■Hiring/Leasing/Renting ■Home Credit	■Home Income Plans ■Home Purechase Plans ■House Mortgages ■Sale and Rentback	■Buildings Insurance ■Buildings Warranties ■Business Protection Insurance ■Caravan Insurance ■Card Protection Insurance ■Car/Motorcycle Insurance ■Commercial Legal Expenses Insurance ■Commercial Property Insurance ■Connected Travel Insurance ■Contents Insurance ■Critical Illness Insurance ■GAP Insurance – Guaranteed Asset Protection ■Home Emergency Cover ■Income Protection/Permanent Health Insurance ■Legal Expenses Insurance ■Long Term Care Insurance ■Marine/Small Craft Insurance ■Mobile Phone Insurance ■Motor Warranties ■Personal Accident Insurance	■Payment Protection Insurance	■Annuities ■Back to Back Annuities ■EPP – Executive Pension Plans ■FSAVE – Free Standing Additional Voluntary Contributions ■Income Drawdowns ■Occupational Pension Transfers/Opt Out ■Pension Mortgages ■Personal Pensions ■SERPS – State Earnings Related Pensions Schemes ■SIPP – Self Invested Personal Pensions ■SSAS – Small Self Administered Schemes ■Whole – of – Life	■Back to Back Bonds/Endowments ■Capital Protected Structured Products ■Children's Savings Plans ■Corporate Bonds ■Demutualisation ■Derivatives ■Endowment Savings Plans(Not Child) ■Enterprise Investment Schemes ■Film Partnerships ■Interest Rate Hedge ■Investment Trusts ■ISA – Individual Saving Accounts(Not Cash) ■Mortgage Endowments ■Long Term Care Bonds ■Non – Structured Periodically Guaranteed Fund ■OEIC – Open Ended Investment Companies ■PEP – Personal Equity Plans ■Portfolio Management

1. banking & credit	2. mortgages & home finance	3. general insurance/pure protection	4. payment protection insurance PPI	5. decumulation life & pensions	6. Investments
■Instalment Loans ■Interbank Transfers ■Logbook Loans ■Merchant Acquiring ■Money Remittance ■Overdrafts and Loans ■Packaged Bank Accounts ■Pawnbroking ■PaydayLoans ■Point of Sale Loans ■Premium Bonds ■Provision of Credit Information Services (Credit Repair) ■Safe Custody		■Pets and Livestock Insurance ■Private Medical/Dental Insurance ■Roadside Assistance Insurance ■Special Event Insurance ■Special Insurance ■Term Assurance ■Travel Insurance ■Warranties			■ SCARPs – Structured Capital at Risk Products ■Share Dealings ■Split Capital ■Spread Betting ■Traded Endowments ■ Unit – Linked Investment Bonds ■Unit Trusts ■With – Profits Bonds ■ Zero Dividend Preference Shares

注:本图来源于 FOS 网站。

图 1　FOS 投诉产品编码与 FCA 的 6 种产品分类对应

在英国，负责处理金融消费者投诉纠纷的机构是金融申诉专员服务公司（FOS）。FOS 依据《2000 年金融服务与市场法》设立，提供覆盖全部金融业的“一站式”投诉纠纷处理服务，力求公平、合理、快捷地处理金融消费者投诉纠纷。2016～2017 财年，FOS 共受理了 1394379 件咨询和投诉。其中，新收到投诉 321283 件。2016～2017 财年，FOS 共处理了 336381 件投诉。① 从 2009 年 9 月起，FOS 每 6 个月公布一次金融消费者对金融机构的投诉数量，并对在 6 个月内有 30 个及以上投诉的金融机构进行点名。

FOS 根据金融产品或服务类型对投诉进行分类，分类较为详细，如图 1 所示。FOS 的投诉分类可大致与 FCA 的 6 种产品分类对应，可以看作是对 FCA 投诉分类的细化。

（二）美国金融消费者保护局的投诉分类实践

次贷危机后，美国根据《多德—弗兰克华尔街改革与消费者保护法案》（以下简称《多德—弗兰克法案》）成立金融消费者保护局（Consumer Financial Protection Bureau，CFPB），对资产规模超过 100 亿美元的银行、信用合作社和其他金融公司进行监管，并且负责执行消费金融法律，使金融消费者免受不公正、欺骗性、滥用的市场行为所害，加强对金融消费者的保护。

根据《多德—弗兰克法案》有关规定，收集、调查和回应消费者投诉是 CFPB 工作的重要组成部分。CFPB 从 2011 年 7 月运营之初就开始受理金融消费者投诉。截至 2017 年 3 月 1 日，已经处理了超过 1136000 件投诉。

CFPB 对金融消费者投诉的分类是从消费者的角度出发，分为两个维度：一是按照金融产品或服务类型不同进行划分；二是在第一维度下，按照金融消费者反映的不同问题再进行划分。

根据 CFPB 消费者反馈办公室（Office of Consumer Response）发布的《消费者投诉表格产品和问题选项》②，以金融产品或服务为标准，CFPB 将投诉分为九大类、四十八个子类。九大类投诉分别为住房按揭、债务催收、征信、信用修复服务和其他消费者个人报告、信用卡或预付费卡、支票或储蓄账户、车辆贷款或租赁、学生贷款、发薪日贷款、（车辆）所有权贷款和个人贷款、汇款、虚拟货币和货币服务。其中大类又分别细分为若干子类。

在第一个维度下，以金融消费者反映的不同问题为标准，CFPB 将投诉分为大类问题和子类问题，每个大类问题根据情况细分为若干子类问题。以学生贷款为例，学生贷款（产品）分为联邦学生贷款（子产品）和私人学生贷款（子产

① 相关数据来源于 FOS 2016～2017 财年年报。

② 2017 年 4 月正式更新生效。

品)。对应的问题包括贷款获取、与贷款人或服务商打交道、还款困难、信用报告或信用评分。其中与贷款人或服务商打交道、还款困难两个问题又细分为若干子问题（见表1)。

表 1　　　　CFPB 消费者投诉分类示例

产品：学生贷款

<table>
<tr><th>子产品</th><th>大类问题</th><th>子问题</th></tr>
<tr><td rowspan="11">联邦学生贷款</td><td>贷款获取</td><td></td></tr>
<tr><td rowspan="6">与贷款人或服务商打交道（还款、获取有关信息、账户管理）</td><td>付款问题</td></tr>
<tr><td>对费用有疑义</td></tr>
<tr><td>贷款相关信息存在问题</td></tr>
<tr><td>需要有关贷款余额或条款的信息</td></tr>
<tr><td>持续接到贷款相关的来电</td></tr>
<tr><td>客服问题</td></tr>
<tr><td rowspan="3">还款困难（推迟还款、债务展期、违约、破产、还款计划、借新还旧）</td><td>无法降低月还款额</td></tr>
<tr><td>不能临时推迟还款</td></tr>
<tr><td>没有偿还贷款的其他灵活方案</td></tr>
<tr><td>信用报告或信用评分</td><td></td></tr>
</table>

CFPB 以金融产品或服务的类型为主、以消费者反映问题为辅的分类标准，能够准确反映消费者投诉的集中业务领域和问题，有助于金融机构快速找到并解决问题。同时，将每一种投诉类别都通过“大类 + 子类 + 问题 + 子问题”的方式进行细分，提高了消费者投诉分类的准确性。

(三) 香港金融管理局的投诉分类实践

香港金融管理局（以下简称金管局）于 1993 年 4 月 1 日成立，是负责促进香港银行业体系整体稳定及有效运作的政府机构。金管局监管持牌银行、有限制牌照的银行及接受存款的公司。虽然金管局在保障消费者权益方面并无明确的法定责任，但有责任加强监察银行业遵守《银行营运守则》的情况，确保银行以负责、诚实及务实的态度经营，促进银行维持正当操守标准及良好和稳妥的业务规则。消费者可以就任何银行服务向金管局提出投诉，包括一般银行、投资及保险服务。

从投诉分类来看，金管局在其官方网站《投诉银行产品或服务须知》中列举了四种不同类型的投诉案例，包括：（1）投诉牵涉的事项纯属商业性质（如银行服务的费用或质量)；（2）投诉涉及银行的投诉处理程序；（3）投诉可能引起监管方面的问题，例如投诉内容显示银行可能违反金管局的监管指引或《银行营运守则》；（4）投诉涉及银行或其员工（包括其高级管理人员）的行为，包括由银行代理的证券及期货业务活动所引致的投诉，例如银行销售人员没有披露应披露的信息等。①

四、我国金融消费者投诉处理机制及投诉分类实践

实践中，我国金融管理部门和金融机构均建立了金融消费者投诉受理、处理机制，并对金融消费者投诉进行分类。

（一）我国金融管理部门的投诉分类实践

1. 人民银行的投诉分类实践

人民银行于2013年开始设计开发“金融消费权益保护信息管理系统”和“金融消费权益保护数据库”。在系统和数据库研发、上线过程中，根据《中国人民银行金融消费权益保护工作管理办法（试行）》，对金融消费者的投诉从3个维度进行分类：一是按照投诉受理范围、投诉处理手段以及被投诉机构类型对投诉进行分类；二是对人民银行法定职责范围内的投诉，按照业务类型分为理财、电子银行、保险业务、国库管理、银行卡、银行代理业务（跨市场、跨行业交叉性业务）、贷款、证券期货业务、外汇管理、储蓄、人民币管理、支付结算管理、征信管理、贵金属、个人金融信息、其他十六类；三是按照投诉原因分为服务态度、服务质量、信息披露、定价收费、推诿拒办、产品服务、强制交易、虚假信息、个人金融信息、消费者误解、产品收益、违法违规、其他十三类。

2. 银监会的投诉分类实践

目前，银监会对银行业消费者投诉按照3个维度进行分类：一是按业务领域分类，包括信用卡、银行理财、存款业务、转账汇兑、个人贷款、代理保险、代理基金、其他代理业务、服务设施及环境、外汇黄金业务、电子银行、其他十二类；二是按原因分类，包括虚假宣传、信息披露不足、服务设限、服务收费、服务态度及服务水平类、服务流程或系统、其他七类；三是投诉渠道分类，包括书面投诉、电话投诉、现场投诉、网络投诉、其他五类。

3. 保监会的投诉分类实践

保监会于2013年发布《保险消费者投诉处理管理办法》（保监会令2013年第8号），根据该办法，对保险消费者投诉按照以下5个维度进行大类划分：一是按投诉渠道（12378热线、信件、网络、来访）；二是按投诉事项涉及类别（一级分类为涉及保险公司合同纠纷类投诉、涉及保险公司违法违规类投诉、涉及中介机构合同纠纷类投诉、涉及中介机构违法违规类投诉）；三是按投诉涉及

① 香港金融管理局：投诉银行产品或服务须知，http：//www. hkma. gov. hk/gb _ chi/other - information/consumer - information/complaint _ handling _ leaflet _ b. shtml，2017年11月30日最后访问。

地区（以省为单位）；四是按投诉涉及机构（按照财产险公司、人身险公司和中介机构以及中资、外资性质分别归类）；五是按险种（一级险种为财产险和人身险）。此外，保监会还对上述大类进行子类划分。

（二）我国商业银行的投诉分类实践

商业银行作为面对和处理客户投诉的一线，受理、处理的客户投诉数量更庞大、内容更复杂。在投诉分类方面，商业银行最基本的投诉分类包括按时间跨度（如每天、每月、每年或选择任意时间段等）、按地区分布（如分省、分具体网点等）、按受理渠道（如电话、信息、网络、来访）等。同时，虽然商业银行在业务类型、优先程度、责任认定等方面的投诉分类标准大同小异，但不同商业银行由于规模大小、业务种类、服务范围等存在差异，在投诉分类标准的设计上也有所区别。

以农业银行为例。农业银行投诉受理部门为客户服务中心，总部设在天津，下设合肥、成都、重庆、上海和广州 5 个客服分中心。农业银行广州客服分中心依据客户来电内容及广东地区特点，将事件分为投诉、问题反映、求助、表扬和预约五类，并对投诉大类进行细分。这一投诉分类经过多年改进细化后，基本可涵盖各类投诉，其具体改进过程如表 2 所示，但仍存在分类笼统、行内分类不统一等问题。

（三）我国金融消费者投诉分类标准目前存在的问题

1. 缺乏统一的金融消费者投诉分类标准。目前，我国金融管理部门之间、各金融机构之间尚未形成统一、全面、具体的金融消费者投诉分类标准。各自现有的分类标准仅用于内部数据统计分析，对具体投诉处理工作帮助有限。多种分类方式并存不利于金融管理部门汇总统计全行业数据及对金融机构进行横向比较，还加大了投诉数据信息在不同部门间共享的难度。

2. 各金融机构之间对金融消费者投诉的界定及分类存在较大差异。例如，交通银行投诉类客户意见按照责任认定情况分为有责投诉、争议投诉和一般投诉；而招商银行从全面真实反映金融消费者诉求的视角考虑，明确凡是客户通过电话、书信、电子邮件、微博、微信等各种渠道表达出对招行产品和服务的意见、抱怨及不满均纳入投诉的范畴。

3. 金融机构与金融管理部门的分类思路存在较大差异。金融管理部门进行投诉分类的主要目的是汇总投诉数据，分析行业共性问题，而金融机构进行投诉分类的出发点是为了快速解决投诉，维系客户体验。在实践中，金融机构接到消费者投诉后，首先会根据客户不同资产等级或投诉的轻重缓急进行分类，再根据业务类别进行划分，主要是为了便于将投诉转办相应的业务部门，提高投诉处理效率，最后进行有责无责的认定。

表 2 2013～2015 年中国农业银行客户服务中心广州分中心消费者投诉分类

2013 年投诉分类表		2014 年投诉分类表		2015 年投诉分类表	
投诉子类	统计指标	投诉子类	统计指标	投诉子类	统计指标
对网点投诉	服务态度差	投诉网点服务	服务态度	投诉网点服务	服务态度
	出现业务差错		业务差错		业务差错
	工作效率低		收费有误		收费有误
	小计笔数		工作效率低		工作效率低
			其他网点服务投诉		其他网点服务投诉
		网点管理	无理由拒办业务	网点管理	拒办业务
			网点未按时营业		网点未按时营业
			网点电话难以接通		网点电话难以接通
			网点现场疏导		网点现场疏导
			网点环境欠佳		网点环境设施问题
			营销方式不当		指引不当
			贷款问题		营销方式不当
			收费投诉		贷款问题
			其他网点管理问题		收费投诉
		产品服务	理财问题		其他网点管理问题
			保险问题	产品服务	理财问题
			代扣代收问题		保险问题
			其他产品服务问题		产品质量问题
		其他投诉	残钞		代扣代收问题
			假钞		其他产品服务问题
			反映其他问题	其他投诉	残钞
					假钞
					反映其他问题

注：本表根据中国农业银行提供材料整理。2015 年 5 月，人民银行选择在农业银行开展金融消费者投诉分类标准应用试点工作。农业银行整合全行客服热线、信用卡客服渠道、微博和电子邮件等渠道试用金融消费者投诉分类标准。

五、金融消费者投诉分类标准

本文在对国外金融消费者投诉分类经验和国内金融管理部门及金融机构分类实践进行深入分析研究的基础上，得出建立全行业统一的金融消费者投诉分类标准的几点具体建议。

一是明确以金融业务领域为主，辅助以其他维度的多维度分类思路。金融消费者投诉的复杂性和多维性决定了投诉分类标准也必然是多维的。从国内外实践经验看，通过金融业务领域进行分类，有助于发现投诉集中的金融产品或服务，进行有针对性的处置和改进，也有助于金融机构按照业务条线分类处理投诉，提高投诉处理的效率。

二是明确“大类＋子类＋问题＋子问题”的多层级分类体系。在依据金融业务领域进行投诉分类的基础上，针对业务流程各环节以及消费者在业务办理过程中遇到的问题进行多层级划分，有助于对消费者投诉进行更深入的分类，提高投诉分类的准确性。

三是明确“科学、合理、适度、可行”的分类原则。既要考虑行业当前实际，又要顾及前瞻性和可持续性，既要能够反映出行业共性问题，又不能过于烦琐，给具体操作人员增加过度负担，既要规范、准确，又要便于理解、易于执行。

在明确金融消费者投诉分类思路、分类体系、分类原则的基础上，本文结合我国金融管理部门金融消费者投诉分类统计的现状，形成了《金融消费者投诉分类标准（金融机构试行）》（见附录1），分别从金融消费者投诉业务渠道、业务类别和投诉原因三个方面，多维度、多层次，全面、科学、准确地对金融消费者投诉进行详细划分。

（一）金融消费者投诉业务办理渠道

金融消费者投诉业务办理渠道分类既包括传统线下业务渠道，也包括自助设备渠道和电子网络渠道。

金融消费者业务办理渠道分为五大类、十个子类，包括柜面、自助机具、电子渠道、第三方渠道和其他。

（二）金融消费者投诉业务类别

金融消费者投诉业务的大类划分以人民银行职责范围所涉及的金融业务为主，子类主要是对各类投诉所涉及金融业务的具体类型予以划分，对一些可能产生交叉的领域进行了区分，避免分类时的重叠现象。其次，子类并不完全规定，可以随着金融机构业务发展的需要而增加。

金融消费者投诉业务类别分为十六个大类、七十四个子类，主要以银行业务的细化为主，包括储蓄、贷款、银行卡、理财、支付结算、人民币管理、征信、国库、外汇、贵金属、个人金融信息、银行代理业务、中间业务、其他、证券期货业务和保险业务。暂不对证券期货业务和保险业务进行细化。

（三）金融消费者投诉原因

《国务院办公厅关于加强金融消费者权益保护工作的指导意见》（国办发〔2015〕81号）规定了金融消费者财产安全权、知情权、自主选择权、公平交易权、依法求偿权、受教育权、受尊重权、信息安全权八项基本权利。金融消费者投诉原因可以与金融消费者基本权利相结合，在对投诉原因进行分类的同时，对消费者合法权益受到侵害的情形进行分类。

金融消费者投诉原因分为九大类、十六个子类，包括因服务态度及服务质量，金融机构服务设施、设备，金融机构管理制度、业务规则与流程及业务系统，定价收费，产品收益，信息披露，消费者自主选择权，消费者误解和涉嫌违法违规引起的争议。

以金融消费者投诉分类标准为基础，人民银行会同银监会积极推动制定相关金融行业标准。经前期项目申报和立项评审，2017年11月9日，全国金融标准化技术委员会（以下简称金标委）正式下达了《金融消费者投诉统计分类及编码》金融行业标准制订计划。12月6日，人民银行金融消费权益保护局和银监会银行业消费者权益保护局联合启动了标准编制工作，相关工作目前正在稳步推进中。

六、开展金融消费者投诉分类标准应用试点工作

为检验金融消费者投诉分类标准与金融机构业务、内部流程和系统的匹配程度，确保其具备可行性和可操作性，人民银行先后分三批在农业银行、交通银行、中国银行、建设银行4家国有大型商业银行，中信银行、光大银行、华夏银行、民生银行、招商银行、兴业银行、广发银行、浦发银行8家全国性股份制银行，汇丰银行（中国）1家外资法人银行和全国31个省（自治区、直辖市）的108家地方法人银行业金融机构开展了该标准应用试点工作。

（一）试点成效

从试点工作效果看，农业银行、交通银行、建设银行均已全面推行金融消费者投诉分类标准。农业银行整合全行客服热线、信用卡客服渠道、微博和电子邮件等渠道试用投诉分类标准。交通银行优化升级客户服务工单系统，在全行范围正式执行投诉分类标准。建设银行对客户服务系统进行了升级完善，全面试用投诉分类标准。

人民银行成都分行、重庆营管部已每月按分类标准报送辖内试点银行的投诉统计数据；重庆营管部指导辖内试点机构开发建成投诉管理电子信息系统，试点银行实现了投诉数据网点全覆盖；人民银行西宁中支、银川中支要求辖区所有银行业金融机构，包括试点和非试点单位，按投诉分类标准定期报送投诉统计数据。

总体来看，各试点银行业金融机构系统运行平稳流畅，按照规定的频次和要求报送的投诉分类统计信息更加贴合实际。从金融机构的反馈看，金融消费者投诉分类标准较为全面地涵盖了银行业金融机构受理的投诉事项，各类别和子类划分清晰合理，有利于银行业金融机构全面、科学和准确地对客户投诉情况进行统计分析，提高投诉管理的标准化和规范化水平。从金融监管角度看，各试点银行业金融机构根据金融消费者投诉分类标准报送的投诉分类统计信息及时、完整、准确，有利于为金融管理部门相关工作决策提供参考。

（二）问题及对策

在试点过程中，也暴露出一些与金融消费者投诉分类标准以及投诉数据报送相关的问题。

1. 金融消费者投诉分类标准本身的问题。主要表现为投诉分类交叉重叠的问题、分类缺失的问题，以及“多因一果”如何分类的问题。这类问题主要表现为投诉分类标准具体条目设置与释义的技术性问题，将在标准修订过程中逐步进行有针对性的优化和完善。

2. 金融机构在根据标准口径报送数据过程中存在的问题。主要包括工作人员不熟悉投诉分类标准，影响分类准确性；漏报、瞒报投诉数据；人为修正投诉率等问题。针对此类问题，一方面，金融管理部门应在制定金融消费者投诉分类标准的同时，就相关概念做出明确界定，比如投诉的定义、数据报送的范围等，同时应制定标准实施操作细则，使金融消费者投诉分类标准更具可操作性；另一方面，金融机构应积极推动投诉分类标准在本单位的全流程应用，加强对一线客服人员的培训，确保其准确理解和掌握投诉分类标准。

七、政策建议

本文探索建立了全行业统一的金融消费者投诉分类标准，并就应用该标准，进一步推进金融消费投诉纠纷处理工作提出以下建议。

（一）推动建立金融消费权益保护金融标准体系，助力金融消费投诉纠纷处理工作再上新台阶

推动建立金融行业统一的消费者（投资者）投诉分类标准。在近期，可以

与银监部门联合制定银行业统一的金融消费者投诉分类标准；可结合人民银行履职范围，研究制定非银行支付机构消费者投诉分类标准；可推动证监部门、保监部门制定证券期货业及保险业各自投资者（消费者）投诉分类标准。在远期，待各分领域金融消费者（投资者）投诉分类标准逐渐成熟，并逐步为金融机构所采用，可研究整合各自分领域的金融消费者（投资者）投诉分类标准，建立全行业、标准化的消费者投诉分类体系。

同时，为加强标准制定的系统性，发挥协同效应，建议加快制定金融机构投诉受理、处理流程指引或规范，金融机构投诉管理评估标准、个人金融信息保护规范等金融标准，推动建立金融消费者权益保护金融标准体系，通过金融标准助力金融消费投诉纠纷处理工作再上新台阶。

（二）进一步畅通投诉受理处理渠道，便利金融消费者投诉途径

“无救济则无权利”。金融消费投诉的受理处理渠道，事关金融消费权益保护的质量。如果这一渠道不完善、不畅通，金融消费者的权利在受到侵害时就难以得到有效保护，金融消费权益保护也就无从入手。从这一角度而言，畅通投诉受理处理对金融消费权益保护而言，具有基础性意义。应推动金融管理部门及各金融机构将金融消费者投诉分类标准嵌入咨询投诉电话或网上咨询投诉平台，便于金融消费者准确地反映问题，提出诉求，提高投诉处理效率。

（三）进一步推进投诉数据库建设，提升数据分析挖掘能力

借助金融投诉分类标准的推广实施，逐步摒弃以往各自为政的数据库建设模式，进一步推进覆盖范围更广、统计频次更合理、分类更科学的投诉数据库建设。同时，应不断提升对投诉数据的分析挖掘能力，并着力提升运用大数据技术分析投诉数据的能力，提升对金融投诉多发业务的归纳总结、对金融投诉多发机构的风险提示、对金融投诉呈现苗头的提前预警、对金融投诉揭示风险的有效处置，将投诉数据用好、用深、用活，提升监管技术和监管能力。

（四）进一步促使金融机构提高认识，提升投诉处理和业务改进水平

金融机构应正确认识金融消费投诉纠纷处理工作在金融机构整体工作中的地位。金融消费投诉纠纷处理并非独立于金融机构的经营活动，而是整体经营链条的有机组成部分；并非单纯的事后补救，而应从纠纷处理中吸取经验教训，补齐业务短板。金融机构消保部门应对投诉数据进行统计分析，并向相关业务部门反馈。对于产品、服务设计确实存在缺陷导致投诉频发的，应通过产品服务下架或改进产品服务设计等方式予以弥补；对于产品服务过程中各项义务履行不到位的，应着力提升内部管理和服务水平。

参考文献

[1] 舒雄. 金融消费纠纷投诉处理机制的构建 [N]. 金融时报, 2017-05-15.

[2] 世界银行. 金融消费者保护的良好经验 [M]. 中国人民银行金融消费权益保护局译, 北京: 中国金融出版社, 2013.

[3] 2016 Consumer Response annual report, https://s3. amazonaws. com/files. consumerfinance. gov/f/documents/201703 _ cfpb _ Consumer - Response - Annual - Report - 2016. pdf.

[4] Consumer Complaint Form Product and Issue Options, http://files. consumerfinance. gov/f/documents/201704 _ cfpb _ Consumer _ Complaint _ Form _Product _ and _ Issue _ Options. pdf.

[5] Handbook Dispute resolution: Complaints, https://www. handbook. fca. org. uk/handbook/DISP. pdf.

[6] Annual Review 2016/2017, http://www. financial - ombudsman. org. uk/publications/annual - review - 2017/index. html.

[7] full list of complaint product - codes, http://www. financial - ombudsman. org. uk/publications/policy - statements/complaint - product - codes. pdf.

[8] G20 High - Level Principles On Financial Consumer Protection, http://www. oecd. org/daf/fin/financial - markets/48892010. pdf.

附录 1　金融消费者投诉分类标准

（金融机构试行）

一、金融消费者投诉业务渠道

序号	业务渠道	说明
1	柜面	通过网点柜面人员、大堂经理、客户经理、保安等办理业务时发生的投诉
2	自助机具	通过 ATM、远程视频柜员机、智能柜员机等自助机具办理相关业务时发生的投诉
3	电子渠道	通过电子渠道办理业务时发生的投诉
	网上银行	通过网上银行办理业务时发生的投诉
	手机银行	通过手机银行办理业务时发生的投诉 通过手机软件办理银行业务时发生的投诉
	电话银行	通过电话银行办理业务时发生的投诉
	短信银行	通过短信银行办理业务时发生的投诉
	网络公众平台	通过网络公众平台办理银行业务时发生的投诉
	其他	通过其他电子渠道办理业务时发生的投诉
4	第三方渠道	通过银行合作商户或其他第三方合作渠道办理业务时发生的投诉
5	其他	通过上述之外的其他渠道办理业务时发生的投诉

二、金融消费者投诉业务类别

序号	业务类别及子类	说明
1	储蓄①	存取款业务引起的投诉 银行卡存取款引起的投诉除外
	活期储蓄存款	办理活期储蓄存款业务引起的投诉
	定期储蓄存款	办理定期储蓄存款业务引起的投诉
	定活两便存款	办理定活两便存款业务引起的投诉
	个人通知存款	办理个人通知存款业务引起的投诉
	其他	除上述之外的其他储蓄业务引起的投诉
2	贷款②	在贷款申请、办理、偿还过程中引起的投诉
	个人住房贷款	办理个人住房贷款引起的投诉
	个人汽车消费贷款	办理个人汽车消费贷款引起的投诉
	国家助学贷款	办理国家助学贷款引起的投诉
	一般商业性助学贷款	办理一般商业性助学贷款引起的投诉
	其他消费贷款	办理其他消费贷款引起的投诉
	其他	除上述之外的其他贷款业务引起的投诉
3	银行卡	
	借记卡	
	借记卡开卡、收费、对账及挂失	与借记卡办卡、年费和手续费、对账及挂失有关的投诉
	借记卡账户管理	与借记卡账户开户、销户、挂失、查询及其他账户类业务有关的投诉
	借记卡使用	包括与借记卡存取现金、转账结算、刷卡消费有关的投诉，其他通过借记卡办理的业务，如储蓄、个人贷款、投资理财、代收代付等不纳入此项
	借记卡疑似盗刷	因借记卡疑似盗刷引起的投诉
	信用卡	
	信用卡申请、卡片寄送及换卡	与信用卡申请（额度审批）、卡片寄送、激活、到期换卡、毁坏换卡、卡类转换等有关的投诉
	信用卡使用和还款	与信用卡取现、转账、查询、刷卡消费、外汇交易、分期还款、延期还款等有关的投诉，包括因消费者对相关息费有疑义引起的投诉
	信用卡账单服务	与信用卡账单服务有关的投诉 因账单服务导致的征信异议纳入信用卡征信异议项下
	信用卡积分、市场活动及增值服务	与信用卡积分、市场活动及增值服务有关的投诉

① 依据 JR/T 0134—2016 存款统计分类及编码。
② 依据 JR/T 0135—2016 贷款统计分类及编码。

续表

序号	业务类别及子类	说明
	信用卡挂失及注销	与信用卡挂失（补卡）、卡片及信用卡账户注销有关的投诉，包括因相关收费引起的投诉
	信用卡疑似盗刷	因信用卡疑似盗刷引起的投诉，包括因疑似盗刷导致征信异议引起的投诉
	信用卡征信异议	与信用卡征信异议及处理有关的投诉
	信用卡债务催收	与信用卡债务催收有关的投诉，包括金融机构自身或委托第三方进行的信用卡债务催收
4	理财	银行自主理财产品引起的投诉 银行代理理财产品放入银行代理业务项下
5	支付结算	与支付结算业务有关的投诉
	账户管理	包括账户的开户、销户、挂失、查询及其他账户类业务（不含银行卡、票据账户管理）
	资金汇划	与资金汇划、清算有关的投诉（不含银行卡、票据资金汇划）
	票据	与票据开立、承兑等业务有关的投诉
	联网核查	因联网核查引起的投诉
	多用途预付费卡	多用途预付费卡业务所引起的投诉
	电子支付	银行业金融机构电子支付业务（包括网上支付、电话支付、移动支付、ATM 业务、POS 业务和其他电子支付业务）所引起的投诉
	网络支付	非银行支付机构网络支付业务所引起的投诉
	其他	除上述之外的其他支付结算类业务引起的投诉
6	人民币管理	与人民币业务管理有关的投诉
	残损、污损币兑换	在残损、污损币兑换过程中引起的投诉
	假币鉴定与收缴	在假币鉴定与收缴过程中引起的投诉
	券别调剂	在券别调剂过程中引起的投诉
	纪念币	纪念币预约、发售/兑换、流通、回收过程中产生的投诉
	其他	除上述之外的其他人民币管理业务引起的投诉
7	征信	与征信业务有关的投诉
	征信记录不准确及异议处理	与客户个人信用信息报送不准确，及异议处理相关的投诉（不包括信用卡征信异议引起的投诉）
	未经授权查询	金融机构未经客户本人授权查询其个人信用信息
	其他	其他与征信业务有关的投诉

续表

序号	业务类别及子类	说明
8	国库	与国库业务有关的投诉
	国债	与国债的购买与兑付有关的投诉
	税款	与缴税、退税有关的投诉
	资金拨付	与（国库类）资金拨付有关的投诉
	其他	其他与国库业务有关的投诉
9	外汇	涉及外汇管理业务的投诉
	个人结售汇	与个人购汇、结汇和外币兑换有关的投诉
	个人外汇汇款	与个人外汇汇款及外汇资金划转有关的投诉
	个人外汇交易	与个人买卖外汇或交易外汇投资产品有关的投诉
	个人外汇储蓄	与个人外汇储蓄业务有关的投诉
	外汇账户管理	与个人外汇账户管理有关的投诉
	其他	其他与个人外汇业务有关的投诉
10	贵金属	与贵金融业务有关的投诉
	个人实物贵金属	客户购买、委托代保管和回购实物贵金属等业务有关的投诉
	个人账户贵金属	在客户开设贵金属账户，及对账户中的贵金属份额进行买卖过程中引起的投诉
	代理贵金属交易	代理贵金属交易过程中引起的投诉
	其他	其他与贵金属业务有关的投诉
11	个人金融信息	与个人金融信息有关的投诉
	个人金融信息泄露	个人金融信息在收集、使用、保存和销毁过程中遭到泄露、滥用等引起的投诉
	过度收集个人金融信息	因过度收集个人金融信息引起的投诉
	个人金融信息不准确	因收集的客户个人金融信息不准确引起的投诉（不含因个人信用信息不准确引起的投诉）
	其他	其他与个人金融信息有关的投诉
12	银行代理业务	与跨市场、跨行业类交叉性业务有关的投诉
	银保业务	因银行业金融机构代理保险业务引起的投诉
	银证业务	因银行业金融机构代理证券业务引起的投诉
	银期业务	因银行业金融机构代理期货业务引起的投诉
	银信业务	因银行业金融机构代理信托业务引起的投诉
	银基业务	因银行业金融机构代理基金业务引起的投诉
	其他	其他跨市场、跨行业类交叉性业务引起的投诉

续表

序号	业务类别及子类	说明
13	中间业务	涉及中间业务的投诉
	个人资信证明	涉及个人资信证明的投诉
	保管箱	涉及保管箱业务的投诉
	代收代付业务	涉及接受客户委托代为办理指定款项的收付事宜的投诉
	其他	涉及其他中间业务的投诉
14	其他	
	其他银行业务	除上述业务，因其他银行业务引起的投诉
	外拨服务	因金融机构客户服务热线外拨，包括金融机构营销、客户调查等引起的投诉
	债务催收	因金融机构自身或委托第三方进行债务催收引起的投诉（不包括信用卡债务催收引起的投诉）
	其他投诉	不属于以上各类的投诉
15	证券期货	投诉证券公司、基金公司、期货公司及相关中介服务机构
16	保险	投诉保险机构、保险中介机构

三、金融消费者投诉原因

序号	投诉原因	说明
1	因服务态度及服务质量引起的争议	
	服务态度	主要包括与营业网点工作人员（大堂经理、客户经理、柜面人员、保安等）、电话服务中心工作人员服务语言、服务态度、服务形象相关的投诉
	服务操作及效率	主要包括与工作人员业务操作、服务效率相关的投诉
	业务差错	消费者反映金融机构业务差错、业务解释不准确、错账、分支行执行政策不一等
	营业秩序	主要包括与营业网点、电话服务中心服务时间、排队等候时间，营业网点窗口设置、客户引导分流、营业秩序等相关的投诉
	其他	除上述之外因服务态度及服务质量引起的投诉
2	因金融机构服务设施、设备引起的争议	主要包括与金融机构服务环境，服务设施、设备相关的投诉
3	因金融机构管理制度、业务规则与流程及业务系统引起的争议	主要包括与金融机构管理制度、业务规则与流程及业务系统相关的投诉
4	因定价收费引起的争议	消费者对收费标准有疑义导致的投诉
	政府定价、政府指导价	监管部门有统一定价要求，金融消费者不知情引起的投诉
	银行自主定价	监管部门没有统一定价要求，银行自主定价引起的投诉
5	因产品收益引起的争议	产品收益未达到预期收益导致的投诉
6	因信息披露引起的争议	涉及消费者知情权的投诉
	误导销售	消费者反映金融机构虚假宣传、信息披露不足、夸大收益、混淆产品等
	第三方渠道误解	因媒体、网络等虚假信息引起的投诉
	代理机构信息披露不充分	消费者反映金融机构的代理机构信息披露不充分

续表

序号	投诉原因	说明
7	因自主选择权引起的争议	涉及消费者自主选择权的投诉，包括消费者自主选择提供产品和服务的金融机构；自主选择产品品种和服务方式；自主决定购买或者不购买任何一种产品，接受或者不接受任何一项服务；有权进行比较、鉴别和挑选
8	因消费者误解引起的争议	消费者自身对金融机构产品和服务产生误解导致的投诉 因金融机构误导销售引发的误解纳入误导销售项下统计 因其他渠道虚假信息引发的误解纳入第三方渠道误解项下统计
9	涉嫌违法违规	金融机构行为涉嫌违法违规引起的投诉

关于区块链技术的风险防范研究
——基于金融领域的视角

中国人民银行上海总部金融消费权益保护部课题组

课题组组长：王　瑱

课题组成员：夏伟亮　刘　静　张光源　武加文

摘　要

近年来，区块链技术逐渐从愿景设想转变为技术理论，并逐步过渡到运用实践的层面。与此伴随的不仅有效率的提升，还有风险的出现。特别是在金融领域，技术负效应的溢出与传统风险点的“结合”加剧了人们对区块链技术的担忧。本文基于这样的背景，从金融领域的视角出发，多维度剖析了区块链技术运用的潜在风险，全面梳理了当下各方针对区块链技术的风险防范，并围绕中国现状，为国内风险防范的监管政策等提出了相应的建议。

本文首先对区块链技术进行了基本梳理，包括对区块链技术定义和特点的界定，从模型架构和共识机制等方面描述了区块链建潜在的负效应，并通过回顾区块链的发展阶段，展示了区块链技术未来可能的走向。

本文以金融领域为重点，从真实案例入手，从证券交易、银行业务、货币支付、会计审计、教育领域、医疗领域、知识产权保护、通信领域八个方面阐述了区块链技术的运用实践。

通过对技术本身和技术运用的全面分析，本文探究了区块链技术潜在的风险。为了便于静态横向比较，我们将风险划分为内部技术风险和外部应用风险。前者主要还是基于技术中性本身展开，具体包括：算法安全风险、协议安全风险、数据安全风险、使用安全风险、系统安全风险、网络安全风险。这里我们着重讨论了数字货币和网络安全风险问题，事实上这也是今后潜在最为突出的风险之一。对于外部应用风险而言，我们认为至少存在以下五个风险点：一是基于区块链技术的创新可能违背金融规律的风险；二是基于区块链技术的产品容易滋生欺诈行为的风险；三是区块链的弱中介化给金融消费者权益保护带来的风险；四是区块链给金融稳定带来的风险；五是区块链的不可变更性给市场带来的风险。

针对这些风险问题的剖析，本文在最后结合国际现有的风险防范措施，特别是金融监管部门的风险防范政策，同时就中国的实际情况，针对促进我国防范区块链风险提出了相应的政策建议：第一，吸收行业智慧，加强顶层设计。第二，借鉴“监管沙盒”为金融市场区块链技术的创新提供空间。第三，建立负面清单，划出监管底线。第四，完善监管手段，提高监管的适应性。第五，加强功能监管，健全区块链治理体系。第六，处理好金融市场中区块链创新与传统金融机构的关系。第七，通过立法来保障监管政策落实到位。

本文主要突破在于：一是较为全面系统地将技术的负效应溢出与实际潜在风险点结合起来，避免了孤立看待问题，有助于寻求内部的联系性。二是选用真实案例，全方位展示区块链技术在金融领域的运用和已出现，或潜在的风险事故。三是结合中国国情，从技术推动和制度完善两个角度来探讨中国区块链技术运用的风险防范问题，具有较强的借鉴意义和时效性。

一、引言

自2015年以来，“区块链技术”在国内外引起热议，其主要优势在于基于分布式网络形成的共识机制，具有明显的开放性、可开拓性和不可逆性，将极有可能对金融行业产生深远的影响。一般认为，区块链技术将在金融产品创新、金融基础设施变革、智能物联网和共享经济四个方面发挥巨大作用。近年来，国内外金融监管机构、金融机构、互联网企业及学术界等纷纷组织专业团队对相关领域展开研究，以期在区块链技术发展的初级阶段占领研究和应用的高地。

中国人民银行历来高度重视针对金融领域的新兴技术等问题的研究，同时特别关注相应的风险防范问题。区块链技术在金融领域的运用令人充满期待，同时其隐藏的风险也不容小觑。技术和制度两者并轨前行、相辅相成方能实现效率和公平的最大化。基于这样的认识，我们就不得不全面系统地剖析区块链技术潜在的风险防范问题，促使区块链技术成为推动金融领域“又一次革命”的正能量。

二、区块链技术的基本梳理

（一）区块链的定义

区块链本质上是一个去中心化的数据库，是一连串使用密码学方法产生相关联的数据块，每一个数据块中包含了一段时间内全网交易的信息，用于验证其信息的有效性（防伪）和生成下一区块，各个区块按照时间顺序相连。所以说区块链是以去中心化和去信任化的方式，来集体维护一个可靠数据库的技术方案。上述的区块结构是一种基本格式，在不同的区块链应用中会有针对性变化。

（二）区块链的模型架构

区块链系统包括六层架构，分别是数据层、网络层、共识层、激励层、合约层和应用层。

一是数据层，指封装了底层数据区块的链式结构，以及相关的非对称公私钥数据加密技术和时间戳等技术，主要描述了区块链技术的物理形式。二是网络层，包括分布式组网机制、数据传播机制和数据验证机制等，由于采用了完全P2P组网技术，也就意味着区块链是具有自动组网功能的。三是共识层，主要封装网络节点的各类共识机制算法，能让高度分散的节点在去中心化的系统中高效地针对区块数据的有效性达成共识。目前出现的共识机制算法中，较为知名的有工作量证明机制、权益证明机制、股份证明机制等。四是激励层，将经济因素集成到区块链技术体系中来，鼓励节点参与区块链的验证工作，主要包括经济激励的发行机制和分配机制等，该层主要出现在公有链中。五是合约层，主要封装区块链系统内的各类脚本代码、算法和由此生成的更为复杂的智能合约，是区块链可编程特性的基础。六是应用层，封装了区块链的各种应用场景和案例、例如可编程货币、可编程金融、可编程社会等。

在区块链模型中，基于时间戳的链式区块结构、分布式节点的共识机制、基于共识机制的经济激励和灵活可编程的智能合约是区块链技术最具代表性的创新点。其中数据层、网络层和共识层是构建区块链应用的必要因素，否则将不能称为真正意义上的区块链。而激励层、合约层和应用层则不是每个区块链应用的必要因素，有部分的区块链应用并不完整地包含这三层结构。

（三）区块链的共识机制

区块链通过数学共识机制是非对称加密算法，即在加密和解密的过程中使用一个“密钥对”，“密钥对”中的两个密钥具有非对称的特点：一是用其中一个密钥加密后，只有另一个密钥才能解开；二是其中一个密钥公开后，根据公开的密钥，其他人也无法算出另一个密钥。在区块链应用场景中，一是加密时的密钥是公开的、所有参与者可见的（公钥），每个参与者都可以用自己的公钥来加密一段信息（真实性），在解密时只有信息拥有者才能用相应的私钥来解密（保密性），用于接收价值。二是使用私钥对信息签名，公开后通过其对应的公钥来验证签名，确保信息为真正的持有人发出。

非对称加密使任何参与者更容易达成共识，将价值转换中的摩擦边界降到最低，还能实现透明数据后的隐私性，保护个人信息安全。共有工作量证明机制、权益证明机制、股份授权证明机制三种。

（四）区块链的类型

一是公有链，是指全世界任何人都可以在任何时候加入、任意读取数据，任何人都能发送交易且交易能获得有效确认，任何人都能参与其中共识过程的区块链——共识过程决定哪个区块可被添加到区块链中和明确当前状态。

二是私有链，是指其写入权限由某个组织和机构控制的区块链。读取权限或者对外开放，或者被进行了任意程度的限制，相关的应用可以包括数据库管理等。私有链可以看作是一个小范围系统内部的公有链，中心化和去中心化是相对的，从系统外部来看，私有链系统看似为中心化的，但是对于系统内部的节点而言，其中的每一个节点的权利都是去中心化的。

三是联盟链，是指其共识过程受到预选节点控制的区块链，有若干个机构共同参与管理，每个机构都运行着一个或多个节点，其中的数据只允许系统内不同的机构进行读写和发送交易，并且共同来记录交易数据。

四是复合链，是指不同的技术架构混合而成的区块链系统形式。随着技术越来越深入的应用，不同区块链之间的界限开始模糊，不同的分工使不同的节点不再拥有相同的权限，这也是今后可能的发展方向。

（五）区块链的发展阶段

一是可编程货币阶段，这是区块链技术最原始的应用阶段，使“价值”可以在互联网中直接流通交换，可编程是指通过预先设定的指令，完成复杂的操作，并通过判断外部条件做出反应。

二是可编程金融阶段，这是由于数字货币的强大功能吸引金融机构采用区块链技术开展业务，“智能合约”就是可编程金融的重要体现。

三是区块链＋应用阶段，人们将不再依靠第三方来建立信用和信息共享，而是试图采用区块链来颠覆互联网的底层协议，从而提高整个行业的运行效率和整体水平，区块链的运营逻辑在于，能够优化点对点资源、全球协作和在社会中培养并鼓励创造社会资本的敏感程度。

三、区块链技术的国际比较

目前，区块链技术在全世界诸多领域均有应用，下面以实际案例为例，重点从金融领域（包括与金融领域有一定关联性的领域）进行分析。

（一）证券交易

纳斯达克首次在个股交易上运用区块链技术。2015 年 6 月 24 日，纳斯达克宣布和比特币技术公司 Chain 进行合作，纳斯达克面临的挑战是要在更广泛的范围里运用区块链技术。纳斯达克表示，区块链账本已经把股票发行给一位不愿意透露姓名的私人投资者，通过去中心化账本证明了股份交易的可行性，而不再需要任何第三方中介或者清算所。

（二）银行业务

高盛在 2016 年向客户提供了一份有关于区块链的 88 页报告——区块链，把理论付诸实践。报告指出，区块链技术不仅能够减少金融交易对高成本中间商的依赖，也提供了许多对记录存储以及分散市场应用领域的机会。在证券交易领域，区块链技术可以减少错误从而降低成本，通过清算与结算过程对区块链技术的使用，高盛预计整个行业能够介于 110 万美元左右的成本。在金融领域而言，区块链技术可以促进反洗钱和顾客身份审查，高盛表示在区块链中存储账户以及交易信息将有助于与账户数据的标准化，从而改善数据质量，减少可疑交易的错误识别。

（三）货币支付

Visa 公司 2016 年 10 月 25 日宣布推出基于区块链技术的 Visa B2B Connect 预览版，能够为金融机构提供一种简单、快速和安全的支付方式来处理全球范围的企业对企业的交易。Visa 计划在 2017 年将 Visa B2B Connect 投入试用，它是专为改善 B2B 支付系统而设计的，为金融机构提供高效而透明的全球支付方式，简化全球金融机构和企业客户之间的商业支付流程。

（四）会计审计

德勤公司使用区块链技术完善自身的业务。一是制作银行报表系统。2016 年早些时候，德勤为爱尔兰四大银行之一的银行做区块链的应用，把银行的三个业务系统的数据进行整合放到一个区块链里面，利用区块链不可篡改的特性，以符合《欧盟金融市场法规》。二是发展智能数字身份。德勤的英国团队把几家银行的一些客户的身份信息数字化以后，利用区块链进行访问、管理，然后利用区块链进行一个数字身份的一个自动识别和客户认证，可以做到任何形式的资产的识别和跟踪交易。三是进行数字发票和保修。德勤荷兰团队有一个开发设计师，基于区块链以及 Facebook 发布的对话机器人做了一个关于数字发票和保修的一个解决方案的原形。

（五）教育领域

索尼全球教育现已开发了适用于教育领域的区块链技术，借力区块链的安全属性来实现数据加密传输技术，比如个人的学位记录等。索尼全球教育，将在未来采用这种开放式和安全的学术数据处理方式，建立开放而安全的基础设施，具有潜力吸引更多的教育机构到该网络，从而实现在测试管理当中的高信誉。鉴于其作为一种开放数据交易协议，索尼全球教育的新技术不仅能用于教育领域，而且还可以延伸到更广泛的行业，从医疗保健到环境服务，甚至是能源。

（六）医疗领域

2017 年 11 月，以区块链技术为基础的个人医疗信息平台 MediBloc 宣布正式进入中国市场，将医疗数据与区块链技术相结合，为患者、医疗从业者和研究者构建全新的医疗信息共享场所。区块链技术在医疗信息化领域的应用优势十分显著，其去中心化的分布式结构应用于现实中可节省大量中介成本，不可篡改的时间戳特性可解决数据追踪与信息防伪问题，安全的信任机制可解决现今医疗信息化技术的安全认证缺陷，灵活的可编程特性可帮助医院建立拓展应用。最终 MediBloc 将每个医疗消费者的医疗信息整合为一个庞大的系统，在这个平台中，医疗消费者的医疗信息价值得到最大化应用。MediBloc 平台把个人医疗信息的所有权及其价值归还给本人，推动全球个人医疗信息的去中心化。

（七）知识产权保护

Monegraph 是 Pryor Cashman 公司推出的一种使用区块链技术的数字艺术和媒体新平台。通过平台，各类创造者很容易为其数字工作的商业价值构建智能合同和授权许可，简化了许可、支付处理、媒体处理和分配处理流程，协助权利人获得作品相应的商业报酬。Monegraph 使艺术家们从菜单中选择出售、授权、转售以及合成音乐的权利，并允许他们自己确定价格。对于买家们，平台允许他们不通过经纪人就能直接获得这种权利，并且让他们能放心了解到，头衔和艺术家的归属都可以通过区块链技术得到证实。类似的平台还有 Blockai、Colu、原本等。

（八）通信领域

Bitmessage 的早期应用。在通信方面，由于出现庞大的算力和数量众多的节点，并且能够以去中心化的方式来交流，使程序设计思想出现很大的变化。Bitmessage 通过去中心化的方式，不仅实现了信息传输，而且非常安全，因为无法被跟踪，虽然每个人都收到了信，但是却不知道谁有钥匙能够看到这封信。它用去中心化和密钥的方式，完成了通信目的。所以它不仅能够实现信息传输，而且能够实现从信息安全到路径安全的最高级别安全。这就是早期区块链在通信方面的应用。

四、区块链技术的潜在风险探究

区块链目前仍处于发展初期，虽然有发展空间，但也存在诸多问题与风险。其中，既有内在技术不成熟引发的风险，如区块链的安全性和不可变更性；也有外在不当使用和违法使用导致的风险。后者更应引起关注，如区块链的不当适用可能会违背金融规律、触犯监管法规，从而引起局部性，甚至系统性风险。这将给这个新事物造成严重影响，阻碍其发挥服务实体经济的作用。

（一）内部技术风险

一是算法安全风险。从算法安全性来看，目前区块链的算法是相对安全的，在本质上，区块链去中心化实现了去中心信任实体，将信任关系由传统的信任实体转变为信任机器、技术和系统，形成信任规则、算法、协议等理论和实践上可公开重复验证并达成共识的一套机制。随着密码学技术发展和未来量子计算机等新技术的应用，目前广泛应用的非对称加密算法将面临潜在的破解风险。密码学有两个基本的假定，一个是算法使用的随机数是安全的，另一个是密钥是安全未泄露的，两个之中任何一个出现问题，密码算法的功能将崩塌。直接采用他国或其他标准组织发布的密码算法标准存在巨大安全风险，这凸显了设计并选取具有自主知识产权的标准化密码算法的重要性。随着密码分析技术的进步以及人类计算能力的逐步提升，当前常用的密钥长度1024位的RSA非对称加密算法通过量子计算在几秒内即可破译。

二是协议安全风险。随着零知识证明、承诺协议、安全多方计算等密码协议的引入，协议安全风险也将同算法安全风险一样，成为区块链安全风险的重头戏。区块链的协议安全风险主要包括分叉和算力攻击等风险，分叉是指原本一条区块链拆分成两条或多条区块链。分叉产生的原因是区块链中的节点运行了不同版本的底层协议，导致共识机制的不一致性。共识既体现在区块链线上（共识算法），也体现在线下（共识规则），就算共识算法安全无风险，共识规则也可能会随着时间的推移需要改变。区块链的部分共识机制（如PoW）决定了拥有大量算力的攻击者有可能对整个网络形成全面控制。因此，应充分认识到可能存在的共识风险、软硬分叉风险等。对联盟链来说，共识规则失败，可能面临重要节点的退出，而联盟链对安全无风险退出机制的支持显得尤为重要。

三是数据安全风险。承担区块链技术的核心特点之一是去中心化，去中心意味着在整个网络体系中不存在中心化的管理机构，所有链接网络的节点之间彼此享有相同的主体地位，在零信任的基础上通过共识机制进行数据信息交换，通过网络节点的集体维护，确保信息数据的安全与真实。此外，在区块存储信息时，区块链系统内各节点并非完全匿名，区块链技术通过类似电子邮件地址的地址标识来实现数据传输。虽然地址标识并未直接与真实世界的人物身份相关联，但区块链数据是完全公开透明的，所有网络节点都可以访问区块信息，区块链技术一旦实现广泛应用，个人的大部分数据及信息将会上传至网络。这种高安全性的技术方案并不意味着数据的绝对安全，如果个人的私钥丢失或者泄露，全网51%的节点被劫持等特殊情况出现，将会导致用户的个人信息全部公布于网络的恶性结果。

四是使用安全风险。区块链机制中使用了密码技术，密码技术中密钥的存储、传输等安全风险在区块链中同样存在。区块链中私钥由每个用户自己生成和保管，一旦丢失或者遗忘，用户便无法对账户的资产做任何操作，私钥丢失将直接导致资产丢失。而在私有链的模式下，存在有专门的管理区块链的机构，但对于管理区块链机构的法律责任现行法律并没有直接规定。如果不是属于区块链技术自身可以避免的安全问题，要求管理机构对个人数据承担所有的法律责任似乎不太现实。若管理机构应当对区块内信息进行管理，与目前的云计算、大数据等技术应用模式并没有差异，也算不上所谓的去中心化的技术方案。

五是系统安全风险。区块链技术中大量应用了各种密码学技术，属于算法高度密集工程，在实现过程中出现错误是很难避免的。另外，区块链技术未采用硬件加密措施，允许节点在区块中附加自定义信息，且区块链中历史信息不可更改。若自定义信息中包含病毒或木马，将会自动传播到全网进行恶意攻击。同时，智能合约广泛流行，但智能合约语言自身或合约设计都可能存在漏洞。公有链允许节点自由进出网络，并且区块链的网络层没有登记用户身份，对于风险和安全性要求高的行业，未登记身份的节点自由进出网络给系统安全带来很多不可控性。

六是网络安全风险。区块链应用存在潜在的网络安全风险隐患，因为区块链每个节点都拥有全链总账，一旦区块链系统被黑客攻陷，不仅被攻陷节点的信息会被窃取，全链储存的总账信息都可能被复制。区块链是建立在TCP/IP通信协议和分布式网络基础上的，而传统金融机构则是基于IOE的中心化、集中式架构。因此，不能机械照搬中心化数据库结构下的安全控制措施来应对区块链的网络攻击等风险事件，必须另辟蹊径，研发新的网络安全措施。数字资产解决了交易流通支付的问题，但是，对于静态储存没有给出比较理想的或者说安全的解决方案。为了安全应用区块链技术，提供安全的、便利的密钥保护机制至关重要，否则密钥保护阶段风险增加。

（二）外部应用风险

一是基于区块链的创新可能违背金融规律。技术进步本身并不能保证金融能规范有序地运行，区块链作为一种新兴技术，即使具有较大的应用潜力，如果不从初期积极引导、正面规范，同样可能成为脱缰野马。比特币交易火爆的背后实际上有交易平台的推波助澜，这些比特币交易平台提供融资融币等杠杆交易服务。2017 年 1 月，人民银行对国内 3 家比特币交易平台进行检查和约谈，指出其存在超范围经营、违规开展配资业务、投资者资金未实行第三方存管、未建立反洗钱内控制度等问题。这些平台的灵活性和技术性为其规避监管提供了条件，使其可以进行游离在法律规范之外的活动。

二是基于区块链的产品容易滋生欺诈行为。以证券行业为例，按照传统证券法，面向普通投资者公开发行证券，必须经监管部门注册或批准，而区块链则可以通过数字货币与数字证券的结合，构建一个超越证券发行体系、登记结算体系的生态环境。如面向投资者募集数字货币，用数字货币成立基金，然后用该笔基金投资某个其他企业，获得企业股份或债券，享受企业分红或利息；或者用该笔基金投资某个金融工具、金融产品，享受相应收益。这种模式目前在我国没有明文予以规范，也缺乏相关研究。

三是区块链的弱中介化给金融消费者权益保护带来难题。传统模式下，金融行业中介服务机构一般都承担着识别风险、防范风险的职能，维护市场的有序运行。与传统模式不同，区块链提供了市场参与方直接对接的技术基础，帮助投融资双方、交易参与者跨过承销机构、经纪机构直接进行对接。这会给市场带来以下问题：投资者面临的风险应该如何提醒揭示？投资者保护措施如何执行？对发行人还能否进行有效约束？原证券中介服务机构的勤勉尽责该如何落实？目前，没有权威机构或监管机构就此做出专门规定。如果简单地认为买者自负，是否会对投资者不利？如果仍然对证券中介服务机构科以义务，法律基础是否充分？市场组织、机构在利用区块链提供具体证券服务时，如果扮演了平台或基础设施的角色，根据收益与责任对等的一般思路，是否应承担相关义务？上述问题都有待结合具体案例进行梳理并加以解决。

四是区块链给金融稳定带来的问题。广义的金融稳定至少涵盖外汇管制、反洗钱、反恐怖融资等方面。数字货币具有跨境转让的可能，数字货币涉及规避外汇管制，进行跨境转移的情况已经受到关注。数字货币的转移不受地域限制，如用本币直接购买境外的数字货币，然后借助网上平台将该数字货币进行转让并获得外币。只要存在活跃的数字货币交易平台，数字货币便可能实现即时交易与清算，因此几乎可以同时将本币换成外币，而在目前的发展趋势下，数字货币的交易平台十分丰富且活跃，通过数字货币的交易来实现规避外汇管制将非常容易。此外，数字货币涉及的反洗钱、反恐怖融资等问题非常严重。数字货币可被用来隐瞒或掩饰资金的非法来源或用途，名义上是购买投资，实际上通过迅速转让、变现，可用来进行洗钱或恐怖融资。

五是区块链的不可变更性需要与市场进行调和。记入区块链的信息不能删除更改，是区块链重要的技术优势，但其是否应当保证绝对的不可变更性也有待商榷。主要原因在于：其一是金融市场的复杂性决定了难以在金融活动发生之前面面俱到、完美无缺地在合约中规定所有情形及其应对措施。其二是操作风险仍然存在，看错对手方，记错账本或填错时间等失误或乌龙事件并不罕见。如果不允许及时修正错误，可能导致交易条款不公允、敏感信息泄露、交易策略被破解、人为失误难以更正等。其三是基于监管和司法的原因，证券交易有时必须被撤销。在成熟的资本市场，对显失公平的交易会采取撤销、冻结或暂缓交收等措施，并有专门的制度安排。其四是欧盟于 2016 年出台的《数据保护通用条例》所规定的"被遗忘权"。根据被遗忘权，消费者有权从与其有交易来往的公司记录中抹去个人数据痕迹，这可能与区块链的不可变更性产生冲突。

五、促进我国防范区块链风险的政策建议

（一）国际经验给我国监管政策的启示

国外区块链应用在金融行业发展迅猛，基于区块链技术应用是未来金融服务创新的趋势。各国监管部门密切关注区块链应用的发展，积极推动区块链技术应用的实践。一方面通过参与实施区块链应用的测试案例了解该技术的应用价值及相关影响；另一方面通过制定相关政策促进区块链技术的发展。这些监管实践对我国监管部门的启示包括以下几个方面：

一是深入研究区块链技术应用的发展前景及潜在影响。区块链技术作为一个快速发展新型技术，对促进金融行业未来发展有重要的影响，但区块链技术可能产生的问题仍不明晰，监管部门应积极研究该技术应用于金融市场的可行性和应用方式，评估该技术在社会、法律和市场等方面的潜在影响。通过全面了解区块链技术，监管部门可根据市场需求和监管目标，在防范风险、保护投资者利益与促进金融创新之间寻求有效的监管路径。

二是明确对区块链技术的监管态度，推动区块链技术在资本市场的实践与应用。政府的监管态度对区块链技术应用的发展起着至关重要的作用，美、英等国的监管部门对区块链技术的应用持较为积极的态度，与相关行业联合积极推动区块链技术的应用。在区块链技术快速发展的形势下，我国监管部门需密切关注区块链技术实施和应用的新情况，并考虑如何为该技术构建相应的监管框架。在风险可控的前提下，监管部门应根据区块链技术的发展状况适时调整监管目标和相关政策，支持和鼓励金融服务创新。一方面有利于市场创新业务的开展，另一方面防范出现对基于区块链技术的业务和产品监管的真空。

三是鼓励开展基于区块链技术的股票登记、交易和结算试点。国外交易所已经纷纷开展基于区块链的股份发行和交易系统的研究，我国在这方面的研究处于

落后局面，应鼓励我国证券期货行业探索区块链技术的应用，尤其是互联网股权融资和场外市场可先行尝试使用区块链技术，探索该技术在相关业务的试点，在实践中掌握区块链技术的具体操作流程，以及它如何适应我国国情的监管环境，以期在未来国际竞争和国际标准制定中获得话语权。

四是将基于区块链技术的金融创新应用纳入现有监管体系。区块链技术去中心化的特点，使基于区块链技术的应用很容易绕开监管的视线，监管部门应利用区块链相关技术，在区块链应用中起到监管作用，承担起公共服务、立法、防范系统性风险及保护投资者利益等方面的角色。换言之，传统的监管体系与以去中心化为特征的区块链应用本身并不矛盾。随着区块链技术的不断发展和应用多样化，应将基于区块链技术的金融服务创新应用纳入现有监管体系中。

（二）我国监管面临的挑战

国外区块链技术的监管模式大多是从金融体系变革的角度出发，关注区块链在金融领域的具体应用，对比特币等数字货币的态度大多持谨慎态度。区块链技术的应用在具体领域将会变革以往的民事主体之间的法律关系，因此，对区块链技术的监管和治理就显得尤为重要。

一是数据分析的广度与深度增强。随着金融区块链和数字货币的发展，区块链金融应用将拓宽监管的边界，理论上全网金融区块链的数据都纳入监管范围。由于当前金融区块链存在公有链、私有链、联盟链，它们的透明性和中心化程度不一。监管规则要求加强信息披露，公有链的透明性和可追溯性保留了历史的所有交易信息，但是该技术的匿名性则对这些信息加密保护，为监管者跟踪交易链条和寻找相应密匙带来极大困难。而对私有链、联盟链监管者还必须对其进行对接并确保其业务数据的可审查性。

二是风险责任对象认定难度加大。传统金融监管主要针对金融中介，而区块链的作用恰恰正是替代传统金融中介，它具有开放性的特点，去中心化的组织跨越国家边界、司法边界直接将数据与相关应用部署在各区块链。这种不再存储在唯一一个特定地点服务器的组织方式，虽然与传统机构一样服务于大众，产生特定的权利与义务，但却不被任何单一的企业、政府、个人拥有或控制。根据产品责任的法律，一个去中心化的区块链组织的创造者必须承担所有可预见损害的连带责任。所有补偿应由创造者支付，其资金来源是按一定比例提取于组织利润形成的风险补偿基金。但是当这个组织发生不道德的行为时，由于其可能是由无数个匿名者创建的，往往难以确定谁是自治组织的创造者。除非将监管手段在智能合约中编码，否则受害者要从去中心化自治组织中获取赔偿或取得禁止令几乎是不可能的。

三是风险管理能力要求提高。首先，交易发生（清算）的特点决定了区块链风险传播速度的大大提升；其次，由于区块链的未来是与现存的金融中心化系统进行对接；最后，由于区块链的不可篡改性、自动性的特点，如何将当前交易撤销、限制交易权限或进行账户冻结等中心化阶段监管手段与区块链去中心化的机制整合是一项复杂的系统工程。

四是中心化与去中心化机构的协调发展任重道远。区块链技术的应用不可能一蹴而就，在其成熟前需要经历一段中心化组织机构的自我变革和去中心化组织逐步获得社会信任与认可，以及两者之间相互渗透、相互借鉴的发展过程。作为监管者而言，这个过程需要控制在一定范围内，使传统机构与区块链平台保持着竞争与合作的双重关系。同时避免监管底线的突破，防止技术创新对传统金融机构造成巨大冲击而形成金融市场整体风险。

五是监管机构的自我变革。随着时代的进步、科技的发展、技术的创新，为金融市场运行模式带来了改变，传统的监管机构设置及监管手段必须与时俱进，面对其自由裁量权和影响力的下降及管理职能的深刻变革（如区块链技术使得交易即清算，则传统的交易、清算监管分离的方式无疑需要合并监管，必然减少原监管岗位及原岗位工作职责，增加高科技、数据挖掘分析人才的数量），监管科技将助力金融监管，数据挖掘、人工智能、云计算、智能合约等新兴金融科技人才需求旺盛。

（三）国内监管政策的具体建议

区块链从事的金融活动不能违背金融规律，对于区块链的应用而言，在鼓励创新的同时，也要注重风险防范。金融行业区块链的监管适用金融监管一般原则，同时应当提出有针对性的监管思路，考虑到区块链的应用仍处于发展初期，应更加注重顶层设计，健全监管体系，支持区块链健康发展。

通过上文分析，区块链技术的应用，包括智能合约、智能资产和其他密码资产将对现行法律框架带来一系列挑战。然而，区块链从根本上说仍然可以受到监管，即使在一个以分散数据和组织为主导的世界，强大的中心化组织仍将存在。监管机构可以把区块链变成一个强大的监测和控制工具，规范和控制金融区块链生态系统。在这个意义上，金融区块链技术应用监管将遵循互联网监管的发展路径。为了引导金融区块链健康发展，基于前面的研究，建议从以下几个方面着手构建我国金融区块链风险防范与监管。

1. 吸收行业智慧，加强顶层设计

区块链对清算交收等金融基础设施具有重要影响，但相关技术标准与监管规则尚不明确，行业自行发展可能会产生无序性和盲目性。美国存管清算公司首席执行官认为，各家机构单独开发区块链应用技术必将造成标准冲突，因此行业的首要任务就是对核心标准达成共识。美国白宫发布名为《金融科技框架》的白皮书，提出发展金融科技的十项原则，统一技术标准是其中一项基本原则。

金融区块链的发展需要许多方面的配套发展，如数字货币的标准、数据接口的标准、分布式账簿的记账标准、共识机制的标准、智能合约的标准等。我国尚未出台区块链总体规划，有学者建议，应由监管部门牵头，加强行业机构合作，开展对区块链的金融应用场景研究，形成统一的区块链技术标准、行业规范和法制框架，为行业发展提供正确指引。

2. 借鉴“监管沙盒”为金融市场区块链创新提供空间

有学者主张，对服务实体经济的新兴金融业态，金融监管需要留有一定的试错空间。英国首创的“监管沙盒”制度，为新兴金融业态提供了“监管试验区”，放松参与试验的创新产品和服务的监管约束，契合容忍试错的精神。英国“监管沙盒”制度主要包括：第一，对拟参与“监管沙盒”的企业进行筛选，条件包括企业是否促进金融业发展、产品和服务的创新性、能否促进消费者福利提升等；第二，根据拟推出的创新产品和服务选取适当的消费者，并要求参与企业设立消费者保护计划；第三，在筛选条件合格的前提下，允许参与实验的企业向客户推出创新产品和服务；第四，测试期内，每周都必须向 FCA 报告测试情况、风险管理等事项，以便加强风险监管；第五，测试完后，企业必须在 4 周内提交最终报告，FCA 将对最终报告反馈书面意见，但并不代表 FCA 就允许测试的产品或服务无条件运行。

类似于试点制度，我国也可以借鉴“监管沙盒”经验，适当放宽准入标准，允许初创企业和金融机构探索区块链在金融市场的应用，而不必执行严格苛刻的监管要求，在风险可测可控的前提下积累经验。坚持原则监管和底线监管的同时，采取包容性监管，为行业的创新发展预留空间，在防范系统性风险和区域性风险的同时，更好地促进普惠金融和新经济的发展，真正让金融变得普惠、平等、绿色和安全。

3. 建立负面清单，划出监管底线

创新不是抢跑，金融市场的区块链应用仍然是金融领域的创新，不能违背金融规律，违反基本金融原则。区块链作为新生事物，其技术不断发展提高，也将出现规避监管的问题。因此，监管机构不但要鼓励区块链的探索，也要从初期就建立负面清单，明确监管底线，加强清单管理。随着区块链金融创新产品的不断推出，促进混业经营趋势的发展，金融行业也将迎来混业监管，根据业务特点统一监管标准也是必然趋势。未来将是一个大资管、泛资管的时代，投资者更看重产品的功能，监管机构也应根据产品的功能和特点来执行监管标准。监管机构需要效仿境外市场监管部门，建立完善的数字货币和金融区块链监管指南，以符合市场未来发展的需要，给予市场明确预期。

4. 完善监管手段，提高监管的适应性

刘鹤在《21世纪金融监管》的序中指出，“金融监管体系要有适应性”，要“使监管能力建设与金融创新相适应”。我国可以通过建立数字货币和智能合约条款的审计标准，识别不公平或容易受黑客攻击的条款代码。跟踪智能合约参与者的交易行为，分析其智能合约条款的种类、理念、操作手法，评价市场在正常和极端情况下，智能合约所提供金融服务的合规性及其对市场的影响。根据大数据对参与者进行分类，分配识别代码，在智能合约中迅速判定和分析其交易行为，识别利用区块链技术进行洗钱、恐怖融资等违法交易，并采取相应监管措施。

5. 加强功能监管，健全区块链治理体系

金融监管应该着眼于功能监管，不应局限于金融机构，区块链技术还是一种新的技术，监管部门对此应该持一种开放的态度。针对其未来可能出现的应用场景，不同类型的监管部门可根据所属行业的不同情况进行分类监管。区块链可以用于很多行业，其中有些涉及货币转移，其他区块链应用包括智能合同、登记、身份管理、信用记录分享等涉及较少，监管机构必须将货币转移服务商和货币转移服务商的监管模式区分开来。总体来看，金融法律规范制度较为完善，金融监管体系较为健全，关键是增强功能监管的认识，明确监管分工，加强监管协调，健全监管体系，提升监管合力，防范监管套利，避免出现监管真空。

6. 处理好金融市场中区块链创新与传统金融机构的关系

区块链与传统金融机构的关系并非此消彼长、矛盾对立，而应该是相互促进、相互补充，共同为实体经济服务，维护金融市场的良好秩序。如前所述，部署在区块链上的金融产品，虽然会弱化金融机构的作用，但涉及的相关金融机构应当承担的职责，仍应该由金融机构勤勉尽责，形成金融机构与区块链公司相互补充、相互促进的关系，共同提升金融市场的诚信与透明。区块链支持客户之间点到点的转让交易，能够降低业务费用和流程；但从促进交易的角度来看，中介组织的存在仍然具有一定的必要性、合理性，可以帮助投融资双方对接，减少搜索成本。特别是缺乏经验的市场参与者，更需要金融机构提供服务和帮助。综上所述，传统的金融机构提供的服务与区块链的服务完全可以并存，满足不同的市场需求。

7. 通过立法来保障监管政策落实到位

因为分布式账本技术是基于区块链开发的，其底层一般是比特币网络或以太币网络这样算力巨大且安全性高的区块链，对底层区块链节点进行监管的难度非常大。因此政府应将监管的重点放在分布式账本服务的提供商上，对于这些网络服务提供企业进行监管可以有效地推进政策的实施，同时监管账本的使用目的和资产流向，防止洗钱和网络犯罪的发生。鉴于区块链行业仍处于发展阶段，在法律层面的监管模式以行业准入机制为基础，即将需要承担的法律义务施加给分布式账本服务的提供方，对从业人员、技术措施等方面做出“最低标准”的规定。

第一，设置行业准入门槛。因为技术初期的不稳定性可能形成极大的法律风险，需要监管部门在事前引导技术发展的合规路径。技术应用将深入整个社会运作的底层结构中，构建行业准入标准有助于技术应用路线的良性发展。第二，制定底层技术规则。政府若想以技术规划制定者的身份参与其中，则需要以准入机制为基础，提前制定好相关协议和编写“许可权”证明，打包发布为智能合约并在区块链网络运行前在全网广播并得到多数认同。第三，要求区块链初创企业对区块访问人员进行事前登记模式。由于区块内部信息可能存储着海量的个人数据信息，应当对访问人员的身份信息以及访问节点进行登记保存，避免出现51%以上节点联合制造虚假记录，反向利用共识机制。第四，对私钥的存储或者保管方式做出规定。区块链技术构建系统时应设置特殊程序，确保私钥丢失或者泄露时，原私钥失效；同时，要求区块链管理者对私钥采取数字加密等措施确保私钥安全存储。第五，对各个行业的具体应用进行不同方向的监管。区块链技术在各个领域的具体应用可能产生不同的监管问题，应将法律监管制度类型化。

参考文献

[1] 梅兰妮·斯万．区块链：新经济蓝图及导读［M］．北京：新星出版社，2016.

[2] 工信部．中国区块链技术和应用发展白皮书［R］．中国区块链技术和产业发展论坛，2016.

[3] 国际商业机器公司．区块链重塑金融市场［R］．研究报告，2016.

[4] 长铁等．区块链：从数字货币到信用社会［M］．北京：中信出版社，2016.

[5] 林睿嘉等．区块链技术适应不完美的世界［R］．埃森哲研究报告，2016.

[6] 牛壮．区块链技术对境内证券业影响分析［R］．上海证券交易所资本市场研究所研究报告，2016.

[7] 穆昆达·尤麦卡尔等．区块链技术：每位CEO都应了解［R］．埃森哲研究报告，2016.

[8] 乔安妮·凯勒曼．21世纪金融监管［M］．张晓朴译．北京：中信出版社，2016.

[9] 乔海曙，谢姗珊．区块链金融理论研究的最新进展［J］．金融理论与实践，2017（3）.

[10] 张苑．区块链技术对我国金融业发展的影响研究［J］．国际金融，2016（5）.

[11] 林晓轩. 区块链技术在金融业的应用 [J]. 中国金融, 2016 (8).

[12] 杨东, 潘翌东. 区块链带来金融与法律优化 [J]. 中国金融, 2016 (8).

[13] 廉蔺, 朱启超, 赵炤. 区块链技术及其潜在的军事价值 [J]. 国防科技, 2016 (4).

[14] 姚前. 中国法定数字货币原型构想 [J]. 中国金融, 2016 (17).

[15] 徐忠, 姚前. 数字票据交易平台初步方案 [J]. 中国金融, 2016 (17).

[16] 程华, 杨云志. 区块链发展趋势与商业银行应对策略研究 [J]. 金融监管研究, 2016 (6).

[17] 何东等. 虚拟货币及其扩展: 初步思考 [J]. 金融监管研究, 2016 (4).

[18] 马晨等. 证券期货业区块链技术研究及应用分析报告 [J]. 中证金融研究, 2016 (11).

[19] 任春伟, 孟庆江. 区块链与证券清算结算 [J]. 中国金融, 2017 (5).

[20] 龚鸣. 英国对区块链技术的态度 [J]. 金融博览, 2016 (3).

[21] 邵奇峰, 金澈清, 张召, 钱卫宁, 周傲英. 区块链技术: 架构及进展 [J]. 计算机学报, 2017 (40).

[22] 王艳. 区块链技术在金融业的应用及其发展建议 [J]. 海南金融, 2016 (12).

[23] Satoshi Nakamoto. Bitcoin: A peer to peer electronic cash system [S]. available: https: /bitcoin. org/bitcoin. pdf, 2008.

[24] Vitalik Buterin. On Publicand Private Blockchains [S]. available: https: / blog. ethereum. org/2015/08/07/on – public – and – private – blockchains, 2015.

[25] Harvey, Campbell. R. Cryp to finance [R]. AvailableatSSRN2438299, 2016.

[26] AliR, Barrdear, J, ClewsR, Southgate. The economic sofdigital currencies [R]. Bankof England Quarterly Bulletin, 2014.

[27] Lee, Larissa. New Kid son the Blockchain: How Bitcoin's Technology Could Reinvent the Stock Market [R]. AvailableatSSRN2656501, 2015.

上海市金融机构履行反洗钱数据报送义务总体情况研究

中国人民银行上海总部反洗钱监测分析中心课题组

课题组组长：刘　锐

课题组成员：褚　伟　方　明　童文俊　奚志宏　曹　群
石　龙　郑晶晶　李培东　伍伊欣　周衎也

摘　要

2016 年 12 月 28 日，《金融机构大额交易和可疑交易报告管理办法》（中国人民银行令〔2016〕第 3 号发布，简称“3 号令”）的出台标志着“风险为本”原则在中国金融业的实施落地，“3 号令”在规章层面明确了金融机构切实履行可疑交易报告义务的新要求，有助于金融机构提高可疑交易报告工作有效性，有助于预防、遏制洗钱、恐怖融资等犯罪活动，有助于维护我国金融体系的安全稳健，有助于进一步与国际标准接轨。如何保障好“3 号令”的顺利实施，已成为当前反洗钱监测分析工作的重点问题，具有重要的现实意义。

为全面了解各类型金融机构在落实“3 号令”工作中的准备情况，本文立足于上海，立足于反洗钱监测分析，对上海地区部分法人银行、村镇银行、外资银行、保险业机构以及保险中介机构五类金融机构进行了座谈和调研，基本掌握了各金融机构落实“3 号令”的工作进度和规划，了解了各金融机构面临的困难和障碍，听取了各金融机构的意见和建议。

本文研究重点是上海地区部分法人银行等五类金融机构落实“3 号令”过程中大额和可疑交易报告整体工作推进情况，重点关注反洗钱系统建设、大额交易报告、可疑交易报告等方面问题，并在此基础之上，根据各类金融机构的具体情况，从反洗钱监测分析角度提出针对性的政策建议，供政策制定部门和监管部门参考。

一、“3 号令”出台的背景与主要意义

按照《中华人民共和国反洗钱法》的规定，报告大额交易和可疑交易是金融机构应当履行的三项核心反洗钱义务之一，也为人民银行依法开展反洗钱资金

交易监测分析奠定坚实的数据基础。实践中，金融机构通过系统自动抓取报送大额交易，通过客户身份识别、留存客户身份资料和交易记录、开展交易监测分析，发现并报送可疑交易报告。以金融机构报送的大额交易和可疑交易报告为基础，人民银行开展主动分析、协查分析和国际互协查，依法向执法部门移送案件线索，与相关部门一起预防、遏制洗钱、恐怖融资，维护金融安全。

目前，金融行动特别工作组（FATF）正在对其成员国开展第四轮互评估，中国预计将于2018～2019年接受FATF第四轮互评估，通过此次互评估不仅有利于中国树立良好的国际政治、经济地位形象，还将有助于向外界展示中国稳健的金融体系和良好的法治环境，在外交、国际经济金融领域掌握主动权。此次互评估包括技术合规性和有效性评估两方面，其中大额和可疑交易报告是有效性评估的重要组成部分，因此督促各金融机构履行好大额和可疑交易报送义务具有重要的现实意义。

为适应新时代发展要求，打击新形势下洗钱犯罪，持续强化金融机构的反洗钱职能，中国人民银行于2016年12月28日发布了《金融机构大额交易和可疑交易报告管理办法》（中国人民银行令〔2016〕第3号发布，简称“3号令”），对大额和可疑交易报告标准进行了修订更新，并于2017年7月1日起施行。“3号令”结合国内工作实际和国际标准，对《金融机构大额交易和可疑交易报告管理办法》（中国人民银行令〔2006〕第2号，简称“2号令”）和《金融机构报告涉嫌恐怖融资的可疑交易报告管理办法》（中国人民银行令〔2007〕第1号）两部规章进行了修订、整合。

上述两部规章自2007年实施以来，在我国反洗钱工作起步阶段，对于指导金融机构切实履行可疑交易报告义务发挥了积极作用。但随着国内外形势的发展变化和反洗钱工作的深入推进，防御性报告过多、有效报告不足等实施当中的问题逐渐显现，影响了反洗钱工作的有效性。为此，人民银行先后发布《关于进一步加强金融机构反洗钱工作的通知》（银发〔2008〕391号）、《关于明确可疑交易报告制度有关执行问题的通知》（银发〔2010〕48号）等规范性文件，对金融机构如何有效履行可疑交易报告义务、避免简单通过系统抓取报送符合可疑交易报告标准的交易等问题进行规范。2012年，人民银行在全国选择37家法人金融机构开展可疑交易报告综合试点，要求试点机构结合自身情况自主定义交易监测标准，结合人工分析，以合理怀疑为基础报送可疑交易报告。这些工作为修订上述两个规章、出台“3号令”奠定了坚实基础。同时，原大额交易报告标准也已经不能完全满足反洗钱以及打击、遏制相关上游犯罪的实际需要，有必要对大额交易报告标准进行适当调整。

与原规章相比，“3号令”的变化主要包括以下四个方面：一是明确以“合理怀疑”为基础的可疑交易报告要求，新增建立和完善交易监测标准、交易分析与识别、涉恐名单监测、监测系统建立和记录保存等要求，同时删除原规章中已不符合形势发展需要的银行业、证券期货业、保险业可疑交易报告标准。二是将大额现金交易的人民币报告标准由“20 万元”调整为“5 万元”，调整了金融机构大额转账交易统计方式和可疑交易报告时限。三是新增规章适用范围、大额跨境交易人民币报告标准等内容。其中“保险专业代理公司”“保险经纪公司”“消费金融公司”和“贷款公司”是新增的适用范围，以人民币计价的大额跨境交易报告标准为“人民币 20 万元”。四是对交易报告要素内容进行调整，增加“收付款方匹配号”“非柜台交易方式的设备代码”等要素，删除“报告日期”“填报人”和“金融机构名称”等要素，设计了要素更加精简的“通用可疑交易报告要素”。

“3 号令”在规章层面明确了金融机构切实履行可疑交易报告义务的新要求，有助于金融机构提高可疑交易报告工作的有效性，有助于预防、遏制洗钱、恐怖融资等犯罪活动，有助于维护我国金融体系的安全稳健，有助于进一步与国际标准接轨。“3 号令”的出台标志着“风险为本”原则在中国金融业的实施落地，如何保障好“3 号令”的顺利实施，已成为当前反洗钱监测分析工作的重点问题。为全面了解各类型金融机构在落实“3 号令”工作中的准备情况，本文立足于上海，立足于反洗钱监测分析，对上海地区部分法人银行、村镇银行、外资银行、保险业机构以及保险中介机构五类金融机构进行了座谈和调研，基本掌握了各金融机构落实“3 号令”的工作进度和规划，了解了各金融机构面临的困难和障碍，听取了各金融机构的意见和建议。

二、上海地区法人银行、村镇银行落实“3 号令”情况

（一）调研开展情况

为保证调研工作的全面性，课题组选取注册在上海市的 3 家商业银行、13 家村镇银行作为调研对象。向报告机构发放了调研提纲并得到全部机构的书面或者电子版反馈材料；为进一步掌握第一手信息，还对浦东江南村镇银行开展座谈了解情况，同时组织具有一定代表性的嘉定民生村镇银行、松江民生村镇银行、金山惠民村镇银行及青浦刺桐红村镇银行共同进行了面对面沟通；召集上海银行、上海农商行及华瑞银行举行了上海市法人银行专题调研。通过全覆盖式问卷调查和抽样式走访座谈，掌握了大量的第一手情况。

表 1　　上海地区法人银行大额和可疑交易报告情况统计

序号	机构名称	大额交易报告/份			及时率	可疑交易报告/份		
		2014 年	2015 年	2016 年		2014 年	2015 年	2016 年
1	上海银行	1482227	2119571	1522858	99%	763	862	219
2	上海农商银行	817119	939042	1070551	100%	104	112	917
3	上海华瑞银行股份有限公司	—	897	2259	86%	—	2	0

表 2　　上海地区村镇银行大额和可疑交易报告情况统计

序号	机构名称	发起行	大额交易报告/份			及时率	可疑交易报告/份		
			2014 年	2015 年	2016 年		2014 年	2015 年	2016 年
1	上海宝山富民村镇银行股份有限公司	盛京银行	47	69	137	100%	1	3	0
2	上海崇明沪农商村镇银行	上海农商银行	1123	1017	1016	100%	0	0	0
3	上海奉贤浦发村镇银行股份有限公司	浦发银行	1433	1351	1647	97%	0	0	0
4	上海嘉定洪都村镇银行股份有限公司	南昌农村商业银行	—	61	800	99%	—	0	18
5	上海嘉定民生村镇银行	民生银行	1859	1492	1695	100%	0	0	0
6	上海金山惠民村镇银行	南充市商业银行	9707	11350	10694	97%	0	0	0
7	上海浦东恒通村镇银行股份有限公司	浙江温州龙湾农村商业银行	—	—	235	100%	—	—	0
8	上海浦东建信村镇银行有限责任公司	建设银行	675	482	520	100%	0	0	0
9	上海浦东江南村镇银行股份有限公司	江苏江南农村商业银行	1226	25	1458	34%	21	0	381
10	上海青浦刺桐红村镇银行股份有限公司	泉州农村商业银行	—	2	296	29%	—	0	0
11	上海松江富明村镇银行股份有限公司	温州鹿城农村商业银行	—	—	0	—	—	—	0

续表

序号	机构名称	发起行	大额交易报告/份			及时率	可疑交易报告/份		
			2014 年	2015 年	2016 年		2014 年	2015 年	2016 年
12	上海松江民生村镇银行股份有限公司	民生银行	1888	1385	2081	98%	142	34	12
13	上海闵行上银村镇银行股份有限公司	上海银行	681	1043	1132	100%	0	0	0

同时，为做好调研工作，充分借助反洗钱数据库，组织人员对 16 家机构的背景信息、大额和可疑交易报告情况进行了初步整理（见表 1、表 2），向调研机构进行了反馈，并就相关问题展开了进一步探讨。

（二）法人银行落实“3 号令”基本情况

1. 反洗钱系统升级改造压力相对较小

相较于大型商业银行，上海银行、上海农商行、华瑞银行 3 家机构系统改造压力相对较小。针对“3 号令”对大额和可疑交易报告的要素、数据逻辑进行的一些调整，3 家商业银行均已在新版要素释义和接口规范的基础上，按照“3 号令”的有关要求进行数据报送。

2. 大额现金交易报告量增幅不大，人工补正工作量可控

大额现金交易阈值降低后，3 家机构测算其大额交易报送量增长不大，大额交易报告增加的绝对数量也相对较小，普遍表示该项变化对其影响不大。除华瑞银行因为网上开户情况普遍导致的手工补正量较大外，上海银行及上海农商行的人工补正量较少，不会影响“3 号令”的正常实施。

表 3　　上海地区法人银行大额交易和人工补正测算情况

机构名称	现交易量	测算交易量	手工补正量占比
上海银行	日均 2. 8 万笔	预计增幅不大	0. 34%
上海农商行	1 月 79 万笔	增加 30%	3. 86%
华瑞银行	日均 120 笔	增加 20%	100%

3. 自定义可疑交易监测标准存在诸多困难

3 家机构对自定义交易监测标准这一重大政策调整普遍表示认可。现阶段，3 家机构实行的可疑交易监测规则，几乎均为在原“2 号令”设定的 18 条可疑监测标准基础上进行的优化设计和分类管理。3 家机构反映，按照“3 号令”要求自定义交易监测标准并对其有效性负责，需要根据经验设置具备较高参考价值的相关参数，并与多个业务系统相嵌配合生成监测模型，对人员的专业性提出了较

高要求。鉴于其自身反洗钱监测分析工作能力有限，在自定义可疑交易标准方面存在一定困难，短期内难以达到监管部门提出的风险管理目标。

（三）村镇银行落实“3号令”基本情况

村镇银行反洗钱工作基本依赖主发起行，在落实“3号令”方面缺乏独立性和自主性。村镇银行普遍反映，其反洗钱系统使用主发起行反洗钱监测分析系统，而大多数主发起行为农村商业银行，其使用各省农村信用联社反洗钱监测分析系统。主发起行系统自动识别和抓取大额和可疑交易报告打包至村镇银行，再由村镇银行完成数据报送。

1. 反洗钱系统升级改造基本完全依赖主发起行

由于技术及人力资源限制，村镇银行反洗钱系统绝大多数由主发起行开发或者运行。相应地，在“3号令”修改了部分报告要素并要求机构自定义可疑交易监测标准的情况下，绝大多数村镇银行系统改造升级工作仍完全依赖主发起行，极少参与到主发起行系统改造升级开发需求过程中。仅有浦东江南村镇银行与主发起行江苏江南农商行进行了沟通，参与了主发起行的反洗钱系统升级改造工作。

2. 大额现金交易报告量及人工补正工作量增幅不大

由于村镇银行日常资金交易规模较小，大额交易阈值降低后，多数机构测算其大额交易金额增幅不大，绝对笔数增加不多。

表4 上海地区村镇银行大额交易和人工补正测算情况

机构名称	现交易量	测算交易量	人工补正量占比
嘉定民生村镇银行	日均120笔	增加10%	2%
崇明沪农商村镇银行	日均100笔	—	50%
浦东江南村镇银行	日均17笔	10%	0
松江民生村镇银行	日均30笔	40%	17%
金山惠民村镇银行	日均33笔	55%	0
青浦刺桐红村镇银行	日均2笔	1%~2%	0

3. 村镇银行普遍欠缺自定义交易监测标准的能力

现阶段，村镇银行主要依赖主发起行监测分析系统和监测规则，而发起行交易监测规则主要是参考原“2号令”设定的银行业18条可疑监测标准，村镇银行普遍欠缺自定义交易监测标准的能力。

4. 主发起行反洗钱部门对村镇银行反洗钱工作指导不足

通过与部分村镇银行及上海银行、上海农商行①座谈，调研了解到，目前村镇银行集中由主发起行村镇银行管理部归口管理，与主发起行反洗钱部门沟通、联系较少，主发起行反洗钱部门对村镇银行反洗钱监测分析工作指导不足。

三、上海地区外资银行落实“3 号令”情况

（一）调研开展情况

近年来，上海外资银行发展稳健，“本土化”和“走出去”成果显著，充分显现了我国银行业全面开放的正向效应。截至 2017 年第一季度末，上海 21 家外资法人银行在全国共设分行 229 家，支行 482 家，员工总数超 3.5 万人，资产规模达 2 万亿元人民币，无论是机构数量还是资产规模占比均超过全国 50% 以上。如图 1 所示，上海外资法人银行业务规模与全国情况相比优势明显。

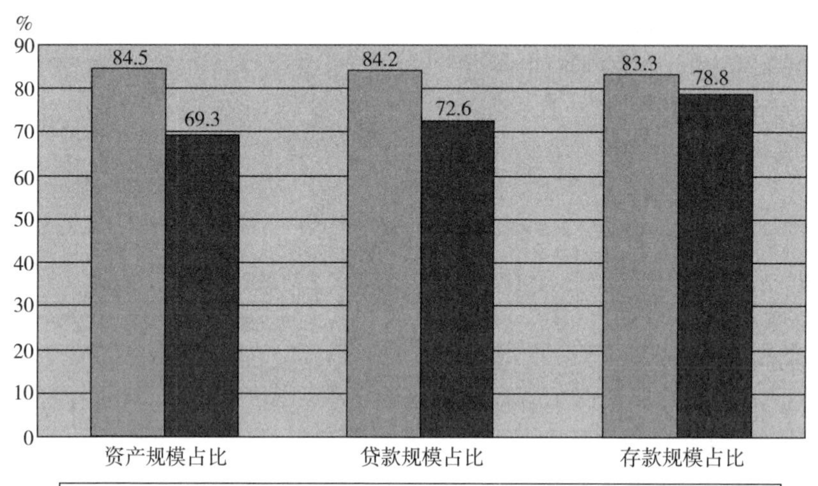

图 1　上海外资法人银行业务规模全国占比情况

截至 2016 年底，全国共有 111 家外资银行②接入反洗钱数据报送系统。上海地区外资银行 69 家，占比达 62%。本次调研选取了具有代表性的 10 家外资银行，既考虑了外资银行母行地域分布，又考虑了外资银行业务规模；既涵盖了上

① 上海银行作为主发起行在全国设立了 4 家村镇银行，上海农商行作为主发起行在全国设立了 37 家村镇银行。

② 根据《外资银行管理条例》规定，外资银行包括四种类型：（一）1 家外国银行单独出资或者 1 家外国银行与其他外国金融机构共同出资设立的外商独资银行；（二）外国金融机构与中国的公司、企业共同出资设立的中外合资银行；（三）外国银行分行；（四）外国银行代表处。

海法人机构和分支机构，又囊括了大额和可疑交易报告数量较多和较少的机构。

表 5　　上海地区部分外资银行基本情况统计

序号	行别	类型	母行所在国/地区	近三年可疑交易报告数量		
				2014 年	2015 年	2016 年
1	汇丰银行（中国）有限公司	外商独资银行	中国香港	192	244	821
2	花旗银行（中国）有限公司	外商独资银行	美国	121	94	104
3	渣打银行（中国）有限公司	外商独资银行	英国	507	608	698
4	东亚银行（中国）有限公司	外商独资银行	中国香港	713	681	232
5	星展银行（中国）有限公司	外商独资银行	新加坡	48	52	106
6	法国巴黎银行（中国）有限公司	外商独资银行	法国	0	1	1
7	三菱东京日联银行（中国）有限公司	外商独资银行	日本	1	1	1
8	三井住友银行（中国）有限公司	外商独资银行	日本	2	3	0
9	友利银行（中国）有限公司上海分行	外国银行分行	韩国	0	0	0
10	台湾银行上海分行	分行	中国台湾	0	0	0

（二）外资银行落实“3 号令”基本情况

整体而言，在落实“3 号令”方面，外资银行准备工作进度和质量参差不齐，差异较大。部分外资银行“3 号令”可疑交易监测分析相关准备工作的主动性与参与度亟待提高，部分外资银行“3 号令”可疑交易监测标准自定义工作不容乐观。

1. 部分外资银行执行力不强，主动性与参与度亟待提高

为满足外资银行母行所在国监管要求，同时兼顾中国反洗钱监管要求，外资银行一般同时运行两套反洗钱监测分析系统：母行自主开发的反洗钱监测分析系统以及为满足原“2 号令”规则的本地反洗钱监测系统。

针对“3 号令”中新增数据要素项，部分外资银行表示无法通过本地报送系

统抓取，需由亚太区或全球上游系统提供，系统改造升级难度较大，普遍存在强调客观因素，强调依靠母行工作安排等观望态度。

2. 大额现金交易阈值降低对外资银行大额交易报告报送影响较小

除个别外资银行尚未测算“3号令”对大额交易报告量影响之外，多数外资银行表示大额现金交易阈值降低对大额交易报告报送影响较小，补正交易也相对较少，部分外资银行运营部门将安排相关操作人员执行补正工作。整体而言，大额交易报告数据量对外资银行系统影响不大。

3. 可疑交易监测标准自定义工作参差不齐，部分外资银行完全依赖母行，部分外资银行仍依赖原“2号令”标准

针对“3号令”要求的自定义可疑交易监测标准问题，外资银行认知和准备工作差异较大。以花旗银行和汇丰银行为代表的部分大型外资银行在自定义可疑交易监测标准的设定问题上沿用母行系统的监测分析标准，暂无计划进一步根据“3号令”第12条中参考因素的要求来调整修改。从工作实际考量，以上标准并不能完全符合“3号令”中的第12条中所列参考因素的要求，且多数规则为统计意义上的异常交易标准，与目前“3号令”以犯罪类型分析为导向的多因素自定义可疑交易标准存在较大的差异。

以渣打银行、三菱东京日联银行为代表的部分外资银行在沿用母行系统的同时开发符合自身特点的自定义可疑交易监测标准。通过对渣打银行（中国）有限公司母行监测标准的展开，发现其与原“2号令”银行业18条标准存在高度的相似性。渣打银行已对其母行监测标准是否符合“3号令”精神产生了疑惑，转而聘请外部软件公司开发符合自身特点的可疑交易标准。

以三井住友银行、法国巴黎银行为代表的部分中小外资银行选择继续沿用原“2号令”可疑交易监测标准，适时开发符合自身特点的自定义可疑交易监测标准或引进其母行的可疑交易监测标准。

4. “3号令”落实过程中的其他问题

从反洗钱监测分析流程上看，大型外资银行基本实现了“系统做，集中做，专家做”，但其可疑交易数据的初级分析外包至境内或境外同一集团下的数据处理公司，存在较大的法律和数据安全风险。

中小外资银行普遍未实现集中化处理，反洗钱和合规工作人员大多数为兼职，在可疑交易识别上大都依赖客户经理和柜面人员，总分行合规管理人员未能有效履行可疑交易分析和复核的职责。

本次调研要求各外资银行根据自身业务和客户特点，评估高风险业务与客户分布情况。从反馈情况看，多数外资银行洗钱风险评估不到位，评估标准过于简单，缺乏规范的评定标准和流程。

四、上海地区保险业机构落实“3 号令”情况

（一）调研开展情况

根据相关数据统计，截至 2016 年底，全国保险业报告机构共计 182 家。其中，保险公司 163 家，保险资产管理公司 19 家。上海地区保险业报告机构共计 50 家，占比 27.5%。其中，保险公司 44 家，保险资产管理公司 6 家。

课题组选取了上海地区具有代表性的 14 家保险机构，既考虑了中资和外资保险机构，又选取了保险公司和保险资产管理公司；既涵盖了上海地区法人机构和分支机构，又囊括了大额和可疑交易报告数量较多和较少的机构（见表 6）。

表 6　上海地区部分保险业机构 2016 年大额和可疑交易情况统计

序号	机构名称	机构类别	机构性质	大额交易报告/份数	大额交易报告/笔数	可疑交易报告/份数
1	中国太平洋人寿保险股份有限公司	保险公司	中资	9	89	1891
2	太平人寿保险有限公司	保险公司		146	207	544
3	建信人寿保险有限公司	保险公司		0	0	79
4	上海人寿保险股份有限公司	保险公司		0	0	45
5	中国平安养老保险股份有限公司	保险公司		13	13	36
6	中国太平洋财产保险股份有限公司	保险公司		2	60	0
7	平安资产管理有限责任公司	保险资产管理公司		0	0	0
8	中国人保资产管理股份有限公司	保险资产管理公司		0	0	0
9	中德安联人寿保险有限公司	保险公司	外资	0	0	30
10	汇丰人寿保险有限公司	保险公司		0	0	27

续表

序号	机构名称	机构类别	机构性质	大额交易报告/份数	大额交易报告/笔数	可疑交易报告/份数
11	工银安盛人寿保险有限公司	保险公司	外资	0	0	12
12	交银康联人寿保险有限公司	保险公司		0	0	8
13	友邦保险有限公司	保险公司		0	0	7
14	三星财产保险（中国）有限公司	保险公司		0	0	0

为掌握第一手资料，分两批次对上述保险机构进行了座谈，重点对友邦保险、上海人寿及汇丰人寿 3 家保险业机构进行了现场走访和调研，面对面了解各保险机构落实“3 号令”情况。

（二）保险业机构落实“3 号令”基本情况

1. 反洗钱系统升级改造压力相对较小

据了解，除人保资产管理公司和汇丰人寿至今尚未上线反洗钱系统外，其余 12 家保险业机构均设有独立的反洗钱系统。针对“3 号令”的系统升级改造存在两种模式：一是包括友邦保险和平安养老保险在内的集团层面统一开发模式；二是剩余 10 家机构寻找外包商独立开发模式。

针对“3 号令”对大额和可疑交易报告的要素、数据逻辑进行的一些调整，以及黑名单实时监测的要求，目前大多数机构均已在新版要素释义和接口规范的基础上，按照“3 号令”的有关要求进行数据报送。

2. 大额交易报告阈值调整对保险业机构影响较小

“3 号令”规定保险业机构与客户进行保险交易并通过银行账户划转款项时由银行报送大额交易报告，因此保险业机构只涉及大额现金交易报送。

根据保监会的监管要求，除规定情形①外，保险公司应采用非现金收付费方式。多数保险业机构也在力推“零现金”交易，导致保险业机构现金交易较少。因此“3 号令”大额现金交易阈值降低对保险业机构大额交易报告影响不大。

① 除下列现金收付方式外，保险公司应采取非现金收付费方式：（1）保险公司在营业场所内现金收付费；（2）保险公司在营业场所外通过保险公司员工、保险营销员收取现金保费，依据保险合同单次金额不超过人民币 1000 元的；（3）保险公司委托保险代理机构在保险代理机构营业场所内现金收付费；（4）中国保监会规定的其他现金收付费方式。

3. 可疑交易监测标准自定义工作参差不齐

针对“3号令”要求的自定义可疑交易监测标准问题，各保险机构的准备工作和分析模式差异较大。

（1）自定义可疑交易监测标准存在较大差异

据了解，太平洋财产保险、平安养老保险、太平洋人寿保险3家机构参加了人民银行2013年组织的“大额和可疑交易报告综合试点”。这3家机构通过参与试点项目，结合自身业务特点，自主建立了可疑交易监测指标。另外，太平人寿结合保险业务特点、客户和交易特征，也自主定义了异常交易监测指标。针对“3号令”的要求，上述机构表示只需更新和优化监测指标，暂无重大调整计划。

友邦保险则存在两套系统同时运行的现象，一套是友邦中国在2007年独立开发的反洗钱监测和报告报送系统，监测标准主要参照原“2号令”的17条规则；另一套是友邦集团统一开发的2014年12月上线的反洗钱系统，该系统集合客户洗钱风险等级划分、客户筛查和可疑交易甄别三大主要功能，并根据友邦中国的业务特点设定了可疑交易监测模型和指标。针对“3号令”要求，友邦保险表示将对监测标准进行重新分析和改进，暂无重大调整。

其他保险业机构大多参照原“2号令”的17条规则制定可疑交易监测标准。各机构表示，将根据“3号令”的要求，结合公司业务实际情况和监管要求，制定新的监测标准。

（2）可疑交易分析工作模式不尽相同

平安养老保险和平安资产管理属于平安集团的下属子公司，在平安集团反洗钱监控中心集中分析下，两家机构实现了“集中做、系统做、专家做”的工作模式。

上海人寿、中德安联人寿、汇丰人寿和工银安盛人寿4家机构采用集中分析工作模式。经系统筛选和人工主动识别的异常交易，由总公司统一分析和研判，各分公司配合相关调查，最后由总公司确认和报送。

其他保险业机构则基本都采用“分级审核、集中报送”的分散模式。经系统抓取和人工主动识别的异常交易，由分公司进行人工分析和初审，上报至总公司后再进行复审和报送。

针对“3号令”自定义交易监测标准的要求，各家机构均表示对现行分析工作模式影响不大，暂无调整计划。

4. 其他问题

保险业机构虽然在客户身份识别方面具有一定的优势，但在可疑交易某些要素和信息（如职业和行业、控股股东）的获取上仍然存在客观困难。随着互联网保险业务蓬勃发展，保险业机构在客户身份识别上也存在一定的困难，无法准确、全面获取客户有效的身份信息。

目前，通过支付机构购买保险产品“3号令”虽然明确了保险业机构的大额交易报送范围，但对于通过支付机构进行保险交易时如何报送大额交易报告尚未具体明确。

五、上海地区保险中介机构落实“3号令”情况

（一）调研开展情况

目前，我国保险中介机构主要聚集在东部沿海地区，区域化特征明显，北京、广东、上海、江苏、浙江、山东等地占据了全国保险中介市场规模的80%，机构数量占比相当，均为10%左右。据《2016中国保险市场年报》公开信息显示，截至2015年末，全国共有保险中介机构2164家，其中保险专业代理机构①1719家，保险经纪机构②445家。据上海保监局数据统计，截至2015年末，上海地区共有保险中介机构172家，其中保险专业代理机构106家，保险经纪机构66家。上海地区机构总数、两个分项数量的占比，分别为7.9%、6.2%、14.8%。

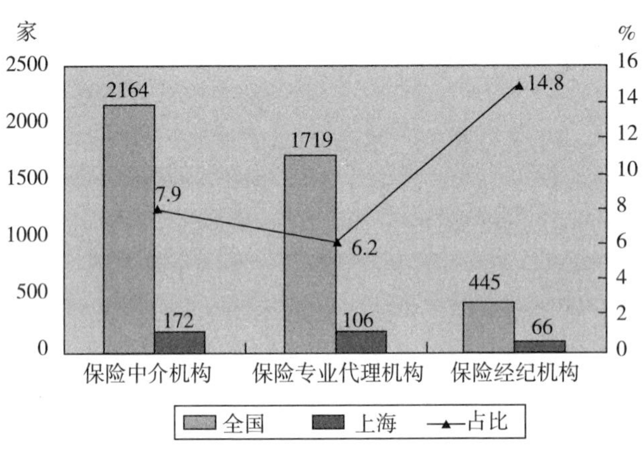

图2　上海地区法人保险中介机构数量及全国占比情况

为动态掌握第一手信息，通过有针对性地选取调研对象并发放回收调查问卷，基本掌握了上海地区保险中介机构有关大额交易筛查与报送、可疑交易自定

① 根据《保险专业代理机构监管规定》，保险专业代理机构是指根据保险公司的委托，向保险公司收取佣金，在保险公司授权的范围内专门代为办理保险业务的机构。目前保险专业代理机构注册资本的最低限额为人民币5000万元。

② 根据《保险经纪机构监管规定》，保险经纪机构是指基于投保人的利益，为投保人与保险公司订立保险合同提供中介服务，并按约定收取佣金的机构。目前保险经纪机构注册资本的最低限额为人民币5000万元。

义监测标准与评估、监测系统建设与人工分析等方面，重点落实工作的规划和进展情况。同时选取了具有代表性的6家保险中介机构现场调研，其中5家是注册地在上海的全国性法人保险中介机构，1家是全国性保险中介机构上海分公司。

表7 现场调研的6家保险中介机构基本情况

机构类别	机构名称	机构性质	注册资本	2016年代理/经纪保费	保费排名	业务结构	客户结构
保险专业代理	永安保险销售	中资	5000万元	53585.82万元	6	车险	个人客户
	鑫山保险代理	中资	7000万元	29219.53万元	8	90%人寿险 10%财产险	个人客户占90%以上
保险经纪	中怡保险经纪	外资	5000万元	431694.6万元	1	70%财产险 30%团体险	公司客户
	韦莱保险经纪	外资	3000万元	142058.5万元	3	85%财产险 15%团体险	公司客户
	上海美世保险经纪	外资	1000万元	128380.1万元	4	团体险	公司客户
	永达理保险经纪上海分公司	台资	8000万元	—	—	人寿险	个人客户

注：专业代理和经纪保费规模分别排名。

（二）保险中介机构落实“3号令”基本情况

按照“3号令”要求，新增保险专业代理公司和保险经纪公司履行大额交易和可疑交易报告义务。《中国人民银行关于〈金融机构大额交易和可疑交易报告管理办法〉有关执行要求的通知》（银发〔2017〕99号，简称“99号文”）则进一步明确了对新增反洗钱义务报告主体的履职内容，要求这两类新增义务机构既要协助保险公司采集和识别客户身份要素信息，也要分别提交大额交易和可疑交易报告。从调研情况来看，落实工作存在以下三个方面问题。

1. 整体落实情况不容乐观，欠缺工作推进规划

由于“3号令”只是在人民银行网站上公开发布，大多数保险中介机构没有关注。在上海总部反洗钱监测分析部门和上海保监局联合召开通气说明和专题培训之后，上海地区保险中介机构的相关反洗钱工作才开始从零出发。调研发现，多数保险中介机构认为只要按照保监会监管要求执行非现金交易，就不需要报送大额交易和可疑交易报告；在确认必须履行反洗钱义务后，各家保险中介机构都表示将按照相关要求依法合规履职。

按照“99号文”的要求，保险中介机构必须在规定时限内向反洗钱监管部门申请数据报送主体资格。据了解，目前已有170余家保险中介机构提出反洗钱数据报送主体资格申请，占上海地区保险中介机构总量的95%以上。

2. 保险公司和中介机构在客户身份要素信息采集和分析识别工作中存在着相互推诿现象

调查发现，一方面保险公司指出保险中介机构不及时提供客户身份要素信息，保险中介机构根据保单采集的客户身份要素信息与反洗钱要求的要素信息不完全匹配，部分关键要素信息（如经营范围、法定代表人等）不全，导致其缺乏开展可疑交易监测分析的基础信息。尤其是一些掌握高净值客户群的外资保险中介机构，往往以保护客户隐私为由，不向保险公司提供完整的客户身份要素信息。另一方面，保险中介机构则提出他们基本都是按照保险公司要求，协助保险公司初审客户身份要素信息，确保客户按保险合同要素提供相关资料，初审后将相关资料提交给保险公司，再由保险公司做进一步识别、登记、核对、留存等工作。因此，保险公司应当根据反洗钱法和监管规定，承担未履行客户身份识别义务的相关责任。

出于市场利益驱动，大多数保险公司并不要求相关代理和经纪公司拓展业务时及时提供客户身份要素信息，甚至在签订合作协议时并不审查其是否具备客户身份识别措施，而人民银行和保监会相关文件也是要求保险公司“必要时”才可从第三方机构获取有效客户身份要素信息，导致保险公司和中介机构在客户身份要素信息采集和识别工作中相互推诿，往往均不严格完整审查客户身份要素信息，留存客户身份资料多为两者对账时使用。

“99 号文”首次明确要求保险中介机构应当将客户身份要素信息资料完整、及时传递给保险公司。要求两者在共同获取有效客户身份要素信息时，不仅要确保保险合同要素的逐一完整填写，还必须全面准确地符合反洗钱监测要素的报送格式规定。同时，“99 号文”还要求保险中介机构利用黑名单系统对客户身份进行动态实时筛查，并对更新调整后名单中的所有客户以及上溯三年内的交易启动回溯性调查，落实上述要求需要保险中介机构构架与保险公司之间基础性要素信息采集和交互工作框架。

3. 履行大额交易和可疑交易报告义务的主观认识和客观实践均不到位

由于保险中介机构业务不涉及现金交易，投保时客户通过银行转账将资金直接付给保险公司，理赔时由保险公司将资金直接划转给客户，资金往来不通过保险中介机构，根据“3 号令”规定，其中涉及的大额交易报告应由银行提交，因此保险中介机构往往不监测大额交易，无形中忽视了对大额交易中属于可疑交易的监测分析工作。

针对“3 号令”和“99 号文”中对可疑交易报告的报送要求，多数保险中介机构认为资金的监测分析工作应该由保险公司完成，部分保险中介机构表示将依托于其母公司履行相关义务，与达到自定义交易监测标准，筛选出可疑交易进行分析识别并记录分析过程，从而形成可疑交易报告的工作要求，存在较大差距。

保险中介机构无论是采取建立监测系统还是通过人工手段筛选数据信息，开展大额交易和可疑交易监测分析工作，都必须在工作实践中按照“99 号文”的要求配备符合条件的反洗钱岗位人员，以满足大额交易和可疑交易监测分析人员充足性、专业性、稳定性的要求。

六、相关政策建议

（一）全面推进“风险为本”反洗钱工作理念的落地实施，不断提升反洗钱监测分析工作的有效性

从“规则为本”到“风险为本”，是反洗钱工作理念的重大转变，是我国新阶段反洗钱工作的必然要求。人民银行反洗钱监测分析部门需密切关注“3 号令”实施前后上海地区大额和可疑交易报告数量变化情况，在充分掌握翔实数据的基础上，准确了解各金融机构落实“3 号令”情况以及开展有的放矢的指导。

以外资银行为例，数据统计显示，2017 年 7 月至 9 月，外资银行在上海地区共报送大额交易 1095 万笔，月均报送近 365 万笔，明显高于“3 号令”实施前报送量，占全国外资银行大额交易笔数的比例略有上升，达 58% 以上。共报送可疑交易报告 312 份，月均报送 104 份，明显低于“3 号令”实施前报送量，占外资银行可疑交易总份数的比例变化不明显。

同时，各报告机构需要加强执行力，确保“3 号令”全面准确落地实施。一方面，需进一步加强内部流程管理和指导培训，不断提高资金监测分析能力；另一方面，需进一步加强自定义可疑监测标准工作，积极落实好“3 号令”的相关要求，不断提升反洗钱监测分析工作的有效性。

（二）对报告机构可疑交易监测标准自定义工作进行分类指导，及时制定可疑交易报告报送指引

鉴于报告机构反洗钱监测分析能力和经验的不均衡现状，建议人民银行反洗钱监测分析部门向报告机构传递“3 号令”倡导的风险为本理念，分门别类，积极引导报告机构开展可疑交易监测标准的自定义工作。针对已具有一定可疑交易标准自定义经验的报告机构，引导其在利用已有监测标准优势的基础上，充分参考监管部门发布的风险提示、执法部门发布的形势分析、本机构风险评估情况以及反洗钱监管意见，制定更为有效的可疑交易监测标准，实现监测标准与监管要求的深度融合；针对可疑交易监测标准经验不足的报告机构，密切配合人民银行反洗钱部门研究有关犯罪类型分析和自主交易监测标准设定方面的指引，在尊重报告机构自主性的基础上引导报告机构有序开展可疑交易监测标准自定义工作。

同时，建议人民银行反洗钱监测分析部门结合不同行业类型、不同区域机构的业务特点，加强案例的归集分析，及时总结归纳可疑交易识别点，以下发分类指引方式帮助报告机构针对不同的洗钱风险点建立自定义监测标准和模型。

（三）加强对大额和可疑交易报告质量的反馈力度，探索建立与报告机构有效的交流和反馈机制

目前，人民银行反洗钱监测分析部门正在对上海市金融机构大额和可疑交易报告进行质量评价工作，已抽取7家机构500余份可疑交易报告进行分析和评价，发现部分报告机构存在可疑行为描述过于简单、可疑交易报告类型较为单一、缺乏涉罪类型判断分析等问题。

针对部分报告机构希望了解自身报送数据使用情况的需求，建议人民银行反洗钱监测分析部门以定期或者不定期、定向或者非定向的方式向金融机构通报、反馈数据报送情况，丰富通报数据内容，反馈报送中存在的主要问题，为报告机构从更广的视角认定“合理怀疑”、研判可疑交易提供思路，增强报告机构落实“3号令”自定义交易监测标准的有效性。

要充分利用上海地区金融机构集聚的优势，探索建立与报告机构交流和反馈机制。充分利用现代通信技术，建立与报告机构监测分析工作沟通交流平台，及时发布、交流、沟通反洗钱监测分析工作中的相关信息与咨询；探索性地建立常态化反馈机制，向报告机构反馈大额和可疑交易报送情况及质量评价结果，在双向互动和反复校验中提高报告机构可疑交易监测标准的有效性。

（四）主动引导可疑交易“零报告”机构加强反洗钱监测分析工作，结合“3号令”新要求开发监测模型或指标

数据统计显示，截至2016年底，上海地区共有69家外资银行接入反洗钱数据报送系统，其中可疑交易为零的外资银行45家，上海地区外资银行可疑交易零报告机构占到了总数的2/3，可疑交易零报告已经成为外资银行反洗钱监测分析中的一个突出问题。通过对其中10家零报告的外资银行开展专题调研发现，可疑交易零报告的主要原因集中在客户准入普遍较严、业务品种普遍单一、业务规模普遍偏小、人工分析排除系统报警的异常交易等方面。

据了解，FATF第四轮互评估将对可疑交易“零报告”机构予以重点关注。为有效应对互评估工作，解决可疑交易长期“零报告”问题，针对调研了解的情况和发现的问题，建议人民银行反洗钱监测分析部门积极采取有效措施督促、引导报告机构正确认识可疑交易长期“零报告”及“防御性报送”两个极端的非合理性，准确领会可疑交易判断的内涵和要求。督促、引导长期“零报告”机构结合“3号令”新要求，开发适合自身特点的可疑交易监测模型或指标，优

化反洗钱监测分析和报告流程。

（五）结合报告机构业务需求，围绕落实“3号令”数据报送要求开展培训指导工作

为切实加强对报告机构的指导，建议人民银行反洗钱监测分析部门做好落实“3号令”数据报送培训工作，尤其是上海地区报告机构的数据报送培训工作。密切关注“3号令”实施前后上海地区大额和可疑交易报告数量波动较大的机构，及时跟进掌握了解情况，采取有效措施督促、引导报告机构结合自身实际开展可疑交易监测标准自定义工作，保障上海地区报告机构平稳、有序履行数据报送义务。

尤其是针对保险中介机构，目前十分有必要加强其反洗钱基础框架建设。建议人民银行相关部门尽快开展针对保险中介机构的专项反洗钱业务培训，逐步要求其根据自身制定的交易监测分析工作机制和流程，合理配备反洗钱岗位人员，并监督落实保险中介机构与保险公司之间搭建无障碍的报告要素信息传递渠道，从基础上确保保险中介机构有效履行大额交易和可疑交易报告义务。

参考文献

[1] 中国人民银行．中国反洗钱报告2009~2015［J］．金融服务报告，2010~2016.

[2] 中国保险监督管理委员会．2016中国保险市场年报［M］．北京：中国金融出版社，2016.

[3] 中国人民银行反洗钱局．反洗钱法规实用手册（2014）［M］．北京：中国金融出版社，2014.

[4] 罗杨，李哲．反洗钱前沿问题研究［M］．北京：中国金融出版社，2014.

[5] 李东荣．FATF建议与相关国际公约［M］．北京：中国金融出版社，2012.

[6] 曹作义．金融机构如何识别、分析和报告重点可疑交易：典型案例解析［M］．北京：中国金融出版社，2010.

[7] www. pbc. gov. cn.

[8] www. circ. gov. cn.

金融市场与金融创新篇

近十年沪深银行业创新动力、模式差异及逻辑比较

中国人民银行上海总部调查统计研究部课题组

课题组组长：黄　敏

课题组成员：张若雪　万阿俊　李腾飞

摘　要

国际金融危机以后，新一轮科技革命和产业变革正在孕育兴起，国际经济竞争更加突出地体现为科技创新的竞争。我国既面临赶超跨越的难得历史机遇，也面临差距拉大的严峻挑战，唯有加快建设创新型国家，才能在新一轮全球竞争中赢得战略主动。作为我国建设中的国际经济、金融、贸易和航运中心，上海正根据习近平总书记的指示，加快建设具有全球影响力的科技创新中心，大力实施创新驱动发展战略，以科技创新带动全要素生产率提升和供给结构优化升级。与此同时，在教育科研资源、工业历史积淀、金融贸易体量等创新基础条件方面落后于上海的深圳，近年来异军突起，以高质量的专利产出、领先的新兴产业集群和龙头企业的卓越影响力，印证着其“创新创业之都”的美誉。

金融是实体经济的血脉，与实体经济相互影响、相互促进。在沪深两地科创产业发展的过程中，银行业既是推动力量，同时又在为适应科创产业发展而做出改变和调整，引发出自身的金融创新。科技创新和金融创新相互推动，促进产业体系协调发展、转换升级。本文首先构建了一个理论框架，说明金融创新与科技创新之间的互补性，以及政府“有形之手”的引导促进经济向高技术均衡收敛。其次对比研究了近年来沪深银行业发展情况，特别是两地银行业如何创新金融服务对科创产业进行支持，我们认为近年来两地银行业发展的差别，根本上是两地实体经济发展，特别是科创产业发展的差异所造成的。最后提出了政策建议。

一、金融创新与技术创新：一个理论框架

金融是实体经济的血脉，与实体经济相互影响、相互促进。实体经济是金融

业发展的基础，实体经济发展程度决定金融业发展水平。金融是现代经济的核心，能够把科学技术、劳动力、土地等资源要素聚集在一起，支持实体经济发展。在现代经济体系中，发达稳健的实体经济始终是一国物质财富的根本和综合国力的支撑，金融正是由于对实体经济具有不可替代的服务和支持作用，而成为国民经济的核心。从世界金融业发展历史看，没有实体经济的持续健康发展，就没有金融业的持续健康发展。

我国经济已由高速增长阶段转向高质量发展阶段，正处在转变发展方式、优化经济结构、转换增长动力的攻关期。在这个阶段，创新是引领发展的第一动力，是建立现代经济体系的战略支撑。国际金融危机以后，新一轮科技革命和产业变革正在孕育兴起，国际经济竞争更加突出地体现为科技创新的竞争。我国既面临赶超跨越的难得历史机遇，也面临差距拉大的严峻挑战，唯有加快建设创新型国家，才能在新一轮全球竞争中赢得战略主动。在技术进步、产业升级的过程中，金融特别是银行业是重要推动力量，同时又在为适应产业发展而做出改变和调整，引发出自身的金融创新。科技创新和金融创新相互推动，促进产业体系协调发展、转换升级。

这一部分将通过一个简单的模型来说明，技术创新与金融创新之间的相互作用。本模型能够反映企业家技术创新和银行金融创新之间的互补性：如果银行将较多资源分配在传统信贷活动上，而较少进行金融创新，将会影响企业家的技术创新；相应地，企业家的技术创新也会影响银行的金融创新，如果企业家更多采用老技术、较少进行技术创新，那么也不利于金融创新。这个模型同时也说明，政府通过财政资金的引导，能够促进经济向高水平均衡收敛，即更多的金融创新和更多的技术创新。

（一）模型构造

考虑一个两期模型。假设存在两类风险中性的行为人：银行和企业家，而且银行和企业家的数量相同，我们可以将他们的数量标准化为 1。银行和企业家都是同质的，存在两期，他们的目标是最大化一生的效用。银行和企业家的效用函数可以表示为

$$U = C_i + \frac{1}{1+\rho}C_2 \tag{1}$$

其中，C_i 是第 i 期的消费，$i=1$，2，ρ 是主观贴现率。

假设每一期银行都有 1 单位的资源。在第 1 期，银行除了进行传统信贷活动，还可以分配一部分资源用于金融创新。传统信贷活动服务于原有技术，银行在第 1 期从事传统信贷活动还可以积累经验，进而提高第 2 期从事传统信贷活动服务原有技术的水平，但是传统信贷活动只适用于原有技术；通过金融创新，银

行不但可以提高传统信贷活动的服务水平，而且能够服务于技术创新，但是其获取是需要成本的，因为银行要把原本进行传统信贷活动的资源用于金融创新。

假定银行在第 1 期进入市场之前，就要决定第 1 期多少资源用于传统信贷活动，多少资源用于金融创新。做出这个决定后，银行进入市场，与企业家进行一对一的随机匹配（Random Matching），也就是一个银行结合一个企业家，且银行与所有企业家结合在一起的概率都是相同的。由于银行和企业家之间一一匹配，因此，不会有银行找不到客户（企业家），也不会有客户（企业家）找不到银行。银行和企业家结合后就可以进行生产，定义第 1 期银行用于金融创新的资源为 v，则用于传统信贷活动的资源就是 $1-v$；第 2 期银行的全部资源都会用于传统信贷活动，因为第 1 期的金融创新在第 2 期也成了传统信贷活动。假设银行在第 1 期的金融服务水平为 h_1，那么第 2 期开始时银行的金融服务水平为

$$h_2 = (1 + av^{\theta})h_1 \tag{2}$$

其中，$a>0$，$0<\theta<1$，$0\leqslant v\leqslant 1$。a 可以理解为金融服务水平积累系数，a 越大，单位资源的金融创新带来的金融服务水平增加越多。为了简化分析，在下文中把 h_1 标准化为 1，这时可以把式（2）简化为 $h_2=1+av^{\theta}$。

银行和企业家的随机匹配过程结束后，每个企业家都与一个银行合作，生产同质的产品。假设所有企业家在第 1 期都使用相同的技术，但是可以通过第 1 期的研发（R&D）活动，在第 2 期采用新的技术。假定企业家在第 1 期进入市场与银行合作之前，就要决定是否在第 1 期投入成本进行研发，进而在第 2 期采用新技术进行生产。如果 R&D 不存在不确定性，那么第 1 期结束后，新技术就会出现，企业家就可以在第 2 期采用新技术进行生产。定义第 1 期的生产函数为 $y_1=A(1-v)h_1$，因为 $h_1=1$，所以可以表示为

$$y_1 = A(1-v) \tag{3}$$

其中，A 是第 1 期使用的技术的生产率，$1-v$ 是银行在第 1 期用于传统信贷活动的资源。

如果在第 2 期企业家仍然使用第 1 期的老技术，那么第 2 期的生产函数为

$$y_2^S = A[B(1-v) + h_2] \tag{4}$$

其中，$B(1-v)$ 反映了银行在传统信贷活动上面的经验积累，也就是只适用于这种技术的传统信贷活动，B 可以理解为积累系数，B 越大，银行在第 2 期对老技术的服务效率就越高：在使用老技术的情况下，即使银行在第 1 期不进行金融创新（$h_2=h_1$），第 2 期的服务效率仍然会高于第 1 期。

如果企业家在第 1 期进行研发并在第 2 期转而采用新技术，那么第 2 期的生产函数为

$$y_2^I = (\lambda A)h_2 \tag{5}$$

其中，$\lambda>1$，说明新技术的生产率要高于老技术。式（5）中，不存在代表

银行在传统信贷活动上面的经验积累 $B(1-v)$，这反映了传统信贷活动上面的经验积累不能从老技术转移到新技术上，而金融创新则可以适用于新技术。

定义 $\Delta y_2 = y_2^I - y_2^S$，把式（4）和式（5）代入，可以得到

$$\Delta y_2 = (\lambda - 1)A(1 + av^{\theta}) - AB(1 - v) \tag{6}$$

从式（6）可以看出，当 v 较小时，银行的金融创新较少，而服务于老技术的传统信贷活动服务效率提升较多，这使企业家在第 2 期采用新技术的产出可能还不如继续采用老技术。由于 $\partial(\Delta y_2)/\partial v > 0$，因此银行在第 1 期进行金融创新越多，企业家越是有激励在第 1 期研发进而第 2 期采用新技术。这反映了银行的金融创新和企业家的技术创新之间存在互补性。

借鉴 Acemoglu（1996），每一期的剩余（产出 y）通过纳什谈判（Nash Bargaining）在企业家和银行之间以固定比例分配。假设企业家得到的收益是 $(1-\beta)y$，银行得到 βy，β 是一个常数。由于行为人是风险中性的，因此银行的效用最大化问题就转化为通过在第 1 期选择进行金融创新的资源 v，来最大化预期收入 W。由于企业家是否采用新技术会影响银行在第 2 期的收入，并且企业家和银行之间是随机匹配的，所以银行在第 2 期的预期收入取决于第 1 期进行研发的企业家的比重。假设银行预期在第 1 期研发进而在第 2 期采用新技术的企业家的比重为 π，则银行的预期收入就可以表示为

$$W = \beta y_1 + \frac{1}{1+\rho}[(1-\pi)\beta y_2^S + \pi\beta y_2^I] \tag{7}$$

其中，βy_1 是第 1 期的收入；如果与其匹配的是第 2 期继续使用老技术的企业家，那么银行在第 2 期的收入是 βy_2^S，概率是 $(1-\pi)$；如果与其匹配的是第 2 期采用新技术的企业家，那么银行在第 2 期的收入是 βy_2^I，概率是 π。把式（4）和式（5）代入式（7），可以得到

$$W = \beta\left[A(1-v) + \frac{1}{1+\rho}[AB(1-\pi)(1-v) + ((\lambda-1)\pi+1)A(1+av^{\theta})]\right]$$

式（7）对 v 求一阶条件，可以得到银行进行金融创新的最优资源为

$$v(\pi) = \left[\frac{a\theta(\lambda\pi + (1-\pi))}{1+\rho+B(1-\pi)}\right]^{\frac{1}{1-\theta}} \tag{8}$$

其中，$\partial v(\pi)/\partial\pi > 0$。因此，银行预期的进行研发并采用新技术的企业家比重越大，愿意分配给金融创新的资源也就越多。

由于企业家是同质的，因此 π 的实际取值为 0 或 1。当 $\pi = 1$ 时，即银行预期所有企业家都将在第 1 期研发进而在第 2 期采用新技术时，银行进行金融创新的资源为

$$v_H = \left(\frac{\lambda a\theta}{1+\rho}\right)^{\frac{1}{1-\theta}} \tag{9}$$

从式（9）可以看出，λ 越大，即采用新技术带来的生产率的提高越大，银行愿意投入到金融创新的资源也就越多。当 $\pi=0$ 时，即银行预期所有企业家都不会在第1期进行研发时，银行进行金融创新的资源为

$$v_L = \left(\frac{a\theta}{1+\rho+B}\right)^{\frac{1}{1-\theta}} \tag{10}$$

从式（10）可以看出，B 越大，即传统信贷活动所带来的金融服务效率提升越多，银行愿意投入到金融创新的资源也就越少。

假设企业家在第1期进行研发的成本固定，需要耗费企业家第1期收益的 α 部分，那么企业家的效用最大化问题就转化为通过选择是否在第1期进行研发，来最大化预期收益 R。由于银行的金融创新和企业家的技术创新之间存在互补性，因此企业家进行研发并采用新技术的预期收益就与所合作银行在第1期进行的金融创新相关。如果企业家预期银行在第1期投入到金融创新的资源为 v，当企业家决定在第1期进行研发并在第2期采用新技术时，其预期收益为

$$R_I = (1-\alpha)(1-\beta)y_1 + \frac{1}{1+\rho}(1-\beta)y_2^I \tag{11}$$

当企业家决定一直使用原有老技术时，其预期收益为

$$R_S = (1-\beta)y_1 + \frac{1}{1+\rho}(1-\beta)y_2^S \tag{12}$$

定义 $\Delta R = R_I - R_S$，并把式（11）和式（12）代入，可以得到

$$\Delta R = \frac{1}{1+\rho}A(1-\beta)\left[(\lambda-1)(1+av^{\theta}) - B(1-v)\right] - \alpha A(1-\beta)(1-v) \tag{13}$$

从式（13）可以看出，$\partial(\Delta R)/\partial v>0$。因此，企业家预期银行对金融创新的投入越多，越是愿意进行研发并采用新技术。其中，当 $\Delta R=0$ 时，企业家在采用新技术和一直使用老技术之间无差异，假设这时企业家预期的银行进行金融创新的资源为 v^*，把 v^* 代入到式（13），可以发现 v^* 满足以下等式

$$\frac{\lambda-1}{1+\rho} = \left(\frac{B}{1+\rho}+\alpha\right)\left(\frac{1-v^*}{1+av^{*\theta}}\right) \tag{14}$$

从式（14）可以看出，等式右端是 v 的减函数。因此，当 $v>v^*$ 时，企业家在第1期研发并在第2期采用新技术要好于一直使用老技术；当 $v<v^*$ 时，企业家一直使用老技术要好于在第1期研发并在第2期采用新技术。以上就是模型的基本构造。

（二）对模型的讨论

一方面，银行预期的进行研发并采用新技术的企业家比重越大，愿意投入到金融创新的资源也就越多；另一方面，企业家预期的银行对金融创新的投入越

多，越是愿意进行研发并采用新技术。因此，银行的金融创新投入和企业家的技术研发投资之间存在互补性。由于银行和企业家在第 1 期进入市场进行匹配之前分别做出有关决策，并且银行和企业家之间的匹配是随机的，因此，在完成匹配之前，银行或者企业家并不知道其匹配对手的具体身份，所以通过签订事前合约使一方的投入依赖于另外一方的投入是不可行的。在这种情况下，银行的金融创新投入和企业家的技术研发投资之间的互补性，加上企业家研发投资的不可分性（研发成本固定），会导致经济出现多重“理性预期均衡”。所谓理性预期均衡是指，银行对企业家的相关决策的预期，使银行选择相应的金融创新水平，而这个金融创新水平正好又导致企业家的相关决策与银行的预期相同。根据以上分析，这个模型存在两种理性预期均衡。

第一，高技术均衡。银行预期企业家将会进行研发并采用新技术，因此银行选择在第 1 期进行更多的金融创新，以增加预期收入；而银行较高的金融创新投入，又使得企业家研发并采用新技术的预期收益超过一直使用老技术，因此企业家就会在第 1 期进行技术研发投资。在这种均衡下，银行选择的金融创新水平为 v_H，并且企业家进行研发并采用新技术的预期收益 R_I 要高于一直使用老技术的预期收益 R_S，因此根据式（13），可以得到

$$\frac{\lambda - 1}{1 + \rho} > \left(\frac{B}{1 + \rho} + \alpha\right)\left(\frac{1 - v_H}{1 + av_H{}^{\theta}}\right) \tag{15}$$

其中，$v_H > v^*$。从式（15）可以看出，新技术带来的生产率的增加越多（λ 较大），新技术的研发成本越低（α 较小），经济越是有可能达到高技术均衡。

第二，低技术均衡。企业家预期银行对金融创新的投入较低，在这种情况下企业家进行研发并采用新技术的预期收益还不如一直使用老技术，因此企业家不会进行新技术的研发投资，而银行预期到这一点，就会在第 1 期选择较少的金融创新投入。在这种均衡下，银行选择的金融创新水平为 v_L，并且企业家一直使用老技术的预期收益 R_S 要高于进行研发并采用新技术的预期收益 R_I，因此根据式（13），可以得到

$$\frac{\lambda - 1}{1 + \rho} < \left(\frac{B}{1 + \rho} + \alpha\right)\left(\frac{1 - v_L}{1 + av_L^{\theta}}\right) \tag{16}$$

其中，$v_L < v^*$。从式（16）可以看出，新技术带来的生产率的增加越少（λ 较小），新技术的研发成本越高（α 较大），经济越是有可能达到低技术均衡。

由于 $v_L < v_H$，所以 $\frac{1 - v_L}{1 + av_L^{\theta}} > \frac{1 - v_H}{1 + av_H^{\theta}}$，即以上两个不等式可能同时成立。因此，经济有出现多重均衡的可能性，可以得到命题 1。

命题 1：如果 $\frac{\lambda - 1}{1 + \rho} > \left(\frac{B}{1 + \rho} + \alpha\right)\left(\frac{1 - v_L}{1 + av_L^{\theta}}\right)$，则经济系统存在唯一的纯策略纳

什均衡——高技术均衡，其中，银行选择较多的金融创新投入 v_H，企业家选择在第 1 期进行研发并在第 2 期采用新技术；如果$\frac{\lambda-1}{1+\rho}<\left(\frac{B}{1+\rho}+\alpha\right)\left(\frac{1-v_H}{1+av_H^\theta}\right)$，则经济系统存在唯一的纯策略纳什均衡——低技术均衡，其中，银行选择较低的金融创新投入 v_L，企业家选择一直使用老技术；如果$\frac{\lambda-1}{1+\rho}<\left(\frac{B}{1+\rho}+\alpha\right)\left(\frac{1-v_L}{1+av_L^\theta}\right)$，同时$\frac{\lambda-1}{1+\rho}>\left(\frac{B}{1+\rho}+\alpha\right)\left(\frac{1-v_H}{1+av_H^\theta}\right)$，则经济系统存在两个纯策略纳什均衡，即高技术均衡和低技术均衡，哪一个均衡最终能够实现，则取决于银行和企业家的预期。

由于银行和企业家按固定比例分配产出，因此，在银行和企业家匹配之后，总产出越大，银行和企业家的福利水平也就越高。当经济系统达到高技术均衡时，总产出为

$$y_H = A(1-v_H)+\frac{1}{1+\rho}\lambda A(1+av_H^\theta) \tag{17}$$

当经济系统达到低技术均衡时，总产出为

$$y_L = A(1-v_L)+\frac{1}{1+\rho}A[B(1-v_L)+(1+av_L^\theta)] \tag{18}$$

要使 $y_H>y_L$，必须满足以下不等式

$$(\lambda-1)+a(\lambda v_H^\theta-v_L^\theta)>(1+\rho)(v_H-v_L)+B(1-v_L) \tag{19}$$

因此，可以得到命题 2。

命题 2：当新技术带来的生产率提高较多（λ 较大），高技术均衡帕累托优于低技术均衡。

（三）政府补贴：促使经济达到高技术均衡

在下文的分析中，假设式（19）成立，即高技术均衡帕累托优于低技术均衡。那么紧接的问题就是如何避免经济陷入低技术均衡，促使经济达到高技术均衡。而多重均衡的存在，为政策的实施留下了空间。在一定条件下，政府对银行的金融创新或者企业家的技术创新进行补贴，能够协调银行和企业家的预期，促使经济达到高技术均衡。下面以对金融创新进行补贴（如贴息）为例进行说明。

假设$\frac{\lambda-1}{1+\rho}+\varepsilon=\left(\frac{B}{1+\rho}+\alpha\right)\left(\frac{1-v_L}{1+av_L^\theta}\right)$，其中 $\varepsilon>0$，则低技术均衡存在；由于 $v_H>v_L$，因此必然存在一个无穷小量 ε，使$\frac{\lambda-1}{1+\rho}>\left(\frac{B}{1+\rho}+\alpha\right)\left(\frac{1-v_H}{1+av_H^\theta}\right)$成立，所以高技术均衡也存在。假设现在政府对银行的金融创新进行补贴，补贴率为 s，则银行进行金融创新仅需投入第 1 期收益的（$\alpha-s$）部分，在其他条件不变的情况下，银行进行金融创新的预期收益增加，因此银行更愿意进行金融创新；企业家

预期到这一点后，也会在第 1 期投入更多资源进行技术创新，以最大化一生的效用，这又进一步增加了银行进行金融创新的预期收益。最终，两者相互推动，促使经济达到高技术均衡。当 ε 足够小时，$\frac{\lambda - 1}{1 + \rho} > \left(\frac{B}{1 + \rho} + \alpha - s\right)\left(\frac{1 - v_L}{1 + av_L^{\theta}}\right)$必然成立，因此高技术均衡现在成为唯一的纯策略纳什均衡。

二、沪深银行业整体比较

（一）两地金融业概况

表 1　　2016 年第八期中国金融中心指数（CDI · CFCI）及排名

	排名			得分			得分增长率（%）		
	上海	深圳	北京	上海	深圳	北京	上海	深圳	北京
综合竞争力	1	3	2	219.1	101.7	164.2	12.28	16.13	10.92
金融产业绩效	2	3	1	133.8	95.19	142.2	13.27	22.32	10.03
金融机构实力	2	3	1	214.0	123.3	290.8	13.31	14.22	9.84
金融市场规模	1	2	3	388.1	71.75	43.84	12.21	31.68	42.57
金融生态环境	2	3	1	128.1	113.5	151.1	8.74	4.71	6.75

资料来源：2016 年第八期“中国金融中心指数”（CDI · CFCI）报告。

近年来深圳金融业发展速度较快，虽然总量上仍比不过上海，但差距越来越小。根据 2016 年第八期中国金融中心指数，无论是在金融产业绩效、金融机构实力还是金融生态环境上，深圳与上海仍有一定差距。从总量上看，上海作为全国金融中心的地位仍不可撼动。从金融业 GDP 增长率也可以看出，深圳“十二五”期间金融业 GDP 年均增长率为 14.05%，而上海的增长率则为 16.48%。

但从增量上看，深圳与上海的差距在逐渐缩小。伦敦金融城发布的“全球金融中心指数（GFCI）”和“新华—道琼斯国际金融中心发展指数”（IFCD index）显示，深圳在国际金融中心的建设方面有较大进步。根据 GFCI 指标，2012 ~ 2016 年，深圳的国际金融中心指数排名上升了 10 位，上海同期上升了 3 位。深圳已超越北京，成为中国第二大金融中心城市。而根据 IFCD 指标，2010 ~ 2014 年，深圳国际金融中心指数排名上升了 7 位，上海则同期上升了 3 位。与此同时，上海在优势最明显的金融市场规模上的增长并不尽如人意，根据世界交易所协会（WFE）发布的全球各大股票交易所市值数据来看，2011 ~ 2015 年深圳的股票交易市值年均增长率高达 27.47%，而上海年均增长率仅为 13.50%。债券市场也呈现同样的趋势。上海债券市场 2010 ~ 2015 年交易额的年均增长率为 81.31%，而深圳则达到了 167.01%。

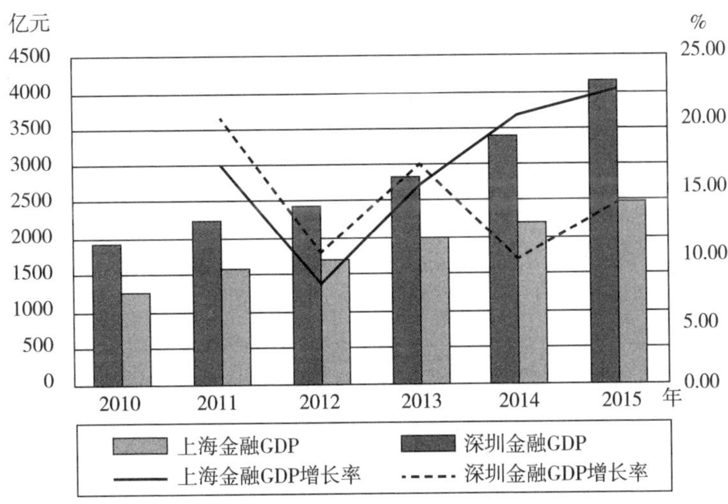

资料来源：上海统计年鉴、深圳统计年鉴。

图 1　上海、深圳金融 GDP 及增长率

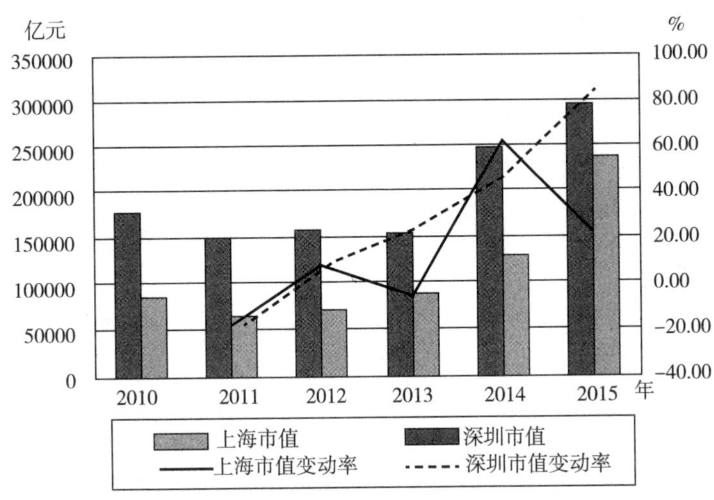

资料来源：上海统计年鉴、深圳统计年鉴。

图 2　股票市值及增长率

深圳金融业快速发展的原因，主要是更加开放、鼓励创新的金融环境，重视中小企业融资，以及地方政府的服务意识。

第一，更加开放的市场环境，重点发展中小企业融资特色市场。深圳在“十二五”规划纲要中提出了“建设以创新金融、多层次资本市场、财富管理和中小企业融资为特色的全国性金融中心”。着重发展开放、面向中小企业的多层次资本市场。股权市场上，深圳证券交易所中小板、创业板渐次落地。2009 年创业板开启后，深交所当年的市值增长率达到145.70%，而上海当年的增长率为89.76%。2010～2015年，深交所IPO公司共计1073家；其中创业板和中小企业板分别有562家和489家企业上市，总共募集资金6944亿元。而上海证券交易所则仅有329家企业成功登陆市场，募集资金5657亿元。在中小企业融资上，深圳前海股权交易中心作为服务中小企业的金融机构，突破传统交易所市场模式，首创了区域性股权交易中心的挂牌展示模式。截至2016年底，平台通过私募债、资产收益权转让等方式为企业实现融资约208亿元，超过千家企业得到各类型融资服务。债券市场上，深圳债券交易规模与上海债券市场还存在着很大的差距，但近年来深圳一直保持着较高的增速。债券逆回购上海的交易起点为10万元人民币，而深圳则为1000元人民币，门槛更低、市场更为开放，参与主体也更为灵活。上海作为大市值股和大额债券交易的主要市场，市场开放较为谨慎，门槛较高；而深圳正是利用面向中小企业更低的市场进入门槛吸引了更多的参与者，活跃市场，为深圳金融市场带来了高增速。因此“十三五”时期，深圳也将“制度创新”“市场化实践”写进金融发展规划，力图在为我国金融业改革开放发展探索路径、积累经验的同时，通过先试先行、进一步开放灵活的金融市场获得新一轮的增长机会。

第二，发挥市场主导作用，鼓励金融创新。在“十三五”规划中，深圳明确提出了建设国际化金融创新中心的目标。深圳依托前海蛇口自由贸易试验区，大力推进金融创新，在跨境人民币使用、资本项目扩大对外开放方面，都走在全国前列。前海是在全国范围内首先开展跨境人民币贷款业务的自贸区。2012年，人民银行深圳市中心支行发布实施《前海跨境人民币贷款管理办法》，截至2016年底，跨境人民币贷款备案金额超过1100亿元，累计提款364.57亿元，跨境人民币结算量达到上海的近2倍，业务规模全国领先。与此同时，深圳也于2016年成功发放了首笔NRA跨境人民币贷款业务，率先落实跨境人民币新政。

在资本项目开放方面，2015年3月前海自贸区开始试行本外币一体化全口径跨境融资宏观审慎管理，之后在2016年1月被推广至上海、天津、广州、福建四地自贸区启用。而在资金“走出去”“引进来”方面，深圳在2014年开展合格境内投资者境外投资（QDIE）与外商投资股权投资（QFLP）试点，目前均已达到一定规模。截至2016年底，已有41家深圳前海自贸区企业获得了QDIE试点资格，净汇出资金8.2亿美元；在QFLP试点方面，企业已达106家，基金20家，规模达到36.1亿美元。而上海虽然在2013年就开始开展合格境内有限合伙人（QDLP）试点，但由于主体资格要求较高、投资范围受限、企业性质又带来高税负，因此严重削弱了对投资者的吸引力。

在金融产品和金融服务创新上，深圳市也在积极贯彻“十三五”金融发展规划目标，2016年，首单民营上市公司绿色企业债于深交所上市交易，而目前国内首单区块链跨境支付创新业务也落地深圳前海蛇口自贸区。金融要素平台建设上，深圳市率先于2013年6月建立深圳排放权交易所，作为全国唯一一家允许境外投资者直接参与投资的要素交易平台，2016年3月，该平台完成了国内首单跨境碳资产回购交易业务。

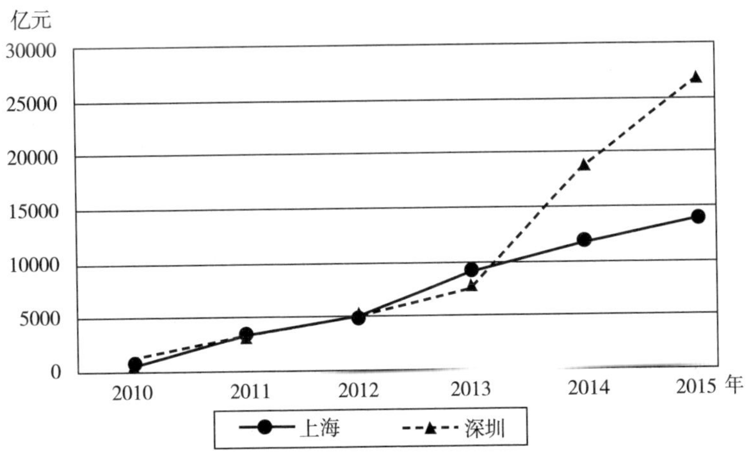

资料来源：深圳市金融办工作总结、上海市金融运行报告。

图3 上海、深圳跨境人民币结算金额

第三，政府机构提升服务意识，抓住机遇快速反应。深圳市金融相关部门转变职能，提升政府服务意识，安于市场守夜人身份，做好引导角色，创造市场化的经营环境，对金融机构进驻深圳起到了较大的促进作用。在2013年《深圳市支持金融业发展若干规定实施细则补充规定》出台后，深圳金融办启动全方位的招商工作，面向国内77家直属央企、154家大型银行业机构、305家证券基金期货机构、139家保险业机构“挨家挨户”递送了近700份投资邀请函，在此基础上分类分组安排专人跟进接待。凸显了深圳市政府相关部门转变职能，不断增强的服务意识。市场化的经营环境有力地激发了经济活力，在金融机构数量上，“十二五”时期深圳金融机构的年均增长率达到5.5%，而上海则维持在4%。此外深圳股权投资行业发展迅猛，2015年末全市注册股权投资企业累计4.6万家，股权投资企业累计注册资本2.8万亿元；股权投资行业的快速发展为实体经济特别是战略性新兴产业的发展提供了更丰富的融资渠道。根据清科集团公布的排名，2016年中国创业投资机构前十强中，深圳占据四席，北京有3家机构上榜(其中前两名皆为外资机构在华总部)，而上海则不如其近邻江苏，仅获一席。

第四，利用地缘优势，加大深港金融合作，辐射亚太区域。香港一直保持着仅次于伦敦、纽约的国际金融中心地位，深圳与香港仅一江之隔，在引进机构、完善支付清算设施、开展监管及业务合作、进行信息和人才交流等方面有着得天独厚的优势。2009年7月，香港金融管理局下属香港按揭证券有限公司与深圳金融电子结算中心共同出资组建的深圳经纬盈富担保有限公司成立，成为深化深港金融合作的具体举措和重大创新。特别是“前海深港现代服务业合作区”设立以来，深圳市多次与香港方面座谈沟通活动，宣传推介前海良好的投资环境，以吸引和鼓励香港高端金融企业来前海投资设立各类功能性总部、创新型金融机构等。截至2015年6月，前海跨境人民币贷款业务备案登记贷款金额达到1070亿元。前海注册入区企业已达40851家，其中金融类企业占比过半。在入驻深圳前海的企业中，香港企业贡献突出。2016年，前海新增注册港企1894家，累计港资背景企业达到4223家。全年注册港企实现增加值占整体的27.7%；固定资产投资占41.2%，合同及实际利用外资分别占片区的95%和94.8%，深港经济互通作用日益显著。从国家开设跨境人民币业务试点以来，深圳的跨境人民币业务量基本都高于上海，也是得益于承接了大部分香港金融中心的人民币跨境结算业务。深圳经由加强与香港这一成熟发展的国际金融中心贸易、金融业务的承接给自身带来了对外发展的强大动力。此外，在人才引进、法治环境方面，深圳也有针对性地面向香港不断扩大互融互通。2016年，深圳前海打通深港人才双向流动通道，推动注册税务师、注册会计师等十多类香港专业人士在前海直接执业。而在法律环境上，通过设立域外法律查明基地、深圳国际仲裁院，推动粤港律师事务所联营政策，真正用好香港资源，创造无障碍法制营商环境，服务深圳金融发展，实现“联通香港、辐射亚太”的“十三五”发展目标。

（二）银行业信贷收支表对比

基于上海市和深圳市2008～2016年的本外币合计信贷收支数据，两市银行业金融机构有共同之处：两地各项存贷款增长均较快，存款为主要资金来源，资金运用呈多元化趋势，贷款占比不断下降。但是差异更加明显：一是上海市存贷比降幅更大，债券和股权类投资资金占比更高，贷款占比低于深圳约8个百分点；二是上海市各项存贷款增速明显低于深圳市，2016年深圳市各项贷款增量首次超过上海；三是这两年上海贷款增长主要靠个人贷款（主要是房贷）拉动，深圳企业贷款仍占全部新增贷款的近一半。

1. 两地信贷收支情况的共同点

两地各项存贷款增长都比较快。2016年末，上海市本外币各项存款余额为11.1万亿元，较2008年末增加8.1万亿元，2008～2016年年均增速（下同）为17.8%；上海市本外币各项贷款余额为6.0万亿元，较2008年末增加3.8万亿元，年均增速为13.1%。2016年末，深圳市本外币各项存款余额为6.4万亿元，较2008年末增加5.0万亿元，年均增速为20.7%；深圳市本外币各项贷款余额为4.1万亿元，较2008年末增加2.9万亿元，年均增速为17.4%。

存款为主要资金来源，占比在九成以上。银行业金融机构主要通过吸收存款、非银金融机构拆入、发行债券等方式获取资金。2016 年末，上海市和深圳市银行业金融机构各项存款分别占全部资金来源的 90.4% 和 93.6%，较 2011 年末分别下降 1.0 个百分点、上升 16.1 个百分点。

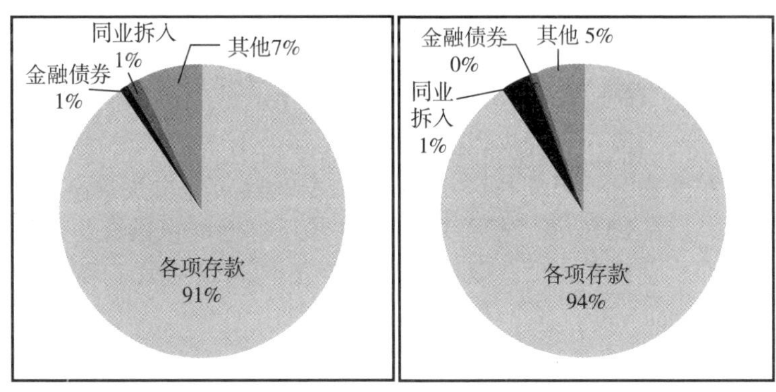

注：资金来源的其他项主要包括卖出回购、应付款项和所有者权益等。

图 4　2016 年末上海市与深圳市银行业金融机构资金来源

资金运用呈多元化趋势，贷款占比不断下降。随着银信合作、银证合作等资管业务的快速发展，各项贷款占比明显回落。2016 年末，上海市银行业金融机构各项贷款、联行往来以及债券和股权类投资分别占全部资金运用的 49.1%、35.1% 和 14.1%，较 2011 年末分别下降 9.3 个百分点、上升 3.0 个百分点和 8.2 个百分点；深圳市银行业金融机构各项贷款、联行往来以及债券和股权类投资分别占全部资金运用的 58.9%、33.9% 和 6.1%，较 2011 年末分别下降 9.2 个百分点、上升 9.3 个百分点和 2.8 个百分点。

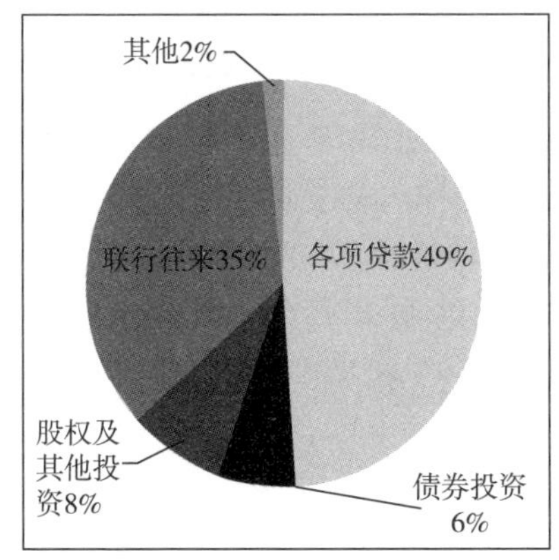

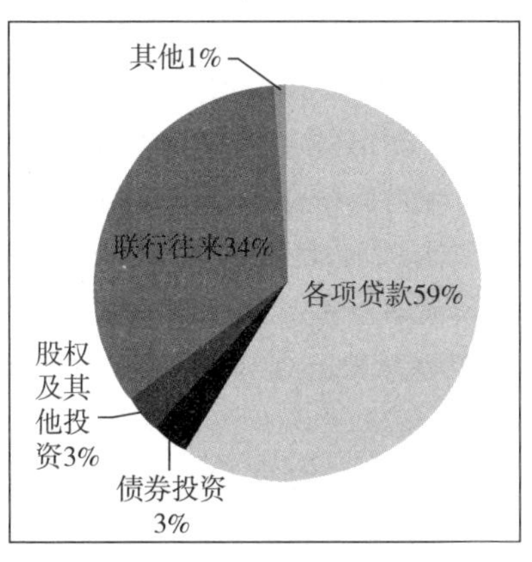

注：资金运用的其他项主要包括买入返售、应收款项等。

图 5　2016 年末上海市与深圳市银行业金融机构资金运用

2. 两地信贷收支情况的结构差异

第一，上海债券和股权类投资资金占比更高，各项贷款占比下降幅度更大，低于深圳约 8 个百分点。2008 ~ 2016 年，债券市场和各类资产管理产品的快速发展对贷款形成“挤出”效应，反映到信贷收支表上，表现为存贷比持续回落，债券和股权类投资占比不断提高，这一趋势在上海市信贷收支表中更为明显。2016 年末，上海市和深圳市各项贷款占各项存款的比重分别为 54.3% 和 62.9%，较 2008 年末分别下降 21.0 个百分点和 15.8 个百分点；2016 年末，上海市和深圳市银行业金融机构债券及股权类投资余额分别为 1.7 万亿元和 4222 亿元，占资金运用的比重分别为 14.1% 和 6.1%，占比较 2011 年末分别提高 8.2 个百分点和 2.8 个百分点。在 2016 年“资产荒”的背景下，上海市银行业金融机构将更多资金投向债券及股权类产品，该类资产当年新增 3452 亿元，而深圳市仅增加 196 亿元。

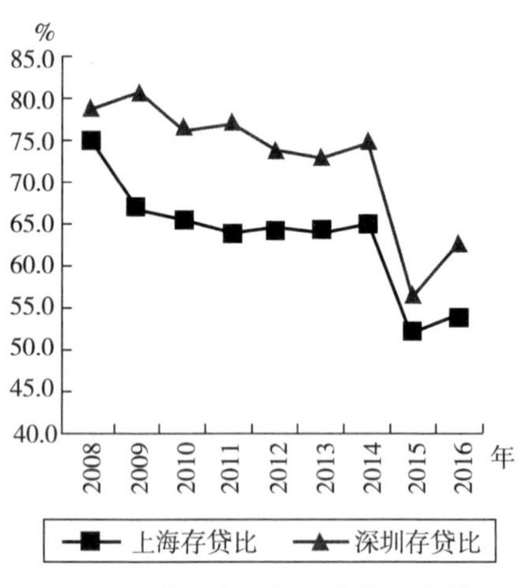

图 6 上海市与深圳市存贷比走势

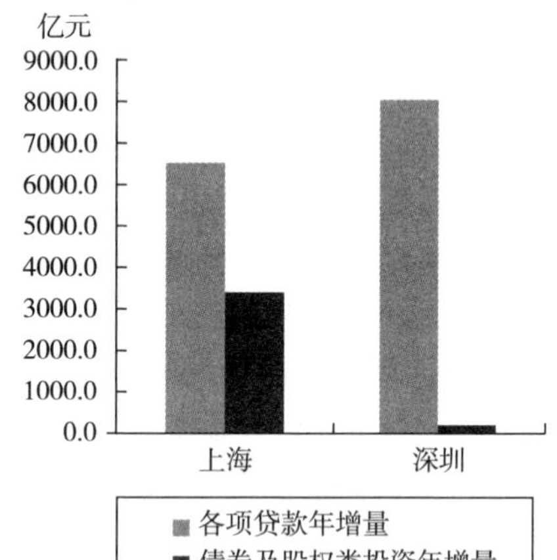

图 7 2016 年各项贷款和投资类资金年增量对比

第二，上海市各项存贷款增速低于深圳市，2016 年深圳市各项贷款年增量首次超过上海。由于深圳市各项存贷款基数较小，其各项存贷款的增速持续高于上海市。2016 年末，上海市各项存款和各项贷款的同比增速分别为 6.5% 和 12.4%，较深圳分别低 5.0 个百分点和 12.5 个百分点。从增量看，2016 年深圳市新增各项存款已接近上海市，各项贷款当年新增 8077 亿元，首次超过上海市。

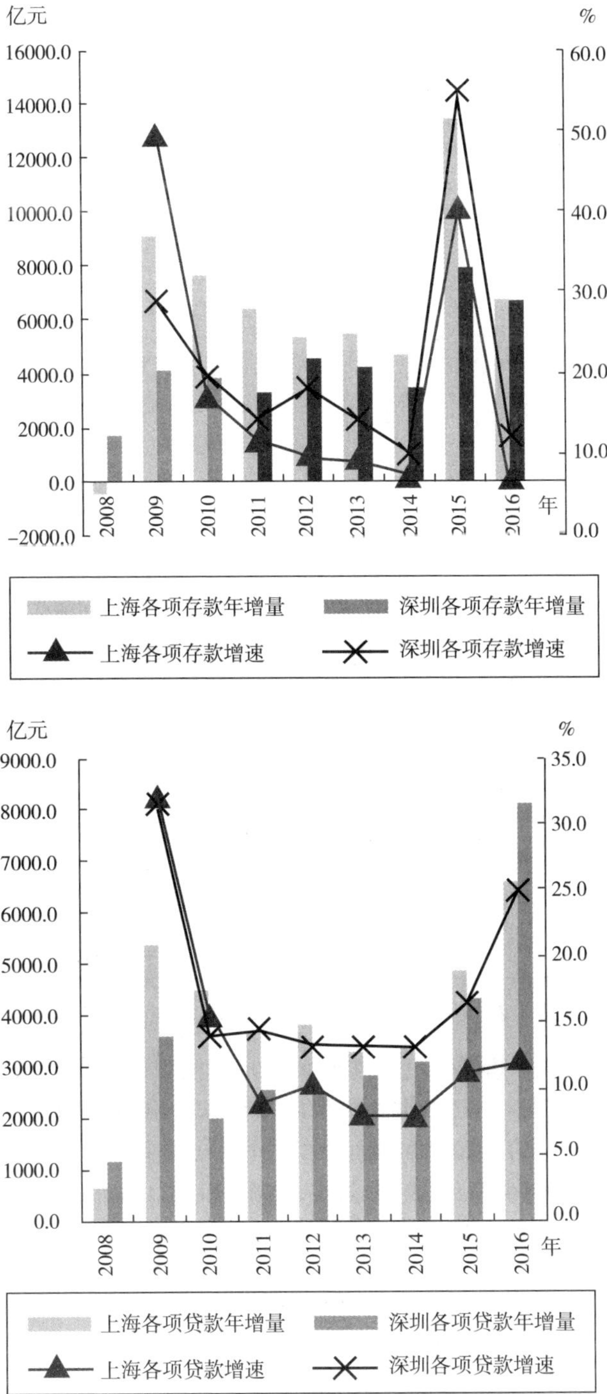

图8　上海市与深圳市各项存贷款年增量及增速对比

第三，近两年上海新增企业贷款较少，贷款增长主要靠个人贷款（主要是房贷）拉动，2016 年企业贷款几乎零增长，而深圳企业贷款仍占全部新增贷款的近一半。受实体经济增速放缓和住房贷款需求旺盛等因素影响，上海市和深圳市在贷款投向上均呈个人贷款占比提高、非金融企业贷款占比下降的趋势，但上海市新增个人贷款比重更高。从增量看，2015 ~2016 年，两市连续两年新增个人贷款高于非金融企业贷款：2016 年上海市新增个人贷款 4483 亿元，占全部新增贷款的 68. 0%，新增企业贷款 26. 7 亿元，占全部新增贷款的 0. 4%；当年深圳市新增个人贷款 4194 亿元，占全部新增贷款的 51. 9%，新增企业贷款 3501 亿元，占全部新增贷款的 43. 3%。从余额看，2016 年末，上海市个人贷款和非金融企业贷款占全部贷款的比重分别为 27% 和 65%，较 2011 年末分别提高 9. 1 个百分点和下降 14. 7 个百分点；深圳市个人贷款和非金融企业贷款占全部贷款的比重分别为 37. 3% 和 56. 9%，较 2011 年末分别提高 9. 7 个百分点和下降 8. 3 个百分点。

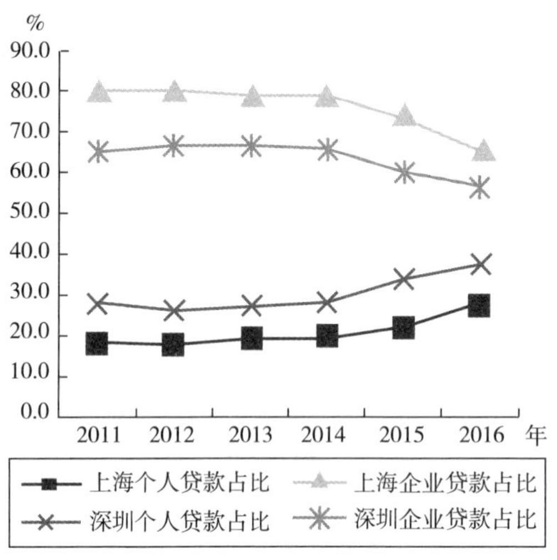

图 9　上海市与深圳市个人和企业贷款占比

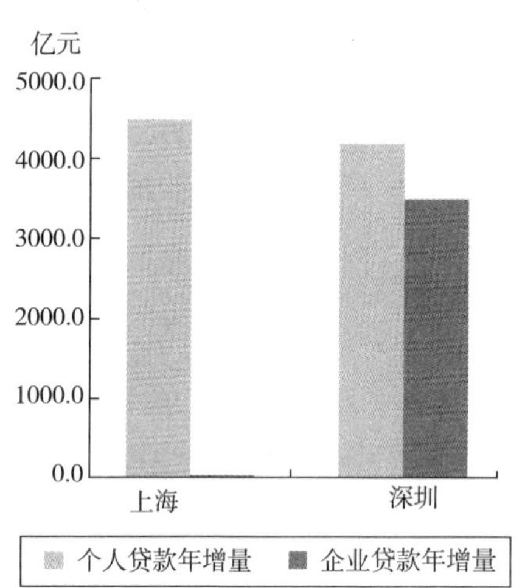

图 10　2016 年个人和企业贷款年增量对比

受益于自贸区建设和国际金融中心定位，上海市境外贷款余额反超深圳市，且差距有所扩大。2011 ~2014 年，两市境外贷款余额较为稳定，上海市境外贷款为深圳市的 50% 左右，2015 年起上海市境外贷款余额首次超过深圳市，2016 年末上海市境外贷款余额为 4089 亿元，是深圳市的 1. 8 倍。从增量看，2016 年上海市和深圳市境外贷款分别增加 2056 亿元和 423 亿元，分别占全部新增贷款的 31. 1% 和 5. 2%。

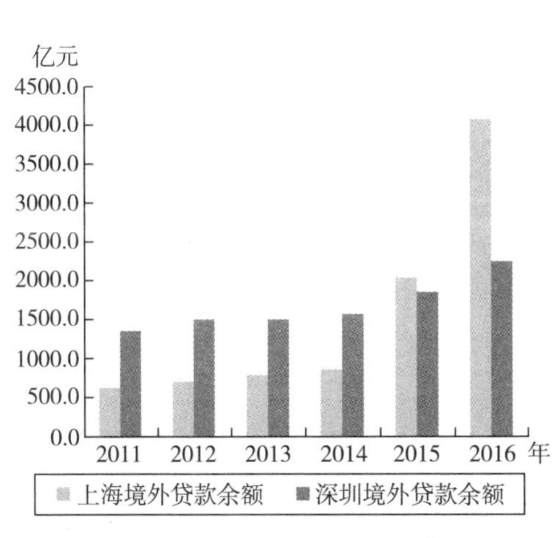

图 11 上海市与深圳市境外贷款余额对比

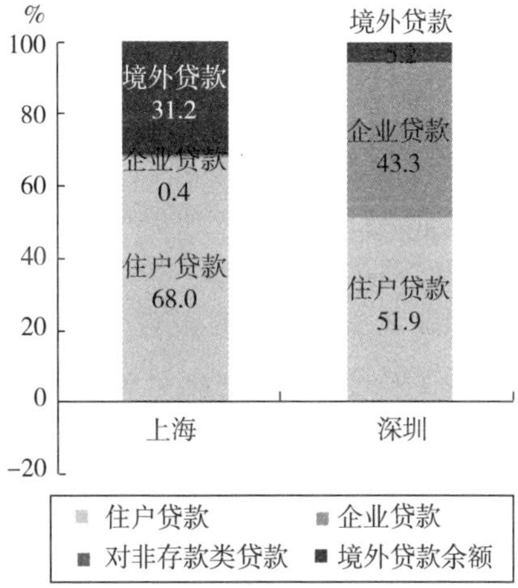

图 12 2016 年新增贷款结构对比

三、两地银行业创新金融服务支持科创产业的做法

科创企业在“成熟蜕变”之前一般要经历种子期、初创期和成长期三个阶段。在这三个发展阶段中（特别是前两个发展阶段），多数科创企业经营现金流不足，日常的运营和发展需要外部资金的持续支持。但是，由于科创企业具有风险高、实物资产缺乏的特征，很难从以普通企业为主要服务对象的商业银行获得资金支持，融资约束是科创企业成长道路上遇到的主要障碍之一。创投金融体系的产生，在一定程度上弥补了传统金融体系服务科创企业的不足，并和传统金融体系相互促进、相互发展。创投金融体系可以利用其专业性降低传统金融机构和科创企业之间的信息不对称性，并为传统金融机构培育优质客户；而传统金融体系的发展可以方便创业投资者的资本退出。从国内外的发展经验来看，科创企业在不同的发展阶段，融资渠道主要有自助融资、天使投资、风险投资（VC）、私募基金（PE）以及一些民间借贷市场。发达国家特别是创新能力较强的美国、以色列等国家，受益于私人财富的积累、创新文化、政府政策支持以及发达的传统金融体系，创投金融体系发育较好，可以给科创企业的发展给予有力的支持。

但是，即使是发达国家具有相对发达的 VC 等资金市场，单纯通过 VC 等创投金融机构并不能很好地解决科创企业面临的融资约束问题。一些研究认为，比较规范的 VC 机构，一般倾向于进行“窄而深”的投资，即出于风险控制和盈利需要，VC 对于创业项目的筛选极其严格，只有极少数优秀的投资项目，才可能得到 VC 的大规模资金支持（Parker，2009），一般创业项目要获得 VC 等资金的支持非常困难。因此，在创投金融支持体系中，除美国等极少数国家外，多数国家缺乏一种类似商业银行（或商业银行网络）这种为普通企业提供普遍融资服务的机构，即缺乏适合为科创企业提供普遍融资服务的金融机构，使创业者需要金融服务时，可以方便寻求这类金融机构的帮助。许多创业者在解决资金问题时，只能通过私人的社会网络寻求金融帮助，造成创业者的融资能力比创新能力更为重要的“尴尬”局面。

近年来，中国VC/PE市场迅猛发展，但创投金融体系的发展远远不能满足科创企业的发展和国家“双创”战略实施的需要。而且，出于创新文化、投资理念和社会经济环境的影响，与国外VC投资阶段前移的趋势不同，出于投资安全性的考虑，中国VC投资阶段的后移现象比较突出，VC机构不愿意在科创企业发展的初期投入资金（李思敏，2015）。据中国风险投资研究院（2013）统计，2012年国内VC资本中只有24%投向种子期和初创期企业，而投入成长期和成熟期的VC资本占比高达76%。许多VC投资机构名义上打着“风险投资”的幌子，实际上却只投资于风险低、见效快、收益高的股权投资项目，一旦将企业包装上市后即迅速退出。因此，中国的创投金融机构对于科创企业的金融支持非常有限。此外，一些商业银行为响应国家号召，成了科技贷款部门对科技企业进行贷款扶持，但是，经过多年的经营，这些科技贷款机构主要扶持了成长期和成熟期的科技企业，对初创期科创企业的扶持非常有限。因此，为了促进创新和创业，中国比发达国家更需要建立一种适合服务于科创企业发展的普惠型金融机构，弥补当前金融机构在服务科创企业方面的不足。2016年4月21日，银监会、科技部、人民银行颁布了《关于支持银行业金融机构加大创新力度开展科创企业投贷联动试点的指导意见》（以下简称指导意见），希望通过占金融市场绝对份额的商业银行创新性地开展创业金融服务，为科创企业的发展提供金融支持。

（一）两地科创产业发展状况

近年来上海科创产业取得了许多新的进展。2016年，战略性新兴产业完成总产值8307亿元，比上年增长1.9%；科技企业从业人员数171.3万人，同比增长6.4%，从事科技活动人员数61.2万人，占从业人员总数的35.7%。创新领域集中聚焦，主要聚焦于电子信息（27.5%）、高技术服务（7.9%）、先进制造（7.0%）、生物医药（5.1%）等收入利润率较高的领域。创新集聚区建设加快，全市各类众创空间达到500多家。

2016年，深圳高新技术产业增加值6560亿元，增长12.2%，各类专业技术人员144万人，比上年增长6.5%，其中具有中级技术支撑及以上的专业技术人员43.5万人，增长4.9%。深圳逐渐形成包括电子信息制造业、新能源汽车制造业、医疗器械制造业、物联网产业、机器人产业5大领域在内的产业体系。电子信息业方面，深圳是全球电子信息业的重要基地，拥有华为、中兴等国际巨头、20家中国电子信息百强企业、1968家规模以上企业，已经构建包括计算机、通信设备、视听设备、电子元器件、广播电视设备、雷达及配套设备、新型显示、芯片设计等细分行业在内的完整产业链。新能源汽车方面，深圳已经构建包括纯电动整车、动力电池、电机、动力总成控制系统、充电设备、电池材料等在内的产业链，形成以比亚迪、五洲龙等龙头企业带动、关键零部件与配套企业快速发展的良好态势。2016 年，深圳新能源汽车发展迅猛，产量同比增长 146% 。医疗器械方面，深圳涌现出迈瑞、理邦、先健、开立等国内医疗器械龙头企业，“亿元俱乐部”企业数量超过 40 家，行业中小微企业数量达 3000 多家。物联网产业方面，深圳已经形成以华为、中兴通讯等为龙头的企业集群，行业中小微企业数量达 5000 多家。机器人产业方面，深圳拥有企业 435 家，占全国的 1/10 左右，已经在多传感器融合、人机交互、智能控制等核心技术取得突破，2016 年深圳机器人、可穿戴设备、智能设备产业产值 486. 42 亿元，同比增长 20. 2% 。

在一些创新指标上，上海正落后于深圳。

第一，研发投入方面，深圳近年来增长较快，虽然总量上仍低于上海，但占比居前。过去五年，深圳全社会研发投入从 333 亿元增长到 800 亿元，占 GDP 比重提高到 4. 1% ，相当于世界排名第二的韩国水平。上海 2016 年研发经费支出 1030 亿元，相当于上海市生产总值的 3. 8% 。

第二，专利申请方面，深圳超过上海，领先全国。2016 年，深圳有效发明专利达 9. 5 万件，上海 8. 5 万件；专利合作协定（PCT）国际专利申请量达 1. 96 万件，增长约 50% ，占全国一半，上海仅有 1560 件；深圳每万人口发明专利拥有量为 86. 4 件，是全国平均水平的 12 倍，位居国内大中城市首位。

第三，高科技企业数量上，深圳多于上海。2016 年，深圳国家级高新技术企业达 8037 家，科技型企业超过 3 万家；上海国家级高新技术企业 6938 家，科技型企业 1. 5 万家。

（二）科创企业的融资需求和面临的障碍

科创企业的生存和发展离不开金融支持。科创企业的融资需求主要有三个特点。

一是以阶段性的长期资金需求为主。科技创新的显著特点是研发周期较长、不确定性较高，并且科研成果向市场转化、成熟的过程较长。多数科创企业在种子期和初创阶段，无法产生稳定的经营现金流，外部资金需要较长时期的持续投入才能产生回报。如果融入资金期限较短，会使创业者因不断的资金压力而无法专注于创新。因此，科创企业在成长的不同阶段以长期资金需求为主。不过，在不同轮次的长期融资间隔期内，以及有产品订单等情况下，科创企业也需要一些融资速度快的短期融资。

二是同时需要股权资金和债权资金。由于科创企业的高风险和高回报性，以及抵押物的缺乏，绝大多数学者认为股权融资是科创企业最佳的融资方式。但是，由于股权融资需要复杂的股权估值，融资时间较长。并且，融资规模过大可能对创业者的控制权产生“威胁”，融资规模过小可能并不能满足创业者的资金需求。此外，科创企业也存在各种临时性资金需求。因此，速度快、成本低的债务融资也是科创企业的重要融资方式之一，对于优秀的科创企业来说更是如此。

三是需要持续的银行中介服务。科创企业在发展的过程中，要面临多轮次股权融资，并且在发展过程中需要逐渐规范治理结构和各项管理行为，在成长的中后期，可能面临通过并购、上市或管理层收购等方式实现财务投资者退出等事项。这些事项需要金融机构能够提供估值、资产管理、财务顾问、金融中介、运营督导等各种投资银行服务。

当前，科创企业主要面临以下融资障碍。

一是信息不对称现象严重，项目筛选成本较高。这一点主要表现在三个方面：（1）尽管创业者可能熟知风险项目、自身执行能力以及承诺的准确信息，但科创企业经营历史短，缺乏相关的历史记录，外界很难获得其信用等相关信息；（2）科创企业异质性较强，不同的科创企业在产品特征、商业模式等方面可能存在极大的差异，金融机构信息获取和筛选成本很高；（3）一些创业者可能不愿意公开创新思想或技术等有用信息给外界，以防被别人侵占或利用，进一步提高了金融机构信息获取难度。

二是风险高，抵押物缺乏，债务融资难度大。科创企业在发展早期，由于经营风险较高，信贷机构出于贷款安全性的考虑很难给其直接发放信用贷款，一般需要抵押物或担保。由于科创企业的前期投入主要集中于研发和市场开拓，实物资产相对较少，以专利技术为主的无形资产占有很大比例。但是，专利技术等无形资产面临变现难、估值难的问题。因此，除非有政府性基金进行担保，商业信贷机构一般不愿意涉足科创企业信贷业务。

三是企业估值比较困难，股权融资成本较高。科创企业每一轮融资，都要面临资产和企业股权的估值问题。由于科创企业在创立初期，不但没有相对稳定的经营现金流，而且由于产品的市场开发刚刚起步，市场前景不确定，造成对其估值异常困难，加大了投资者和创业者之间的沟通协商成本。因此，科创企业股权融资成本也相对较高。

（三）上海银行业支持科创产业的做法

当前，上海已经初步形成科创金融服务体系、产品体系和政策支持体系。

在科技金融服务体系方面，上海既有商业银行设立的科技支行，也有上海农商行、浦发硅谷银行等具备科技金融服务特色的地方法人银行，初步形成覆盖全市的科技银行服务体系。市级层面设立政策性融资担保基金。同时，积极吸引各类创业投资、股权投资机构集聚，上海在中国证券投资基金业协会完成备案登记的私募基金管理人共4085家，管理私募基金总规模2.15万亿元，家数和规模在全国均位居首位。推进产业投资基金发展，相继成立了500亿元的集成电路产业投资基金、50亿元的创业投资引导基金。推动上海股权托管交易中心设立科技创新板，发挥多层次资本市场对科创企业的融资功能。共有五批122家科创企业成功挂牌，分布于先进制造、节能环保等15个新兴行业，融资总金额逾14亿元。

在科技金融产品体系方面，张江国家自主创新示范区被列为全国首批投贷联动试点地区，上海银行等3家法人银行以及国开行等5家银行在沪分行获准参与试点，试点数量全国最多。上海银行业金融机构以投贷联动业务模式，已为176户科技型中小微企业提供37.7亿元的融资支持。交通银行、浦发硅谷银行探索在贷款结构安排中试点引入认股权证，实现投贷联动。上海银行知识产权质押融资单笔借款上限由100万元人民币提高至200万元，最长借款期限从1年延长至3年，产品推出至今累计发放贷款超过10亿元。

在货币信贷政策工具支持体系方面，上海总部从2014年开始探索在“支小再贷款”额度内预留专项资金用于支持科技型小微企业；建立再贴现正向激励机制，探索再贴现投向、价格双向引导模式，向科技型小微企业重点倾斜。在上海总部、市政府和交易商协会签订的“三方协议”框架下，优先接收创新优势型企业发行中期票据；通过绿色通道支持符合条件的创新型企业进行直接债务融资；支持地方科创中心园区的骨干科创企业优先开展债务融资工具和创新产品发行试点；鼓励创新企业通过资产证券化方式盘活存量资产。

（四）深圳银行业支持科创产业的做法

构建包括商业银行、创投机构、资本市场在内的新型金融组织体系，银行业与创投机构、资本市场协同发展的新型科技金融已经成为深圳金融的重要组成部分。首先，对科技专营机构实施差异化管理政策。科技支行的运行模式创新主要体现为“五个单独”“五方联动”。管理体制上采用“五个单独”：单独的客户准入机制、单独的信贷审批机制、单独的风险容忍政策、单独的拨备政策和单独的业务协同政策。运营模式实现“五方联动”：加强与科技主管部门、金融监管部门、创业风险投资机构、担保公司和工业园区的联动，构建银政（政府）、银投（创投）、银保（担保）和银园（科技园区）合作平台，形成科技企业金融一体化服务战略联盟。其次，商业银行积极探索多方合作的金融联盟服务模式，加强了与投行的业务联动。如深圳建设银行和深圳市科技创新委员会联合发起成立“Z2Z科技银行联盟”，通过整合银行内的资源，充分利用商业银行、投资银行、基金公司、保险公司、租赁公司等渠道为国家高新技术企业提供综合金融服务。

加强与金融中介服务平台合作，“南山区科技金融在线”是近年来快速发展起来的金融中介服务平台，通过企业定期更新填报、线下尽调核实等手段，形成了一套企业信用及经营情况实时动态监控系统。

创新满足科创企业全生命周期发展需求的特色化金融产品体系。科技创新企业的发展一般要经过初创期、成长期和成熟期几个阶段，不同阶段的融资需求不同，其风险特征和盈利能力也不同。在初创期，商业银行开始利用小微信贷技术，对小微科技企业提供融资服务，如结算服务、工资贷、人才贷、互保金贷款、创始人个人融资服务、微粒贷等。在成熟期，商业银行研发出一系列包括贸易融资、订单贷款、应收账款质押贷款、税金贷、成长贷、研发贷、知识产权质押贷款等产品。在成熟期，主要服务集中在综合授信服务、整体方案设计、投资银行服务和资本市场服务上。

金融和财政密切配合的政策扶持体系。深圳市政府历来高度重视促进科技创新发展，财政资金所发挥的积极作用不可替代。在支持新兴产业发展方面，深圳市先后设立了科技研发资金（2004 年）、战略性新兴产业发展专项资金（2009 年）、未来产业发展专项资金（2014 年）、产业转型升级专项资金（2016 年，承接 2002 年始设立的产业技术进步资金）四大类财政专项资金，年度总规模 79 亿元，具体运用方式包括研发资助、企业培育、公共技术服务、银政企合作、股权投资等。在政府引导基金设立方面，深圳市政府委托“深圳创新投”负责管理市政府引导母基金，目标设立远期总规模 1000 亿元，重点投资符合国家和深圳产业规划的战略性新兴产业。财政专项资金运用方式包括与金融的合作，具体有贴息、保险、股权投资、风险补偿。

（五）创新投入上的深圳经验

从以上对比可以看出，上海和深圳的银行业在支持科创产业上，努力的方向基本一致，都是在构建适合科创企业融资需求的服务体系、产品体系，并且财政资金都发挥着非常重要的引领作用。拿创新投入来说，上海不可谓不重视，但深圳的支持力度相对更大。

第一，对科技型企业的贷款贴息力度很大。如南山区、福山区对科技型企业的最高贴息能达到 5%，当地大部分国家级高科技企业都能享受到这个优惠，能够覆盖基准利率，当地银行对企业的利率一般在 6% 左右，所以企业实际贷款成本仅 1%，而且银行可以找到政府背景的担保公司来缓释风险，如高新投和中小担两家担保公司。

第二，加强与地方银行监管部门联动。积极引导银行在发展战略、市场定位、客户选择上进一步向小微企业倾斜。在项目推进方面，先后推出了小微企业金融服务微笑工程（“微笑工程”）、小微企业运营暨金融服务检测体系（“微笑指数”）以及深圳市小微企业金融服务网（微笑网）。在体制机制方面，动态扩大了小微企业不良贷款容忍度，并制定了小微企业金融服务从业人员尽职免责办法，将小微企业金融服务作为设立社区支行主要依据等一系列举措。

第三，探索多种创新型基金业务。在经营模式方面，深创投目前已经形成了多元化的“基金群”：政府引导基金，设立了73个，其中中央级2个，省级18个，规模154.08亿元；中外合作基金，包括中国境内第一家中外合资的创投基金——中新基金；受托管理基金，包括康沃基金、祥荣基金等；战略合作基金，与国内20家基金进行了合作。在创新业务方面，深创投集团首创的“产权换股权”创业投资为核心的科技产融创业投资新模式基金——昆山红土基金，不仅能够为拟投资企业提供资金、管理经验、资本运作支持，还能够为拟投资企业提供办公用地，使创投服务手段更加多元化；2014年，深创投独家发起设立的红土创新基金管理有限公司取得中国证监会的核准设立批复，这是国内首家获得批复的私募股权投资机构发起设立的公募基金管理公司。

四、结论和建议

近年来，两地银行业发展的差别，背后的逻辑是两地实体经济发展特别是科创产业发展的差异所造成的。由于深圳整个科创生态较好、高科技企业较多、风险投资活跃、股权交易发达、政府支持力度大，深圳银行业在科创金融的服务体系和产品体系上走得更远一些。金融创新和技术创新之间的互补性，要求协调推进金融创新和科技创新，金融创新需要有实体经济环境，同时，科技创新也要有适宜的金融环境。促进金融创新和科技创新协调推进，“有形之手”可以发挥重要作用。为进一步提升上海科创金融水平，我们提出以下建议。

第一，进一步增强财政资金的引领作用。由于商业银行本质上偏重于低风险、收益稳定的融资项目，要撬动信贷资金支持新兴产业发展，财政资金的引领和风险补偿必不可少。从当前财政资金引领情况看，仍存在以下问题：一是商业银行对政府财政资金贴息政策反应不够热烈，而对于风险补偿和担保制度的期望更为热切，但政府对风险补偿政策设置较为谨慎。二是对财政金融合作中资金使用效率和合作金融机构表现缺乏一套成熟的评估机制，不利于最大化发挥财政资金使用效率。建议一是设立和做大科创企业专项发展基金，并吸引社会资本及金融机构的共同参与，充分发挥财政资金的导向作用和杠杆效应。建议二是在金融发展专项资金中安排科创企业贷款风险补偿金，按照特定标准对银行业金融机构已产生的科创企业贷款坏账进行风险补偿，鼓励商业银行对企业转型升级给予资金支持。建议三是对财政资金投入效果进行评估考核，重点加强对合作金融机构成绩进行考核，建议可与人民银行科技金融信贷评估结果相结合，强化激励约束作用，进一步提高财政资金运用成效。

第二，加强科技金融的相关基础工作。当前科技金融工作尚属起步，一些基础性工作明显滞后，不利于全面工作开展。一是目前缺乏统一的科技型企业认定标准，科技金融统计不规范。科技部仅有高新技术企业认定标准，银监会只有科技型中小企业定义，均未能涵盖所有科技型企业。实务中，部分银行业金融机构自行确定了科技型企业标准，但标准并不统一，随意性较大。二是目前经信、科技与金融主管部门各司其职、各管一段，日常信息交流不够充分，各方都无法精确掌握产业金融、科技金融数据，也无法精确评估政府资金和商业银行信贷的使用效率。建议一是建立科技金融统计制度，建议科技主管部门会同有关部门梳理科技型企业特征，制定和出台统一明确的科技型企业认定标准，夯实科技金融的工作基础。建议二是进一步建立完善财政、经信、科技、知识产权和金融主管之间的工作协调机制，加强科技、金融、财政、税收等政策的协调，形成推动科技金融发展的政策合力。建议三是依托科技部门与金融监管部门的合作机制，将科技部门在政策、信息、项目、专家等方面的综合优势与金融机构的产品、服务优势结合起来，实现科技创新与金融创新的互相促进。

第三，完善知识产权质押融资配套机制。知识产权是科创企业最有价值的资产，但由于目前知识产权质押融资机制尚不完善，商业银行开展知识产权质押贷款积极性不足。配套机制不完善主要体现在：知识产权评估机构资质参差不齐，对知识产权的评估价值缺乏公信力；知识产权交易市场不完善，质押物处置缺乏渠道；知识产权质押登记须在北京办理，手续烦琐耗时长。建议一是加快建立知识产权交易平台，推动知识产权转让，提高知识产权的流动性。建议二是知识产权主管部门建立健全知识产权评估机构准入机制，政府或行业自律组织对知识产权评估机构的评估工作进行资质认定和分级管理。建议三是将知识产权质押登记权限下放到地方，成立地方质押登记机构，简化操作流程，提高质押登记效率。

第四，进一步完善投贷联动政策。目前投贷联动业务在实践中仍存在困难：一是银行信贷质量考核和风险问责存在“不良贷款一票否决制”现象，与投贷联动追求收益总体覆盖风险的特点不相适应，造成激励不足。二是政策上虽然允许银行用投资功能子公司的投资收益抵补其在科技信贷方面可能产生的损失，但金融机构在补偿的具体条件、额度、会计核算方式以及责任划分等操作层面缺乏成熟做法，投资机构与信贷部门联动不顺畅。三是虽有政策支持，但由于相关法规尚未调整，商业银行开展股权投资、期权投资，在诸多具体环节仍困难重重。如仍存在理财资金穿透后不得作为股权投资资金来源，国内目前没有期权的专门立法，期权也无法上市交易等问题。建议一是重新梳理和修订相关法规，比如加快制定期权法，明确期权投资和交易规则；逐步放开银行股权投资资金来源的限制，允许银行一定比例的自营资金或理财资金对高科技企业进行股权投资。建议二是在信贷政策和监管政策上倾斜，要求商业银行在内部对投资业务给予支持，并落实到相关指标设计，包括但不限于科技贷款数量和金额、投贷联动数量和金额、科技贷款的不良率与不良容忍度、投贷联动的风险补偿机制、加权风险资产和核心资本耗用等指标上的支持。建议三是建议尽快放开投贷联动试点范围，使深圳等创新成果多、体制基础好的城市尽快参与投贷联动，更好服务科技型企业创新发展。

第五，落实差别化的信贷政策和监管政策。虽然商业银行在支持科技金融领域有了较大发展，但总体仍存在诸多短板。一是风险评估方面，科创企业轻资产化、技术密集型特点越来越突出，而商业银行风险评估方法从根本上仍依据是否有固定资产可供抵押、从财务信息判断是否具有偿债能力等来预测，这令诸多有潜力的科技项目难获支持。二是激励机制方面，无论是考核激励机制设置还是不良贷款追责等方面，科技信贷团队的发展都存在掣肘，缺乏保障科技金融持续发展的长效机制。三是政策引导方面，人民银行已建立小微信贷政策导向效果评估制度，银监会也制定了小微贷款“三个不低于”考核指标，但科技金融方面，监管部门均未建立相关评估制度和硬性考核指标。因此，人民银行要加强对商业银行信贷工作的指导和横向交流，提高银行支持企业转型升级的服务能力，比如创新信贷评价模型与方法、调整完善内部组织建设和激励机制、鼓励成立专项扶持高科技企业的信贷运营机制。人民银行要探索建立科技信贷政策导向效果评估制度，加强评估结果与货币政策工具相结合的创新运用，激励和引导商业银行建立适合科技金融发展的长效机制。建议按照行业类型和特点适度调整政策，对有前景、发展潜力大的战略性新兴产业和高端制造业提高风险容忍度，为商业银行支持企业转型升级创造有利政策环境。对商业银行建立科技团队、部门实施相应政策倾斜，明确指导给予积极支持。

中国普惠金融发展与企业融资约束的改善

中国人民银行上海总部调查统计研究部课题组

课题组组长：王海生

课题组成员：包　钧　谢　霏　许霞红　司　巍
　　　　　　邵　珺　李腾飞　张　昀

摘　要

本文通过人民银行消费权益保护局采集的基础数据构建企业层面的地区普惠金融发展水平指标，并采集2014～2016年上市公司相关财务数据，以SA指数反映企业融资约束水平，设定实证模型分析普惠金融与企业融资约束之间的关系。结果显示：(1) 普惠金融发展能够显著缓解企业的融资约束；(2) 中小规模的国有企业在普惠金融发展过程中能够缓解更多的融资约束，中小规模的非国有企业反而增加了融资约束。本文的研究结果表明，地区的普惠金融发展对于当地企业的融资约束有着显著而积极的作用，进而可能促进当地的经济增长。

一、引言

从金融发展的实际经验以及国内外研究来看，金融排斥的存在使许多中小微企业和个体无法享受到必要的金融产品和服务，进而成为制约经济发展的重要因素。在此背景下，2005年的国际小额信贷年中，联合国首次提出普惠金融（Inclusive Finance），也被称作“包容性金融”，其内涵为构建一个全方位、有效率地为社会所有阶层和群体提供服务的金融体系。这期间，各国纷纷结合本国实际推进普惠金融工作，如巴西的代理银行模式，俄罗斯的金融扫盲5年计划，肯尼亚的手机银行推广。我国在2006年引入“普惠金融”的概念，之后受重视程度不断提高，2013年11月，党的十八届三中全会通过《中共中央关于全面深化改革若干重大问题的决定》，正式提出“发展普惠金融，鼓励金融创新，丰富金融市场层次和产品”。同年，中国人民银行行长周小川提出：“切实推动包容性金融发展，让金融改革发展的成果惠及广大人民群众。”

理论上，良好的普惠金融环境通常意味着市场的微观行为主体均能享受到较为完善的金融产品和服务，有效缓解当地的金融排斥现象。因此可以预见，普惠金融的发展水平对于宏观经济运行以及微观企业行为都具有不可忽视的深远影响。然而，已有国内文献均侧重于关注普惠金融指标体系的评价、普惠金融指数的构建以及普惠金融与宏观经济增长的关系，很少有研究关注普惠金融发展环境所具有的微观经济效应，尤其是对普惠金融发展水平是否影响微观企业行为及其作用机制等重要问题鲜有涉猎。

在我国“新兴加转轨”的制度背景下，金融发展的不平衡以及突出的信贷结构性矛盾普遍存在（李扬和张涛，2009）。其中，企业的融资约束问题已成为制约经济转型和升级的重要瓶颈之一，由国务院发展研究中心主持发布的《中国企业经营者问卷跟踪调查报告》显示，中国企业普遍认为融资约束是制约其发展的主要因素。如何更好地缓解企业尤其是中小企业和民营企业的“融资难”困境已成为我国经济发展中必须面对的一个难题。随着近年来普惠金融概念的日益兴起，构建良好的普惠金融发展环境以促进金融服务公平化、优化资源配置、助力经济增长等，已成为各级政府的重要工作之一。由此产生了一些值得关注的问题，比如，发展普惠金融是否有助于缓解企业尤其是中小企业和民营企业的“融资难”问题，如果可以，这种缓解的效应有多大？

本文旨在对上述问题进行实证分析，深入研究近年来我国的普惠金融发展是否以及如何影响企业融资约束。本文的研究贡献在于：一方面，我们首次考察了各省市基于企业层面的普惠金融发展水平。关于各省市普惠金融发展水平已有不少研究，但均属于同时包含个人与企业两个层面的相关普惠金融指标体系的构建与评价，缺少专门针对企业的普惠金融发展水平研究，因此，本文有助于细化并丰富普惠金融在各省市发展的比较研究。另一方面，本文首次揭示了发展普惠金融可以缓解企业的融资约束，并且对于不同产权性质和不同规模的企业，普惠金融的影响也有所不同。

本文余下结构主要安排如下：第二部分主要回顾了普惠金融与企业融资约束的相关文献，并提出适合我国的企业层面的普惠金融发展水平以及企业融资约束的测度方法；第三部分为实证研究设计，包括样本选择、数据来源与实证模型设计；第四部分为实证分析结果与稳健性检验；第五部分为实证结果与分析；第六部分为结论和相关政策建议。

二、普惠金融相关文献回顾

随着各国对普惠金融的推进，近几年关于普惠金融的理论研究也逐渐增多，总体而言包括两个方向：（1）普惠金融的度量；（2）普惠金融与经济增长的关系。

（一）普惠金融的度量

对普惠金融进行理论探讨的一个重要问题是找到能度量和评价其发展水平的方法，印度经济学家 Sarma（2010）的方法在学术领域得到较大认可，其参考联合国人类发展指数（HDI）的构建方法，选取银行渗透度、银行服务的可利用性和使用状况三个方面的指标来衡量不同国家的普惠金融状况，其中银行渗透度用拥有银行账户的人口比例表示，银行服务的可利用性用人均所拥有的银行营业点数或 ATM 数表示，使用状况用存贷款与 GDP 的比值表示，Sarma（2010）方法的缺点是没有考虑使用金融服务的便利性和成本。Arora（2010）考虑了银行服务范围、交易便利性及交易成本等指标，并比较了发达和发展中国家金融服务可获得性的差异，其中银行服务范围用人均和单位面积的分支机构数和 ATM 数表示，交易便利性用可开户或提交贷款申请的机构所在地、开户金额下限、账户余额下限、消费贷款和抵押贷款的最低金额及申请审批时长等表示，交易成本用贷款利率、账户管理费、银行卡年费等表示，Arora（2010）方法的缺点是未考虑金融服务的使用状况。以上两种方法各有优缺点，随后，Gupte 等（2012）在 Sarma（2010）和 Arora（2010）的基础上构建了一种综合的方法，包括银行服务范围、使用情况、交易便利性、交易成本四个维度，较为全面地度量了印度不同年份的普惠金融发展水平。

与此同时，各国际组织也纷纷研究和发布普惠金融指数。国际货币基金组织（IMF）在金融接触调查中选取了商业银行、信用联盟等的分支机构数、ATM 数量、存贷款客户数、存贷款金额等指标来度量普惠金融发展水平。世界银行（WB）从需求方的角度，评估各国普惠金融实践情况，发布全球普惠金融指数核心指标（Global Findex Core Indicators），核心指标包括银行账户使用情况、储蓄、借款、支付、保险 5 个维度。2011 年，金融包容性联盟（AFI）在 12 个成员国中进行了核心指标测试，该指标也包括可获得性和使用情况两个维度，AFI 计划拓宽指标的金融包容维度，如考虑金融服务质量、金融素质、服务获得障碍等。2012 年 6 月，在二十国集团峰会 G20 上，全球普惠金融合作伙伴组织（GPFI）向二十国集团领导人提供普惠金融核心指标，该指标从可获得性和使用情况两个维度将所有细项指标分成五类——享有正规银行服务的成年人、在正规金融机构发生信贷业务的成年人、享有正规银行服务的企业、在正规机构有贷款余额或授信额度的企业、服务网点。2013 年，GPFI 在 G20 的框架下进一步完善了普惠金融指标体系，增加了金融产品与服务质量的维度，在每一维度下也丰富了细项指标。

我国普惠金融的发展可以分为四个阶段：公益性小额信贷（20 世纪 90 年代）、发展性微型金融（2000 ~ 2005 年）、综合性普惠金融（2006 ~ 2010 年）、创新性互联网金融（2011 年至今）。结合我国国情，衡量不同阶段、不同年份普惠金融发展水平是深入研究普惠金融的首要条件。中国普惠金融发展指数的研究有两条主线：一条是基于普惠金融与金融排斥是一个问题的两个方面，借鉴金融排斥的衡量指标构建普惠金融指数；另一条是借鉴国际上的普惠金融发展指数，结合中国国情构建普惠金融发展指数。许圣道（2008）以各省农村金融机构网点合计、股份制商业银行机构数、农村信用社数衡量金融排斥程度，构建计数模型，探究影响金融排斥的因素。王伟（2011）借鉴 Sarma（2010）的方法，考虑了银行渗透度、银行服务的可利用性和银行服务的使用程度 3 个维度，构建金融包容性指数，并运用 2008 年的数据作了实证分析，结果表明我国 31 个省市中，一半以上的省份遭受了严重的金融排斥，同时，基于 Tobit 模型的研究结果表明，影响金融排斥程度的因素主要是人口年龄结构、地理特征、人均收入以及商业文化环境。焦瑾璞等（2015）在大致遵循普惠金融全球合作伙伴（GPFI）提出的相关指标体系的基础上，结合我国经济金融发展特色，设计了符合我国国情的普惠金融指标体系，包含金融服务的可获得性、使用情况以及服务质量 3 个评价维度共 19 个指标，同时使用层次分析法确定各指标的权重，最后采集 2013 年不同省份的 19 个指标数据，通过加权计算得出 2013 年我国的各省份普惠金融发展指数。

（二）普惠金融与经济增长

从普惠金融的内涵可知，普惠金融属于金融发展广度的范畴，目前研究普惠金融或金融发展广度对经济增长的影响较少，不少文章都是研究金融发展深度对经济增长的影响，如 King 和 Levine（1993）、Beck 等（1999）、Demirgüçkunt 和 Levine（2010）。

现有研究表明，普惠金融对经济增长的影响有四类——正面影响、负面影响、影响较弱、正面负面影响均有。

1. 普惠金融对经济增长有正面影响。普惠金融能拓展金融服务的广度，促进金融资源在全社会范围内的合理分配，满足更多企业和居民的金融服务需求，缓解金融排斥现象，如 Galor 和 Zeira（1993）、Beck 等（2004）、Honohan（2004）认为普惠金融能够推动经济发展。

2. 普惠金融对经济增长有负面影响。普惠金融的发展依赖银行等金融中介在地理分布上的广度以及在金融体系中的密度，由于运营成本、风险聚集等原因，Hellwig（1991）、Rajan（1992）、Weinstein 和 Yafeh（1998）等研究表明，以间接融资为主、过度依赖银行等金融中介的金融体系在一定程度上会阻碍经济发展。

3. 普惠金融对经济增长的影响较弱。李涛等（2016）基于跨国截面数据并考虑了普惠金融内生性问题，研究表明在普惠金融各细项指标中，仅有投资资金来自银行的企业比率这一金融中介融资指标对世界各经济体的经济增长有着稳健且显著的负面影响，其他普惠金融指标并没有稳健且显著的影响。石丹和高彩丽（2017）综合运用因子分析法、VAR 模型以及非线性格兰杰因果检验法对普惠金融与经济发展之间的关系进行探讨，研究表明：一方面，无论线性还是非线性，普惠金融均未有效支持经济发展；另一方面，从线性看，经济发展也不能有效促进普惠金融，从非线性看，经济发展水平单向且非线性地影响普惠金融水平的提升。

4. 普惠金融对经济增长的影响较为复杂，既有正面影响又有负面影响。杜强等（2016）运用 2006～2013 年 31 个省市面板数据，构建地区普惠金融指数，结果显示我国普惠金融发展水平存在地区间的差异，东部地区发展水平高于中西部地区，实证研究表明普惠金融与地区经济发展水平的关系为倒 U 形，东部地区普惠金融抑制了经济增长，而中西部地区普惠金融对经济增长有明显的促进作用。刘平（2017）的研究表明不同的普惠金融指标对经济增长有着不同的影响，以广西为例，人均贷款余额方面的普惠金融指标对经济增长有正面影响，而每万平方公里网点数方面的普惠金融指标对经济增长有负面影响。

三、融资约束相关文献回顾

Fazzari 等（1988）的经典文献开辟了公司融资约束研究的先河，并在此后发展成为公司财务研究的一个重要领域，有大量的文献提供了融资约束存在的经验证据。20 世纪 90 年代以来，开始有越来越多的研究考察影响公司融资约束的相关因素是什么。比如，Devereux 和 Schiantarelli（1990）考察了公司规模及年限对公司融资约束的影响。Schaller（1993）则是从公司的所有权结构入手来分析融资约束的差异。Bond 等（2003）采用跨国数据研究了融资约束，在对欧洲 4 国进行比较研究之后，他们发现英国企业面临的融资约束比德国等其他 3 个国家更严重，进而讨论了可能的原因。国内也有少部分文献关注我国企业融资约束的影响因素，如郑江淮等（2001）认为，股权结构显著影响了我国上市公司的融资约束，邓建平和曾勇（2011）证明高管的金融业从业经验有助于缓解企业的融资约束。

随着研究的深入，基于外部环境的视角考察金融发展是否以及如何影响公司融资约束的问题备受关注。文献显示，在金融市场不发达的国家中，公司将面临较高的外部融资成本，而良好的金融发展环境有助于缓解公司面临的融资约束。Love（2003）的跨国研究表明，在金融发展欠佳的国家中公司通常面临更严重的融资约束，这将扭曲其投资行为，而金融发展有助于放松融资约束进而对公司成长性带来正向影响。类似地，Laeven（2000）通过对巴西等 13 个发展中国家的上市公司的面板数据的考察，发现国家的金融自由化进程缓解了企业面临的融资约束，但是小公司的融资约束缓解的程度比大公司更显著。Khurana 等（2006）研究发现，金融市场欠发达将迫使企业进行内部融资以避免进行代价高昂的外部融资，针对中国的研究，张军等（2006）研究发现，中国渐进式的金融自由化改革有助于缓解企业的外部融资约束，同时发现，小规模企业比大规模企业融资约束得到缓解的程度更大，但这种缓解效应的差异在国有与非国有控股的企业之间却不明显。沈红波等（2010）实证研究显示，金融发展显著缓解了企业的融资约束，在金融发展水平较好的地区上市公司融资约束程度显著更低。

从金融发展的维度来看，以上文献均属于金融发展深度对企业融资约束的影响，而普惠金融属于金融发展的广度范畴，其是否有助于缓解企业的融资约束以及这种缓解的程度有多少尚无文献进行深入探讨。为了考察我国普惠金融发展对企业融资约束的可能影响，我们首先需要对普惠金融的发展水平与企业融资约束进行度量，普惠金融的度量在借鉴焦瑾璞等（2015）的研究基础上，通过赋值法来衡量各地区的普惠金融发展水平，而关于融资约束的度量在学术界仍存在较大的分歧。

一般来说，融资约束测度方法主要有四类。其一是 Fazzari 等（1988）提出的投资现金流敏感度指标：融资约束越强投资现金流敏感度越高。其二是 Kaplan 和 Zingales（1997）设计基于系列财务指标综合加权的 KZ 指数。其三是 Whited 和 Wu（2006）基于动态结构估计方法的 WW 指数。其四是 Hadlock 和 Pierce（2010）使用企业规模和企业年龄构建的 SA 指数。

Moyen（2004）最早指出投资现金流敏感度指标的局限性。他发现，如果把融资约束定义为在耗尽内部资金且从外部融资困难情况下，企业在投资机会出现时的融资难度，那么投资现金流敏感度就是一个很好的指标。但如果不是这样，投资—现金流敏感度就不是一个好的指标。因为，现金流实际上在很大程度上已是企业未来收益的代理变量，高的现金流往往意味着企业拥有更好的投资机会。当企业外部融资环境宽松时，外部资金对于企业投资机会也有着很高的敏感性。此时高的现金流带来的投资机会增长，必然使外部资金更多地注入企业，从而使投资现金流敏感度对融资约束的度量作用被放大。Moyen（2004）进一步指出，当企业的融资约束可以用每股派现率度量时，投资—现金流敏感度才是融资约束程度的很好的度量指标。连玉君和程建（2007）发现，在中国，投资现金流敏感度指标更多反映的是代理问题而非融资约束；投资现金流敏感度越高的公司，其融资约束程度往往越低。KZ 指数也遭到了大量质疑。Whited 和 Wu（2006）发现，KZ 指数在度量融资约束时存在着不少与事实相反的情形，比如融资约束最大的企业在债券信用等级、投资率、销售增长率等方面反而是最高的。对此，Livdan 等（2009）认为这可能是 KZ 指数更容易混淆融资约束与财务困境情况的缘故。此外，Hadlock 和 Pierce（2010）的研究还发现，KZ 指数对融资约束的判断效力甚至不如一些简单的代理变量如公司规模、公司年龄等。

由于 KZ 指数和 WW 指数均包含了很多内生性的变量，如现金流、杠杆等，为避免内生性的干扰，本文将采取 Hadlock 和 Pierce（2010）的 SA 指数方法来度量我国企业的融资约束。除了 SA 指数没有包含内生性特征的融资变量外，SA 指数还有易于计算和相对稳健的优点，为证明本文结论不受指数选择的影响，我们使用投资—敏感度和 KZ 指数做了稳健性测试。

四、研究设计

（一）样本选择与数据来源

鉴于普惠金融发展水平数据的可获得性和研究需要，本文选取 2014 ~ 2016 年沪深两市 A 股上市公司的相关财务数据，来研究中国各地区普惠金融发展对当地企业融资约束的影响。在此基础上，利用以下标准对样本进行了筛选：（1）剔除金融类上市公司样本；（2）剔除研究数据缺失的样本。本文最终共得到 7790 个非平衡面板样本观测值。数据来源方面，本文用来构建普惠金融指标的数据样本来自中国人民银行金融消费权益保护局在各省采集的 2014 ~ 2016 年数据，其他数据均来自国泰安 CSMAR 数据库。为消除极端值的影响，本文对主要连续变量进行了 1% 分位和 99% 分位的 Winsorize 处理。

（二）变量定义与模型设定

为了考察各地区普惠金融发展水平对企业融资约束的影响，本文构建以下回归模型进行实证检验：

$$SA_{it} = \alpha_0 + \beta_1 \times FI_{it} + \sum_{k=1}^{n} \lambda_i \times Control_{it} + Year_t + Industry_r + \varepsilon_{it} \tag{1}$$

模型中主要变量定义如下：

1. 被解释变量。模型（1）左侧的 SA 为本文的被解释变量，表示公司融资约束程度，由 SA 指数取绝对值所得。本文综合上述几种融资约束测度方法的优缺点，参考鞠晓生等（2013）、王义中和宋敏（2014）、姜付秀等（2016）的研究，采用 SA 指数计算公式：$-0.737size + 0.043size^2 - 0.04age$ 计算了每个上市公司观测年度所面临的融资约束大小，其中，size = ln（企业资产总额/1000000），资产总额单位为元，age 为公司的上市年限，由此计算出来的该指数为负，且绝对值越大，说明企业受到的融资约束越严重。

2. 解释变量。模型（1）右侧的 FI 为本文的解释变量，表示上市公司所在省份（直辖市）的普惠金融发展水平。参考焦瑾璞等（2015）对普惠金融的刻画方法，本文从金融服务的“可获得性”“使用情况”以及“服务质量”3个评价维度上，在充分借鉴和吸收国际主流成果的基础上，结合中国在普惠金融领域的实践，最终在3个维度下构建了反映企业层面的普惠金融发展水平的5个相关指标。如表1所示，具体指标包括保险密度（ID）、银行网点密度（Num）、小微企业抵（质）押贷款比率（Mratio）、个人信用档案建档率（Pfrate）以及企业信用档案建档率（Cfrate）。

根据上述5个指标，将各地区普惠金融发展水平从低到高依次赋值1～5分。具体而言，保险密度、银行网点密度、个人信用档案建档率以及企业信用档案建档率数值越高，小微企业抵（质）押贷款比率越低，普惠金融发展水平越好，赋值越高。最终，我们将各地区上述指标赋值汇总取平均值，得到该地区普惠金融发展水平的总指标（FI）。当考察保险密度、银行网点密度、小微企业抵（质）押贷款比率、个人信用档案建档率以及企业信用档案建档率等指标对上市公司融资约束影响时，分别采用ID、Num、Mratio、Pfrate、Cfrate替代FI进行回归。

表1　　各地区普惠金融发展水平评价指标体系

维度	指标	变量符号	变量定义
可获得性	保险密度	ID	统计期末，保险保费收入与常住人口数量之比
	银行网点密度	Num	统计期末，每万人拥有的银行网点数量
使用情况	小微企业抵（质）押贷款比率	Mratio	统计期末，小微企业抵（质）押贷款余额与小微企业贷款余额之比
服务质量	个人信用档案建档率	Pfrate	统计期末，金融信用信息基础数据库收录的自然人数量与常住人口数量之比
	企业信用档案建档率	Cfrate	统计期末，金融信用信息基础数据库收录的企业法人数量与企业法人机构数量之比

资料来源：中国人民银行金融消费权益保护局。

3. 控制变量。为了控制其他因素对企业融资约束的影响，本文借鉴鞠晓生等（2013）、王义中和宋敏（2014）、姜付秀等（2016）的做法，选取以下变量作为控制变量：（1）盈利能力Roa，以净资产收益率表示，即公司净利润与总资产的比例。一般获利能力越强的公司自身现金流越充足，越容易获取外部资金；（2）偿债能力Lev，以资产负债率表示，即公司年末负债总额与总资产的比例。上市公司偿债能力越强，越容易从金融机构获取资金，从而更好地缓解其面临的融资约束；（3）发展能力Growth，以营业收入增长率表示，即本年营业收入与上一年营业收入的差额与上一年营业收入的比例。该比率越大的上市公司发展能力越强，其未来获利能力和现金净流量越大，更容易获得发展资金；（4）股权集中度 First，以第一大股东持股比例表示，即第一大股东持股数量与公司总股本的比例；（5）董事会规模 Board，以董事会成员数量表示，即公司董事会成员数量的自然对数；（6）经营性现金流量 CF，即企业经营性现金流量净额。上市公司经营现金净流量越大，表明其可用的未来现金流越多，越能够抵御未来市场环境和内部环境对其产生的财务冲击；（7）各地区经济发展速度 GDP，以上市公司所在省份（直辖市）国内生产总值增长率表示，即本年 GDP 与上一年 GDP 的差额与上一年 GDP 的比例。此外，本文研究设计中还分别设置了年度（Year）、行业哑变量（Industry）以控制年度固定效应和行业固定效应。表 2 阐述了这些指标的详细说明。

表 2　　主要变量定义及说明

变量类型	变量名称	变量符号	变量定义
被解释变量	企业融资约束的程度	∣SA∣	$SA = -0.737size + 0.043 size^2 - 0.04age$，其中 size 和 age 分别为企业规模和公司的上市年限，∣SA∣为 SA 的绝对值
解释变量	普惠金融发展水平	FI	分别从保险密度、银行网点密度、小微企业抵（质）押贷款比率、个人信用档案建档率以及企业信用档案建档率 5 个指标按照普惠金融发展水平从低到高依次赋值 1～5，并汇总取平均值
控制变量	资产收益率	Roa	公司当年度的净利润与总资产的比例
	资产负债率	Lev	公司当年度的负债总额与总资产的比例
	营业收入增长率	Growth	（本年营业收入－上一年营业收入）/上一年营业收入
	第一大股东持股比例	First	第一大股东持股数量与公司总股本的比例
	董事会规模	Board	公司董事会成员数量的自然对数
	经营性现金流量	CF	经营性现金流量净额
	各地区 GDP 增长率	GDP	（本年 GDP－上一年 GDP）/上一年 GDP
	年度虚拟变量	Year	年度虚拟变量
	行业虚拟变量	Industry	行业虚拟变量，参照 2012 年证监会行业分类标准，制造业为二级行业分类标准，其他为一级行业分类标准

资料来源：根据作者整理。

五、实证结果与分析

（一）描述性统计结果和相关性分析

表3报告了主要变量的描述性统计结果。从表1的Panel A中可以看出，FI的平均值为3.397，最小值为1.200，最大值为4.600，说明样本中上市公司所在地区普惠金融发展程度差异较大，但3/4以上的地区普惠金融发展指数达到3以上，表明绝大多数地区普惠金融发展水平尚可。其他控制变量的描述性统计结果与企业现状基本相同，未出现异常分布。研究区间内样本公司盈利能力、偿债能力、成长能力、第一大股东持股比例等都存在较大的差异，且大部分样本公司现金流较匮乏，可能难以维持上市公司的投资和运营活动。上市公司的这些财务和公司治理特征以及地区经济发展速度都会影响上市公司融资行为，进而影响其面临的融资约束。表3的Panel B列示了SA指数的分布情况。从SA指数分布状况可以看出，样本公司都存在一定的融资约束，这与鞠晓生等（2013）的描述性统计结果基本相符。按照SA指数的1/4、2/4、3/4分位数，将企业受融资约束程度划分四个等级，1/4分位数以下视为受融资约束重，1/4~2/4分位数视为受融资约束较重，2/4~3/4分位数视为受融资约束较弱，3/4分位数以上，视为受融资约束弱。

表3　　主要变量的描述性统计结果

Panel A：主要变量的描述性统计

变量	样本量	平均值	标准差	最小值	25%分位	中位数	75%分位	最大值
|SA|	7790	3.529	0.311	2.565	3.310	3.483	3.801	4.037
FI	7790	3.397	0.754	1.200	3.000	3.400	4.000	4.600
Roa	7790	0.037	0.061	-0.290	0.011	0.033	0.066	0.234
Lev	7790	0.447	0.222	0.051	0.268	0.431	0.612	1.595
Growth	7790	0.189	0.621	-0.729	-0.061	0.0750	0.241	4.513
First	7790	0.679	0.487	0.040	0.320	0.550	0.910	2.450
Board	7790	2.135	0.203	1.609	1.946	2.197	2.197	2.708
CF	7790	0.042	0.074	-0.217	0.003	0.041	0.085	0.272
GDP	7790	0.078	0.012	0.030	0.075	0.078	0.085	0.109

Panel B：SA指数的分布情况

SA分位数	1%	5%	10%	25%	50%	75%	90%	95%	99%
分位数值	-4.037	-3.900	-3.800	-3.610	-3.386	-3.212	-3.082	-3.002	-2.565

资料来源：根据作者整理。

表 4 报告了文中主要变量之间的 Pearson 相关系数。上市公司所在地普惠金融发展程度 FI 与上市公司融资约束 | SA | 的相关系数为负，且在 1% 水平上显著，初步表明地区普惠金融发展水平越高，越能够有效地缓解上市公司面临的融资约束。以上结果初步支持了本文关于普惠金融发展可以缓解企业融资约束的预期。此外，净资产收益率、第一大股东持股比例、内部现金流、GDP 增速等变量则与上市公司融资约束显著负相关，资产负债率、董事会规模与上市公司融资约束显著正相关。从相关系数检验初步表明，上市公司所在地普惠金融发展水平越高、GDP 增速越快、上市公司盈利能力越强、资产负债率越低、股权越集中、董事会规模越小、内部现金流越充裕，越能够有效地缓解上市公司面临的融资约束。从变量间的相关系数来看，各变量之间相关系数的绝对值均在 0.4 以下，表明变量间不存在严重的多重共线性问题。

表 4　　主要变量相关系数

	| SA |	FI	Roa	Lev	Growth	First	Board	CF	GDP
| SA |	1								
FI	-0.144***	1							
Roa	-0.162***	0.089***	1						
Lev	0.178***	-0.070***	-0.410***	1					
Growth	0.014	0.013	0.186***	0.022*	1				
First	-0.168***	0.047***	0.161***	-0.120***	0.182***	1			
Board	0.038***	-0.029***	-0.010	0.193***	-0.025**	-0.024**	1		
CF	-0.047***	0.011	0.355***	-0.184***	-0.024**	-0.035***	0.035***	1	
GDP	-0.020*	-0.255***	0.022**	-0.025**	-0.036***	-0.003	-0.022*	0.018	1

注：***、** 和 * 分别表示在 1%、5% 和 10% 水平上显著。

（二）基本结果

虽然相关性分析的结果显示，地区普惠金融发展水平可以缓解企业融资约束，但单变量检验没有控制其他变量的影响，在这一部分，我们对模型（1）进行实证检验，以获得较为可靠的结论。表 5 报告了普惠金融发展对上市公司融资约束影响的多元线性回归结果。表 4 第（1）列的结果显示：即使控制了公司特征变量的情况下，FI 的回归系数在 1% 的置信水平显著为负，这说明随着地区普惠金融发展水平的提高，上市公司融资约束得到显著缓解。

在系统性地分析了普惠金融对上市公司融资约束的影响后，我们对各个维度的普惠金融指标进行分组，并把这 5 个指标逐一放入回归模型，相关结果见表 5 第（2）至第（6）列。结果显示：保险密度（ID）、银行网点密度（Num）、小微企业抵（质）押贷款比率（Mratio）以及个人信用档案建档率（Pfrate）的回归系数在1%的置信水平显著为负，企业信用档案建档率（Cfrate）的回归系数在10%的置信水平显著为负，进一步支持了第（1）列的回归结果。具体而言，地区保险密度、银行网点密度越高，小微企业抵（质）押贷款比率越低，个人和企业信用档案建档率越高，上市公司融资约束越低。以上结果有力地证明了地区普惠金融发展能够显著缓解上市公司融资约束。

表5　　普惠金融发展对上市公司融资约束影响的回归结果

		(1) |SA|	(2) |SA|	(3) |SA|	(4) |SA|	(5) |SA|	(6) |SA|
普惠金融发展水平	*FI*	-0.056*** (-11.20)					
保险密度	*ID*		-0.032*** (-12.72)				
银行网点密度	*Num*			-0.019*** (-7.75)			
小微企业抵（质）押贷款比率	*Mratio*				-0.006*** (-2.81)		
个人信用档案建档率	*Pfrate*					-0.011*** (-4.49)	
企业信用档案建档率	*Cfrate*						-0.004* (-1.65)
资产收益率	*Roa*	-0.377*** (-5.85)	-0.357*** (-5.55)	-0.399*** (-6.18)	-0.410*** (-6.33)	-0.413*** (-6.38)	-0.414*** (-6.41)
资产负债率	*Lev*	0.187*** (10.26)	0.183*** (10.06)	0.190*** (10.44)	0.196*** (10.76)	0.195*** (10.74)	0.195*** (10.76)
营业收入增长率	*Growth*	0.020*** (3.83)	0.021*** (3.90)	0.021*** (3.94)	0.021*** (3.92)	0.021*** (3.93)	0.021*** (4.00)
第一大股东持股比例	*First*	-0.075*** (-10.68)	-0.074*** (-10.64)	-0.076*** (-10.73)	-0.077*** (-10.94)	-0.077*** (-10.82)	-0.077*** (-10.90)
董事会规模	*Board*	0.062*** (3.60)	0.058*** (3.45)	0.067*** (3.92)	0.067*** (3.88)	0.061*** (3.56)	0.064*** (3.73)
经营性现金流量	*CF*	-0.063 (-1.31)	-0.058 (-1.21)	-0.066 (-1.38)	-0.068 (-1.41)	-0.070 (-1.44)	-0.063 (-1.30)
GDP增长率	*GDP*	-0.885*** (-3.34)	-0.780*** (-2.99)	-0.570** (-2.14)	-0.266 (-1.02)	-0.218 (-0.84)	-0.180 (-0.69)

续表

		(1) |SA|	(2) |SA|	(3) |SA|	(4) |SA|	(5) |SA|	(6) |SA|
常数项	*Constant*	3.547*** (69.02)	3.512*** (70.51)	3.421*** (70.10)	3.368*** (70.09)	3.389*** (69.70)	3.360*** (68.72)
年度	*Year*	Controlled	Controlled	Controlled	Controlled	Controlled	Controlled
行业	*Industry*	Controlled	Controlled	Controlled	Controlled	Controlled	Controlled
观测值	N	7790	7790	7790	7790	7790	7790
调整判决系数	Adj. R^2	0.228	0.232	0.222	0.217	0.218	0.217

注：表中数据为各自变量的回归系数，括号内为经过 Robust 处理后的 t 值；***、**、* 分别表示在1%、5%和10%水平上显著。

(三) 稳健性检验

为了进一步提高研究结论的可靠性，本文进行了以下稳健性检验。

1. 企业融资约束的其他度量。前文的企业融资约束度量主要基于 SA 指数，这里进一步采用投资现金流敏感性、KZ 指数作为企业融资约束的另外两种度量，分析发现，不同融资约束度量的回归结果没有发生实质性变化，说明本文结论较为稳健。

2. 替换相关变量，检验可能存在的变量测度误差。变量测度误差可能对研究结论产生一定的影响，本文对上市公司财务特征、公司治理特征等关键变量进行替换，以托宾 Q 值替换资产收益率 Roa、以前五大股东持股比例的平方和 H5 替换第一大股东持股比例 First，以独立董事比例 Indir 替换董事会规模 Board，重新进行回归。从回归结果看，研究结论与前文基础回归结果基本保持一致，即地区普惠金融发展能够显著缓解上市公司融资约束。

(四) 进一步分析

本文以上部分一致表明，地区普惠金融发展能够显著缓解上市公司融资约束，那么在不同产权性质的上市公司以及不同类型的上市板块下，地区普惠金融发展程度在上市公司融资约束中发挥的作用是否会呈现差异呢？

理论上，由于特殊的历史背景和经济体制，我国的国有控股企业在社会经济发展中占据重要的地位，产权性质的差异对于微观企业行为也会产生不同的影响，因此，研究我国上市公司融资约束就不得不考察终极控股股东产权性质差异的影响。一般地，国有企业由于自身资源禀赋、政策扶持以及政府部门的“隐性担保”，使其能够更好地从外部金融机构获取融资，加之外部金融机构在信贷配给制下表现出“嫌贫爱富”，对国有企业和民营企业信贷表现出不同的态度，从而对产权性质不同企业的融资约束产生不同的影响（李连军和戴经纬，2016）。此时，国有控股企业外部比较便利的融资可能会弱化地区普惠金融发展对企业融资约束的缓解作用。相反，非国有企业由于缺少必要的政府扶持，经常会受到外部金融机构的信贷歧视，融资成本也相对较高。此时，普惠金融发展很有可能更好地缓解非国有控股上市公司面临的融资约束。

本文通过手工搜集样本公司各年度财务报告，从“公司实际控制人”部分找到终极控股股东，判断其产权性质，并按照集团终极控股股东产权性质差异将样本划分为国有控股上市公司和非国有控股上市公司。为此，本文设置了产权性质变量 State（当样本公司当年产权性质为国有控股上市公司时取值为 1，否则取值为 0），然后与上市公司所在地普惠金融发展水平构成交互项（State × FI）进行回归。检验结果如表 6 所示：从第（1）～（2）列可以看出，无论是沪深 A 股上市公司样本还是主板上市公司样本，普惠金融发展程度（FI）的系数在 1% 的水平上显著为负，产权性质与上市公司所在地普惠金融发展水平交互项（State × FI）的系数并不显著，这说明普惠金融发展能够显著缓解上市公司特别是主板上市公司的融资约束，但不同产权性质下的上市公司，地区普惠金融发展程度在缓解上市公司融资约束中发挥的作用并没有呈现显著差异。这可能是因为主板市场上市门槛高，对企业盈利能力有较高的要求，无论是国有上市公司还是非国有上市公司，企业融资与持续融资能力都比较强，普惠金融发展并没有更加显著地缓解主板国有上市公司的融资约束。

然而，在中小板、创业板上市的公司，从表 6 中的第（3）列可以看出，普惠金融发展程度（FI）的系数在 1% 的水平上显著为正，产权性质与上市公司所在地普惠金融发展水平交互项（State × FI）的系数在 1% 的水平上显著为负，这说明普惠金融发展能够显著缓解中小板和创业板国有上市公司的融资约束，反而增加了这两个板块的非国有上市公司的融资约束。我们认为可能的原因是，根据前文所述，中国上市公司普遍存在融资约束问题，当普惠金融发展水平提高时，国有企业在贷款使用上存在的预算软约束，使其能够更加容易地从外部金融机构获取融资，从而对非国有上市公司融资能力产生挤出效应。

表 6　　普惠金融发展对上市公司融资约束影响的回归结果

		（1）全样本 |SA|	（2）主板 |SA|	（3） 中小板、创业板 |SA|
普惠金融发展水平	*FI*	−0.036***	−0.069***	0.012***
		(−5.92)	(−5.96)	(2.91)
产权性质 × 普惠金融发展水平	*State_ FI*	−0.013	0.018	−0.050***
		(−1.30)	(1.28)	(−5.16)

续表

		(1) 全样本 | SA |	(2) 主板 | SA |	(3) 中小板、创业板 | SA |
产权性质	*State*	0. 228***	0. 042	0. 200***
		(8. 28)	(1. 08)	(7. 44)
资产收益率	*Roa*	-0. 283***	-0. 356***	-0. 249***
		(-4. 63)	(-4. 52)	(-4. 40)
资产负债率	*Lev*	0. 113***	-0. 112***	0. 203***
		(6. 37)	(-4. 83)	(14. 48)
营业收入增长率	*Growth*	0. 027***	0. 033***	0. 014***
		(5. 37)	(6. 20)	(3. 12)
第一大股东持股比例	*First*	-0. 036***	-0. 023**	-0. 003
		(-5. 11)	(-2. 05)	(-0. 60)
董事会规模	*Board*	-0. 017	-0. 088***	0. 062***
		(-1. 01)	(-3. 84)	(4. 82)
经营性现金流量	*CF*	-0. 075	-0. 259***	0. 284***
		(-1. 60)	(-4. 43)	(7. 17)
GDP 增长率	*GDP*	-0. 693***	-0. 636**	0. 215
		(-2. 75)	(-2. 14)	(0. 98)
常数项	*Constant*	3. 571***	4. 098***	3. 033***
		(71. 70)	(61. 06)	(78. 55)
年度	*Year*	Controlled	Controlled	Controlled
行业	*Industry*	Controlled	Controlled	Controlled
观测值	N	7632	4330	3302
调整判决系数	Adj. R^2	0. 286	0. 217	0. 222

注：表中数据为各自变量的回归系数，括号内为经过 Robust 处理后的 t 值；***、**、* 分别表示在 1%、5% 和 10% 水平上显著。

六、结论与政策建议

本文以 2014～2016 年沪深两市 A 股上市公司为样本，实证分析了普惠金融发展对于企业融资约束的缓解效应，研究发现：（1）普惠金融发展能够显著缓解企业的融资约束；（2）中小规模的国有企业在普惠金融发展过程中能够缓解更多的融资约束，中小规模的非国有企业反而增加了融资约束。总体而言，本文的研究结果表明，地区的普惠金融发展对于当地企业的融资约束有着显著而积极的作用，进而可能促进当地的经济增长。

基于本文的研究结果，我们提出如下政策建议。

（一）健全普惠金融监管体制

为防止普惠金融无序发展，为企业融资营造一个良好的外部环境，需逐步形成以“一行三会”、地方金融服务办为主的共同监督体系、对普惠金融机构的市场准入、退出、内部管理、风险控制等方面进行规范。同时加强相关法律法规的建设，形成系统性的法律框架，明确普惠金融服务供给、需求主体的权利义务。加大对中小企业融资的政策扶持，引导金融机构主动为中小企业解决合理的融资需求。

（二）鼓励普惠金融创新，丰富金融市场层次和产品

在风险可控的前提下，通过金融创新，增加金融服务的层次，丰富金融产品，扩大普惠金融服务的边界，满足中小企业融资的多样化需求。普惠金融创新，可从以下几点着手：一是积极探索各种有效的贷款担保方式，打破以不动产抵押为核心的贷款抵押机制。对于中小企业，鼓励发放以各种动产或无形资产为抵押的贷款，尝试保险基金担保、再保险担保等担保方式。二是借助互联网、大数据等技术，为中小企业融资提供便捷全面和个性化的金融服务，满足其多样化需求。同时降低普惠金融营运成本，克服信息不对称现象，在风险可控的条件下，使在传统金融模式下无法盈利的普惠金融业务得以盈利，实现普惠金融的可持续发展。

（三）制定普惠金融专项统计制度，建立普惠金融数据库

现阶段，我国未针对普惠金融建立专项统计制度，数据分散在各部门，为了解普惠金融发展情况，需要跨部门协商沟通，花费大量人力物力，且随着普惠金融的发展，不少数据处于缺失状态。为此，“一行三会”、统计局等相关部门需要加快梳理普惠金融各项指标，制定普惠金融专项统计制度，使普惠金融相关数据的收集常态化、顺畅化。

普惠金融由于参与者众多、方式多样等特点，使普惠金融的数据采集会面临更多困难，建立普惠金融数据库不能一蹴而就，需要逐步展开。地域方面，可以先选择个别省份进行试点，条件成熟后在全国范围内推广；频度方面，首先以季度为频度，对于变化幅度大的数据逐渐以月为频度进行采集；数据来源方面，先从银行业金融机构展开，再逐渐涉及证券业金融机构、保险业金融机构以及其他普惠金融中介机构。

参考文献

[1] 邓建平，曾勇．金融关联能否缓解民营企业的融资约束 [J]．金融研究，2011 (8)：78－92.

[2] 杜强，潘怡．普惠金融对我国地区经济发展的影响研究——基于省际面板数据的实证分析 [J]．经济问题探索，2016 (3)：178－184.

[3] 焦瑾璞，黄亭亭，汪天都，等．中国普惠金融发展进程及实证研究 [J]．上海金融，2015 (4)：12－22.

[4] 姜付秀，石贝贝，马云飙．信息发布者的财务经历与企业融资约束 [J]．经济研究，2016 (6)：83－97.

[5] 鞠晓生，卢荻，虞义华．融资约束、营运资本管理与企业创新可持续性 [J]．经济研究，2013 (1)：4－16.

[6] 李涛，徐翔，孙硕．普惠金融与经济增长 [J]．社会科学文摘，2016 (4)：1－16.

[7] 李扬，张涛．中国地区金融生态环境评价 2008～2009 [M]．北京：中国金融出版社，2009.

[8] 连玉君，程建．投资—现金流敏感性：融资约束还是代理成本？[J]．财经研究，2007，33 (2)：37－46.

[9] 刘平，黄芳蕊．普惠金融发展与经济增长的实证分析——基于广西视角 [J]．区域金融研究，2017 (3)：77－82.

[10] 沈红波，寇宏，张川．金融发展、融资约束与企业投资的实证研究 [J]．中国工业经济，2010 (6)：55－64.

[11] 石丹，高彩丽．普惠金融与经济发展的非线性关系研究 [J]．北京邮电大学学报（社会科学版），2017 (4)：58－65.

[12] 王伟，田杰，李鹏．我国金融排除度的空间差异及影响因素分析 [J]．金融与经济，2011 (3)：14－17.

[13] 王义中，宋敏．宏观经济不确定性、资金需求与公司投资 [J]．经济研究，2014 (2)：4－17.

[14] 魏志华，曾爱民，李博．金融生态环境与企业融资约束——基于中国上市公司的实证研究 [J]．会计研究，2014 (5)：73－80.

[15] 许圣道，田霖．我国农村地区金融排斥研究 [J]．金融研究，2008 (7)：195－206.

[16] 喻坤，李治国，张晓蓉，徐剑刚．企业投资效率之谜：融资约束假说与货币政策冲击 [J]．经济研究，2014 (5)：106－120.

[17] 张军，丁丹．中国的金融改革是否缓解了企业的融资约束？[J]．2008

中国金融评论国际学术研讨会，2012.

[18] 郑江淮，何旭强，王华．上市公司投资的融资约束：从股权结构角度的实证分析 [J]. 金融研究，2001 (11)：92 –99.

[19] Arora R U. Measuring Financial Access [C]. Griffith University, Department of Accounting, Finance and Economics, 2010.

[20] Beck T, Levine R, Loayza N. Finance and the sources of growth [J]. Journal of Financial Economics, 1999, 58 (1): 261 –300.

[21] Bond S, Elston J A, Mairesse J, et al. Financial Factors and Investment in Belgium, France, Germany, and the United Kingdom: A Comparison Using Company Panel Data [J]. Review of Economics & Statistics, 2003, 85 (1): 153 –165.

[22] Demirgüçkunt A, Levine R. Finance, Financial Sector Policies, and Long – Run Growth [J]. Policy Research Working Paper, 2010.

[23] Devereux, M., and Schiantarelli, F., 1990, Investment, Financial Factors, and Cash Flow: Evidence from U. K. Panel Data, In R. G. Hubbard, Ed, Asymmetric Information, Corporate Finance, and Investment. Chicago: University of Chicago Press.

[24] Fazzari S M, Hubbard R G, Petersen B C, et al. Financing Constraints and Corporate Investment [J]. Brookings Papers on Economic Activity, 1988 (1): 141 –206.

[25] Galor O, Zeira J. Income Distribution and Macroeconomics [J]. Review of Economic Studies, 1993, 60 (1): 35 –52.

[26] Gupte R, Venkataramani B, Gupta D. Computation of Financial Inclusion Index for India [J]. Procedia – Social and Behavioral Sciences, 2012, 37 (1): 133 –149.

[27] Hadlock, Charles J., and Joshua R. Pierce, 2010, New Evidence on Measuring Financial Constraints: Moving Beyond the KZ Index, Review of Financial Studies, 14, 529 –544.

[28] Hellwig M. Banking, financial intermediation, and corporate finance [J]. European Financial Integration, 1991.

[29] Honohan P. Financial Development, Growth and Poverty: How Close are the Links? [M]. Financial Development and Economic Growth. Palgrave Macmillan UK, 2004.

[30] Kaplan S N, Zingales L. Do Investment – Cash Flow Sensitivities Provide Useful Measures of Financing Constraints? [J]. Quarterly Journal of Economics, 1997, 112 (1): 169 –215.

[31] King R G, Levine R. Finance and Growth: Schumpeter Might Be Right [J]. Quarterly Journal of Economics, 1993, 108 (3): 717 -737.

[32] Laeven L. Does Financial Liberalization Relax Financing Constraints on Firms? [J]. Policy Research Working Paper, 2000, 23 (1): 27 -49.

[33] Livdan D, Sapriza H, Zhang L. Financially Constrained Stock Returns [J]. Journal of Finance, 2006, 64 (4): 1827 -1862.

[34] Love I. Financial Development and Financing Constraints: International Evidence from the Structural Investment Model [J]. Review of Financial Studies, 2003, 16 (3): 765 -791.

[34] Moyen N. Investment - Cash Flow Sensitivities: Constrained versus Unconstrained Firms [J]. Journal of Finance, 2004, 59 (5): 2061 - 2092.

[35] Rajan R G. Insiders and Outsiders: The Choice Between Informed and Arm's - Length Debt [J]. Journal of Finance, 1992, 47 (4): 1367 -1400.

[36] Sarma M. Index of Financial Inclusion [J]. Indian Council for Research on International Economic Relations New Delhi Working Papers, 2010.

[37] Schaller, H. , Asymmetric Information, Liquidity Constraints, and Canadian Investment [J]. Canadian Journal of Economics, 1993, 26 (3): 552 -574.

[38] Sharma D. Nexus between financial inclusion and economic growth: Evidence from the emerging Indian Sarma M. Index of Financial Inclusion [J]. Indian Council for Research on International Economic Relations New Delhi Working Papers, 2010.

[39] Weinstein D E, Yafeh Y. On the Costs of a Bank - Centered Financial System: Evidence from the Changing Main Bank Relations in Japan [J]. Journal of Finance, 1998, 53 (2): 635 -672.

[40] Whited T M, Wu G. Financial Constraints Risk [J]. Review of Financial Studies, 2006, 19 (2): 531 -559.

个人住房贷款变化和房价波动逻辑

——以典型城市上海为例

中国人民银行上海总部调查统计研究部课题组

课题组组长：万阿俊

课题组成员：蒋一乐　李腾飞

摘　要

本文以典型城市上海为例，研究房价和住房信贷以及相关指标之间是否存在作用关系，评估房贷对房价的影响效应，为房地产金融宏观审慎调控探寻微观基础。研究构建了基础时间序列模型以及 TVP - VAR 模型，研究周期为 2006 年 1 月至 2017 年 1 月，并对冲击施加了符号约束识别。研究中识别了个人房贷与房地产价格的周期波动，评估了个人房地产信贷周期和房价周期是否存在互动效应，讨论了其对监管政策的含义。

研究结果表明，从上海房地产市场来看，房地产逻辑与金融逻辑之间的关联度并不显著，上海房价存在诸多金融基本面所不能解释的“非理性”因素；而房价的波动，也没有造成上述信贷市场指标有较大变动，不会导致信贷过快增长，以及导致更大的金融稳定风险出现。在这种情况下，我们认为，房地产金融调控一段时间以来是广泛接受的宏观审慎政策工具库的一部分，不应该在调控房价中发挥过多作用，也难以发挥更大作用。有关房地产的宏观审慎政策，不应过多拘泥在调控房贷或者交易量等指标上，而应转到更广泛的政策组合——超越货币政策运用和传统的金融宏观审慎手段，更加聚焦于问题的本源。譬如，强化对上海房地产供给等基本面改革。此外，政策组合也应包括更广泛的一些领域，例如房产税、公租房有效供给等，尽量减少房地产市场本身的扭曲。

一、引言

1998 年住房分配货币化改革以来，中国尤其是上海房地产市场发生翻天覆地的变化，房价快速上涨问题成为社会关注的焦点。2006 年 1 月至 2017 年 1 月，上海市平均房价由13442元上升至58391元[①]，上升幅度4.3倍。与房价扩张同步的是，上海市个人住房贷款也呈现爆炸式增长。在同样的历史区间内，房贷存量从2685.22亿元增长至11910亿元，增幅约为4.4倍[②]。这向我们提出了一个舆论深为关切，同时也是一个理论和经验性很强的问题，上海房价的高速上涨是否应归咎于住房贷款高增长？

当然，房价和个人住房贷款上涨的一定比例可能归因于收入增长、人口结构变化和整体流动性宽松等基本因素。然而，个人住房贷款与房价变化的直接互动关系不容忽视。现实来看，房地产是金融体系之外最具杠杆属性的行业，理解房地产的价格运动规律，必须要解释清楚房地产和金融的逻辑关系。然而，现有对我国房价的研究中，囿于数据的可得性，大部分集中于房企融资、整体银行信贷等视角探讨金融因素与房地产价格的关系，忽视了个人房地产贷款微观变化的信号指标作用。事实上，2008年以来，多个西方国家房地产危机爆发事件已反复表明，住房和信贷市场之间的互动可能造成巨大的宏观经济扭曲，且这种扭曲往往导致高度持续的负面后果。尤其需要重视的是，对房地产等单个市场冲击将产生加速器效应，从而放大传导至其他市场的冲击（Almeida等，2006）。例如，2008年之前美国的房价上升广泛归咎于次级贷款的快速上升，而房价上升也成为次贷质量下降进而整个危机爆发的重要原因；在欧洲，一些典型国家诸如西班牙、英国和爱尔兰等在1997～2007年房价平均涨幅超过180%，抵押融资成为其房价上升关注的焦点因素之一，尽管仍未有完全的定论，但舆论存在对金融领域尤其是信贷领域催生房地产泡沫的诸多评论。因此，从宏观视野来看，探究信贷和房地产价格周期之间的相互作用，是宏观审慎金融框架以至金融稳定的关键组成部分。

因此，我们希望以上海这一特大城市为典型样本，透过央行视角，评估个人住房贷款变化和房价波动的历史逻辑，揭示住房贷款在上海房价发展中的作用，为房地产金融宏观审慎实施方案提供研究支撑。为此，本文首次引入个人住房贷款、贷款笔数、提前还款等微观数据，构建了多层次的计量模型，并使用VAR、TVP－VAR等多重计量方法对多重结构数据进行实证分析，使模型结论更加稳健可靠。且通过使用TVP－VAR模型，动态刻画住房贷款等变量对房价作用的时间变化轨迹，从历史动态角度来评估两者交互作用的演变。此外，本文实证研究运用最近和较为完整的数据，有助于为房地产金融宏观审慎管理转型提供参考。我们研究发现，个人房贷量、贷款笔数、提前还款等并不能准确解释和捕捉上海房价的波动趋势，房价波动存在诸多房贷因素所不能解释的“非理性”因素。

---

① 来源于Wind数据库，为上海市二手房平均成交价格。限于数据可得性，数据最早为2006年。

② 来源于人民银行上海总部。

历史研究也表明，个人房地产贷款对房地产价格的影响不确定性较强，且总体较为微弱，房价变化更多的是受“自身逻辑”而非房贷量等因素支配。此外，在住房贷款和房价变化交互关系研究中，我们一度将收入等因素作为控制变量。进一步审视收入等金融变量在房价中的作用，发现其解释能力也总体较小，进一步表明上海房价变化的根本原因仍在于自身的逻辑，或者模型中并未涵盖的房屋供需等基本面因素。

本文的组织结构如下。第二部分为文献回顾；第三部分介绍了上海市房价波动的部分典型事实；第四部分建立多层次计量模型实证估计住房贷款和房价的逻辑互动关系；第五部分构建了具有 TVP - VAR 模型，研究了个人房地产贷款变化和房价周期波动的历史演变特征；第六部分纳入另一重要的金融维度，探讨收入或储蓄存款在房价中的作用。最后为总结。

二、文献回顾

虽然关于房价领域学术文献较为丰富，但信贷尤其是住房贷款在房价中的作用并没有受到太大的重视，这些有限的研究主要集中在英语文献中。限于篇幅，在此略去具体文献回顾。

从文献可以看出，有关房价和房贷的关系并未形成共识。一些实证研究认为，房价和房贷之间是相互依赖的，其他研究则认为只存在单向或相反的关系。另外，在研究中使用的变量包括房贷、房价、GDP、利率，研究方法上主要采用最小二乘法、向量自回归及协整分析等。本文将在数据、方法上对既有文献做出进一步的推进。

三、上海住房贷款和住房价格：部分特征事实

本部分通过直接观察个人住房贷款及其变化、贷款批准笔数、提前还款等与上海市房价变化的关联，揭示了个人房地产等微观信号对房价变化的指标作用，评估个人房地产信贷周期与房价周期是否存在互动效应。我们的数据来自人民银行上海总部内部数据库，数据区间为 2006 年 1 月至 2017 年。该数据库涵盖上海市个人购房贷款存量、增量、贷款笔数、提前还款等数据，均未正式公开。据我们所知，本文是第一次应用此类数据的研究。

（一）个人购房贷款存量、当月发放量的总值和人均值在 2009 ~ 2010 年的部分时间段，以及 2014 年之后呈较快增长势头

可以发现，上海个人购房贷款在 2009 ~ 2010 年以及 2014 年之后出现较快“井喷”态势，而在其他时期总体保持平稳态势。2009 年 3 月之后，个人住房贷款发放量迅速上升，其中 3 月较 2 月升幅达 68%，当月发放量首度超过 100 亿

元。其后，当月贷款发放量均维持在 100 亿元以上的高位水平，最高达到 2010 年 1 月的 254.62 亿元。2010 年 5 月之后，个人住房贷款发放量开始回落，6 月首次下降至 75.83 亿元。之后较长时间，月贷款发放量保持平稳。2014 年 12 月之后，月贷款发放量开始出现急速上升，特别是 2016 年 5 月达到 459.58 亿元的历史最高水平。

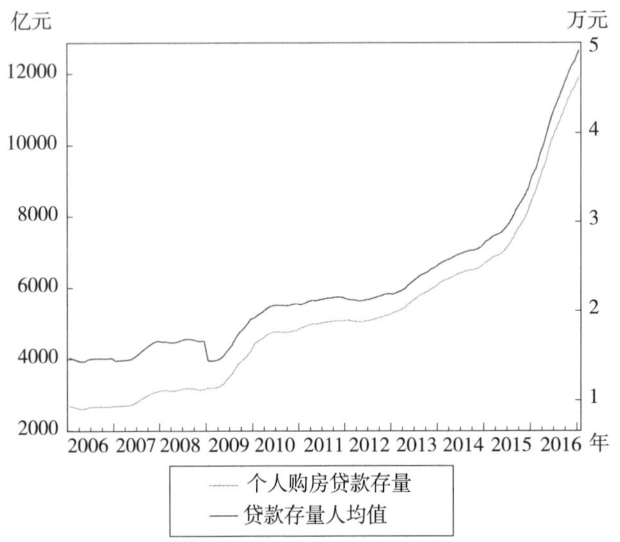

资料来源：人民银行上海总部。

图 1 个人购房贷款存量与人均值

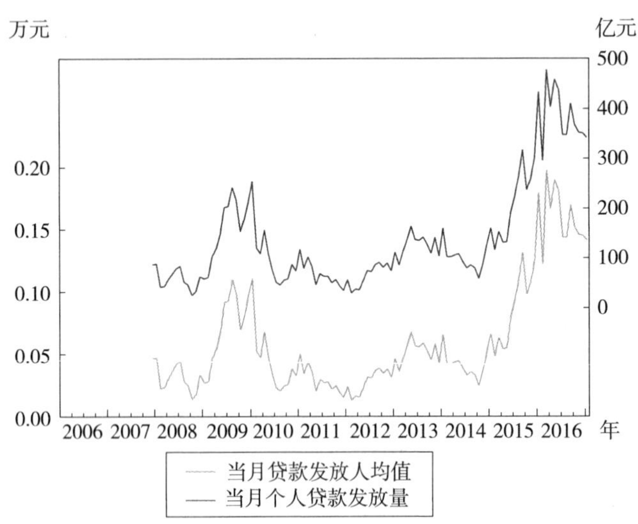

资料来源：人民银行上海总部。

图 2 个人购房贷款当月发放量与人均值

（二）直观来看，房价与个人购房贷款存量均值存在一定的关联关系，但与当月发放量关联不大

限于篇幅，具体略去。

（三）贷款笔数（交易量）、提前还款量与房价之间不存在一致连续的关系

限于篇幅，具体略去。

（四）利率价格、可支配收入、储蓄存款等因素对上海房价的影响

限于篇幅，具体略去。

基于上述事实，可以发现，贷款指标等部分变量可能对房价有影响，但关系并不稳定；同时，贷款交易量、提前还款、利率价格等因素对房价变化也存在一定的影响。因此，如何评价个人房贷等各因素对房价变化的影响需要借助模型仔细分析。

四、个人房地产信贷与房价周期是否存在互动效应——静态视野

（一）存量水平的关系

首先，将使用一个简单的 VECM 模型来评估个人住房贷款与房价之间的长期关系。通过使用这种方法，可以测试变量强弱外生性，以及变量之间的交互效应。其中，测试弱外生性，即测试哪些变量对于长期关系进行调整，未调整的变量即视为弱外生（Engle 等，1983）。然而，理论上看，一个变量弱外生并不排除其可被预测或与其他变量存在 Granger 因果关系；只有当一个变量既为弱外生，同时不为其他变量的 Granger 因果关系所驱动，这时可以视其为强外生。只有当一个变量的弱外生性以及 Granger 因果关系同时得以检验，才可以确认变量之间的真实交互关系。

在这个简单协整关系构建中，引入了个人住房贷款（存量及人均存量）、房价、住房贷款平均利率水平①、Shibor 利率，住房贷款利率是房价之外至关重要的价格因素，Shibor 利率则代表了利率基准以及房贷的机会成本。在构建之前，有必要对主要变量进行单位根检验。本研究主要采用 ADF 检验。可以发现，模型的几个变量均为一阶单整。

---

① 除公开数据外，其他数据均来自人民银行上海总部。

表 1　单位根检验结果

变量		t 值	p 值
Log（房贷存量）	水平值	0.919262	0.9955
	一阶差分	-3.14873	0.0255
Log（房贷人均存量）	水平值	1.427638	0.9991
	一阶差分	-4.63577	0.0002
Log（房价）	水平值	-0.2208	0.9317
	一阶差分	-6.60794	0
住房贷款平均利率	水平值	-2.19838	0.4861
	一阶差分	-5.13114	0.0002
银行间市场利率	水平值	-2.57247	0.2936
	一阶差分	-7.1032	0

注：对房贷存量、人均存量以及房价均取对数，以消除异方差等问题。

在上述基础上，检验变量之间是否存在协整关系。我们分别使用了 2 个模型，一个是房贷存量，另一个是人均房贷存量。需要特别注意的是，上海的房贷发放具有一定的时滞。2016 年 9 月之前，一笔贷款申请到最终发放往往需要 2 个月左右时间，其后，由于政策调控压缩影响，这一时间延长至 4 ~ 5 个月甚至更久。因此，第 t 期住房贷款和发放利率事实上对应于 $t-2$ 期甚至更久之前居民可支配收入和房价数据。由于主要研究样本为 2016 年 9 月之前，因此在样本数据处理上统一采用 2 期滞后，以此原则对变量时序进行调整。计量发现，上述变量之间并不存在协整关系。从这个计量结果可以发现，上海房价、房贷的存量水平与利率之间并不存在长期稳定的关系，房价和房贷之间没有稳定的交互关系。

表 2　房贷存量协整检验结果

Hypothesized No. of CE (s)	Eigenvalue	Trace Statistic	Prob. **	Max - Eigen Statistic	Prob. **
None	0.111373	34.03717	0.4998	15.11388	0.7392
At most 1	0.090954	18.92329	0.4985	12.20600	0.5274
At most 2	0.048550	6.717290	0.6107	6.370355	0.5662
At most 3	0.002707	0.346935	0.5559	0.346935	0.5559

注：采用了 Trace Statistic 和 Max - Eigen Statistic。

表 3　　房贷人均存量协整检验结果

Hypothesized No. of CE (s)	Eigenvalue	Trace Statistic	Prob. **	Max - Eigen Statistic	Prob. **
None	0. 111373	34. 03717	0. 4998	15. 11388	0. 7392
At most 1	0. 090954	18. 92329	0. 4985	12. 20600	0. 5274
At most 2	0. 048550	6. 717290	0. 6107	6. 370355	0. 5662
At most 3	0. 002707	0. 346935	0. 5559	0. 346935	0. 5559

注：同上。

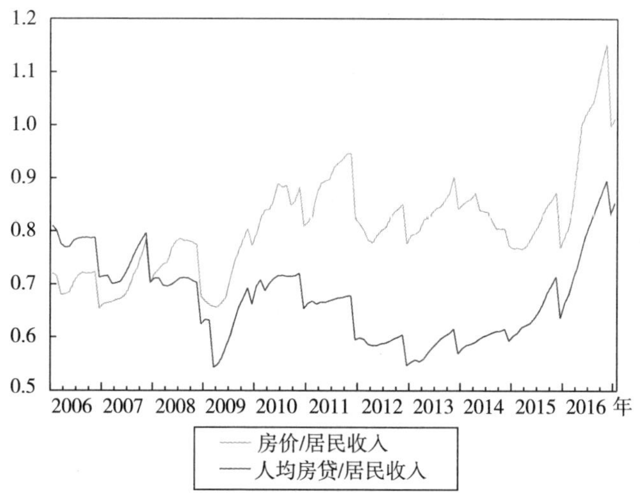

资料来源：人民银行上海总部。

图 3　房价/居民收入和人均房贷/居民收入

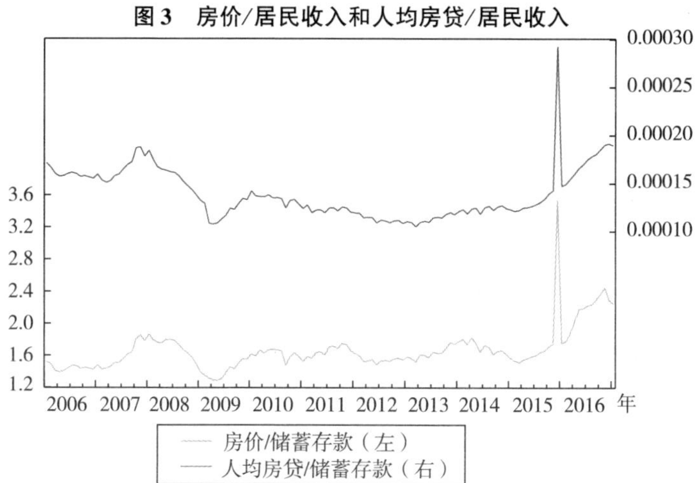

资料来源：人民银行上海总部。

图 4　房价/储蓄存款和人均房贷/储蓄存款

为了规避异方差问题，在上述基准变量的基础上，进一步对房贷存量、房价等数据进行处理，分别考虑两种情况：基准值除以家庭平均可支配收入，或除以某种程度表征家庭财富的上海市居民储蓄存款。此时，从经济意义上看，房价收入比等相关指标可以看作房价泡沫的指标，当房价偏离收入或者其家庭财富太多了，很有可能意味着泡沫正在产生。从图 3、图 4 可以发现，2014 年之后，两项指标有快速上升态势，表明房价泡沫正在不断积淀。然而，我们得到的新数据在利用 arima x－12 程序进行季节性调整以及对数化处理之后，仍没有发现房价、房贷等变量之间存在显著的协整关系。

表 4　　房贷房价收入比协整检验结果

Hypothesized No. of CE（s）	Eigenvalue	Trace Statistic	Prob. **	Max－Eigen Statistic	Prob. **
None	0. 1543	39. 02243	0. 2594	21. 45156	0. 2499
At most 1	0. 078715	17. 57087	0. 5978	10. 49423	0. 6973
At most 2	0. 042905	7. 07664	0. 5687	5. 613164	0. 6632
At most 3	0. 011368	1. 463477	0. 2264	1. 463477	0. 2264

注：采用了 Trace Statistic 和 Max－Eigen Statistic。包含的变量为房贷存量、房价、银行间市场利率和房贷利率。其中，房贷存量和房价变量分别除以了家庭可支配收入，并进行了季调和对数化处理。

表 5　　房贷房价储蓄比协整检验结果

Hypothesized No. of CE（s）	Eigenvalue	Trace Statistic	Prob. **	Max－Eigen Statistic	Prob. **
None	0. 103506	32. 14683	0. 6041	13. 98572	0. 8236
At most 1	0. 086837	18. 16111	0. 5542	11. 6276	0. 5847
At most 2	0. 049669	6. 53351	0. 6324	6. 520991	0. 5473
At most 3	9. 78E－05	0. 012519	0. 9107	0. 012519	0. 9107

注：包含的变量为房贷存量、房价、银行间市场利率和房贷利率。其中，房贷存量和房价变量分别除以了上海市居民储蓄，并进行了季调和对数化处理。

（二）增量水平的关系

1. 个人住房贷款变化与房价波动的实证分析

上述基于存量数据的协整检验表明，房价和房贷等变量之间并不存在协整关系，即在计量上不认为两者之间存在有效的关系。接下来，我们从存量转向增量，进一步考虑增速变化的影响。逻辑上，我们将住房贷款区分为贷款需求和供给两个层面。通过这一区分，以更好地解析住房贷款的演变动力。由于 VAR 模型对样本自由度消耗较大，为引入部分相关变量予以评估解释，我们主要采用 2

个 VAR 模型构建成方程组形式估计贷款供求与房价波动逻辑情况，在部分估计中直接摒弃 VAR 模型而构建一般模型。模型形式具体如下：

个人住房贷款需求：$Y = a + \sum BY + \varepsilon$。

其中，Y_t 为 4×1 阶内生变量［mor rate dc hp］，mor 为个人住房贷款需求，rate 为住房贷款平均利率水平，dc 为上海市城镇居民人均可支配收入，hp 为上海市二手房成交均价。滞后期 m。特别注意的是，对于上海这一大都市，人口在近几年上升较快，为了控制人口变化影响，我们对于个人住房贷款变量采用人均值形式。

个人住房贷款供给：$Y = a + \sum BY + \varepsilon$。

其中，Y_t 为 4×1 阶内生变量［mor rate dp brate interrate］，mor 为个人住房贷款供给，rate 为住房贷款平均利率水平，dp 为上海市银行业机构存款水平，brate 为十年期国债市场利率，interrate 为 3 个月期 SHIBOR 利率。滞后期 m。

具体而言，对于上海市个人住房贷款需求，研究考虑了以下独立于供给的需求因素。其中，从经验直觉以及经典理论文献（如 Davis 和 Iadze，2012；Kristen 和 McInerney 等，2014）来看，居民个人可支配收入是信贷需求的决定因素，其反映了家庭债务偿还能力，体现了住房贷款需求的基本面因素。另外，模型中包括了房价因素（hp）以及住房贷款利率，两者代表居民购房面临的成本。在 VAR 基准模型基础上，适当进一步引入其他解释变量，如通货膨胀、人口变化、新建房供应面积①等。然而，这些变量的纳入并非在 VAR 框架下，而是考虑自由度约束，基于异方差稳健性 OLS 计量。

为模拟个人住房贷款供给，我们将人均银行存款、十年期国债收益率（BondRate）和 3 个月 Shibor 利率作为供给影响因子。其中，人均银行存款表示银行机构可以提供的贷款资源，国债收益率以及 Shibor 利率则代表银行进行房贷的机会成本。此外，引入了表征经济周期的 GDP 增长率、银行业不良贷款率、新建房供应等控制变量②。从供给角度上，经济周期波动与个人住房贷款发放有一定的关联度。在经济处于下行周期时，往往中小企业信贷风险上升，商业银行会降低对中小企业信贷投放，而增加安全性相对较强的住房消费贷款，当然这一假设需要在具体计量中加以验证。此外，银行业不良贷款率等因素也可能有类似机制发挥作用。

① 根据上海市统计局发布的《2014 年上海市国民经济和社会发展统计公报》显示，2014 年上海户籍人口人均住房面积达到 35 平方米。以此为基础，引入上海市新建房供应面积进行推算，从而可以得到上海市住房存量面积的数据。

② 由于这些数据质量相对一般，大部分为季度甚至年度数据。因此，仅主要在个人住房贷款供给中使用，而没有加入其他模型中使用。

表 6 报告了估算结果。表中的系数表示相对于因变量的短期弹性，但它们也可用于计算长期关系。首先，关注上海个人住房贷款需求。从基本模型计量结果显示，贷款需求与其自身一阶滞后具有显著的正相关关系，表明房贷需求自身具有延续性。从我们主要关注的变量来看，房贷需求与上海房价正相关，而与利率价格、上海人均收入等因素几乎不相关。具体而言，上一期房价增速上升 1%，短期内上海个人住房贷款需求增速为 0.26%，长期内贷款需求增速提升 0.37%。从相对比例来看，房价对房贷需求变化的作用并不十分大。进一步观察 CPI 以及表征住房供给的"住房存量面积"变量发现，CPI 因素对个人住房贷款需求无影响。住房存量面积增加则导致住房贷款需求有负向反应，如上一期住房存量面积增速每提升 1%，导致短期内房贷需求增速下降 1.06%。这一结果与经验直觉似乎不符。一般而言，住房面积供应增多将导致房贷需求增多。计量结果与直觉的违逆，显示新增住房面积需求对应房贷需求减少，某种程度上意味着上海新购房可能不是以中低收入者按揭贷款为主，而是更多以"全额付款"或较大比例金额付款形式，间接导致了对贷款需求的相对减少。这侧面也契合了近年上海房价高企的背景下"举全家之力付首付"的现象。

接下来关注个人住房贷款供给情况。表 7 结果显示了个人住房贷款供给与自身滞后项、主要参考利率等变量的关系。计量发现，个人住房贷款供给具有较强自相关性，上一期住房贷款供给对本期具有显著的正向影响，显示了房贷供给有较强的连贯性。利率价格方面，贷款供给与住房贷款平均利率水平、十年期国债市场利率的关系并不显著，而与代表银行相关资金成本的 3 个月期 Shibor 利率却存在显著的正向关系。这反映了上海的商业银行机构不是基于利率价格水平进行住房信贷供给调整，房贷供给并不是以一种完全自由市场的"无形的手"来进行运作；相反，可能存在很多非市场性的或者垄断、扭曲、分割因素在发挥作用。事实上，这是中国信贷市场整体非市场化的一个典型缩影。与前面类似，商业银行存款量因素对于房贷供给也没有显著影响，表明存款总量并非是影响房贷供应的因素。上述基础上，进一步引入 CPI、经济周期因素①、不良贷款率②等变量发现，上海市不良贷款率对于房贷不敏感，而经济周期因素对房贷供应具有较为显著的影响，其中滞后一期显著为正，而滞后三期显著为负，且绝对值上后者大于前者。表明从一个较长时间维度来看，上海市经济周期情况对房贷供应具有负向影响，这与基本经验和商业银行的微观激励事实是一致的。往往在经济状况较好之时，商业银行更倾向于向中小企业发放融资；而一旦情况反转，经济形势下滑，中小企业融资需求和能力减弱，加之出现近年来的低利率和资产荒等现

① 以上海市工业增加值同比增长表示。

② 上海市银行业。

象，商业银行更愿意将资产投入风险度较低而收益稳定的房贷资产上来。

表 6　　上海个人住房贷款需求主要影响因素及因果检验①

需求	需求 1（人均存量）（VAR）	引入 CPI（非 VAR）	引入新开盘面积（实际面积）
dlogfangdaicun _ rj			
L1	0. 3044041 ***	0. 3007681 ***	0. 2983599 ***
L2			
dfangdairate			
L1	-0. 0045222	-0. 0070375	-0. 0038755
L2			
dloghouseprice			
L1	0. 2636904 ***	0. 2480793 ***	0. 2755655 ***
L2			
dlogincome			
L1	0. 0674456	0. 0623307	0. 0223378
L2			
dcpi			
L1		0. 0032712	
dlogkprj			
L1			-1. 061935 ***
_ cons	0. 0028749	0. 0030382	. 0008868
原假设：房价并非房贷的 Granger 因	P 值 0. 003 ***		
原假设：房贷并非房价的 Granger 因	P 值 0. 001 ***		

注：（1）* $p < 0.1$，** $p < 0.05$，*** $p < 0.01$。（2）为上海市人均房贷存量的对数差分形式，dfangdairate 为上海市房贷综合利率的差分形式，dloghouseprice 为上海市二手房成交价格对数差分形式，dlogincome 为上海市家庭人均收入对数差分形式，dcpi 为 CPI 的差分形式，dlogkprj 为上海市住房存量面积的对数差分形式。

① 第一个基准模型采用 VAR 形式计算，其滞后变量选择参照 AIC 等基本规则。CPI、新开盘面积的引入则是基于 VAR 基准模型，分别观察新引入变量多期滞后变量显著性情况进行滞后阶数选择。在此只呈现最后结果情况。

表 7　　　　上海个人住房贷款供给主要影响因素①

供给	供给 1（人均存量）	引入 CPI（非 VAR）	引入经济周期因素（工业增加值）	引入不良贷款率（银行业）
dlogfangdaicun _ rj				
L1	0. 35309 ***	0. 34737 ***	0. 2314268 ***	0. 3335487 ***
dfangdairate				
L1	-0. 0087299	-0. 0110807	-0. 0033157	-0. 0083222
dbond10y				
L1	0. 0078503	0. 0082869	0. 0026506	0. 0092644
dlogdeposit				
L1	-0. 057147	-0. 0476047	-0. 0446627	-0. 0508717
dinterbankrate				
L1	0. 0092057 *	0. 0077042	0. 0143747 ***	0. 0097052 *
dcpi				
L1		0. 0036383		
dlogkprj				
L1				
gyzjz（上海）				
L1			0. 0008362 ***	
L3			-0. 0015757 ***	
Buliangdai				
L1				-0. 0037698
_ cons	0. 00657 ***	0. 00643 ***	0. 0130087 ***	0. 0115063 ***

注：（1） * p < 0. 1、**p < 0. 05、***p < 0. 01。（2） dbond10y 为十年期国债收益率的差分形式，dlogdeposit 为上海市存款的对数差分形式，dinterbankrate 为银行间市场利率的差分形式，gyzjz 为上海市工业增加值，buliangdai 为上海市银行业不良贷款率。

2. 个人住房贷款关联指标变化与房价波动的实证分析——房贷笔数和提前还款

除房贷量之外，一些房贷市场的关联变量可能与房价变化之间存在相关关系，反映房价变化相关信息。根据经验判断以及数据可得性，我们在研究中主要选择了房贷笔数和提前还款两个变量。房贷笔数是房地产贷款交易量的另一个重要度量维度，某种程度而言，成交笔数可能比住房信贷投放总量更能反映交易情

① 第一个基准模型采用 VAR 形式计算。CPI、新开盘面积、经济周期因素、不良贷款率等变量的引入则是基于 VAR 基准模型，分别观察新引入变量多期滞后变量显著性情况进行滞后阶数选择。在此只呈现最后结果情况。

况和价格的波动性。此外，提前还款也是一个重要的参照指标，往往提前还款量越多，在限购的背景下，预示下一阶段改善型购房需求将会增加，房价将有一定的上涨动力。为此，我们在上述个人住房贷款需求基本方程的基础上，以房贷笔数、提前还款两个变量替代个人住房贷款量，其他变量保持不变，由此可以得到以下计量估计结果。

表 8　　上海个人住房贷款笔数主要影响因素及因果检验[①]

贷款笔数	贷款笔数（VAR）	引入 CPI（非 VAR）	引入新开盘面积（实际面积）
dlogbishu			
L1	-0.3042411 ***	-0.3034731 ***	-0.3075858 ***
L2	-0.0494684	-0.0474782	-0.0714422
dfangdairate			
L1	-0.1683527	-0.1714854	-0.173092
L2	-0.4173802 ***	-0.4220339 ***	-0.4255215 ***
dloghouseprice			
L1	1.125181	1.10889	1.291085
L2	-3.607685 ***	-3.66095 **	-3.566836 **
dlogincome			
L1	0.9647698	0.9707263	0.4400487
L2	0.4809155	0.4680063	0.3243994
dcpi			
L1		0.0057681	
L2		0.002845	
dlogkprj l			
L1			-1.649044
			-0.5602712
_cons	0.0149904	0.0158105	0.0201078
原假设：房价并非笔数的 Granger 因	P 值 0.027 **		
原假设：笔数并非房价的 Granger 因	P 值 0.034 **		

注：* $p < 0.1$、** $p < 0.05$、*** $p < 0.01$。dlogbishu 为贷款笔数变化。

① 第一个基准模型采用 VAR 形式计算，其滞后变量选择参照 AIC 等基本规则。CPI、新开盘面积的引入则是基于 VAR 基准模型，分别观察新引入变量多期滞后变量显著性情况进行滞后阶数选择。在此只呈现最后结果情况。

表 9　　上海提前还款主要影响因素及因果检验①

提前还款	提前还款（VAR）	引入 CPI（非 VAR）	引入新开盘面积（实际面积）
dlogtiqianhuank			
L1	-0. 1202234	-0. 0522288	-0. 0542626
L2	-0. 3366357 ***	-0. 3558191 ***	-0. 34849 ***
dfangdairate			
L1	-0. 009487	-0. 0601784	-0. 035091
L2	-0. 1363272	-0. 1173772	-0. 1338665
dloghouseprice			
L1	1. 356446	0. 4549658	0. 7986679
L2	-1. 818617	-0. 5604638	-0. 5917493
dlogincome			
L1	-1. 229544 ***	-0. 9579439	-1. 956073 **
L2	2. 076873 ***	2. 199822 ***	2. 41666 ***
dcpi			
L1		0. 0577777	
L2		-0. 0623334	
dlogkprj |			
L1			-3. 296142 **
L2			0. 789939
_ cons	0. 0072757	-0. 0052927	-0. 000741
原假设：房价并非提前还款的 Granger 因	P 值 0. 229		
原假设：提前还款并非房价的 Granger 因	P 值 0. 034 **		

注：* p < 0. 1、**p < 0. 05、***p < 0. 01。dlogtiqianhuank 为提前还款变化。

计量结果呈现了一些有意思的结论。首先观察贷款笔数，其表现出较高自相关性，但相关系数为负。在主要解释变量中，本文最为关注的房价变量，其一阶系数为正但不显著，二阶滞后项系数为 -3. 607685，且非常显著，显示房价上涨力量导致房价交易笔数下降，有“价升量降”的趋势。进一步的 Granger 因果检验显示，贷款笔数与房价彼此之间存在双向 Granger 因果关系。从逻辑以及历史

① 第一个基准模型采用 VAR 形式计算，其滞后变量选择参照 AIC 等基本规则。CPI、新开盘面积的引入则是基于 VAR 基准模型，分别观察新引入变量多期滞后变量显著性情况进行滞后阶数选择。在此只呈现最后结果情况。

经验上看，房价上升之后，交易笔数可能短期内有上升趋势，但中长期内会有回落趋势；而交易笔数一旦回落，地方政府又有“托市”的强烈动机，导致房价继续加速上升。应该说，计量呈现的结果是现实世界的反映。此外，房贷综合利率二阶滞后显著为负值，表明房贷利率越高，房贷交易笔数有下降态势，这符合一般的经验直觉。进一步考虑收入因素，其系数为正但不显著。在基准回归的基础上，相继引入 CPI 以及住房面积等变量，发现主要计量结果较为稳健。新引入的表征总需求因素的 CPI 变量尽管符号为正，但并不显著；住房实际面积变量则较为显著，但为负值，即新增供房面积增速上升导致房贷笔数增速下降，即在房价上升背景下，交易笔数有相对下降趋势。其背后的原因可能有两种：一是单个商品房面积上升；二是近年来新购房存在越来越多的比重不向银行寻求贷款。后者有部分经验支持，而前一假设则无微观数据，有待下一步研究中进行探讨。

接下来看一看提前还款，发现它对于贷款综合利率、房屋价格均不敏感。对收入则较为敏感，其中滞后一期在主要回归方程中显著为负，滞后二期显著为正，但正向效应远大于负向效应，表明提前还贷更重要的触发因素为收入上升。接下来，依次引入 CPI 和住房面积考察原方程稳健性，发现主要变量计量结果未有明显变化。对于新引入的变量，CPI 表现得并不显著，而住房面积则计量上较为显著，其为负值，表明新增住房面积增加导致提前还款具有下滑趋势。

3. 脉冲响应函数和方差分解

为了更好地衡量房地产价格与房地产贷款及相关指标之间的动态关系，接下来我们将呈现脉冲响应函数和方差分解结果。图 5 显示了几个典型的脉冲响应函数。

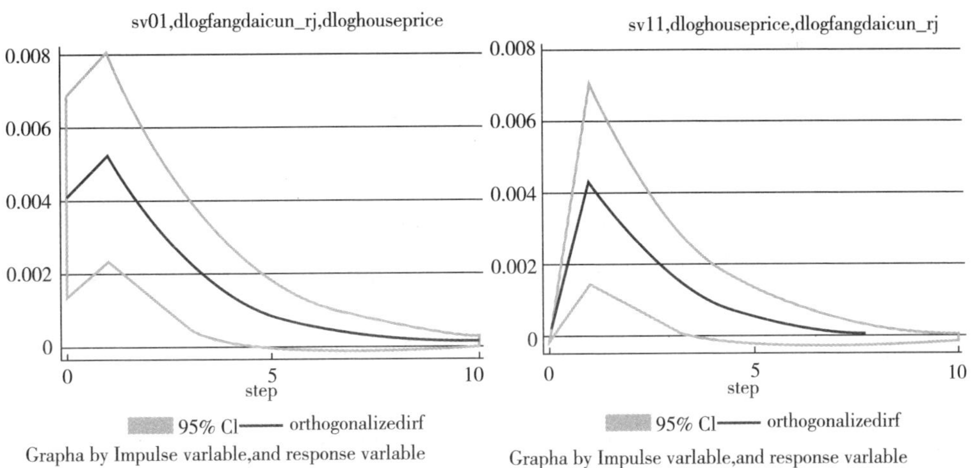

注：左右图分别为房贷需求和房价之间的冲击情况。Cholesky 排序为房贷需求对房价具有当期影响，但相反则不成立。另外，上下灰色线表示为 95% 的置信区间。

图 5　房贷需求和房价之间脉冲响应冲击情况

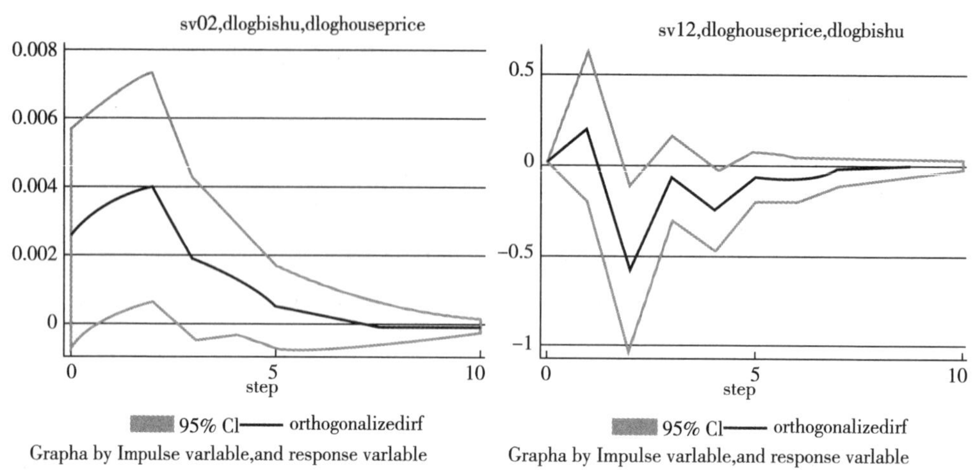

注：左右图分别为贷款笔数和房价之间的冲击情况。Cholesky 排序为贷款笔数对房价具有当期影响，但相反则不成立。

图 6　贷款笔数和房价之间脉冲响应冲击情况

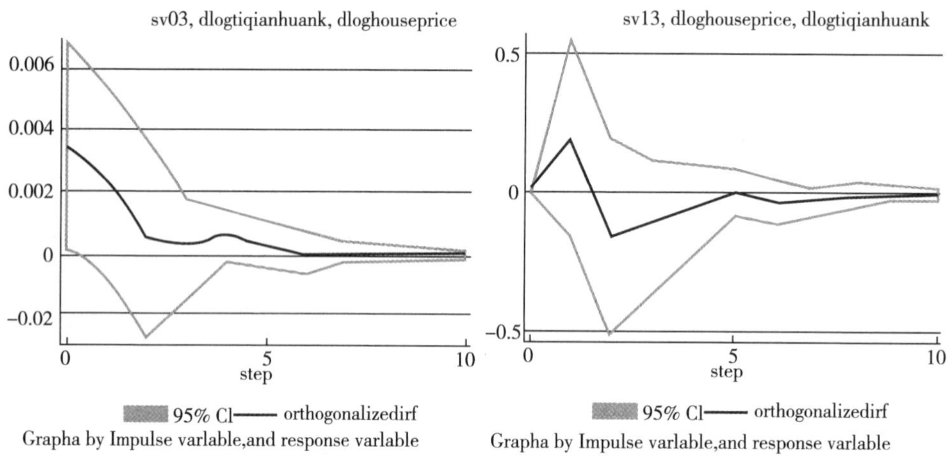

注：左右图分别为提前还款和房价之间的冲击情况。Cholesky 排序为提前还款对房价具有当期影响，但相反则不成立。

图 7　提前还款和房价之间脉冲响应冲击情况

在 3 个房价相关变量的冲击响应中，可以发现，一个单位标准差（0.017 左右）的房贷增速冲击导致房价增速短期内有 0.004 左右的上升，约持续 10 期（月）之后，冲击效应下降为 0，总体影响较小。相比较而言，房价冲击对房贷的影响开始并不显著，2 期左右影响效应达到 0.004。如果观察贷款笔数，可以发现，其对房价影响效应也较小，当期影响为 0.0025 左右，约 5 期后，冲击效应归于 0；而观察房价对贷款笔数的影响，发现其历史变化较大。1 ~2 期具有正向效应，而 2 期之后影响效应又转为负值，表明尽管在短期，房价上升有推动房贷笔数增加趋势，但在中长期，其会导致贷款笔数的下降。最后，提前还款因素对房价也有微弱的正向影响效应，即期约为 0.004，约 2 期后效应降为 0；而从房价对提前还款的冲击上，我们发现其有类似于贷款笔数的效应，即短期内有正向效应，其后效应又开始转为负向，表明房价上升最终导致提前还款有下降趋势。

进一步考察方差分解情况，表 10 使用了脉冲相应函数中同样的排序方式进行了方差分解。我们发现，无论是房贷需求，还是贷款笔数、提前还款等因素，它们都不能解释房价波动的较大部分，表明房价更多的是受上述金融逻辑之外因素影响。而从另一视角来看，我们发现房价所能解释的房贷需求、贷款笔数以及提前还款因素较前者更少，表明这些金融指标更多受其他因素影响和驱动，而与房价的关联度并不十分显著。

表 10　　方差分解情况

	房价的方差分解（房贷需求解释部分）			房贷需求的方差分解（房价解释部分）		
期数	fevd	Lower	Upper	fevd	Lower	Upper
0	0	0	0	0	0	0
1	0.061316	-0.01829	0.140923	0	0	0
2	0.126297	0.00929	0.243304	0.051903	-0.012904	0.116711
3	0.149641	0.015125	0.284158	0.070434	-0.01347	0.154338
4	0.157423	0.015807	0.299039	0.076669	-0.014718	0.168055
5	0.160208	0.015595	0.304821	0.078844	-0.01568	0.173368
6	0.161222	0.01535	0.307095	0.079623	-0.016223	0.175469
7	0.161596	0.015201	0.307991	0.079906	-0.016492	0.176305
8	0.161734	0.015124	0.308344	0.08001	-0.016616	0.176637
9	0.161785	0.015088	0.308482	0.080048	-0.016672	0.176768
10	0.161804	0.015072	0.308537	0.080063	-0.016695	0.176821
	房价的方差分解（贷款笔数解释部分）			贷款笔数的方差分解（房价解释部分）		
期数	fevd	Lower	Upper	fevd	Lower	Upper
0	0	0	0	0	0	0
1	0.020889	-0.032737	0.074514	0	0	0
2	0.052254	-0.036557	0.141064	0.007695	-0.023712	0.039102
3	0.086203	-0.030856	0.203263	0.060381	-0.033818	0.15458
4	0.092491	-0.032254	0.217237	0.06055	-0.032112	0.153213
5	0.096046	-0.031664	0.223755	0.069853	-0.027297	0.167003

续表

	房价的方差分解（贷款笔数解释部分）			贷款笔数的方差分解（房价解释部分）		
6	0.096536	-0.031587	0.224659	0.070365	-0.026579	0.167309
7	0.096582	-0.031477	0.22464	0.07144	-0.025537	0.168417
8	0.096565	-0.031448	0.224578	0.071522	-0.025379	0.168424
9	0.096563	-0.031453	0.224579	0.071574	-0.025258	0.168406
10	0.096572	-0.03147	0.224614	0.071575	-0.025247	0.168397
	房价的方差分解（提前还款解释部分）			提前还款的方差分解（房价解释部分）		
期数	fevd	Lower	Upper	fevd	Lower	Upper
0	0	0	0	0	0	0
1	0.040355	-0.033392	0.114101	0	0	0
2	0.049379	-0.037001	0.135759	0.010905	-0.029079	0.050889
3	0.04589	-0.037223	0.129002	0.01388	-0.029858	0.057617
4	0.044871	-0.036754	0.126496	0.016614	-0.033739	0.066968
5	0.045292	-0.036396	0.126981	0.016986	-0.029297	0.063269
6	0.045367	-0.036656	0.127391	0.016933	-0.029239	0.063105
7	0.04529	-0.036621	0.127201	0.017172	-0.029649	0.063993
8	0.045264	-0.036613	0.127141	0.017356	-0.029652	0.064363
9	0.045285	-0.0366	0.127169	0.017352	-0.029512	0.064215
10	0.045283	-0.03661	0.127176	0.017346	-0.029497	0.064189

注：fevd 为预测误差方差分解。Upper 和 Lower 分别表示 95% 的上下限。

4. 未来模拟——简单的进一步的样本外预测检验

进一步的检验测试是基于房贷需求、贷款笔数、提前还款 3 个不同模型下对房价进行样本外预测。通过这一举措，可以看出 3 个房贷相关指标中哪一个指标有助于更好地预测房价未来走势。

为了实现预测目的，模型被重新估计，样本期缩短至 2016 年 1 月。在此基础上，我们预测至 2017 年 3 月，从而可以与原始数据进行比较以评估预测效果，鉴定相关指标对于房价变化的先导性。需要注意，这并非严格的样本外预测。预测模型使用的均是上述计量中的基准模型。限于篇幅，在此不呈现具体计量结果，仅展示主要预测结果。

从 3 个模型的预测来看，三者均预测房价增速将继续为正，但将出现平稳下滑。如果与实际房价变化相比，我们发现预测值几乎没有捕捉到房价上下变动趋势。从真实数据来看，房价在 2016 年开始有两个增速突然加快的趋势，其后又有一个增速剧烈下降的趋势。这说明，以简单 3 个金融指标为基础的模型对于房价预测的敏感性是不够的。从另一个层面来看，这也意味着，我们基于基本面因素所做的房价波动预测，基本反映了房价“无泡沫”的行为，可能无法有效模拟上海房价的非理性变化趋势。某种程度而言，上海的房价正呈现一种难以基于基本宏观变量所能“测得准”的变化特征。

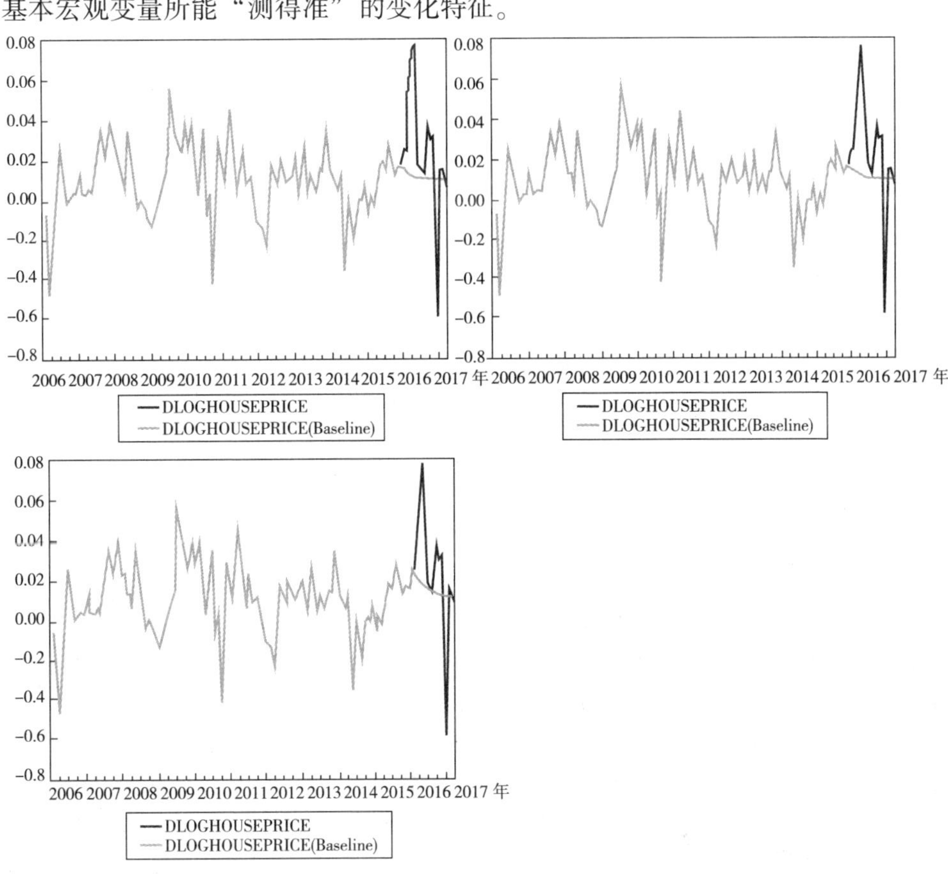

注：图上左、上右、下左分别是基于房贷需求、贷款笔数、提前还款所做的房价预测。其中，2006 年 1 月至 2016 年 1 月为上海房价真实数据。

图 8　样本外预测检验

五、个人房地产信贷与房价周期是否存在互动效应——动态视野

在上述静态分析的基础上，我们进一步基于一个动态框架评估房地产贷款对房价影响效应的演变。Primiceri（2005）的开创性论文已经明确，TVP－VAR 更适合于研究渐变的而非静止或突变的经济现象。为此，我们构建了 TVP－VAR 模型。此外，使用符号约束识别机制，并辅以传统的递归约束识别机制加以稳健性检验。

在模型的具体设置上，需要注意的是，TVP－VAR 模型在灵活性的同时有运算成本，伴随内生变量、滞后项以及约束识别增加，计算压力随之加大。为使参数和约束可行，模型中仅引入一些关键性的指标。主要包含 5 个变量：上海市个人房地产贷款量、CPI、银行间市场利率、房贷综合利率、上海市房价。

技术细节不做赘述。数据为月度数据，区间为 2006 年 1 月至 2017 年 1 月。

在计量时，所有变量以对数形式进入模型。由于贝叶斯框架下的 MCMC 估计需要先验信息，本文将 2006 年 1 月至 2010 年 6 月数据作为训练样本，利用固定系数 VAR 模型估计予以先验校准。在此基础上，设定时变系数 B、A、$\log\sigma$ 服从正态分布，矩阵 Q、S 服从 IW 分布，W 则服从 IG 分布。具体分布形式参考 Primiceri（2005）、Koop 和 Korobilis（2010）等做法。通过上述设置，使先验总体表现出发散和无信息特征。

在 TVP – VAR 估计中，通过样本数据对模型诱导形式估计时，将所得诱导参数还原至结构参数时，往往由于信息不足无法得到结构参数。因而，如何借助理论形成额外的先验约束，从而由诱导参数形成对结构参数的合理推断，是识别最根本的问题。为有效评估财政货币政策调控经济的有效性，有必要引入冲击识别机制。从文献上来看，有三类财政货币政策冲击识别方法得以应用，分别为事件研究方法（如 Ramey 和 Shapiro 等，1998），递归方法（如 Blanchard 和 Perotti，2002），以及近年来盛行的符号约束识别方法（如 Mountford 和 Uhlig，2009；Pappa 等，2009）。本文采用识别机制的最新研究即符号约束机制，从而不需对时间序列施加严格限制即实现冲击识别，并避免了结构 VAR 中常见的一些问题，如变量之间任意因果排序导致简单的 Cholesky 分解与经济理论的缺乏联系，或者仅由约束提供微弱信息导致了不可知论，从而对一些经济常识存在性的忽视（Canova 和 Paustian，2011）。同时，也减少样本量压力。

基于经济学基本理论，本文识别了经济增长面临的四类冲击，分别是房地产贷款量冲击、CPI（需求）冲击、银行间市场利率冲击、房贷综合利率冲击。为避免对一些未有定论的经济关系施加错误约束误导计量结果，对主要变量简单地施以温和约束，如表 11 所示。

表 11　　　　符号约束识别条件

	房地产贷款量冲击	CPI 冲击	银行间市场利率冲击	房贷综合利率冲击	期数约束
房地产贷款量	+	?	?	?	1
CPI	?	+	?	?	1
银行间市场利率	?	?	+	?	1
房贷综合利率	?	?	+	+	1
房地产价格	?	?	?	–	1

注：+表示相关冲击对变量有正向效应，–表示为负向效应，? 表示无约束。1 表示对脉冲响应的约束期数为 1 个月①。

在约束正交矩阵构造上，常用方法包括 Uhlig（2005）的三角函数法以及辅

① 由于符号约束建立在脉冲响应函数的基础上，因此需要对识别期数进行约束。简便起见，本文仅对一期脉冲响应进行约束，其一般可以保证前几期的脉冲响应有正确的符号。通过这一设定，可以大幅减少模型的计算量。

助变换等方法，本文采用 Uhlig 方法。

（一）个人房地产贷款供给冲击的平均和时间演变效应

从模型结果可以发现，扩张性个人房地产贷款冲击似乎对房地产价格具有不确定性影响，同时其作用程度较小。（1）样本期内，个人房地产贷款冲击对于房地产价格的影响乘数总体位于［-0.69~0.29］，即房地产贷款存量的1%变化将导致房地产价格有-0.69%~0.29%的变化，其正负效应具有不确定性。（2）影响乘数具有时间变化效应。2011年7月之前，房地产贷款冲击对房地产价格总体具有负向效应，但较为微弱，位于［-0.13~-0.07］；其后至2015年1月，影响效应转为正向；2015年1月之后，影响效应又转为负向，且较2011年7月之前相比，负向影响程度有明显上升趋势，表明近年来房地产贷款的上升具有更大程度“抑制”房价而非“刺激”房价的功能。（3）最后，关注房地产贷款冲击对CPI以及两个利率变量——银行间市场利率和房贷综合利率的影响。模型发现，三者的反应在大部分时期内都接近于0，这与理论分析以及经验感觉是相符的。

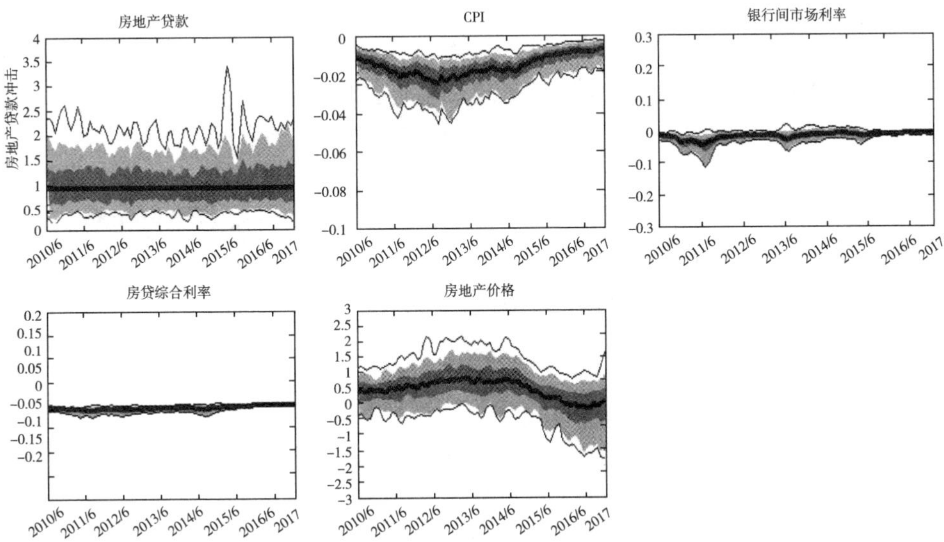

注：①时间区间为2006.1~2017.1；②房地产贷款冲击被标准化为1；③所有脉冲响应均转化为乘数形式；④中间线为脉冲响应均为中位值，深色和浅色阴影部分分别代表68%和95%的后验置信区间。正文实证部分均主要报告中位值。

图9 房地产贷款冲击下时变脉冲响应情况

（二）房贷综合利率、银行间市场利率冲击的平均和时间演变效应

利率对资产价格波动的调节能力一直备受瞩目。从理论研究以及经验数据来看，利率和资产价格的走势在不同经济阶段通常会表现同向或者反向变化，即存

在利率和房地产价格正相关和负相关的两种观点。这使利率与房价的关系扑朔迷离。从我们模型的结果可以发现：

（1）如果关注房贷综合利率，模型研究发现其与房地产价格呈负向关系。2015 年之前，房贷利率正向变化 1% 将导致房地产有约 100% 的下行压力；2015 年之后，这一负向影响效应进一步扩大，达到 300% 左右。这表明，房贷综合利率更多体现了价值规律和供求关系的作用：从价值规律来看，利率下降表明房地产资产收益的折现率下降，推动房地产价格升高；而从供求关系来看，房地产贷款利率下降表明资金成本的下降，提升了房地产需求，进而导致房地产价格的上升。

（2）如果从银行间市场利率冲击来看，我们发现其与房地产价格呈正向关系。该利率 1% 的正向冲击导致房地产价格 50% 左右的上升压力；从时间演变上看，2015 年 6 月之后，其影响效应明显提升。这一正向关系很大程度上体现了中央银行货币政策的调控实践：当房地产价格快速上涨出现泡沫时，中央银行可能会上调利率进行必要干预，而这首先体现为银行间市场利率变化；而当房价出现下降压力时，中央银行可能会下调利率以刺激。从而，表现为银行间市场利率与房地产价格的同向关系。

（3）从两项利率的合力来看，房贷综合利率对房地产价格的冲击的绝对值明显大于银行间市场利率，表明总体而言，上海房地产价格与利率走势相反。从政策意义上看，利用利率工具手段尤其是直接调控信贷市场利率有助于调控房价。

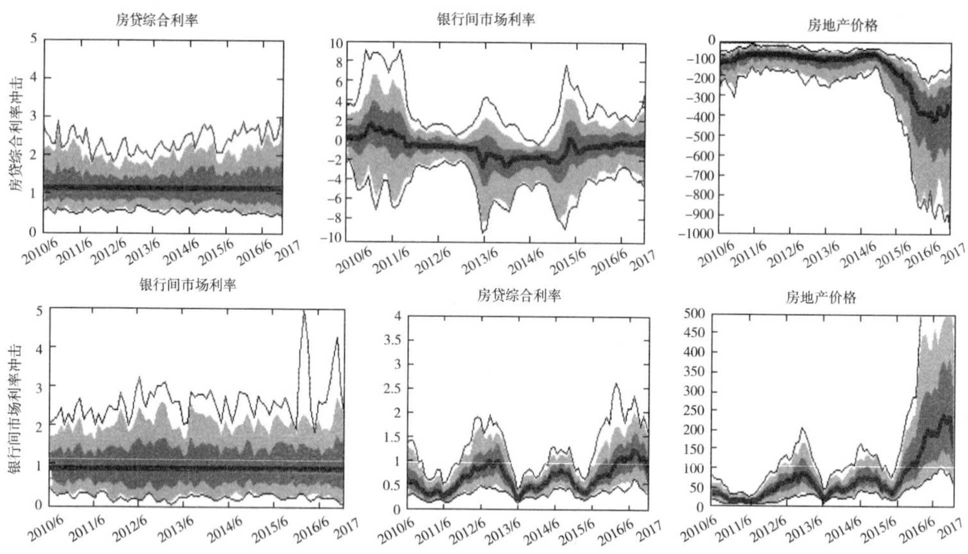

图 10　房贷综合利率、银行间市场利率冲击下时变脉冲响应情况

(三) 个人房地产贷款、利率对房价变化的解释能力

为进一步探寻个人房地产贷款、利率等变量在上海房地产价格波动中的相应效应，接下来将执行方差分解以厘清相关因素对于房价增长的解释能力和贡献度。在模型计量中，将房价波动分解为4个主要冲击因素：个人房地产贷款冲击、CPI（需求）冲击、银行间市场利率冲击、房贷综合利率冲击，所有不能由上述冲击捕捉的房价增长波动视为其他因素的残留冲击。从经济意义看，残留冲击包含来自房价本身及模型以外变量的影响作用。图11显示了符号约束下方差分解结果。

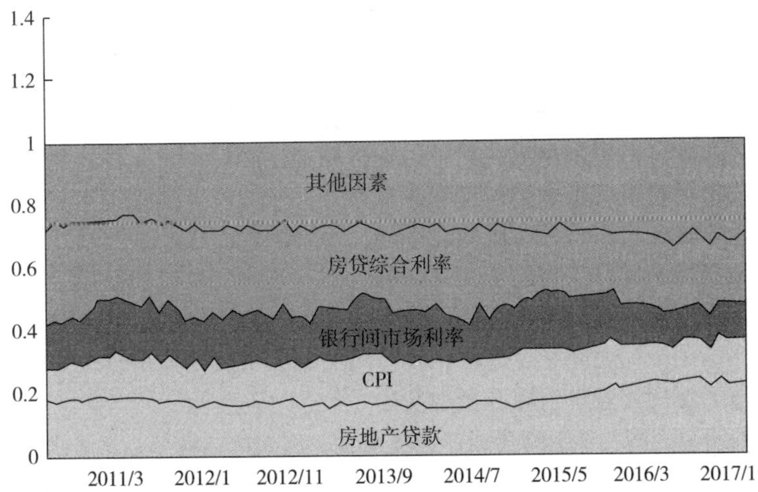

注：①横轴为时间，实际区间为2010年6月至2017年1月。纵轴为方差分解结果，单一时间点上方差分解之和为1。②最下部分为房地产贷款冲击在房价变化中贡献率，自下而上依次为CPI、银行间市场利率、房贷综合利率，最上部分为残留冲击。

图11　房地产贷款等因素对房价波动的解释力

总的来说，房地产贷款供给的冲击可以解释房价变动的18%左右的方差，即在房价波动中发挥了一定的作用。但相比之下，“其他因素”以及房贷综合利率的贡献更大，两者对房价波动的解释力在大部分时间超过了50%；其中“其他因素”在大部分时期对房价的贡献均超过30%，且有不断扩大的趋势；房贷综合利率则贡献25%左右。另外，银行间市场利率以及CPI因素对于上海房价波动的解释力较少。这表明，“房地产贷款量”等信贷问题不是房价波动的主要问题，而“房贷综合利率”等利率问题，以及模型中未涵盖的“其他因素”——房价自身的趋势和运行逻辑、供需关系、市场预期等在更大程度上决定了住房价格的波动情况。从政策视角来看，模型的研究揭示，房地产贷款量并非调控房价的有效工具。实现房地产价格的软着陆，有赖于监管机构从缓解供需矛盾、引导市场预期以及使用房贷利率等手段加以治理。

六、另一个重要的金融维度——收入或储蓄存款作用的进一步探讨

限于篇幅，对具体实证过程略去。我们发现，最终结果有一些重要的意义。首先，表征收入的储蓄变化不是房价变化的重要原因，其并不会导致住房需求瞬间激增。其次，信贷因素的作用大于收入因素（储蓄）的作用，在3个月之后，其影响效应平均为储蓄因素的两倍以上。最后，房价变化的根本原因仍在于自身的逻辑，或者模型中并未涵盖的房价供需等基本面因素，而非储蓄或是信贷等因素作用。

七、简单的政策含义讨论

近年来，房地产价格相关议题尤其是“北上广”等一线城市房价被置于政策讨论的焦点。其中，房贷市场也是一个不容忽视的因素。事实上，一段时间以来，舆论存在较多对金融领域尤其是信贷领域催生房地产泡沫的评论，认为缺乏节制的房贷市场很可能加大了房价泡沫。另外，从宏观审慎管理来看，提高信贷条件是监管当局调控房价的一个重要手段，每次房价出现剧烈波动之时，监管机构一个政策要点是进行住房信贷相关调控，而对于房贷政策的效果一直未有严谨的实证评估。在这一背景下，我们以特大型城市上海为例，研究房价和住房信贷以及一系列相关指标之间是否存在相互作用关系，审慎评估房贷对房价的影响效应，为房地产金融宏观审慎探寻微观基础。

我们的研究表明，从上海房地产市场来看，房地产逻辑与金融逻辑之间的关联度并不十分显著，并且在双向而言都是成立的。与房价相关的一些住房金融特征指标，如住房贷款、贷款笔数、提前还款等，其尽管对房价具有一定影响，但总体并不显著，与房价周期的直接关联度不大，并不能准确捕捉上海房价的波动趋势，上海房价存在诸多金融基本面所不能解释的“非理性”因素；而房价的波动，也没有造成上述信贷市场相关指标有较大变动，不会导致信贷过快增长，以及导致更大的金融稳定风险出现。当然，需要说明的一点是，本文研究的样本主要集中于个人住房信贷领域，而没有涵盖房地产开发贷款，以及近年来蓬勃发展的消费贷款等领域。一方面，这主要是受限于数据可得性；但从另一维度来看，这也是有意义的，可以更加聚焦于评估个人住房信贷调控的效果上，从而更具政策意义。

在这种情况下，我们认为，房地产金融调控一段时间以来是广泛接受的宏观审慎政策工具库的一部分，不应该在调控房价中发挥过多作用，也难以发挥更大作用。事实上，既往的历史经验已表明，房贷控制没有在调控上海房价上涨中发挥有效作用。有关房地产的宏观审慎政策，不应过多地拘泥在调控房贷或者交易量等金融指标上，而应转向到更广泛的政策组合。这些政策应超越货币政策运用和传统的金融宏观审慎手段，更加聚焦于问题的本源：譬如，强化对上海房地产供给等基本面改革，以缓解需求冲击影响，有效地对房价进行修正。此外，政策

组合也应包括更广泛的一些领域，例如房产税、公租房有效供给、健全房屋管理体系等，尽量减少房地产市场本身的扭曲。

参考文献

[1] Allen and Gale. (1999). Bubbles, crises, and policy, *Oxford review of Economic Policy*, Vol. 15, Issues3, 1, September 1999, pp. 9 –18.

[2] Allen and Gale. (2000). Bubbles and crises, *The economic Journal*, Vol. 110, Issue 460, January 2000, pp. 236 –255.

[3] Almeida et al. (2006). The financial accelerator: evidence from international housing markets, *Review of Finance*, Vol. 10, Issue 3, January 2006, pp. 321 –352.

[4] Ando and Modigliani. (1963). The "life cycle" hypothesis of saving: Aggregate implications and test. *The American Economic Review*, Vol. 53. No. 1, pp. 55 –84.

[5] Baumeister and Peersman. (2012). The role of time – varying price elasticities in accounting for volatitlity changes in the crude oil market, *Journal of Applied Econometrics*, Volume 28, Issue 7, pages 1087 - 1109.

[6] Bernanke and Gertler. (1989). Agency costs, net worth, and business fluctuations, *The American Economic Review*, Vol. 79, No. 1, pp. 14 –31.

[7] Brissmis and Vlasspoulos (2008), The interaction between mortgage financing and housing prices in Greece. *Journal of Real estate finance Economics*, Vol. 39, pp. 146 –164.

[8] Davis and Zhu. (2010). Bank lending and commercial property cycles: some cross – country evidence. , *Jounal of International Money and Finance*, 2011, Vol. 30, Issue 1, pp. 1 –21.

[9] Eugenio Cerutti, Jihad Dagher, and Giovanni Dell'Ariccia. (2015), Housing Finance and Real – Estate Booms: A Cross – Country Perspective , *IMF STAFF DISCUSSION NOTE*, SDN/15/12.

[10] Fitzpatrick and McQuinn (2007), Housing prices and mortgage credit: empirical evidence for Ireland. *The Manchester School*, Vol. 75, issue 1, Jan 2007. pp. 82 –103.

[11] Gerlach and Peng (2005), Bank lending and property prices in Hong Kong. *Journal of Banking and Finance*, Vol. 29, issue 2, Feb 2005. pp. 461 –481.

[12] Gimeno and Carrascal (2006), The interaction between house prices and loans for house purchase: *The Spanish case. Banco de espana Research Paper* No. WP –

0605.

[13] Iacoviello (2004), Consumption, house prices, and collateral constraints: a structural econometric analysis. *Journal of Housing Economics*, Vol. 13, issue 4, Dec 2004. pp. 304 – 320.

[14] Kiyotaki and Moore. (1997), Credit Cycles, *Journal of Political Economy*, Vol. 105, No. 2, April 1997. pp. 211 – 248.

[15] Koop and Korobilis (2010), Bayesian Multivariate time series methods for empirical macroeconomics, *Foundation and Trends in econometrics*, Vol. 3, issue 4. pp. 267 – 358.

[16] Kristen and McInerney (2014), The role of credit in the housing market, *ESRI Working Paper* 495.

[17] Kwame Addae – Dapaah, Mai Ngoc Anh. (2014), Housing Loan and the Price of Housing in Singapore, *Journal of Business and Economics*, 2014, Volume 5, No. 9, pp. 1513 – 1524.

[18] Lindner, Fabian. (2014), The Interaction of Mortgage Credit and Housing Prices in the US , *IMK Working Paper*, No. 133, 2014.

[19] Nakajima, J. (2011). Time – Varying Parameter VAR Model with Stochastic Volatility: An Overview of Methodology and Empirical Applications, Technical report, Institute for Monetary and Economic Studies, Bank of Japan.

[20] Oikarinen. (2008). Empirical Application of the Housing Market No – Arbitrage Condition: Problems, Solutions and a Finnish Case Study, *Aboa Centre of Economics Discussion Paper*, No. 39.

[21] Oikarinen. (2009). Interaction between housing prices and household borrowing: The Finnish case. *Journal of Banking and Finance*, Vol. 33, Issue 4, April 2009, pp. 747 – 756.

[22] Petra Gerlach – Kristen and Niall McInerney (2014), The Role of Credit in the Housing Market, *ESRI Working Papers*, No. 495, 2014.

[23] Primiceri, G. E. (2005). Time Varying Structural Vector Autoregressions and Monetary Policy, *Review of Economic Studies*, Vol. 72 (3), pp. 821 – 852.

[24] Sophocles N. Brissimis and Thomas Vlassopoulos. (2007), The interaction between mortgage financing and housing prices in Greece, . *Greece Bank Working Paper* No. 58, 2007.

[25] Theodore Panagiotidis and Panagiotis Printzis. (2015), On the macroeconomic determinants of the housing market in Greece: A VECM approach, *GreeSE Paper* No. 88 , 2015.

国际金融中心城市金融业增加值研究

中国人民银行上海总部调查统计研究部课题组

课题组组长：董建萍

课题组成员：刘惠娜　范春奕　陆　亮

摘　要

本文对主要国际金融中心城市的金融业增加值进行了实证分析，并据此提出了对上海国际金融中心建设的建议。

从历史数据来看，主要金融中心城市金融业增加值在持续多年的上升趋势后，保持在一个较高的水平。目前伦敦、纽约、香港金融业增加值占总产值的比重均在15%～20%，其他金融中心城市在10%～15%。

决定长期以来金融业增加值及其占比持续增加的主要因素，一是经济发展高级化的结果，二是特定城市产业集聚的效应。而经济周期以及金融危机等决定了其中期、短期的波动。

实证分析表明，主要金融中心城市金融业的外部效应明显，对其他产业有积极推动作用。由此导致金融业增加值的增加对总产值既有直接影响，又有间接助推作用。此外，金融保险业增加值并不会影响住房价格。

由此，对上海国际金融中心建设提出了以下建议：一是金融保险业增加值占比应保持较高水平；二是提高金融支持实体经济的效率；三是促进城市产业结构的高级化和多样化；四是防范和化解金融风险。

金融业增加值是指按市场价格计算的一个国家（或地区）所有常住单位在一定时期内从事金融业生产活动的最终成果，是金融业从事金融中介服务及相关金融附属活动而新创造的价值。按照收入法计算的话，金融业增加值是金融从业人员报酬、固定资产折旧、生产税净额以及金融机构营业盈余等项目的总和。本文对主要国际金融中心城市的金融业增加值进行研究，以期得出可供上海国际金融中心建设参考的经验。

一、对金融业增加值的研究成果

关于金融业增加值的研究一般分为两类。一类是对其测算方式的研究。另一类是对其发展趋势及影响的研究。本文主要关注后者。

对其发展趋势及影响的研究，在国内外也基本分为两种观点。第一种观点认为金融业增加值及其占国民生产总值比重的上升，能够促进产业结构升级与经济发展。第二种观点则担忧金融业过快增长会对实体经济产生不利影响。

Levine（1993，1998）研究发现银行部门和股票市场对经济增长具有显著的正向作用。Arestis 和 Demetriades（1997）发现，德国以银行为主的金融中介增长对经济增长具有重要促进作用，美国金融发展对经济增长的作用不显著。Andrew Haldane（2010）指出，自 1850 年以来，英国金融部门增加值增幅是整体经济增加值增幅的两倍多，他认为这是金融深化的结果，并认同金融部门上升的结构性趋势对整体经济增长产生了积极作用。

2007 年国际金融危机后，国际上对金融业过度发展质疑的声音开始增多。例如，Thomas Philippon（2008）指出，在过去的三十年内，相对于美国其他产业所吸引的就业与所产出的利润相比，美国的金融体系变得太过庞大，这很不寻常。2011 年 7 月，纽约市召开“未来的纽约”发布会，市长布罗姆博格指出，老化的基础设施和太过依赖于华尔街的经济都是纽约发展的桎梏。

谈儒勇（1999）基于 1994～1998 年中国的数据研究发现，在中国，金融中介发展和经济增长之间有显著的线性正相关关系。在我国早期多数关于金融业增加值的研究中，常用其占比的提高，来表示产业结构的升级。一些区域甚至设定了金融业增加值占比的目标值。

近年来，关于我国金融业增加值占比过高的忧虑较多。蔡庆丰、宋友勇（2009）认为，金融发展和经济增长之间存在着显著的二次非线性关系，金融部门的过度发展反而会影响实体经济的增长。卓贤（2015）认为，我国金融业增加值强劲增长的动力并非源于融资服务，而是来自金融机构在证券交易、基金投资、银行理财、信托投资等领域的交易佣金或管理费用，实际上未体现金融对实体经济的支持。中国社科院 2017 年发布的《中国金融业高增长：逻辑与风险》也提出，2016 年我国金融业增加值占 GDP 比重已经达到 8.35%；我国经济运行中存在“资金空转”“脱实向虚”等问题，必须厘清金融产业与实体经济的关系，防范可能的风险，并建议把“十三五”时期金融业增加值占国内生产总值比重保持在 8% 左右。

尹兴中（2014）通过对金融业增加值占比的国际比较发现，金融业增加值占比存在一个较为确定的分布区间，在一定时期内具有上限效应，全球化、法律体系等制度因素、金融监管等都对金融业增加值占比产生影响，他认为这体现出了金融业与整体经济间“需求跟随”与“供给引导”的双重关系。并提出客观地看待我国地区间金融业占比的差异，将完善市场制度、提高投资者保护水平、促进金融服务实体经济能力作为金融发展的根本任务。

总体来看，从国家或我国各区域层面对金融业增加值的研究比较多，对国际金融中心城市金融业增加值进行专门研究的较少。本文尝试对伦敦、纽约、香港等公认的国际金融中心的金融业增加值进行研究，并试图提出一些对上海国际金融中心建设有益的建议。

二、主要金融中心城市金融业增加值基本情况分析

英国 Z/Yen 集团每半年发布一次的“全球金融中心指数”（GFCI）报告是全球最具权威和影响力的国际金融中心竞争力评价指数之一。2017 年 9 月发布的第 22 期报告中列举了全球前 92 名金融中心城市。其中前五名分别是伦敦、纽约、香港、新加坡、东京。本文重点分析这 5 个城市的金融业增加值占比情况。同时与上海、北京区域进行对比分析。

（一）绝对值

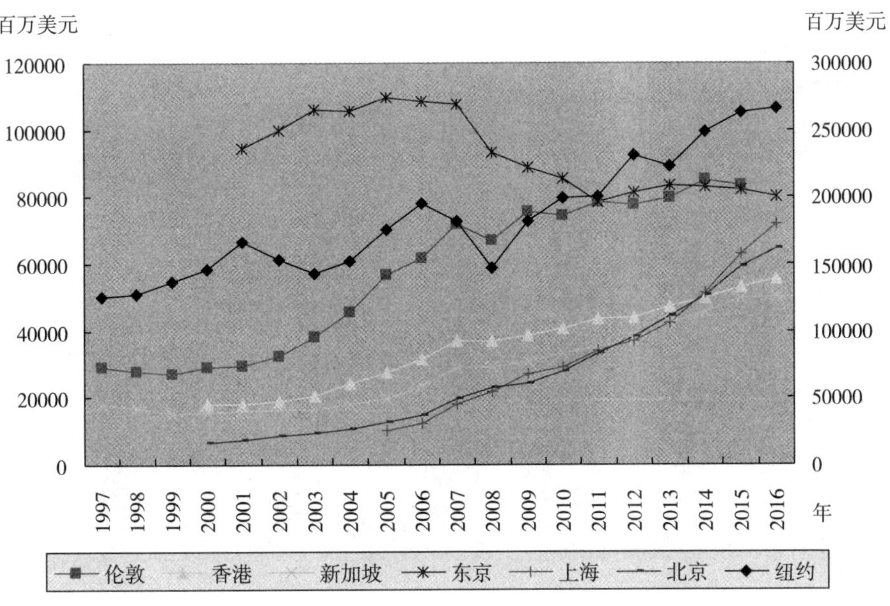

注：

①纽约数据来自美国商务部，其他均来自各国（地区）统计局。

②伦敦、新加坡、上海、北京为以现价计算的增加值，纽约、香港、东京为以现价计算的生产总值。

③以世界银行公布的 2016 年汇率换算为美元。

④由于纽约与其他城市数值相差较大，纽约采用右轴，其他城市采用左轴计量。

⑤对纽约、伦敦、东京有不同的统计范围，本文采用的范围分别是：大伦敦区域、纽约州、东京都。

⑥以下分析若未特殊说明，数据来源、范围均相同。

图 1　主要金融中心城市金融业增加值

纽约的金融业增加值远高于其他城市，2015 年纽约的金融业增加值为 2627 亿美元。其次伦敦为 834 亿美元，东京为 821 亿美元，上海为 627 亿美元，其余的均在 400 亿～600 亿美元。

2007 年的国际金融危机对纽约、伦敦、东京的金融业影响较大，金融业增加值下降，之后纽约恢复较快，伦敦缓慢恢复，东京则持续下降。其余城市受影响相对较小，危机时增速放缓，后期迅速上升。

上海、北京起步晚，但进步迅速，目前增加值绝对量已经超过香港、新加坡，向伦敦、东京层级发展。

（二）结构分析

一般来说，金融业可分为银行业、证券业与保险业。各主要金融中心城市的金融业增加值结构呈现不同的特点。银行业是最传统的金融业，在几乎所有的金融中心城市中占金融业增加值的比重最高。纽约的证券业十分发达，其增加值占比仅略低于传统的银行业，接近 40%。香港、多伦多的金融业增加值中以银行业为主，证券业、保险业占比相对较低。

金融业内部结构的不同，对金融业增加值也产生不同的影响。2007 年国际金融危机后，银行业、保险业受影响较小，证券业则受较大冲击。由此导致证券业占比较高的纽约金融业增加值波动较大。香港证券业占比较小，金融业整体受金融危机冲击较小。

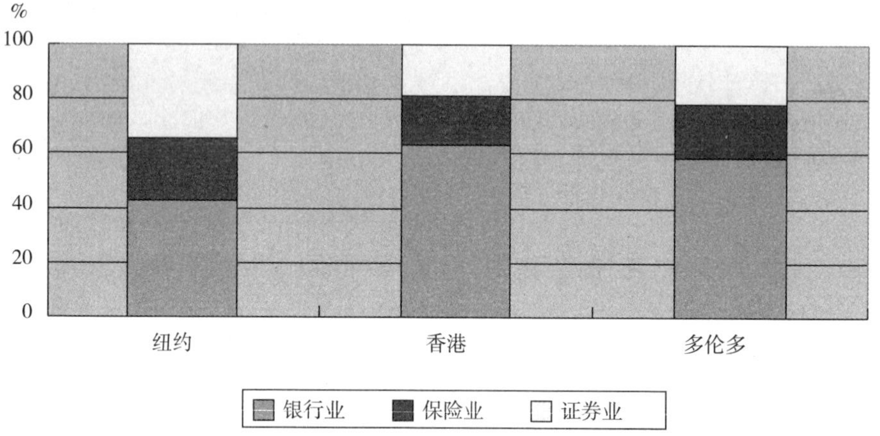

图 2　2015 年部分国际金融中心城市金融业增加值结构

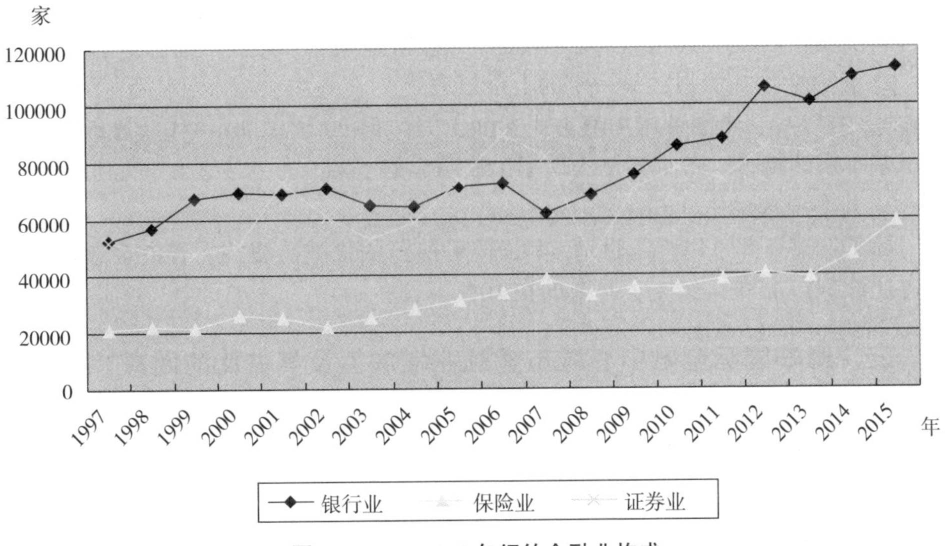

图3　1997～2015年纽约金融业构成

（三）国际金融中心城市金融业增加值在总产值中比重分析

国际主要中心城市金融业增加值占比呈现以下几个特点：

1. 金融业增加值占比不断增加

20世纪60年代以来，各金融中心城市金融业增加值占比大多呈上升趋势。

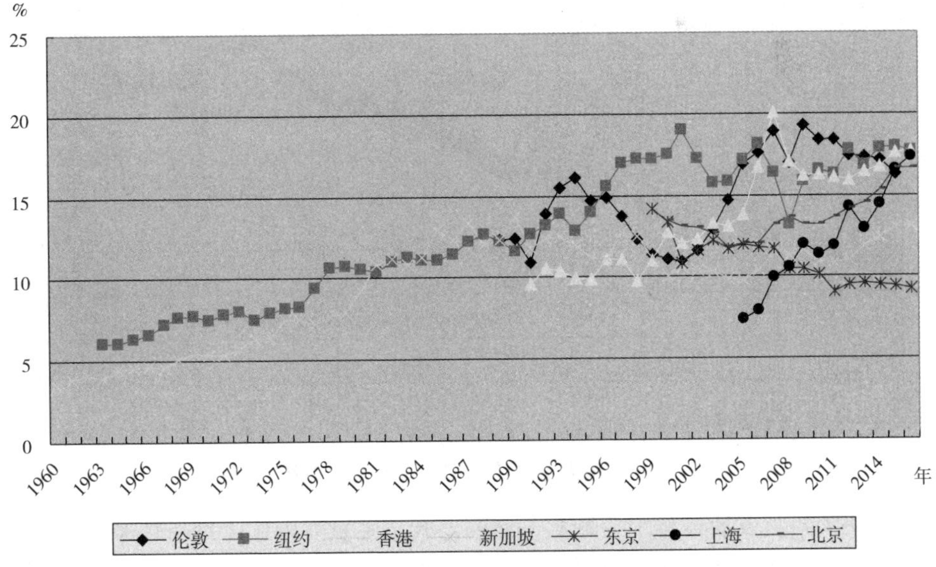

图4　主要金融中心城市金融业增加值占比情况

目前主要金融中心城市金融业增加值占比均在10% ~20%。历史数据较充分的纽约、新加坡，均是从20世纪60年代的5%左右逐渐上升达到目前水平的。

2. 金融业增加值占比呈一定的上限效应

“二战”后，金融业增加值占比不断上升，但20世纪90年代后逐渐趋于稳定，基本震荡持平。东京甚至出现了比较明显的下降。

3. 排名靠前的占比较高

除了上海、北京以外，目前GFCI排名前三的伦敦、纽约、香港金融业增加值占比恰好在15% ~20%，其余的在10% ~15%。

三、影响国际金融中心城市金融业增加值及其占比的因素

（一）长期影响因素

从长期来看，金融中心城市金融业增加值及其占比在保持多年上升趋势后出现了一定的上限效应。主要受以下两个因素影响：

1. 产业发展的规律

总体来看，金融业在世界产业结构中的占比呈上升趋势。以美国为例，“二战”后金融业增加值在生产总值中的占比逐渐上升，从1947年的2.35%发展到2016年的7.54%。英国等也呈现基本相同的趋势。

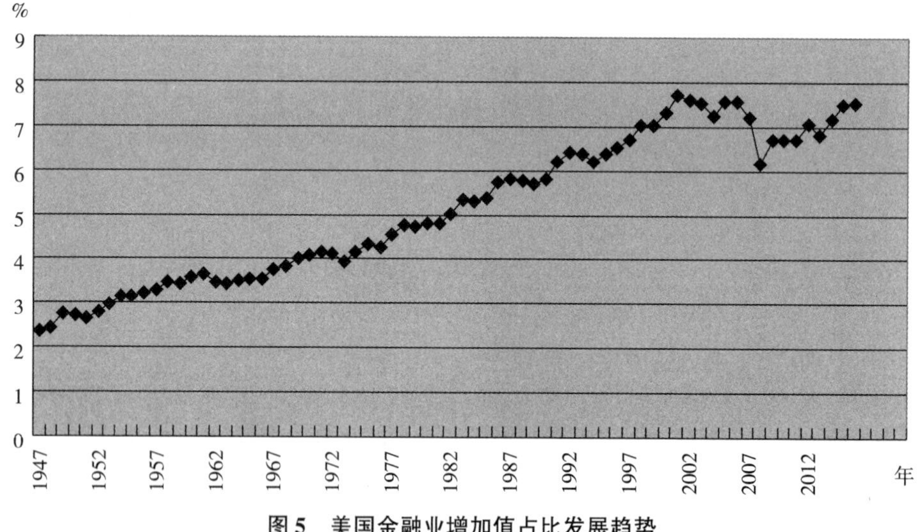

图5 美国金融业增加值占比发展趋势

反映了经济发展过程中金融业占比的上升。金融业内生于经济体系中，最初是为了满足产业资金融通等需要而诞生，经济发展的高级化对金融业提出了更高的要求，金融的内涵愈加丰富，占整体经济的比重日益提高。金融业逐渐成为经

济发展的重要支撑，并演变为“现代经济的核心”。戈德史密斯在《金融结构与金融发展》中指出，“经济与金融的发展之间存在着大致平行的关系，随着总量和人均的实际收入及财富的增加，金融上层结构的规模和复杂程度也增大。而且在少数几个统计资料充分的国家中，经济飞速增长的时期也是金融发展速度较高的时期”。

美国社会学家丹尼·贝尔提出的“后工业社会”理论对金融业在国民经济中占比上升有较详细阐述。他认为人类社会发展分为三个阶段：前工业社会、工业社会和后工业社会。目前已进入后工业社会，特点是公共服务和知识型服务占主要地位，主要经济部门是以加工和服务为主导的第三产业甚至第四产业、第五产业，如运输业、公共福利事业、贸易、金融、保险、房地产、卫生、科学研究与技术开发等。

而发展到特定阶段后，金融产业在总产值中的占比出现一定的上限效应，也符合产业生命周期理论中关于产业发展分为形成、成长、成熟、衰退四个阶段的规律。虽然金融产业不同于一般的制造业，但也不可能无限制地发展。

2. 金融中心城市的金融产业集聚效应

产业集聚是指特定产业在某个特定地理区域内高度集中，产业资本要素在空间范围内不断汇聚。特定产业集聚区域的增加值占比自然高于一般水平。国际金融中心城市的金融产业高度集聚，其金融业具有外生性，其不但服务于当地经济，更服务于全国乃至全世界的经济。增加值占比高于平均水平。

伦敦拥有世界最大的外汇市场、保险市场、黄金市场和碳交易市场，相关的交易量、收入自然巨大。2015 年伦敦的金融业增加值占英国的 51. 3%。由于英国金融业相对发达以及伦敦的国际金融中心地位，2016 年英国金融业的盈余超过 600 亿英镑。

表 1　　2015 年主要国际金融中心城市在全国产业占比　　单位：%

	金融业占比	总产值占比
纽约/美国	11. 3	4. 6
伦敦/英国	51. 3	22. 7
东京/日本	24. 9	9. 5
上海/中国	7. 2	3. 7

这方面典型的案例还包括一些较小的经济体，其金融业增加值占比可以达到更高比例。如卢森堡目前是全球仅次于美国的基金聚集地，也是欧元区的人民币交易中心。1995 年以来卢森堡的金融业增加值占比始终在 25% 左右，2006 年一度接近 30%。

（二）中短期影响因素

结合纽约、新加坡金融业增加值年变动率的分析，对金融业产值的短中期波动影响最大的分别是以下两点。

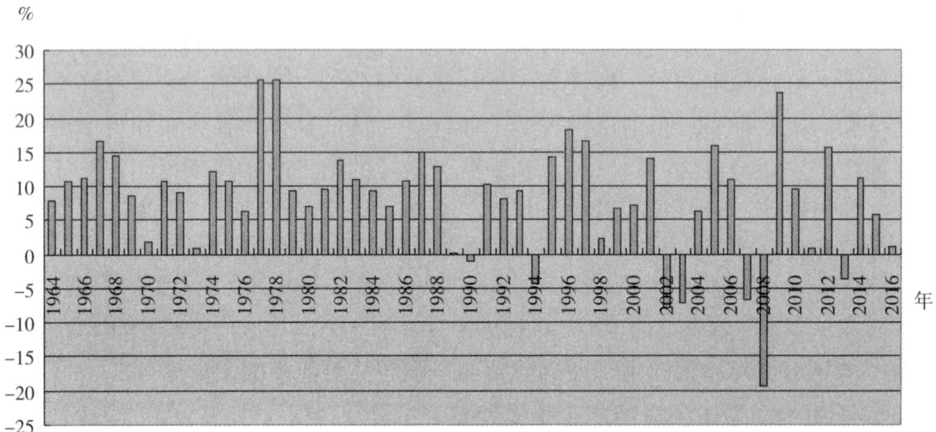

图6　纽约金融业增加值年变动率

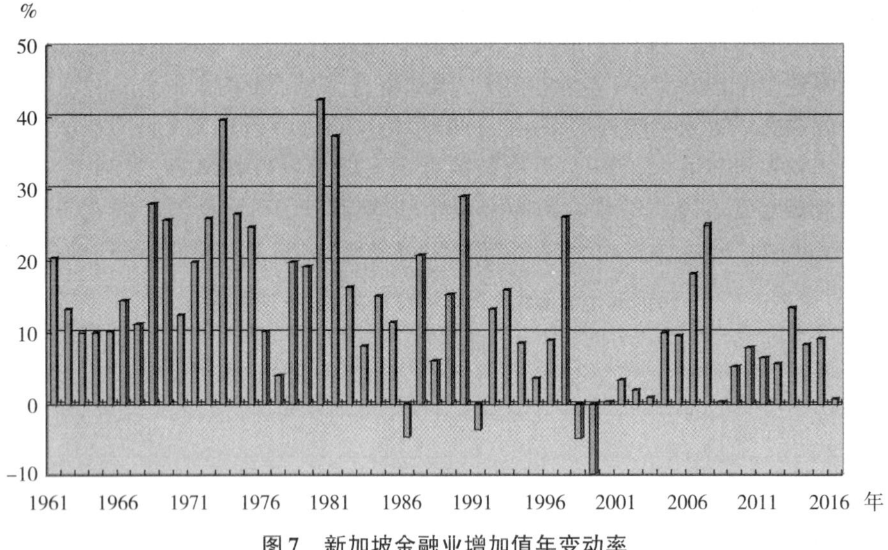

图7　新加坡金融业增加值年变动率

1. 周期性波动

金融业是典型的周期性行业，受到经济周期的影响。纽约、新加坡金融业增加值呈周期波动状态，并且在20世纪八九十年代以来波幅有增大趋势。

2. 金融危机

1860～1929年大萧条时期，美国的金融业增加值占总产值的比重从1%上升到

6%，但此后的大萧条和“二战”使该比重在20世纪40年代降到2%左右。“二战”后才重新开始回升，20世纪80年代恢复到6%，2000年左右达到8%。①

1973年布雷顿森林体系瓦解，第一次金融石油危机，2007年、2008年次贷危机都造成了纽约金融业增加值的下降。“9·11”事件之后，2002年、2003年纽约的金融业增加值均负增长。

1998年的亚洲金融危机对新加坡金融业增加值造成了极大影响，连续负增长或增速极低，2004年才恢复正常增长。

需要说明的是，金融危机与一般意义上的股灾并不等同。例如，著名的“黑色星期一”发生在1987年10月19日，当天道·琼斯指数重挫508.32点，跌幅达22.6%，但股价的下跌并不代表交易量的减少，甚至可能因为恐慌而导致当天的交易量剧增。而之后救市措施得当的话，证券业的产值并不一定会下降。1987年纽约的证券业产值较上年增长了39.1%，金融业增加值增长了12.3%。

四、金融业增加值及其占比增长的影响

对金融业增加值及其占比讨论的争议实质上是对其是否会对国民经济产生负面影响的担忧。一是金融业的过度发展是否挤占了实体经济的资源，对宏观经济产生不利影响，金融业的不稳定性会否引致整体经济的不稳定性。二是金融业的发展会否增加城市商务成本。

我们选取了伦敦、纽约、香港、新加坡、东京5个国际金融中心城市2001~2015年金融业增加值、其他产业增加值、住房价格指数的数据进行计量分析。设金融业增加值为X，其他产业增加值为Y1，住房价格指数为Y2。

第一步，单位根检验。

为了解决伪回归问题，首先要检验变量是否平稳，平稳性检验一般采用DF检验、ADF检验和PP检验，本文采用ADF检验。ADF检验如果接受原假设则认为原序列不平稳，拒绝原假设则说明原序列存在单位根，即是平稳序列。对于非平稳序列，还需检验其差分的平稳性。如果原序列不平稳，其一阶差分后平稳，那么该序列是Ⅰ（1）。所有变量都同阶单整是变量存在协整关系的前提。

表2　ADF检验结果

变量	检验类别	ADF统计量	P值	判断
X	（C，T，0）	8.6448	0.5661	不平稳

① Thomas Philippon. The Evolution of the US Financial Industry from 1860 to 2007: Theory and Evidence. The New York University, NBER, CEPR.

续表

变量	检验类别	ADF 统计量	P 值	判断
ΔX	(C, N, 0)	24.8127	0.0057	平稳
Y1	(C, T, 0)	10.0233	0.4385	不平稳
ΔY1	(C, N, 0)	32.0731	0.0004	平稳
Y2	(C, T, 0)	10.0500	0.4361	不平稳
ΔY2	(C, N, 0)	17.2845	0.0427	平稳

注：其中检验形式（C，T，K）分别表示单位根检验方程包括常数项、时间趋势和滞后项的阶数，N指不包含 C 或 T，加入滞后项是为了使残差项为白噪声，Δ 表示差分算子。

从表 2 各个变量的 ADF 平稳性检验结果可以看出，X 分别与 Y1、Y2 的原序列都不平稳，一阶差分后全都平稳，可以判断 X 与任一序列都是一阶单整序列。

第二步，面板回归。

本文要建立的模型如下：

$$Yi_{it} = \alpha_0 + \beta_1 X_{it} + \varepsilon \qquad (1)$$

其中，Yi 中 i = 1、2、3；t 表示第 t 年，ε 表示误差项。

采用面板数据进行回归分析，主要考虑是面板数据可以克服时间序列分析受多重共线性的困扰，能够提供更多的信息、更多的变化、更少共线性、更多的自由度和更高的估计效率。

（一）金融业增加值与其他产业产值的关系模型参数估计

对回归模型进行 Hausman 检验，Y1 为因变量的模型是建立固定效应模型还是随机效应模型：

H_0：个体效应与回归变量无关（个体随机效应回归模型）

H_1：个体效应与回归变量相关（个体固定效应回归模型）

面板数据的豪斯曼（Hausman）检验结果的统计量为 Chi - Sq（1） = 1621，与之对应的概率为 0.0000 < 0.05。表明在 5% 的显著性水平下，拒绝原假设，所以建立固定效应模型。因此要建立变截距固定效应模型。

表 3　　Hausman 检验结果

Test Summary	Chi - Sq. Statistic	Chi - Sq. d. f	Prob.
Cross - section random	1621	1	0.0000

按照面板数据模型的确定方式，选取的模型形式为变截距固定效应模型，见表 4。

表 4

Variable	Coefficient	Std. Error	t - Statistic	Prob.
C	14878077	380689.2	39.08195	0.0000
X	0.555250	0.171834	3.231315	0.0019
R - squared	0.999368	Mean dependent var	16070785	
Adjusted R - squared	0.999323	S. D. dependent var	31004532	
S. E. of regression	806974.8	Akaike info criterion	30.11659	
Sum squared resid	4.49E+13	Schwarz criterion	30.30199	
Log likelihood	-1123.372	Hannan - Quinn criter.	30.19062	
F - statistic	21833.22	Durbin - Watson stat	0.954154	
Prob（F - statistic）	0.000000			

注：*、**、*** 分别表示在 10%、5%、1% 置信水平下拒绝原假设。

从回归估计的结果来看，模型的 R - squared 为 0.9993，说明模型的拟合效果好，模型的自变量能够解释因变量变化的 99% 左右，模型的 F - statistic 值为 21833，P（F - statistic）值为 0.0000，说明模型整体通过了显著性检验，拒绝模型所有自变量回归系数均为 0 的原假设。

根据回归结果显示，在 5% 的置信水平下，变量金融业产值（X）与被解释变量 Y1 存在显著的正影响关系。具体来说在其他变量不变的情况下，变量金融业产值（X）变化 1 个单位，被解释变量 Y1 同向变化 0.5552 个单位。

随即我们进行滞后一期处理，金融业产值（X）变化 1 个单位，其他产业同向变化 0.734462 个单位。

说明国际金融中心城市的金融业对当期乃至后期其他产业的发展具有积极的推动作用，并不会产生挤占过多资源的现象。

这一结果也可以推导金融业增加值对总体经济的影响，即金融业对其他产业发挥同向作用，从而在对整体经济直接推动的同时，间接也发挥同向推动作用。

但这一影响是“双刃剑”，在金融业发展良好，增加值快速增加的时候，对总体增加值会产生放大的积极影响。而在金融危机时，金融业增加值的下降会对整体经济产生更大的负面冲击。也就是说，金融业不稳定，会对宏观经济的稳定性产生较大负面影响。

（二）金融业增加值与房地产价格指数①关系的模型参数估计

对回归模型进行 Hausman 检验，Y2 为因变量的模型是建立固定效应模型还

① 纽约房价指数数据来自 Federal Reserve Bank of St. Louis，东京房价指数来自日本不动产研究所（JREI）。

是随机效应模型。

H_0：个体效应与回归变量无关（个体随机效应回归模型）

H_1：个体效应与回归变量相关（个体固定效应回归模型）

面板数据的豪斯曼（Hausman）检验结果的统计量为 Chi - Sq（1）= 0.3929，与之对应的概率为 0.5308 >0.05。表明在 5% 的显著性水平下，接受原假设，所以建立随机效应模型。因此要建立变截距随机效应模型。

表 5　　Hausman 检验结果

Test Summary	Chi - Sq. Statistic	Chi - Sq. d. f	Prob.
Cross - section random	0.3929	1	0.5308

按照面板数据模型的确定方式，选取的模型形式为随机效应模型，见表 6。

表 6

Variable	Coefficient	Std. Error	t - Statistic	Prob.
C	191.9957	103.9953	1.846195	0.0689
X	1.53E - 06	9.60E - 06	0.159701	0.8736
R - squared	0.000352	Mean dependent var	10.78494	
Adjusted R - squared	- 0.013342	S. D. dependent var	48.22540	
S. E. of regression	48.54604			
Sum squared resid	172040.4			
F - statistic	0.025718			
Prob (F - statistic)	0.873033			

注：*、**、*** 分别表示在 10%、5%、1% 置信水平下拒绝原假设。

从回归估计的结果来看，模型的 R - squared 为 0.0003，说明模型的拟合效果不好，模型的自变量能够解释因变量变化的 0.03% 左右，模型的 F - statistic 值为 0.0257，P（F - statistic）值为 0.87，说明模型整体没通过显著性检验，不能拒绝模型所有自变量回归系数均为 0 的原假设。

根据回归结果显示，在 5% 的置信水平下，变量金融业产值（X）与被解释变量 Y2 存在正影响关系。具体来说在其他变量不变的情况下，变量金融业产值（X）变化 1 个单位，被解释变量 Y3 同向变化 0.000015 个单位。说明金融业增加值对当期住房价格指数影响可忽略不计。

之后进行再处理，分析 t 年的金融保险业增加值对 t + 1 年房价的影响。

从回归估计的结果来看，模型的 R - squared 为 0.0003，说明模型的拟合效果不好，模型的自变量能够解释因变量变化的 0.03% 左右，模型的 F - statistic 值为 0.0199，P（F - statistic）值为 0.88，说明模型整体没通过显著性检验，不能拒绝模型所有自变量回归系数均为 0 的原假设。

根据回归结果显示，在 5% 的置信水平下，变量金融保险业产值（X）与被解释变量 Y3 存在正影响关系。具体来说在其他变量不变的情况下，变量金融保险业产值（X）变化 1 个单位，被解释变量 Y3 同向变化 0. 000013 个单位。

说明金融业增加值的变动对滞后一期的房地产价格同样没有影响。

主要国际金融中心城市的金融业增加值的变化不会对房地产价格产生直接影响，金融业的发展不会推高房价。

五、对上海国际金融中心建设的建议

结合上述分析，对上海国际金融中心建设提出以下建议。

（一）金融产业是国际金融中心城市的主导产业之一，增加值占比应保持在较高水平

从以上分析可以看出，主要国际金融中心城市的金融业在所在城市是主导产业，对整体经济的带动作用十分明显，而且增加值占比均在较高水平。尤其是伦敦、纽约、香港均在 15% ~20% 。目前上海已经建成了国内最大的金融市场体系，2016 年金融业增加值为 4762. 5 亿元，占总产值的比重为 17. 3% ，是基本适合的。建议未来上海金融业增加值占比应保持在较高水平，切实发挥上海金融业主导地位。为此，应推动以下改革。

1. 扩大金融业对外开放。目前上海金融业对外开放度还不高，主要是国内的金融中心。未来应继续扩大上海金融业对外开放程度，加快建设面向国际的金融市场，更好地推动上海金融中心建设向纵深发展，服务于全球的经济体系。配合国家“一带一路”倡议，推动上海国际金融中心与“一带一路”沿线国家和地区的金融合作，互联互通，打造面向“一带一路”辐射全球的金融网络体系和支撑体系。

2. 继续推动金融业改革。金融业的持续改革创新会促进金融业增加值的增加。上海应继续结合自贸区建设等改革机会，推动金融改革的先行先试，提升金融市场的活力和功能，促进资金在各市场之间的有序流动。

3. 完善金融业制度体系。制度因素对于金融发展具有重要影响，相关制度完善、投资者保护水平较高的经济体往往能够形成具有较大国际影响的金融市场。上海应优化金融发展环境，加快形成良好的金融法制环境，致力于提升金融信息化水平，有效维护区域安全稳定。

（二）提高金融业服务实体经济的效率

实体经济是金融的根基，金融是实体经济的血脉。离开了实体经济，金融就

会成为无源之水、无本之木。金融业最核心的作用要体现在服务实体经济上，如果不能真正发挥与实体经济的互动作用，产生的增加值或产值就是虚增的。如果金融业增加值主要来源于金融从业人员过高的报酬，频繁、过度的股票交易，那样不能反映金融对实体经济的真正支持。

要坚持金融服务实体经济的本质要求，积极打通社会资金流向实体经济的渠道，确保资金投向实体经济，坚决抑制社会资本脱实向虚、以钱炒钱，防止出现产业空心化现象。真正使金融产业集聚通过便利交易、优化资金配置、完善公司治理等方式促进经济增长。例如，加强与科技创新中心建设的联动推进科技金融创新，引导金融资源更加广泛、更加深入地融入创新链和产业链，参与科技投入、科技研发和科技成果产业化，推动上海科创中心建设。

（三）推动城市产业的多样化与高级化

2008 年国际金融危机后，主要金融中心城市金融业增加值占比均出现一定下挫，警示其存在一定上限效应。表明金融业在总体经济中的比重虽高，但不可能过高，这就需要应在推动金融业发展的同时，发挥其支持作用，带动其他产业部门共同发展从而使整体经济保持增长。

1. 产业的高级化

产业的高级化一般是指第三产业占比提高的过程。主要国际金融中心城市的制造业均已退出城市主导产业，2015 年伦敦、纽约、香港、东京、新加坡的制造业增加值占比分别为 2. 2%、5 . 0%、1. 1%、6. 6%、26. 2%。占据主导地位的是信息、科技、健康等服务性产业。

上海在“十三五”发展规划明确提出，制造业占全市生产总值比重保持在 25%左右。这与我国建设制造业强国的国家战略是一致的。与此同时，应积极发展科技、文创等服务性产业，推动第三产业的发展。

2. 产业的多样化

从城市经济均衡发展的角度来看，金融业是典型的都市产业，在一个城市内也多集中于特定区域。为了防范更大范围的城市经济空心化的风险，需大力推动多种产业的发展。主要国际金融中心城市均十分注重经济结构的均衡性与多样性。例如，纽约市政府制定了 5 个行政区多元化战略，不仅包括金融，也涵盖了影视、生物科技、时尚、艺术文化、旅游、现代制造业和小型企业。同时，加强高等学府在城市建设中的技术支持和应用，以带动城市可持续发展。上海应吸收其他主要国际金融中心城市的经验，鼓励适合城市经济发展的多种产业，保持城市产业结构的丰富与互补。

（四）防范金融业风险

国际金融中心城市金融业占比高，对整体经济的影响大。金融危机等金融风险对城市经济的影响也超过一般城市。因此，对于金融中心城市来说，要努力防范金融业风险，缩小其增加值周期性或危机性下降对整体经济的影响。

1. 防范系统性金融风险。加强区域宏观审慎管理，完善全面风险管理制度，坚守不发生系统性金融风险的底线。地方金融监管机构与中央监管部门在沪机构加强合作，做到信息共享、监管无盲区，切实防范金融风险。

2. 防止全球化的负面影响。随着上海国际金融中心的建设，外部因素对上海金融业乃至经济的影响将更大。因此，在积极推动金融对外开放的同时，积极利用中国内需巨大的优势，兼顾国内外市场，降低全球经济金融波动带来的负面影响。

3. 稳妥发展互联网金融等新兴金融产业。以移动支付等为代表的 FINTECH 目前在全球方兴未艾，我国在这方面已经处于较领先地位。此时若要弯道超车，在金融科技的推动下实现金融的现代化，必须切实研究、防范金融创新的风险，防止其可能对上海乃至全国的金融、经济体系带来的负面冲击。

参考文献

[1] 蔡庆丰，宋友勇．金融中介的利益冲突、自我膨胀与经济增长：实证研究与理论反思［J］．金融评论，2009.

[2] 武宏波．金融业增加值占 GDP 比重偏高的思考［J］．北方金融，2017 (6).

[3] 卓贤．金融业真正的“增加值”在于对实体经济的支持力度［N］．中国经济时报，2015 - 07 - 20.

[4] 尹兴中．金融发展比较分析：基于金融业增加值占比的视角［J］．北京金融评论，2014 (3).

[5] 叶慧珏．过度金融化会自然解决［N］．21 世纪经济报道，2011 - 10 - 24.

[6] 雷蒙德·W. 戈德史密斯．金融结构与金融发展［M］．北京：中国社会科学出版社，1993.

[7] 雷强，倪权生，吴君．英国金融产业集群对我国国际金融中心发展的借鉴意义［J］．产经评论，2011 (1).

[8] 冯邦彦．香港产业结构第三次转型：构建“1 + 3”产业体系［J］．港澳研究，2015 (4).

[9] 丁国杰．上海国际金融中心建设与产业结构转型升级的互动机制研究［J］．科学发展，2012 (6).

[10] 张婷麟，孙斌栋．全球城市的制造业企业部门布局及其启示——纽约、伦敦、东京和上海［J］．城市发展研究，2014 (4).

[11] 林兰，曾刚．纽约产业结构高级化及其对上海的启示［J］．世界地理研究，2003（3）．

[12] 雷新军，春燕．东京产业结构变化及产业转型对上海的启示［J］．上海经济研究，2010（11）．

[13] 曹飞燕，张宝山，苏文静．客观看待金融产业对经济发展的重要性［J］．银行家，2017（2）．

[14] 何德旭，王朝阳．中国金融业高增长：逻辑与风险［M］．北京：中国社会科学出版社，2017.

[15] 顾乡．美国先进产业都布局在哪儿　都市圈产业结构比较［N］．第一财经日报，2015－04－30.

[16] Andrew Haldane. The contribution of the financial sector - miracle or mirage? Speech by Mr Andrew Haldane, Executive Director, Financial Stability, of the Bank of England, at the Future of Finance conference, London, 14 July 2010.

[17] Thomas Philippon. The Evolution of the US Financial Industry from 1860 to 2007: Theory and Evidence. The New York University, NBER, CEPR.

[18] The China Development Institute, Yen: The Global Financial Centers Index 22 SEPTEMBER 2017.

基于网络支付的金融科技监管策略和趋势研究

中国人民银行上海总部金融服务一部课题组

课题组组长：季家友

课题组成员：王　瑾　方轶强　高　巍　郭建军　邓伟伟

成晟华

摘　要

在新时代新形势下，深化科技金融改革，推动金融与科技深度融合，对推动供给侧结构性改革意义重大。当下金融科技的范围大致包括网络支付、网络借贷、数字货币、大数据、区块链、云计算、人工智能、智能投顾等领域，正在对银行、证券和保险等传统金融领域的核心业务产生革命性的影响。从这些具体业务来看，在技术和商业模式成熟程度、对金融体系的影响、对监管的挑战等方面所处的发展阶段是不同的。因此，对金融科技各类业务中相对成熟业务的发展和监管进行总结，有助于把握金融科技业务实质和监管的一般规律，为金融科技其他业务的发展和监管提供借鉴。为此，本文在框定现阶段金融科技的概念和分类的基础上，以人民银行对网络支付这一典型金融科技业态的监管实践为例，分析了网络支付监管的内容、要点和规律，提出了金融科技监管的相关建议。即应合理确定监管边界，设置一定的准入门槛，加强金融科技审慎监管和行为监管，在鼓励金融创新和防范风险中掌握好平衡，积极推动监管科技创新，加强行业自律等。

近年来，金融科技（FinTech）在国内外备受瞩目。金融科技的快速发展，在提高金融市场效率、促进金融普惠等方面发挥了积极作用，被认为是影响未来金融业务模式的最重要因素之一。与此同时，其金融的本质属性并没有发生变化。在叠加了技术风险因素后，金融科技给传统金融市场带来了新的潜在风险，也对金融监管部门如何构筑合理的金融科技监管体系、促进效率和安全的平衡提出了新的挑战。

目前，金融科技的外延和内涵仍在不断变化，但一般认为其大致包括了网络支付、网络借贷、数字货币、大数据、区块链、云计算、人工智能、智能投顾等业务领域①。从这些具体业务来看，在技术和商业模式成熟程度、对金融体系的影响、对监管的挑战等方面所处的发展阶段是不同的。例如，2013 年以来网络借贷业务快速发展，人民银行等十部委于 2015 年 7 月发布了《关于促进互联网金融健康发展的指导意见》，对包括网络借贷业务在内的互联网金融业务进行规范，但截至目前很多政策尚未落地。智能投顾业务已在国内起步，但尚未大规模应用。而区块链目前在国内外尚未有实际应用案例。

其中，对于网络支付业务，中国人民银行于 2010 年开始，通过发布《非金融机构支付服务管理办法》等一系列规章制度，并采取相应的监管措施，在有效防范网络支付业务风险的同时，也促进了网络支付业务的快速发展。因此，通过对网络支付业务发展和监管的研究，有助于把握金融科技监管不同于其他金融业务和机构监管的特点，回答金融科技监管的边界在哪里、是否设立准入标准、是否需要建立审慎监管框架、如何加强消费者保护等问题，并对其他金融科技业务的监管提供借鉴和参考。因此，本文将以网络支付为例，对金融科技的监管策略和趋势进行研究。文章分为四部分，第一部分是金融科技的概念和特征，第二部分是文献综述，第三部分是对网络支付监管的研究，第四部分是对金融科技监管的相关建议。

一、金融科技的概念和分类

金融科技作为新兴事物在发展中必然涉及业务边界界定及如何监管的问题，因而厘清金融科技的基本概念、特征与表现形式，认清金融科技与“互联网金融”“科技金融”的区别，有助于对金融科技监管框架的进一步设计及政策制定。

（一）基本概念

金融科技（FinTech）一词一般认为源于 20 世纪 90 年代花旗银行发起的“金融服务技术联盟”（Financial Services Technology Consortium）项目简称为 Financial Technology，即 FinTech。随着近年来金融科技的快速发展，各国际组织、监管当局、专家学者对金融科技也逐步重视，并加大了研究力度。本文将主要引用各个国际组织以及监管机构对金融科技的定义。金融稳定理事会（FSB）于

① 网络支付服务的提供主题既包括非银行支付机构，也包括商业银行。从本文的研究角度，我们将只关注提供非银行支付机构提供的网络支付服务。根据《非金融机构支付服务管理办法》，网络支付包括货币汇兑、互联网支付、移动电话支付、固定电话支付、数字电视支付等，从当前发展现状来看，我们重点关注互联网支付和移动电话支付，即本文中的网络支付特指非银行支付机构提供的互联网支付和移动电话支付。

2016年3月首次发布了关于金融科技的专题报告，认为金融科技是指通过技术手段推动金融创新，形成对金融市场、机构及金融服务产生重大影响的业务模式、技术应用以及流程和产品。国际证监会组织（IOSCO）认为，金融科技是指有潜力改变金融服务行业的各种创新的商业模式和新兴技术。美国国家经济委员会（NEC）认为，金融科技涵盖不同种类的技术创新，这些技术创新影响各种各样的金融活动，包括支付、投资管理、资本筹集、存款和贷款、保险、监管合规以及金融服务领域里的其他金融活动。英国金融行为监管局（FCA）认为，金融科技主要是指创新公司利用新技术对现有金融服务公司进行去中介化。新加坡金融管理局（MAS）认为，金融科技是指通过使用科技来设计新的金融服务和产品。中国人民银行认为，金融科技是技术驱动的金融创新，为金融发展注入了新的活力，也给金融安全带来了新挑战。

从前述定义来看，国内外尚未就金融科技这一概念的内涵和外延达成统一规范的标准。从更具包容性的观点看，可以认为金融科技是金融与科技相融合形成的一种新兴金融业态、业务模式或产品，如网络支付、网络借贷、数字货币、股权众筹融资和智能投顾等；以及金融业所运用的科学技术，如大数据、云计算、区块链和人工智能等。

从本文的研究目的来看，将更加侧重于对金融科技所包含的新兴金融业态、业务模式等，因为技术本身是中立的，不存在对技术加以监管一说。

（二）基本分类

如前所述，金融科技定义不同，其分类也各有不同。我们在此引用比较有代表性的几种分类。

1. 巴塞尔银行监管委员会将金融科技分为支付结算、存贷款与资本筹集、投资管理、市场设施四类业态。其中，支付结算类主要指服务于个人客户的小额零售类支付和机构客户的大额批发类支付（如跨境支付等）；存贷款与资本筹集类主要包括P2P网络借贷和股权众筹；投资管理类主要包括智能投资顾问和电子交易服务；市场设施类既包括客户身份认证、多维数据归集处理等可以跨行业通用的基础技术支持，也包括分布式账户、大数据、云计算等技术基础设施。可以看到，金融科技的前三类业态明显属于科技+传统金融服务的衍生品，并没有脱离金融本质；而市场设施类作为底层技术架构并非金融业特有，更偏向于为金融系统提供前中后端支持的技术平台。

2. 廖岷（2016）将金融科技分为互联网和移动支付、网络融资、智能金融理财服务以及区块链技术四个部分。其中，网络融资主要指众筹和P2P为代表的网络融资或线上融资活动，智能金融理财服务主要指借助人工智能技术提供财富管理的咨询、顾问等服务。他认为区块链技术是一项不确定性最大、根本性、颠覆性的技术。

3.《2017金融科技报告》将金融科技划分为金融科技关键技术和金融科技商业模式。其中，金融科技关键技术包括大数据、人工智能、区块链等技术，金融科技商业模式则包括电子支付、互联网银行、互联网证券、互联网保险、互联网消费金融、P2P、互联网众筹、数字化投顾等业务。

从这些分类可以看到，尽管所划分的具体类别有所不同，但一般会把金融科技划分为技术和金融业务两类，其中后者主要是技术和传统金融业务相结合的产物。

二、金融科技及其监管的文献综述

随着金融科技的快速发展，国内外对金融科技的研究文献也逐年增多。根据《2017金融科技报告》的统计，2011年至2017年3月，全球最大的文摘和引文数据库Scopus中以“FinTech”或“Fin－Tech”为主题的文献约有60篇。国内自1988年至2017年3月则发表了799篇与金融科技相关程度不一的论文，特别是2016年以来呈现爆发式增长。在关注金融科技为传统金融业务带来新的活力、提升金融服务效率和水平的同时，这些文献也关注金融科技可能带来的风险以及对监管的挑战。

（一）关于金融科技发展带来的风险

李建勇在《FinTech的发展与风险控制》一文中认为，金融科技的风险主要源于两个方面：一是源于传统金融业务的风险；二是由新技术和金融结合产生的特有风险。其中，传统金融业务风险主要包括信用风险、流动性风险和操作风险等；金融科技特有的风险主要包括数据安全风险、网络安全风险和适用性风险。

朱太辉在《FinTech的潜在风险与监管应对研究》一文中从金融科技发展对金融稳定影响的角度阐述了金融科技并没有改变金融业务风险属性，虽然其更加注重网络效应和尾部效应，但潜在的信息科技风险、操作风险和系统性风险也更加突出。

张晓朴在《互联网金融监管的原则》一文中认为，金融科技业务的准入门槛低，市场竞争更加激烈，其发展会降低金融机构的特许权价值（Franchise Value），增加了金融机构冒险经营的动机，提升了整个金融体系的风险偏好。

李伟在《金融科技发展与监管》一文中认为，金融科技背景下服务方式更加虚拟、业务边界逐渐模糊、经营环境不断开放，使信用风险、流动性风险等传统金融风险呈现外溢效应；在大数据层面，如发生信息泄露、数据混杂虚假信息等会导致客户利益损失和错误的风控决策，进而引发金融市场风险。

孙国峰（2017）认为，金融科技本身的金融属性决定了其有很强的风险特征。一是来自金融科技自身的风险。二是金融科技存在造成金融体系风险加大的因素，金融科技使金融风险更加具有隐蔽性、传播速度更快、影响范围更广，增加了金融系统性风险；同时，金融科技使金融业“脱媒风险”加大。

一言概之，金融科技并没有改变传统金融业务的风险属性，再加上金融科技所具备的开放性、流动性、互联互通性及技术风险等特征，导致了金融风险更加隐蔽，系统性风险问题也更加突出。

（二）关于金融科技监管及相关国际经验

1. 提供公平的创新环境，强调金融包容性

孙国峰在《共建金融科技新生态》一文中指出，目前我国尚未形成完善的金融科技监管框架及充分公平竞争的市场环境，缺乏对真正运用科技为金融机构提供科技服务及从事合规业务的金融科技公司给予支持和激励，一定程度上影响了优质公司的可持续发展。一些金融科技巨头借助丰富的产品线布局及体系内生态圈的建设，积累了大量金融数据，客观上形成了数据寡头。数据寡头的产生将带来垄断和不公平竞争，不利于形成良好的行业发展生态。

各国对金融科技创新环境的包容性及公平性主要体现在法律法规的制定及政策支持层面。如瑞士通过对金融科技企业实行税收优惠政策，减少对金融机构的干预，鼓励优秀金融科技企业扎根。2016 年 3 月，瑞士金融市场监督管理局（Swiss Financial Markets Supervisory Authurity，FIN－MA）通过修改法规允许金融创新领域的创业公司即使没有牌照也能在允许的地区进行经营。包容性还体现在金融科技的普惠性及互操作性层面，如美国国家经济委员会在《金融科技的监管框架》（*A Framework For Fintech*）监管白皮书中就强调实现互操作性和统一技术标准，以规避技术偏差。《监管影响评估需要创新原则：欧洲金融和创新案例》（*The need for an innovation principle in regulatory impact assessment*：*The case of finance and innovation in European*）指出欧洲经济受到许多阻碍，部分原因在于欧洲金融体系厌倦资助创新企业，该文认为可以通过在监管影响评估中采用“创新原则”优先考虑用于促进创新的监管方法，同时解决其他监管目标。

2. 强调不同监管部门间的协调合作

谢平在《FinTech：解码金融与科技的融合》一书中指出，目前我国金融监管在跨行业、跨区域协同管理中存在区域壁垒、协调成本高及效率低下等问题。同时，建议对金融科技各监管部门之间、中央和地方之间、地方与地方之间进行统筹协调，避免出现监管真空或监管过度等现象；尤其在监管部门与被监管对象金融科技企业之间建立沟通协作机制，解决信息不对称的问题。

多部门联合监管最典型的是美国。相对于我国金融行业分业监管的格局，美国的货币监理署（Office of Comptroller of Currency，OCC）作为金融科技监管主要

参与机构，协同商务部、国务院、财政部、美国国际开发署共同制定监管政策。瑞士针对金融科技的监管则是通过中央政府放权于地方政府进行试点，地方政府可以在法规下制定符合当地发展的政策来吸引投资，这一点可借鉴我国金融科技的行业发展。

3. “监管沙盒”“创新中心”等模式

“监管沙盒”是英国金融行为监管局（Financial Conduct Authority，FCA）为金融科技企业有效执行监管政策并减少合规成本推出的一项制度，即在保障消费者权益的前提下，允许金融科技初创企业对创新的产品、服务、商业模式和交付机制进行大胆操作，设置一定的法律豁免权。同时，FCA 会对处于“监管沙盒”内的企业持续关注，适时提供合规性指导。

“创新中心”模式指支持和引导机构（含被监管机构和不受监管的机构）理解金融监管框架，识别创新中的监管、政策和法律事项。这一模式已在英国、新加坡、澳大利亚、日本和中国香港等多个国家和地区得以实施。其中，既有一对一的辅导支持，也有面向更广泛受众的支持引导。但这一模式一般不涉及创新产品和服务的真实或虚拟测试。这一模式因其可操作性更强，预计未来将有大量国家和地区推出类似的制度安排。

4. 穿透分析金融业务进行实质监管

李伟在《金融科技发展与监管》一文中认为，金融科技监管应运用穿透式的监管手段。金融科技的跨界化加剧了混业经营的风险，因而透过金融创新表象分析金融业务的本质，对资金流、信息流进行全方位立体交叉分析，牢筑金融风险“防火墙”，切断风险传染。李文红在《借鉴金融牌照管理国际经验 实施金融科技业务穿透定性》一文中认为，各金融监管部门应按照“穿透”原则，分析业务实质、法律关系和风险特征，明确其是否需要纳入监管及所需申领的牌照类型和适用的监管规则，从而确保对同类金融业务实行统一的监管标准，防止监管套利。

在美国，不管金融科技以何种形态出现，均根据涉及的金融业务性质纳入相应的金融监管体系之中。例如，美国对直接利用自有资金发放网络贷款或提供信息撮合服务的网络平台，统一定义为放贷机构，要求其事先获得注册地所在州发放的贷款业务许可证，并接受金融消费者保护局（CFPB）的监管；对将已发放贷款作为基础资产、通过互联网平台向投资者发行证券的网络平台业务（如 Lending Club）认定为“证券发行或销售行为”，适用《证券法》，并纳入证监会监管范畴。

5. 发挥监管科技的作用

监管科技的本质是采用新技术在监管部门与金融机构之间建立可信赖、可持续、可执行的监管协议与合规性评估机制，旨在提高监管部门的监管效能，降低金融机构的合规成本。监管科技用于监管主要需要考虑两个问题：一是如何利用监管科技执行微观监管、货币政策以及宏观审慎政策；二是如何运用监管科技强化对金融空间的认识，并确定新的监管规则与举措，从而提高监管的有效性。

6. 消费者权益保护

在金融科技快速发展过程中，部分金融科技公司风险控制能力较弱、内控制度不健全，以及监管体系不完善等因素，导致金融消费者保护力度不够。比如，网络融资和理财等产品存在信息披露和风险提示不足的弊端，大数据征信等业务存在个人信息泄露的风险等问题。一旦发生重大的风险事件，如果消费者的权益得不到合理的保护，可能会导致消费者集体维权的群体性事件，影响社会和谐及金融稳定，最终会影响金融科技整个行业发展的生态环境。

国际上，已有监管机构在开始运用监管科技来监督金融科技及其相关机构、业务与服务等。例如，英国金融行为监管局（FCA）在 2016 年 5 月就发布了“项目创新：监管科技”计划，认为技术在金融产品和服务创新中发挥了日益重要的基础性和枢纽性作用，同时，FCA 致力于促进金融创新和技术发展（包括监管技术）来提升金融竞争力并保护消费者利益，即将金融科技相关的技术应用于监管实践。

以上可以看出，传统金融业发达的国家及一些国际组织对金融科技的发展持续重视并通过政策进行引导和支持。在金融科技监管目标上，主要是在防范金融科技风险的同时，引导、促进金融科技的发展。在监管策略上，则是实施穿透式监管、加强监管协作、强化消费者权益保护。在监管手段上，要充分发挥监管科技的作用，并实施“监管沙盒”等创新监管制度。

三、网络支付的监管现状及分析

从 21 世纪初开始，一些非金融机构基于互联网等为客户提供支付服务。经过十几年的发展，当前，无论是从发展速度、业务规模、业务创新还是从普及程度来看，我国的网络支付业务均已走在了世界前列。

在监管方面，2010 年，中国人民银行发布《非金融机构支付服务管理办法》，对从事支付业务的非金融机构进行监管。目前，我国对从事网络支付业务的机构定位为非银行支付机构，由中国人民银行实施行政许可，并进行监管。人民银行已经出台了一系列监管制度，在机构准入、客户资金管理、商户拓展、风险控制、消费者权益保护、日常监督检查等方面形成了一套较为完备的制度和行之有效的方法。本部分将对网络支付这一业态较为成熟的监管制度和做法进行总结，以此为例回答金融科技监管的一系列问题，并对金融科技其他业态的监管提供启示和借鉴。

（一）我国网络支付发展现状

近年来，我国网络支付业务呈现爆发式增长态势，以网络支付为代表的新兴电子支付成为非现金支付工具的发展方向，与社会公众的生产生活广泛融合，业务规模不断扩大。截至 2016 年末，中国人民银行共向 109 家非银行支付机构颁发“互联网支付”牌照，向 49 家非银行支付机构颁发“移动电话支付”牌照。根据中国人民银行发布的《2016 年支付体系运行总体情况》，2016 年非银行支付机构累计发生网络支付业务 1639.02 亿笔，金额 99.27 万亿元，同比分别增长 99.53% 和 100.65%。电子支付的扩大普及，有利于改善客户体验，实现随时随地随心支付；有利于降低社会交易成本，提高支付服务效率；有利于促进消费，拉动经济增长（范一飞，2017）。

当前，网络支付已经渗透到社会公众日常生活的各个领域，满足了客户多样化、便捷化需求。通过拓展衣食住行、教育、培训、医疗健康等领域的特约商户，网络支付为客户提供包括消费、购物、娱乐、交通等多样化服务。在理财方面，市场主体结合互联网技术，通过设计多样化的理财产品，优化业务流程，满足客户多样化的投资理财需求。随着网络支付产品的日益拓展、用户体验和安全性进一步提升，越来越多的客户开始接受和使用网络支付，尤其是消费活跃、信用良好、互联网使用频繁的用户群体。

特别是 2015 年以来，随着国家“互联网 +”行动计划的出台，线上线下的融合，网络支付成为各类“互联网 +”经济活动中畅通资金流动的渠道。例如，网络支付已从前几年的线上购物领域向线上餐饮、酒店、房产、教育等具有较大社会影响力的领域拓展，公共交通、缴费、便利店等便民服务行业和领域的应用也在不断扩大。随着城乡一体化进程的加快，农民收入水平的持续提高，农村用户的消费方式逐步与城市居民趋近，网络支付也逐渐成为解决农村金融服务最后一公里的切入点。

网络支付的生态环境也在不断优化，受理环境进一步改善。随着网络支付的逐步普及，商业银行、非银行支付机构、清算组织、科技企业等市场主体积极开展合作，探索多方共赢的商业模式，不断开展技术创新，推出一系列的特色产品以及服务，并通过提供“聚合支付服务”等方式，为商家和持卡人提供多种支付方式及相关设备，营造智能支付环境，为网络支付的应用构建良好的生态。

网络支付业务的良好发展态势既是我国经济金融深化、居民消费升级换代、电子商务快速发展的内在要求，一定程度上也是监管政策合理、适当的表现。

（二）网络支付的监管框架

我国网络支付业务的监管始于 2010 年 6 月《非金融机构支付服务管理办法》

的出台，办法要求非金融机构提供支付服务应依法取得中国人民银行颁发的《支付业务许可证》，成为支付机构，并明确支付机构应依法接受中国人民银行的监督管理。

2013 年 6 月，《支付机构客户备付金存管办法》出台，要求支付机构应将接收的客户备付金全额缴至其在备付金银行开立的备付金专用存款账户；明确了人民银行及其分支机构有权依法对支付机构和备付金银行的客户备付金存管业务活动实施监督管理，备付金银行有权依照依法对支付机构存放、使用、划转客户备付金的行为实行监督。

2013 年 7 月，人民银行发布的《银行卡收单业务管理办法》明确了收单机构应当对特约商户实施实名制管理并应建立特约商户检查制度，对特约商户日常交易行为进行风险监测。人民银行依法对收单机构的行为进行监督管理。为规范收单机构对收单业务的外包行为，明确收单机构的管理职责，2015 年 6 月人民银行发布了《关于加强银行卡收单业务外包管理的通知》。

2015 年 12 月，中国人民银行发布《非银行支付机构网络支付业务管理办法》，按照“鼓励创新、防范风险、趋利避害、健康发展”的互联网金融发展总体要求，对非银行支付机构（以下简称支付机构）网络支付业务进行了规范。《办法》要求互联网支付应始终坚持服务电子商务发展和为社会提供小额、快捷、便民小微支付服务的宗旨，界定了支付机构网络支付业务的内涵和边界，明确了监管标准和规则，从业务和风险管理、系统和信息安全、信息披露和风险提示、客户权益保护和法律责任等方面做出系统性制度安排，对互联网金融跨市场风险建立了必要的隔离机制，统筹把握现阶段便捷和安全的合理均衡。

2016 年，中国人民银行会同 13 个部委制定并印发了《非银行支付机构风险专项整治工作实施方案》，按照安全与效率兼顾、鼓励创新与规范发展相结合、服务与监管并重、监管标准一致性的原则，促进支付机构坚持服务电子商务发展和为社会提供小额、快捷、便民小微支付服务的宗旨，坚守支付中介的定位和职能，同时清理整治无证机构，遏制市场乱象，优化市场环境。专项整治工作的重点内容，一方面是开展支付机构客户备付金风险和跨机构清算业务整治，另一方面是开展无证经营支付业务整治。

此外，2011 年 5 月，中国人民银行指导成立了中国支付清算协会，作为中国支付清算服务行业自律组织，有权依照法律法规开展自律管理。根据支付机构众多、风险治理能力参差不齐的实际情况，人民银行对支付机构实施分类分级监管，通过分类评级确定监管重点和差异化监管措施应用，提高监管针对性，有效发挥监管激励作用。为解决客户备付金规模巨大、存放分散、风险频出等实际问题，人民银行积极落实国务院互联网金融风险专项整治工作要求，建立实施集中存管工作机制，将支付机构部分客户备付金集中缴存至人民银行，有利于保障消费者合法权益、还原支付机构的业务本源。2017 年 10 月，《电子商务法》在全国人大进行二审，该法对包括网络支付在内的电子支付信息披露、支付指令、资金安全等有关内容进行了规范。

综上可见，对于网络支付业务的监管，我国已经初步建立了比较完善的法规制度体系，形成了以人民银行为核心，人民银行与国务院其他金融监督管理部门合作，协会自律管理，多层次的监督管理体系。下面，本文将结合当前监管实践，从对其他金融科技业务监管有所借鉴的视角，对网络支付监管内容做进一步分析。

（三）网络支付监管内容的分析

1. 关于监管的边界

支付作为金融的基本功能和业务种类之一，同样具有金融业内生脆弱性和负外部性强的特点，因此必须对其进行监管。《非金融机构支付服务管理办法》第三条规定，非金融机构提供支付服务，应当取得《支付业务许可证》，成为支付机构。支付机构依法接受中国人民银行的监督管理。未经中国人民银行批准，任何非金融机构和个人不得从事或变相从事支付业务。

尽管办法规定从事支付业务必须取得牌照，但在实践中，对于什么是支付业务，是否所有与支付相关的业务都要取得牌照接受监管，仍需要做进一步明确。为此，《银行卡收单业务管理办法》规定收单机构应当自主完成特约商户资质审核、受理协议签订、收单业务交易处理、资金结算、风险监测等业务活动，即从事以上核心业务的非金融机构应申请支付业务牌照。而对于从事非核心业务的，例如商户拓展、为支付机构提供技术支持、布放机具、商户培训等，则无须申请支付牌照，即支付机构可以将这些业务外包给非持牌企业，但同时规定，收单机构的风险管理责任不因外包关系而转移。

2. 关于准入门槛的设置

设置一定的准入门槛，既有利于提高获牌机构抵御风险的能力，也有利于将那些不具备资质、风险抵御能力弱的机构挡在门外。在准入门槛设置方面，《非金融机构支付服务管理办法》主要有以下规定：一是在注册资本金上，申请人拟在全国范围内从事支付业务的，其注册资本最低限额为 1 亿元人民币；拟在省（自治区、直辖市）范围内从事支付业务的，其注册资本最低限额为 3000 万元人民币。而且办法明确规定注册资本最低限额为实缴货币资本。二是办法规定了申请人在出资人、高管人员、业务设施、制度和风控措施、反洗钱措施、营业场所等均应满足一定的条件。三是办法对于申请人的主要出资人也做了相应要求，例如连续 2 年盈利，为金融机构或电子商务活动提供信息处理支持服务两年以上等。

3. 关于审慎监管标准

(1) 明确业务定位。与同样可以从事支付业务的银行相比，支付机构的资本实力、内控制度、风险管理体系、抵御外部风险冲击的能力相对较弱。因此，与银行既可以从事零售支付业务也可以从事大额支付业务相比，中国人民银行将网络支付机构主要限定在零售支付领域。《非银行支付机构网络支付业务管理办法》明确网络支付机构应当遵循主要服务电子商务发展和为社会提供小额、快捷、便民小微支付服务的宗旨。特别是鉴于金融机构和从事互联网金融业务的机构本身存在金融业务经营风险，为有效隔离跨市场风险，切实守住不发生系统性和区域性风险的底线，《非银行支付机构网络支付业务管理办法》规定支付机构不得为金融机构和从事金融业务的其他机构开立支付账户。

(2) 设定资本充足要求。与商业银行相比，尽管网络支付机构并不吸收存款，几乎不存在流动性风险和信用风险，但设置与业务规模相适应的资本要求，也有助于增强网络支付机构抵御风险的能力，同时对其业务规模做一定的限制。为此，《非金融机构支付服务管理办法》规定，支付机构的实缴货币资本与客户备付金日均余额的比例，不得低于10%。

(3) 强化客户备付金管理。客户备付金被挪用、占用是支付机构支付业务的最主要风险之一。为此，《非金融机构支付服务管理办法》《支付机构客户备付金存管办法》对客户备付金的性质、存放、使用、管理等做了明确规定。要求客户备付金100%存放在商业银行专用存款账户；在满足办理日常支付业务需要后，可以以收益率相对较高、风险较低的定期存款等形式存放，但不得投资于其他金融产品或挪作他用；要求商业银行承担对客户备付金的协作监督职责。2017年初，中国人民银行发布《关于实施支付机构客户备付金集中存管有关事项的通知》，明确了第三方支付机构在交易过程中产生的客户备付金，将逐步统一缴存至指定机构专用存款账户，以纠正和防止支付机构挪用、占用客户备付金，保障客户资金安全，并引导支付机构回归业务本源。

(4) 对支付机构实施分类评级。由于支付机构在合规意识、风控能力、业务规模、服务水平等方面存在明显差异，为提升监管资源配置的科学性和监管效率，在加强风险防范的同时进一步支持支付机构开展业务创新，中国人民银行建立了支付机构分类监管工作机制。并通过扶优限劣的激励和制约措施充分发挥分类监管对支付机构经营管理的正面引导和推动作用。对于综合评级较高的支付机构，制定弹性和灵活性较高的监管措施，为其业务和技术创新发展预留充足空间；对于综合评级较低的支付机构，人民银行集中监管资源依法重点监管，以加强风险防范、保障客户权益，维护市场稳定。以网络支付为例，对于综合评级较高且实名制落实较好的支付机构，在客户身份验证方式、个人卖家管理方式、支付账户转账功能、支付账户单日交易限额、银行卡快捷支付验证方式等方面，提升监管弹性和灵活性。

4. 关于行为监管

金融业行为监管的内容包括信息披露要求、反欺诈误导、个人金融信息保护、反不正当竞争；打击操纵市场和内幕交易；规范广告行为、合同行为和债务催收行为；促进弱势群体保护；提升金融机构的诚信意识和消费者的诚信意识；消费争端解决等。消费者保护是行为监管工作的一部分（孙天琦，2016）。与传统支付业务相比，网络支付业务具有一定的技术门槛，同时产业链条更长，风险也更加隐蔽。为此，《非银行支付机构网络支付业务管理办法》明确了相关监管要求。

一是知情权方面。要求网络支付机构以显著方式提示客户注意服务协议中与其有重大利害关系的事项，采取有效方式确认客户充分知晓并清晰理解相关权利、义务和责任；并要求网络支付机构增加信息透明度，定期公开披露风险事件、客户投诉等信息，加强客户和舆论监督。

二是选择权方面。要求网络支付机构充分尊重客户真实意愿，由客户自主选择提供网络支付服务的机构、资金收付方式等，不得以诱导、强迫等方式侵害客户自主选择权；网络支付机构变更协议条款、提高服务收费标准或者新设收费项目，应以客户知悉且自愿接受相关调整为前提。

三是信息安全方面。要求网络支付机构制定客户信息保护措施和风险控制机制，确保自身及特约商户均不存储客户敏感信息，并依法承担因信息泄露造成的损失和责任。

四是资金安全方面。要求支付机构及时处理客户提出的差错争议和投诉，并建立健全风险准备金和客户损失赔付机制，对不能有效证明因客户原因导致的资金损失及时先行赔付；要求支付机构对安全性较低的支付账户余额付款交易设置单日累计限额，并对采用不足两类要素进行验证的交易无条件全额承担客户风险损失赔付责任。

5. 关于行业自律

2011 年5 月，中国支付清算协会成立，对支付服务行业进行自律管理，维护支付服务市场的竞争秩序和会员的合法权益，促进支付服务行业的健康发展，作为政府监管的有益补充。协会的成立，在制定行业自律规范、加强与监管部门沟通、维护市场秩序等方面发挥了重要作用。特别是对于网络支付机构而言，目前中国支付清算协会组织支付机构建设网联平台，以期为支付机构提供统一、公共的支付清算服务，改变现有第三方网络支付服务直连银行网络带来的多方关系混乱、监管漏洞和安全无法保障等问题，有利于监管部门对社会资金流向进行实时监控，保障客户的资金安全。

四、金融科技监管的政策建议

党的十九大报告强调，健全金融监管体系，守住不发生系统性金融风险的底线。当前，我国金融科技监管的主要问题是监管不足①。借鉴网络支付监管经验，提出如下监管建议：

（一）合理确定监管边界

对于要不要对金融科技进行监管、监管的边界在哪里，关键是要从防范风险的角度看其业务实质。如果某项金融科技业务的实质是高风险的金融业务，则需要加强监管；如果某项金融科技业务仅仅是为金融机构提供技术和支持性服务，不涉及风险较高的金融核心业务，则不需要进行监管或从其他角度（如信息保护等）进行监管。根据有关调查，大多数金融科技企业更愿意作为金融机构的服务和软件提供商，而不是作为受监管的金融机构。要避免一些企业以“科技创新”之名，规避监管，对金融科技企业和传统金融企业按其业务实质和业务风险实行统一的监管标准。

（二）设置适当的市场准入

科技是中性的，但是金融的负外部性很强，科技与金融相结合并没有改变金融业务的高风险本质，需要建立市场准入标准，但准入门槛的设置要适当。如果对从事金融业务的新进入企业不设置门槛或门槛过低，就会导致市场上鱼龙混杂，容易出现问题，例如当前在网络借贷市场出现的乱象。但如果设置的门槛过高，又会对原有企业形成保护，不利于创新，使市场失去活力。特别是由于金融科技业务往往具有规模优势和网络效应，其本身就容易形成垄断。同时，要根据金融科技企业整体发展状况，适时调整准入标准。例如，欧盟在对2000年通过的电子货币监管指引（Directive 2000/46/EC）的评估中，认为原有监管标注过于严格，阻碍了电子货币创新。为此，在2009年新通过的电子货币监管指引（Directive 2000/46/EC）中，将对电子货币发行企业的初始资本金要求、资本与业务规模比例等做了相应降低，以鼓励更多的中小电子货币服务企业进入市场，促进竞争与创新。此外，还要相应地建立退出机制，形成有进有出、优胜劣汰的良性机制。

（三）研究建立金融科技审慎监管标准

由于金融科技企业不吸收存款，往往会忽视对金融科技的审慎监管要求。但

---

① 孙国峰．构建中国金融科技监管“双支柱”［N］．金融时报，2017-09-13.

不吸收存款并不代表没有风险，应根据金融科技企业可能带来的潜在风险程度，建立相应的资本和流动性要求、风险管理要求、内部控制要求等，以保证偿付能力。对于金融科技企业，应注意的一点是应尽量从业务实质和功能监管的角度，将其引入现有的监管体系，而非对金融科技创新过度反应，片面夸大其“颠覆性”“革命性”。

（四）在鼓励金融创新和防范风险中掌握好平衡

如果对金融科技企业监管过严，不利于鼓励创新、提升金融服务水平和效率；而监管过于宽松，又容易导致风险的聚集。因此，应统筹考虑金融科技企业的发展阶段、业务规模、业务性质，制定相应的监管要求和标准。例如，在金融科技企业发展的初期，在规模较小、风险可控的情况下，应注意不能使监管走在业务发展的前面，一开始就制定严格的标准。而对于那些“大而不能忽视”或“大而不能倒”的企业，则要加强风险防范，从严制定监管标准。同时，要通过监管沙箱、创新中心等政策措施，加强监管与业界沟通。通过沟通，一方面促进业界更好地理解监管政策和满足监管要求，另一方面推动监管更好地了解和把握金融科技的发展，更好地制定实施监管政策和规则。此外，在制定相关法规制定和政策时，要注重效率、市场因素、监管等因素的平衡。以区块链为例，一般认为，区块链能够实现实时或准实时全额清算，提高交易和资金结算效率。但实际上，对于大多数金融产品的交易而言，单从技术层面考虑，现有的技术完全可以实现 T+0 结算。目前金融交易 T+2（或 1）天的结算周期主要是由监管、法律和市场实践等因素共同决定的结果。

在风险防范方面，要特别注意金融科技的一些特有风险。例如，金融科技风险扩散速度更快、波及范围更广、传染性更强。特别是金融科技企业通常拥有大量用户数据信息，要强化个人信息数据隐私保护，加强数据模糊化处理等隐私保护技术的开发使用，确保个人信息安全。要更加重视针对金融科技特点的反洗钱、反恐怖融资制度建设，防范通过金融科技进行洗钱、恐怖融资等行为。

（五）完善金融科技法律法规体系，健全金融科技监管框架

一是现有法律法规、规范性文件在新的技术环境下如何执行的问题。把已有的法规制度应用于新业务和新环境，往往存在含义模糊、模棱两可甚至相抵触的情况。例如，很多时候既有监管的依据，也有可以不监管的依据，核心在于通过前述对风险判断的基础上而执行现有法规制度。二是修旧法、立新法，建立金融科技法律法规体系。特别是要针对金融科技业务和风险的特点，制定相应的法律制度和监管要求。比如个人信息保护立法、非吸收存款类放贷机构立法等。三是按照金融科技业务实质清晰划分监管范围，实行穿透式监管。由于金融科技的创

新性和跨业性，容易导致在监管职责上存在交叉或重叠的地方，或是出现监管真空。因此，在监管上一方面要清晰划分监管范围，不留死角和空白；另一方面，也要避免“铁路警察、各管一段”，而是要实施穿透式监管，从整个业务环节来判断业务性质和风险。

（六）加强金融科技行为监管和消费者保护

金融消费者保护的内容包括财产安全权、公平交易权、知情权、受教育权、求得赔偿权、自由选择权和受尊重权，对商品和服务以及保护消费者权益工作进行监管的权利等。金融科技的高技术门槛特征，使得使用者遭受诈骗等风险的可能性提升。同时，金融科技的长尾效应也降低了准入门槛，将大量金融知识、风险识别和承担能力相对欠缺的人群纳入了服务范围，这些人群更容易出现个体非理性和集体非理性，且一旦出现风险，涉及人数多，对社会的负外部性较大。对金融科技企业经营行为应从以下方面进行监管：一是规范金融科技信息披露，通过大众化语言向参与者和消费者准确无误地披露产品相关信息，保护消费者的知情权，充分履行风险告知义务，强调“卖者有责”。二是加强反欺诈和误导，强化个人金融信息保护和反不正当竞争，打击操纵市场和内幕交易。三是提升金融科技企业的诚信意识和消费者的诚信意识。通过制定相关规则，促进公平交易，维持市场秩序，增强消费者信心，确保金融市场的稳健运行。四是加强金融知识普及，提高消费者金融素养，引导树立“买者自负”的投资理念。在风险可控的前提下，放宽市场准入，促进市场竞争，强化市场机制给消费者提供的保护。五是加强金融消费弱者保护，根据金融科技产品性质建立合格投资者制度。

（七）积极推动监管科技创新

技术的发展也为改善金融监管效率、提升监管有效性提供了机遇。通过科技手段武装监管者，完善监管框架，优化监管方式，丰富监管工具和方法，提高监管的自动化程度，努力实现在线监管、实时监测、精准治理。例如，可以通过区块链等技术，实现对金融科技企业交易数据的实时采集和分析；利用大数据和云计算等技术，改进对金融科技企业的风险动态监测体系，以及相应的风险预警指标。金融监管科技的核心问题是数据的处理能力，因此在加强相关硬件配置、采用新兴技术的同时，更需要组建一支既懂技术又懂金融的监管团队。

（八）推动行业自律发挥更大作用

目前的金融业务中，更多的是外部施加的制度规则在发挥作用，而金融科技发展中必然伴随一些内在固有的技术规则，需要技术规则更多地发挥作用。技术规则不同于制度规则，需要行业自律更多地发挥作用。例如，金融科技跨业经营的特点，使产业链条中参与者众多，各行业的标准也可能不统一，影响了效率的提高。需要行业自律组织发挥作用，从节约整体社会成本的角度，制定统一的技术标准。此外，金融科技的应用，特别是区块链，其从研发到实际应用投入非常大；这些技术具有网络规模效应，只有更多的市场主体参与，才能降低成本、提高效率。因此，在诸如如何分摊成本、协调各方利益动机等方面，行业自律可以在其中发挥重要作用。另外，还需要建立自律惩戒机制，维护行业秩序，行业内的龙头企业要有担当意识和责任。

参考文献

[1] 朱太辉，陈璐. FinTech 的潜在风险与监管应对研究 [J]. 金融监管研究，2016 (7)：18 -32.

[2] 张晓朴. 互联网金融监管的原则：探索新金融监管范式 [J]. 金融监管研究，2014 (2)：6 -17.

[3] 孙国峰. 共建金融科技新生态 [J]. 中国金融，2017 (13)：24 -26.

[4] 胡滨，杨楷. 监管沙盒的应用与启示 [J]. 中国金融，2017 (2)：68 -69.

[5] 巴曙松，白海峰. 金融科技的发展历程与核心技术应用场景探索 [J]. 清华金融评论，2016 (11).

[6] 巴曙松. 中国金融科技发展的现状与趋势 [J]. 21 世纪经济报道，2017 -01 -20 (004).

[7] 范一飞. 中国法定数字货币的理论依据和架构选择 [J]. 中国金融，2016 (17).

[8] 廖岷. 全球金融科技监管的现状与未来走向 [N]. 上海证券报，2016 -08 -19.

[9] 孙天琦. 数字货币的金融消费者保护 [J]. 中国金融，2016 (8).

[10] 廖岷，万建华. 金融科技发展的国际经验和中国政策取向 [EB/OL]. http：//www. cf40. org. cn/.

[11] 京东金融研究院. 2017 金融科技报告：行业发展与法律前沿 [EB/OL]. www. JD. com.

[12] 李建勇. FinTech 的发展与风险控制 [J]. 新金融，2017 (4).

[13] 李伟. 金融科技发展与监管 [J]. 中国金融，2017 (8).

[14] 李文红. 借鉴金融牌照管理国际经验 实施金融科技业务穿透定性 [J]. 中国金融，2017 (18).

[15] 谢平. FinTech：解码金融与科技的融合 [M]. 北京：中国金融出版社，2017.

[16] 范一飞．我国支付体系发展与展望［J］．中国金融，2017（12）．

[17] 中国人民银行．《非金融机构支付服务管理办法》等法规制度，中国人民银行网站 www. pbc. gov. cn.

[18] Menon，Ravi，FinTech – harnessing its power，managing its risks［R］．www. bis. org.

[19] Pinna，Andrea，Ruttenberg，Wiebe Distributed ledger technologies in securities post – trading［R］．April 2016，www. ecb. europa. eu.

[20] EC Chaffee，GC Rapp. Regulating On – Line Peer – to – Peer Lending in the Aftermath of Dodd – Frank：In Search of an Evolving Regulatory Regime for an Evolving Industry，Social Science Electronic Publishing，2012，69（2）：485.

[21] Kobayashi，S.. Insurance and Financial Stability：Implications of the 2016 IMF Global Financial Stability Report for Regulation and Supervision of Insurers［J］．Journal of Financial Regulation and Compliance，2017，25（1）．

[22] The UK Government Chief Scientific Adviser，Distributed Ledger Technology：beyond block chain［R］．来源于"区块链铅笔"微信公众号．

金融开放篇

我国经济发展、国际收支和外汇储备与人民币汇率关系的研究

中国人民银行上海总部金融市场管理部课题组

课题组组长：曾令美（执笔）

课题组成员：王丽洁　张一铮

摘　要

一般来讲，一国经济分为对内和对外两大部门，其对外部门就是本国与其他经济体发生经济交往的部分，经济交往中必然产生货币兑换、涉外收支和交易避险需求，从而涉及国际收支、外汇储备、外汇汇率等方面，尤其是在世界经济日益一体化的今天，国际经济贸易往来无时无地不在，对一国经济发展和汇率变化影响甚巨。经济发展、国际收支和外汇储备水平决定汇率，汇率反过来也对前者有着重大影响，在我国日益融入世界经济，经济贸易外部依存度很高而且已经位居世界第二大经济体的今天，汇率问题越发重要了。正如人民银行前行长周小川所说，贸易投资对外开放、市场化汇率形成机制和减少外汇管制“三驾马车”拉着中国经济在对外开放道路上走了相当长的里程，迈过了很大的台阶，三者既相互配合和促进，也相互影响和牵制。回顾我国人民币汇率形成机制数十年来改革的历史进程，研究人民币汇率与国际收支、外汇储备与经济发展的关系，总结得与失，对于处理好它们之间的关系、完善人民币汇率形成机制、推进本外币一体化发展和人民币国际化、促进经济健康稳定发展具有重要的理论和现实意义。本文拟以人民币汇率形成机制改革为主线，讨论汇率与国际收支、外汇储备和经济发展之间的相互影响，总结汇率改革的得失，并提出相应对策建议。

一、人民币汇率形成机制改革的历史进程和述评

汇率水平应该是经济发展、国际收支和外汇储备变化情况的综合反映，但实际水平则受制于本外币汇率是如何生成的，即汇率管理制度，而汇率制度作为国家宏观经济管理体制的重要组成部分，又必然随着经济发展和国家宏观调控体制的变化而逐步演变。本文拟把新中国成立以来的汇改进程大体分为四个阶段。

（一）计划经济体制下的汇率制度（1949～1993 年）

这一阶段的汇率制度作为计划经济体制的一部分，基本实行统收统支和固定汇率制度。1953～1972 年，人民币汇率基本稳定保持在 1 美元兑换 2.46 元人民币的水平上，外贸盈亏全部由国家财政负担与平衡。1973 年人民币汇率参照西方国家货币汇率浮动状况，采用“一篮子货币”加权平均计算方法进行调整，汇率从 1973 年的 2.46 元逐步调至 1980 年的 1.50 元，人民币对美元升值了 39.2%。

1978 年我国开始改革开放，经济体制迈入转轨时期，人民币汇率开始实行长达十三年的事实上的双重汇率制度。1981～1984 年初步实行双重汇率制度，即包括国家定价的挂牌价和另行规定的一种适用进出口贸易结算和外贸单位经济效益核算的贸易外汇内部结算价格，固定在 2.80 元的水平。人民币对美元官方汇率由 1981 年 7 月的 1.50 元下调至 1984 年 7 月的 2.30 元。1985 至 1991 年 4 月复归单一汇率制度。官方汇率继续下调，到 1985 年 1 月下调至 2.80。这阶段虽然恢复了单一的汇率制度，但随着留成外汇的增加，调剂外汇的交易量越来越大，产生了随行就市的占交易主导地位的调剂市场价格，且越来越高，从而形成了新的双重汇率。当时外汇市场汇率与官方挂牌价格间价差较大，汇市投机之风盛行，外汇黑市开始兴旺。企业外汇存款多，而官方外汇储备不足。外贸企业基本上都不愿意将外汇卖给商业银行，而愿意通过外汇调剂市场出售外汇。一些企业为突破外汇管制、抢占市场先机，也愿意到调剂市场购入外汇。调剂市场规模越做越大，官方市场却越来越萎缩。当时通过调剂市场进行的外汇交易大约占全部外汇交易的 80%～85%，通过官方市场进行的外汇交易却只占 15%～20%。1991 年 4 月至 1993 年底两年多的时间里，官方汇率数十次小幅度调低，但仍赶不上出口换汇成本和外汇调剂价的变化。到 1993 年底，人民币兑美元官方汇率与调剂汇率分别达到 5.7 和 8.7。

这一阶段人民币汇率制度演化的特点是官方汇率和调剂市场汇率并存，两种汇率同向、大幅贬值。这一方面是因为之前数十年汇率基数定得过高，另一方面是本外币供求因素造成的，归根结底是经济基本面因素向汇价的传导。1984～1990 年，人民币供应量增长开始驶入快车道，此后几乎每年 M_2 的增速都在 20% 以上，尤其是 1984 年和 1986 年，M_2 甚至达到了 39% 和 31% 的惊人增幅，给人民币带来了巨大的贬值压力；再叠加改革开放后我国企业大规模的商品进口、留学、出国和移民潮，对美元等外汇的需求急剧增加，美元供不应求，内在升值动力巨大。1985～1993 年，官方人民币兑美元汇率 2.94 一路贬值到 5.76，贬值了近一倍；同期调剂汇价更是贬到了 8.7。由此可见，这一段时间的汇率制度改革和汇价水平总体上是落后于经济社会发展实际的。

（二）1994年汇改后实行以市场供求为基础的、单一的、有管理的浮动汇率（1994～2004年）

1994年1月1日，我国推行汇率改革，取消双重汇率制度，实行汇率并轨，建立以市场供求为基础的、单一的、有管理的浮动汇率制度，人民币兑美元官方汇率由1∶5.8直接跳贬到1∶8.7，这也是当日外汇调剂市场的价格；同时取消外汇留成和上缴，取消外汇收支的指令性计划，实行强制结售汇制度，外贸企业收入的外汇必须结汇给外汇指定银行，后者再售卖给中央银行。企业和个人按规定向银行买卖外汇，1994年4月4日，全国统一的银行间外汇市场（中国外汇交易中心）开始运营，银行进入银行间外汇市场进行交易，形成市场汇率。中央银行设定一定的汇率浮动范围，并通过调控市场保持人民币汇率稳定。实际上这是一种受控制的浮动汇率制度，且只能在政府规定的狭窄范围内浮动。各外汇指定银行依照我国央行公布的汇率，在规定的上下幅度内决定零售市场的挂牌汇率，对客户买卖外汇。

这次汇改成为了人民币汇制改革史上的一座里程碑。一方面，促进了我国外向型经济的发展。首先，提高了出口商品的国际竞争力，我国廉价的劳动密集型商品开始充斥世界市场，大量外汇源源不断流入，我国外汇储备不断攀升，短短三年时间，从1994年的516亿美元增长到1997年的1400亿美元，为抵御住亚洲金融危机的冲击打下了基础；其次，人民币一次性跳贬，彻底解决了因为汇率双轨制问题受到的国际货币基金组织、世贸组织的质疑，为我国进入世界贸易组织扫清了汇率准入障碍；最后，汇率的统一使长期困扰民众的两个外汇市场归于统一，降低了外汇交易成本和投机行为，恢复了外汇市场秩序。另一方面，我国从此奠定了现行的人民币汇率制度的基本框架——以市场供求为基础、有管理的浮动汇率制度。即官方的单一的汇率再也不是官定汇率，而是市场交易形成的汇率；再也不是固定汇率，而是有管理的浮动汇率，虽然上下波动幅度有限制且很小。从汇率并轨以后的汇率走势看，人民币汇率总体保持稳中趋升的走势。并轨以后人民币兑美元的汇率是8.7，1997年东南亚货币危机时期，汇率是8.28。东南亚的货币危机后来演变成了席卷全球的亚洲金融危机。在这种情况下，1998年春季，我国政府对外承诺人民币不贬值。所以从1998年起，人民币兑美元的汇率大致稳定在8.28左右。之后至2004年，人民币汇率保持稳中有升，并开始进入缓慢升值通道。此次汇改也基本建立了我国国际收支管理和外汇储备形成的基本构架。后面二十多年的改革基本上都是在此次汇改的基础上不断进行完善的，总的方向是走向市场化的人民币汇率形成机制。

1996年是我国外汇管理改革的重要一年。1月1日，国际收支统计申报制度正式实施；1月29日，央行颁布《中华人民共和国外汇管理条例》，于4月1日起正式实施；从7月1日起对外商投资企业实行银行结售汇，对境内居民个人因私用汇，经外汇局审核其真实性后由外汇指定银行供汇；正式实施新修订的《结汇、售汇及付汇管理规定》；自1996年12月1日起，接受国际货币基金组织协定第八条第二款、第三款、第四款的义务，实行人民币经常项目下的可兑换。从此，走向市场化的外汇管理和外汇市场发展框架以及重要政策法规基本确立，实现人民币经常项目可兑换向人民币可兑换的最终目标迈出了坚实的一步，也为人民币汇率形成打下了良好市场基础。

1997~1999年，亚洲金融危机爆发后，我国主动收窄了人民币汇率浮动区间，并因在亚洲危机期间坚守不让人民币贬值的承诺帮助维护亚洲稳定而获得称赞。通过央行频繁干预，人民币兑美元汇率固定在1美元兑换8.28元人民币。

2001~2005年，加入世界贸易组织后，我国开始逐渐放松资本管制，但国际社会日益施压，促使人民币更快升值以帮助平衡全球贸易。

2004年2月，允许香港银行提供有限的人民币零售银行服务，以促进跨境旅游消费。人民币逐步开始境外使用。

（三）2005年重启汇改后实行以市场供求为基础、参考一篮子货币调节、有管理的浮动汇率制度（2005~2014年）

2005年7月21日，人民币汇率重启改革，实行以市场供求为基础、参考一篮子货币进行调节、有管理的浮动汇率制度。人民币汇率不再盯住单一美元，形成更富弹性的人民币汇率机制是这次改革的亮点。参考一篮子表明外币之间的汇率变化会影响人民币汇率，但参考一篮子货币不等于盯住一篮子货币，它还需要将市场供求关系作为另一重要依据，据此形成有管理的浮动汇率。我国央行于每个工作日闭市后公布当日银行间外汇市场美元等货币对人民币汇率的收盘价，作为下一个工作日该货币对人民币交易的中间价格，体现了市场供求的因素，也提高了市场透明度。2005年7月21日19时，人民币对美元调整为8.11元人民币，升值2%，每日银行间外汇市场美元对人民币的交易价仍在央行公布的美元交易中间价上下千分之三的幅度内浮动。

2005年8月9日，央行扩大外汇指定银行远期结售汇业务和开办人民币与外币掉期业务。在这之前只有中国银行一家可以做远期结售汇。

2005年9月23日，央行决定适当放宽人民币汇价交易幅度，扩大即期外汇市场非美元货币对人民币交易价的浮动幅度，从原来的上下1.5%扩大到上下3%，适度扩大了银行对客户美元挂牌汇价价差幅度，并取消了银行对客户挂牌的非美元货币的价差幅度限制。

2006年5月15日，人民币兑美元汇率中间价首度“破8”，报7.9982，进入“7”时代。而交易价“先走一步”，在2006年1月13日收于7.9999。

2007 年 5 月 21 日，央行宣布将人民币兑美元汇率日波动区间从 0.3% 扩大至 0.5%。

2007 年 7 月，首批人民币计价债券在香港发售。人民币国际化率先从资本项下开启征程，只不过这时还没有这个提法。

2008 年 4 月 10 日，人民币兑美元汇率中间价首度“破 7”。而交易价早在 2007 年 9 月 27 日破“7”，收于 6.9920。

2009 年 4 月 8 日，在上海市和广东省内四城市开展跨境贸易人民币结算试点。

2010 年 6 月 19 日，央行宣布将继续汇率改革，提高人民币汇率弹性，增强人民币交易的灵活性。客观地讲，我国是比较早退出危机应对的国家，货币政策也是比较早就开始退出扩张而恢复了稳健的货币政策。

2010 年 7 月 19 日，央行与香港金融管理局同意扩大人民币在香港的结算范围，离岸人民币交易正式启动。

2010 年 12 月 15 日，莫斯科挂牌人民币对卢布交易，俄罗斯成为人民币在境外挂牌交易的第一个国家。

2011 年 1 月 14 日，央行允许获批境内企业采用人民币进行境外直接投资，ODII 开始了，境外人民币资金池又添生力军。

2011 年 4 月 1 日，人民币对外汇期权交易正式推出，为企业和银行提供了更多的汇率避险保值工具。银行间外汇市场一直以来衍生工具不足，这是自 2005 年以来首次扩容。

2012 年 4 月 16 日，银行间即期外汇市场人民币兑美元交易价浮动幅度由 0.5% 扩大至 1%，外汇指定银行为客户提供当日美元最高现汇卖出价与最低现汇买入价之差不得超过当日汇率中间价的幅度由 1% 扩大至 2%，增强汇率弹性步伐有所加快。此轮汇改抓住了外汇供求基本平衡的机会，顺势而为，扩大了人民币汇率浮动区间。

2014 年 3 月 17 日，银行间即期外汇市场人民币兑美元交易价浮动幅度由 1% 扩大至 2%，增强汇率弹性步伐显著加快、加大。

2014 年 7 月 2 日，取消银行对客户美元挂牌买卖价差管理，汇率预期有所分化，中央银行基本退出常态外汇干预。

自从 1994 年贬值以来，人民币兑美元一路升值，特别是 2005 年 7 月人民币汇改之后。2005 ~ 2008 年，人民币兑美元汇率由 8.27 ~ 8.28 上升至 6.7 ~ 6.8，2008 年国际金融危机爆发后，央行再次将人民币盯住美元，至 2010 年人民币兑美元再次固定在 6.7 ~ 6.8。2010 年 6 月，央行宣布重启汇改。2010 ~ 2014 年，人民币兑美元汇率走出一波由 6.7 ~ 6.8 上升至 6.1 ~ 6.2 的行情。总体看，这个十年人民币走出了对美元单边升值的行情，升值速度快于上个十年，人民币兑美元中间价升值达26%，最高点出现在2014年1月14日，中间价和收盘价分别达到6.09和6.04，名义汇率指数和实际汇率指数则分别上涨22%和46%。在过去十年间，我国对外贸易和外商投资持续大量顺差，资本大量流入，外汇储备快速积累，人民币长时间面临升值的压力，这是由我国改革开放二十多年生产率大幅提高和外汇大量流入带来的升值，而不是参考篮子货币导致的升值。在大幅升值的同时，这个十年人民币汇率弹性也显著增强，人民币兑美元波幅限制从上个十年的0.3%大幅放宽至2%。十年间，我国外汇流入剧增，外汇储备规模从8188亿美元猛增至38430亿美元，2014年最高曾破4万亿美元。我国经济增长率连续多年达到两位数，金融危机前的2007年高达14.2%，强劲的经济增长、全要素生产率提高和外向型经济发展导致外汇大量流入，推动人民币不断升值，而人民币升值反过来又吸引大量外资进来，从而构成基本面、市场供求和升值的正反馈循环，推动自身螺旋式上升，人民币汇率也纠正了过去持续低估的现象。同时，自2009年央行启动人民币国际化进程以来，在强势人民币汇率推动下，人民币国际化在在岸与离岸市场上均取得了显著进展。

（四）2015年“8·11”再次汇改（2015年至今）

2014年以来，我国经济增速下行，消费、投资与出口“三驾马车”均增长乏力，金融市场的潜在风险上升，开始面临持续的短期资本流出；美联储货币政策正常化导致美元升值，而欧元区与日本均在通过量化宽松有意压低本币汇率。在这一背景下，由于人民币兑美元汇率基本上保持稳定，人民币兑一篮子货币的有效汇率在2014年以来升值过快，以至于形成了一定程度的人民币汇率高估，这既不利于我国经济对外开放，也不利于金融市场稳定。因此，在更大程度上让人民币兑美元汇率反映市场供求形势，进一步增强人民币汇率弹性，就成为2015年8月11日再次汇改（以下简称“8·11”汇改）的初衷。当然，“8·11”汇改还有个制度性原因，即2015年11月30日国际货币基金组织将对人民币加入SDR进行评估，且其7月25日发布的初评报告提出人民币汇率存在技术障碍。

2015年8月11日，央行宣布，即日起将进一步完善人民币汇率中间价报价，做市商在每日银行间外汇市场开盘前，参考上一日银行间外汇市场下午4点半的收盘汇率，综合考虑外汇供求情况以及国际主要货币汇率变化，即隔夜主要货币汇率的走势，向外汇交易中心提供中间价报价，交易中心进行加权平均后得到当日人民币兑美元汇率中间价。8月11日人民币兑美元中间价较8月10日中间价贬值2%，使过去中间价与市场汇率的点差得到了一次性矫正。

2015年12月11日，外汇交易中心首度发布CFETS人民币汇率指数，并公布BIS篮子货币指数和SDR篮子货币指数。

2016年2月，央行公开“8·11”汇改中间价定价规则，即当日中间价=

（前日收盘价 +24 小时货币篮子稳定的理论中间价）/2。这给了市场更加透明的定价规则。同“8·11”汇改之后初期中间价基本上等于前日收盘价相比，篮子货币的加入有助于稳定市场贬值预期。

2016 年 10 月 1 日，人民币正式加入 SDR。这是人民币走向国际化进程的里程碑，也是我国经济融入全球的重要一步。但对此不可盲目乐观，因为人为设计的 SDR 规模相比国际储备总量还很小，用来替代美元、解决国际储备不足的目的远未实现，主要储备货币发行国也并不热心，这还需要中国和主要新兴经济体大力推动。

2016 年 5 月 26 日，外汇交易中心官网发布消息称，近日外汇市场自律机制汇率工作组考虑在人民币兑美元汇率中间价报价模型中引入逆周期因子。这意味着，人民币中间价形成机制将变为“收盘汇率 + 一篮子货币汇率变化 + 逆周期因子”。这有助于缓解人民币汇率波动对国内经济基本面积极变化反应不足的问题；有助于增强汇率调控的自主性，对冲市场的顺周期波动，实际上清晰传达了减缓贬值预期的政策意图；有助于增加人民币汇率弹性，形成有涨有跌的上下波动。

以上就是新中国成立尤其是 1994 年以来人民币汇率制度演变的简单脉络。可以看到，我国自 1994 年以来二十多年的汇率机制和外汇市场改革发展与我国经济增长和改革开放历程相伴相生、相辅相成，走过了 1994 ~ 2004 年、2005 ~ 2014 年和 2014 年至今三个大的阶段，人民币汇率也经历了先固定、中间升值、再贬值的大周期。2005 年以来人民币汇率不断大幅升值，显著改变了过去低估的状态，在 2014 年 3 月之前，人民币兑美元中间价持续高于市场价，市场上存在持续的人民币升值预期，而央行通过遏制人民币升值来维持人民币汇率稳定；而从 2014 年 8 月至 2015 年 8 月汇改之前，人民币兑美元中间价持续低于市场价，这表明市场上存在持续的人民币贬值预期，而央行通过遏制人民币贬值来维持人民币汇率稳定。2015 年 8 月 11 日汇改的方向是正确的，既让每日汇率中间价在更大程度上由市场供求来决定，也把人民币兑美元每日波幅大幅扩大至 ±2%，汇率弹性增强。至于汇改后人民币兑美元逐级下行，正是这次汇改市场化程度提高的反应，而不是相反，因为 2014 年人民币兑美元汇率已经有所高估，市场供求因素自然会驱动中间价有所回撤，同时又受到了国内经济进入新常态、美元加息等因素的影响。这种贬值有助于抑制人民币有效汇率的过快升值，及其对出口增速的冲击，也有利于消除人民币持续贬值预期，增强我国金融市场的稳定性。

二、过去二十多年汇改的成效和经验

过去二十多年主动、渐进、可控的人民币汇率形成机制改革是比较成功的，人民币汇率中间价作为基准汇率，对于稳定市场汇率、推动汇率市场化、适应和促进贸易投资发展发挥了重要作用，央行在汇改中建立了较好的声誉。

一是确立了一个比较适合我国国情、以市场化为导向的人民币汇率形成机制。人民币汇率低估得以纠正。1994 年 1 月至 2017 年 6 月，人民币兑美元升值 21.76%；1994 年 1 月至 2017 年 4 月，人民币名义有效汇率与实际有效汇率的升值幅度则分别高达 37.4% 与 75.12%。汇率弹性显著增强。在 2007 年 5 月、2012 年 4 月与 2014 年 3 月，央行三度扩大人民币兑美元汇率的日度波动区间，该区间已经由 ±3‰扩大至目前的 ±2%。

二是建立和培育了全国统一的有广度和深度的外汇市场。建立有效的银行结售汇制度，把面向外汇指定银行和企业外汇交易的零售市场纳入其中；建立和扩大金融机构之间进行外汇交易的银行间外汇市场，在扩大交易主体、丰富交易品种、放宽交易限制等方面取得了很大进步，已经推出除期货外的各类外汇衍生交易工具，2017 年外汇市场交易量达到 27 万亿美元，比 2005 年汇改时增长了 40 多倍。

三是改善了我国经济内外失衡问题。外部失衡是指我国经常账户余额占 GDP 的比率过高，内部失衡是指人民币汇率持续低估压低了国内服务品相对于制造品的价格，造成资源从服务业大量流入制造业，进而形成制造业发展过度而服务业发展不足的局面。过去十多年人民币强劲升值，出口增速已减缓，我国经常账户顺差占 GDP 的比率已经持续低于 3%，这表明我国的外部失衡已经显著改善。同时，近年来我国服务业的发展速度已经显著超过制造业，第三产业产值占 GDP 的比重，已经持续超过第二产业产值的 GDP 占比，这意味着我国的内部产业结构失衡也得到了一定程度的纠正。

四是推动了人民币走向国际化。从 2009 年起，央行采取了跨境贸易与投资的人民币计价与结算、发展离岸人民币金融市场、拓宽境外机构投资我国资本市场和央行之间签署双边本币互换协议等措施，离岸人民币市场快速发展，人民币也加入了 SDR，初步成长为国际储备货币，也成了国际支付占比第七大货币，人民币国际化程度大幅提升。

五是微观主体汇率风险意识提高。人民币汇率弹性增强、波幅扩大和波动频率加快，促使涉外企业不断适应外汇变化的不确定性，主动运用多种外汇工具和人民币收付保值避险，企业外汇风险意识和管理能力都在增强，外汇衍生品交易量占进出口总额的比例逐年上升。同时商业银行也在自身结售汇和代客结售汇业务中增强了主动识别和管理外汇风险的能力。

六是资本流动更加均衡。汇改以来，中国资本管制逐渐放松，稳步推进“藏汇于民”，不断加强微观主体境内外投资便利化建设，境内居民对外资产配置渠道增加，中国逐渐由一个资本引进国变成了对外投资大国，资本的流入、流出变得更加均衡。跨境资本的双向流动日趋显现，国际收支开始由“双顺差”向

"经常账户顺差，资本账户逆差"转变。

三、人民币汇率与相关宏观经济要素的关系

人民币汇率与经济发展、国际收支、外汇储备、汇率形成机制和人民币国际化密切相关，互相影响，二十多年的汇改证明了这一点。厘清它们之间的逻辑关系，对于认识汇率实质及其在国民经济中的作用，进一步完善体制机制具有重要意义。

（一）人民币汇率与人民币汇率形成机制的关系

人民币汇率是人民币与外币的比价水平，正如利率是资金的价格一样，人民币汇率是人民币的外币价格，这个价格如何确定，由人民币汇率形成机制来生成。生成的价格可能是由市场供求决定的市场化汇率，就像资金的松紧决定利率一样，也可能是人为的、偏离市场的价格。价格反过来会影响资金供求，影响资源配置方向，进而影响经济发展和跨境资金流动。因此人民币汇率形成机制的好与坏十分重要，这也正是我们数十年如一日不懈汇改，同时又十分慎重的原因。搞市场化的汇率，就要遵循市场经济的价值规律，市场汇率围绕均衡汇率上下波动。这有两个经济含义：一是均衡汇率决定市场汇率，中长期看市场汇率不可能偏离均衡汇率太远；二是市场汇率不可能固定在均衡汇率水平上，而是会呈现有涨有跌的上下波动。可见，均衡汇率十分重要，但均衡汇率难以事先预知。1994年汇率并轨之初，许多人以为8.70是不可能守住的水平，但一年之后，不仅人民币升值，外汇储备还翻了一番，改革取得了超预期成功；2005年"7·21"汇改，人民币汇率一次性升值2.1%，一般认为将有助于外贸进出口和经常项目收支趋向平衡，但结果却是这两个顺差越来越大，这都表明人们事先不会比市场更加高明。当然，均衡汇率并非完全不可知，通常可以通过交易试错的方式，事后观察判断出来。

理论上，均衡汇率取决于外汇供求，根本的取决于经济基本面。但正如凯恩斯所说，人有动物精神，加上"羊群效应"，汇率容易出现过度升值或者贬值的超调。当市场普遍看多的时候，就选择性地相信好的消息；当市场普遍看空的时候，就选择性地相信坏的消息。这又涉及心理预期的问题了。有人把近年来人民币贬值归罪于人民币汇率形成机制，显然缺乏常识。实际上，没有这个机制，人民币汇率会贬值更多，中间价公式起到了一定熨平汇率波动的作用。任何汇率制度安排，本身不可能决定一个货币对外币值是强还是弱，"上日收盘价+篮子货币汇率走势"的定价公式，本身没有支持人民币升值或者贬值的偏好，而只是对由国内外汇供求关系和主要货币汇率走势共同决定人民币汇率走势的数学表示。近年来人民币的贬值主要是由我国经济下行和国际环境变化导致的。

人民币汇率形成机制改革的目的就在于找到充分反映市场信息的市场化汇率，发挥资金价格优化资源配置的作用。

（二）人民币汇率与国际收支、外汇储备的关系

汇率由外汇供求决定，而外汇的供给与需求来自与境外发生的各种贸易和投融资行为，这些经济行为所产生的外汇收入与支出按照经常项目和资本与金融项目分类，全面反映在了一国国际收支平衡表上。为了使国际收支平衡表达到借贷平衡，在表中引入了外汇储备一项，外汇储备记为负数，表示外汇储备增加，反之则反是。一般讲，在成熟市场条件下，价格杠杆将发挥作用：外汇流入大于流出或者供给大于需求，则人民币升值，升得多了，外汇供大于求的缺口趋于收敛，人民币转向贬值，上下波动，反之则反是，从而达到市场出清状态下的均衡。当然也有例外情况，2016 年曾出现人民币越跌，反而结汇的越少、购汇的越多。这也不奇怪，因为市场预期人民币还会贬下去，就好像股票市场，指数跌了，大家担心还要跌，不会去买，担心抄底抄在“山腰上”，而是继续卖。反过来，汇率也会影响国际收支，长期升值会导致出口增速下降、经常账户顺差减少，同时，也会促使外贸企业谋求结构升级，促进经济升级换代，近几年中国经济发展趋势与此基本吻合。

外汇储备不是央行决定的，但承担了运营管理外汇储备的重大责任，央行投资理财的效益还是不错的，有人估计其中近四分之一是投资收益。2017 年 2 月，央行口径外汇占款下降 581 亿美元，而同期外汇储备却上升了 69 亿美元，很多人搞糊涂了。实际上，外汇储备与外汇占款二者出现背离也是常有的事。因为影响外汇储备的还有很多与外汇占款无关的其他因素：一是汇率因素。外汇储备包含了美元、欧元、日元、英镑等许多货币资产，这是由我国贸易和融资多元化所决定的，当这些货币对美元升值时，以美元计值的外汇储备自然就增加了。二是利率因素。国际市场利率波动必然导致金融资产价格变化，这对于广泛投资于全球金融资产的外汇储备来说自然产生影响。三是投资收益因素。外汇储备每年会有一定的投资收益，比如投资美国国债，既有利息收入，也有低买高卖产生的资本收益。四是外汇储备的其他运用因素。比如对亚洲基础设施投资银行（亚投行）等国际性金融机构的注资，会从外汇储备之中自动扣除。当然，这些项目都反映在了国际收支平衡表中。

外汇储备与汇率高低也没有直接关系。应该说收进多少外汇储备，就以外汇占款的形式投放了相应的人民币，外汇储备并未在市场上流动，因而不构成实质性的外汇供给，其对汇率主要是间接影响，也就是通过增强信心影响预期、充当干预市场的手段等。

（三）人民币汇率与宏观经济的关系

首先是与经济增长的关系。汇率是两个国家商品和服务的比价，一国全要素生产率（TFP）提升，单位成本产出的真实财富相对增加，该国汇率就会升值，因为单位产出的成本低，价格更有竞争优势，外汇流入增加，同时单位本币可购买更多商品和服务。经济强，则货币强，经济快速增长，资本流入增加，货币升值，这正是我国2015年前的真实情况。1994年建立有管理的浮动汇率制度后，稳定的汇率预期和低成本的环境，加上20世纪90年代国企改革和21世纪初“入世”的红利叠加，我国迅速成为“世界工厂”和第一大外汇储备国。资本大规模流入，市场全面取代计划，生产效率快速提升，人民币兑美元从1994年的8.7一路攀升至2014年的6.05。2015年之后我国推行“三去一降一补”的供给侧结构性改革，优化经济结构，开始“中等收入陷阱”的惊险跨越进程，经济增速趋缓，同时主要发达经济体需求萎缩，出口减缓，美元开启加息周期，资本流出增加，这些内外因素叠加，人民币汇率由强转弱。

反过来，汇率的变化也会推动经济结构的改善。长期以来，由于资源过度集中于贸易品部门，累积了巨额经常账户顺差，导致制造业产能过剩而服务部门发展不足，限制了国内消费。随着人民币不断升值，中国经济内部失衡问题得到缓解，第三产业和最终消费对GDP增长贡献率不断提高，经济转型升级取得明显进展，新的增长动能不断增强。

其次是与货币供给的关系。1995年，我国的M_2基本与GDP等额，都刚刚超过6万亿元，随着经济的快速增长，我国货币发行及信用创造不断膨胀，到2015年M_2已经达到GDP的2.06倍，位居世界第一，如果有效产出不能同步跟上，必然导致人民币汇率下行。汇率长期走势取决于生产率，而短期走势主要取决于货币供给和利率。货币供给增加，短期内物价水平未同步上升时，实际货币供给增加，利率下降，资产预期回报率下降，本币就会贬值，产生“汇率超调”。长期看如果物价上涨水平跟上，则货币供给增加的效应是中性的，即汇率保持稳定或者回升一部分。所以，我国这些年在M_2大幅扩大的同时，物价却保持低位，人民币回吐部分涨幅，震荡走贬也有必然性。

最后是人民币汇率与预期的关系。现在我们知道汇率与预期关系密切，而在20世纪80年代前却并非如此，那时分析汇率考虑的是进口需求、出口需求及其弹性问题。之后随着浮动汇率制的推行、资本管制的放松，庞大的资金每天在全球各市场间快速流动，追逐利润；与进出口交易规模相比，国内和国外各类资产的规模要大得多，因此，资产收益率的相对变化和资产的频繁流动成了影响短期汇率变动的主要因素。资产市场对未来的预期十分敏感，而预期是难以捉摸的。外汇市场同股票市场等其他资产市场一样，预期的作用很强，汇价因此而更加难以预测。有时候预期的作用甚至会使汇率的走势与经济基本面相反。2016 年我国经济触底企稳的信号越来越明显，但人民币仍然震荡走低，很大程度上就是因为市场上存在的贬值预期。

（四）人民币汇率与人民币国际化的关系

人民币要实现国际化需要一系列的条件。一是经济体量要够大，融入世界经济要够深，这样才能够通过进出口贸易、投融资和避险交易等途径使货币走出国门。二是要有足够的信誉使人愿意持有。市场主体都是厌恶风险的，这就需要人民币币值保持基本稳定，汇率稳定又是以经济稳、国际收支基本平衡和外汇储备保持适度充足水平为条件的。建立在持续升值预期基础上的货币国际化并不牢固，但持续贬值的货币也很难为国际社会所广泛接受。价值的稳定性是作为交易媒介、计价尺度和贮藏职能的基础。无论是贸易领域的人民币结算还是以人民币计价的金融资产发行，都需要以汇率基本稳定和国内金融安全为基础。同时，人民币汇率机制要透明、真实、可预期，特别是汇率能够反映市场供求，提供真实可信的价格信号，便于市场交易定价。三是境外居民要能方便持有和使用人民币。这就需要具备基本的支付、清算等基础设施和使用场景。四是要形成人民币交易市场，开展人民币各种金融服务。建立顺畅的人民币回流渠道，在当前境外人民币市场未充分发展的情况下，更需要允许境外人民币回流，通过投资交易实现保值增值。有了回流才能促成流出。五是成为国际储备货币是人民币国际化的重要组成部分，也是人民币的有效增信手段之一。2016 年 10 月人民币正式加入 SDR 开了个好头。

可见，人民币汇率对人民币国际化发展具有重要的基础性作用。自 2009 年跨境贸易人民币结算试点改革到 2014 年，人民币国际化进程从经常项目到资本项目、境外资金池从小到大、人民币产品从单一的存贷款到丰富的金融产品和衍生品交易、地域从香港扩展到包括欧美在内的数十个国家和地区、地位从民间交易到官方储备，总之获得了快速发展，背后都有强势人民币的支撑。2015 年后人民币走势转弱，境外人民币资金池和人民币交易支付量随之有所萎缩。2017 年后又有所回升。

四、几点思考

（一）全面、理性地看待人民币汇率走势

科学看待人民币汇率要处理好三对关系：一是短期冲击与长期趋势。实体经济表现不错，但人民币走贬，这主要是国内外企业和居民重新配置资产和负债等短期因素造成的。以前人民币升值，美元融资成本低，企业借外债多，而且居民

个人不担心人民币贬值，兑换美元少，出国旅游需求也不多；现在情况变了，汇率风险大了，企业开始减少美元负债，增持美元资产，个人出国留学和旅游需要花费的外汇也多了，这些都反映在了外汇流出上。当然，美元加息和人民币贬值非理性预期也有推波助澜的作用。汇率长期走势取决于价值，而货币价值是由生产率决定的。二是经常账户与资本账户。官方一直以来宣传人民币并无贬值的基础，即所谓“人无贬基”，在近年人民币走弱面前，容易遭人嘲讽。我国经济增长快，隐含的是劳动生产率提高，客观上促使升值；经常账户顺差大，也是企业有竞争力的表现，这两个基本面有利于升值。近年贬值预期更多的来自所谓的资本外流，实际上资本账户逆差不能说没有外逃的原因，但正如前文所说，主要还是居民的资产重新配置，还有国内企业加大了境外投资的力度，境外收购规模空前。当然，资本项目中也不全是短期资本，也有与经济基本面紧密联系的，尤其是其中的直接投资项目，近年来我国吸引外商直接投资仍然处于高位。因此，“人无贬基”是有根据的。三是相对贬值与绝对贬值。人们习惯于把人民币兑美元汇率当成是人民币汇率的全部，而看不到人民币兑一篮子货币的汇率，兑美元贬了，就是人民币贬了，把相对贬值与绝对贬值混为一谈。实际上，近年来人民币对一篮子货币是稳中有升的。人民币兑美元贬值主要不是因为人民币太弱，而是因为美元太强，2014 年以来，几乎所有主要货币都对美元贬值，人民币贬值的幅度相对还算是小的，所以，人民币是相对于美元贬值，而不是绝对贬值。

（二）继续完善人民币汇率形成机制，实现有管理的浮动汇率制度

浮动汇率制度是由市场自由决定汇率水平。根据蒙代尔的不可能三角理论，作为世界第二大经济体，中国长期来讲应该保有独立的货币政策，人民币国际化背景下资本流动将更加自由，因此，汇率自由浮动是必然趋势。当然，这三个角并非是绝对的“点”，而可能是“片”，或者有所折中。但自由浮动不能搞“休克疗法”，一蹴而就，我们要运用习近平总书记倡导的系统思维、底线思维方法，根据经济发展形势，综合考虑其他财金领域改革开放，协调推进包括汇市在内的金融市场改革发展，分步骤推进人民币汇率形成机制迈向市场化的有管理的自由浮动。

一是扩大人民币汇率的波动幅度。参考国际上建立汇率目标区的做法，央行可以逐步扩大人民币汇率围绕中间价的上下波动幅度。宽幅目标汇率区制可以将汇率的灵活性与稳定性结合起来，在减少干预的同时防止汇率大起大落。当然，由于短期资本流动是顺周期的，破坏力强，央行还是要维持一定程度的资本管制，灵活调节“水龙头”，防止在极端情况下资金大进大出，引起汇率失控，冲击金融稳定和改革开放大局。

二是适应实体经济和我国国际地位的需要，推进人民币“脱钩”美元进程。

人民币盯住美元，世界第二大经济体盯住第一大经济体，史无前例，这也只会强化美元作为第一货币的地位，而人民币作为跟随者，其国际地位被人为矮化了。打破美元霸权地位，国际货币体系最具可行性的改革方向是储备体系多元化。未来人民币要提升自身地位，成为与美元、欧元三足鼎立的主要储备货币，就必须与美元脱钩，这也是事关国家经济金融主权和安全的大事。人民币“脱钩”美元也是我国实体经济所决定的，我国的外贸、对外投资日益多元化，覆盖世界主要经济体，与此相适应，我国的货币也应与一篮子货币挂钩，这有利于提升涉外企业增强竞争力、降低成本和规避汇率风险。

三是充分发展外汇市场，这是实现汇率市场化的微观基础。目前的中间价报价机制实际上是一个市场引导和培育的过程，因为汇改的最终目标并不是央行替市场选择具体的汇率水平。不断完善外汇市场体制机制，增加不同风险偏好的外汇交易主体，包括基于实需原则的贸易商和外汇指定银行，纳入基于投资投机需求的交易商，引入更多数量和种类的境外机构，丰富外汇交易产品，保障市场自由买卖，实现市场良好的流动性，真正释放市场活力，确立市场机构在外汇交易、价格发现中的主体地位。

四是实现汇率有管理的自由浮动。在 IMF 的 191 个成员中，除我国外，只有 19 个国家采取了“类爬行安排”这种汇率制度，而几乎所有 OECD 国家和重要新兴经济体实行的都是浮动或自由浮动汇率制度。当然，自由浮动只是表示汇率是由市场决定，并非真正的清洁浮动，世界上还没有一个国家实行真正的清洁浮动汇率制度。中国为了防控汇率大起大落的风险，为了在国际货币金融合作中发挥大国的主导作用，仍然需要保持对汇率的适度管理。

（三）积极、稳妥构建人民币国际化的体制机制框架

当今时代，我国国力空前强盛，正如党的十八大后提出的，我国已经比以往任何时期更加接近世界舞台的中央，要审时度势，积极参与国际政治经济治理体系的重构，参与和引导规则制定，增强话语权。近年来建设“一带一路”、建立亚洲基础设施投资银行和人民币加入 SDR 等一系列举措，都是这方面的生动体现。人民币作为我国的名片，作为改革开放整体的一部分，理应提高国际化程度，取得与我国实力相称的国际地位。当然，人民币最终要为国际社会所接受，是一个漫长的过程，我们还有很多工作要做。

第一，理性看待，不可急于求成。人民币国际化绝非一朝一夕之功，需要一系列的条件和配套措施。借鉴一下美元成为国际货币的过程是有益的。20 世纪初，美国经济已经是世界第一，经济规模超过了后三位经济体的总量，但是当时世界最主要的国际货币仍然是英镑，而不是美元。美元后来经过建立美联储来稳定美国金融、“一战”后实力增强、“大萧条”后以“马歇尔计划”走向欧洲、

“二战”后建立布雷顿森林体系等一系列艰苦努力，历经近五十年的时间，才最终奠定了主要国际货币的地位。

第二，建设规模大、产品种类丰富、价格真实、流动性充裕、门类齐全、相对开放的各类金融市场。这样，一方面可以容纳足够的国际投资和融资的需求，便于人民币持有者投资交易，同时也为人民币资产持有者对冲风险，减少其后顾之忧；另一方面，这些金融市场可以产生真实有效的利率和汇率价格，境外人民币持有者可以据此判断是否以及如何持有和使用人民币。至于人民币保持强势，当然有利于人民币“走出去”，但不是根本的，也不能持久。

要进一步发展汇市。目前 IMF 在为 SDR 估值时，人民币汇率使用的是英格兰银行提供的汇率数据，而利率却使用的是我国财政部境内滚动发行的 3 个月国债的利率，两者存在明显错配，不利于对冲的实现。所以，我们要提请 IMF 采用境内人民币兑美元的汇率，但前提是境内汇率更加灵活、更加市场化。IMF 希望 SDR 对主要货币的价值应保持相对稳定。目前在 SDR 篮子中，美元占比最高，达到 41.73%。如果 SDR 的价值与美元高度相关，会降低 SDR 作为储备资产的吸引力。这就意味着，作为 SDR 币值稳定的内在要求，人民币兑美元的汇率弹性需要进一步提高，或者要逐步脱钩美元，不然，人民币的加入就相当于变相提高了美元的权重。要加快发展外汇市场，丰富外汇衍生品、扩大交易主体，允许更多境外机构入市，逐步形成高度市场化的汇率。

要进一步开放债市，扩大境外机构入市，放开境外机构交易品种。购买以人民币计价的债券是国外央行和机构投资者配置人民币资产的重要方式。因此，培育规模大、品种全、交易连续、流动性强、开放度高的国内债券市场，是提高人民币储备货币地位、推动人民币国际化的重要条件。债市开放可以提高人民币资产的流动性，也能通过完整的债券收益率曲线提供有效的利率信号，便于人民币资产负债管理。

国内国际金融市场要互联互通，促进境内金融市场与国际对接，从全球视角提升人民币资产的配置价值。未来，互联互通的产品类别可以从目前的股票与债券品种延伸到大宗商品、股票和货币衍生品等风险管理工具，满足投资者对冲其跨境投资组合风险的需要，互联互通的地域范围可以继续扩大，实现境内金融市场由区域化走向全球化。金融市场双边开放将带来人民币跨境金融交易的增加，人民币的投资货币属性更为显著。

第三，保有规模适度的外汇储备。人民币国际化和外汇储备相互作用、相互影响。适度规模的外汇储备对人民币国际化具有支持和保障作用，美元国际化之始就是有充足的黄金储备作为信誉保证的，但外汇储备过多也可能对人民币国际化有反作用；而人民币国际化的深入开展则可缓解我国外部失衡和外汇储备波动风险。随着我国跨境资金流动波动上升，保持国际收支基本平衡和维护金融安全所需要的外汇储备需求将相应上升；伴随着我国对外经贸交往增多和“一带一路”倡议的推进，对外资本输出也将进一步扩大，对外支付需求会呈趋势性上升，因而对外汇储备的需求还会进一步增加。

有人说，按照国际惯例，外汇储备足以支付三个月进口和偿付100%短期外债就够了。这只是算了经济账，没有算政治账，也不符合中国特殊国情。当今世界，地缘政治格局复杂，国际政治经济秩序动荡，中国作为转型加新兴经济体，又是社会主义国家，如果改革开放过程中出了大的问题或者风险，西方不会救、也救不了，因此中国的外汇储备要在适度的基础上再留有余地，为全面深化改革和扩大开放保驾护航。

第四，尽快建立健全本外币一体化管理机制。人民币成为国际支付、交易和储备货币，在资金自由流动的条件下，人民币和外币必然会呈现相互影响、相互替代、双向流动的一体化发展特征。因此，我们的货币政策、外汇管理、汇率机制、宏观审慎管理等都需适应形势的发展，构建适应本外币一体化的管理机制。

要稳步有序地推进资本项目可兑换，为人民币国际化和跨境资本流动提供发展空间。人民币国际化本身就是资本项目自由化的一部分，人民币通过投融资和市场交易等，可以自由实现在香港和我国大陆之间资金流动，这实质上就是为资本项目自由化开了一个口子。目前这个口子开得不算太大，金融监管部门还在通过QFII、RQFII、沪深港股票通、债券通等途径把控着这个口子的宽度和流量。口子开多大，其他资本项目的松紧，都要视时视情而相机抉择。

要扩大境内汇率的影响力，掌握汇率定价权。加快外汇市场建设步伐，打造自己的汇率“品牌”，引导境外NDF和DF市场价格，同时密切关注境内外汇率变化，随时应对境外炒家的冲击。由于境内外套利交易的存在，境内外市场形成的利率水平也有个竞争的问题；由于境内外资金借贷的存在，央行收放流动性会产生“外溢”和“漏水”现象，这些都是事关货币政策独立性、宏观审慎管理有效性和资金定价权的大事。因此，我们在制定政策时要加入国际因素，摸清底细，提前考量，把握主动权，积极稳妥推进改革。

要完善人民币国际化推进模式，从“经常项下”为主转向“经常和资本项下并重”，从“负债型”为主转向“负债和资产型并重”，促进人民币收支的平衡发展，特别是借助扎实推进“一带一路”建设，显著提升人民币作为融资货币的功能，从而推动人民币国际化走向深入。

要进一步完善宏观审慎政策架构，守住防控风险底线。不断拓展“货币政策+宏观审慎政策”双支柱政策框架的内涵和外延，构建本外币一体化管理的全口径跨境资金流动宏观审慎管理框架。可以从宏观、中观和微观三个层面加入金融风险跨国传导方面的内容。比如宏观上考虑外债、FDI和ODI、短期内本外币流出入等指标，中观上考虑境外机构持有人民币资产、境内居民持有境外资产、金融市场上境外机构交易状况等指标，微观上考虑重点机构投资交易状况、本外币流出入状况等，以期对国家涉外经济整体风险和具体环节风险有一个全面、及时地把控，在推动人民币国际化的同时着力防控短期资本冲击和资产泡沫，牢牢守住不发生系统性金融风险的底线，维护金融安全稳定。

金融业环境压力测试的国际进展

中国人民银行上海总部调查统计研究部课题组

课题组组长：储幼阳

课题组成员：张若雪　姜天鹰　季　浪　肖立伟

摘　要

经过30多年的高速增长，中国面临的资源与环境双重约束日益突出，大气、土壤、水污染十分严重，以资源消耗和牺牲环境来换取经济发展的粗放增长方式已经难以为继。中国日益重视经济发展和环境保护的平衡，已将绿色发展提升至国家战略层面，并不断出台相关政策法规。在此背景下，商业银行面临的环境风险日益突出，即企业在生产经营活动中向环境排放或使用自然资源的行为，对环境产生的影响已经超过环境的承载能力，导致环境日益恶化，使政府、公众和非政府组织对企业的环境行为要求不断提高，企业环境成本持续上升，面临的环境和社会风险增加，进而给作为企业资金供给者的商业银行或其他金融机构带来风险，包括：企业因环境成本上升无力还贷的风险；银行承担污染连带责任的风险；第三方要求损害赔偿的法律风险；声誉风险和不适应新的环境要求而失去市场份额的风险等。

与此同时，中国每年绿色投资需求大约3万亿~4万亿元人民币，未来绿色投资应占全部投资的20%以上。但环境风险分析能力不足制约了绿色金融发展，这就需要各方开发和推广环境风险分析工具并在金融界加以应用。环境压力测试作为引导金融机构减少对污染性和高碳项目（资产）投资、提升绿色投资偏好的一种工具正在国际上日益受到重视。因此，开展金融业环境压力测试，有效评估环保政策变化、环保标准提高以及产业技术升级等因素对企业经营成本的影响，从而研究环境风险的作用渠道，并采取相应的防范措施，既是金融业全面风险管理的必由之路，也是推进绿色金融快速稳健发展的迫切需要。本文总结了环境压力测试的理论进展和研究框架，对比了国外、国内银行在绿色金融业务中所开展的环境风险压力测试进展，并提出了政策建议。

一、理论研究进展及其框架

（一）理论进展

环境成本内部化的理论研究。气候变化和生态系统退化是人类21世纪面临的主要挑战之一。全球已经开始面对干旱、日益枯竭的水资源、海平面的上升以及更频繁的洪水等环境问题，这些问题已经影响到人类的经济和社会生活。从经济学角度看，环境问题具有显著的外部性特征。欧盟2006年发表的“气候变化的经济学”，即著名的《斯特恩报告》（*the Stern Review*，2006），从发展低碳经济学应对气候变化的战略高度，提出了气候变化是迄今为止规模最大、范围最广的市场失灵现象，要利用不同技术和战略来减少温室气体排放的成本，使用经济模型显示总体经济转变到低碳能源系统的成本和效益。总体来看，环境成本内部化计量有其必要性和必然性。

从国外的研究来看，目前对于在一国经济范围内对气候变化做出适应和调整的成本和收益是多少，量化的信息有限。德国GIZ（德国国际合作机构）与UNEP FI（联合国环境规划署金融行动组）合作进行了将水资源压力融入企业债券信用的分析，应用总经济价值（TEV）框架，按美元/立方米来计算水的直接和间接收益以评估水资源的价值，并使用水资源的“影子价格”代表因水资源压力造成的水成本潜在增加程度，即水资源限制的成本可以通过各种市场和非市场机制内部化，包括资本支出（Capex），导致产量降低的实际短缺，以及丧失用水权而造成的搁浅资产。该项目对全球24家公司进行了实证研究。

环境成本内部化对银行风险的影响。关于环境对企业经营的外部性影响，国内外文献对此研究甚多。然而，在实现产业绿色升级和转型的过程中，作为企业信用中介的商业银行的角色一直受到忽视。目前文献多是从商业银行的社会责任角度对此进行论述，商业银行作为逐利经营的主体，环境风险对其利润和成本的传导渠道尚不明朗。我们认为，商业银行在实际经营中将环境风险纳入考量，不仅是其作为金融中介履行社会责任的要求，也是其在绿色经济背景下防范风险从而优化信贷结构的必然选择。环境因素至少通过以下三方面增大商业银行的经营风险。

一是信用风险。环保标准提高和气候变化会对企业的现金流和资产负债造成一定的影响，降低企业的还款能力，从而增大商业银行面临的信用风险。二是连带责任风险。在信用经济条件下，企业离不开金融的支持。监管者正在考虑环境事件发生时，让商业银行等债权人承担相应的连带责任，以约束银行等金融机构支持环境表现不佳的企业，从而制约污染企业的发展。如美国在1980年通过的《综合环境反映、赔偿和责任法》（CERCLA），允许在环境风险事件的补偿过程中将任何与企业经营有关的“所有人”和“经营者”纳入责任范围。三是声誉风险。随着环境风险逐渐上升为全球金融业面临的共同风险，银行融资客户的环境表现不佳，会使银行的绿色风险控制和贷款管理能力受到质疑，降低投资人对银行的收益预期。与此同时，银行贷款客户的环境表现还可能会影响到广大储户的偏好。相对而言，信用风险是商业银行面临的主要风险。所谓“信用风险”，又称违约风险，是指借款人不愿或无力履行合同条件而构成违约的风险。发生违约时，债权人或银行必将因为未能得到预期的收益而承担财务上的损失。对大多数商业银行来说，贷款是最大、最明显的信用风险来源。目前环境因素对商业银行最突出的影响体现在信用风险方面。

压力测试是衡量环境影响内部化传导至商业银行的有效途径和手段。压力测试作为一种衡量承受预设事件发生造成潜在损失能力的前瞻性的风险管理工具，是识别和评估金融机构和金融体系潜在风险的重要方法。从目前的实践经验来看，尽管国际先进的商业银行制定了相应的绿色信贷战略与措施，但由于传统的信用评级并未将企业运营的环境风险敞口考虑其中，使商业银行依据环境风险对信贷结构转型的过程缺乏可以量化的依据，从而给政策制定带来一定的盲目性。要完成企业绿色信贷结构的优化，就必须对各种环境风险进行量化。而环境压力测试目前处于国际金融业研究的最前沿。

（二）研究框架

利用压力测试识别环境风险的探索。尽管世界各大银行近年来都在研究环境风险对自身业务发展的影响，但真正利用压力测试的方法从量化角度评价环境风险的研究还比较少。2015 年 9 月，英格兰央行审慎监管局（PRA）就环境和气候因素对英国保险业带来的影响发布了压力测试报告。在报告中，审慎监管局（PRA）将气候变化带来的风险分为三类：极端自然灾害导致的自然风险（Physical Risk）、产业结构的绿色化导致的转移风险（Transition Risk）和第三方为寻求规避前两种风险对保险业带来（间接）压力（Liability Risk），并按照损失发生的程度设置了不同的情景，利用灾难风险模型（Catstrophe Risk Model）评估了对保险业的影响。审慎监管局（PRA）将气候变化带来的风险分为三类：极端自然灾害导致的自然风险（Physical Risk）、产业结构的绿色化导致的转移风险（Transition Risk）和第三方为寻求规避前两种风险对保险业带来（间接）压力（Liability Risk），并按照损失发生的程度设置了不同的情景，利用灾难风险模型（Catstrophe Risk Model）评估了对保险业的影响。针对自然风险，审慎监管局（PRA）认为目前其主要影响的是保险业资产负债表的负债面，对于资产方面特别是对于房地产的投资也有显著的影响。尽管从短期来看，目前英国的保险业有能力应对自然风险，但从长期来看，不断上升的环境风险对于风险转移的市场机制、气候危机及资产负债方面的风险相关性等有重要的作用；对于转移风险而言，全球经济向低碳产业的转移会导致保险业在高排放行业利润率的降低。另外，随着气候变化因素正逐渐被金融监管机构重视，有必要积极探讨监管规定给保险业带来的相关风险。

从国内来看，目前仅有工商银行开展了这方面的探索。它们的研究框架包括四个部分：环境风险的承压对象与承压指标，环境压力测试的压力因素，环境压力测试的情景设定，环境压力测试的传导路径。

环境风险的承压对象与承压指标。工商银行在对绿色风险的压力测试中，提出了“从单因素到多因素，从单行业到多行业，从首轮效应到次轮效应”的思路。从行业角度重点选择了火电、水泥、钢铁、有色、化工、造纸等重点污染行业（其污染物排放总量超过全社会排放量的50%）进行分析研究。与此同时，在承压指标的选取上以反映企业长期经营能力的相关指标为主。

环境压力测试的压力因素。第一，政策标准和执法力度。近年来，我国不断出台环保政策，提高环保标准，加大执法力度。全面实施《大气污染防治行动计划》和《水污染防治行动计划》。《土壤污染防治行动计划》已由环保部提交国务院。在此期间，水泥、钢铁、硫酸、挥发性有机物（VOCs）等工业污染防治技术政策和生态保护红线划定技术指南等一系列环保政策出台。监管标准和执法力度的提高会影响到企业偿债能力，从而影响商业银行信用风险。第二，环境风险的价格因素。价格变动导致的资产负债表和损益表的变动一直是压力测试关注的重点。在我国企业运营的构成中，环境风险中的价格因素主要是指碳交易、排污权交易和碳税等制度安排。三者作为将环境社会成本内部化的重要经济手段，在发达国家已有较为成熟的实践经验。在我国经济转型的大背景下，政府也正着力推进相关改革，这将对环境污染、高耗能的企业产生成本压力，从而影响企业还款能力。第三，自然灾害的影响。随着温室效应的逐渐加剧，频繁发生环境灾害正在逐渐成为人类活动的另一类独特环境风险。诸如干旱、洪涝等小概率自然灾害事件发生频率的增加及覆盖范围扩大，给企业和金融机构带来风险的可能性也在逐渐加大。

环境压力测试的情景设定。在环境风险的情景设定上，首先是对未来趋势性的环境政策因素加以考虑，然后考虑小概率事件发生的可能性。传统的压力测试主要将注意力放在小概率事件发生的评估上，是因为对于一般宏观经济波动所带来的一般风险已经在财务制度上做了较为完备的风险缓释安排和应对策略。与此不同的是，商业银行对于环境风险的准备普遍不足。即使在《巴塞尔协议Ⅲ》这样的最新行业标准中，也并未将环境因素纳入考量，因此，首先选择将环境政策因素作为情景设置的考虑。

环境压力测试的传导路径。构建压力传导模型是压力测试的核心。对于环境压力测试而言，应当综合考虑各种环境风险对商业银行资产负债表、现金流量表和损益表等多方面的影响，从成本、收益、风险等多个角度模拟和构建环境风险的传导路径。

工商银行的研究结论是：首先，环境压力测试应基于预防原则。这一原则要求金融机构即使无法完全量化风险，也需要采取相应措施进行预防。目前，预防原则已得到国际社会的普通认可，欧洲和美国的公共管理部门及联合国的相关环境政策均已将以预防原则运用于政策制定过程中。采取预防措施前必须对成本效益进行分析，但确定性不是必要条件。通过环境压力测试技术衡量环境因素可能带来的风险影响程度，并让银行作“最坏打算”的准备，是有效应对环境不确定性的重要措施。

其次，环境压力测试能够监测评估系统性风险。对于系统性风险的分析，各国通常采用定性分析方法，直接用风险敞口来表示风险的大小。其结果是，要么忽视了真正的系统性风险，要么过于审慎，使行政干预扩大化。环境压力测试用于评估可能的环境变化因素冲击对于金融体系的影响，如环保标准提高、气候变化、环保事件、碳交易等因素，并充分考虑了风险的传染性和反馈作用。比如，通过火电、水泥行业的测试，在轻、中、重压力情景下，我们可以清楚地看到，企业在银行的信用评级都会有不同程度的下降。

最后，环境压力测试是前瞻性的分析工具。目前，中国能源资源和环境约束问题日趋尖锐。政府不断提高和完善环境法规和标准，并针对金融部门制定了相应的要求，均迫使银行加强对环境风险管理的关注。而环境压力测试作为一种前瞻性的风险分析工具，面对系统性风险的苗头，可以使用定量手段验证银行的风险抵补能力，提示银行是否存在由不当资源配置和定价等原因导致的过度风险承担，以便于银行及时调整自身的资产组合，积极支持绿色产业和绿色供应链发展。

二、国外银行的实践

（一）管理政策

20 世纪 70 年代以来，随着环境状况恶化、环保意识提高，环境监管和处罚力度不断加大，国外部分银行纷纷加强对环境风险的识别、评估、控制与缓释，经过长期发展，这些银行环境风险管理政策体系日趋完善，包括总体原则、行业指引以及针对特定业务的赤道原则三个层次。比如，荷兰国际集团将环境风险管理视为集团风险管理重要的组成部分之一，并于 2003 年推出环境风险管理政策。根据该政策，任何业务开展之前，都将评估潜在的环境影响。通过执行较高的环境标准，银行能够帮助客户改善环境状况，并促进经济社会可持续发展。瑞银集团环境风险管理政策设定了管理环境风险的原则、方法、标准，旨在通过将政策嵌入公司文化和管理实践，为股东创造长期价值。花旗银行 2003 年也成为美国首家制定环境风险管理政策的银行。

环境风险管理总则通常包括两部分内容。一是规定了需要重点关注的环境问题。如西班牙桑坦德银行要求对业务涉及项目（客户），要重点检查是否符合生物多样性保护、自然资源可持续管理、污染防治以及有害废弃物达标排放等方面要求。二是制定并公布排除名单（Exclusion List），明确银行业务禁入领域，避免涉入被国际公约、国内法律禁止的行为以及环境问题突出、引起公众强烈负面反应的活动。法国兴业银行 2009 年制定了环境风险管理总则，将国际禁止的杀虫剂以及破坏臭氧层物质的生产与销售、破坏重要动植物栖息地和国际湿地、非法采伐、盗猎以及过度捕捞等领域列入排除名单。汇丰银行也将雨林采伐、世界遗产内企业纳入排除名单。

行业指引。对化工、采矿、林业、农业、电力等环境敏感行业制定内部指引，帮助相关部门在尽职调查、项目评估中识别环境风险。行业指引概括了行业主要的环境问题和监管要求，并在吸收国际标准、环保组织建议的基础上，提出识别和防控环境风险需要采取的措施。指引由集团高层审批发布实施，并定期刷新，以确保其及时性和适用性。摩根大通银行制定林业指引，指导相关业务开展，促进林区及生物多样性保护。具体包括：对世界遗产地、自然栖息地以及热带雨林内的商业采伐项目，参与非法采伐及相关木材加工、贸易，购买采伐设备用于热带雨林三类领域，不予融资；对林业项目融资，重点评估项目开发方环境及生物多样性保护计划与能力；对林产品加工、贸易领域，应确保木材来源合法，优先支持已取得国际认证的项目。富国银行认为，采矿业环境影响显著，尤其是削山开采（Mountain Top Removal，MTR）领域环境、法律、监管以及声誉风险较大。因此，其采矿业指引要求：加强对采矿业客户环保合规历史记录、环境问题解决能力与承诺等方面的尽职调查与跟踪监测；业务审批需环境风险管理部门出具意见并由总行层面审批；严控对削山开采领域的信贷介入；鼓励客户选择该行旗下保险经纪公司的风险管理服务，缓释环境污染的负面影响。花旗银行、法国兴业银行、桑坦德银行以及美国银行等也制定了油气、采矿、农业、林业等多个行业指引，明确有关标准，帮助识别、评估和缓释特定行业的环境风险。

赤道原则。对于项目融资，西方大型银行普遍都采纳或借鉴赤道原则进行环境风险管理。其中，巴克莱银行和花旗银行还是最早参与起草赤道原则的两家银行。同时，一些银行还扩展了赤道原则适用范围，如汇丰银行拓展至与项目相关的出口信贷、设备融资等业务，巴克莱银行则扩展至与项目有关的咨询业务。应用赤道原则，通常包括项目环境风险分类、客户制订环保行动计划，贷款审批以及贷后监测行动计划实施四个环节。对于环境敏感项目，法国巴黎银行、意大利联合信贷银行、摩根大通银行通常会聘请专家评价项目环境影响和客户行动计划的可行性，出具具体意见。当项目环境影响不可逆或客户缺乏环境问题解决能力时，将否决贷款；如同意发放，专家建议也会以约束条款形式体现在融资合同中，项目开发方必须实施环境管理计划，确保项目环保合规和负面影响最小化。

（二）工作流程

这些国外银行将环境标准和管理要求嵌入业务流程，尤其是信贷业务流程的各个环节中，实现了环境风险的全流程管理，确保了环境风险管理的执行力和有效性。通常流程如下：首先由客户经理对企业（项目）环境问题和环境风险程度进行尽职调查和初步判断；对于环境敏感领域，再由内部专职人员或外聘专家进一步评估；根据调查评估情况以及环境风险管理政策，对业务审查审批；如果审批同意，则签订合同，发放贷款，并进行跟踪监测。

风险识别。通过及时识别环境问题，银行能尽早采取风险防控措施，督促客户最小化环境负面影响。法国巴黎银行在项目尽职调查中增加了环境方面内容，并根据环境风险程度对项目进行分类，明确了相应的调查程序和要求。特别是，对于涉及环境问题的出口信贷项目，均聘请专业环境咨询机构参与调查。美国银行环境尽职调查的层级和要求取决于贷款量、环境风险程度等因素。通常调查人员需要关注客户环保历史记录、所属行业环境敏感程度以及抵押物被污染的可能性等方面情况。而对低风险、小额贷款，仅进行简单的问卷调查。花旗银行则针对采矿业制定了专门的环境问题尽职调查流程。

风险评估。巴克莱银行聘请第三方咨询公司评估项目环境风险，提交全面、客观、专业的评估报告。咨询公司将确认项目是否达到监管和政策要求，针对不足之处提出改进措施，并就改进成本和时间提供指导。法国巴黎银行使用可持续评估工具，综合分析客户解决环境问题的承诺、能力及其以往环保记录等因素，对项目环境风险进行评估和分类，并针对项目环境风险点提出具体建议。此外，意大利联合信贷银行、法国巴黎银行还将环境风险指标纳入信用评级模型，以便能够在项目信用风险评估时充分考虑客户潜在的环境问题。

审查审批。法国兴业银行增加环境风险管理人员参与项目贷款审批，将客户实施行动计划、遵守当地及国际适用的环境法律法规等列为贷款发放前提条件和合同中的约束条款，如未能履行，将收回全部融资。桑坦德银行在贷款环境风险审查中，重点关注项目环境影响评价文件、环境尽职调查报告、客户环保合规记录、项目开发方环境行动计划以及监管部门许可或授权文件等资料。通常其审查结论还将提出防控和缓释项目环境负面影响的具体建议以及客户需要落实的有关承诺。法国巴黎银行在对项目环境风险评估、分类后，对环境敏感领域项目予以重点审查和管理，有关融资还将提交集团层面的交易审批委员会就环境风险进行审批。巴克莱银行在对项目融资信用风险审查审批的同时，也增加了环境风险方面的审查审批。

监测检查。审批同意发放贷款后，银行将建立项目环境风险监测和检查机制。桑坦德银行要求加强对环境敏感项目的贷后管理，对项目建设环境影响、客户环境行动计划落实情况进行跟踪监测，并每年提交监测报告。根据监测情况，银行将加强与客户的沟通联系，及时解决项目建设及运营中存在的环境问题。同时，该行内部审计部门将定期核查业务营销、风险管理以及审批等部门环境风险管理政策执行情况与效果。花旗银行通过客户或第三方咨询机构获取项目环境监测报告，核查客户环境行动计划执行情况，对于未落实之处，将督促客户及时整改。巴克莱银行也对环境敏感领域内信贷客户（项目）的环境表现进行跟踪监测，并将其作为评价客户关系、确定信贷原则的重要参考。

（三）组织架构

环境风险管理政策的执行与流程管理都离不开人员执行操作，这些银行对此高度重视，成立专门的委员会，组建专职机构与团队。

高层次、跨部门的专业委员会。尽在董事会或管理层层面设立了专门的委员会，负责全行环境风险管理战略规划与框架制定、环境风险管理政策及重大环境敏感交易审批。如美国银行设立环境委员会，该委员会直接向首席执行报告，成员包括零售、公司与投行、资产管理、风险管理等部门负责人，负责将环境风险管理贯彻于各业务条线。苏格兰皇家银行设立集团可持续发展委员会，结合业务面临的环境问题，制订公司可持续发展战略和环境风险管理规划，并监测执行情况。桑坦德银行设立可持续委员会，由首席执行官担任主席，成员来自相关部门的负责人或专家。职能包括制定可持续发展战略和环境倡议，审批、应用和监测环境风险管理政策等。

专职机构与团队。为了更好地贯彻战略规划，西方银行还设立了专门负责环境风险管理的执行机构与团队。该机构和团队独立性较强，尤其不受前台营销部门影响，成员一般 5 ~7 人，多具有环保、法律、金融等专业背景。其主要职责包括制定、实施和刷新环境风险管理政策，评估和审查业务环境风险，以及提供必要的环境咨询等。花旗银行 2007 年在总部成立环境风险管理处，负责环境风险管理政策制定、实施、跟踪与报告，项目融资环境风险分类、审查与监测，内部环境风险管理培训，外部环境领域交流合作等。该行还向重点区域派驻环境风险管理专业人员，协助贷款审查审批、提供专业咨询。桑坦德银行环境风险管理处负责评估拟提交审批委员会审批项目的环境风险，确保项目符合环境风险管理政策要求。巴克莱银行环境风险管理团队负责制定该行全球环境风险管理政策和有关行业指引。如业务初判环境敏感，该团队将提供咨询和指导，进行环境影响评估；经评估判断环境影响较为显著的，将进一步提交专业委员会审批。同时，该行也十分重视借助外部专业力量，综合考虑专业能力、综合实力以及与金融机构合作经历等因素，在全球范围内挑选了 25 家环境咨询公司作为优先合作对象，协助评估和审查环境风险。

人员培训。能力建设是提升员工环境意识、确保环境风险管理政策贯彻落实的重要保证。因此，西方银行普遍注重对员工，尤其是信贷人员环境方面的培训。摩根大通银行开发了环境风险管理在线培训教程，内容包括行业环境风险概览与典型案例等，旨在帮助业务人员就主要环境问题尽早与客户沟通。目前，每年培训员工超过万人。意大利联合信贷银行制订环境风险管理能力建设计划，根据不同业务特点，设置培训课程。劳埃德银行在对信贷人员培训中，采用案例和视频方式，说明客户活动如何影响环境，如何给银行带来风险，并提供详细的环境风险管理手册。

三、我国银行的实践

近年来，中国绿色金融实践取得了明显进展，可持续发展理念逐步建立，绿色信贷产品不断创新，绿色金融市场也在逐步形成。

一是银行业的绿色金融监管体系已初步建立。银监会积极推行绿色金融制度建设，监管架构已初步形成。《绿色信贷指引》对银行业金融机构构建和实施绿色信贷体系提出了相关要求，是境内所有银行业金融机构发展绿色信贷的纲领性文件。该指引要求各银行业金融机构从组织管理、政策制度及能力建设、流程管理、内控管理与信息披露等方面全面建立绿色信贷体系及运行机制，提出绿色信贷应当支持绿色经济、低碳经济或循环经济，起到防范环境与社会风险的作用。建立绿色信贷统计制度，对银行落实绿色信贷指引情况进行统计。2013 年，银监会制定了《绿色信贷统计制度》，要求银行业金融机构对所涉及的环境、安全重大风险企业贷款和节能环保项目以及服务贷款进行统计。明确了十二类节能环保项目及服务的绿色信贷统计口径，在此基础上，不仅对节能环保项目及服务贷款的变化和五级分类情况进行了统计，还对其形成的年度节能减排能力进行了统计。建立绿色信贷考核评价体系，以推动银行业金融机构的绿色信贷发展。2012 年 6 月，银监会印发了《银行业金融机构绩效考评监管指引》，要求银行业金融机构在绩效考评中设置社会责任类指标，对支持节能减排和环境保护等方面的业务进行考评，同时要求银行业金融机构在社会责任报告中披露绿色信贷相关情况。2014 年 6 月，银监会印发了《绿色信贷实施情况关键评价指标》，将考核评价结果作为银行业金融机构准入、工作人员履职评价和业务发展的重要依据，探索将绿色信贷实施成效纳入机构监管评级的具体办法。目前，这项工作尚在不断推进过程中。

二是银行业绿色信贷迅速发展。在中国，银行贷款占社会融资总量的 80% 以上，对经济与社会发展起到关键性的作用。绿色信贷规模逐年上升，贷款结构持续优化。截至 2015 年末，中国银行业金融机构绿色信贷余额达 8.08 万亿元，所支持的项目大约年节约标准煤 2.21 亿吨，水 7.56 亿吨，减排二氧化碳当量 5.5 亿吨，为中国经济绿色转型做出了重要贡献。此外，绿色信贷规模增速高于银行业同期公司贷款增速，银行贷款结构调整出现绿色化趋势。银行业金融机构逐步建立自身的绿色信贷政策。如国开行的《环保生态规划》、工行的《绿色信贷建设实施纲要》、兴业银行的《环境与社会风险管理政策》等；此外，工商银行、农业银行、建设银行等商业银行还制定了一系列绿色信贷的行业政策。风险管理方法日益丰富。随着环境事件发生频率升高，国内银行越来越重视环境和社会风险管理，部分银行已经逐步将环境风险纳入信贷准入、贷款“三查”、贷后管理的范畴，一些银行还实施了贷款的绿色分类。

三是其他绿色融资方式也开始起步。目前，中国的绿色融资主要依赖绿色信贷，其他绿色融资方式刚刚起步，规模较小，流动性较低，各项制度和规章也尚不完善，未来发挥多渠道融资能力的空间巨大。未来绿色金融将包括绿色信贷、绿色债券、绿色股票指数、绿色保险、绿色基金、碳金融等多种工具和渠道。

中国人民银行等七部委 2016 年 8 月底出台的《关于构建绿色金融体系的指导意见》明确提出，“支持银行和其他金融机构在开展信贷资产质量压力测试时，将环境社会风险作为重要的影响因素，并在资产配置和内部定价中予以充分考虑。鼓励银行和其他金融机构对环境高风险领域的贷款资产敞口进行评估，定量分析风险敞口在未来各种情景下对金融机构可能带来的信用和市场风险”；“提升机构投资者对所投资资产涉及的环境风险和碳排放的分析能力，就环境和气候因素对机构投资者（尤其是保险公司）的影响开展压力测试”。

在国家持续加强环保执法力度的背景下，商业银行已经认识到了环境风险的存在，但总体看，商业银行对环境风险的管理尚处于起步阶段，其绿色信贷标准也多为综合性、原则性标准，缺乏具体的环境风险内部管理制度和流程，一定程度上降低了绿色信贷的可操作性。主要表现为：

一是缺少统一的环境信息评估标准。我国商业银行的信贷流程大致分为贷前、贷中、贷后三部分。在贷前审查阶段，商业银行需要收集贷款企业的环境信息，并将收集到的环境指标量化，作为评估环境风险的重要依据。目前，商业银行收集环境信息主要通过三个方面：客户申请贷款时提交的环境影响评价报告；环保部门统计和发布的环境信息，如污染源监测数据、国家重点监控企业名单等；国家相关部门的指导目录，如《环境风险评估技术指南》、工信部《工业行业淘汰落后产能企业名单》等。但是，由于国家相关部门的信息技术性强，商业银行对这些信息的利用率普遍偏低，大多只是单纯参考申请企业提交的环境报告，无法全面评估该企业的环境风险。

二是未形成专门的环境风险管理部门。银行需要设置专门的环境风险管理部门，配备熟悉环境领域的专业人员，并组织该部门研究制定与环境风险相关的评估标准和政策，并对绿色信贷政策和标准进行跟踪、分析和评估，为环境风险控制业务提供技术支持，开发创新绿色金融服务和产品等。但是，目前我国商业银行尚未成立专门的环境风险管理部门，与环境风险相关的业务大多分配到不同的部门分开完成。这样不利于环境风险管理业务的开展。

三是未建立完善的环境风险管理体系。国际上，大型银行往往具有完善的环境风险评价工具作为技术支撑，如英国渣打银行风险管理矩阵、日本瑞穗银行环境检查清单等，在如此完善的管理流程基础上，银行只需要按照常规流程就可以准确评估贷款项目的环境风险，并加强对环境风险的控制。而我国商业银行目前尚未建立起一个完善的环境风险评估管理流程，大多都是采用“环保一票否决制”的方法对申请贷款企业进行环境风险的分类、评估。这种方式针对性和灵活性较差，更不利于长久发展。

在开展环境压力测试方面，金融机构还面临若干挑战，包括还没有认识到环境压力测试的重要性；缺乏对环境挑战严峻性的认识；缺乏对情景假设的相关信息；缺乏对风险敞口的数据；以及缺乏风险分析工具，将风向敞口及情景翻译为信用与市场风险的模型。当前，国际上已经有一些环境压力测试的实际运用。从国内看，中国工商银行、中央财经大学以及中国水风险组织等机构已经对适用中国的环境压力测试开展了前瞻性的探索。

从工商银行的实践看，其提出“环境—企业—银行”压力传导与风险测试模型，并在火电、水泥、水风险、钢铁、铝等环境高风险行业进行了测算，通过梳理高污染企业环境压力、构建压力情景、推算压力情景下的财务报表，根据客户评级模型得到压力情景下企业信用等级和违约概率的变动情况。结果显示，环境风险与银行信贷资产风险呈现较强正相关性，提高环保标准和环境执法力度将对上述行业形成较明显的财务压力，相关结果已在工行信贷过程中加以运用。当然，其研究仍面临一些问题。首先面临的问题是数据的可获得性、准确性问题。其次，由于工商银行对高污染、高耗能行业的准入标准较高，选择的客户都属于行业中上游客户，存在压力测试样本标准较高的情况，能反映出环境因素对企业客户影响，但无法全面揭示全行业环境因素影响全貌。

从中国水风险组织的实践看，其运用影子价格、水资源压力敞口、政策风险三种方法对国内能源行业进行了水风险评估，并将评估结果向全球 50 多家金融机构或基金业中的 70 多位专业投资者或资产持有者进行了调查。总体来看，投资者尽管对水风险表示了担忧，但多数还没有在实际投资决策中充分考虑该风险。投资者对水风险评估工具的实用性、相关信息披露和对政策风险的评估等方面还存在疑虑，这些问题都增加了水风险评估的复杂性。但随着人们对于环境风险问题认识的不断深入和环境压力测试等相关研究的推进，预计水风险评估将在金融界得到更多的运用。

四、结论及建议

环境风险已成为影响商业银行日常经营的重要因素之一，商业银行应将环境压力测试纳入银行信用风险评级体系和流程中，以提高银行业识别环境风险及可持续发展客户的能力，提升银行体系持续支持绿色经济和抵御环境风险的能力。对于商业银行而言，开展环境因素压力测试的意义十分重大，主要包括：一是可以量化测算环境因素对银行信用风险的影响程度，有效提升环境风险防控能力；二是将环境风险因素纳入客户信用评级体系，为信贷产品定价提供环境风险因素的衡量依据；三是有利于银行合理安排信贷与投资组合，主动推进信贷与投资结构调整；四是可为银行业监管机构考虑环境要素风险时提供参考依据。

为适应环境风险管理和环境压力测试要求，在借鉴国际先进银行相关经验的基础上，应该在以下方面加强工作。其一，在风险识别领域，应进一步推进和完善风险识别工具，吸收“IFC 绩效标准”和“赤道原则”对环境社会风险的标准和分类，进一步完善银行的绿色信贷分类。其二，在风险监测方面，应将环境风险监测纳入各级行风险监测岗位职责中，明晰风险监测报告内容、报告路线和具体措施，并将其纳入监测系统管理。其三，在风险处置方面，除了针对高风险项目进行收贷、压贷，还应提出解决方案，帮助客户及时纠正、改善和提升环境社会风险管理能力，促进客户绿色改进。其四，在责任追究方面，在明确岗位职责的基础上做到尽职免责，明确追责机构，并纳入内控合规部的责任认定。

就量化工具的开发与应用而言，应加快开发绿色评级工具，建立绿色评级机制，提高量化工具在风险识别方面的运用。可借鉴国内外先进绿色评级经验，基于银行自身的大数据及企业外部信息研究开发企业绿色评级工具，具体工具可包括企业客户的 ESG（环境、社会与治理）评级，企业环境风险事件数据库，企业碳足迹与碳减排评估模型等。逐步探索和提高量化工具在客户、行业、区域等环境与社会风险识别方面的运用，提高银行环境与社会风险的识别、防控和管理能力，同时发掘具有可持续发展潜力的价值客户。

日本对外直接投资与中国“一带一路”倡议研究

中国人民银行上海总部国际部课题组

课题组组长：冯润祥

课题组成员：潘琼琦　李良松　张　勤　蔡　筠　章　曦

摘　要

本文全面分析了日本对外直接投资状况及其对中国“一带一路”倡议的借鉴意义。20世纪80年代，日本企业对外直接投资开始扩张；2004年以来，日本对外投资规模不断扩大，虽然国内经济陷入衰退，但通过对外投资，日本企业分享了其他国家的增长收益。2011年，日本对外直接投资收入已经超过贸易盈余，截至2016年，日本对外直接投资存量1.4万亿美元，居全球第4位。

日本对外直接投资流量主要投向北美、亚洲和欧洲，合计约80%；在日本对外直接投资存量中，美国占1/3、亚洲占30%、欧洲占25%。日本在亚洲主要投向中国、亚洲“四小龙”和东盟四国，对欧洲主要投向英国和荷兰。日本对中南美洲直接投资相对较大，对西亚、中亚、中东欧和非洲等“一带一路”地区投资很少。2008年以来，日本对金砖四国的投资明显增加，尤其是印度。日本对外直接投资20世纪80年代以非制造业为主，20世纪90年代至21世纪初，实体经济大规模对外转移，则以制造业为主；2008年以来，又逐渐转向以非制造业为主。总体来看，日本制造业对外直接投资主要流向亚洲，而金融保险和房地产等非制造业投资主要流向欧美发达国家。

研究表明，日本企业对外投资过程中把握时机的能力很强，这可能和日本建立比较完善的对外投资服务保障体系有密切联系。我们通过调研了解到，日本目前支持企业海外投资的主要机构有日本贸易振兴机构、日本国际协力机构、日本国际协力银行等；日本贸易振兴机构等政府驻外机构与海外日本企业保持密切联系，并定期召开联席会议帮助企业解决困难。

通过分析日本对外直接投资的经验教训，我们建议中国“一带一路”倡议可重点做好以下几项工作：一是高度重视对外直接投资国别分布，最大限度降低对外直接投资风险。一些“一带一路”国家经济政治风险较大，日本等发达国家对该地区投资较少，这既是中国的机遇也是重要挑战；中国必须充分考虑各国的宏观经济状况及双方合作关系，通过一定的多边或双边合作机制，最大限度地确保中国投资安全。二是中国企业对外直接投资要精准把握产业布局并注重与国内产业形成完整价值链。三是将对外直接投资与对外贸易状况紧密联系。我国大量贸易盈余来自“一带一路”地区，有必要考虑我国与“一带一路”国家的贸易结构，适当增加投资以减少贸易和投资摩擦，实现共赢。四是借鉴日本综合商社制度，实现我国金融资本和产业资本“抱团出海”。五是民营企业已经成为我国企业“走出去”的主体，注重建立完善支持民营企业“走出去”的体制机制。六是宏观经济政策要为企业“走出去”服务。七是不断完善对外直接投资“走出去”的协同保障机制。

一、引言

20世纪60~70年代，日本经济高速增长，跻身主要发达国家行列；20世纪80年代，受美国影响，日本金融体系逐渐自由化，外汇管制放开；且为减少与发达经济体之间的贸易摩擦，日本企业对外直接投资（ODI）开始扩张。20世纪90年代，日本经济泡沫破灭并伴随大量金融机构破产倒闭使日本ODI规模明显下降；2000年以来，日本企业对外投资规模进一步扩张，在海外形成了与国内产业结构互补的全球价值链。2008年国际金融危机以来，全球贸易增长动力不足，日本长期的贸易顺差逐步转变为贸易逆差，日本对外直接投资收益成为经常项目盈余的主要来源，对外投资有力地提升了日本的国际经济金融地位。联合国贸发会《2017年世界投资报告》显示，2016年，日本对外直接投资存量1.4万亿美元，列全球第四位；仅次于美国（6.4万亿美元）、中国香港（1.5万亿美元）和英国（1.44万亿美元）。

国内有很多学者研究日本战后对外直接投资的总体过程，如刘昌黎（1997）、施锦芳（2014）和苏杭（2015）等。张季风（2011）认为，东日本大地震对日本制造业造成重创，特别是汽车产业和电子产业的损失尤为严重，根据日本海外投资的发展规律，加之日元猛烈升值、电力紧张、企业考虑分散风险等因素的作用，震后日本的海外产业转移可能出现一定规模的扩大。

在直接投资影响因素方面，Hailu（2010）认为，在非洲国家，自然资源、劳动力质量、贸易开放度、市场准入以及基础设施状况对吸引FDI具有显著推动作用。Alavinasab（2013）研究发现，一国吸引FDI与经济增长、进口占GDP比例、基础设施发展程度和投资回报率等因素正相关。Lewis（2017）认为，次发达国家吸引FDI的主要促进因素是技术人员和城市人口比例较高，文盲率过高则会制约吸引FDI的能力，GDP增长率则并不完全显著。金洪飞等（2012）研究发现，我国和FDI输出地之间的相对实际工资、相对实际GDP、FDI输出地的利率水平和实际进出口总额等因素显著影响FDI。还有一些学者专注于研究服务业FDI，如杨仁发和刘纯彬（2012）分析了我国20个省市生产性服务业吸引FDI的影响因素。研究结果表明，整体生产性服务业FDI与市场规模、市场增长潜力呈正向关系，但在信息传输、计算机服务和软件业等个别行业中并不成立；劳动力工资水平与生产性服务业FDI流入呈正相关，这与多数研究结论不同。此外，熟练工人、基础设施系统、政府干预和对外开放程度均是影响生产性服务业吸引FDI的主要因素。庄惠明等（2015）认为，地区人力资本、法制水平、服务业发展水平以及劳动力市场化程度能吸引服务业FDI流入。

在研究日本对外直接投资影响因素方面，Kummanont（2014）研究了泰国吸引日本直接投资的影响因素。研究表明，潜在的政治经济关系考虑影响最大，另一个因素是对国外投资的有效保护也是一个重要因素。周晨和陈作章（2009）研究发现，日元升值对劳动密集型产业的影响最大，汇率升值对日本国内经济结构优化起到了很好的推动作用。丁振辉（2013）认为，东道国相对工资水平与日本对外直接投资负相关，而地理距离和管制水平与日本对外直接投资正相关，市场规模和技术水平虽然正相关但不显著。

还有研究认为，日本对外直接投资可以缓解日本与其他国家的贸易摩擦，提升日本产业地位并推动日元国际化。如马文秀和杨茜（2008）研究发现，虽然日本对美国的直接投资起到了缓解日美贸易摩擦的作用，这在彩电业和汽车业表现得非常明显，但也引发了新的投资摩擦，中国对外直接投资需要加以防范。杜江等（2017）研究表明，对外直接投资提升了日本制造业的国际分工地位，在中高技术制造业中表现显著，但在低端技术产业则不显著。丁一兵等（2014）认为，日本对外直接投资对于日元国际化有明显积极的空间溢出效应，但由于投资性质与分布的特点，其直接效应并不显著。

近年来，在“一带一路”倡议激励下，中国对外直接投资规模大幅增长，2016年中国ODI规模首次超过FDI规模，ODI存量达到1.28万亿美元，较2010年增长3倍多，中国对外资本输出进入了一个新的阶段。在中国企业“走出去”过程中，经常会遇到日本等发达经济体企业的激烈竞争，因此，研究日本对外直接投资的经验教训对中国具有一定的借鉴意义。

二、日本对外直接投资的总体情况及推动因素

20世纪80年代，日本企业对外直接投资开始扩张，其间受金融危机影响明显下降；2000年以来，日本经济增长仍然低迷，日本企业进一步扩大对外投资，分享新兴经济体的增长收益。

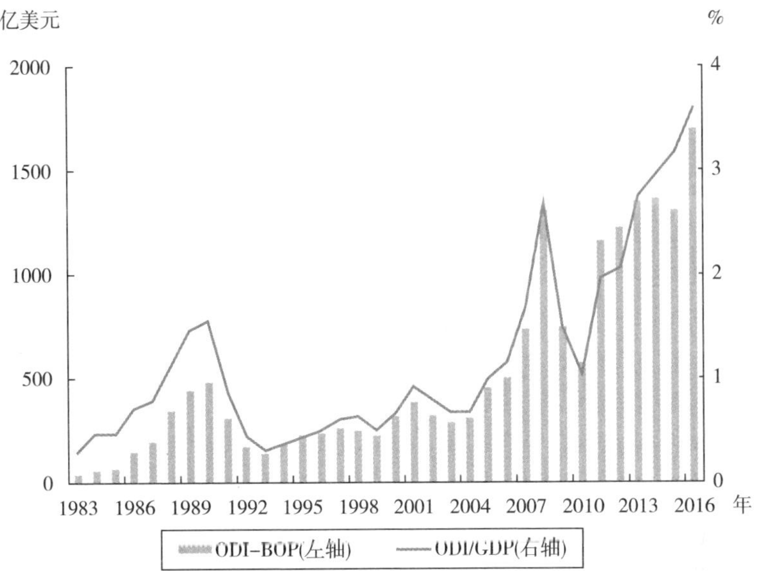

资料来源：日本贸易振兴会（JETRO），国际收支平衡表（BOP）统计口径，下同。

数据说明：①由于统计口径和FDI定义变化，1996年前后的数据没有可比性；2014年以后，根据《国际收支平衡表》（第6版）对直接投资采用资产负债原则和方向性原则进行统计，2014年前后的数据没有严格连续性；因此，JETRO发布的2014年以前的对外投资数值与日本《国际收支平衡表》（第6版）的统计值有所差异。

②2011年ODI流量和存量原为1157亿美元和9646亿美元，日本财政部于2013年12月调整为1088亿美元和9577亿美元，但未公布各地区调整值；为保持统一性，本文仍然使用调整前的数据。

③JETRO也公布申报口径的ODI数据，该数据远大于BOP口径的统计值；但2004年该统计停止，本文未予使用。

图1 日本对外直接投资流量

（一）日本对外直接投资的四个主要阶段

图1显示，20世纪80年代以来，日本对外直接投资可以分为几个重要阶段：第一阶段是1983～1990年ODI快速扩张。在日本经济持续高速增长和经济泡沫逐渐形成的同时，日本放松外汇管制，1985年“广场协议”令日元大幅升值，日本企业尤其是制造业大规模向海外转移，对外直接投资规模迅速攀升，至1990年达到480亿美元，ODI占国内生产总值（GDP）的比例也由0.3%一路攀升至1.5%。

第二阶段是1991～2003年ODI迅速降温并低位徘徊。这段时期日本经济遭遇两次危机，1991～1994年，日本经济泡沫破灭，房地产和股市价格大幅下挫，其后，经济虽有所好转，但1997年亚洲金融危机爆发，引爆日本金融体系更深的危机，大量金融机构破产倒闭重组，经济更加萧条；在这样的经济背景下，多数企业经营困难，对外投资明显减少；2000年以后，日本经济增长持续低迷，受2000年美国互联网经济泡沫破灭和2001年“9·11”恐怖袭击等外部环境影响，日本经济再度陷入萧条，对外投资短暂趋稳后再次下降。

第三阶段是2004~2008年ODI再度大幅增长。2003年以后，全球经济趋稳带动日本经济好转，日本企业经营状况好转，在国内经济增长乏力且投资机会有限的情况下，日本企业对外直接投资激增，到2008年达到1300亿美元，在经历多年低位徘徊外，ODI与GDP比例也大幅上涨至2.7%。

第四阶段是2009年至今ODI持续强劲增长。2008年国际金融危机重创全球经济，日本ODI在2009~2010年连续两年大幅下跌，2010年仅为573亿美元①；但自2011年以来，日本ODI再度大幅扩张，2016年ODI规模近1700亿美元；ODI与GDP比例升至3.6%。部分原因可能是2011年3月东日本大地震以及福岛核辐射后，日本企业在本土生产网络受到严重打击；加之相关部门预测，日本未来爆发严重地震海啸等灾难的概率很高，这些都会促使日本企业加速在海外布局。截至2016年底，日本对外直接投资存量达1.4万亿美元，较1996年增长4.6倍。

（二）日本对外直接投资的主要影响因素

日本对外直接投资虽然自20世纪50年代开始起步，但由于战后经济恢复和严格管制，直到20世纪80年代，日本对外投资才开始扩张。总体上，影响日本对外直接投资的国内外因素主要有：一是日本经济状况直接影响对外投资规模。日本经济持续高速增长后，国内市场需求有限，企业不得不开拓海外市场，寻找投资机会。当日本经济遭遇国内外经济金融危机重创时，企业经营困难，对外投资规模显著下降。日本国内产业结构调整也决定了日本最先将制造业，尤其是劳动密集型产业和重化工行业转移到劳动力相对便宜的亚洲地区，而在欧美等发达经济体投资金融保险等服务业、高科技和智能产业。

二是日本对外关系影响日本ODI海外布局。随着日本和亚洲邻国关系逐渐实现正常化，日本企业海外布局由最初的亚洲“四小龙”逐步转向中国和东盟主要国家。此外，20世纪70年代，日本和欧美发达国家贸易摩擦愈演愈烈，也是日本企业在海外构建生产网络的重要促进因素，通过构建在全球的生产销售网络和产品价值链，减轻日本对欧美的出口压力，从而减少贸易摩擦。

三是日元汇率走强刺激对外投资。虽然汇率反映经济基本面，但汇率因素或多或少地也发挥一定的作用，在1985年“广场协议”后，日元大幅升值，日本对外投资激增；2008年国际金融危机后，日元作为避险货币，在2009~2012年

① 日本国际收支平衡表显示，2010年日本对外直接投资约788亿美元，与上年基本持平；该数据与JETRO的公布数据有较大出入。

大幅升值，可能也是推动对外投资激增的一个重要原因。受日元汇率走强影响，日本企业出口困难，2011 年，日本对外贸易终结 31 年的贸易顺差，首次出现贸易赤字，这也是日本企业扩大对外投资的一个重要方面。

此外，日元汇率直接影响日本企业对外投资的汇兑损益。例如 2015 年，以美元计价的日本 ODI 规模为 1308 亿美元，同比下降 4.1%；但实际上是由于 2015 年日元对美元贬值 13% 所造成的；以日元计，2015 年，日本 ODI 规模为 15.8 万亿日元，同比增长 9.4%。

四是宽松货币政策支持企业对外投资。2004～2008 年日本 ODI 规模激增，除日本经济转好因素外，还与日本银行实施更大规模的宽松货币政策有很大关系，这种关系在 2013 年以后表现得更为明显。2013 年以来，日本银行实施量化和质化宽松政策（QQE），基础货币供给大幅增加，日本企业流动性水平普遍增加，这是推动海外投资激增的一个重要因素。2013 年，以日元计，日本对外直接投资 14.4 万亿日元，同比增长 54%；2016 年，日本 ODI 规模达到 18.4 万亿日元，较 2012 年增长 96%。

三、日本企业对外直接投资的区域分布和产业分布

日本对外投资起步较早，地区分布也较为广泛；总体来看，日本企业对外投资偏好与日本经济联系比较密切的地区和国家，能够与日本经济形成良好互动。以下我们从日本对外直接投资流量的区域分布和产业分布两个维度来分析。

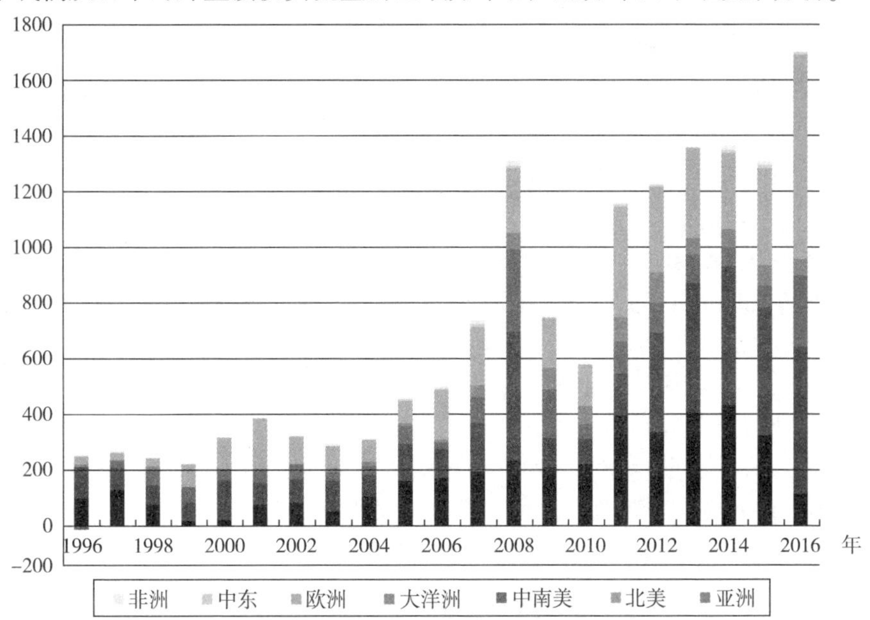

图 2　日本对外直接投资流量区域分布

（一）日本对外直接投资流量区域分布

图 2 显示，1996 ~ 2016 年，北美、亚洲和欧洲接受日本 ODI 的比例之和在 80% 左右，个别年份甚至超过 90%。另外，日本对中南美洲的 ODI 也很大，是因为该地区聚集了世界上最大规模的日裔移民，这些地区与日本经济联系非常紧密。日本对大洋洲（主要是投资澳大利亚的矿产）投资占比相对较少，除2010 ~ 2011 年，超过 10% 外，近年来在 5% 左右。日本对中东和非洲的投资较少，占比低于 1%，2008 年，两个地区合计仅 26 亿美元，是最高点；2015 年再次达到 25 亿美元，但 2016 年降至 5.7 亿美元。

亚洲在日本 ODI 中的占比波动较大，1997 年亚洲占比达 50%，但此后明显下降，1999 ~ 2000 年占比低于 8%，当时日本的 ODI 主要流向欧洲、北美和中南美。2004 ~ 2008 年日本形成新一轮对外投资高潮后，亚洲占比稳步上升，一度达到 1/3，但 2008 年降至 18%，与之对应的是，欧美在前期占比下降，但后期上升，中南美洲在 2008 ~ 2009 年达到 23%。2008 年国际金融危机爆发后，欧美经济衰退，亚洲经济一枝独秀，日本收缩对欧美的投资，再次转回亚洲，2010 年亚洲占比达 39%；北美占比到 2011 年仅 13%；2012 年欧债危机正式爆发，日本减少了在欧洲的投资；但 2013 年以来，全球经济复苏依然乏力，新兴经济体增长疲软，而美英等呈现温和复苏态势，日本对北美和欧洲投资进一步上升，亚洲占比下降，2016 年仅为 6.8%。

（二）日本对外直接投资流量的主要接受国

从接受日本 ODI 的主要国家来看，在日本历年对外投资中，美国占比一直很高，2011 年之前总体上呈现下降态势，但 2012 年以来，美国经济温和复苏，吸收日本的 ODI 再次大幅上升，2012 ~ 2016 年，日本对美 ODI 年均达 442 亿美元，远高于此前三年的水平。

中国接受日本 ODI 主要有两个较高阶段，2003 ~ 2006 年以及 2010 ~ 2012 年，占比分别为 15% 和 11.5%，这两个时期刚好是中国经济快速增长阶段。2003 年以后，中国加入 WTO，对外出口激增，经济正式走出之前的低迷状态，并出现一定过热；2008 年国际金融危机爆发后，中国经济也遭受一定冲击，中国政府推出 4 万亿元经济刺激计划，2010 年，经济基本确立复苏势头并保持较快增长；但 2013 年以来，前期过度刺激的负面效应逐渐显现，中国经济下行压力开始增大，日本对华投资明显下降。此外，中日关系恶化、人民币升值、中国劳动力成本上升等，也是日本减少对中国投资的重要原因。

亚洲四小龙（中国香港、中国台湾、韩国和新加坡）吸收日本 ODI 占比在 1997 年约为 20%，此后大幅下滑；2016 年，日本对新加坡直接投资净额为 -190

亿美元，而其他 3 个经济体吸收日本 ODI 总额仅 48 亿美元。除新加坡外，日本对东盟的投资主要集中在东盟四国（泰国、印度尼西亚、马来西亚和菲律宾），投资变动趋势与亚洲四小龙类似；但自 2011 年开始，日本对外直接投资重点重新回到东南亚，当年日本对东盟四国投资 132 亿美元，同比激增 2.1 倍；2012 年短暂下降至 64 亿美元，2013 ~2016 年年均投资额在 130 亿美元，远超 2011 年以前的水平，也超过对中国的投资规模。

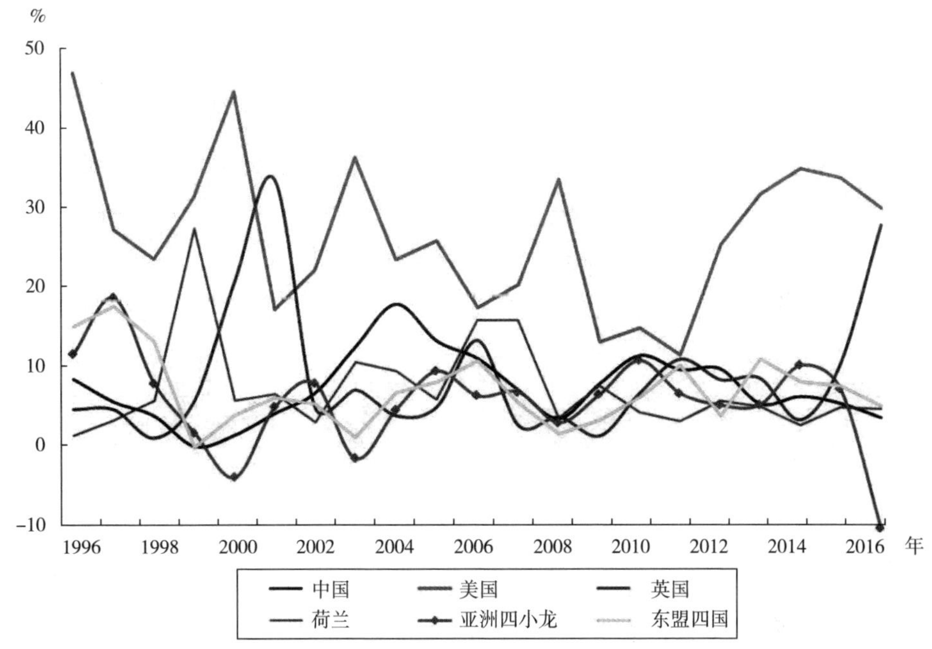

图 3 日本对外直接投资的主要接受国占比

日本对欧洲的投资主要集中在英国和荷兰，两国接受的日本 ODI 占到日本对欧洲直接投资的 70% 左右。日本与荷兰关系历史悠久，早在 17 世纪至 19 世纪日本闭关锁国时期，只有中国和荷兰可以和日本通商；目前，日本是荷兰第二大非欧盟成员投资国。日本对荷兰的投资比例比较稳定，除个别年份激增外，总体维持在 6% 左右。2010 年以前，除个别年份外，英国接受日本的直接投资相对比较稳定，所占比例均值为 9%，与中国所占比例基本持平；2011 年以来，在欧美发达经济体中，英国经济复苏最为稳健，日本流向英国的直接投资大幅增加，2011 ~2016 年，日本平均每年向英国投资 183 亿美元，2016 年，日本对英国的投资高达 484 亿美元，仅次于美国的 519 亿美元，而对中国的投资仅为 86 亿美元。

日本对金砖四国的投资一直相对较小，主要以巴西为主；但 2008 年以来，日本对金砖国家的投资明显加大，尤其是对印度的投资由以前不足 5 亿美元，大幅增至近 30 亿美元，2008 年为 56 亿美元，2016 年为 39 亿美元。鉴于巴西经济陷入严重衰退，2013 年以来，日本对巴西投资明显下降，2016 年仅 3.4 亿美元，远低于 2011 年的 83 亿美元。2008～2016 年，日本对俄罗斯和南非的投资也有明显增加，均值分别为 3.9 亿美元和 6.4 亿美元。

（三）日本对外直接投资存量的区域分布

1996 年，日本对外直接投资资产存量为 2587 亿美元；到 2015 年，日本对外直接投资资产存量达 1.26 万亿美元。以下我们选取日本对外直接投资具有代表性的几个年份进行分析，见表 1。

表 1　　日本对外直接投资存量地区分布及比例　　单位：亿美元、%

	1996 年	2003 年	2008 年	2010 年	2015 年
亚洲	792（32）	643（19）	1596（23）	2127（26）	3589（29）
中国	81（3.3）	153（4.6）	490（7.2）	665（8.0）	1088（8.6）
亚洲四小龙	283（11.4）	249（7.4）	522（7.6）	684（8.2）	1185（9.4）
中国香港	94（3.8）	57（1.7）	117（1.7）	155（1.9）	247（2.0）
中国台湾	40（1.6）	43（1.3）	88（1.3）	104（1.2）	120（1.0）
韩国	35（1.4）	51（1.5）	122（1.8）	150（1.8）	313（2.5）
新加坡	114（4.6）	98（2.9）	195（2.9）	275（3.3）	505（4.0）
东盟四国	416（16.7）	215（6.4）	446（6.5）	584（7.0）	1017（8.1）
泰国	158（6.3）	76（2.3）	205（3.0）	278（3.3）	513（4.1）
印度尼西亚	172（6.9）	67（2.0）	85（1.2）	119（1.4）	244（1.9）
马来西亚	58（2.3）	40（1.2）	77（1.1）	100（1.2）	136（1.1）
菲律宾	29（1.2）	32（0.9）	78（1.1）	87（1.0）	123（1.0）
越南			33（0.5）	45（0.5）	131（1.0）
印度	8（0.3）	15（0.4）	94（1.4）	136（1.6）	141（1.1）
北美	979（39）	1434（43）	2350（34）	2623（32）	4351（35）
美国	943（38）	1392（42）	2266（33）	2518（30）	4188（33）
拉美	120（5）	220（7）	908（13）	1070（13）	710（6）
巴西	38（1.5）	49（1.5）	165（2.4）	270（3.3）	236（1.9）
开曼群岛		104（3.1）	615（9.0）	626（7.5）	162（1.3）
大洋洲	105（4..2）	136（4.1）	216（3.2）	439（5.3）	742（5.9）
澳大利亚	92（3.7）	115（3.4）	191（2.8）	399（4.8）	678（5.4）
欧洲	477（19）	887（26）	1654（24）	1935（23）	3025（24）
西欧	475（19）	876（26）	1616（24）	1889（23）	2972（24）
英国	203（8.2）	244（7.3）	326（4.8）	380（4.6）	892（7.1）

续表

	1996 年	2003 年	2008 年	2010 年	2015 年
荷兰	84（3.4）	337（10.1）	722（10.6）	760（9.2）	1043（8.3）
德国	42（1.7）	69（2.1）	120（1.8）	153（1.8）	208（1.7）
法国	15（0.6）	73（2.2）	149（2.2）	162（2.0）	132（1.0）
中东欧和俄罗斯等	2（0.1）	11（0.3）	38（0.6）	46（0.6）	52（0.4）
俄罗斯	1（0.0）	0（0.0.）	7（0.1）	12（0.1）	18（0.1）
中东	10（0.4）	9（0.3）	42（0.6）	49（0.6）	71（0.6）
非洲	4（0.2）	21（0.6）	73（1.1）	61（0.7）	103（0.8）
总额	2587	3359	6839	8305	12590

注：括号内数字为百分比。

与日本 ODI 年度流量基本一致，日本 ODI 存量也主要分布在亚洲、北美和欧洲，三个地区占比在 80% 以上；拉美和大洋洲的占比相近，在 6% 左右，其中，拉美占比在 2008 年和 2010 年一度升至 13%，但近年来明显下降；中东和非洲占比很小，合计不足 2%。

分地区来看，日本在亚洲的 ODI 存量占日本 ODI 存量约 30%，主要分布在中国、亚洲四小龙和东盟四国，三大区域所占比例基本相当。中国占比由最初的 3.3% 稳步升至 8.6%；亚洲四小龙占比在亚洲金融危机之后明显下降，近年来有所上升。东盟四国占比变动趋势与亚洲四小龙类似，以泰国为主；近年来，日本增加对越南的投资，越南 ODI 存量占比上升。日本对东盟的直接投资存量主要分布在新加坡、泰国、印度尼西亚、马来西亚、菲律宾和越南。

日本对北美的 ODI 存量主要在美国，占日本 ODI 存量总额的 1/3。日本对欧洲的 ODI 存量约占日本 ODI 存量总额的 25%，其中分布在荷兰的比例为 8.3%，而英国为 7.1%；2010 年以来，日本在英国的 ODI 存量大幅增加，但在荷兰的 ODI 存量则有所下降；日本在德国的 ODI 存量占比基本稳定，但法国占比有所下降。此外，日本在中东欧和俄罗斯的 ODI 存量很小，占比约为 0.5%。

（四）日本对外直接投资的产业分布

20 世纪 80 年代经济泡沫破灭之前，日本对外直接投资以非制造业为核心，尤其是对发达国家金融保险和房地产行业投资占比在 40% 以上；20 世纪 90 年代，日本资产价格泡沫破灭，经济陷入长期通缩以后，实体经济加大对外转移力度，尤其是制造业海外布局加快。2005 年以来，制造业占比总体明显下降，非制造业对外投资再度扩大。

表 2　　2005～2016 年日本对外直接投资流量的主要产业占比　　单位:%

	2005～2008 年	2009～2012 年	2013～2016 年前三季度
制造业	54	41	38
食料品	6. 5	6. 1	5. 4
化学医药	7. 5	11. 5	4. 7
钢铁、有色和金属	3	4. 9	2. 9
一般机械	3. 2	6. 2	5. 1
电气机械	8. 6	4. 4	5. 4
运输设备	14. 1	1. 7	7. 4
非制造业	46	59	62
采矿业	4. 9	14	6. 8
运输业	2. 4	2. 5	2. 5
通信业	-0. 5	6. 7	11. 3
批发零售	9. 5	10. 1	10
金融保险	24. 5	17. 2	14. 5
房地产	-0. 8	1. 5	2. 1
服务业	1. 7	3. 2	11. 9

表 2 显示，2005 年以来，制造业在日本对外投资中占比约为 40%；其中，食料品行业对外直接投资占比稳定在 5% 以上，化学医药和运输设备行业在经历前期大规模对外投资后，近期对外投资占比有所下降；对钢铁金属行业的投资在 2008 年金融危机后一度明显上升，但后来有所下降，基本稳定在 3% 左右；近年来，日本对一般机械行业的对外投资占比总体上升，但在电气机械行业的投资有所下降。

2008 年以来，非制造业在日本 ODI 中的比重逐年上升，超过 60%；2016 年前三季度，非制造业占比达 67%。日本非常注重对海外矿产资源的投资，2009～2012 年，采矿业在日本对外直接投资中的占比大幅跃升至 14%，此后有所下降，截至 2015 年底，日本在采矿行业的投资主要流向澳大利亚，占比约为 38%。运输业、批发零售对外直接投资占比稳定在 2. 5% 和 10% 左右。日本在金融保险行业的直接投资规模最大，尤其是 2007～2008 年，占比超过 30%，但近年来占比明显下降。此外，通信业、房地产和服务业的直接投资明显上升。2016 年前三季度，服务业对外直接投资 357 亿美元，较 2015 年全年上涨 6 倍，占日本全部 ODI 的比例由 4% 激增至 33%。

从具体行业对外直接投资的存量来看，截至 2015 年底，日本各产业对外直接存量达 148 万亿日元，其中制造业对外直接投资存量 65. 7 万亿日元，主要投向亚洲（37%，其中中国和东盟占比分别为13%和16%）、美国（20%），欧洲（29%）。化学医药对外直接投资11.3万亿日元，美国占46%；一般机械对外直接投资存量11.2万亿日元，亚洲占40%，美国占32%；运输设备对外直接投资存量近13万亿日元，亚洲占43%（中国14%，东盟20%）、美国占25%。

非制造业对外直接投资存量82万亿日元，主要流向美国（36%）、欧洲（24%）和亚洲（22%）。金融保险对外投资存量29万亿日元，美国占40%，亚洲占25%（中国4%，东盟15%），欧洲占23%。批发零售对外直接投资存量21万亿日元，美国占47%，亚洲占26%（中国占10%）。采矿业对外直接投资存量11.4万亿日元，澳大利亚占38%，欧洲占28%（主要投向英国和荷兰），南美和北美各占15%。服务业对外直接投资存量3.7万亿日元，亚洲占31%，美国占37%。房地产对外直接投资存量2.3万亿日元，亚洲占47%（中国占23%）、美国占35%。

美国和中国是日本对外直接投资存量最大的两个国家，占比分别为33%和8.6%，日本对中美两国的直接投资呈现不同的特点。虽然日本对外直接投资总体以非制造业为主，但对中国的投资却主要是制造业。中国吸收日本直接投资存量中有67%来自制造业，一般机械、电气机械及运输设备占38%，化学医药占7%；而美国吸收日本直接投资中仅40%来自制造业，一般机械、电气机械及运输设备占18%，化学医药占11%。中国吸收日本直接投资存量中有33%来自非制造业，其中批发零售、金融保险和房地产分别占16%、10%和4%；而美国吸收日本直接投资中有60%来自非制造业，金融保险、批发零售和通信业分别占23%、20%和8%。

四、日本对外直接投资的协同保障体系

通过分析日本对外直接投资的主要进程，以及日本对外直接投资的国别和产业分布等方面经验，我们发现，日本企业对外投资把握时机的能力较强，尤其体现在危机时机的把控。

在1998年东南亚金融危机后，日本迅速收缩在亚洲的投资而转向美欧；2008年金融危机后，新兴经济体，尤其是金砖国家和东盟主要经济体经济迅速复苏，日本扩大了在这些国家的投资，但2013年以来，中国经济增速下滑、俄罗斯和巴西经济相继陷入严重衰退，欧元区经济深受危机影响，而英美经济稳定复苏，东南亚新兴经济体经济总体相对稳定，日本则事先相应调整了对外直接投资区域布局，尤其是大幅增加对美国和英国的投资。以中国为例，2012年以来，日本企业大幅减少对纺织业等劳动密集型产业的投资；同时，增加对餐饮业和批发零售等产业的投资，较好地把握了中国劳动力成本上升，但居民收入增加，消费升级的发展趋势。总体来看，日本企业基本能够把握各地区经济增长大的趋

势，从而确保企业的投资收益。我们认为，日本企业对各地区经济状况的分析和把控能力较强，单个企业很难做到，这可能和日本建立比较完善的对外投资服务保障体系，尤其是遍布海外的贸易投资振兴机构有密切联系。目前，支持日本企业海外投资的主要机构有日本贸易振兴机构（Japan External Trade Organization，JETRO）、日本国际协力机构（Japan International Cooperation Agency，JICA）、日本国际协力银行（Japan Bank for International Cooperation，JBIC）等，此外，日本驻外使馆和日本银行驻外代表处等机构也会定期和日本企业和金融机构交流。

（一）日本贸易振兴机构主要发挥沟通协调宣传推介等服务功能

日本贸易振兴机构（JETRO）的前身是 1958 年成立的日本贸易振兴会，以全面振兴日本贸易为宗旨，1998 年与日本亚洲经济研究所合并，是经济产业省下属的政府独立行政法人，纳入政府财政预算，类似于中国的事业单位。JETRO 现任理事长是石毛博行（Hiroyuki Ishige），2011 年任职前是经济产业省的副部长。JETRO 在日本国内外有很多事务所。截至 2017 年 7 月，JETRO 在日本国内有国内总部（东京）、大阪总部、亚洲经济研究所、贸易信息中心 44 处；在 55 个国家设立了 74 所办事处；员工 1500 多人，其中国内员工 800 名，海外员工 740 名，不少员工是政府经济部门挂职交流的官员。

以我们在 JETRO 上海代表处调研的情况来看，JETRO 在中国设立了 8 个代表处，上海代表处规模最大，有 30 名员工，其中 8 人由 JETRO 总部派驻，JETRO 上海代表处副所长是经济产业省的处级官员，此前曾在日本驻华使馆工作。

JETRO 主要职责是服务日本企业“走出去”和吸引其他国家对日本进行投资，定期举办各种展览，开展培训和调查统计等工作。

在支持企业“走出去”方面，一是在海外提供与企业经营相关的当地法律法规、税务、劳务等方面的咨询。JETRO 中国代表处，为日本企业在华业务的顺利开展提供支持；在北京、上海、广州、青岛和大连五地配备具有经验丰富的顾问，提供法规、税务以及劳务等方面的信息与建议。在日资企业投资活动十分活跃的北京、上海等地，还创办了进出口企业支援中心，对日资企业经营中遇到的纠纷等提供咨询。二是开展知识产权保护相关调查。JETRO 与当地日资企业紧密合作，针对企业反映其产品遭受假冒侵权的情况，及时研究对策，包括通过法律事务所等机构开展有关知识产权问题的调查、与当地政府机关交流沟通、要求所在国政府采取改进措施等。三是定期举办各种展览会和商品推介会。JETRO 全面介绍日本经济政策、经济状况及产业状况，推介具有较强竞争力的企业、产品及先进技术。此外，JETRO 还承担了世界博览会中日本馆的组织运营工作。

在“引进来”方面，一是协助外国企业开展对日直接投资。JETRO 通过遍布全球海外代表处，发掘对日投资项目，向对投资日本感兴趣的外国企业提供所需信息和具体咨询。为落实外国企业对日投资项目，还在日本国内建立“一站式”信息服务体系，提供市场咨询调查，寻找合作伙伴，企业注册以及办理在留资格等行政手续方面的全程支援服务。此外，还为在日没有办公场所的外国企业临时提供办公室、业务洽谈室及会议室等设施。二是重点吸引高附加值、高辐射效应的企业。根据日本政府制定的新增长战略，JETRO 着重吸引具有研发能力和高附加价值功能的企业到日本投资，同时重点开展能够维持和创造日本国内就业机会、有助于日本在亚洲地区建立基地等具有较高辐射效应的项目。

其他智力支持方面，一是支持日本企业引进优秀人才。在日本国内外组织商务日语能力测验，评价外籍人士的日语沟通能力。JETRO 还组织针对美国、欧洲及亚洲等地大学生的实习（在日本企业研修）活动。二是为日本政府与签订双边及多边经济合作协定（EPA）提供前期研究。JETRO 主要负责前期相关研究，支持政府进行有关谈判，并在协议签订之后，指导日本企业有效利用已签订的协议。

此外，JETRO 还牵头协调日本相关部门为在国外的日本企业提供服务。以上海为例，JETRO 上海代表处，日本驻上海领事馆、日本国土交通部观光厅等部门、日本地方政府等在沪代表处（日本各县、市在上海共设立 33 个代表处），每季度召开协调会议，帮助企业或其他机构协调解决日常运营中遇到的各种问题。此外，日本在沪企业还建立了商工组织协会俱乐部（日本商会），除建立各个行业的专门委员会外，还建立了跨行业的事业环境委员会，具体考察上海的营商环境；JETRO 上海代表处负责人兼任该委员会会长，帮助日本企业就营商环境相关事宜与中国政府相关部门协调解决。

（二）日本政府支持企业“走出去”的主要机构

日本将海外援助和支持企业“走出去”结合在一起，在国家层面主要涉及外务省、财务省和经济产业省等中央部门，以及国际协力机构、国际协力银行、政策金融公库等机构；针对与中国等竞争激烈的基础设施输出项目，日本还成立了由内阁府牵头的协调机制。

日本官方开发援助（ODA），由外务省牵头、财务省和经济产业省等部委参与，具体由日本国际协力机构（JICA）负责实施。

日本国际协力机构成立于 1977 年，是直属外务省的行政机构，负责日本对海外的无偿援助。此外，日本政府还委托日本国际协力银行（JBIC）开展海外经济合作基金项目，与日本国际协力机构（JICA）的功能有一定重复；2008 年 10 月，日本政府将 JICA 与 JBIC 的海外经济合作基金的职能合并，成立新日本国际协力机构，目前 JICA 是全球最大的双边开发机构之一，有 97 个海外办公室，在

150多个国家开展项目，资金规模约1万亿日元（85亿美元）。JICA负责管理日本海外援助的三个主要部分，即技术合作、援助赠款以及优惠贷款，并充当日本官方开发援助（ODA）智囊角色，致力于全球战略发展，增强与国际机构的合作，在重要发展和援助事项上表明日本立场。

日本国际协力银行（JBIC）成立于1999年10月1日，由日本进出口银行（JEXIM）和海外经济合作基金（OECF）合并而成，是一家政策性金融机构和出口信用保险机构。JBIC总部设在东京，在18个国家设有21个办公室。JBIC主要目标是为对外投资提供资金支持，但不与常规金融机构竞争，致力于促进日本对外贸易，并推动日本和其他国家的经济合作。JBIC是日本海外援助的工具之一，为日本外交政策提供支持。2008年10月，JBIC短暂并入日本政策金融公库后，2012年4月又重新独立出来。

日本政策金融公库是一家政策性金融机构，成立于2008年10月1日，由国民生活金融公司、农林渔业金融公司、日本中小企业金融公司和日本国际协力银行（2012年4月退出）4家政策性金融机构合并而成，专门为农林渔业、中小企业以及新兴企业提供商业贷款，同时也提供助学贷款等相关教育贷款；主要功能旨在补充私有金融机构的业务，改善日本国民的生活水平。该机构总部设在东京，在日本有152家分支机构，在海外设有2个代表处，员工人数达7364人。

其他支持中小企业“走出去”的政策性金融机构还包括商工中金银行，该银行最初是政府和私营部门合资建立的银行，专门为中小企业提供融资，2008年10月开始私有化，政府不参与日常经营管理，但仍然持有股份。

对于基础设施输出项目，由于有中国和德国等存在激烈竞争，日本政府高度重视，成立了由内阁府牵头，经济产业省、国土交通部、财务省、外务省、日本贸易振兴机构（JETRO）和日本国际协力银行（JBIC）等机构共同参与的组织机制，负责推动日本基础设施建设出口，包括高铁、港口建设等。

（三）日本支持企业“走出去”的其他机制

20世纪五六十年代，日本企业开始逐步走向海外市场，虽然最初也经历了很多困难和挫折，但20世纪80年代日本企业“走出去”开始爆发式增长以后，日本政府开始重视建立完善的海外贸易和投资保障体系。经过近40年发展，日本政府出台并完善了一系列的法律、政策，积极鼓励和引导企业“走出去”，同时相关省厅（以经济产业省、外务省、日本银行等为主体）、地方政府、经济团体等也出台了相应的支持政策，从而形成从中央到地方、具有系统性的制度安排和政策体系。此外，日本经济体系中独有的综合商社更是发挥重要作用。

综合商社类似于大型企业集团，以贸易为主体，集贸易、金融、信息、综合组织和服务功能为一体的跨国公司，组织相对松散，一般大型综合商社包含上千家企业，并存在复杂的持股关系。日本企业海外扩张过程中，综合商社一般最先进入某一市场，收集商务信息并帮助相关企业开拓海外市场，同时，集团内部的企业也会相互沟通并在各个产业环节上相互扶持，这为企业“走出去”提供了很大的便利。

五、对中国“一带一路”倡议的启示

日本对外直接投资分布既广泛又集中，投资遍布美洲、欧洲、亚洲、大洋洲和非洲，但美洲主要集中在美国和南美个别国家，欧洲主要集中在英国和荷兰，亚洲则主要集中在中国、亚洲四小龙和东盟国家。在产业分布来看，日本对发达国家主要投资金融保险等服务业和汽车制造业，对亚洲新兴经济体则主要投资机械和化工医药等制造业领域，国内外产业布局互补，形成了较为完整的全球价值链体系。另外，日本企业能够较好地把握全球经济增长的主要趋势及区域差异，及时调整产业布局，与其对外投资协同保障体系密切相关。日本对外直接投资方面的经验教训值得中国“一带一路”倡议借鉴。

一是高度重视对外直接投资国别分布，最大限度降低对外直接投资风险。多年来，日本对外直接投资规模巨大，但海外投资目的地较为集中，主要集中在部分发达经济体和经济相对稳定的新兴经济体，对经济政治风险较大或日本企业存在较少的区域涉足较少。在发达地区，除英国和美国外，日本对荷兰投资较多，主要原因是两国历史友好联系久远；对德国、法国等其他欧洲发达国家投资很少。在新兴经济体中，主要是中国、亚洲“四小龙”和东盟四国，在巴西也有一定投资，除巴西是资源国之外，还有一个重要原因是巴西是海外日本人最多的国家。总体来看，日本乃至其他国家对“一带一路”很多地区投资相对较少，这既是中国的机遇也是重要挑战。一些“一带一路”国家经济政治风险较大，经济发展水平较低，投资的风险较大；中国必须充分考虑各国的宏观经济状况及双方合作关系，通过一定的多边或双边合作机制，最大限度地确保中国投资安全。

二是精准把握对外直接投资的产业布局并注重与国内产业形成完整价值链。20 世纪 70 年代初，日本开始扩大对外直接投资，尤其是对亚洲的投资，其中一个主要原因是日本国内生产成本增加，日本逐渐将纺织品和电器等产业对亚洲其他地区递次转移，在逐步建立海外生产基地的过程中，也带动本国零部件、成套设备、技术和管理等的出口；在各国的产业布局呈现互补局面，并与本土企业形成完整的产业链。值得注意的是，20 世纪 80 年代，日本企业开始海外扩张之初，也曾经大举投资美国的房地产和金融保险行业，遭受了严重亏损。近年来，部分中资企业热衷于投资海外房地产和足球俱乐部等产业；中国有必要对企业对外直接投资加强引导。中国企业要不断提升在全球价值链中的地位，尤其是注重投资先进制造业以及中国优势产业和产能，占据更多的产业环节，使国内企业与对外投资的企业之间更多地形成互补关系，而非竞争关系。中国企业对外直接投资时，还需要注意日本相关产业在当地的投资，把握竞争合作关系。

三是引导企业加大对贸易逆差国的投资。日本对外直接投资还有一个重要考虑是减少贸易摩擦。一种方式是将出口能力转移至发展中经济体。日本对亚洲的很多投资，主要目的是将亚洲变成日本进军国际市场特别是欧美市场的“出口加工地”和“海外集散地”，日本将一部分出口能力转移到东亚国家，利用这些国家廉价的土地和劳动力资源而形成生产能力，通过“迂回”方式向欧美国家出口，以规避贸易摩擦。另一种方式对发达国家直接投资。1976 年，日本对美彩电出口大幅增长，引发美国调查，日美 1977 年达成为期三年的“日美彩电”协定，日本主动限制对美彩电出口，每年出口数量在 175 万台以内；1978 年开始，日本彩电企业纷纷对美进行投资，将生产基地转移到美国以减少贸易摩擦，到 1979 年，日本对美彩电出口仅 69 万台。20 世纪 70 年代末 80 年代初，日美汽车贸易摩擦，日本又采取同样方法。1982 年开始，丰田、日产、本田、马自达、三菱等日本汽车公司相继在美国进行投资生产，到 80 年代末，日本对美汽车出口明显下降，但日本对美国汽车零部件出口却大幅增加。中国与“一带一路”国家的贸易额虽然不大，但中国大量贸易盈余却来自“一带一路”地区，中国对外直接投资也有必要考虑与“一带一路”国家的贸易结构，减少贸易和投资摩擦，实现共赢。

四是金融资本和产业资本协同“走出去”。日本综合商社制度虽然有企业交叉持股、股权结构关系复杂等问题，但在推动企业海外投资等方面也具备整体协同“作战”的优势，有利于企业及时获取重要市场信息，并做出投资决策。中国企业海外投资“单打独斗”相对较多，前期投资调研以及各项运营成本较大。中资金融机构，尤其是中资银行有必要采取措施，充分利用海外信息和网络优势，促进金融资本与产业资本更加紧密结合，实现金融资本和产业资本的“抱团出海”，针对中资企业不同的产业资本输出模式，提供全方位的金融服务。

五是注重建立支持民营企业“走出去”的体制机制。“一带一路”倡议提出以来，企业对外直接投资规模激增，2016 年达到 1962 亿美元，其中，民营企业占 2/3；从数量上来看，民营企业已经成为我国企业“走出去”的主体；但相对于国有企业，民营企业获得金融机构和政府的支持力度相对较小。日本成立多个专注于中小企业融资的政策性金融机构，以及海外较为完善的投资支持保障体系，较好地促进了日本企业在海外的发展，可以考虑借鉴相关经验。

六是宏观经济政策要为企业“走出去”服务。20 世纪 80 年代，日本国内劳动力成本上升，企业“走出去”需求强烈，日本及时放宽外汇管制，便利企业对外投资；同时，允许汇率大幅升值，虽然日元大幅升值是在国际压力下促成的，但客观上也有利于加速企业对外直接投资。2009 年以来，尤其是 2012 年日本银行实施大规模量化和质化宽松货币政策（QQE）以来，日本对外直接投资再次大幅扩张，一方面日本银行向市场注入大量流动性，资金成本极低，日本企业有大量闲置资金需要投资；另一方面，大规模量化宽松政策令日元显著贬值，海外日本企业利润以日元计价后，增加 20% 以上；此外，日元贬值带动日本企业出口改善且海外日企从日本进口的成本也大幅下降，这些都显著改善了日本企业的盈利状况，有利于企业增加对外投资。因此，在支持企业“走出去”过程中，汇率的影响并非一成不变，本币的升值和贬值都可能产生促进作用。中国在推动企业参与“一带一路”建设过程中，可借鉴日本在相关方面的经验。

七是完善对外直接投资的协同保障机制。日本完善的对外投资协同保障体系有效促进了日本企业的海外发展，从日本的经验和教训来看，可以在以下方面着力。第一，建立完善且强大的贸易投资促进服务机构。从职能上来看，成立于 1952 年的中国国际贸易促进会与日本 JETRO 的功能和性质类似；此外，商务部还下设中国国际投资促进会等诸多协会和学会。JETRO 在海外设立 74 个代表处，分布在日本企业集中的国家和地区，而中国贸促会仅有 20 个海外代表处；可考虑在一定程度上整合中国对外贸易和投资服务的主要资源，建立一个统一的贸易投资促进机构；同时，该机构与中国政府相关驻外机构和海外中企保持紧密联系，维护中国企业正当权益。

第二，整合资源促进对外贸易和投资发展。除对外援助外，中国还建立了政策性金融机构、开发性金融机构、丝路基金，以及针对一些区域发展的中长期投资基金，如中国东盟基金、中拉基金、欧亚基金、中东欧基金、中非基金等，不同类型的机构功能定位不同，投资周期和收益的要求也存在差异。日本对外合作的政策性机制主要是日本国际协力机构（JICA）和日本协力银行（JBIC），中国可在现有这些机构之间建立有效的沟通协调机制，并与商业性金融机构加强合作，集中有限资源，帮助中国企业解决“走出去”过程中面临的各种风险和困难，最大限度实现国家利益。

第三，注重加强高端人才培养。除资金资源外，加强人力资源培养也极其重要。中国一方面要重视培养本国海外高端人才，除企业层面组织培训各自所需的专业人才外，政府的治理能力和管理体系也要适应国际化发展的需要。随着中国国际地位的不断提升，中国将成为国际规则的重要制定者，涉外管理的政府官员有必要掌握中国企业海外经营状况，并与政策制定紧密结合。日本经济产业省的部分官员长期在驻外使馆、JETRO、日本协力银行（JBIC）等机构挂职交流，日本银行驻外代表处也经常调研日本驻外企业和金融机构，政府驻外机构定期召开联席会议商讨企业相关事宜并帮助协调解决的做法，具有一定的借鉴意义。另一方面，中国也要重视国外人才培养，吸引“一带一路”等国留学生，为其提供在中国企业实习就业的机会，最终回到本国，为当地的中资企业服务。

参考文献

[1] 程永明."一带一路"与中国企业走出去[J]. 东北亚学刊，2015(4).

[2] 丁一兵，傅缨捷，陈佳鑫.贸易产品结构与对外直接投资对日元国际化的影响[J]. 现代日本经济，2014(4).

[3] 丁振辉.日本出口和对外直接投资选择[J]. 现代日本经济，2013(5).

[4] 杜江，袁昌菊，宋跃刚.对外直接投资提升了日本制造业的国际分工地位吗[J]. 现代日本经济，2017(1).

[5] 金洪飞，李向阳，林心怡.国际金融危机对中国外商直接投资的影响——基于面板数据的经验分析[J]. 国际金融研究，2012(10).

[6] 李理.日本对外直接投资的新变化与前景展望[J]. 日本研究，2005(2).

[7] 刘昌黎.战后日本对外直接投资的历史回顾与展望[J]. 日本学刊，1997(2).

[8] 刘昌黎.日本对外直接投资的新发展与海外经营的新动向[J]. 东北亚论坛，2007(7).

[9] 马文秀，杨茜.日本对外直接投资缓解日美贸易摩擦的效应及其启示[J]. 日本研究，2008(1).

[10] 施锦芳.新一轮日本对外直接投资战略变化及其对我国的启示[J]. 国际贸易，2014(11).

[11] 苏杭.日本对外直接投资的网络化发展及启示[J]. 日本研究，2015(2).

[12] 杨仁发，刘纯彬.中国生产性服务业FDI影响因素实证研究[J]. 国际贸易问题，2012(11).

[13] 张季风.震后日本对外直接投资的新趋势[J]. 日本学刊，2011(6).

[14] 周晨，陈作章.日元汇率波动对日本对外投资影响的实证分析[J]. 日本问题研究，2009(4).

[15] 庄惠明，郑剑山，陈锦然.中国服务业吸引FDI的影响因素研究——基于省际面板数据的实证检验[J]. 亚太经济，2015(2).

[16] Alavinasab, Seyed Mohammad, 2013, Determinants of Foreign Direct Investment in Iran, International Journal of Academic Research in Business and Social

Sciences 3 (2), pp. 258 -269.

[17] Hailu, Zenegnaw Abiy, 2010, Demand Side Factors Affecting the Inflow of Foreign Direct, International Journal of Business and Management 5 (5), pp. 104 -116.

[18] Japan Bank of international Cooperation, 2016, Survey Report on Overseas Business Operations by Japanese Manufacturing Companies.

[19] Kummanont, Suntonwasit, 2016, Analysis of Factors Influencing the Decision of Japanese Investors to Direct Investment in Thailand, IOSR Journal of Business and Management 16 (1), pp. 47 -57.

[20] Lewis Jason, 2017, Factors Influencing Foreign Direct Investment in Lesser Developed Countries, Illinois Wesleyan University Honors Project, 29 June 2017.

[21] Workneh, Amanuel Mekonnen, 2014, Factors Affecting FDI Flow in Ethiopia: An Empirical, European Journal of Business and Management 6 (20), pp. 118 -125.

关于我国跨境融资项下资金流动审慎管理的研究

中国人民银行上海总部外汇管理部课题组

课题组组长：饶庆文

课题组成员：邓君红　廖一榕　胥　良　范旭东　杨默晗
金　政

摘　要

我国先后开放了外债和对外债权等跨境融资项下资金流动的通道。外债资金弥补了经济增长的要素缺口，降低了国内实体经济的资金成本。对外债权资金流出促进了外向型经济的发展，支持了企业实现“走出去”战略。然而跨境融资项下资金流动蕴含的风险也不容忽视。跨境融资项下资金流动“激增”“外逃”“中断”以及“回流”等异常状态，特别是短期信贷资金快进快出会对新兴市场经济体的实体经济产生负面冲击。十九大报告提出健全货币政策和宏观审慎双支柱调控框架。因此在提高跨境融资业务便利性的同时，还要进一步完善跨境融资项下资金流动审慎管理机制。基于此，本文对我国跨境融资项下资金流动的审慎管理进行了研究，研究内容包括基础理论分析、现有政策评价、影响因素实证研究、国际经验以及完善我国跨境融资项下资金流动审慎管理的政策建议。

引　言

20 世纪 80 年代我国转变外债管理理念，逐步建立起符合社会主义市场经济体制特点的外债管理体系。外债资金弥补了经济发展的要素缺口，提高了投资和贸易的自由化便利化程度，降低了国内实体经济的资金成本。随着我国经济发展，对外投资和贸易的扩大也推动了对外债权的开放，对外债权项下流出资金逐渐增长。这促进了外向型经济的发展，支持了企业“走出去”战略的实现。

然而跨境融资项下资金流动蕴含的风险也不容忽视。历次国际金融危机中跨境债务身影时隐时现，以不同方式展示其存在。外债项下跨境资金流动迅速，

“激增”“外逃”“中断”以及“回流”等异常状态在不同国家时常出现。特别是对短期信贷资金以其快进快出的特征被视为“热钱”，可能对新兴市场经济体的实体经济产生负面冲击基本形成共识。由于流动便利，对外债权项下跨境资金流动也有可能成为资金外逃的通道。另外，在“三元悖论”作用下，跨境融资项下资金流动会很大程度上影响货币政策独立性，削弱新兴市场经济体促进经济增长的能力。

十九大报告提出健全货币政策和宏观审慎双支柱调控框架。这就要求我们在提高跨境融资业务便利性的同时，进一步完善跨境融资项下资金流动管理机制，增强管理的有效性，维护货币政策的独立性。基于此，本文对从外债和对外债权两个维度对跨境融资项下资金流动审慎管理进行了研究，主要内容包括六个部分，第一部分结合理论和实证研究成果分析跨境融资项下资金流动对经济增长、金融稳定、货币政策独立性的影响及其审慎管理；第二部分总结评价我国跨境融资项下资金流动管理的政策实践；第三部分从外债角度对影响我国跨境融资项下资金流动的因素进行实证研究；第四部分从对外债权角度对影响我国跨境融资项下资金流动的因素进行实证研究；第五部分考察不同国家跨境融资项下资金流动审慎管理的国际经验；第六部分提出完善我国跨境融资项下资金流动审慎管理机制的政策建议。

一、跨境融资项下资金流动及其审慎管理的理论分析

跨境融资项下资金流动包括了外债资金流动和对外债权资金流动。关于跨境融资项下资金流动的研究主要集中于其对经济增长、金融稳定、货币政策独立性的影响及其审慎管理。这部分内容将从以上四个方面结合相关研究成果进行分析。

（一）跨境融资项下资金流动对经济增长的影响

一是跨境融资项下资金流动能够便利国际贸易，支持实体经济发展。国际贸易的自然特性导致其货物流与资金流存在差异，此时贸易信贷和贸易融资就充当了商品运转的“润滑剂”功能（李超等，2012）。二是跨境融资项下资金流动能为发展中国家提供资金和要素支持，提高要素配置效率。“两缺口”模型认为，利用外债资金能够打破国内储蓄缺口和外汇资金缺口的约束。三是跨境融资项下资金流动与经济增长的关系并非总是简单线性相关。程宇丹和龚六堂（2015）综合研究了发达国家和发展中国家的不同情形，发现外债对经济增长的影响呈现倒“U”形特征。

（二）跨境融资项下资金流动与金融稳定的关系

一是外债规模过大可能引发债务危机。Stein 和 Paladino（2001）发现超出最优外债规模以后，外债违约风险的概率将会增加。二是“期限错配”“币种错配”等债务结构风险不容忽视。戈登斯坦和特纳（2015）指出，一些国家经济发展过度依赖短期外债，导致期限错配。三是外债流入可能影响金融稳定。葛奇（2017）认为，发达经济体的信贷资金以短期批发融资方式进入新兴市场银行体系时，导致其资产扩张与汇率升值以正反馈机制相互作用。四是境外放款可能成为资金外流的通道。

（三）跨境融资项下资金流动与货币政策独立性的关系

蒙代尔与弗莱明的研究表明，资金可以自由跨境流动时，固定汇率制度下货币政策相对无效。克鲁格曼（1999）由此提出“三元悖论”，认为一个经济体不能同时实现资本自由流动、货币政策独立和固定汇率制度，而只能三选其二。Helene Rey（2015）进一步提出二元悖论的观点，认为在全球避险情绪较强时，无论是固定汇率模式还是浮动汇率模式下资本自由流动和货币政策独立性都不可能同时实现。

（四）跨境融资项下资金流动的审慎管理

跨境融资项下短期资金流动和外债负担是两个重要的国际风险因素。这两个风险因素总体均有顺周期性。Borio（2003）指出，应针对顺周期性建立逆周期的监管措施。周小川（2012）认为，从宏观审慎管理的视角出发，出于防范系统风险、维护金融稳定的需要，无论是公共债务还是私人债务都要对举借外债进行必要的管理。

二、我国跨境融资项下资金流动管理的政策实践与评价

我国跨境融资项下资金流动不断开放，便利化程度不断提高，在有效防控风险的同时支持了实体经济发展。但管理职责不清、调控工具有限等不足也制约着跨境融资项下资金利用效率的提高，风险防范的改进。

（一）我国跨境融资项下资金流动管理的基本框架

一是就外债端而言，存在多个管理机构和管理模式。从管理机构看涉及发展改革委、中国人民银行、国家外汇管理局以及财政部等部门，商务部对实际借入外债数量也有很大的影响。从外债借用看，目前还有多种不同模式并存。这些外债借用模式依据不同的管理政策，在借用主体、外债币种、额度管理、资金用途

等方面均存在不同程度的差异。

二是就债权端而言，我国逐步构建了本外币全口径境外放款管理体系。2016年11月29日，中国人民银行发布《关于进一步明确境内企业人民币境外放款业务有关事项的通知》，对企业境外放款实施本外币一体化的宏观审慎管理，根据杠杆率确定企业境外放款余额上限，企业境外放款余额上限等于最近一期经审计的所有者权益和宏观审慎调节系数之积。2017年国家外汇管理局进一步规范和完善了境外放款的管理，消除利用本外币境外放款管理政策差异进行监管套利的空间。

对银行而言，《中华人民共和国外汇管理条例》规定境内银行可以在经营范围内自主发放境外贷款并按规定办理登记，但相关登记细则一直没有出台。经国家外汇管理局批准，上海和宁波先后开展了辖内银行境外贷款业务登记试点。2005年8月，根据《关于中资外汇指定银行境外贷款试行登记备案制度的批复》（汇复〔2005〕217号）的要求，国家外汇管理局上海市分局研究制定了《上海市中资银行境外贷款登记备案试行办法》（上海汇发〔2005〕158号），并在报总局备案后实施。2012年12月，国家外汇管理局上海市分局发布《关于规范外债等相关业务管理和统计监测的通知》（上海汇发〔2012〕144号），调整了境外贷款的管理方式，由逐笔登记调整为银行事先备案内控制度，便利了境外贷款业务的办理。

（二）我国跨境融资项下资金流动管理稳步开放，支持了实体经济的发展，有效防控了系统性风险

一是我国跨境融资项下资金流动开放是一个稳步推进的市场化过程。20世纪80年代，《中华人民共和国外汇管理暂行条例》《外债统计监测暂行规定》等法规颁布，确立了多部门联合管理、规模控制等外债管理基本思路。2013年外汇局发布《外债登记管理办法》进一步优化了外债业务流程，便利了市场主体。2014年以来，我国又推进了一系列试点改革，扩大外债借用主体范围，改革外债额度的管理方式，尝试构建外债风险审慎管理的机制。

与多数经济体类似，我国对外债权的开放在外债之后。2004年外汇管理局发布了《关于跨国公司外汇资金内部运营管理有关问题的通知》，规范了境内机构境外放款业务。2009年，外汇管理局发布《境内企业境外放款外汇管理有关问题的通知》，进一步规范境外放款的管理与统计监测。此后人民银行与外汇管理局又出台一系列文件，开放人民币境外放款，放松企业境外放款条件。2016年11月29日，中国人民银行发布《关于进一步明确境内企业人民币境外放款业务有关事项的通知》，实行境外放款本外币一体化管理。

二是我国对跨境融资项下资金流动管理坚持服务实体经济的原则。《国家外

汇管理局关于改革和规范资本项目结汇管理政策的通知》明确规定，外债资金用途按负面清单管理，除另有明确规定外，不得直接或间接用于证券投资，向非关联企业发放贷款（经营范围明确许可的情形除外），建设、购买非自用房地产（房地产企业除外）。境外放款的资金用途同样体现了真实性要求，《关于进一步明确境内企业人民币境外放款业务有关事项的通知》规定，境外放款人应注册成立 1 年以上，与借款人之间应具有股权关联关系；经办银行需严格审核境外借款人的经营规模与借款规模相适应，以及境外借款资金的实际用途，确保境外放款用途的真实性和合理性。这些规定将跨境信贷资金的使用严格限制于支持实体经济发展，避免投机性用途。

三是我国跨境融资项下资金流动管理重视底线思维，有效防范了系统性风险。开放初期，外债确定了规模管理的思路。此后这一思路贯穿于外债管理改革的各个阶段，避免外债规模过大导致违约风险。外债期限错配风险与币种错配风险同样受到重视。《外债登记管理办法》规定短期外债原则上只能用于流动资金，不得用于固定资产投资等中长期用途。各种宏观审慎跨境融资模式进一步加大了外币外债折算因子，强化了期限错配的管理。同时，对外债和境外放款资金用途真实性的严格规定限制了投机性风险。

（三）我国跨境融资项下资金流动管理机制仍需进一步完善

一是市场主体的具体交易由多个部门管理，容易形成微观主体的不平等性，同时难以实现宏观管理。目前市场主体外债业务的具体管理涉及发展改革委、外汇局、人民银行等多个部门，不同主体的借用外债管理存在差异，并且外债资金流动的风险识别管理难度较大。

二是币种套利空间仍然存在。目前本外币放款的管理要求并未完全统一，人民币境外放款的借款人资格、放款资金来源、期限、展期次数、资金用途方面与外币境外放款存在一些差异，企业可以根据本外币放款或者对其更有利来选择本币或外币境外放款，因而仍存在一定的监管套利空间。

三是仍然以行政管理和数量管理为主，缺乏必要的价格型审慎管理工具。跨境融资管理本质上仍然是调整单个主体与总量的额度上限。这种管理方式有助于防范国际风险传播、维持金融稳定经济平稳增长，但也存在缺乏预调微调能力的弱点。

四是预警机制不健全。目前外汇管理局针对跨境融资项下资金流动，负责建立了全面统计监测系统，积累了大量的数据。但这些数据主要用于微观审慎管理和总规模的控制，尚未结合国内外宏观经济金融条件建立预警指标体系。

五是事后监管机制不断建立，但仍然需要进一步完善。外汇管理改革大量减少了事前行政行为，通过加强事后监管实现对跨境资金流动风险的有效管理。外汇管理的简政放权赋予了市场主体更大自主决策权，如果没有相应具体明确的惩罚机制，宏观审慎管理就无法落到实处。

三、我国跨境融资项下资金流动的影响因素分析之外债篇

本部分拟采用分位数回归（Quantile Regression）对外债项下跨境资金流动的影响因素进行实证分析。分位数回归既考虑到相关要素影响机制的异质性，又全面考察了外债项下资金跨境流动的条件分布回归，能更加准确地度量相关因素在某个特定分位数水平上的边际效果，可以对资金跨境流动的整体分布情况做出更为清楚和全面的解释。

（一）模型设定

本文主要考虑经济增长、进口规模、人民币汇率、资金借贷成本、外汇储备变动等因素的作用。一是经济增长促进了外债项下资金跨境流入。二是进口规模的扩大往往会导致贸易融资上升，促进外债项下资金跨境流入。三是衡量借贷成本的境内外利差人民币汇率变动的大小与外债项下资金跨境流入存在相关。四是外汇储备变动影响外债项下的资金跨境流动。外汇储备增加说明外债宏观偿还能力提升，境外债权人放贷意愿也会随之提升。

（二）数据说明

本文收集了中美两国变量的月度数据和季度数据。基于数据可得性，时间长度从2006年第二季度到2017年第二季度，共11年。此外，本文对月度数据进行了变频处理，使其变成季度数据。数据来源为人民银行数据库、外汇局官网、同花顺数据库等。

（1）使用国内外债（Foreign Debt，FD）余额的变动 ΔFD 来衡量外债项下资金跨境流动：

$$\Delta FD_t = FD_t - FD_{t-1} \tag{3.1}$$

式（3.1）中，如果本期国内外债余额高于上期外债余额（$\Delta FD_t > 0$），说明当期在借新债还旧债之后仍然发生了外债资金的净流入；同理，如果本期国内外债余额低于上期外债余额（$\Delta FD_t < 0$），说明当期借新还旧后发生了外债资金的净流出。

（2）使用国民收入增长 Δy_t（$\Delta y_t = y_t - y_{t-1}$）衡量经济增长。

（3）使用国内进口总值当月同比增长率 I_t 反映我国当期进口规模的增长。

（4）使用中美利差（Interest Margin，IM）来反映境内市场相对借贷成本：

$$IM = r_{US} - r_{CH} \tag{3.2}$$

其中，r_{US} 与 r_{CH} 分别表示美国与中国的货币市场收益率，本文以银行间同业

拆借利率反映货币市场收益率。

（5）使用人民币即期汇率中间价（Exchange，E）来反映外汇市场中人民币汇率变动的预期。$E_t - E_{t-1} < 0$ 表示 t 期人民币升值，反之 $E_t - E_{t-1} > 0$ 表示人民币贬值。

（6）使用外汇局公布的国家储备资产（Foreign - exchange Reserve，FR）来反映中国的外汇储备。

构建外债项下跨境资金流动线性回归模型如下：

$$\Delta FD_t = \beta_1 \Delta y_t + \beta_2 I_t + \beta_3 IM_t + \beta_4 E_t + \beta_5 \Delta FR_t \quad (3.3)$$

式（3.3）中，$\beta_1 > 0, \beta_2 > 0, \beta_3 < 0, \beta_4 < 0, \beta_5 > 0$。此外，考虑到模型变量的量纲统一，本文在回归中对国民收入增长 Δy、国内外债余额的变动 ΔFD 和储备资产变动 ΔFR 进行对数处理。

综上所述，国内外债余额（亿美元）、国民收入（亿元人民币）、进口同比增长率、美国与中国的货币市场收益率、人民币汇率中间价、外汇储备（亿美元）共7个变量，其样本描述性统计见表1。

表1 样本描述性统计

变量	最小值	均值	最大值	标准差	偏度	峰度
FD	2979.44	7572.58	16801.00	4201.67	0.852	2.513
y	52673.30	122885.60	211281.30	44134.09	0.094	1.834
I	-30.767	10.232	65.400	19.040	0.247	3.222
r_{US}	0.103	1.152	5.092	1.666	1.629	4.010
r_{CH}	1.005	3.553	5.876	1.234	-0.078	2.274
E	6.097	6.695	7.996	0.525	0.989	3.164
FR	9203.92	27324.06	39852.99	9263.62	-0.534	2.019

（三）实证分析

令：$X = [\Delta y, I, IM, E, \Delta FR]'$，表示自变量向量；$FD = X'\beta + \varepsilon$，表示系数向量，$\varepsilon$ 是随机扰动项，则上文中回归方程（3.3）可以表示成如下计量方程：

$$\Delta FD = X'\beta + \varepsilon \quad (3.4)$$

构建条件分位数回归模型，采用分位数回归法对计量方程（3.4）进行参数估计，可以得到不同分位点上的系数向量的估计值 $\hat{\beta}$：

$$\hat{\beta} = \arg\min_{\beta(\tau)} \sum_{i=1}^{t} \rho_\tau [\Delta FD - X'\beta(\tau)] \quad (3.5)$$

其中，$\beta(\tau)$ 是 τ 分位数下的系数向量值。当 τ 在0到1之间分别取不同分位数水平时，ρ_τ 表示 τ 分位数时所对应的损失函数，即 τ 分位数相对应的权重：

$$\rho_t(\varepsilon) = \varepsilon(\tau - I(\varepsilon<0)), \begin{cases} \varepsilon<0 \text{ 为真，} I(\varepsilon<0) = 1 \\ \varepsilon<0 \text{ 为假，} I(\varepsilon<0) = 0 \end{cases} \quad (3.6)$$

基于式（3.5）可求得50%分位数（$\tau=0.5$）回归结果，具体见表2。

表2　　外债项下跨境资金流动回归结果（50%分位数）

变量	系数	标准误	t－Stat.	Prob.
Δy	0.116	0.056	2.083	0.044
I	0.001	0.000	2.180	0.035
IM	－0.007	0.003	－2.307	0.026
E	－0.002	0.002	－0.908	0.370
ΔFR	0.526	0.187	2.814	0.008

根据表2的结果，可以得到外债项下跨境资金流动回归方程：

$$\begin{aligned} \Delta FD_t &= 0.116\Delta y_t + 0.001I_t - 0.007IM_t - 0.002E_t + 0.526\Delta FR_t \\ s.e. &= (0.056)\ (0.000)\ \ (0.003)\ \ (0.002)\ \ \ (0.187) \end{aligned} \quad (3.7)$$

根据回归方程（3.7），国民收入增长的系数为0.116并且在5%水平显著，表明国民收入增长对于外债项下跨境资金流入具有显著的促进作用。类似地，我国当期进口同比增长率、外汇储备和中美利差的系数分别为0.001、0.526和－0.007，并且均在5%水平显著，说明我国当期进口规模、外汇储备以及中美利差的增长对于外债项下跨境资金流入有显著促进作用。

此外，观察到人民币汇率中间价的系数为负（$\beta_4 = -0.002$），但其伴随概率为0.37，说明人民币汇率变动对于外债项下跨境资金流入的影响并不显著。其原因可能在于：第一，中国在2010年之后全球经济衰退的同时还能够每年保持6.5%以上的GDP增长，境外资金通过外债渠道流入境内来分享我国经济高增长收益的意愿十分明显。第二，截至2017年第二季度，中国的外汇储备超过3万亿美元，占全球外汇储备的比重超过25%，偿债能力除美国之外全球居首。在全球经济衰退的大背景下，中国稳定的偿债能力导致境外资本更倾向于追逐稳定收益。第三，人民币外债的增长一定程度改变了外债的币种结构，中和了汇率变动对外债规模的影响。

此外，我们还以20%作为分位点，研究了各变量在不同分位数水平上对于外债项下的资金流动的异质性影响，其分位数回归系数见图1。

可以看出，从0.2分位数水平到0.8分位数水平，国民收入增长的系数总体呈上升的态势，说明在外债项下跨境资金净流入规模较大的前提下，国民收入的增长对其促进作用更加明显，而外债项下跨境资金净流入规模较低（甚至出现净流出）时，国民收入的增长对其促进作用较小。类似地，随着分位数水平的上升，进口规模增长率与外汇储备变动的系数总体呈下降的趋势，说明在外债项下跨境资金净流入规模较小的前提下，进口规模增长率及外汇储备的提升对其的促进作用更加明显。中美利差的系数总体呈上升趋势，说明外债项下跨境资金净流入规模较大时，中美利差的上升对其促进作用更加明显。此外，人民币汇率中间价的系数总体呈上升趋势，但系数不显著，说明人民币汇率变动对于外债项下跨境资金流动的总量影响不显著。

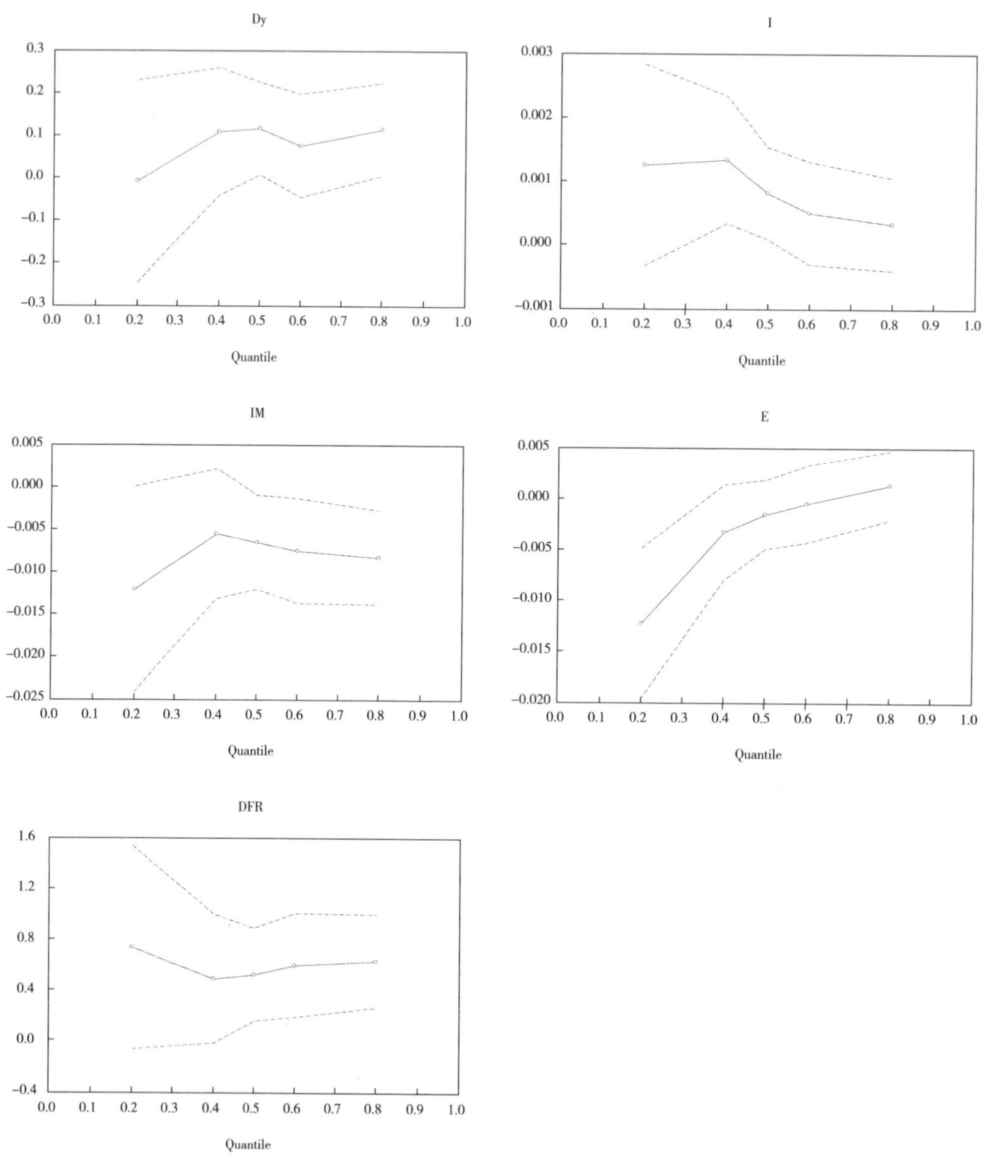

图 1　资金跨境流动的不同分位点的回归系数

四、我国跨境融资项下资金流动的影响因素分析之对外债权篇

外债与对外债权同属跨境融资项下交易，但两者跨境资金流动机理与影响因素并不相同。要深入理解跨境融资项下资金流动的动因，仍需将外债与对外债权分别进行实证研究。本部分内容将利用分位数回归对影响对外债权项下跨境资金流动的因素进行实证研究。

（一）模型设定

本文主要考虑人民币汇率变动、境内外资金借贷成本、国内外币存款规模、宏观税率、出口规模等因素的作用。一是人民币汇率变动和境内外利差会影响对外债权的成本，进而影响对外债权项下的跨境资金流动。二是若外汇存款规模上升，说明企业客观上可用于境外放款的外汇资金以及商业银行用于发放境外贷款的外汇资金规模也在上升，会促进对外债权项下资金跨境流出。三是我国总体税负水平的上升一定程度上促进了对外债权项下资金跨境流出。四是出口规模的扩大促进了对外债权项下的资金跨境流出。

（二）数据说明

本节收集了中美两国月度数据和季度数据，基于数据可获得性，时间从2006年第二季度到2017年第二季度，共11年。此外，本文对月度数据进行了变频处理，使其变成季度数据。数据来源为人民银行数据库、外汇局官网、同花顺数据库等。

（1）当前缺乏一个明确的指标来表示对外债权项下的跨境资金流动。从形式上看，对外债权主要包括三个部分：第一，直接投资项下境外关联企业债务所形成的对外债权；第二，证券投资项下债券发行与购买所形成的对外债权；第三，其他投资项下商业银行发放境外贷款所形成的对外债权。将这三个部分所形成的跨境资金流动加总就形成了对外债权项下的跨境资金流动（Foreign Claims，FC）。按照中国国际收支平衡表中的定义，当上述资本与金融账户中资产项下发生跨境资金净流出，则 $FC<0$；否则，若出现跨境资金净流入，则 $FC>0$。

（2）使用人民币汇率变动率 Er 来反映市场对于未来人民币的预期。在数据预处理时发现，人民币汇率与模型其他变量存在较明显的共线性问题，会引发其他变量的系数值发生剧烈变动。人民币汇率变动率 Er 同样可以表示市场对于人民币汇率的预期，还可以有效降低模型的共线性问题。因此这里采用人民币即期汇率的变动率 Er 来描述人民币汇率预期：

$$E_r = (E_{t+1} - E_t)/E_t \times 100\% \tag{4.1}$$

$E_r<0$ 表示人民币存在升值预期，反之 $E_r>0$ 表示人民币存在贬值预期。

（3）使用中美银行间同业拆借利率差 IM 来反映境内与境外市场资金相对借贷成本：

$$IM = r_{US} - r_{CH} \tag{4.2}$$

（4）使用金融机构外汇存款（Foreign - exchange Deposit，Fd）来反映境内机构持有的外汇资金。

（5）使用财政收入（Fiscal Revenue，FR）与名义国民收入（GDP）的比率来表示我国宏观税率 Tax：

$$Tax = (FR/GDP) \tag{4.3}$$

（6）使用中国出口总值（Ex）的变动来反映我国当期出口规模的增长。

构建对外债权项下跨境资金流动线性回归模型如下：

$$FC_t = \beta_1 Er_T + \beta_2 IM_t + \beta_3 \Delta Fd_t + \beta_4 Tax_t + \beta_5 \Delta Ex_t \tag{4.4}$$

式（4.4）中，$\beta_1 < 0$，$\beta_2 < 0$，$\beta_3 < 0$，$\beta_4 < 0$，$\beta_5 < 0$。此外，考虑到模型变量的量纲统一，本文对金融机构外汇存款 Fd 及中国出口总值 Ex 进行对数处理。

综上所述，境内机构对外债权（百亿美元）、汇率变动率、美国与中国的货币市场收益率、金融机构外汇存款（亿美元）、财政收入（亿元人民币）、国内生产总值（亿元人民币）、中国当期出口总值（亿美元）共 8 个变量，其样本描述性统计见表 3。

表 3　样本描述性统计

变量	最小值	均值	最大值	标准差	偏度	峰度
FC	-10.890	-2.831	2.640	3.142	-0.816	3.754
Er	-2.278	-0.087	4.052	1.375	1.459	5.364
r_{US}	0.103	0.473	2.124	0.538	2.265	7.253
r_{CH}	1.005	3.643	5.876	1.284	-0.251	2.290
Fd	1537.67	4035.79	7503.84	1976.21	0.281	1.536
FR	13023.58	60725.07	130354.00	32664.22	0.470	2.235
GDP	69410.40	314296.80	744127.20	183087.10	0.635	2.490
Ex	818.80	1587.69	2153.47	354.46	-0.450	2.212

（三）实证分析

本文以境内机构对外债权项下资金跨境流动作为研究目标，拟采用分位数回归来研究人民币汇率变动率、资金借贷成本、金融机构外汇存款变动、宏观税负水平以及当期国内出口规模变动等要素对其影响机制与路径，分位数回归结果见表 4。

表 4 对外债权项下跨境资金流动模型回归结果（50%分位数）

变量	系数	标准误	t - Stat.	Prob.
Er	-0.635	0.327	-1.944	0.061
IM	-0.098	0.315	-0.313	0.757
ΔFd	-2.276	8.279	-0.275	0.785
Tax	-15.230	5.530	-2.754	0.009
ΔEx	-9.570	3.192	-2.998	0.005

根据表 4 的结果，可以得到对外债权项下跨境资金流动回归方程：

$$
\begin{aligned}
FC_t &= -0.64Er_t - 0.10IM_t - 2.28\Delta Fd_t - 15.23Tax_t - 9.57\Delta Ex_t \\
s.e. &= (0.327)\ (0.315)\ \ (8.279)\ \ (5.530)\ \ (3.192)
\end{aligned}
\tag{4.5}
$$

根据回归方程（4.5），人民币汇率变动率的系数为 -0.64，并且在 10% 水平显著，说明人民币升值预期对于降低对外债权项下的跨境资金流出具有显著的效果。类似地，宏观税率以及当期国内出口规模变动的系数分别为 -15.23 与 -9.57，并且均在 1% 水平显著，说明宏观税率的提升以及当期国内出口规模的增长会增大对外债权项下的跨境资金流出。

观察到中美利差与金融机构外汇存款变动的系数分别为 -0.10 和 -2.28，其系数取值符合理论分析但不显著。其原因可能在于境内机构对汇率变动保值套利的考虑以及对外债权币种结构的变化。

此外，分位数回归还可以描绘出不同分位数水平下人民币汇率变动率、资金借贷成本、金融机构外汇存款变动、宏观税负水平以及当期国内出口规模变动对于对外债权项下资金跨境流动的异质性影响。以 20% 作为分位点，其分位数回归系数变动见图 2。

可以看出，从 0.2 分位数水平到 0.8 分位数水平，人民币汇率变动率的系数总体呈下降的态势，说明在对外债权项下跨境资金净流出规模较大的前提下，人民币贬值率对其的促进作用更加明显。同样，随着分位数水平的提高，宏观税负水平提升以及当期国内出口规模增加的系数总体呈下降的态势，说明在对外债权项下跨境资金净流出规模较大的前提下，宏观税负水平提升以及当期国内出口规模增加的促进作用更加明显。此外，无论分位数水平取多少，中美利差与金融机构外汇存款变动对于对外债权项下的跨境资金流动的总量影响并不显著。

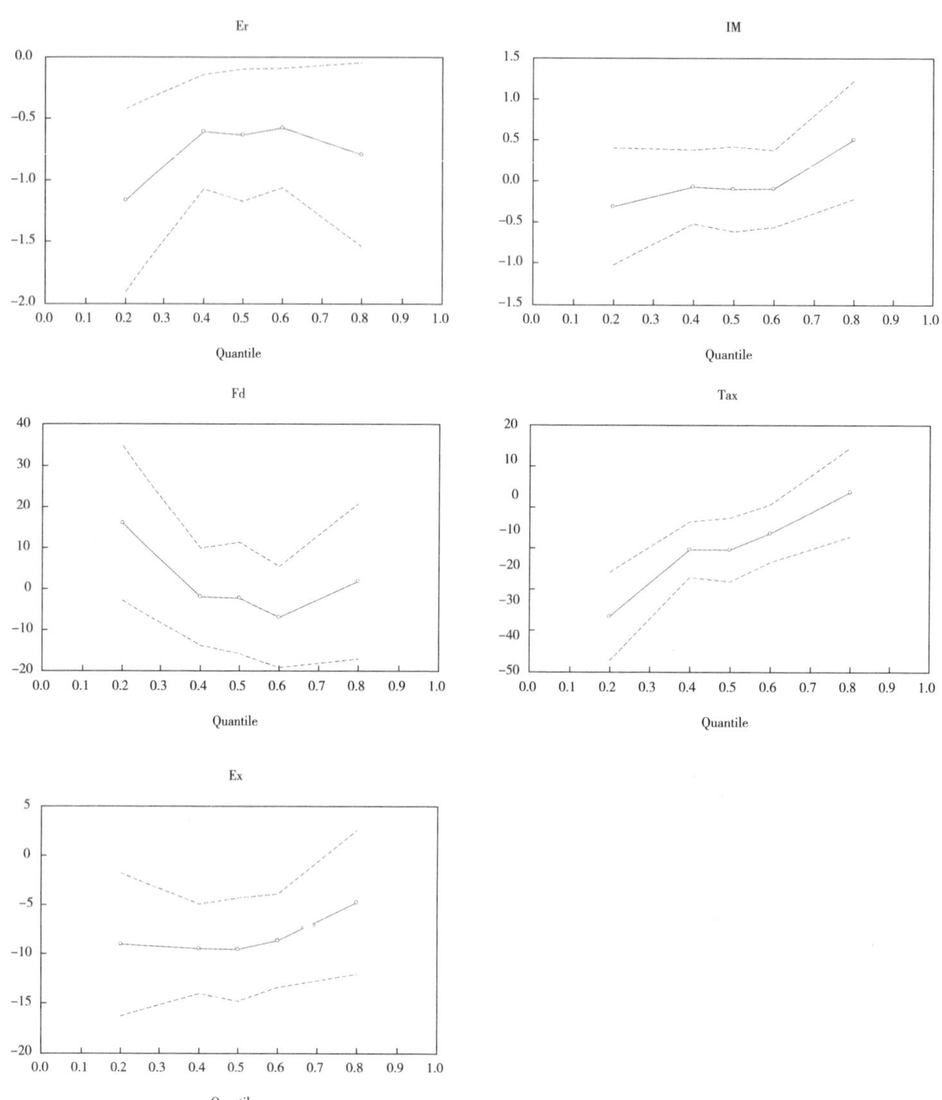

图 2 债权项下资金跨境流动的不同分位点的回归系数值

五、跨境融资项下资金流动管理的国际经验

根据目标以及条件差异，不同经济体选择了不同的跨境融资项下资金流动的路径。跨境融资项下资金流入弥补了国内经济发展资金缺口和储蓄缺口，支持了国际投资和贸易的发展，促进了本国金融深化。但债务负担过重，短债比例过高，跨境资金异常流动也成为一些国家威胁经济发展、破坏金融稳定、削弱货币

政策独立以及助力资金外流的不可忽视因素。这些国家为此付出了惨重代价，其中有的国家及时采用不同审慎管理工具降低了损失程度。危机过后，人们进一步思考跨境融资项下资金流动的双刃剑作用，更加重视相关审慎管理机制的建设。

（一）不同国家根据自身目标与条件选择合适路径推进跨境融资项下资金流动双向开放

欧元区成立以后，希腊、葡萄牙等国大规模借入外债以维持高福利制度，并且许多国家相互持有外债。韩国相对直接投资更偏好利用外债资金弥补国内储蓄和资金缺口，1962 年颁布了《促进吸引外资法》《外债偿还担保法》等，规范外债的借用。泰国为了实现建设中南半岛次区域金融中心的目标，批量发放离岸金融业务执照，大幅开放国际信贷业务，为跨境融资项下资金流动创造了宽松的环境。

（二）缺乏跨境融资项下资金流动的审慎管理可能诱发系统性风险

由于外债规模过大，偿债负担过重，2010 年希腊爆发了主权债务危机。随后希腊危机迅速蔓延到意大利、葡萄牙、爱尔兰、西班牙等国，酝酿为欧债危机。1997 年，印度尼西亚、泰国和韩国短期外债都超过了外汇储备。其中，泰国国内私人外债规模巨大，国内银行、企业大量借入美元后兑换成泰铢使用，导致货币错配。冲击发生后，泰铢汇率剧烈波动，泰国外汇储备迅速消耗殆尽。

为有效防范系统性风险，需建立跨境融资项下资金流动的风险预警和处理机制。20 世纪 90 年代东南亚金融危机之后，国际金融组织展开了构建风险预警指标体系的研究。亚洲开发银行针对金融危机早期预警建立了监测预警指标体系，并将其应用于东亚地区。当跨境资金流动引发宏观风险时，一些国家采用了不同政策工具进行审慎管理。特别是 2007 年以来，各国丰富了政策工具，明确了相应机制，更加系统化地建立了跨境资金流动审慎管理框架。

六、完善跨境融资项下资金流动审慎管理的政策建议

实践证明，长期以来我国跨境融资项下资金流动管理做到了服务实体经济、风险可控。但为了更加有效地发挥市场机制的作用，增强跨境融资项下资金流动管理的有效性，本部分内容从管理部门和职责、预警指标、政策工具和微观基础四个方面对完善跨境融资项下资金流动审慎管理提出了政策建议。

（一）进一步明确跨境融资项下资金流动审慎管理的部门和各自职责

目前我国多个部门对跨境融资项下资金流动合作监管。这种分散的监管模式有避免监管权力过度集中的优势，但应进一步明确细化各监管部门的职责和分

工，避免交叉监管带来的市场主体业务成本增加，消除监管真空以及监管协调不足可能导致的风险。

各部门的监管职责可以根据相应部门的主要职能明确定位。其中发展改革委负责会同有关部门制订国家借用外债总体计划，确定全口径外债的总量和结构调控目标。财政部报国务院审批，代表国家在境外发行债券并纳入国家借用外债计划。中国人民银行在外债总量和结构目标内根据宏观经济条件、国际收支状况和宏观金融调控需要对跨境融资各类参数进行调整，并对系统性重要金融机构进行管理。国家外汇管理局对企业和系统性重要金融机构以外的其他金融机构跨境融资进行管理，并对企业和金融机构进行全口径跨境融资统计监测。由中国人民银行对境外放款杠杆率调整，国家外汇管理局对境外放款进行管理和统计监测。当跨境资金异常流动形势出现时，国家外汇管理局采用必要的政策工具落实国务院、人民银行的宏观调控要求。

（二）构建跨境融资项下资金流动预警指标体系

为有效地识别和预警风险，结合监管经验，借鉴国际成果，在前文实证研究的基础上我们探讨了跨境融资项下资金流动预警指标体系的构建。预警指标体系主要包括宏观经济指标、总体跨境资金流动指标和跨境融资项下资金流动指标三类（见表5）。

表5　　跨境融资项下资金流动预警指标

指标	监测对象	指标含义
相对经济增长率	中国相对经济增长速度	中国与主要经济体经济增长率差额
经常项目收支差额	经常项目收支状况	经常项目收入 - 经常项目支出
境内外利差	境内外利率差额	中国与主要经济体利率之差
人民币汇率波动	人民币汇率走势	（当期人民币汇率中间价 - 上期人民币汇率中间价）/上期人民币汇率中间价
外汇储备波动	外汇储备变化情况	（当期外汇储备余额 - 上期外汇储备余额）/上期外汇储备余额；（当期外汇储备余额 - 去年同期外汇储备余额）/去年外汇储备余额
跨境收支差额波动	跨境收支差额变动情况	（当期跨境收支差额 - 上期跨境收支差额）/上期跨境收支差额；（当期跨境收支差额 - 去年同期跨境收支差额）/去年同期跨境收支差额
结售汇差额波动	结售汇差额变动情况	（当期结售汇差额 - 上期结售汇差额）/上期结售汇差额；（当期结售汇差额 - 去年同期结售汇差额）/去年同期结售汇差额

续表

指标	监测对象	指标含义
资本项下收支差额波动	资本项下收支差额变动情况	(当期资本项下收支差额 - 上期资本项下收支差额) /上期资本项下收支差额；(当期资本项下收支差额 - 去年同期资本项下收支差额) /去年同期资本项下收支差额
资本项下结售汇差额波动	资本项下结售汇差额变动情况	(当期资本项下结售汇差额 - 上期资本项下结售汇差额) /上期资本项下结售汇差额；(当期资本项下结售汇差额 - 去年同期资本项下结售汇差额) /去年同期资本项下结售汇差额
资本项下流入波动	资本项下流入变动情况	(当期资本项下流入 - 上期资本项下流入) /上期资本项下流入； (当期资本项下流入 - 去年同期资本项下流入) /去年同期资本项下流入
资本项下流出波动	资本项下流出变动情况	(当期资本项下流出 - 上期资本项下流出) /上期资本项下流出；(当期资本项下流出 - 去年同期资本项下流出) /去年同期资本项下流出
资本项下结汇波动	资本项下结汇变动情况	(当期资本项下结汇 - 上期资本项下结汇) /上期资本项下结汇；(当期资本项下结汇 - 去年同期资本项下结汇) /去年同期资本项下结汇
资本项下购汇波动	资本项下购汇变动情况	(当期资本项下购汇 - 上期资本项下购汇) /上期资本项下购汇；(当期资本项下购汇 - 去年同期资本项下购汇) /去年同期资本项下购汇
外债余额波动	外债余额规模变动情况	(当期外债余额 - 上期外债余额) /上期外债余额；(当期外债余额 - 去年同期外债余额) /去年同期外债余额
外债负债率波动	外债负债率波动性	(当期外债负债率 - 上期外债负债率) /上期外债负债率；(当期外债负债率 - 去年同期外债负债率) /去年同期外债负债率
短期外债占比波动	短期外债占比变动情况	短期外债占比 = (当期短期外债余额/总外债余额) × 100%；短期外债同比增长率 = (当期短期外债余额 - 去年同期短期外债余额) /去年同期短期外债余额 × 100%
境外放款波动	境外放款流出波动情况	(当期境外放款余额 - 上期境外放款余额) /上期境外放款余额；(当期境外放款余额 - 去年同期境外放款余额) /去年同期境外放款余额

续表

指标	监测对象	指标含义
企业内保外贷履约变动	企业内保外贷履约情况	（当期内保外贷履约流出 - 上期内保外贷履约流出）/上期内保外贷履约流出；（当期内保外贷履约流出 - 去年同期内保外贷履约流出）/去年同期内保外贷履约流出
银行内保外贷履约变动	银行内保外贷履约情况	（当期内保外贷履约流出 - 上期内保外贷履约流出）/上期内保外贷履约流出；（当期内保外贷履约流出 - 去年同期内保外贷履约流出）/去年同期内保外贷履约流出
银行外保内贷履约变动	银行外保内贷履约情况	（当期外保内贷履约流入 - 上期外保内贷履约流入）/上期外保内贷履约流入；（当期外保内贷履约流入 - 去年同期外保内贷履约流入）/去年同期外保内贷履约流入

（三）完善跨境融资项下资金流动的审慎管理政策工具

跨境融资项下资金流动的审慎管理政策工具主要包括价格性、数量性与限制性三类。其中价格性工具通过改变相对价格达到调控目的，一般短期内相对有效，对资金流动规模影响较小，但能改变跨境融资项下资金流动的期限和币种结构。数量性工具直接调控跨境融资项下资金流动的总体规模上限，对市场自主决策的影响相对较大。限制性工具直接限制特定项目交易，能够迅速有效地实现政策目标，但影响很大，主要用于跨境融资项下资金流动异常的特定时期。基于我国外汇管理的实践经验与防范跨境融资项下资金流动风险的政策目标，我们汇总分析了主要的审慎管理工具的特点（见表6）。

表6　　跨境融资流动审慎管理政策工具

性质	工具变量	作用机制	优缺点
价格性工具	征收银行外汇衍生产品交易准备金	提高银行衍生产品交易成本	调整灵活，人民银行、外汇局主动性大
	征收外汇债务准备金	改善外债规模与结构	调整灵活，人民银行、外汇局主动性大；但对外债总规模作用较小
	跨境资产交易税	防止资金大量流入导致资产价格过度波动	征税需符合《税法》要求
	对银行一年以下非存款短期外汇债务征税	增加银行非核心外汇融资成本，防止资本跨境流动波动性过大	征税需符合《税法》要求
	对外汇衍生产品交易征税	提高外汇衍生产品交易成本	征税需符合《税法》要求

续表

性质	工具变量	作用机制	优缺点
数量性工具	外债杠杆率	通过调整外债杠杆控制外债规模与结构	控制流入上限但扭曲相对较大
	银行短债头寸	将银行短债头寸限制在银行核心资本的一定比例内	直接控制短债风险，但扭曲相对较大
	外债总规模	调整外债总体规模，防范外债风险	有效控制外债规模，但扭曲相对较大
	境外放款杠杆率	通过调整境外放款杠杆控制流出规模	控制流出上限但扭曲相对较大
	银行外汇衍生产品合约头寸	将银行外汇衍生产品合约头寸限制在银行核心资本的一定比例内	控制外汇市场风险暴露，扭曲相对较大
	差别外汇综合头寸	根据银行外汇业务的系统重要性特征，实施差别的外汇综合头寸管理	控制远期结售汇业务头寸，但影响市场发育
限制性工具	限制银行外汇衍生交易	直接限制相关交易	效果明显，但扭曲最大，主要短期使用
	债券市场交易临时管制	特定时期根据经济金融条件限制交易	效果明显，但扭曲最大，主要短期使用

（四）夯实跨境融资项下资金流动审慎管理的微观基础

宏观审慎管理目标是微观审慎管理的方向，微观审慎管理是宏观审慎管理的基础。对于跨境融资项下资金流动应在审慎原则的基础上进一步完善市场主体、资金用途的各项负面清单。深入规范银行落实“展业三原则”要求，严格银行外汇业务的真实性合规性审核。加强对跨境融资项下违法违规资金流动的打击力度，塑造市场主体不敢违规不愿违规的环境。完善跨境资金流动监测系统统计功能和分析能力，确保各类数据的即时性、完整性和准确性。

参考文献

[1] 陈元，钱颖一．资本账户开放［M］．北京：社会科学文献出版社，2014.

[2] 葛奇．宏观审慎管理政策和资本管制措施在新兴市场国家跨境资本流出入管理中的应用及其效果——兼析中国在资本账户自由化过程中面临的资本流动

管理政策选择［J］. 国际金融研究，2017（3）.

［3］程宇丹，龚六堂. 外债的经济增长效应与影响渠道——发达国家和发展中国家比较［J］. 数量经济技术经济研究，2015（10）.

［4］方上浦. 走在改革开放道路上的外汇管理［J］. 中国外汇，2017（5）.

［5］姜波克. 国际金融新编（第三版）［M］. 上海：复旦大学出版社，2008.

［6］金雪军，邢自霞. 我国外债规模影响因素的定量研究［J］. 财贸经济，2008（5）.

［7］李扬，殷剑峰. 开放经济的稳定性和经济自由化的次序［J］. 经济研究，2000（11）.

［8］李超，马昀. 中国的外债管理问题［J］. 金融研究，2012（4）.

［9］李研妮，冉茂盛. 我国外债规模及其影响因素的实证分析［J］. 预测，2011（3）.

［10］刘微. 资本项目开放进程中的外汇干预：目标、机制和有效性［C］. 对外经济贸易大学博士论文，2014.

［11］刘金林. 基于经济增长视角的政府内外债规模研究：来自OECD的证据［J］. 宏观经济研究，2013（12）.

［12］刘显昌，刘志雄. 中国长期外债与短期外债的动态关系研究［J］. 经济经纬，2009（6）.

［13］孟夏. 外债管理的国际经验与启示［J］. 吉林金融研究，2014（1）.

［14］孙工声. 资本项目可兑换条件下外汇管制的国际经验［J］. 中国金融，2011（18）.

［15］田拓，马勇. 中国的短期跨境资金流动——波动性测度及影响因素分析［J］. 金融研究，2013（12）.

［16］黄继炜. 人民币资本项目开发——亚洲的经验与中国的路径［M］. 北京：经济科学出版社，2014.

［17］黄志龙. 资本项目开放与金融稳定［M］. 北京：中国经济出版社，2012.

［18］易纲. 外汇管理改革开放的方向［J］. 中国金融，2015（19）.

［19］余永定. 寻求资本项目开放的共识［J］. 国际金融研究，2014（7）.

［20］张春生. IMF的资本流动管理框架［J］. 国际金融研究，2016（4）.

［21］张明. 新兴市场国家如何应对资本流入：中国案例［J］. 国际经济评论，2011（2）.

［22］周小川. 人民币资本项目可兑换的前景和路径［J］. 金融研究，2012（1）.

[23] D. Filiz Unsal. 2011. Capital Flows and Financial Stability：Monetary Policy and Macro - prudential Responses. IMF Working Paper.

[24] IMF. 2012. The Liberalization and Management of Capital Flows：an Institutional View.

[25] IMF. 2015. Measures Which are Both Macroprudential and Capital Flow Management Measures：IMF Approach. IMF Report.

[26] Klein，Michael W.. 2012. Capital Controls：Gates versus Walls. NBER Working Paper 18526.

[27] OECD. The OECD's Approach to Capital Folw Management Measures Used With a Macro - Prudential Intent . OECD Report.

“一带一路”跨境金融服务解决方案研究

——基于人民币国际化的视角

中国人民银行上海总部跨境人民币业务部课题组

课题组组长：施琍娅

课题组成员：吴　鸣　王映乔　沈亦乐

摘　要

“一带一路”倡议是在国际金融危机深层次影响继续显现、世界经济复苏面临各种不确定性的国际背景下提出的，也是中国经济体量发展成为世界第二大经济体和第一大贸易国之后，向国际社会提出的合作共赢新思维。“一带一路”建设既是经贸投资的国际战略，更是金融发展的国际战略，其中“资金融通”是重要支撑，因此，金融支持“一带一路”建设至关重要。

“一带一路”建设为跨境金融服务开辟了新空间，同时也提出了新要求。本文梳理了“一带一路”沿线国家和地区提供金融服务现状，并挑选具有代表性的银行类金融机构与“走出去”企业开展调研，发现“一带一路”沿线国家存在金融服务有效供给不足的情况，跨境金融服务有待做进一步的跟进。具体来看，一是我国当前金融对外开放的政策环境和实际提供服务跟不上需求，二是“一带一路”沿线国家和地区对金融的管制和实际提供服务跟不上需求。

基于以上现有政策、金融服务等方面的短板，本文多角度、有针对性地提出具体可行的政策建议和解决方案，旨在推动人民币基于实体经济贸易投资活动的跨境循环使用这一多赢局面的形成，从而有力地支持“一带一路”建设中的实体经济需求。一是在国家层面搭建整体政策框架解决人民币与沿线经济体的货币直接兑换、支付清算、金融基础设施缺乏等问题，政策应体现本币优先的原则。二是在民间层面充分发挥“二轨”外交拾遗补阙的作用，特别是城市间的交往机制，通过交流互动，实现政策沟通、设施联通、贸易畅通、资金融通、民心相通的全方位对接，谋求共同发展。三是在金融服务层面鼓励我国金融机构到当地设立机构网点或跨境提供金融服务，贴近企业实际需求。四是在自贸区框架内进一步强化自由贸易账户体系既有利于风险管理又有利于金融服务跨境提供的特色，构建人民币跨境资产池，搭建多层级现货、期货市场体系，做好大宗商品交易平台建设，为全国参与"一带一路"建设企业和"走出去"企业提供全方位一站式的金融全链式跟进服务。

一、"一带一路"倡议的背景

（一）"一带一路"对跨境金融服务提出新要求

2013年，习近平主席提出的"一带一路"区域合作的倡议，受到了国内外的广泛关注和积极响应。2015年3月，国家发展改革委、外交部和商务部联合发布了有关"一带一路"建设的区域合作愿景与行动，宣告"一带一路"进入全面推进阶段。2017年5月，"一带一路"国际合作高峰论坛取得丰硕成果，展现了"一带一路"强大的行动力和实效性。

"一带一路"倡议是在国际金融危机深层次影响继续显现、世界经济复苏面临各种不确定性的国际背景下提出的，也是中国经济体量发展成为世界第二大经济体和第一大贸易国之后，向国际社会提出的合作共赢新思维。"一带一路"建设既是经贸投资的国际战略，更是金融发展的国际战略，其中"资金融通"是重要支撑，因此，金融支持"一带一路"建设至关重要。

"一带一路"建设涵盖交通基础设施、能源资源、贸易投资、产业合作、农业生产、环保等多个领域，涉及政府、企业、个人等多层次经济主体以及投资、消费等多领域业务，金融需求复杂程度高；"一带一路"沿线国家众多，涉及三大宗教和几十种语言，各国所在经济发展阶段和所持经济金融体系也存在较大差异，金融需求差异性显著。在实施"一带一路"建设过程中，金融体系提供多元化的跨境金融服务作为基础，显得尤其重要。

（二）上海肩负着打造"一带一路"桥头堡的重要使命

2017年3月，习近平总书记在全国"两会"期间参加上海代表团审议时指出，要把上海自由贸易试验区建设成为服务国家"一带一路"建设、推动市场主体走出去的桥头堡。桥头堡是服务于"一带一路"建设的联结枢纽和关键节点，发挥在集聚、服务、带动、支撑和保障等方面的作用。上海积极参与、主动服务国家"一带一路"建设，既是上海自身发展的需要，也是中央赋予上海的重要使命，是继续当好全国改革开放排头兵和创新发展先行者的具体体现。

开放，是上海最大的优势。上海要发挥经济中心优势、航运枢纽优势、金融集聚优势、贸易融汇优势和科创引导优势，形成在"一带一路"国家战略中对外开放的重要节点。中央提出"一带一路"建设要坚持"政策沟通、设施联通、贸易畅通、资金融通、民心相通"五方面要求，"资金融通"作为建设的重要内容，为上海带来了契机。就是要发挥金融服务“一带一路”建设保障作用，通过促进货币流通，拓展金融市场和金融机构服务开放的深度和广度，为“一带一路”建设提供强有力的支撑。作为正在加快建设中的国际金融中心，上海具有比较完备的金融市场体系、金融机构体系和金融业务体系，同时享有自贸试验区制度创新优势，促进金融服务“一带一路”建设给上海提供了大有可为的空间。

二、在“一带一路”建设中推进人民币国际化

中国应该抓住与“一带一路”沿线国家贸易投资迅速增长的机遇，提高中国企业选择计价结算货币的话语权，扎实推进人民币国际化的进程。

(一) 贸易投资双轮驱动催生跨境金融服务需求

自 1995 年以来，中国进出口贸易额保持较快速度增长，对“一带一路”主要国家的贸易水平明显高于整体水平。2016 年中国与沿线国家或地区的贸易总额约为 9535.9 亿美元，占同期中国对外贸易总额的比重达 25.7%。中国向沿线国家或地区出口自 2011 年以来整体呈现上升态势，2016 年向沿线国家或地区出口 5874.8 亿美元，达到近年来的高位。“一带一路”倡议提出以来，中国对外投资步伐明显加快，进入对外直接投资快速发展阶段，“一带一路”沿线成为中国海外投资的重要方向。2016 年，中国对“一带一路”沿线的 53 个国家直接投资 145.3 亿美元，占同期总额的 8.5%。

与此同时，中国正在“一带一路”沿线打造孟中印缅、中巴经济走廊等项目。商务部数据显示，中国企业已经在“一带一路”沿线推进建设了 75 个境外经贸合作区。随着“一带一路”倡议的全面实施，通过经贸合作区打造新的经济合作平台，全面改变与发展中国家的传统合作模式，打造中国改革发展和对外开放的升级版，必将进一步促进中国与沿线国家的贸易与投资往来，未来区域内贸易和投资可望保持较高速增长。随着经贸合作区的落地实施，将催生大量跨境投资、贸易结算、货币流通等跨境金融服务需求。

(二)“一带一路”上人民币使用存在很大发展空间

到目前为止，“一带一路”上人民币跨境支付和结算对双边贸易的支持力度还不够大，中国和沿线国家以人民币计价结算的空间仍然很大。“一带一路”沿线涉及 64 个国家和地区（不包括中国大陆和港澳台），这些国家的经济发展水平、与我国经济贸易往来等方面状况差异很大。根据统计，2016 年中国与“一带一路”国家和地区跨境贸易人民币实际收付金额 7786 亿元，约占跨境贸易额的 14%，低于整体 25% 的水平。其中，占比超过 10% 的只有 7 个国家，在 5% ~ 10% 的只有 2 个国家，其余 55 个国家的比例均在 5% 以下。从整体上看，人民币

在"一带一路"沿线国家的使用比例还低于我国跨境收付平均水平，未来存在很大的上升空间。

另外，在支持对外直接投资、扩大境外人民币贷款和配套援外规划等加大资本输出方面，现状是以美元为主进行计价结算。人民币国际化的下一阶段，是从重要的国际贸易结算货币向国际投资及储备货币转变。2016 年，以人民币进行结算的对外直接投资发生 1.06 万亿元，同比增长 6%，从市场驱动力来看，对外直接投资的人民币结算需求增强。一般而言，对外投资使用本币的主动性相较双边贸易结算更强。在人民币变身国际投融资货币的过程中，借助境外人民币贷款和人民币对外直接投资推动人民币的国际使用存在很大的发展潜力。

(三) 在"一带一路"上推进人民币计价结算水到渠成

"一带一路"为人民币的国际使用创造了条件，人民币国际化可以在"一带一路"国家实现较大的突破。由于使用人民币资金天然具有对冲汇率风险、资金规模大、层次丰富等特点，在"一带一路"上提高人民币的作用和地位是一个水到渠成的过程。

第一，随着 2008 年以来国际贸易格局发生的显著变化和"一带一路"倡议的实施，中国和沿线国家的经贸往来更加紧密，"一带一路"沿线国家对中国具有越来越高的贸易依赖度。"一带一路"沿线国家的货币几乎都不是国际货币，因此，这些国家在贸易中需要选择使用一种计价结算货币，在这种关系下，为了节约汇兑成本，把主要的货币作为计价结算的货币是市场发展的必然趋势。

第二，中国未来合意的国际收支结构是贸易顺差、资本流出。而对于沿线国家来说，很多国家都处于发展加转型的过程中，受到比较强的国际清偿能力的约束，外汇储备不充裕，同时有大量资金需求。中国无疑会是资本输出的一个主要来源地，同时沿线国家对中国的商品和服务也有大量的进口需求，这样输出的人民币资金可以直接用于购买中国的商品和服务。人民币的输出，特别是资本项下的输出，有利于增强这些国家的国际清偿能力。这种安排可绕过第三方货币进行管理，显著地降低涉及的汇兑风险及成本，并规避资本流动冲击的风险，应当是"一带一路"各参与方最自然的选择。

第三，对于中国来说，随着人民币计价结算的进一步推进，人民币国际化程度提高，中国国际地位、国际影响力也都将提高。对于世界来说，人民币国际化也是有益的，因为它有利于建立稳固的、多极化的国际货币体系。

(四) 在"一带一路"区域构建"人民币服务区"

随着大量中国企业和投资"走出去"，人民币在"一带一路"区域的认可度大大提升，将有助于在这条世界上跨度最长的经济走廊中形成"人民币服务区”。“一带一路”倡议将为人民币国际化提供新的发展动力。一方面，中国与哈萨克斯坦、乌兹别克斯坦等“一带一路”国家的中央银行签署了双边本币互换协定，中国大力拓展跨境金融交易管道，在全球 14 个清算行安排中，7 个在“一带一路”沿线国家和地区，支持人民币成为区域计价、结算及投融资货币。另一方面，庞大的贸易和基建投资规模将推动人民币计价及支付走进当地市场，为人民币离岸市场发展创造有利条件。

据国务院发展研究中心“一带一路”设施联通研究课题组估算，2016～2020 年，“一带一路”沿线国家基础设施合意投资需求至少达 10.6 万亿美元。亚洲开发银行估计，到 2030 年亚洲基建投资需求高达 26 万亿美元。要满足如此巨量且投资周期较长的资金需求，需要沿线国家共同构建长期、稳定、可持续的投融资和金融支持体系。习近平主席在 2017 年 5 月“一带一路”国际合作高峰论坛圆桌峰会宣布中国将加大对“一带一路”建设资金支持，包括：向丝路基金新增资金 1000 亿元人民币，鼓励金融机构开展人民币海外基金业务，规模预计约 3000 亿元人民币；国家开发银行、中国进出口银行将分别提供 2500 亿元和 1300 亿元等值人民币专项贷款，用于支持“一带一路”基础设施建设、产能、金融合作。可以预计，人民币将在“一带一路”建设中发挥更加重要和积极的作用。

三、人民币国际使用现存的短板

为摸清“一带一路”企业的实际跨境金融服务需求，促进人民币的跨境使用，我们通过资料收集、座谈交流、实际调查等方式开展调研，了解了企业在“一带一路”上使用人民币面临的实际操作问题。

（一）企业转型升级，金融服务需求更加多元

“一带一路”倡议开拓了创新驱动和产业升级的广阔空间。长期以来，我国对外开放以加工贸易出口带动，处于产业链条中后端；近年来，企业“走出去”多以工程承包为主，债务融资多、股权投资少。在“一带一路”框架下，金融机构支持企业实现海外投资由单纯的工程承包向以 BOT 模式转型，“走出去”的激励机制由项目自身效益驱动向拓展产业链转型，实现向全球产业价值链高端升级。

中国企业参与“一带一路”建设的模式和深入程度不同，对金融服务的需求不同。企业所从事的活动，大致可以分为贸易往来和投资经营两大类。

对于从事跨境货物和服务贸易的企业，又可以分为短期贸易参与企业和长期贸易参与企业。短期贸易参与企业，所面临的货币敞口时间较短，对跨境金融服务的需求也比较简单，主要追求银行贸易融资的跟进、风险保障以及收付款流程的简便快捷。对于长期贸易参与企业，通常是大型成套设备和工程建设的提供参

与者，同时还可能存在比较复杂的分包、转包现象，跨境金融服务需求比较复杂多样。

对于投资经营型的企业，这些企业通过直接投资的方式参与到当地项目的实际经营中，向当地居民提供服务，并获取相应的收益。例如电力企业，参与当地电力基础设施建设的投资和后续经营（BOT或参股收购大多属于这一模式），运营发电后出售给当地政府和居民，获取当地货币的收益。其需求更为复杂，对当地的金融政策环境要求更高、更广泛，也更需要我国通过高层渠道来推进对方国家的可兑换安排。

（二）"一带一路"企业反映使用人民币面临制约

在调研中，企业反映了在"一带一路"中使用人民币存在的诸多难题。

1. 贸易往来型企业希望在使用人民币时得到解决的问题主要包括：

（1）缺乏官方认可。一些"一带一路"沿线国家对外汇使用存在不同程度的管制，金融基础设施建设水平落后。企业希望当地央行像接受其他外币一样接受人民币，让人民币接受非歧视性待遇。

目前，在"一带一路"沿线国家中，我国已经与马来西亚、白俄罗斯、印度尼西亚、乌兹别克斯坦、蒙古国、冰岛、新加坡、泰国、巴基斯坦、阿联酋、土耳其、澳大利亚、乌克兰等国签订货币互换协议。双边本币互换协议对于企业规避汇率风险、减少企业汇兑成本具有深远的意义。

（2）尚未实现真正的经常项目可兑换。"一带一路"沿线国家大多属于名义接受经常账户可兑换国家，企业希望对方国家接受国际货币基金组织协定第八条款，实现真正的经常项目可兑换，允许当地企业兑换人民币，便于我国企业收款。有企业透露，在中亚、西亚的进口还是使用美元，对方不接受人民币结算，因为人民币不能自由兑换，没有企业愿意承担这个麻烦。

（3）双方未建立货币直兑安排。目前，中国已经与8个"一带一路"沿线国家实现双方货币直接交易，集中在亚洲地区。企业希望当地银行提供人民币与当地货币的直兑安排，避免交叉套算汇率带来的双重兑换损失。由于人民币属于国际货币体系中的新晋货币，许多国家的当地货币交易市场没有人民币与当地货币的交易，也缺乏做市商，或干脆没有得到当地央行的认可，人民币与当地货币的兑换均需要通过美元来进行交叉套算。企业希望我国与这些国家的央行能够在双边本币互换框架下推动人民币进入当地的汇兑市场，以实现直兑安排。

（4）人民币长期融资尚待跟进。"一带一路"建设涉及领域多、资金需求量大，特别是基础设施互联互通项目建设回收周期长、收益较低、融资瓶颈突出。其次，投融资风险等问题较为普遍。"一带一路"沿线国家主权信用评级属于"投资级"的有24个，其他国家属于"投机级"或没有评级，"一带一路"早期阶段不少投资都是基础设施建设，其间当地政治、经济等不利变化会增大投资风险，同时对深化双边货币合作也会形成一定制约。企业希望我国银行或对方国家银行可以做人民币融资的长期跟进，以帮助企业规避汇率和利率风险。

（5）缺少人民币对沿线国家货币的避险工具。随着和沿线国家经贸往来的加深，用人民币作为计价结算货币必然面临人民币对当地货币一些货币的敞口风险。同时，大部分沿线国家都是发展中、新兴经济体，金融市场不发达，缺少避险工具，存在严格的外币管制。例如，哈萨克斯坦的货币坚戈汇率波动频繁，在外汇交易中流动性较差，由此加大了商业银行办理汇兑业务的经营难度，也积累了汇率风险。因此，对这些国家的汇率风险管理是一个非常现实的问题。

（6）人民币收付款安排的便捷程度有待提高。不少企业建议银联、支付宝等移动支付服务机构提高在“一带一路”沿线的渗透率，加速其在“一带一路”的布局，为企业在当地收付款提供便捷支付解决方案。

（7）长期跨币种应收账款缺乏相关的贸易融资安排。中小企业面临流动资金压力大的难题，因此希望有长期跨币种应收账款相关的贸易融资安排帮助快速回款，同时降低或分散收款风险。

2. 投资经营型的企业由于在对象国经营时会产生当地货币收入，涉及当地货币与人民币的兑换问题，因此金融服务需求更加复杂。总体而言，企业希望在使用人民币计价结算时享受与其他可自由使用货币同等便利的安排。主要包括：

（1）账户开立和使用。迄今为止，大部分国家没有开放人民币业务，境外企业、个人无法在对象国开立人民币账户，致使人民币流通便利化和汇兑自由化程度依然较低。企业希望当地银行能够向外商投资企业（我国在当地投资经营的企业）提供人民币账户服务，并允许当地货币的收入能够即时转换成人民币存入账户，或者允许外商投资企业在境外开立人民币账户（如上海自贸区的 FT 账户）来解决当地货币与人民币的兑换问题。

（2）人民币的循环使用。企业希望当地银行能够接受人民币直接投资和中方股东贷款，允许其保留人民币资本金及股东贷款用于后期从中国进口的支付，避免强制结汇成当地货币后再用当地货币购买人民币造成的汇兑成本和汇率风险，尤为重要的是需要等待汇兑审批成功的风险。

（3）人民币的境外投融资计价挂钩模式。企业希望建立“一带一路”项目建成后当地计费性经营收益与人民币挂钩的计费机制，打破现有的以美元、英镑为主的计费挂钩机制。

例如，我国在中巴经济走廊建设中 60% 的项目为电力相关项目，仅采用了美元挂钩电费计价回收模式，没有提出人民币挂钩电费计价回收模式。银行在推进相关的人民币结算，尤其是服务 BOT 建设模式下中方企业在当地经营电力项目收取电费时，无法将两者对应起来，反过来只能提供美元融资，进入美元挂钩电费计价模式。

工程采购合同以美元计价结算的主因是便利和习惯，包括汇率套算便利（美元对人民币和对卢比均有流动性较好的市场，人民币对巴基斯坦卢比则没有，需要交叉套算，有双重汇率风险和兑换成本）、双方核算便利（各自承担各自货币对美元的成本）、银行结算便利（统一通过美元管理，无须持有对方货币头寸）以及习惯成自然的便利（如中信保提供美元保险的习惯做法）等，这些便利使人民币在跟美元等外币的比较中落于不利境地。

四、满足“一带一路”企业金融服务需求的两个方向

（一）金融服务有效供给不足，跨境金融服务有待做进一步的跟进

从调研情况来看，“一带一路”建设和企业“走出去”的金融服务需求主要可以概括为以下两方面：一是对我国跨境金融服务的政策需求。主要是我国当前金融对外开放的政策环境和实际提供服务跟不上需求。二是对当地金融服务的需求。主要是“一带一路”沿线国家和地区当地对金融的管制和实际提供服务跟不上需求。

目前，我国与“一带一路”沿线经济体的双边及多边高层合作进展良好，金融合作也有相应的框架，但实体经济企业的体验和切身感受却没有。例如，调研中，不少企业反映，对沿线国家的出口收款存在困难（主要是由于对方没有美元）；金融机构发放的境外工程项目类融资主要依赖境内企业的抵押，当地形成的资产不被采信，境外工程项目的当地收益无法顺利兑换成美元汇回还款。如果用人民币提供融资，则这些资金可以转化为向我国企业进口设备和劳务的支付，币种的匹配降低了当地汇兑管制的阻碍，企业收款和还款的成功率会提高。

人民币跨境金融服务尚未体现对我国企业境外投资后续服务的跟进和支持，只是在对外投资本金和融资汇出上有一定的管理安排。企业反映，出去后的需求大多得不到金融服务的响应，如融资需求（一般无法获得当地融资，或当地融资价格奇高）、汇兑需求（在当地汇兑管制下资金跨境使用无保障，比较好的情况是需要排队等候）、公平待遇需求（一些国家存在一定程度的汇兑歧视，存在某种情况的选择性支持）、风险管理需求（企业到当地投资经营后，通常会将投资资金兑换成当地货币使用，当地货币的汇率波动幅度大，使项目即便有经营收益也难以保障最后的投资收益，还有主权风险）。因此，企业希望我国金融机构能够跟进提供金融服务。

（二）构建跨境金融服务和当地金融服务的全程服务机制

“一带一路”建设中，我国企业不再处于简单的贸易出口商或工程承包商定位，会越来越多地在当地投资建项目并介入运营，这也是我国企业“走出去”的一个必然趋势。当前“一带一路”沿线国家和地区（主要是中亚、西亚、中东、东欧、非洲等）的金融服务相对薄弱，大多有外汇管制，且当地金融市场不发达，货币汇率波动大，融资成本高，避险产品少。企业的许多需求实质上就是我国改革开放初期吸引外商投资企业所做的政策环境的内容。推动这些国家走上渐进开放之路，与此同时，我国的跨境金融服务随着企业的“走出去”而“跟出去”，是解决“一带一路”建设和企业“走出去”金融服务问题的两个主要方向。

针对“一带一路”建设和企业“走出去”的金融服务有效供给不足，需要构建跨境金融服务和当地金融服务的全程服务机制。“一带一路”建设和企业“走出去”的跨境金融服务需求多样，当地金融服务能力和水平以及境内金融机构的服务能力和水平，包括法律法规以及约定俗成的做法上的对接都对金融服务构成新的挑战。有些需要我们去做政策上的调整，从体制、机制上补齐短板，有些则需要金融机构和金融市场勇于在服务和产品上创新，对标国际、对接国内实情做好服务上的跟进。

五、扩大人民币使用的具体措施

根据企业的实际需求以及现有政策、金融服务方面存在短板，我们从国家层面、民间层面、金融服务层面以及自贸区框架四个角度提出具体政策建议。

（一）国家层面

一是国家在高层合作层面的谈判以及协议签订中加入可实际操作的、能够惠及实体经济的金融服务内容。建议由人民银行与对方国家央行建立双边和多边金融事务定期会商机制，就企业在跨境金融服务方面面临的问题和诉求，商讨具体的解决方案，推动对方国家落实投资及收益汇兑保护，松绑对人民币的汇兑管制，以帮助企业解决实际问题。建议发展改革委、商务部与人民银行等部门在政府层面对外洽谈“一带一路”总体合作框架时，推动对象国相关部门接受在项目当地计费营收中将人民币纳入挂钩货币。

二是解决人民币与这些经济体货币的直接兑换机制，避免在具体使用中因这些市场的基础服务缺失而无法提供相应的服务。直接兑换需要双方互相开放各自的货币金融市场，以便金融机构能够基于本币市场的进入开展直接报价。“一带一路”沿线经济体大多有兑换管制，因此可借上海自贸试验区框架来进行具体的推进。可考虑上海自贸试验区与对方国家某些特定的或由我国主导建设的区域开展合作，共同推进货币的可兑换市场的培育和发展。

三是建立本币优先原则，形成人民币在涉外经济活动货币选择中的优势地位。建议财政部取消为外币形式的境外投资贷款提供贴息的措施，保留人民币贷款贴息，促进人民币的跨境使用。

四是解决金融基础设施层面的问题。推动和支持银联国际、CIPS 以及第三方支付机构进入"一带一路"沿线国家和地区提供金融服务。

（二）民间层面

"一带一路"建设中国家需要发挥作用，但外交"二轨"的民间来往，尤其是城市间的交往可以发挥拾遗补阙的作用。

一是上海市依托自贸试验区建设人民币全球服务中心，围绕人民币国际化的国家战略，依托自由贸易账户体系在"我国能主导、国际能接受"的高标准跨境金融服务贸易规则建设上发挥作用，争取在自贸试验区框架下形成有利于国家在"一带一路"区域主推的金融服务规则与标准。

二是上海市在友好城市建设上与"一带一路"沿线核心节点城市对接，通过交流互动，实现政策沟通、设施联通、贸易畅通、资金融通、民心相通的全方位对接，谋求共同发展。

（三）金融服务层面

金融服务可以跨境交付，也可以境外消费，更可以在商业存在模式下到当地去提供。

一是我国金融机构到当地设立机构网点或跨境提供金融服务，贴近企业实际需求。

二是从金融同业层面推动沿线国家和地区已经开立的人民币跨境同业往来账户活跃使用，境内金融机构应针对开立同业往来账号的境外金融机构开展业务推动，主动宣讲人民币跨境使用的相关政策，借人民币加入 SDR 的红利，推动境外国家的银行和央行接受并使用人民币，并传导到企业层面。

三是我国金融机构提供人民币融资支持并使当地有人民币存量，人民币融资、投资、人民币结算可降低企业成本，但需要当地有人民币存量来提供空间，降低企业来回交叉兑换的成本。

四是支持外资金融机构、我国金融机构和当地金融机构联合在上海自贸试验区框架下提供相应的当地货币及国家信用风险对冲服务，帮助企业降低投资回收的风险成本。

五是吸引更多"一带一路"沿线经济体的商业性金融机构落户上海自贸试

验区，允许其直接开展人民币业务，进一步拓展双边的投资和贸易合作，共同为“一带一路”建设和企业“走出去”提供需要的跨境金融服务。

（四）自贸区框架

上海自贸试验区前期金融改革成果为对接“一带一路”建设和企业“走出去”金融服务需求提供了有利的基础设施和政策框架。

在人民银行的支持下，上海自贸试验区在先行先试过程中已经形成了以自由贸易账户体系为载体的跨境金融服务制度创新先发优势，并取得了涉外金融风险防范与支持实体经济发展共同推进方面的经验。实践中已出现了许多成功的案例。

2016年11月，经人民银行总行批准，人民银行上海总部发布了《关于进一步拓展自贸区跨境金融服务功能支持科技创新和实体经济的通知》（银总部发〔2016〕122号），对自贸试验区在自由贸易账户体系下支持“一带一路”建设和企业“走出去”做了一定的政策框架安排，形成了以“体制机制改革”为特色的自由贸易账户跨境金融服务。主要表现在：一是可以提供一站式的跨境金融服务。自由贸易账户的FTN账户是专门针对境外企业设置的，可以满足“一带一路”建设和企业“走出去”后对跨境金融服务的需求，切实解决“一带一路”沿线国家和地区当地金融服务供给不足的问题，并形成境内金融机构既服务其境内母公司又服务境外子公司的一站式服务格局。二是可以提供全方位的跨境金融服务。自由贸易账户体系可以依托国际市场提供境外融资境外使用、自由兑换以及风险对冲管理等全方位的服务，满足企业在境外的系列金融需求。三是自由贸易账户跨境金融服务的辐射和延伸可以实现长臂服务和监测功能，让境内企业依托境内金融机构开展境外业务。

在“一带一路”建设中，推动人民币基于实体经济贸易投资活动的跨境循环使用是一个多赢的局面。跨境金融服务“一带一路”，需要人民币走出去和金融机构的服务跟出去，“金融开放”就成为必然议题。上海自贸试验区承载国家试验田的战略定位和功能，可以有更多的担当和跟进，有义务、有责任也有条件做好“一带一路”金融服务的跟进。同时，利用前期已经取得的开放环境，做好跨境投资及金融服务的规则探索和建设，利用自贸试验区实践推动“一带一路”沿线国家和地区金融服务的合作与发展，形成有利于“一带一路”建设的金融服务环境、规则和区域金融合作运行联动板块。

一是进一步强化自由贸易账户体系既有利于风险管理又有利于金融服务跨境提供的特色，为全国参与“一带一路”建设企业和“走出去”提供全方位一站式的金融全链式跟进服务。企业可以继续在熟悉它们和它们熟悉的金融机构的服务下开展境外业务，并接受账户内资金可兑换等对标国际高阶贸易投资规则的跨境金融服务；同时自由贸易账户体系“电子围网”式的分账核算风控模式可以将金融开放运行的风险圈围在自由贸易账户体系中，不会溢出影响到境内金融体系的正常运行。

二是在上海自贸试验区框架下构建人民币跨境资产池对接提供“一带一路”与“走出去”相关的跨境金融服务。支持我国“一带一路”相关资产入池，重点向“一带一路”沿线经济体开放市场准入，鼓励这些经济体的金融机构对其本币开展做市交易；引入“一带一路”沿线国家和地区的主权及主体信用风险对冲交易产品、汇率风险对冲交易产品等。盘活长期资产并提供“外来外投”“外来内投”“内来外投”多种形式的开放交易，通过交易形成价格，为境外资产的估值和融资等提供服务；以对标国际的规则建设为切入点，为资产池内资产提供交易服务的同时，以市场化方式构建违约风险的约束机制；用国家主权风险的 CDS 交易，帮助企业降低境外投资的主权风险。

三是参考国际平台的发展路径，搭建多层级现货、期货市场体系，做好大宗商品交易平台建设。现在有 8 家大宗商品交易市场落地于上海自贸区，它们全部都是国际交易平台，外国机构可以直接入场交易。建设这些平台有利于中国争取相关大宗商品交易的国际定价权，有利于推动人民币结算与定价。

参考文献

[1] 巴曙松，叶聃．“一带一路”战略下人民币海外循环机制研究［J］．兰州大学学报（社会科学版），2015（5）．

[2] 巴曙松，王志峰．“一带一路”沿线经济金融环境与我国银行业的国际化发展战略［J］．兰州大学学报（社会科学版），2015（5）．

[3] 管涛．“一带一路”投资新动力——人民币国际化［R］．“中国金融四十人论坛”微信公众号．

[4] 国家信息中心“一带一路”大数据中心等，“一带一路”贸易合作大数据报告（2017）．

[5] 霍颖励．人民币在“一带一路”中的作用［J］．中国金融，2017（14）．

[6] 卢锋等．为什么是中国？——“一带一路”的经济逻辑［J］．国际经济评论，2015（3）．

[7] 金琦．发挥丝路基金作用，支持“一带一路”建设，2015 年 6 月在陆家嘴金融论坛上的发言．

[8] 上海市人民政府．上海服务国家“一带一路”建设发挥桥头堡作用行动方案，2017．

[9] 涂永红等．推动人民币在“一带一路”沿线国家成为关键货币［J］．财

经智库，2016（2）.

[10] 殷勇．“一带一路”中的人民币国际化［J］. 中国金融，2017（13）.

[11] 宗良．“一带一路”与人民币国际化协同效应研究［J］. 国际金融，2017（3）.

[12] 中国人民银行．2017 年人民币国际化报告，2017.

内部管理篇

强化岗位责任意识　落实全面从严治党

——“把权力变成责任”的做法总结

中国人民银行上海总部金融市场管理部课题组

课题组组长：吴水平

课题组成员：荣艺华　王　莹　王雯珠　孙　钰　叶可松

摘　要

如何“把权力变成责任”，一直以来是党政机关面临的核心课题。党的十八大以来，党中央着重强调全面从严治党，在重拳反腐取得显著成效后，如何建立起“把权力变成责任”的长效机制这一课题显得更加重要和迫切。

近年来，在总部党委、纪委的领导下，作为金融改革开放的一线，金融市场管理部在强化岗位责任、防控廉政风险、落实全面从严治党要求等方面进行了积极的探索，全面梳理了对外行政管理和对内工作运转的流程，排查权力运行中制约薄弱的风险点，有针对性地重整业务流程，完善制度规范，努力推动权力向责任的转化，认真落实全面从严治党要求。本文从正本清源入手，阐释了正确的权力观的内涵，提炼了金融市场管理部在加强岗位责任意识、贯彻落实全面从严治党工作中探索出的“六个环节、一个机制”的内控机制经验，重点剖析了权力运行中容易出风险的行政许可管理案例，总结了以机制运行带动日常履职的经验做法，最后对于组织中最关键的一把手岗位，提出应当肩负的责任担当。

一、树立正确的权力观

（一）看起来是权力，实际上是责任

树立正确的权力观，是把权力变成责任的思想基础。我们国家自封建社会起就有了完整的官阶设计和权力体系，在长期的封建统治之下，“官本位”思想盛行。社会演进到今天，仍然有人认为官员就是权力的化身，仍然有人追求要把手中的“权力变现”，党的十八大以后落马的高官，无一不是在错误的权力思想指导下用权、弄权，把公权力变成满足个人私欲的工具。

树立正确的权力观，就要厘清误区、正本清源，正确认识权力内涵。马克思主义权力观明确指出，权力是为实现社会秩序而建立的某种影响力和支配力，而行使权力的目的在于维护好、实现好、发展好人民群众的根本利益，这是每一位党员和公职人员应尽的责任。因此，权力不是一种可以炫耀的荣誉和待遇，官员看起来权力很大，但实际上并不能随心所欲、予取予夺，权力是履行责任的工具，是根据履责的实际需要所配置的必要机制，实现责任是行使权力的目的和归宿。因此，正确对待权力，不能追求表面风光，而是要认识到权力内含的沉甸甸的责任。权力无法脱离责任而存在，权力大于责任将导致权力滥用，而不承担任何责任的权力就会导致特权。认识到权力与责任的关系，实现权力与责任的平衡，保持责任与权力的统一，归根结底是要把权力落实转化为责任。

（二）权力是机关的，责任是个人的

党的十八大以来，习近平总书记在系列重要讲话中多次强调，有权必有责，有责要担当。为官用权应当是担当一份历史责任和社会义务。无论官居何位，官员本身都是没有权力的，权力只属于国家机关，借助国家机关赋予的权力，公务人员在各个岗位上去履职担责。

行使权力为公，但承担责任在个人。每个人在机关组织体系中履行不同的岗位工作，也承担对应的岗位责任，权力越大，责任越重，做对了是应该的，做错了要承担责任。只有明确“行使权力为机关、承担责任在个人”的逻辑，才能实现“把权力变成责任”的机制，从而激励员工树立责任心，强化责任意识，提高履责觉悟，做到知责思为、尽心尽责，踏踏实实做实事，兢兢业业干工作，立足本职将各项岗位责任落到实处。

作为国家机关工作人员，不仅要忠诚履责，更要勇于担责。必须清楚识别公私分界，在公务岗位上所做的所有行为是履行岗位职责，必须一心为公，不能掺杂私心杂念。无私才能无畏，无私才敢担当。在组织内形成“人人都是责任者”的文化氛围，是组织事业长远发展的保证。

（三）正确用权，主动担责，珍惜为民服务的机会

权力是机关的，责任是自己的，利益则属于人民，因为机关的权力是人民赋予的。所以，机关工作人员应当厘清逻辑，认真履职，珍惜为人民服务的机会。

自古以来，为国奉献、为民担当，是中华民族有识有志之士一脉相承的理想信念。从《诗经》提出的“夙夜在公”，到宋代范仲淹的“先天下之忧而忧，后天下之乐而乐”，再到明代顾炎武的“天下兴亡，匹夫有责”，都体现了作为官员、作为读书人他们为国为民的高度责任感和使命感，这也是值得当代国家机关干部学习和传承的。

作为党员机关干部，更应该牢记马克思主义权力观“权为民所赋、权为民所用”的内涵，牢记手中的权力、肩上的责任既离不开个人的努力、更离不开党和组织的培养和人民群众的信任。因此，应该将为官履职视作为人民服务的机会，谨慎负责地使用权力，要敢于用权，善于用权，依法用权，奉公用权，要担得起责任，经得起考验；应当将手中权力用当其时，用得其所，担当务实，尽职尽责，确保人民的权力必须为人民谋取利益；应当以平常的心态，自省的头脑，节制的欲望，坚守做人的底线，运用公正的方法，不辱使命、不负重托，让权力造福人民。正如习近平总书记所提倡的，国家干部要做到“心中有党、心中有民、心中有责、心中有戒，做政治的明白人、发展的开路人、群众的贴心人、班子的带头人，努力成为党和人民信赖的好干部”，将个人的成长与国家、与人民紧密地结合在一起，不辜负党和人民的信任和重托。

二、把权力关进制度的笼子里

（一）用制度治党、管权、治吏

强调要用制度管党治党是中国共产党全面从严治党的最大特征和最鲜明的地方。我们党高度重视管党治党，从毛泽东时代就确立了从严治党的思想，在中央苏区管党治党时，毛泽东主席归纳的“十抓”做法中的重要一抓就是“抓制度”，新中国成立的第二个月，党中央就做出了《关于成立中央及各级党的纪律检查委员会的决定》。纵观我党历史，从严治党思想一脉相承，并在不同时期得到不断的完善和丰富。党的第二代领导人邓小平提出了党要管党的一系列重要思想，主张用制度的规范性和强制力达到管党治党的目的，在制度上把改革党和国家领导制度，消除体制制度上的弊端，作为加强和改善党的领导的重要内容，出台了《关于党内政治生活的若干准则》等一系列重要的党内规章制度。其后，江泽民同志将“党要管党、从严治党”作为一个整体范畴提出，并将其作为加强和改进党的建设的基本方针。胡锦涛同志强调管党治党，制度建设与党的思想建设、组织建设、作风建设和反腐倡廉建设一道成为党的建设整体工程中的重要组成部分。

党的十八大后，在新的历史起点上，习近平总书记多次强调，制度问题带有根本性、全局性、稳定性、长期性，党要管党、从严治党，必须有坚强的制度作保证。全面从严治党，要坚持思想建党和制度治党紧密结合，全方位扎紧制度笼子，更多用制度治党、管权、治吏。习近平总书记指出：“把权力关进制度的笼子里，首先要建好笼子。笼子太松了，或者笼子很好但门没关住，进出自由，那是起不了什么作用的。”

因此，从本质上看，随着经济社会发展，我们党的建设工作，也随着有所侧重和调整。毛泽东时代实际是依靠群众力量“群管群治”，邓小平、江泽民、胡锦涛三位领导人强调要靠制度，但实际上是依靠党组织自身的力量“党管党治”。而面对当前的新形势和新问题，习近平总书记从治国理政出发，更加强调治理以及治理的依据，即强调制度的作用，从经济社会的发展角度提出了一系列的“四个全面”，从而有了制度的系统性和完整逻辑，强调管党治党要有法治思维，形成实际上的、真正意义的依靠制度力量“制管制治”。

（二）健全内控制度，强化内控机制，保障制度运转

金融市场管理部自运行以来，建章立制、不断积累，在部门层面形成了一系列的内控制度规范，包括《金融市场管理部内部管理制度》《金融市场管理部办公秩序操作规程》，其中具体制定了保密工作制度、印章管理制度、政务信息管理制度、固定资产及办公用品管理制度、内部财务管理制度、劳动人事管理制度、安全卫生制度；具体规范了公文处理流程、会议管理流程、内外事活动管理流程，以及财务人事管理流程等。2015 年 10 月，为进一步完善内控制度建设，强化内控管理，金融市场管理部通过全部门各处室的内控大检查形式，全面摸底内控制度执行情况，排查风险点，在此基础上有针对性地加强了内控制度的整改和完善。

一是更新完善现行的内控制度。在内控检查中发现，现行的内控制度缺乏及时更新机制，往往跟不上业务要求和操作的动态变化，一部分制度流于形式、浮于表面。为此，部门组织了内控制度的整体更新，尤其是对于债券市场准入备案、同业拆借市场准入审批等具有行政许可权力的关键业务重点强化风控、规范流程、提升效率。此后，相关业务处室对业务流程进行了优化重整，细化了岗位职责，建立和更新了业务操作规程，包括《同业拆借处内部管理制度》《债券处债券招标发行现场监督工作操作规程》《债券处金融债券初审操作规程》《黄金市场处在沪金融机构黄金业务备案工作程序规定》《外汇市场处银行间债券市场准入备案工作程序规定》等。

二是强化内控机制，带动制度运转。制度是文本，撰写容易，但对于实践中的操作行为难以穷尽，对于业务的动态发展难以实时跟进。如何让这些内控制度“活起来”“立起来”？不仅写在纸上，挂在墙上，还要真正落实在行动中。金融市场管理部明确提出“六个环节、一个机制”的内控机制要求，以内控机制带动制度运转，使“死的制度”变成“活的制度”。具体来说，“岗位责任制、业务操作流程、分级授权制、上级督查制、年度风险评估制度和整改提升新一轮的制度”这六个环节形成的一个内控机制，它是一个日常使用、年度更新的机制。第一个环节是“岗位责任制”。什么岗位做什么事是有制度明确的，不是领导随时即兴安排的。什么岗位有什么责任，也是制度明确的，这解决了工作及责任的

推诿问题。岗位责任制还包括3个小制度：一是AB角制度，保证岗位不缺人；二是首问责任制、两次终结制，就是明确机构申请一次解决，最多不能超过两次；三是保密制度，这是日常行政机关必须落实在岗位的制度。第二个环节是“业务操作流程”，确保具体岗位人员办理业务的规范性，杜绝办公的随意性。而且，重视业务流程的梳理，不仅能提高办事的效率，改善行政服务，还能发现风险隐患，及时整改化解风险出现。第三个环节是“分级授权制”，明确各个岗位处理业务的权限，也就是责任大小。第四个环节是“上级督查制度”，落实上级对下级的督查责任，检查下级对上级的负责情况。处长一周一次；主任一年两次；并向分管领导书面汇报两次，形成分管领导对部门的督查。第五个环节是“年度风险评估制度”，明确年终内控大检查后进行内控风险评估，同时也结合外部的审计、行政执法检查、岗位廉政检查时提出的整改要求，对各个岗位风险进行评估，结合第六个环节进行内控制度修订，形成新一年的内部管理制度。实践表明，这“六个环节一个机制”是有效的；实践表明，分级明确和落实岗位责任是必要的。

（三）加强教育，强化规矩，形成规范履职的自觉

全面从严治党，既要从制度上严起来，扎好笼子、关好盖子；又要从思想上严起来，加强教育、强化规矩。2015年下半年至2016年，对照党中央的要求，按照总部党委、纪委的有关部署，金融市场管理部党支部通过学习教育、榜样教育和示范教育等各种形式贯彻落实“三严三实”“两学一做”的要求，进一步净化了部门风气和作风，推动全体党员干部真正形成规范履职的自觉。

首先是多形式多角度的学习教育。金融市场管理部的学习教育既要求紧贴时代特征，向党中央看齐，又要求结合实际工作，向实践要效果。通过民主生活会积极查摆问题，推动整改，通过廉政教育让反腐警钟长鸣，通过树立优秀典型，弘扬默默奉献、尽职尽责的精神。此外，2015年下半年至2016年，党支部书记、部门主任为全体党员上了四次党课，分别以“树立责任心”“保持党员先进性”“不忘初心”“增强纪律性”为主题进行系列党课活动，一方面通过权力和责任的思辨，不断增强党员干部的岗位责任意识，另一方面紧贴党中央的要求，培养强化党员干部的政治意识和规则意识。

其次是形成自觉规范履职的文化，习近平总书记在第十八届中央纪律检查委员会第五次全体会议上的讲话指出，党的团结统一，要靠共同的理想信念，靠严密的组织体系，靠全党同志的高度自觉，还要靠严明的纪律和规矩。在金融市场管理部，加强思想教育的同时，更重视强化党员干部的自觉，规范履职、遵守党的纪律和规矩。2015年下半年以来，党支部活动增加了重温入党誓言，时时提醒党员干部身为一名党员的光荣和责任，将党的要求和规矩落实到履职行为中，

坚守底线思维，培育自觉规范履职的文化。

三、对外履职的制度和实践

（一）梳理业务流程，改进方式方法，提高服务效率——实现债券市场准入备案全程电子化

银行间债券市场准入备案是金融市场管理部承担的一项重要行政许可项目。近几年来，随着金融市场的发展，越来越多的机构和非法人产品提出了进入银行间债券市场投资的需求。市场需求大、监管人手紧成了突出矛盾，为此，2015年金融市场部组织上线了电子化信息系统，将审核过程上网，提高审批效率和透明度。但初期这一系统并不是将备案审核工作完全电子化，纸质盖章的备案通知书仍然保留，申请机构还需要派人现场领取，属于“半手工”状态。为了进一步提高效率，金融市场管理部组织论证流程优化，大力推动系统升级，实现“申请—受理—审核—出具备案通知书—送达”全流程的电子化。当年，在上海金融工会工委组织的建设上海国际金融中心立功竞赛中，债券市场备案电子信息系统代表上海总部荣获优秀创新案例奖。

全流程电子化显著提高了备案效率。纸质备案时期，申请人从首次提交材料到完成备案所需平均时间约为 15 个工作日。“半手工”时期，网上审核速度提高，但盖章流程、现场领取平均约需 6 ~ 7 个工作日。全流程电子化实现后，部门负责人网上签发备案通知书，系统会自动生成通知书并通知申请机构网上领取，与此同时，通知书会直接推送给交易中心、中央结算公司、上海清算所等前后台中介机构。只要申请人材料齐全，全程控制在 3 个工作日之内。全流程电子化使行政效率进一步提高，大大便利了申请机构，尤其是对于债券型投资基金等非法人投资者，在基金募集完成到成功开户之间存在一个时间差，这期间金融市场瞬息万变，投资管理人往往面临巨大压力，害怕错过配置债券的时间窗口。全流程电子化显著缩短了备案时间，缩短了资金闲置时间，客观上推动了债券市场的扩容。

全流程电子化降低了成本。一是申请通过网上进行，不需要纸质备案材料，节省了大量的纸张和印刷、物流费用。二是以电子化方式代替当面递交申请材料和领取通知书环节，节约了申请机构交通费、差旅费和办公时间的占用。三是对于监管部门来说，减少烦琐的签字、盖章、接待过程，有利于把好钢用在刀刃上，将有限的监管力量集中用在审核的关键环节，为更多的申请机构提供服务。

系统沟通代替人员见面，杜绝了寻租隐患。在备案的电子信息系统设置上，对于申请机构首次提交材料、监管人员反馈意见、材料的修改和补交、受理决定、签发通知等关键环节，都有准确的时间、内容和操作人员记录，操作全程留

有痕迹、不可更改，随时可备内部检查和外部审计。全程的系统沟通会对监管操作人员形成有效的制约，将人工操作空间降到最低，也排除了监管者与申请人见面可能存在的“人情往来”，铲除寻租土壤。

（二）严格依法行政，规范办公流程，强化过程控制——规范同业拆借市场准入行政许可

2006 年 4 月，根据《中国人民银行关于部分市场管理职能划转上海总部事宜的通知》（银发〔2006〕110 号），总行授权上海总部承办同业拆借市场管理职能。截至 2016 年 3 月，金融市场管理部同业拆借处长期承担金融机构进入全国银行间同业拆借市场准入的行政许可。在 2015 年部门内控制度整改后，同业拆借处全面排查行政许可审批环节的风险点，按照“六个环节、一个机制”的要求进一步梳理和规范了公文办理流程，着重于过程控制，取得显著成效。

一是明确报送窗口、缩减环节。在收文环节，原本的做法是申请机构直接将文件寄送业务处室经办人员，经办人通过综合处送综合管理部挂单，此后才进入电子分办流程。对照新的内控机制要求，将收文机构变更为综合管理部文档处，统一对外窗口、压缩收文环节，直接进入电子分办流程，全程由系统记录。

二是强化刚性要求、全程留痕。在审核环节，同业处承担的行政许可申请数量大，材料修改往复也较多，有些申请从提交到批复跨度较长，容易形成行政许可效率低下的负面影响。在新的内控机制要求下，强化了时间刚性要求，初审经办人在收到申请后，留存与机构沟通和受理的记录，并全程在办文说明中报告；收文、批复等重要时间节点在工作周报中汇报，跟踪督促申请机构修改材料，严格遵守行政许可法要求，在规定时间内做出行政许可决定。

三是规范操作流程、降低风险。在操作规程上，进一步对照法律法规内容，梳理各类金融机构申请材料的审核要点，修订和完善审核工作底稿，使审核工作更加流程化和规范化，降低主观判断空间，减少操作风险。

（三）厘清职责定位，协调工作关系，形成监管合力——重整在沪金融机构发债审核流程

“银行间债券市场金融债券发行”是人民银行总行的一项行政许可项目，近年来，由于发行人数量多、分布广，总行在审核实践中借助了分支机构的力量，要求分支机构对辖内发行人的资质和债券发行条件向总行出具初审报告。2015 年部门内控制度检查后，没有简单沿用过去的做法，而是对照行政许可法规的要求，重新梳理权责，严格在授权范围内履职，同时重整流程，提高效率。

一是加强日常对属地金融机构资质条件的跟踪关注，了解属地金融机构的总体发债需求，加强工作层面的沟通，一旦有属地金融机构提出发债申请，可以迅

速反应，做出其是否符合发债条件的判断；二是在总行工作授权的框架下，分支机构履行的并不是行政许可审批，而是根据属地化管理要求，协助总行对于债券发行人的资质条件进行评估分析。目前，总行会就在沪金融机构发债事宜向总部征求意见，债券处通过座谈调研，结合日常监管情况，出具相关意见的回函，为总行实施行政许可提供参考。这一调整显著压缩了评估时间，提高了效率，有效地形成了监管合力。

四、内部管理的制度和实践

（一）突出例会和部务会作用，组织办公运转

金融市场管理部自 2015 年 8 月 31 日起正式建立两项会议制度，以此组织和推动办公运转。一是月度工作例会制度。每月底或次月初召开，由部主任主持，各处主要负责人参加，主要内容是部署安排当月工作任务、检查上月工作完成情况，研究讨论工作中遇到的困难、问题，确保年度工作计划分解落实到位。月度工作例会与总部部门双周联席会议有效衔接，总部党委部署的工作事项在例会上传达落实，若涉及一些需要快速处理的事务性工作，由综合处临时召集通知，不重复召开会议，提高工作效率。

二是部务会议制度。部务会议不定期召开，由部主任主持，各处主要负责人和相关人员参加，主要内容是集体研究决定涉及部门工作的重大事项、问题，如制定出台金融市场管理制度、年度工作考核结果的评定、重要的人事安排决定、部门资源的重新调配等，确保重要工作集思广益、民主决策、稳妥落实。

月度工作例会和部务会议制度是金融市场部落实民主集中制的基础保障和具体手段。每一次会议召开，综合处安排专人记录会议内容、形成会议纪要，各处室负责人确认无异议后签字留档，电子版随后发送全体员工。这一做法的考虑是，部门内部无工作不可公开安排，无决定不可集体讨论，将工作和所谓的“权力”都放在公开、阳光下运行，没有“暗箱”就杜绝了“暗箱操作”。

（二）落实日常办公责任，带动岗位人员履职

近两年，金融市场管理部进一步健全了岗位职责分工和内部管理制度，以落实责任为核心目标，推动履职更顺畅高效。

一是根据“三定”方案和条线管理原则，进一步优化处室职责分工，避免可能的职责交叉和空白，提高市场部履职效率。如由于部门按照总行的授权，承担了全国性业务职能，此前按照属地将上海地区业务和全国性业务进行区分，分别分配给综合处和业务处室。在实际办公中，同样的金融市场业务，可能综合和业务处室掌握的监测统计口径、对外行政松紧等有所差别。经调整，金融市场业

务全部按条线划分到相关业务处室，不再进行属地区分，这样综合处可以减轻压力，专注进行内部办公管理，而业务处室可以全面掌握条线情况，对总行、对市场机构也统一出口，职责更加明确。在此基础上，根据总行、总部领导的工作部署，将年度、月度工作分解细化到每个工作岗位，明确任务，落实责任。

二是进一步规范部门对外活动，加强言行约束。首先，要求对外约谈检查、接待走访等实行双人制，参与人员可以互相监督和提醒，避免参与人员对外沟通中出现主观或非主观的不当言行和不良影响，维护对外形象。其次，强化参会回报制度。涉及派员外出开会和培训的情况，要有领导批示，记录在外参会和发言情况，会议结束后及时形成书面报告并上报。若部门负责人或其他工作人员代表总部参加市委、市政府或总行召开的重要会议，要求会后完成“会议回报表”，说明会议的基本情况，我总部参会人员所发表的意见和观点，有关领导和部门对我总部意见的回应或表态，以及会议议定事项中需我总部落实或知晓的主要事项、与会部门对此的有关建议。最后，规范电话记录制度。金融市场管理部业务上受总行金融市场司指导，在新的政策取向、对外口径，以及实施行政许可过程中的政策把握上，有较多、较细节的问题需要向金融市场司请示，实践中操作层面问题往往通过电话沟通的方式完成。对于这部分工作，考虑到实际情况，沿用电话请示的方式，但强化了电话记录制度，要求电话记录准确、完整，及时上报，由处室负责人和部门主任两级签字，并留档备查。

（三）规范档案管理制度，建立终身追责基础

2016 年后，金融市场管理部加强了档案管理制度，一方面对历史档案进行整理和封存，另一方面，充分发挥档案的管理作用，把档案作为强化内部管控的抓手。强化业务操作全流程留有痕迹，包括对外行使行政许可的各环节记录，对外现场检查的通知、会议记录、调查记录等，保证行政许可、对外检查等的合法性、合规性，使各项流程操作有据可查；还包括内部管理涉及的电话记录、会议记录、部门学习记录、投票记录等，以及借调人员实习人员的信息和时间登记台账，固定资产管理登记，出差、会议、接待等相关审批表。通过业务、内控、人事、资产、财务等各个方面的档案管理，使部门运转清晰规范，各项活动有序进行。

加强档案的管理，既是对工作文件一个分门别类的梳理过程，也是对工作人员履职行为的制约，既有利于加强工作透明度、提高工作效率；更是为监督检查、终身追责提供了基础和保障。

五、单位一把手的责任担当

（一）自觉履行职责，担当部门党建工作第一责任人

“羊群走路靠头羊。”一个机关单位的党建工作、制度建设和风气作风很大程度上取决于单位的一把手。金融市场管理部主任牢牢树立“权力越大、责任越大，权力就是责任，责任就是担当”的意识，主动作为、敢于担当，将党建工作、业务发展和风险防控统筹考虑、有机结合。

加强思想教育，树立正确理念。一个党员的党性，不是随着党龄增长和职务提升而自然提高的，不加强修养和锤炼，党性不仅不会提高，反而会降低，甚至丧失。因此，金融市场管理部主任始终注重思想教育和世界观的改造不放松，牢牢树立四个意识，不断提高政治能力，加强思想定力、战略定力和道德定力。并且主动引领部门形成正确、清明、进取的价值取向和工作氛围，及时纠偏纠错，杜绝消极错误的思想蔓延。在支部和部门营造政治学习和时刻向党中央看齐的风气，筑牢思想防线。

真抓实干、敢于担当。全面从严治党不能停留在书面上、口头上，一把手更要在行动上真正将全面从严治党的要求和日常业务统筹推进的任务扛在肩上。全面从严治党的落实，抓与不抓大不一样，实抓虚抓大不一样。随着“两学一做”活动的深入，金融市场管理部主任更加坚定地真抓实干、敢于担当，做一名“合格党员”。今年年初又进一步提出，突出“明确工作目标、改进方式方法，切实做好 2017 年工作，把两学一做落到实处”，一手强调讲政治、防风险，风清气正，一手强调“贴市、担当、务实”，开拓创新，将全面从严治党的要求与业务发展的要求融合起来。

（二）抓好关键少数，落实全面从严治党的主体责任

全面从严治党，需要层层落实，纲举目张，执本末从。从一个单位的角度看，一把手是第一责任人，承担全面从严治党的主体责任，影响单位的整体制度、纪律和风气作风；而单位每一个下设机构的负责人，则是承担全面从严治党要求向下传导的“关键少数”，对制度贯彻、纪律执行和风气维护起着关键的作用。

以上率下，以身作则。习总书记在全国组织工作会议上讲过，“从严管理的要求能不能落到实处，领导机关和领导干部带头非常重要。”在金融市场管理部的实践中，也非常重视领导干部的带头作用，首先是部门负责人率先垂范，其次是抓好处室负责人，严格要求，形成一级带一级、一级抓一级的示范效应。

分解任务，落实责任。无论是贯彻全面从严治党的要求，还是推动业务工作

的发展，主要领导要负责方向把握、任务规划，以及组织协调等；具体工作的推动，需要各岗位工作人员的共同参与。那么，如何高效、有序地将工作组织起来，在金融市场管理部的实践探索中，紧紧抓住处室负责人这一关键少数，明确任务，将具体工作运行环节的组织、管理、推动等责任落实到处室负责人身上。处室负责人上传下达，发挥骨干核心作用，确保各项工作按照计划、合乎规范、有序推进。

（三）借助制度力量，落实全面从严治党的监督责任

党要管党，从严治党，其中“管”和“治”都包含监督。没有监督的权力必然导致腐败，要使党内监督真正发挥实效，除了发挥人的作用，更要借助制度的力量。为此，金融市场管理部非常重视监督的作用，一方面切实落实党内监督的有关制度要求，另一方面主动强化多级监督管理制度，不让监督员成为稻草人。

不折不扣履行党内监督。首先是在党支部内部设立纪检委员岗位，在党支部的有关会议上、在党支部的主要决策上，充分发挥纪检委员的作用，支部书记以身作则，严肃对待、不折不扣履行相关工作程序。其次是在外部接受纪检监察办公室的监督和内审部对相关业务的审计，金融市场管理部高度重视外部监督，尤其是纪检办的监督、内审部的审计，以及有针对性的意见建议。近两年，内审对市场部的业务风控给出了较好的评价，对于改进建议，市场部主任亲自过问，第一时间按照要求落实到位。

主动作为强化多级监督管理。责任的落实跟监管是分不开的，各级别的监管本身也是岗位责任的一部分。近两年，金融市场管理部进一步健全了多级监督管理框架，自下而上，在岗位人员自身履职的基础上，处长要对处室工作全面负责，要求“全覆盖”；部门主任每半年要对各处室进行全面的评估检查，在日常工作中，进行不定期的检查和抽查，全面履行对部门的监督责任；在部门主任之上是总部分管领导，每年度金融市场管理部会总结工作，主动通过书面汇报和现场等多种方式接受分管领导督查。多层级、多角度的监督检查，督促金融市场管理部绷紧党纪要求的神经，用放大镜查找潜在的问题和风险点，及时纠偏纠错，不断健全优化制度，真正将权力转变成责任。

加强金融改革开放一线央行权力运行监督制约的实践与思考

中国人民银行上海纪检监察办公室课题组

课题组组长：吴阔平

课题组成员：殷　明　贾方龙　张　敬

摘　要

党的十八大以来，党中央将全面从严治党纳入“四个全面”战略布局，持续正风肃纪反腐，深入推进反腐败斗争，与此同时坚持标本兼治，健全完善制度建设，强化党内监督，不断加强对权力运行的监督和制约，推动反腐败从治标向治本转变。人民银行上海总部认真贯彻党中央和总行党委的部署要求，结合身处金融改革开放一线的实际，把全面从严治党要求与金融改革创新业务有机融合，推进简政放权和负面清单管理模式，以“制度机制完善”和“权力运行留痕”为抓手，积极探索构建央行权力运行监督制约有效机制。党的十九大报告指出，“要加强对权力运行的制约和监督，让人民监督权力，让权力在阳光下运行，把权力关进制度的笼子”，对权力的监督制约提出新的更高要求，也为人民银行上海总部进一步深化金融改革开放一线央行权力运行监督制约机制建设指明了方向。本文从梳理人民银行上海总部在金融改革开放一线的权力风险事项，分析权力运行的风险特征入手，总结了探索加强对金融改革开放一线央行权力运行监督制约的实践做法，并对探索过程中存在的不足和薄弱环节进行了分析。在此基础上，结合党的十九大对全面从严治党的新部署新要求，对进一步深化对权力运行的监督制约提出了对策建议，希望对完善人民银行上海总部金融改革开放一线权力运行监督制约机制建设提供参考，同时也可以为人民银行其他分支机构在推进金融改革创新中加强廉政风险防控提供借鉴。

一、研究的背景和意义

党的十八大以来，党中央将全面从严治党纳入“四个全面”战略布局，持续正风肃纪反腐，深入推进反腐败斗争，与此同时坚持标本兼治，健全完善制度建设，强化党内监督，不断加强对权力运行的监督和制约，推动反腐败从治标向治本转变。对于人民银行而言，在全面从严治党不断向纵深推进的大背景下，结合履职实际落实全面从严治党、治行，关键在于加强对央行权力运行的监督制约，确保依法、廉洁、高效履行中央银行职责，牢牢守住维护金融安全和防范自身廉洁风险的底线。

人民银行上海总部身处金融改革开放一线，具有贴近金融市场的优势，近年来在推进上海自由贸易试验区金融改革创新进程中，出台了一系列改革开放措施，核心是简政放权和负面清单管理，重点是在资本项目可兑换、利率全面市场化、金融市场开放、人民币国际化、外汇管理体制等国家核心金融改革创新方面摸索出在上海落地实施的有效模式。随着金融改革创新的不断深入推进，上海总部的央行权力运行在外部环境、方式和监督制约上与其他人民银行分支机构相比，呈现较为明显的特殊性。身处金融改革开放一线，如何加强对央行权力运行的监督制约，是上海总部面临的全新课题。

近年来，上海总部从履职实际出发，突出金融改革开放一线的特色，将全面从严治党责任有机融入金融改革开放一线作为一项重要任务，重点是加强对金融改革开放一线央行权力运行的监督制约，积极探索将金融改革创新和落实全面从严治党主体责任有机融合的操作模式，从制度和操作上确保权力清晰、权力运行过程留有痕迹，切实防范廉政风险。本文的研究旨在，深入梳理分析金融改革开放一线央行权力运行的特征，系统总结上海总部探索加强对一线央行权力运行的监督制约的实践经验，为下一步继续深入推进金融改革创新和落实全面从严治党主体责任有机融合的操作模式，提出切实可行的努力方向和对策建议，在健全完善上海总部一线权力运行的监督制约的同时，也为人民银行分支机构在推进金融改革创新中加强廉政风险防控提供借鉴。

二、金融改革开放一线央行权力及风险特征

（一）金融改革开放一线央行权力风险事项

在金融改革开放一线切实履行全面从严治党主体责任，实现对一线央行权力运行的监督制约，必须坚持以风险为导向，对现有权力运行风险状况心中有数，在风险明晰的基础上，才能针对重点领域，以点带面，整体推动全面从严治党责任融入业务中去。

课题组围绕“摸清权力运行的风险状况”的主题开展调研，依据上海总部行政执法部门对外执法权力清单、上海总部行政审批目录、外汇局行政审批事项公开目录和上海总部岗位（廉政）风险防控手册的相关数据，紧扣金融改革开放一线权力，重点梳理出对外权力风险事项66项，包括行政许可、备案、系统

准入审核等事前审批备案审核类事项，事中事后监测管理、执法检查、行政处罚等事中事后监管类事项。

表1 权力风险事项汇总表

类别	权力风险事项数量	
	事前审批备案审核类	事中事后监管类
外汇管理	14	4
金融市场管理	3	3
支付结算	3	8
货币金银	3	6
国库管理	2	1
征信管理	1	2
货币信贷	0	5
金融稳定	0	3
科技管理	0	3
跨境人民币业务管理	0	2
反洗钱	0	1
金融消费权益保护	0	1
金融统计	0	1

在梳理出的66项权力风险事项中，身处金融改革开放一线的上海总部，除了具有人民银行其他分支机构一般负有的行政审批、执法检查、行政处罚等权力风险事项以外，还有在金融改革创新过程中出现的一些新的权力风险事项，比如因为贴近金融市场，根据人民银行总行授权，承担着对银行间债券市场、同业拆借市场、黄金市场的管理职能；为推进上海自贸区金融改革，防范金融风险，承担着自由贸易账户业务事中事后监测管理职能；试点开展外汇管理体制改革，检查处罚等监管权力，与其他人民银行分支机构相比更为突出。

（二）确定权力风险事项的风险等级

1. 评估方法与过程

风险等级通过风险发生的可能性和影响程度两个因素来度量。

（1）风险的影响程度。在对外权力运行的过程中，相关的履职部门和工作人员可能会出现违反廉洁纪律、群众纪律和工作纪律的事件，上述风险事件如果发生，会造成不同程度的不良影响，如产生直接或间接的经济损失；因为履职不到位、不公平等问题，引发舆论的负面报道，造成声誉损失；因为行政许可、调查取证、行政处罚等程序不符合法律规定，引发法律诉讼，造成业务连续性损失等。按照风险可能引发的经济损失、声誉损失（负面报道持续时间、关注的媒体范围等）、业务连续性损失（影响程度和范围、恢复正常所花费时间），将风险影响程度由低到高依次划分为 1 ~4 级。

（2）风险发生的可能性。按照风险事件实际发生的历史数据、业务的复杂程度、规章制度和工作流程的完善程度等内容，并结合信访举报、上级巡视、内外部审计监督等情况，将风险发生的可能性由低到高依次划分为 1 ~4 级。

（3）将风险事件的影响程度级别和发生可能性级别分别标注在风险矩阵的相应区域，就可以确定一个风险事项的风险等级。

表 2　　风险等级评估表

可能性 \ 影响程度	1	2	3	4
4	2	3	4	4
3	2	3	4	4
2	1	2	3	4
1	1	1	2	3

根据上述风险等级的确定方法，课题组参照岗位（廉政）风险防控、内部审计风险评估、内外部审计及监督检查和监督执纪工作掌握的情况，从风险的影响程度和风险发生的可能性两个维度对梳理出的金融改革开放一线 66 项权力风险事项进行了综合评估。

2. 评估结果

经评估，在重点梳理出的 66 项对外权力风险事项中，风险等级为 4 级的事项有 2 项，占比 3%；3 级的事项有 22 项，占比 33. 3%；2 级的事项有 33 项，占比 50%。涉险事项较集中或者含有高风险事项的重点领域包括：支付结算、外汇检查、金融市场管理、货币信贷、货币金银等业务领域。

（三）金融改革开放一线央行权力运行的风险特征

1. 权力风险集中度相对较高。金融改革开放一线央行权力风险事项特别是高风险事项主要集中在支付结算、外汇管理、金融市场管理、货币信贷等领域，含有 4 级事项的管理职能分别是支付结算和外汇检查；含有 3 项以上（含 3 项）3 级事项的有支付结算、金融市场管理和货币信贷。主要表现为，随着金融改革开放的不断推进，第三方支付机构监管、对向事中事后监管转型的外汇业务检查及处罚、同业拆借和债券市场管理、信贷调控等事项的风险较为突出。

表 3　权力风险事项分布情况统计表

管理职能	事项个数	占比
外汇管理	18	27.3%
支付结算	10	15.2%
货币金银	9	13.6%
金融市场管理	6	6.1%
总计	43	65.2%

2. 金融改革创新推动权力运行方式转化，给权力监督制约带来新挑战。以上海自由贸易试验区金融改革为龙头的金融改革创新，核心是大力实行简政放权和负面清单管理模式，上海总部相关业务部门的事前审批权力不断减少，以权谋私的空间明显缩小，但为了有效监测和管理金融风险，许多事前审批事项都转为事前登记、真实性审核、额度控制、参数调节、事后备案等事中事后的监测管理权限，这就赋予一线操作管理人员一定程度的自由裁量权，“选择性调控”“选择性监管”等新型廉政风险凸显，给权力的监督制约带来了新的挑战。

3. 金融改革创新重塑业务流程，易造成权力配置不科学不合理的风险。改革创新往往是对现行的业务流程、岗位设置和权力配置的重塑，身处金融改革开放一线的上海总部，许多改革措施和金融监管业务都处于“先行先试”的阶段，在业务流程设计和权力配置方面，由于无先例经验可循，即使经过充分论证，仍容易出现权力配置不科学、不合理问题，主要表现为岗位设置不当、权责不清、信息反馈不畅、管理体制机制不顺等，给权力运行带来风险隐患。

4. 金融改革创新需要不断探索完善，对权力监督制约的制度建设也需要不断健全跟进。对于身处金融改革开放一线的上海总部来说，改革创新需要大胆闯大胆试，突破现有管理模式和规章制度的束缚，是一个不断探索不断总结完善的过程，在创新业务先行先试的同时，与之相应的对权力监督制约内控制度，同样也需要不断探索总结、跟进完善，因此有可能会出现制度建设跟不上改革创新的步伐，在制度上留有监督空白和漏洞，给权力运行带来一定风险隐患。

三、对金融改革开放一线央行权力监督制约的实践探索

针对金融改革开放一线央行权力的特点，近年来人民银行上海总部贯彻落实党中央和总行党委关于全面从严治党要求，将金融改革创新与落实全面从严治党主体责任有机结合，以“权力运行的规范和制约”为主线，以“制度机制完善”和“权力运行留痕”为抓手，坚持“问题导向，务实有效，以点带面”，层层推进压实全面从严治党主体责任，通过简政放权改革进一步压缩权力空间，紧盯重点领域，用制度的笼子规范和约束权力运行，从制度和操作上确保权力运行过程

留有痕迹，在权力运行监督制约机制建设上开展了一些实践探索。

（一）健全组织领导机制，压实全面从严治党责任

切实发挥党委核心领导作用，建立健全在金融改革开放一线落实全面从严治党主体责任的工作机制，研究制定总部党委全面从严治党主体责任清单、主要负责人责任清单、班子成员责任清单，形成党委主要负责人履行第一责任人，对管党治党工作负总责，班子成员抓好分管范围内从严管党治党各项工作。同时压实各部门特别是金融改革开放一线部门党总支（支部）的主体责任，把对金融改革开放一线权力的监督制约和廉政风险防控纳入基层党组织全面从严治党责任清单，设立党总支（支部）纪检委员，发挥纪检委员的监督作用，督促推动落实全面从严治党责任和业务工作同谋划、同部署、同落实、同考核、同监督，形成党委统一领导、党总支（支部）各负其责、纪委监督执纪的工作机制，把在金融改革开放一线切实履行全面从严治党主体责任工作抓紧、抓实。

（二）探索实施清单式管理，持续推行简政放权

简政放权的实质是明确权力边界，从制度上铲除以权谋私的根基和土壤，降低权力运行风险。上海总部以权力清单制度建设为抓手，积极争取总行、总局的支持，推进金融简政放权改革，在风险可控的前提下加快转变职能，继续压缩和取消行政审批事项，把该放的权力果断放掉。坚持“一线放开、二线管住”理念，发挥市场在金融资源配置中的决定性作用，稳步推进“上海自贸区金融改革40条”的落地实施。深化自由贸易账户业务发展，上海全市金融机构均可通过直接、间接接入模式开展自由贸易账户相关业务。继续推动自贸区跨境同业存单业务试点，正式启动首批全功能型跨境双向人民币资金池业务。配合做好银行间债券市场对外开放，启动“债券通”北向通境外投资者准入备案。深化外汇管理体制改革，试行便利银行开展贸易单证审核工作，便利跨国公司外汇资金集中运营管理，大力推进银行外债结汇试点，提升贸易投资便利化水平。

（三）紧盯重点业务领域，扎紧扎牢制度笼子

制度具有根本性、长期性、连续性、稳定性的特点。坚持用制度管权管事管人，是把权力关进制度笼子的治本之策。上海总部紧盯金融改革开放一线中的重点风险领域，有针对性地健全完善现有的内控制度机制，补齐制度建设的短板，堵塞制度漏洞，实现对权力运行尤其是重点岗位权力运行的有效制约，推动“不敢腐”向“不能腐”转变。在货币信贷管理方面，积极探索统一的调控尺度，探索根据MPA宏观审慎资本充足率测算各家机构的合意新增贷款的模式，通过公开透明、规范有效的窗口指导，引导金融机构建立自我约束机制。在支付结算

管理方面，针对第三方支付消费者投诉日益增多的情况，建立信访投诉和政务公开业务处理工作制度，健全信访投诉、政务公开业务的分办、审核和督办机制，并理顺与金融消费权益保护工作的协作机制，提高投诉处理工作效率。在货币金银管理方面，开展货币金银廉政风险防控，排查廉政风险事项，修订权力（工作）运行流程图和风险防控措施，谋划部分操作岗位外包，促进操作与管理分离，以业务转型促进廉政风险防控。在外汇管理方面，健全完善资本项目个案集体审议制度，建立经常项目重点业务风险防控台账制度，探索建立外汇检查法律顾问制度，强化对权力的监督制约。

（四）运用信息化技术，强化权力运行留痕

留痕可以实现权力运行的可追踪可追溯，是对权力运行的有效监督制约，特别是利用信息化技术实现权力运行的强制留痕，可以将内控制度流程化、程序化、固定化，保证对权力运行监督制约的各项制度得到刚性、全面地落实。金融改革创新离不开各种信息系统的支持，上海总部充分发挥信息化优势，探索运用现代化科技手段，以“制度 + 科技”为核心，加强对一线工作中的重点环节动态监控和实时预警，推进权力运行强制留痕工作。推进“互联网 + 政务服务”，深化政务主动公开，规范政务依申请公开，提高央行权力运行的透明度，促进“阳光履职”。开发建设全国银行间债券市场准入备案信息系统，实现了准入备案“申请—受理—审核—出具备案通知书—送达”全流程电子化，提高了审批效率和透明度，系统操作全程留有痕迹、不可更改，对监管操作人员形成有效的制约。完善自由贸易账户系统，嵌入监测工作台账日志功能围绕风险预警识别和处置，建立事中事后监管的留痕机制，全程记录各岗位工作人员对风险事件的处置行为，提供对处置行为的日志式监督，切实防范岗位廉政风险。

（五）坚持多管齐下，形成监督合力

在金融改革开放一线切实履行全面从严治党主体责任，需要监督部门协调配合，保障各项措施落地见效。上海总部进一步完善内部监督机制，督促协调职能部门转变工作方式，提升监督管理水平。

整合内部监督资源。通过完善会议机制、提高议题质量、监督落实会议成果等举措，切实发挥内部监督联席会议和总部纪委委员会议平台作用。围绕规范和制约权力运行这一主线，按照“谁主管、谁负责”的原则，督促有关部门对监督检查中发现问题的整改落实，健全完善规章制度，堵塞制度漏洞，扎紧权力运行的“笼子”。加强监督部门间配合，形成监督合力。组织人事部门加大对涉权、涉钱、涉物等关键岗位领导干部的交流和管理监督力度，推动关键岗位处级领导职务干部交流工作制度化，建立纪检监察与业务部门干部双向交流工作机

制，将政治过硬、业务能力强的业务干部选调到纪检监察岗位任职锻炼，提高全面从严治党意识。法律事务部门强化日常法律监督，做好行政处罚审核、投诉答复审核、依申请政务公开审核、执法信息公示审核，在对外行政执法过程中，采取“双随机一公开”制度，规范约束自由裁量权，不断规范依法行政工作。积极发挥内审的监督作用，加强对“涉权”“涉钱”等高风险领域和重点业务部门的审计监督。深化审计成果运用，切实加强风险控制。

充分运用巡视、信访、审计监督成果。针对其中发现的涉及权力运行风险防控的薄弱环节，督促各有关部门分析原因，梳理流程，整章建制，实现全程留痕、责任可溯。组织开展巡视整改“回头看”工作，对巡视整改效果进行评估。根据评估结果，深入一线部门进行一对一、面对面的指导，督促相关部门进一步完善整改措施，举一反三，构建长效防控机制。围绕审计发现的问题，纪委书记与涉及的相关部门、处室负责人逐一进行提醒谈话，要求其认真查找原因，及时采取措施进行整改。针对涉及第三方支付监管领域投诉较多的情况，组织开展第三方支付机构监管岗位廉政风险防控专题调研，督促职能部门及时健全内控制度，严格操作程序，切实防范了法律、声誉风险。

运用监督执纪“第一种形态”。上海总部纪委注重在第一种形态上下功夫，突出日常，抓早抓小，将纪律建设作为落实全面从严治党主体责任的重中之重，深化分层分类教育，创新形式手段，分类整理剖析案例，对涉“权、钱、物”等重点部门开展警示教育，做到“精准发力”和“精准宣教”，提高纪律宣传教育的针对性和有效性。纪委书记与一线部门党组织主要负责人开展集体谈话，督促在金融改革开放一线落实全面从严治党责任。加强对信访监督、审计监督、法律监督等发现问题的分析研判，及早发现问题线索和隐患苗头，分门别类做好处置工作，综合运用廉政约谈、提醒谈话、诫勉谈话和函询等方式，加强对党员干部的提醒，动辄则咎，防止小问题演变为大问题。

四、深化金融改革开放一线央行权力运行监督制约的对策建议

上海总部对金融改革开放一线央行权力监督制约的探索实践，尽管取得了一定成效，但是随着金融改革创新各项工作稳步推进，在金融改革开放一线履行全面从严治党主体责任仍然面临挑战，主要体现在：一是简政放权的力度还需进一步加强，事前审批等行政权力总量还不少，从源头上预防腐败仍然有着很大空间；二是制约权力的制度笼子扎得还不够紧不够牢，距离“不能腐”的要求还有一定差距，制度建设任重道远；三是信息化技术强制留痕仅在个别领域进行了有益探索，还没有全面推广，权力运行全程留痕工作有待进一步健全完善；四是压实一线部门全面从严治党责任还需进一步加强，将全面从严治党与业务工作的融合度有待进一步提高。加强金融改革开放一线央行权力运行的监督制约依然任

重道远。

党的十九大报告指出，坚定不移全面从严治党，“要加强对权力运行的制约和监督，让人民监督权力，让权力在阳光下运行，把权力关进制度的笼子”。加强金融改革开放一线央行权力运行的监督制约，应贯彻落实党中央全面从严治党的新要求，在总结探索实践的经验与不足的基础上，以问题为导向在五个方面继续深化推进。

（一）在金融改革开放一线压实全面从严治党主体责任

加强对金融改革开放一线央行权力运行的监督制约，根本在于坚持党对金融工作的领导，关键在于落实全面从严治党主体责任，特别是压实一线部门党组织的主体责任。要随着金融改革创新的不断深入和全面从严治党向纵深推进，及时调整完善一线部门全面从严治党主体责任清单，把管党治党要求有机融入业务工作，把对权力运行的监督制约体现在业务管理和队伍建设上，切实做到同谋划、同部署、同落实，守住金融安全和廉洁风险底线。加强对主体责任落实情况的监督检查和考核评价，对责任落实不力造成严重后果的要严肃问责，倒逼主体责任落到实处。

（二）持续推进简政放权和负面清单管理模式

贯彻落实国务院和总行关于“简政放权、放管结合、优化服务”的部署要求，复制推广上海自贸区金融改革的创新模式，按照“一线放开、二线管住”理念，积极争取人民银行总行、外汇管理总局的支持，在债券市场管理、外汇管理、跨境人民币使用等领域持续推进金融改革开放，开展简政放权试点工作，减少事前审批权力，创新监管方式，不以事前行政审批、核准等作为监管手段，运用“金融审慎”原则，加强事中事后监管防范金融风险，做到“不设权、不揽权”，“减权限权”，在提高贸易投资便利化水平和金融服务实体经济效率的同时，从源头上减少权力寻租空间。

（三）进一步扎紧扎牢约束权力运行的制度笼子

紧紧围绕“把权力关进制度笼子”做文章，结合上海总部管理架构和身处金融改革开放一线的特殊性，从治本入手，有针对性地健全完善现有的内控制度机制，补齐制度建设的短板，堵塞制度漏洞，实现对权力运行的有效制约，推动“不敢腐”向“不能腐”转变。

1. 对金融改革创新业务要同步出台内部监督制约机制。在谋划部署金融改革创新业务时，要把对权力运行的监督制约与推进业务工作同谋划、同部署、同推进，在出台对外管理制度的同时，同步建立内控制度，做到金融改革创新拓展到哪里，对权力运行的监督制约就跟进到哪里，防止出现监督制约的“真空地带”“真空期”，从业务创新的一开始就扎紧制度笼子。

2. 探索对金融改革创新业务制度廉洁性评估。金融改革创新很多都是制度创新或管理模式创新，可探索由纪检监察部门对创新制度或管理模式开展廉洁性评估，重点对是否落实预防腐败要求、是否存在违规设立行政许可或审批等权力事项、是否部门利益与公共利益冲突或变相利益输送、是否程序上便民高效等，推动廉洁性评估成为制度建设的必经环节，加强对制度的严格把关，有效降低制度的廉政风险，从源头上预防腐败。

3. 科学合理设置权力运行机制。从规范职责权限和优化权力结构入手，做好事中事后监管权力的科学分解和合理配置，实施分级授权、分岗设权、分段行权、定期轮岗，将监测与处置、执法检查与行政处罚岗位相分离，将权力的决策、执行、监督权力相分离，形成既相互制约又相互协调的良性运行机制。健全完善权力决策机制，坚持集体研究原则，完善重大决策规则，将金融调控权、审批备案权、检查处罚权等重大事项纳入重大决策程序，推动决策的科学化、民主化、制度化，防止“一言堂”“一个人或少数人说了算”。

4. 加强对自由裁量权的制度规范。将“两随机一公开”形成制度化安排，防止任性执法和执法过程中的人为干扰，减少权力寻租空间。总结事中事后监管实践经验，针对监测处置、执法检查、行政处罚等事项制定自由裁量运用标准，并根据监管形势变化定期调整更新，做到权力运行有章可循、有据可依，最大限度压缩金融监管的随意性，防止“选择性调控”“选择性执法”“选择性处罚”，确保权力运行制度化、规范化、标准化。

（四）推广运用信息技术手段保证权力运行全程留痕

1. 运用“互联网＋政务服务”提升权力运行透明度。阳光是最好的防腐剂。把推进金融改革开放与推动“互联网＋政务服务”工作结合起来，运用互联网思维、技术和资源谋划推进金融改革创新。按照“增量先行、存量跟进”的次序渐进推进，对增量业务，坚持“应上尽上”原则，新推出的金融创新业务原则上实行全程网上办理；对存量业务，适时启动工作流程再造和业务系统升级，逐步实现全程网上办理，让监管流程、标准和时限公开透明，用互联网技术固化每一个工作环节、权限和时限，使权力运行轨迹清晰可见。运用“互联网＋政务服务”深化政务公开，在结果公开基础上，进一步推进金融监管的决策公开、执行公开、管理公开，既便于群众监督，也有效减少办事人员吃拿卡要的机会，倒逼权力正确规范行使。

2. 运用“制度＋科技”强化权力运行强制留痕。权力运行留痕就是一种监督制约。复制推广自由贸易账户风险监测分析和管理系统的强制留痕经验，在金融改革创新业务中运用信息技术，将风险防控措施有机嵌入业务流程，把对权力运行监督制约的制度规定予以技术固化，实现权力运行全程留痕。通过业务系统的技术控制刚性，代替人工控制的随意性，对重点环节动态监控和实时预警，实现全程记录、强制留痕，在大大提高内控效率和效果的同时，最大限度压缩权力寻租空间。

（五）健全完善岗位（廉政）风险防控机制

1. 持续推进重点领域岗位（廉政）风险防控机制建设。要根据金融改革创新的不断推进，定期对权力风险事项清单进行更新，每年开展一次整体性风险评估，确定权力风险监督的重点。把金融改革创新业务领域作为风险防控的重点，特别是要将事中事后监管权力运行作为防控的核心，及时梳理排查权力运行的风险点和等级，研究制定对应的防控措施，运用好风险监督管理系统，形成有效管用的长效机制。把事中事后监管权力运行列入业务检查、内部审计、纪检监察执纪监督等监督工作的重点，形成定期轮查机制，加强监督信息交流，形成工作合力，对问题及时整改纠偏，通过外部监督检查有效规范权力运行。

2. 重点加强对涉权人员的教育管理监督。权力的背后就是行使权力的人，加强对权力运行的监督制约，就要加大对涉权人员的教育管理和监督。加强思想教育，引导涉权人员树立正确的权力观，牢记权力就是责任，权为民所赋、权为民所用，运用反面案例强化警示教育，促进涉权人员谨慎负责地使用权力，依法用权、奉公用权、廉洁用权。运用监督执纪“四种形态”，注重抓早抓小、防微杜渐，发现苗头性、倾向性问题要及时提醒纠偏，防止在错误的道路上越滑越远。加强监督执纪问责，对违纪违法问题要严肃查处，持续强化不敢腐的氛围，形成有力震慑。

参考文献

[1] 上海总部纪委．挺纪在前　抓早抓小　探索实践　监督执纪“四种形态”．见“把纪律和规矩挺在前面——人民银行系统的探索与思考”，2016.

[2] 吴振钧．权力制约和监督［M］．北京：中国人民大学出版社，2008.

[3] 袁东生．我国权力制约与监督制度研究［C］．山东大学硕士学位论文，2012.

[4] 林尚立．中国反腐败体系的构建及其框架［J］．河南社会科学，2010（1）.

[5] 朱春林．深化纪检领导体制改革［J］．学习时报，2010（11）.

[6] 王贵秀．走出监督的八大误区［J］．党政干部文摘，2007（5）.

[7] 何增科．试析我国现行权力监督存在的问题及原因［J］．学习与探索，

2008（9）.

［8］侯睿夫．试论公共权力的异化的成因与制约［J］．决策与信息，2009（10）．

［9］程竹汝．完善和创新公民监督权行使的条件和机制［J］．政治与法律，2007（3）．

［10］何增科．改革开放三十年来我国权力监督的重要变化和进展［J］．社会科学研究，2008（4）．

［11］陈国权．社会转型与有限政府［J］．北京：人民出版社，2008.

［12］郑彦松．权力制约与权力监督的联系和区别［J］．中国社会发展战略，2005（2）．